U0362002

中国保险机构治理指数研究

——暨中国保险机构治理发展报告 2016－2022

郝 臣 著

南开大学出版社

天 津

图书在版编目（CIP）数据

中国保险机构治理指数研究：暨中国保险机构治理
发展报告：2016—2022 / 郝臣著. —天津：南开大学
出版社，2024.5
　　ISBN 978-7-310-06600-1

Ⅰ.①中… Ⅱ.①郝… Ⅲ.①保险公司－企业管理－
研究－中国－2016-2022 Ⅳ.①F842.3

中国国家版本馆 CIP 数据核字（2024）第 086903 号

中国保险机构治理指数研究
——暨中国保险机构治理发展报告 2016—2022
ZHONGGUO BAOXIAN JIGOU ZHILI ZHISHU YANJIU
——JI ZHONGGUO BAOXIAN JIGOU ZHILI FAZHAN BAOGAO 2016—2022

南开大学出版社出版发行
出版人：刘文华
地址：天津市南开区卫津路 94 号　　邮政编码：300071
营销部电话：(022)23508339　营销部传真：(022)23508542
https://nkup.nankai.edu.cn

天津创先河普业印刷有限公司印刷　全国各地新华书店经销
2024 年 5 月第 1 版　　2024 年 5 月第 1 次印刷
260×185 毫米　16 开本　31.5 印张　4 插页　750 千字
定价：158.00 元

如遇图书印装质量问题，请与本社营销部联系调换，电话：(022)23508339

内容简介

我国保险业正处于实现高质量发展和治理能力现代化的重要时期，保险机构治理质量备受关注。本书立足我国治理环境，设计了包含 70 个指标的中国保险机构治理评价指标体系；基于手工整理的保险机构公开披露数据生成了 2016－2022 年中国保险机构治理指数（CIIGI），该指数亦称南开保险机构治理指数；开展了治理指数的总体、维度、层次和比较分析，全面呈现我国保险机构治理质量。本书包括 5 篇 18 章 44 节，是我国公司治理领域首部全体系、多方位、长周期、大样本科学评价保险机构治理状况的学术著作，它丰富了保险机构治理领域的研究。本书适用对象包括但不限于监管部门、行业协会与学会、研究机构、保险机构等主体的相关人员。

作者简介

郝臣（1978－），男，管理学博士，副教授，研究生导师。2007年6月获南开大学企业管理专业博士学位，2007年7月开始在南开大学任教，现任南开大学中国公司治理研究院金融机构治理研究室主任、南开大学商学院财务管理系教师、南开大学中国式现代化发展研究院绿色治理与治理现代化研究中心专家，主要研究领域为金融机构治理与公司财务，具体研究方向为保险机构治理。曾主持过包括3项国家社科基金项目在内的各类国家级和省部级科研项目10余项。先后在《管理世界》《南开管理评论》《中国工业经济》《保险研究》《中国金融》等期刊发表学术论文100余篇，在《上海证券报》《董事会》《中国商业保险》等报刊推出思想论文30余篇；出版《金融机构治理手册》《公司治理手册》《国有控股金融机构治理研究》《中国保险公司治理研究》《我国中小型保险机构治理研究》等学术著作，《中国保险公司治理发展报告2018》《中国保险公司治理发展报告2019》《国有控股上市公司发展报告》等研究报告，《保险公司治理》《现代企业学》等教材，《公司治理》《董事会秘书手册》等译著。同时也是《中国大百科全书·工商管理卷》公司治理分支副主编、长江学者创新团队和国家精品课《公司治理学》教学团队核心成员、中国保险学会首批智库专家以及中国企业管理研究会理事。著作入选国家哲学社会科学成果文库，科研成果先后获教育部第九届高等学校科学研究优秀成果奖（人文社会科学）一等奖、教育部第八届高等学校科学研究优秀成果奖（人文社会科学）二等奖、教育部第七届高等学校科学研究优秀成果奖（人文社会科学）二等奖、第十八届天津市社会科学优秀成果二等奖和三等奖、第十六届天津市社会科学优秀成果一等奖、第七届中国企业改革与发展研究会优秀成果一等奖、第三届中国企业改革与发展研究会优秀成果一等奖和二等奖、南开大学社会科学优秀成果奖等。此外，先后指导各类研究生204人，参与完成的教学成果获国家级教学成果二等奖、天津市教学成果特等奖、南开大学教学成果特等奖、南开大学教学成果一等奖等，个人先后三次获南开大学"良师益友"相关荣誉称号。

以中国金融机构治理指数研究推动中国金融现代化

推荐序

中国改革开放四十年创造了人类历史上最大规模的经济增长，以独创性的方式创造了人类史上多个前所未有的奇迹，如何从这段发展历程中总结提炼出经济学理论或思想，为经济学带来新知，为世界经济发展提供借鉴，意义非凡。我在 2020 年于上海三联书店出版了学术著作《中国的经验：改革开放四十年的经济学总结》，该书日前刚刚入选教育部第九届高等学校科学研究优秀成果奖（人文社会科学）一等奖（经济学组）公示名单。书中总结了中国改革开放四十五个方面具有普遍意义的经济学含义，其中之一便是金融深化对于把居民储蓄转化为实体经济投资起着至关重要的作用，而这有赖于长期的金融稳定。改革开放四十年，中国的金融发展取得了非凡的三大成绩。

一是中国没有发生金融危机。一方面，中国挡住了世界性和区域性金融危机的冲击。例如，在 1998 年席卷亚洲的金融风暴中，多国货币贬值、股市崩盘，而人民币汇率依旧保持稳定，中国股市呈稳定甚至增长态势，国内生产总值（GDP）保持高速增长，抵御了危机扩散，也为区域金融稳定和经济恢复做出了巨大贡献。2008 年美国次贷危机演化成全球性金融危机，中国政府积极应对，经济增速维持较高水平，房地产价格下跌较小且复苏较快。另一方面，中国避免了自身金融危机的发生。例如，20 世纪 90 年代末，国内银行不良资产问题集中爆发，中国政府及时干预。在经贸委、央行、财政部等部门的共同发力下，银行成功剥离不良资产归入四大资产管理公司处置，从而重新焕发活力，防范了金融危机的爆发。

二是金融发展总体上支持了实体经济的快速发展。近代以来，英国、荷兰、美国、德国等在崛起过程中，金融市场发挥了重要的作用。马克思很早就认识到金融资本对实体经济增长的重要性，他指出"假如必须等待积累去使某个资本增长到能够修铁路的程度，那么恐怕直到今天世界上还没有铁路。但是，通过股份公司的资本集中，转瞬间就把这件事完成了"。回顾我国四十年改革开放历程，金融市场的贡献功不可没，尤其是在企业成长、国企改革、房地产发展、基建投资、创新创业等方面发挥了不可或缺的推动作用，助力中国经济实现由弱到强、转型升级。过去四十年，金融市场承担了将中国发展过程中不断积累的国民储蓄转化为投资的角色，同时通过以本币为基础的金融深化确保了中国经济在较快增长过程中始终保持总体稳定。

三是培育出了基本成型、门类齐全的金融体系。相对于主要发达经济体中国金融市场起步虽晚但发展较快，仅四十年的时间中国已经培育出基本成型、门类齐全的金融体系。从大类来讲，中国的金融体系涵盖了银行、保险、证券、基金、期货、信托、私募等主要门类。从监管的角度来看，银行、保险和信托由银保监会（现为国家金融监督管理总局）监管，证券、基金、期货和私募归证监会监管。当然，中国金融市场的稳定运行还离不开一系列的金融基础设施，比如股票（权）交易的场所，包括沪深交易所、股转系统（新三板）、各省的股权交易中心等；期货交易的场所，包括上期所、大商所、郑商所和中金所；债券交易分别在银行间市场和交易所市场进行；各类金融产品登记结算的机构，包括中债登、中证登、上清所等；支付类机构，包括中国银联等。以上各类机构构成了基本成型、门类齐全的中国金融体系。

但是，毋庸讳言，中国金融的发展远未达到中国式现代化的要求。从现在开始到本世纪中叶，中国金融发展必须解决三个重大课题。第一，如何为居民部门提供高质量的资产回报。在人口老龄化、居民储蓄持续攀升的背景下，中国的股市、债市、保险等市场亟须更好地满足居民资产保值、增值的需要。第二，如何完善金融监管，从制度上夯实中国金融风险防范的基础。在中外资本流动、人民币不断国际化的大趋势下，通过合理的金融监管防范金融风险尤其显得重要。第三，如何更好地为实体经济创新服务。金融是创新的加速器，中国经济的发展愈来愈依赖创新而不是资本的积累，这方面中国金融还有很长的路要走。

需要强调的是，前述三个成绩的取得和三个重大课题的突破都离不开高质量的金融市场微观主体——金融机构。金融机构是金融产品的提供主体，因而金融机构相关研究的重要性不言而喻。金融机构治理是学术界金融机构研究领域的细分领域，实践中也成为监管机构监管的重要内容，南开大学杰出的青年教师郝臣博士长期从事金融机构治理中的保险机构治理研究，他与李维安教授等合作完成的著作《国有控股金融机构治理研究》同样入选了教育部第九届高等学校科学研究优秀成果奖（人文社会科学）一等奖（管理学组）公示名单。近期他的最新著作《中国保险机构治理指数研究——暨中国保险机构治理发展报告 2016－2022》即将出版，该书以指数研究形式从治理整体视角研究我国保险机构治理问题，是郝臣老师带领课题组多年研究成果的积累与沉淀，对推动中国金融现代化具有重要的理论与现实意义。值此佳作问世之际，我很高兴接受郝臣老师的邀请为此书作序。

指数是经济管理学科中的重要研究工具。早在 2011 年，我受邀参加了 2010 南开潇湘晨报指数的发布。之后也多次到南开大学参加各类学术会议，与南开师生进行深入交流，这些活动都给我留下了深刻的印象。让中国经济学界深刻铭记的是南开大学已有近百年的指数编制和研究传统，自 1927 年便开始编制享誉中外的南开指数，早期南开指数主要是指价格指数，包括华北批发物价指数、天津工人生活消费指数、天津对外汇率指数等。这一非官方经济指数，是国际学术界研究中国经济的权威数据，也成为政府决策的重要参考。

新时期南开指数已经从早期的价格指数拓展至如今的治理指数等，从更多维度为经济理论研究和实践发展提供支持。郝臣老师此著作中的研究成果中国保险机构治理指数（也称南开保险机构治理指数）将成为继中国上市公司治理指数、中国上市公司绿色治理指数、中小企业治理指数、数据赋能政府治理指数等之后的南开治理指数家族中至关重要的新成员。该指数的推出不仅是对南开指数传统的继承和发扬，也是对南开指数体系的丰富和创新性发展，将助力我国金融行业的高质量发展，对于推进中国金融为中国式现代化服务以及金融从业人员提升工作实效具有切实的指导意义。

热烈祝贺郝臣老师佳作的出版并在此郑重推荐给学术界和金融业各位同仁以及年轻学子！

李稻葵

清华大学弗里曼讲席教授

清华大学中国经济思想与实践研究院院长

2024 年 2 月 25 日

于清华园

开启中国保险业高质量发展新篇章

推荐序

中央金融工作会议强调，高质量发展是全面建设社会主义现代化国家的首要任务，金融要为经济社会发展提供高质量服务。在"完善机构定位"部分，会议指出要"发挥保险业的经济减震器和社会稳定器功能"，凝练概括了保险业工作的定位和方向。保险作为一项精巧的制度发明，通过提供风险保障、风险减量管理以及金融服务三大主要功能，发挥减缓吸收外部冲击、减轻震动带来的负面影响、提升安全感和体验感、稳定预期的作用，是重要的经济减震器和社会稳定器。

一是风险保障。保险以精算技术、法律体系为稳健经营基础，在全社会甚至全球范围内汇集和分散风险，以保障风险事故发生时个体可以按合同约定得到相应的确定性经济补偿，使得经济主体不至于因为偶然的风险损失丧失未来的发展能力，熨平意外损失可能带来的系统内部扰动，这是保险区别于其他金融产品的最本质的属性。伴随着经济发展和社会进步，经济活动产出显著增加，人口及财富集聚、经济密度不断提升，意外事故造成的经济损失也不断扩大。数据显示，2019 年到 2022 年，我国保险业为社会提供保险保障金额增长 111.4%，提供保险赔付金额增长 20.1%，提供风险保障的能力持续提升，已经成为多层次社会保障体系中越来越重要的组成部分。

二是风险减量。保险作为企业和家庭的风险损失"埋单人"，天然具有控制损失成本的功能，能够借助合同设计和专业能力，激励并帮助客户降低风险、规避损失，减轻风险事故致损频率和后果，形成保险业、消费者和社会多方共赢的局面，有效减少意外冲击。进入现代社会，随着社会功能分化、复杂性不断提升，风险种类不断增多，风险形成机制和传导机制日趋复杂化，风险管理的精细化、专业化要求不断提高。保险行业在经营中累积损失数据和风险管理经验，能够更好地理解风险发生及传导机理，对风险链条的关键环节进行积极干预，帮助家庭和企业不断提升风险控制能力。一个典型例证是，人身险行业积极向消费者提供健康教育、健康促进、健康体检、慢病管理、便民就医等服务，助力健康中国战略落地，降低医疗费用压力。据中国保险行业协会数据，2022 年保险业投入防灾减灾资金约 2.34 亿元，排查企业客户风险约 11.78 万次，预计减少灾害损失约 22.77 亿元。

三是金融服务。基于风险保障功能，保险业将大量小额资金汇集为巨额保险资金池，成为现代金融体系的重要组成部分。作为契约型金融机构，保险机构的资金来源由保险合同约定，相对稳定，并可以对未来年度中需要向受益者支付资金的规模和时间做出准确的预测，使保险机构具备了更长期的投资视角、更稳健的投资目标和相应的跨期风险管理能力，成为资本市场上重要的机构投资者。截至 2022 年，保险行业发挥保险资金长期稳定优势，累计为实体经济融资超过 21 万亿元。这既对于稳定消费者预期有积极作用，也对金融市场的结构完善与稳定具有重要意义。

为反映我国保险业发展状况，我作为北大中国保险与社会保障中心课题组主要成员撰写并出版《中国保险业发展报告》，该年度报告自 2012 年至今已连续发布十一年。报告涵盖我国保险业发展年度综述、财产保险市场、人身保险市场、保险资金运用、全球保险与再保险市场、保险科技、健康保险市场、农业保险市场、保险业对外开放等内容。保险业高质量发展才能有效服务于经济社会高质量发展。从微观层面看，保险机构发展是行业整体发展中至关重要的环节，而公司治理能为保险机构的高质量发展提供有力支撑和保障，因此课题组尝试在 2023 年发展报告中将"保险业公司治理"设为专门章节，全面介绍保险业公司治理的新发展、面临的新挑战，并提出推动完善中国保险业公司治理理论基础等促进未来我国保险业公司治理改革发展的建议。南开大学郝臣老师长期致力于保险机构治理等领域的研究，他的相关研究成果为我们报告的撰写提供了一定的参考和借鉴。

近期，欣闻郝臣老师的最新研究成果《中国保险机构治理指数研究——暨中国保险机构治理发展报告 2016－2022》即将出版。该书系统论述了中国保险机构治理指数（也称南开保险机构治理指数）的研发过程，并基于该指数对我国保险机构 2016－2022 年的治理状况展开量化研究，全面呈现了我国保险机构治理的发展脉络和趋势。在书稿付梓之际，我欣然接受郝臣老师邀请为该书作序。此书是保险领域不可多得的聚焦于公司治理主题的原创性学术著作，对促进完善我国保险机构治理结构、健全我国保险机构治理机制进而推动保险业高质量发展具有重要现实意义。相信郝臣老师学术著作《中国保险机构治理指数研究——暨中国保险机构治理发展报告 2016－2022》的出版能够助力我国保险机构治理的现代化，也希望他未来能够带领课题组逐年编制和发布中国保险机构治理指数，在进一步的深入研究中持续推动该领域发展，为我国保险机构治理现代化和保险业高质量发展写下浓墨重彩的一笔。

我国保险业的研究人员、监管人员、从业人员，让我们携手与共，推动健全保险机构法人治理，完善中国特色现代金融企业制度，充分发挥保险的风险保障、风险减量管理以及金融服务三大功能，为经济社会发展提供高质量服务，以中央金融工作会议为新的起点，开启中国保险业高质量发展的崭新篇章！

锁凌燕

北京大学风险管理与保险学系教授

北京大学经济学院副院长

2024 年 2 月 14 日

于燕园

中国公司治理改革逻辑与趋势

推荐序

中国治理改革是沿着从营利组织治理到非营利组织治理、政府治理、社会治理、国家治理的路径逐步展开，不断推进国家治理体系和治理能力现代化。公司治理改革作为中国治理改革的先行者，构建起了以规则、合规、问责等为核心制度要素的治理体系，从主要依靠法律法规的强制合规阶段逐步发展至自主合规阶段，再到当前的有效性提升阶段。自 2004 年以来的二十年间，中国公司治理制度改革呈现出治理改革路径明晰化、治理改革内容深入化、治理改革方式开放化、治理改革标准前沿化的"四化"趋势。

改革路径：从行政型治理到经济型治理

中国公司治理改革，沿着从行政型治理向经济型治理转型的路径进行，即行政型治理下资源配置行政化、高管任免行政化、经营目标行政化，向建立现代企业制度下资源配置市场化、高管任免市场化、经营目标经济化的经济型治理转型，并从两权不分、政企不分和政社不分"三个不分"走向"三个分离"。党的十八大以来，无论是发挥市场在资源配置中的决定性作用，还是推进国家治理体系和治理能力现代化，以及国企集团公司制改革等，都肯定并反映了这一转型路径。

从管理到治理：推进国家治理体系和治理能力现代化的重要基础。从中国治理改革的时间序列看，改革的路径是要依次建立现代企业制度、现代政府制度、现代社会制度和现代国家制度，相应地先进行公司治理，再进行政府治理、社会治理和国家治理。公司组织作为最为庞大的社会组织形式和最早的治理改革实践者，为治理思维的总结落地、国家治理体系和治理能力的现代化提供了丰富的理论与实践基础。其一，从公司股东的多元性到债权人、员工、供应商、客户、社区等公司利益相关者的多元性，一整套公司治理结构与机制被设计出来并在实践中逐步优化，为多元治理主体表达各自利益诉求（即独立性）、进行公平公开博弈而实现利益均衡（即包容性）提供了契机；其二，在公司治理实践中逐步明确 "治理"与"管理"两种不同的职能，治理强调顶层设计，管理注重具体执行，如同大脑与四肢的关系，在组织内部各司其职、缺一不可；其三，在公司治理运行中，既靠正式制度下的"硬权力"，也靠沟通交流等非正式制度下的"软权力"（即和谐治理）；其四，在公司治理改革过程中，伴随着规则建立、按要求合规并问责、治理事件推动规则完善与新设，螺旋式发展，促使治理制度不断深化。

从企业到公司：推动我国国有企业改革全面进入公司治理新时代。2017 年 7 月，国务院办公厅印发《中央企业公司制改制工作实施方案》（国办发〔2017〕69 号）。这一从"企业"到"公司"的历史转变，证实了深化企业改革的根本逻辑在于真正建立现代企业制度，实现从企业治理向公司治理模式的转型，加快形成有效的公司治理结构与机制和灵活的市场化经营机制。公司治理是现代企业制度的核心，因此深化国企改革就是要全面进入公司治理时代。任何改革都不是一帆风顺的，如果对改革方向认识不清，就可能使改革功败垂成。如果按照行政型治理的改革逻辑，即使改制完成，也只能是造就一批"换汤不换药"的翻牌公司。因此，需要重申进一步深化企业改革的治理逻辑，就是期望改制能够从根本上避免这类问题，从而解决从行政型治理向经济型治理转型的集团障碍，实现国企治理体系和治理能力的现代化。

改革内容：从结构构建、机制健全到有效性提升

中国公司治理改革经历了从结构构建、机制健全到有效性提升的三个阶段。从内部治理发展来看，经历了从股权结构优化到决策、激励、监管机制的发展与完善；从外部治理发展来看，经历了从资本市场治理机制完善到政府治理、社会治理配套公司治理的改革。

从"子公司先行"到"母子共进"：通过混改优化国企股权结构。上市、混改等优化国企股权结构的改革往往都是从子公司试点，好处在于试点先行，但问题在于"母子不协同"，子公司开始运行经济型治理模式，而母公司依旧遵循行政型治理逻辑，造成诸多问题。由"子公司先行"带来的"子快于母"现象，已然成为制约国企通过股权结构优化进而改变传统治理模式的重要障碍，进一步全面深化国企改革需要如全面完成公司制改制一般、将混改推进至母公司即集团层面。由于集团层面混改涉及利益关系复杂、改革成本高和操作难度大，故在推进过程中仍然较为缓慢，不少所谓集团混改只是引入了其他方面国资参股，还谈不上是"混合"所有制，只能叫股权多元化。对于集团层面混改，首先，要通过股权多元化改变"一股独大"下行政型治理模式，各主体要按照现代公司制度进行运作，强化经济型治理，否则混改后仍延续行政型治理逻辑，深化改革便难以推进；其次，推进国有资本投资与运营公司改革，解决国有股权出资人问题；最后，坚持分类治理改革思维，不能为了混改而混改，要避免"假混改"，对于商业类国企可加速推进，对于公益类国企则可慎重推进。

从权力制衡到科学决策：董事会改革、党组织嵌入完善决策机制。从实践来看，"决策失误是最大的腐败"，而董事会正是现代企业制度中的决策核心。"伟大的董事会成就伟大的公司"。在 2005 年宝钢董事会试点建设中，率先启动了以外部董事占多数的规范董事会运作。《关于上市公司独立董事制度改革的意见》（国办发〔2023〕9 号）明确要进一步优化上市公司独立董事制度。但是我们也要清楚看到，当前国有企业股东"一股独大"现象仍然突出，由此导致董事会虚置的问题并弱化了其决策与监督职能。完善国有企业董事会治理需从优化激励方式、完善董事考评问责制度以及国资股东的授权放权入手，发挥董事会决策核心作用。此外，近年来在加强党对国企领导的要求下，党组织发挥领导作用并嵌入公司治理结构等都在进一步完善国企决策机制。"党建入章程"构建中国特色国有公司治理。"双向进入、交叉任职""前置程序"等是党组织参与公司治理的主

要方式。此模式一直存在于国企，先前是"只做不说"，现在"党建入章程"，要的是"既做也说"，这对于完善中国国有公司治理制度，特别是国有公司的决策机制有着重要意义。

从双重身份到身份明确：国企薪酬制度改革等完善高管激励机制。国企高管长期处于官员与经理身份定位不明的问题，容易出现"好处捞两份、空子钻两个"等现象。当前解决这类治理问题又往往容易采取行政型的做法，如在国企高管限薪问题上，现行做法是先强调其行政级别、然后按照官员级别对其进行限薪，这些做法显然不利于国企从行政型治理向经济型治理转变。因为限薪令重新强化了行政人的地位，弱化了经济人的假设，这样既达不到经济型治理的激励，也难以达到其约束效果。此外，针对国企经理人"偷拿"企业收入、实施职务侵占等腐败行为，采取的多是行政型治理模式下的反腐败措施，也取得了很大成效，却进一步强化了行政型治理模式，不但放大了诸如海外经营时意识形态带来的治理风险，也使国企经理人容易滋生"不求有功、但求无过"的想法。近年来，伴随混合所有制改革的深入，国企高管市场化聘任、领取市场化薪酬等改革将逐步明确国企高管作为企业经营者的身份定位，完善其激励机制。

从管资产到管资本：国有资产监管职能转变并关注公司市值管理。《关于转发国务院国资委以管资本为主推进职能转变方案的通知》（国办发〔2017〕38号）提出推进从管资产到管资本的国有资产监管职能转变。我认为，抓住国有资本这个牛鼻子，可以更加灵活地进行资本运作，放大国有资本作用，但前提是按照市场化经济型治理逻辑进行。因为如果不实现治理模式转变，仍是传统治理模式的移植套用，则混改后公司无非就是当前国企的放大版，并不能实现国资监管模式转变所要达到的目的。另外，国资监管机构还要做好市值管理工作，在国有资本资产证券化的时代，关注市值才能使资本运作更加有效。

从"大小非"到"全流通"：为经济型治理的建立奠定了市场基础。由于历史原因，在我国资本市场上曾同时存在着流通股与非流通股，即股权分置这一中国证券市场所独有的现象。2005年启动的股权分置改革（股改），将上市公司中大量不流通的股份全部变为流通股份，解决了长期由于股权分置导致的大量公司治理问题，是中国证券市场成立以来影响最为深远的治理改革举措。这一改革使得中国上市公司治理真正具备了从行政型治理向经济型治理转型的条件。

从核准制到注册制：市场监管模式和信息披露制度经历深刻转变。推进注册制改革就是要重新界定政府与市场的关系，将政府面面俱到的管理职能转变为顶层设计决策与监管的治理职能，把选择权更多地交给市场。2023年2月，证监会全面实行股票发行注册制改革正式启动。股票发行注册制对上市公司的信息披露提出了更高要求。我国上市公司信息披露水平虽然总体呈现上升趋势，但近年来有所停滞，中小板、创业板上市公司信息披露水平有所起伏，这表明信息披露制度建设的长期性和改革的必要性。《国务院关于进一步提高上市公司质量的意见》（国发〔2020〕14号）明确指出要提高上市公司信息披露质量。由此，为配套注册制改革，首先就要进行信息披露制度改革。在顶层设计层面完善信息披露相关治理规则体系，加大对信息披露造假的处罚力度，发挥中介机构作用，重视董秘队伍建设，倒逼上市公司自身的治理转型。

从"演习"到"实战"：市场化并购等推进外部治理机制的健全。长期以来，我国公司治理水平的提升受限于相对滞后的外部治理，以往企业间特别是国企间的并购、控制权转移等行为多在行政干预下完成，外部治理习惯于这种行政安排的"演习"。而近年来多个公司治理案例是"实战"，推进了外部治理机制的真正健全。

从外部滞后到协同发展：需实施政府治理、社会治理的配套改革。仔细审视这些年来公司治理改革的诸多攻坚难点，如企业去行政化、去官员身份、党组织与法人治理结构的关系以及如何分离应由社会组织承担的职能等，多受制于政府治理和社会治理等外部环境改革的滞后。因而，要破解当前的难题，不能仅就公司治理改革而谈治理改革，还需急迫推动政府治理、社会组织治理等相关配套改革，以防止公司治理转型改革的停滞或倒退。

改革方式：从本土治理实践到跨国治理能力培育

中国公司治理在"走出去"与"引进来"的过程中，不断推动治理改革的开放化。在加快开放化的新时代，更要通过不断深化开放、构建与国际接轨的公司治理规则体系，来提升治理能力。

从"事件推动"到"规则引领"：构建与国际接轨的治理规则体系。由于长期以来治理规则或标准的滞后，使得近年来中国公司治理呈现出治理"事件推动"发展的方式，治理事件发生才进行零打碎敲、修修补补式或者喊话式的规则出台。因此，中国公司治理规则体系只有不断与时俱进、与国际接轨，才能有效引领公司治理改革和发展实践。中国企业"走出去"面临诸多跨国治理风险，如海外上市制度差异、海外股东诉讼不断、海外并购受阻受损、海外合规学费高昂等。跨国治理风险源于制度落差带来的治理风险，但正是在应对这些挑战的过程中，中国企业的规则意识、合规意识、运用规则意识在不断增强，治理能力在不断提升。

从正面清单到负面清单：新规则体系提高公司治理的对外开放度。2019 年《外商投资法》（中华人民共和国主席令第 26 号）通过，为新时代我国利用外资提供了基础性法律，准入前国民待遇加负面清单管理制度、确定外资在华公平竞争环境等的提出，也标志着中国公司治理对外开放程度有了新的提升。中国公司更要合理运用治理规则、公平博弈，提升自身治理能力。

改革标准：从传统公司治理到新时代下新型治理

移动互联技术的迅速发展极大改变了公司治理的手段，改变了多主体参与治理的成本和能力，网络治理应运而生，并出现"管理落后于技术，治理落后于管理"的现象；而绿色发展观的提出，也将自然这个重要的利益相关者纳入公司治理范畴，极大修正了传统公司治理目标，这些新要求催生了新时代下新型治理的提出与发展。

从公司治理到网络治理：新制度设立顺应智力资本参与治理需要。移动互联时代到来，智力资本越发成为网络高技术企业的重要资源，相应出现公司治理由传统"垂直型"（股东大会—董事会—经理层）向"扁平化"（股东大会—董事会、经理层）转变，由此产生合伙人制下"控制权优先股"等传统股权中控制权与收益权偏离的新要求。我国香港交易所较早允许 AB 股制度，2019 年正式开市的科创板也引入此类制度，2023 年重新修订的《公司法》（中华人民共和国主席令第 15 号）允许公司发行每一股的表决权数多于或者少于普通股的股份，标志着"同股不同权"制度在我国境内正式设立。但是，我们也要在实践中持续关注这一突破内地资本市场原有制度框架之举可能带来的风险。

从公司治理到绿色治理：绿色治理理念提出和绿色治理准则落地。绿色发展理念已逐渐为世界所普遍认同，当前绿色发展面临的主要问题是欠缺在治理层面统领协调各主体绿色发展行为的顶层设计，也缺少将绿色发展理念与实践进行衔接的指引性标准。2017年南开大学中国公司治理研究院发布全球首份《绿色治理准则》，并于 2018 年起逐年开展中国上市公司绿色治理评价工作。在绿色治理理念日益普及的背景下，应尽快建立健全公司绿色治理（ESG）相关制度规定。

郝臣博士、副教授是我担任主持人的中国上市公司治理评价课题组的核心成员，近年来一直负责中国上市公司治理指数（CCGI[NK]）的合成与总体分析相关工作，也是 2004－2022 年各年《中国上市公司治理评价研究报告》的作者之一。《中国保险机构治理指数研究——暨中国保险机构治理发展报告 2016－2022》一书是郝臣博士在保险机构治理研究领域又一重要研究成果。该书在考虑保险机构治理特殊性的基础上，借鉴参考了中国上市公司治理指数相关的经验，导入了公司治理评价领域前沿方法，推出了我国首套基于公开信息的保险机构治理评价系统，并基于中国保险机构治理指数及其分指数对我国保险机构治理质量进行了全面、系统和动态的分析。可以说，《中国保险机构治理指数研究——暨中国保险机构治理发展报告 2016－2022》是公司治理评价领域专门针对保险行业的首创性和原创性学术著作，实现了保险机构治理研究领域从"碎片化"到"整合化"的跨越式发展，即从关注保险机构治理的某一方面拓展到关注保险机构治理的整体状况。

2020 年我受《董事会》杂志邀请，撰写了《中国公司治理改革逻辑与趋势》一文，该文重点分析了中国公司治理制度改革的"四化"趋势，我国保险机构治理改革与发展同样遵循"四化"规律。因此将该文作为《中国保险机构治理指数研究——暨中国保险机构治理发展报告 2016－2022》一书的推荐序，原文略有修改，与各位共勉。相信该书的出版将会推动我国保险机构治理现代化的进程，为监管机构和行业协会的监管与自律管理提供借鉴，为保险机构完善公司治理提供参考。

中国公司治理改革与发展任重道远，只要我们把握正确的改革路径、推进内外部制度改革内容的深化、坚持与国际接轨开放的改革方式、导入顺应时代的改革标准，就能不断推动中国公司治理的现代化，造就更多伟大的中国公司，其中也包括伟大的中国保险公司！

李维安

南开大学讲席教授

南开大学中国公司治理研究院院长

2024 年 1 月 25 日

于南开园

中国金融业发展史是一部金融治理史

作者序

行业起步与治理主体的建立：1948—1978

1948 年 12 月 1 日，中国人民银行在石家庄成立，正式发行第一套人民币，标志着新中国金融业的起步，之后我国参考苏联模式建立起高度集中的国家银行体系，即"大一统"的中国人民银行体系，这一体系一直持续到 1978 年。1949 年，中国银行成为国家指定的外汇外贸专业银行，是在人民银行领导下的人民银行"大一统"银行体系中的外汇业务工作部门。

1949 年 10 月 20 日，新中国第一家全国性保险机构即中国人民保险公司在北京成立，中国保险事业掀开了新的篇章。1951 年 7 月 10 日，中国农业银行的前身——农业合作银行成立，这是新中国成立后的第一家专业银行、第一家国有商业银行，承担金融服务新中国农村经济社会恢复与发展的职责。1952 年 7 月，农业合作银行与中国人民银行合并，职能并入人民银行。1955 年 3 月，按照为农业合作化提供信贷支持的要求，正式以"中国农业银行"名称建立。1957 年 4 月，中国农业银行与中国人民银行再次合并。

1962 年 6 月 13 日，中共中央、国务院发布《关于改变中国人民银行在国家组织中地位的通知》，该文件指出，中国人民银行是国家管理金融的行政机关，是国家办理信用业务的经济组织，授权它在全国实行现金管理、信贷管理和信贷监督的职能。为了使中国人民银行更好地发挥银行在国民经济中的积极作用，该通知规定中国人民银行总行由当时的国务院直属机构改为同国务院所属部委居于同样的地位。1963 年 11 月，根据统一管理国家支援农业资金的要求，中国农业银行再次成立，作为国务院直属机构。1965 年 11 月，中国农业银行与中国人民银行第三次合并。至此，中国农业银行与中国人民银行"三分三合"。

"一五"计划期间，以建设 156 项重点工程为主的大规模经济建设在全国陆续展开，为管理好巨额建设资金，中国建设银行前身——中国人民建设银行于 1954 年 10 月 1 日成立。中国人民建设银行在 1954—1979 年期间主要承担经办国家基本建设投资的拨款，并管理和监督使用国家预算内基本建设资金和部门、单位自筹基本建设资金的任务，实质上并非真正意义上的商业银行。

由于计划经济的影响，我国 1978 年之前的金融产品相对单一，债券市场虽然早在 1950 年就开始起步，但中间经历了 1959—1980 年二十余年的"空白"期，股市直到改革开放后才开始萌生，因此 1978 年之前我国金融业发展总体滞后。

混业监管与金融市场的提出：1978-1992

伴随宏观经济体制改革，中国金融业也从 1978 年开始进行系列改革。1979 年 2 月 23 日，国务院发布《关于恢复中国农业银行的通知》，中国农业银行第四次恢复建立，打破了"大一统"的金融体制格局。1979 年，中国银行从中国人民银行分离出来并恢复为独立金融机构，中国人民建设银行从财政部独立出来并恢复建制，逐渐承担了更多商业银行的职能。1979 年 3 月 13 日，国务院批准设立了国家外汇管理总局，与中国银行一个机构、两个牌子，并赋予它管理全国外汇的职能。

1979 年 4 月 25 日，根据国务院批示，中国人民银行印发《关于恢复国内保险业务和加强保险机构的通知》（中国人民银行〔79〕银保字第 16 号），决定逐步恢复停滞 20 年的国内保险业务，以适应现代化建设的需要。1979 年 11 月 9 日至 27 日，中国人民银行组织召开全国保险工作会议，这是 1959 年停办国内保险业务后的第一次"全保会"。

1982 年 8 月，国家外汇管理总局更名国家外汇管理局，并与中国银行分离，中国银行成为国家外汇专业银行。1983 年 9 月 17 日，国务院发布了《关于中国人民银行专门行使中央银行职能的决定》（国发〔1983〕146 号），决定由中国人民银行专门行使中央银行职能，不再兼办工商信贷和储蓄业务，以加强信贷资金的集中管理和综合平衡，更好地为宏观经济决策服务；同时决定成立中国工商银行，承担原来由人民银行办理的工商信贷和储蓄业务。中国工商银行于 1984 年 1 月 1 日成立，从此中国人民银行开始专门行使中央银行职能。中国工商银行与 1979 年恢复的中国农业银行、中国银行、中国人民建设银行构成了我国四大专业银行，至此我国建立并初步发展了专门的专业银行体系。

1985 年 3 月，国务院颁布《保险企业管理暂行条例》（国发〔1985〕33 号），保险市场结构从中国人民保险公司一家垄断进入多主体发展阶段。1986 年 1 月 7 日，国务院发布《中华人民共和国银行管理暂行条例》，指出中国人民银行依法对金融机构进行登记、核发经营金融业务许可证和办理年检，这是我国第一部有关金融监管的行政法规。1986 年 7 月 24 日，为适应中国经济体制改革和发展，作为金融改革的试点，国务院批准重新组建交通银行，使其成为新中国成立后第一家股份制商业银行；1987 年 4 月 1 日，重组后的交通银行正式对外营业。这一阶段，中国人民银行作为全能的金融监管机构，对金融业采取统一监管的模式。

1987 年 4 月 11 日，第六届全国人民代表大会第五次会议关于《政府工作报告》的决议首次提到了"金融市场"这一概念，提出要发挥金融市场筹集调集资金、引导资金流向和提高资金使用效益的作用，而在此之前的文件中多用"资金市场"这一概念，这对日后中国金融业的发展发挥了重要作用，但报告中没有提及"资本市场"。1987 年刘鸿儒在著作《中国金融体制改革问题研究》一书中系统阐述了中国金融改革理论和实践的形成过程，提出了发展短期资本市场和长期资本市场的具体改革框架。1988 年 3 月 21 日，经过中国人民银行批准，平安保险公司成立，这是我国第一家股份制、地方性保险企业。1991 年 4 月 3 日，深圳发展银行上市并拉开了后续股份制银行上市融资的大幕，

2012 年 7 月 27 日更名为平安银行。

分业监管与金融体制的改革：1992－1997

1992 年 10 月，国务院决定将证券监管职能从中国人民银行分离出来，于 1992 年 10 月 26 日成立国务院证券委员会和 1992 年 10 月底成立中国证监会，依法对证券市场进行统一监管，这一举措是我国分业经营、分业监管的起点，也标志着我国证券市场统一监管体制开始形成。

我国金融业从 1993 年开始加快了改革的步伐，朝着现代金融市场和金融机构体系目标努力。中国共产党第十四届中央委员会第三次全体会议于 1993 年 11 月 14 日通过《中共中央关于建立社会主义市场经济体制若干问题的决定》首次使用"资本市场"这一概念，并指出资本市场要积极稳妥地发展债券、股票融资。

1993 年 12 月 25 日，国务院发布《关于金融体制改革的决定》（国发〔1993〕91 号），提出要对金融体制进行全面改革。该文件明确提出金融体制改革的目标：第一，建立在国务院领导下，独立执行货币政策的中央银行宏观调控体系；第二，建立政策性金融与商业性金融分离，以国有商业银行为主体、多种金融机构并存的金融组织体系；第三，建立统一开放、有序竞争、严格管理的金融市场体系。该文件还指出，深化金融体制改革，首要的任务是把中国人民银行办成真正的中央银行，把国家专业银行办成真正的国有商业银行。关于保险业，该文件强调保险体制改革要坚持社会保险与商业保险分开经营的原则，坚持政企分开。政策性保险和商业性保险要分别核算，把保险公司办成真正的保险企业，实现平等有序的竞争。保险业要逐步实行人身险和非人身险分别经营；发展一些全国性、区域性、专业性的保险公司；成立再保险公司；采取多种形式逐步发展农村保险事业。要适当扩大保险企业资金运用的范围和自主权，适当提高保险总准备金率，以增强保险企业的经济实力。要建立保险同业公会，加强行业自律管理。

1994 年，随着《国务院关于组建中国进出口银行的通知》（国发〔1994〕20 号）、《国务院关于组建国家开发银行的通知》（国发〔1994〕22 号）、《国务院关于组建中国农业发展银行的通知》（国发〔1994〕25 号）的发布，中国进出口银行、国家开发银行、中国农业发展银行三大政策性银行先后正式成立并对外营业，对商业银行起到了减压减负的作用；目前很多文件多将国家开发银行定位为开发性金融机构而非政策性金融机构。1994 年 7 月 1 日《中华人民共和国公司法》正式实施；1995 年，《中国人民银行法》《中华人民共和国商业银行法》和《中华人民共和国保险法》正式实施。1995 年 5 月 4 日发布和实施的《建设部建立现代企业制度试点工作程序》（建法〔1995〕249 号）是所有部门规章文件中首次提及"法人治理结构"一词的文件。此文件的中的"法人治理结构"也就是今天的公司治理①。后续很多文件多使用"公司治理结构"一词，与"法人治理结构"一词的内涵一样，均是指"公司治理"；直到 2000 年以后，"公司治理"一词开始逐渐在文件中普及使用，当然，因行文习惯等原因，目前还有少数文件甚至学术文献仍然使用"法人治理结构"或"公司治理结构"。

1996 年 1 月 12 日，中国民生银行成立，这是我国第一家主要由民营企业投资的全国性股份制商业银行。1996 年 3 月 26 日，中国人民建设银行正式更名为中国建设银行。1996 年 8 月 22 日，国务院发布《关于农村金融体制改革的决定》（国发〔1996〕33 号），提出了进一步深化农村金融体制改革的五个方面的内容，中国农业银行不再领导和管理农村信用社，开始进入向国有商业银行真正转变的新的历史时期。在行政法规文件当中，1996 年 9 月 2 日公布的《国务院办公厅转发国务院证券委员会〈关于 1996 年全国证券期货工作安排意见〉的通知（国办发〔1996〕37 号）》，指出"要积极帮助上市公司完善章程，健全法人治理机构"，该文件是首次提及"法人治理结构"一词的行政法规文件。1996 年 12 月 1 日，我国成为国际货币基金组织（International Monetary Fund，缩写为 IMF）第八条款接受国，实行人民币经常项目下的可兑换。

工作会议与金融治理的推进：1997-2023

全国金融工作会议是我国金融领域最高规格的会议，自 1997 年以来每五年召开一次，会议的主要内容为总结过去金融工作的成绩与问题，明确金融发展形势，研究制定下一阶段金融工作的方向与措施。通过梳理历届会议内容，可以清晰感受到我国金融业的发展脉搏以及以治理为主线的发展思路。

第一次金融工作会议于 1997 年 11 月 17 日在北京召开。这次会议是十五大之后，中共中央和国务院召开的第一次全国性会议。中共中央总书记、国家主席江泽民，中共中央政治局常委、国务院副总理朱镕基到会作重要讲话，中共中央政治局常委胡锦涛、李岚清出席会议。会议指出，金融是现代经济的核心。进一步做好金融工作，保证金融安全、高效、稳健运行是国民经济持续快速健康发展的基本条件。会议指出，要解决国有

---

① 早期不同学者关于公司治理理解的视角或者侧重点不同，于是就形成了公司治理的各类"学说"。例如，股东利益保护说的代表施莱弗和维什尼（Shleifer & Vishny，1997）提出公司治理的中心问题是保证资本供给者（股东和债权人）的利益，郎咸平（2004）进一步指出公司治理就是保护中小股东的利益。结构说的代表吴敬琏等（1993、1994）认为公司治理是指由所有者、董事会和高级执行人员即高级经理人员三者组成的一种组织架构。制度安排说的代表钱颖一（1995）将公司治理看作是用以支配若干在公司中有重大利害关系的团体——投资者（股东和贷款人）、经理人和职工之间关系的一套制度安排。而产权说的代表张维迎（1996）则认为广义的公司治理与企业所有权安排几乎是同一个意思，或者更准确地讲，公司治理只是企业所有权安排的具体化，企业所有权是公司治理的一个抽象概括。利益相关者说的代表杨瑞龙和周业安（1998、2000）强调企业不仅要重视股东利益，而且要重视其他利益相关者的利益，同时通过一定的机制来保证利益相关者的利益；李维安于 2001 年在其著作《公司治理》中指出，所谓公司治理是指通过一套包括正式或非正式的、内部的或外部的制度或机制来协调公司与所有利益相关者之间的利益关系，以保证公司决策的科学化，从而最终维护公司各方面的利益的一种制度安排，该定义被很多政策法规文件和学术文献所引用。

银行不良贷款率高的问题；设立中共中央金融工作委员会①，完善金融系统党的领导体制；强调分业监管；建立与社会主义市场经济发展相适应的金融机构体系、金融市场体系和金融调控监管体系。会后，1998 年 4 月，根据国务院机构改革方案，决定将国务院证券委与原中国证监会合并组成国务院直属正部级事业单位现中国证监会。1998 年 11 月 18 日中国保监会成立，原中国人民银行行使的保险监管权交由该会行使，我国分业金融监管体制进一步完善。此时央行负责银行、信托公司、财务公司等的监管。1998 年 12 月 29 日，《中华人民共和国证券法》经由第九届全国人大常委会第六次会议审议通过，并于 1999 年 7 月 1 日正式施行。1999 年 9 月 22 日公布和实施的《中共中央关于国有企业改革和发展若干重大问题的决定》是我国党内法规制度中第一个提及"法人治理结构"的文件，并指出法人治理结构是公司制的核心，该文件对于日后我国公司治理实践的发展和深入具有举足轻重的作用。至此，我国金融监管格局从"一行一委一会一局"（中国人民银行、国务院证券委、中国证监会、国家外汇管理局）过渡到了"一委一行两会一局"（中央金融工作委员会、中国人民银行、中国证监会、中国保监会、国家外汇管理局）。可以理解为，第一次全国金融工作会议的重点是"规范"，经过系列改革，我国金融秩序明显好转，金融市场在规范中发展壮大，有力支持了国民经济稳定增长，成功经受了亚洲金融风暴的冲击。

第二次全国金融工作会议于 2002 年 2 月 5 至 7 日在北京召开。中共中央政治局常委、国务院总理温家宝出席会议并作重要讲话。会议强调，加强监管是金融工作的重中之重。加强金融监管，防范金融风险，保持金融稳定，是顺利推进金融改革和发展的基础，是贯彻执行国家宏观调控政策的必要条件，是维护国家经济安全的重要保证。会议提出，金融监管的目标是依法维护金融市场公开、公平、有序竞争，有效防范系统性风险，保护存款人、投资者和被保险人的合法权益。会议强调，银行、证券、保险等监管机构要依法履行监管职责，充实监管力量，转变监管理念，切实把工作重心从审批事务转移到对金融企业和金融市场的监管上来；必须从健全监管法规、严格监管制度、改进监管方式、强化监管手段、完善监管体制等方面，全面提高金融监管水平。会议提出，必须把银行办成现代金融企业，在加入世界贸易组织（WTO）的背景下，推动国有银行股改上市，增强我国金融业的竞争力。关于保险业，会议指出，要加快国有独资保险公司股份制改革步伐，完善法人治理结构，切实转换经营机制，引进国外先进技术和管理经验，增强经营活力和竞争能力。可见，本次会议的重点是加强金融监管、推动国有独资商业银行股份制改革和加强社会信用制度建设，基本延续了第一次会议的改革思路，并进一步巩固实施。在前一次会议设立的中国证监会和中国保监会的基础上，此次会议成立了中国银监会（主要监管银行、金融资产管理公司、信托投资公司及其他存款类金融机构），业内所谓的"一行三会"（中国人民银行、中国证监会、中国保监会、中国银

---

① 1998 年 6 月，中央金融工作委员会成立，温家宝兼任中央金融工作委员会书记。其职责是：领导金融系统党的建设工作，保证党的路线、方针、政策和党中央、国务院的有关指示、决定在金融系统贯彻落实，协助中央组织部做好金融系统中央管理干部的管理工作，监督金融系统各级领导班子和领导干部贯彻执行党的路线、方针、政策和遵纪守法、清正廉洁，协调各金融机构党委之间以及各金融机构党委与地方党委的关系。2003 年 3 月，中共中央决定，撤销中央金融工作委员会；时隔 20 年，2023 年 3 月根据《党和国家机构改革方案》再组建中央金融工作委员会。

监会）的分业监管格局正式形成；为与新的金融监管体制相适应，撤销了中央金融工委。2003 年 11 月 6 日，备受关注的内地金融机构海外上市第一股——中国人保财险股份有限公司（股票名称：中国财险；股票代码：2328）正式在我国香港联交所上市，由此成功拉开了内地金融企业进军境外资本市场的序幕。2003 年 12 月 16 日，中央汇金投资有限责任公司成立，代表国家行使对重点金融企业出资人的权利和义务；2007 年 9 月 29 日，经国务院批准，中国投资有限责任公司宣告成立，中央汇金投资有限责任公司成为其全资子公司；中国国际金融股份有限公司（一般简称"中金公司"，成立于 1995 年 6 月 25 日，是我国内地第一家中外合资的证券公司，于 2015 年 11 月 9 日在我国香港联交所主板上市）则是中央汇金投资有限责任公司控股子公司，最初的两大股东中国建设银行和摩根士丹利都已不再持有中金公司股权。2004 年 1 月 31 日，《国务院关于推进资本市场改革开放和稳定发展的若干意见》（国发〔2004〕3 号）颁布，该文件也被称为"国九条"，这是自 1992 年 12 月 17 日《国务院关于进一步加强证券市场宏观管理的通知》（国发〔1992〕68 号）下发以来，作为中国最高行政机构的国务院首次就发展资本市场的作用、指导思想和任务进行的全面明确阐述。2004 年 10 月 25 日，中国保监会和中国证监会联合颁布了《保险机构投资者股票投资管理暂行办法》（中国保险监督管理委员会、中国证券监督管理委员会第 12 号令），酝酿已久的保险资金直接入市政策终于水落石出，这是保险监管部门积极落实"国九条"的一项重大举措。2006 年《国务院关于保险业改革发展的若干意见》（国发〔2006〕23 号）发布，该文件也被业内称为保险业"国十条"，是促进保险业发展的指导性文件，也是新中国成立以来第一次以国务院名义下发的专门针对保险业的文件，其内容几乎覆盖了保险业发展的所有关键问题，对促进保险业改革发展具有里程碑式的重要意义。2006 年 1 月 5 日，原中国保监会发布《关于规范保险公司治理结构的指导意见》（保监发〔2006〕2 号），引入保险公司治理监管，推动形成以偿付能力、公司治理、市场行为监管三支柱的现代保险监管框架。

第三次全国金融工作会议于 2007 年 1 月 19 至 20 日在北京召开。此次会议召开正逢美国次贷危机的"前夜"。温家宝在会议上指出，"当前金融领域仍存在不少矛盾和问题，主要是金融体系不健全，金融结构不合理，金融企业公司治理和经营机制不完善，国际收支不平衡加剧，金融风险隐患还不少。对此，必须高度重视，采取有力措施加以解决"。会议提出了六个方面的要求：一是继续深化国有银行改革，加快建设现代银行制度；二是加快农村金融改革发展，完善农村金融体系；三是大力发展资本市场和保险市场，构建多层次金融市场体系；四是全面发挥金融的服务和调控功能，促进经济社会协调发展；五是积极稳妥推进金融业对外开放；六是提高金融监管能力，强化金融企业内部管理，保障金融稳定和安全。关于保险业，温家宝指出，要"进一步推进保险业改革发展，拓宽保险服务领域，提高保险服务水平，增强防范风险意识和能力"。可见，第三次会议是对第二次会议相关改革措施的补充完善，是"查漏补缺"的继续。2007 年 3 月 20 日，由中国邮政集团公司组建的中国邮政储蓄银行在北京挂牌成立，至此我国六大国有商业银行正式"集齐"。

第四次全国金融工作会议于 2012 年 1 月 6 至 7 日在北京召开。温家宝在会上指出，"近年来，我们坚定不移地继续推进和完成一系列具有里程碑意义的重大金融改革，我国金融业发生了新的历史性变化"。同时指出，"我国金融领域还存在一些突出问题和潜在风险。金融机构经营方式总体粗放，公司治理和风险管理仍存在不少问题，农村金融和中小金融机构发展相对滞后，金融监管能力有待提升，信贷政策与产业政策结合得还不够紧密，对实体经济的支持还不够及时有力。特别要看到，国际金融危机没有结束，我们必须增强忧患意识、责任意识，居安思危，努力把金融工作提高到一个新水平"。在流动性过剩和资金脱实向虚的背景下，会议提出，一方面要坚持金融服务实体经济的本质要求，确保资金投向实体经济，有效解决实体经济融资难、融资贵问题；另一方面要加强和改进金融监管，切实防范系统性金融风险，银行业要建立全面审慎的风险监管体系。关于保险业，陈雨露和马勇（2013）认为，在一国金融体系的发展过程中，只有沿着实体经济需求的路径并能够更好地发挥金融体系功能的金融结构，才会实现金融与实体经济和谐统一、金融效率与金融稳定共同提升的局面，任何超越经济发展阶段或脱离"国家禀赋"特征的金融体系结构都将是不稳定和低效率的。温家宝指出，"保险业要加强偿付能力监管，完善分类监管制度"。第四次会议关注的重点较第三次会议有所扩展和转变，改革步伐加快。2013 年 5 月 14 日，中国保监会发布《中国第二代偿付能力监管制度体系整体框架》，明确了"偿二代"的总体目标，确立了"三支柱"框架体系，制定了"偿二代"建设的若干基本技术原则。2013 年 8 月 15 日，国务院批复建立由中国人民银行牵头，中国银监会、中国证监会、中国保监会和国家外汇管理局参加的金融监管协调部际联席会议制度，积极防范跨行业、跨金融市场的监管套利。2014 年，《国务院关于加快发展现代保险服务业的若干意见》（国发〔2014〕29 号）发布，保险业新"国十条"的发布标志着我国以"顶层设计"形式明确了保险业在社会经济中的地位，明确了中国要努力由保险大国向保险强国转变的目标。《国务院关于进一步促进资本市场健康发展的若干意见》（国发〔2014〕17 号）发布，该文件亦称保险业新"国十条"，明确了今后较长一段时期资本市场发展的指导思想、基本原则、主要任务和具体措施，提出到 2020 年基本形成结构合理、功能完善、规范透明、稳健高效、开放包容的多层次资本市场体系。

第五次全国金融工作会议于 2017 年 7 月 14 至 15 日在北京召开。中共中央总书记、国家主席、中央军委主席习近平出席会议并发表重要讲话。习近平强调，"金融是实体经济的血脉，为实体经济服务是金融的天职，是金融的宗旨，也是防范金融风险的根本举措""要完善现代金融企业制度，完善公司法人治理结构，优化股权结构。建立有效的激励约束机制，避免短视化行为。完善风险管理框架，强化风险内控机制建设，推动金融机构真实披露和及时处置风险资产。加强外部市场约束，增强会计、审计等机构自律性、公正性和专业化水平"。关于保险业，习近平指出，"要促进保险业发挥长期稳健风险管理和保障的功能"。本次会议在第四次会议基础上进一步拓展并全面深化改革：由于经济发展方式转型和金融风险积聚，会议明确了服务实体经济、防控金融风险、深化金融改革三项任务；强调回归本源、优化结构、强化监管和市场导向四大原则。会后成立国务院金融稳定发展委员会、中国银保监会（2018 年 4 月 8 日挂牌），我国金融监管形成"一委一行两会两局"（国务院金融稳定发展委员会、中国人民银行、中国证监会、中国银保监会、国家外汇管理局、地方监管局）的格局。2020 年 10 月，《国务院关于进一步提高上市公司质量的意见》（国发〔2020〕14 号）发布，将提高上市公司治理水平作为提高上市公司质量六个方面之首。

中央金融工作会议于 2023 年 10 月 30 日至 31 日在北京召开。本次会议相当于第六次全国金融工作会议，从"全国金融工作会议"升级为"中央金融工作会议"，主要源于 2023 年 3 月党和国家机构改革方案的落地，也突出了当前党对金融工作的核心领导地位。中共中央总书记、国家主席、中央军委主席习近平出席会议并发表重要讲话。会议指出，加强党中央对金融工作的集中统一领导，是做好金融工作的根本保证。会议强调，金融是国民经济的血脉，是国家核心竞争力的重要组成部分，要加快建设金融强国，全面加强金融监管，完善金融体制，优化金融服务，防范化解风险，坚定不移走中国特色金融发展之路，推动我国金融高质量发展，为以中国式现代化全面推进强国建设、民族复兴伟业提供有力支撑。会议首次提出了"金融强国"的概念，足见中央对金融领域的重视。会议强调，要清醒看到，金融领域各种矛盾和问题相互交织、相互影响，有的还很突出，经济金融风险隐患仍然较多，金融服务实体经济的质效不高，金融乱象和腐败问题屡禁不止，金融监管和治理能力薄弱。会议提出，要健全法人治理，完善中国特色现代金融企业制度。关于保险业，会议强调发挥保险业的经济减震器和社会稳定器功能。随着国家金融监督管理总局在 2023 年 5 月 18 日揭牌成立，我国金融监管正式进入"两委一行一总局一会两局"（中央金融委员会、中央金融工作委员会、中国人民银行、国家金融监督管理总局、中国证监会、国家外汇管理局、地方监管局）的新格局。2023 年 11 月 10 日，国家金融监督管理总局"三定"方案公布，内设财产保险监管司（再保险监管司）、人身保险监管司、公司治理监管司等 27 个正司局级机构。

通过对上述 1997 年至 2023 年期间召开的六次金融行业重要会议精神的学习，不难看出，党和国家非常重视金融业的健康和可持续发展。2023 年，中央金融委员会办公室和中央金融工作委员会在《求是》第 23 期上发表文章《坚定不移走中国特色金融发展之路》，指出加快建设金融强国，增强金融高质量发展动力，必须用好改革这个关键一招，着力建设中国特色现代金融体系；要以金融体系结构调整优化为重点，完善机构定位，强化市场规则，健全法人治理，推动金融供给侧结构性改革走深走实；加快形成科学稳健的金融调控体系、结构合理的金融市场体系、分工协作的金融机构体系、完备有效的金融监管体系、多样化专业性的金融产品和服务体系以及自主可控安全的金融基础设施体系，全面提升金融供给体系的适应性、竞争力和普惠性。

通过对"5+1"次金融工作会议的梳理可以发现，随着我国金融实践的发展和深入，相应的治理活动贯穿于行业发展的各个方面，具体来说：第一，进行了相应的顶层设计，例如混业与分业经营与监管、强调党对金融工作的核心领导地位等；第二，开展金融监管改革，例如监管目标的确定、监管格局的调整、新的监管制度的导入等；第三，推进金融机构治理建设，例如建立法人治理结构、推出机构治理准则、健全法人治理等。伴随金融治理活动的开展和相应治理机制的建立，我国金融治理能力得到显著提升。

金融强国与治理质量的提高：2023 年至未来

金融强国一定是宏观上一个国家金融治理能力足够强和微观上一个国家的金融机

构治理质量足够高。本人在前期研究的基础上，尝试界定了"金融治理"这一概念。所谓金融治理（Finance Governance）是指为了实现金融的健康和可持续发展、更好地服务实体经济的目标而做出的关于金融发展的重大事项和问题的前瞻性和应急性的制度安排（郝臣、李艺华、崔光耀、刘琦和王萍，2019[①]；郝臣，2020[②]；郝臣，2022[③]；郝臣，2023[④]）。顶层设计是金融治理的关键，金融监管是金融治理的核心，金融机构治理则是金融治理的基础。完善公司治理是金融企业改革的重中之重（郭树清，2022），保险机构治理则是金融机构治理的重要组成部分。

《中国银保监会关于推动银行业和保险业高质量发展的指导意见》（银保监发〔2019〕52 号）明确提出我国银行保险业的阶段发展目标，即到 2025 年：第一，机构体系上，实现金融结构更加优化，形成多层次、广覆盖、有差异的银行保险机构体系；第二，治理质量上，公司治理水平持续提升，基本建立中国特色现代金融企业制度；第三，金融产品上，个性化、差异化、定制化产品开发能力明显增强，形成有效满足市场需求的金融产品体系；第四，市场发展上，信贷市场、保险市场、信托市场、金融租赁市场和不良资产市场进一步健全完善；第五，金融监管上，重点领域金融风险得到有效处置，银行保险监管体系和监管能力现代化建设取得显著成效。

公司治理质量是公司高质量发展的重要方面。公司治理评价是以指数的形式对公司治理质量的客观反映。公司治理评价既是治理理论研究的前沿问题，也是治理实务界关注的焦点。公司治理评价不仅为建立健全公司治理结构，优化公司治理机制提供科学参考，同时也为公司治理理论科学性提供了检验标准。在保险业高质量发展和治理能力现代化的背景下，保险机构治理质量备受关注。需要说明的是，保险机构治理评价不能直接采用或"拷贝"已有的一般公司治理评价系统，而应在考虑保险机构治理特殊性的基础上，设计出保险机构治理评价系统。目前已有的公司治理评价研究成果多针对上市公司，因此保险机构治理评价的指标设计、标准建立、模型构建等有待研究。

本书写作初衷与四个显著特点

正是依托我国金融业目前所处的发展阶段和所确立的发展目标，同时考虑公司治理理论界研究所取得的进展，本人带领南开大学中国保险机构治理评价课题组基于公司治理原始数据对保险业治理状况展开分析，在南开大学人文社会科学年度发展报告的支持下，出版了行业首部保险公司治理发展报告《中国保险公司治理发展报告 2018》[⑤]，之后完成《中国保险公司治理发展报告 2019》[⑥]。同时，在积累一定行业治理数据的基础上，课题组从公司治理评价视角研究我国保险机构治理质量，决定借用指数这一手段来

① 郝臣，李艺华，崔光耀，刘琦，王萍. 金融治理概念之辨析与应用——基于习近平总书记 2013-2019 年 567 份相关文件的研究[J]. 公司治理评论，2019（01）：69-89.

② 郝臣. 中国金融治理：体系构成与能力提升[EB/OL]. 搜狐 https://www.sohu.com/a/392331177_620823，2020-04-30.

③ 郝臣. 我国中小型保险机构治理研究[M]. 天津：南开大学出版社，2022.

④ 郝臣. 金融机构治理手册[M]. 北京：清华大学出版社，2023.

⑤ 郝臣. 中国保险公司治理发展报告 2018[M]. 天津：南开大学出版社，2019.

⑥ 郝臣. 中国保险公司治理发展报告 2019[M]. 天津：南开大学出版社，2020.

完成各年公司治理发展报告，因此本书的书名界定为《中国保险机构治理指数研究》，副标题为"暨中国保险机构治理发展报告 2016—2022"，并将在以后坚持逐年出版年度中国保险机构治理发展报告，《中国保险机构治理发展报告 2023》一书的大纲设计和数据整理工作已经开始启动，预计在 2024 年下半年完成和出版。

南开大学中国保险机构治理评价课题组在保险机构治理评价方面开展了大量的前期研究工作，主要包括三大方面：

第一，评价理论与基础研究，具体包括保险公司治理领域研究文献综述（张扬、郝臣和李慧聪，2012[①]；郝臣、付金薇和李维安，2018[②]）、构建了保险法人机构治理评价的三维立体模型（郝臣，2018[③]）、设计了我国保险公司治理的一百条标准（郝臣，2018[④]）、明确了保险公司治理评价是保险公司治理学研究对象（郝臣，2022[⑤]）、梳理了 1979—2022 年 1000 部保险治理法律法规（郝臣，2023[⑥]；郝臣、董迎秋、马贵军、曹嘉宁和冯子朔，2023[⑦]）。

第二，体系构建与优化研究，具体包括开发指数检验了保险公司治理合规性程度（李维安、李慧聪和郝臣，2012[⑧]）、关注了利益相关者维度的社会责任承担状况（郝臣、王旭和王励翔，2015[⑨]）、构建了基于非公开信息的保险公司治理评价指标体系（郝臣，2015[⑩]）、开发了我国保险公司信息披露维度评价指标体系（郝臣、孙佳琪、钱璟和付金薇，2017[⑪]）、构建了基于公开信息的保险机构治理评价指标体系（郝臣，2022[⑫]）、关注了具体类型保险机构保险资产管理公司治理的特殊指标（郝臣和马贵军，2023[⑬]）。

第三，指数分析与应用研究，具体包括基于中国上市公司治理指数（CCGI[NK]）分析上市保险机构治理质量（郝臣、李维安和王旭，2015[⑭]；郝臣、崔光耀、李浩波和王励翔，

---

① 张扬，郝臣（通讯作者），李慧聪. 国外保险公司治理研究：主题、逻辑与展望[J]. 保险研究，2012（10）：86-94.

② 郝臣，付金薇，李维安. 国外保险公司治理研究最新进展——基于 2008—2017 年文献的综述[J]. 保险研究，2018（04）：112-127.

③ 郝臣. 保险法人机构治理评价新思路[J]. 上海保险，2018（04）：10-13.

④ 郝臣. 提升我国保险公司治理能力的思考——标准引领与监管推动的视角[J]. 保险理论与实践，2018（07）：1-31.

⑤ 郝臣. 保险公司治理学：一门新兴分支学科[J]. 保险职业学院学报，2022（02）：21-27.

⑥ 郝臣. 我国保险治理法律法规研究：1979—2022[M]. 天津：南开大学出版社，2023.

⑦ 郝臣，董迎秋，马贵军，曹嘉宁，冯子朔. 中国式保险治理现代化进程研究——基于 1979—2022 年的 1000 部法律法规文件[J]. 保险职业学院学报，2023（03）：21-31.

⑧ 李维安，李慧聪，郝臣. 保险公司治理、偿付能力与利益相关者保护[J]. 中国软科学，2012（08）：35-44.

⑨ 郝臣，王旭，王励翔. 我国保险公司社会责任状况研究——基于保险公司社会责任报告的分析[J]. 保险研究，2015（05）：92-100.

⑩ 郝臣. 中国保险公司治理研究[M]. 北京：清华大学出版社，2015.

⑪ 郝臣，孙佳琪，钱璟，付金薇. 我国保险公司信息披露水平及其影响研究——基于投保人利益保护的视角[J]. 保险研究，2017（07）：64-79.

⑫ 郝臣. 我国中小型保险机构治理研究[M]. 天津：南开大学出版社，2022.

⑬ 郝臣，马贵军. 我国保险资管公司治理与优化[J]. 中国金融，2023（04）：72-73.

⑭ 郝臣，李维安，王旭. 中国上市金融机构是否有效治理——风险承担视角[J]. 现代财经（天津财经大学学报），2015（11）：12-21+45.

2016①；郝臣、石懿和郑钰镜，2022②）、利用基于非公开信息的保险公司治理指数展开治理对绩效影响的实证检验（郝臣，2016③）、基于公开信息的中国保险机构治理指数分析不同类型保险机构治理状况（郝臣和刘琦，2020④）、向行业监管部门提交相关对策建议报告（郝臣，2020⑤）。

上述保险机构治理及评价相关研究成果先后获第十六届天津市社会科学优秀成果一等奖、第十八届天津市社会科学优秀成果三等奖、第七届中国企业改革发展优秀成果一等奖、第四届中国企业改革发展优秀成果二等奖等荣誉，入选国家哲学社会科学成果文库。

一个指数的建立需要充分参考借鉴已有相关指数的做法与经验。南开大学早在1928年就发布了南开指数，其中包括"华北批发物价指数""天津工人生活费指数""天津对外汇率指数"等。公司治理指数是南开指数在新时期的体现，李维安教授率领的中国上市公司治理评价课题组推出的中国上市公司治理指数（也称南开治理指数）被誉为中国上市公司治理状况的"晴雨表"，该指数从2003年起已经连续发布二十一年，累计评价样本52037家，是目前国内最早、时间跨度最长的相关指数。本人也是中国上市公司治理评价课题组的核心成员，因此本著作《中国保险机构治理指数研究》在充分吸收借鉴中国上市公司治理指数的基础上，重点关注我国保险机构治理状况，立足我国现实背景，充分考虑保险机构治理的特殊性，设计了包括六大治理内容维度、具体由70个指标构成的中国保险机构治理评价指标体系，并基于手工整理的2016－2022年我国保险机构公开披露的治理指标原始数据，利用所构建的模型生成中国保险机构治理指数（China Insurance Institution Governance Index，缩写为CIIGI）及其分指数，该指数也称南开保险机构治理指数（Insurance Institution Governance Index of Nankai University，缩写为IIGI^{NK}），是南开大学新时期公司治理指数家族的重要成员之一。之后，基于中国保险机构治理指数，重点从治理内容维度（包括股东与股权结构、董事与董事会、监事与监事会、高级管理人员、信息披露、利益相关者六大具体维度）和治理层次（包括强制性治理与自主性治理两个具体层次）对我国保险机构2016－2022年的治理状况展开描述性统计分析、分布分析、等级与评级分析，以及分规模类型、资本性质、组织形式、业务类型、设立年限、注册地区、所在城市的比较分析，同时也对具体类型保险机构保险集团（控股）公司、保险公司、保险资产管理公司、相互制保险组织、中国再保险机构的治理状况展开了相应的分析，最后对我国保险机构治理状况进行总结，对未来研究进行展望并提出提升我国保险机构治理质量的对策建议。

本书包括5篇、18章、44节内容，是我国公司治理领域首部全体系、多方位、长周期、大样本评价保险机构治理状况的学术著作，也是本人在保险机构治理评价领域的集

① 郝臣，崔光耀，李浩波，王励翔. 中国上市金融机构公司治理的有效性——基于2008－2015年CCGI^{NK}的实证分析[J]. 金融论坛，2016（03）：64-71+80.

② 郝臣，石懿，郑钰镜. 从治理指数看上市金融机构治理质量[J]. 金融市场研究，2022（02）：9-20.

③ 郝臣. 保险公司治理对绩效影响实证研究——基于公司治理评价视角[M]. 北京：科学出版社，2016.

④ 郝臣，刘琦. 我国中小型保险机构治理质量研究——基于2016－2019年公开数据的治理评价[J]. 保险研究，2020（10）：79-97.

⑤ 郝臣. 我国中小型保险机构治理评价与优化研究[R]. 中国保险学会研究专报（第16期），2020.

大成著作。本研究四个方面的显著特点具体如下：

第一，评价系统——全体系（All-round）：一方面，本研究是保险机构治理领域首部专门关注治理评价问题的学术著作，对中国保险机构治理评价系统进行了全面研究。具体来说，提出了保险机构治理评价指标体系设计的原则与思路，明确了每个指标的属性与设计依据，给出了每个指标的整理方法、整理过程中的注意事项以及整理时间与紧急程度，设计了每个指标的评价标准，构建了保险机构治理总指数、分指数、分类指数模型。另一方面，本研究在开展上述具体科研工作的过程中也从系统论的观点出发，例如充分考虑我国治理环境和保险业行业特点与发展阶段等因素的影响。

第二，评价指数——多方位（Many-sided）：一方面，本研究所构建的治理评价系统不仅仅包括经典公司治理评价中的股东与股权结构、董事与董事会、监事与监事会、高级管理人员、信息披露、利益相关者六大治理内容维度，而且还创新性地从治理层次即强制合规和自主合规视角来评价保险机构治理状况；另一方面，本研究基于治理评价结果即保险机构治理指数展开多方位的分析，包括总体分析、分布分析、评级与等级分析、比较分析、维度与层次分析等。

第三，评价时间——长周期（Long-term）：一方面，本研究开展了 2016－2022 年总计 7 年的保险机构治理评价，评价样本周期较长，能够充分揭示我国保险机构治理的发展脉络，伴随 2021 年《银行保险机构公司治理准则》（银保监发〔2021〕14 号）的实施，本研究在评价周期内还对治理评价指标体系、治理评价标准进行了动态调整；另一方面，本研究尝试建立了包括 7 年数据的南开大学中国保险机构治理指数数据库（CIIGID^NK），除了包括总指数、内容分指数、层次分指数之外，还为数据库使用者提供了每家保险机构的基础信息码和状态信息码等信息内容。

第四，评价对象——大样本（Large-sample）：一方面，本研究评价样本是各类保险机构的全样本，没有遗漏任何一家在业的保险机构，当年批准开业并办理完工商登记的保险机构均列入当年及后续年度的评价样本；另一方面，本研究将治理评价对象从一般保险公司拓展到集团（控股）公司、资产管理公司、再保险公司、相互保险组织等保险机构，样本类型全面，各类型保险机构名录详见附表 1、附表 2、附表 3、附表 4、附表5 和附表 6，评价过程中还考虑到不同类型保险机构治理的特殊性，不同类型保险机构治理评价指标不完全相同。

对所有支持的感谢与研究感触

首先，感谢各类科研项目的支持！没有这些项目的支持本书难以顺利完成和出版。在此，感谢南开大学人文社会科学基本科研业务费专项资金项目、南开人文社科系列年度报告专项项目的资助！感谢国家社科基金项目"我国中小型保险机构治理研究"（项目号：20FGLB037）、天津市哲学社会科学规划基金项目"我国保险公司治理质量研究——基于公司治理评价视角"（项目号：TJGL22-002）、中国保险学会年度研究课题"严监管形势下中小保险机构公司治理研究"（项目号：ISCKT2019-N-1-02）的支持！感谢南开大学商学院、南开大学中国公司治理研究院、中国式现代化发展研究院绿色治理与治理现代化研究中心著作出版专项计划的支持！没有上述项目特别是南开大学相关项目的连续资助、支持和孵化，难以顺利申请到国家级和省部级相关项目。

其次，感谢南开大学出版社的全力支持和编辑的专业审校！出版社为本书设计了最适合的、精致的装帧和封面，编辑全程高效、细心并提出宝贵修改建议。

最后，感谢近百位课题组成员和团队成员的付出和共同努力，没有他们的支持，本书的研究工作不可能如期和顺利完成，他们也是我从事保险机构治理领域研究的动力源泉！

希望本书的出版能够为推进我国保险业治理现代化提供参考和借鉴！正如魏华林（2018）在论文《保险的本质、发展与监管》中所言，"保险业是一个充满温度的行业，需要继续坚守和不断认知"。未来本人也将带领课题组和团队成员在保险机构治理领域潜心钻研，为一个有温度行业的高质量发展贡献学者力量。

郝臣

2023 年 12 月 31 日

南开园

目　录

第三篇　总分指数分析

第四篇　分类指数分析

第五篇　结论展望对策

图目录

表目录

第一篇

研究问题提出

我国从保险大国向保险强国转型的现实背景需要保险业的高质量发展，保险业的高质量发展离不开高质量的市场微观主体，而高质量的微观主体需要良好的公司治理来为其竞争优势提供根本性和可持续性的制度保障。

——郝臣. 我国中小型保险机构治理研究[M]. 天津：南开大学出版社，2021.

第一章　引　言

公司治理是健全现代金融企业制度的"牛鼻子"（郭树清，2022）。本书关注我国保险机构治理状况，基于自主构建的中国保险机构治理指数对我国保险机构治理质量展开量化研究。本章为本书的统领章节，主要包括研究背景、研究目的、研究意义、研究思路、研究方法、研究内容、篇章结构、学术贡献和研究创新。

第一节　研究背景、目的与意义

本节首先介绍了我国保险业从高速转向高质量发展、治理是保险机构高质量发展的保障以及治理评价能够科学反映治理的质量三大研究背景；其次指出本研究的目的，即开发中国保险机构治理评价系统、量化反映中国保险机构治理质量和识别不同业务类型机构治理差异；最后阐述了本研究的重要理论意义和实践意义。

一、研究背景

（一）我国保险业从高速转向高质量发展

保险业是现代经济的重要产业和风险管理的基本手段，是社会文明水平、经济发达程度、社会治理能力的重要标志（董波，2020）。近年来，伴随着保费收入增速放缓，我国保险业步入了新的发展阶段，即从规模扩张转向质量提升。2019 年 12 月 30 日，原中国银保监会发布《关于推动银行业和保险业高质量发展的指导意见》（银保监发〔2019〕52 号），要求各级监管部门和各银行保险机构要高度重视推动银行业和保险业高质量发展工作，明确到 2025 年实现金融结构更加优化，形成多层次、广覆盖、有差异的银行保险机构体系。2021 年 3 月 2 日，国务院新闻办公室（简称国新办）就推动银行业保险业高质量发展有关情况举行发布会，中国银保监会原主席郭树清指出，要"以银行业保险业高质量发展的新突破，促进国民经济加快构建新发展格局"。2023 年 6 月 8 日，国家金融监督管理总局局长李云泽在第十四届陆家嘴论坛上表示，金融监管部门将从切实提升服务实体经济有效性等五个方面，推动高质量发展取得新成效。陈雨露（2023）指出，新时代新征程上的中国金融发展，必须全面贯彻新发展理念，为新发展阶段党中央决策部署的重大战略和重要任务提供全方位支持；要以钉钉子精神，紧紧围绕推动高质量发展这个主题，着力在科创金融、绿色金融、普惠金融等重点领域攻坚克难、大胆突破。金融高质量发展不仅是坚定不移走中国特色金融发展之路、推进金融强国建设的迫切要求，也将为以中国式现代化全面推进强国建设、民族复兴伟业提供有力支撑（陈雨露，2023）。

（二）治理是保险机构高质量发展的保障

保险业高质量发展，首先是保险机构等微观主体的高质量发展，而公司治理能为保险机构实现高质量发展提供坚实保障。2006 年 1 月 5 日，原中国保监会制定《关于规范保险公司治理结构的指导意见（试行）》（保监发〔2006〕2 号），标志着公司治理成为继市场行为和偿付能力之后的第三大保险监管支柱。2020 年 8 月 17 日，原中国银保监会公布《健全银行业保险业公司治理三年行动方案（2020－2022 年）》（银保监发〔2020〕40 号），强调要力争通过三年时间的努力，初步构建起中国特色银行业保险业公司治理机制。2021 年 6 月 2 日，原中国银保监会发布《银行保险机构公司治理准则》（银保监发〔2021〕14 号），规定银行保险机构应当持续提升公司治理水平，逐步达到良好公司治理标准。2023 年 6 月 8 日，国家金融监督管理总局局长李云泽在第十四届陆家嘴论坛上指出，要引导金融机构牢固树立正确经营观、业绩观和风险观，强化公司治理、转换经营机制、完善管理流程，加快建立中国特色现代金融企业制度。金融安全是国家安全的重要组成部分，金融高质量发展必须以现代治理体系建设提升金融风险防控能力，筑牢金融安全防线；从微观层面看，通过完善中国特色现代金融企业制度、健全法人治理、推进金融机构改革、加强金融机构内控体系建设等路径，提升金融机构的风险防控能力（陈雨露，2023）。

（三）治理评价能够科学反映治理的质量

公司治理评价是以指数的形式对公司治理质量进行客观反映，不仅为建立健全公司治理结构，优化公司治理机制提供科学参考，同时也为公司治理理论科学性提供了检验标准（李维安、郝臣、崔光耀、郑敏娜和孟乾坤，2019）[①]。1950 年，马丁德尔提出了一套管理能力评价指标体系，其中包括董事会业绩分析，公司治理评价自此萌芽。1952 年，美国机构投资者协会设计了第一个正式评价董事会的程序，这是最早、最规范的公司治理评价研究。之后学术界和实务界关于公司治理评价或评级的研究成果不断涌现，例如，1976 年英国学者米勒的董事人员素质评价体系、1997 年标准普尔公司的公司治理评级系统、1999 年戴米诺公司的欧洲上市公司治理评价系统、2000 年里昂证券的新兴市场国家公司治理评价系统、2002 年连城国际的中国上市公司董事会治理考核指标体系、2003 年南开大学中国公司治理研究院的中国上市公司治理指数（China Corporate Governance Index of Nankai University，缩写为 CCGI[NK]）等。近年来，公司治理评价也开始拓展到绿色治理（简称 ESG，以下同）评价，南开大学中国公司治理研究院、商道融绿、润林环球、汤森路透、富时罗素等机构均先后发布绿色治理（ESG）指数或评级。

---

① 李维安，郝臣，崔光耀，郑敏娜，孟乾坤. 公司治理研究 40 年：脉络与展望[J]. 外国经济与管理，2019（12）：161-185.

二、研究目的

（一）开发中国保险机构治理评价系统

公司治理是保险机构等微观主体高质量发展的保障，公司治理评价可以客观反映保险机构治理质量。然而，保险机构由于其治理特殊性，存在部分一般公司所未有的治理特质，例如总精算师的设置、偿付能力风险综合评级等。因此，已有的一般公司治理评价系统难以科学、准确地量化保险机构治理状况，这就需要构建一套考虑保险机构治理特殊性、适用于我国保险机构的治理评价系统。

（二）量化反映中国保险机构治理质量

开展保险机构治理评价的主要目的是以指数形式反映保险机构治理质量，进而诊断保险机构治理短板所在。保险机构治理既包括内部治理，也包括外部治理。其中，内部治理主要为"三会一层"治理结构等；外部治理主要包括信息披露、利益相关者等。若仅关注治理的某一个方面来评价保险机构治理质量，存在一定局限性。因此，需要从整体的视角出发来评价保险机构治理质量优劣。

（三）识别不同业务类型机构治理差异

不同业务类型保险机构由于存在监管强度、盈利模式等的区别，在治理上也存在一定差异。以保险资产管理公司为例，一方面，有专门针对保险资产管理公司的监管规定，如《保险资产管理公司管理规定》（中国银行保险监督管理委员会令 2022 年第 2 号）；另一方面，保险资产管理公司的业务涵盖专户业务、组合类产品业务、债权与股权投资计划、资产支持计划以及其他业务，这与人身险、财产险和再保险机构以保费收入为主的盈利模式显著不同。因此，需要建立保险机构分类治理指数，以研究不同业务类型保险机构的治理差异。

三、研究意义

（一）理论意义

1. 丰富了已有一般公司治理评价理论

现有公司治理评价研究主要集中于上市公司，其中最为典型的代表是南开大学中国公司治理研究院的中国上市公司治理评价。本研究围绕以非上市公司为主的我国保险机构展开公司治理评价研究。在考虑保险机构治理特殊性的基础上，开展保险机构治理评价具体指标设计、保险机构治理评价指标量化方法、保险机构治理评价指标维度权重、保险机构治理指数生成等一系列保险机构治理评价研究，丰富了已有的一般公司治理评价理论。

2. 深化了公司治理以及分类治理理论

保险机构经营特殊性决定了保险机构代理问题、代理成本、治理目标、治理结构、治理机制、治理评价等的特殊性，保险机构治理不是一般公司治理理论在保险机构上的简单运用。本研究针对保险机构治理特点展开研究和分析，深化了公司治理理论，为分类治理理论的研究提供了保险业的素材。同时，本研究从保险机构治理进一步拓展到了保险集团（控股）公司治理、保险公司治理、人身保险机构治理、财产保险机构治理、保险资产管理公司治理、再保险机构治理和相互保险组织治理，进一步细化了分类治理理论。

3. 奠定了保险机构治理实证研究基础

保险机构治理指数为保险机构治理影响因素和经济后果实证研究提供了从整体性治理视角展开检验的契机。本研究开发了一套适用于我国保险机构的治理评价系统，并导入治理原始数据生成中国保险机构治理指数。利用该指数可以探究成立年限等内部因素和政策法规等外部因素对保险机构治理的作用原理，以及保险机构治理对偿付能力等的短期影响、资金运用效率等的中期影响和市场竞争力等长期影响的作用效果。

（二）实践意义

1. 为监管部门加强治理监管提供依据

近年来监管部门对保险机构的治理愈发重视，出台了一系列公司治理监管法律法规。本研究对我国保险机构进行全样本、长周期治理评价研究，以指数形式呈现每一家保险机构的治理状况及相对水平，深入分析我国保险机构的治理合规性。本研究的成果可以为监管部门洞察我国保险机构治理质量和不合规现象提供依据，有利于监管部门实施针对性监管和差异化监管，降低重大治理风险发生的可能性。

2. 为行业协会促进治理建设提供参考

协会作为行业自律性组织，在全行业公司治理建设中发挥着重要作用。2018 年 8 月 28 日，中国保险行业协会发布《保险业公司治理实务指南总体框架》（T/IAC 21-2018）、《保险业公司治理实务指南 会议运作第 1 部分 股东（大）会》（T/IAC 22.1-2018）、《保险业公司治理实务指南 会议运作第 2 部分 董事会》（T/IAC 22.2-2018）和《保险业公司治理实务指南 会议运作第 3 部分 监事会》（T/IAC 22.3-2018）四项团体标准。本研究成果所涉及治理评价内容可以为未来中国保险行业协会制定其他公司治理团体标准文件提供一定参考。

3. 为保险机构提升治理水平提供指引

本研究的成果中国保险机构治理指数可以科学诊断保险机构治理状况，发掘我国保险机构历年治理水平的发展趋势，识别导致保险机构治理质量欠佳的具体问题所在。这为保险机构进一步优化公司"三会一层"治理结构、提高信息披露质量、加强利益相关者治理等提供了方向指引。

第二节 研究思路、方法与内容

本节首先描述了本研究的研究思路，并提供了研究思路图；其次说明了本研究所运用的研究方法，包括规范研究和实证研究，并阐明了各研究领域对应的研究方法；最后论述了本研究的研究内容，包括中国保险机构治理评价系统开发研究、中国保险机构治理数据采集方法研究和中国保险机构治理指数统计分析研究三大部分。

一、研究思路

本研究主要通过开发中国保险机构治理评价系统，生成中国保险机构治理指数，并根据评价结果与我国法律法规、政策文件和相关准则的调整与变化，对已有评价体系进行动态更新与及时调整，生成新的治理评价指数，形成正向循环，反映我国保险机构治理质量。具体研究思路如图 1-1 所示。

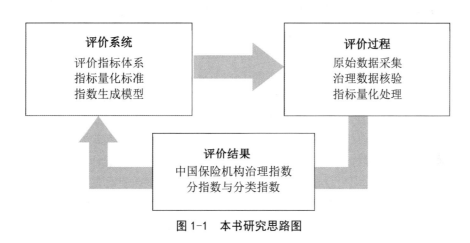

图 1-1 本书研究思路图

资料来源：南开大学中国保险机构治理评价课题组。

中国保险机构治理评价系统是指，综合考虑我国保险机构治理环境与特殊性，遵循一定的设计原则与思路构建的，包括股东与股权结构、董事与董事会、监事与监事会、高级管理人员、信息披露及利益相关者六大内容维度指标体系，通过从公开信息渠道取得原始指标数，按照一定的评价标准进行量化处理，根据相应的指标权重构建中国保险机构治理指数模型而得到中国保险机构治理指数，能够系统、客观、准确地从维度、层次等多种角度揭示中国保险机构治理质量的治理评价系统。

中国保险机构治理评价系统包括治理评价指标、治理评价标准、治理评价指数模型、数据整理方法等组成要素，各要素间相互影响、相互联系，共同构成一个完整的评价系统。在治理评价指标方面，既要有一般公司通用的治理指标，例如股东（大）会召开次数、董事会规模、独立董事比例、监事会规模、职工监事比例、高级管理人员规模等；也要有保险机构所特有的治理指标，例如董事会专门委员会、外部监事比例、官网公开信息披露、偿付能力报告披露、监管函、风险综合评级等，以此反映保险机构治理的特殊性。在治理评价标准方面，要考虑如何最大限度降低个人主观因素，相对客观地对每家保险机构评分，进而区分各个保险机构的治理质量差异，本研究主要基于哑变量求和法设计评价标准。在治理评价指数模型方面，核心是如何将各个评价指标根据评价标准量化的原始评分合成保险机构治理指数。在数据整理方法方面，要求原始数据整理途径保持稳定，相互间存在逻辑关系的指标应由不同人员完成，后续可以通过逻辑校验发现出错的数据进而进行回溯，提高原始数据质量。

保险机构治理指数在前述评价系统的基础上生成，包括股东与股权结构分指数、董事与董事会分指数、监事与监事会分指数、高级管理人员分指数、信息披露分指数和利益相关者分指数六大治理内容维度分指数，强制性治理指数和自主性治理指数两个治理层次分指数，中国保险机构治理总指数以及中国保险集团（控股）公司治理指数、中国保险公司治理指数（包括财产险公司治理指数和人身险公司治理指数）、中国人身保险机构治理指数、中国财产保险机构治理指数、中国保险资产管理公司治理指数、中国再保险机构治理指数和中国相互保险组织治理指数总计九个分类治理指数。其中，治理总指数、分类治理指数、治理层次分指数由内容维度分指数按照一定权重加权计算得到；内容维度分指数由基层指标根据评价标准量化后等权重求和进而百分化得到。

二、研究方法

（一）规范研究法

规范研究是关于经济目标、经济结果、经济决策、经济制度等合意性的研究，解决"应该是怎样"的问题。本研究在保险机构发展研究、保险机构治理研究、保险机构治理评价研究等领域的文献综述，中国保险机构治理评价指标体系的设计，中国保险机构治理评价指标原始数据采集方法的阐述，中国保险机构治理评价指标量化标准的设定，中国保险机构治理评价样本选择与数据来源的说明，以及研究结论与研究展望的总结等方面，采用规范研究法。本研究应用的规范研究法包括文献研究法、思辨法、概念分析法、比较研究法、定性分析法、经验总结法、描述性研究法、探索性研究法等。

（二）实证研究法

实证研究法与规范研究法相对应，是基于观察和试验取得的大量事实、数据，利用统计推断的理论和技术，并经过严格的经验检验，引进数量模型，对社会现象进行数量分析的一种方法。本研究在哑变量求和法下，对我国保险机构治理状况的量化，治理内容维度六大分指数模型的构建，治理内容维度保险机构治理分指数权重的问卷调查、数据一致性检验和群决策分析，中国保险机构治理总指数、治理层次分指数和分类治理指数模型的构建，中国保险机构治理总指数、治理层次分指数、分类治理指数及中国保险机构治理等级和评级的描述性统计、分布形态分析和比较分析等方面，采用实证研究法。本研究应用的具体实证研究法包括哑变量求和法、问卷调查法、群决策分析法、统计分析法、定量分析法、分组比价分析法等。

三、研究内容

（一）中国保险机构治理评价系统开发研究

1. 中国保险机构治理评价指标体系设计研究

本研究在梳理国内外已有公司治理评价系统的基础上，遵循客观性、系统性、科学性、可行性和动态性的原则，依托我国保险业高质量发展的现实背景，依据现有法律法规和研究文献成果，考虑保险机构治理的特殊性，构建了一套包括股东与股权结构、董事与董事会、监事与监事会、高级管理人员、信息披露和利益相关者六大治理内容维度共计 70 个具体指标的中国保险机构治理评价指标体系。从治理层次、治理方向和治理特质三个方面对评价指标进行分类。治理层次包括初级指标和高级指标，初级指标代表强制性合规，即法律法规明确规定保险机构必须达到的要求；高级指标代表自主性合规，即虽然监管上没有明确规定，但是为法律法规或学术研究所倡导需要达到的合规标准。治理方向包括正向指标和负向指标，正向指标是指鼓励保险机构在治理实践上做到的指标；负向指标是指不鼓励保险机构在治理实践上出现的指标。治理特质包括通用指标和特有指标，通用指标是指一般公司共同适用的指标；特有指标是指仅保险机构适用的指标。

2. 中国保险机构治理评价指标量化标准研究

本研究针对每一个具体的评价指标，运用哑变量求和法，设计了相对应的量化标准，即什么情形下代表治理"好"，评分为 1 分，什么情形下治理"不好"，评分为 0 分。各个评价指标量化标准的设计需要排除个人主观因素，根据法律法规及相关研究文献结论进行设定。在设计中国保险机构治理评价指标量化标准基础上，本研究介绍了如何使用 Excel 软件自动评分，给出了具体完整的 Excel 量化公式，并详细阐述了 Excel 公式中各个字段代表的数据内容以及数据类型。部分指标的量化评分需要借助数据透视表功能，本研究也进行了详细阐述，以便使用者能够独自生成中国保险机构治理指数，进而基于指数进行研究。

3. 中国保险机构治理评价指数模型构建研究

本研究采用哑变量求和法，对股东与股权结构、董事与董事会、监事与监事会、高级管理人员、信息披露和利益相关者六大治理内容维度的评价指标原始评分等权重求和进而百分化，生成六大治理内容维度分指数，给出了分指数的数学模型。针对分指数权重发放调查问卷并进行数据一致性检验，利用群决策层次分析法为六大分指数分配一定权重。根据该权重从六大治理内容维度分指数出发加权求和生成中国保险机构治理总指数，中国保险机构强制性治理指数和自主性治理指数两个治理层次分指数，以及中国保险集团（控股）公司治理指数、中国保险公司治理指数（包括财产险公司治理指数和人身险公司治理指数）、中国人身保险机构治理指数、中国财产保险机构治理指数、中国保险资产管理公司治理指数、中国再保险机构治理指数和中国相互保险组织治理指数九个分类治理指数，且给出了各指数的数学模型。需要说明的是，总指数、治理层次分指数、分类治理指数生成过程中分指数的基层指标不同，例如强制性治理指数对应的分指数基层指标仅包括治理层次为初级的指标。

（二）中国保险机构治理数据采集方法研究

本研究详细阐述了中国保险机构治理评价指标原始数据的具体整理过程，包括整理方法、注意事项、适用对象、整理时间和紧急程度。整理方法主要说明通过哪些途径进行整理以及整理过程中记录哪些字段内容，需要记录的字段内容必须严格按照标准的格式，以便进行评分。注意事项主要包括原始数据采集过程中可能遇到的特殊问题，是数据采集的难点和重点。如果遇到特殊情形，必须根据注意事项中提及的方法进行处理，以提高原始数据质量。适用对象是指评价指标主要针对哪些类型保险机构，不同类型保险机构有自身治理特殊性，因此评价指标不一定完全适用所有保险机构，需要进行区分，对于不适用的指标无法获取正确信息。整理时间表示特定评价指标原始数据采集的开始时间以及结束时间，也就是数据采集工作的时间范围。紧急程度包括紧急、一般和最后，代表了数据采集的优先级。

（三）中国保险机构治理指数统计分析研究

中国保险机构治理指数量化反映了我国保险机构的治理质量。本研究利用生成的中国保险机构治理总指数、两个治理层次分指数和九个分类治理指数，以及根据指数评定的中国保险机构治理等级和评级开展统计分析，包括总体分析和比较分析。其中，总体分析涉及指数描述性统计分析、指数分布分析、治理等级分析、治理评级分析、对应分指数描述性统计分析等；比较分析涉及分年度比较分析、分规模类型比较分析、分资本性质比较分析、分组织形式比较分析、分险种类型比较分析、分成立年限比较分析、分注册地区比较分析和分所在城市比较分析等。

第三节　篇章结构、学术贡献与创新

本节包括篇章结构、学术贡献和研究创新三部分内容。在篇章结构方面，主要介绍了本书的框架结构等基本情况；在学术贡献方面，本研究发展了公司治理指数和南开指数家族，建立了南开大学中国保险机构治理指数数据库；在研究创新方面，主要体现在体系新、思路新和方法新。

一、篇章结构

如图 1-2 所示，本书主要针对中国保险机构治理指数展开研究，共分为五篇、十八章、四十四小节，五篇分别是第一篇研究问题提出、第二篇评价系统设计、第三篇总分指数分析、第四篇分类指数分析和第五篇结论展望对策。

其中，第一篇包括第一章引言、第二章国内外相关研究梳理两章；第二篇包括第三章中国保险机构治理评价指标设计、第四章保险机构治理评价指标具体说明、第五章保险机构治理原始数据整理过程说明、第六章保险机构治理评价标准与指数模型、第七章保险机构治理评价样本与数据来源五章；第三篇包括第八章中国保险机构治理指数分析、第九章中国保险机构治理内容分指数分析、第十章中国保险机构治理层次分指数分析三章；第四篇包括第十一章中国保险集团（控股）公司治理指数分析、第十二章中国保险公司治理指数分析、第十三章中国保险资产管理公司治理指数分析、第十四章中国再保险机构治理指数分析、第十五章中国相互保险组织治理指数分析五章；第五篇包括第十六章中国保险机构治理评价研究结论、第十七章中国保险机构治理评价研究展望、第十八章中国保险机构治理质量提升对策三章。

此外，本书共有 216 个表格、159 张图以及 7 个附表，涉及参考文献 370 篇。为方便读者更好地阅读、理解和掌握本书内容，本书还提供了包括表、图数量在内的总计 50 个研究参数，详见附表 7。

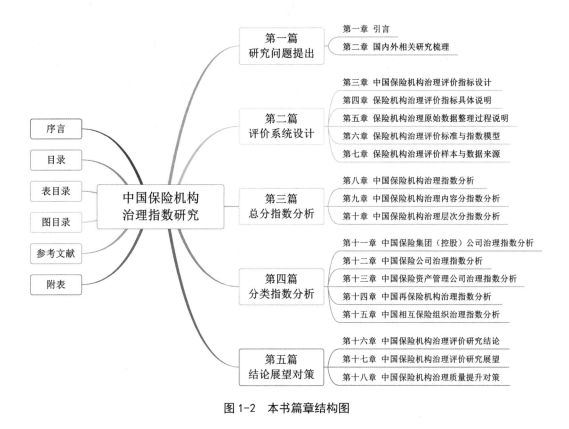

图 1-2 本书篇章结构图

资料来源：作者整理。

二、学术贡献

（一）发展了传统公司治理指数和南开治理指数家族

美国管理学会（Academy of Management，缩写为 AOM）会长马丁德尔（Martindell，1950）在其著作《管理的科学评价》（The Scientific Appraisal of Management）中系统阐述了组织管理能力的评价问题，并明确提出包括对董事会和经理人业绩评价在内的 10 项评价标准，这是公司治理评价的萌芽。较早且相对规范的公司治理评价是 1952 年美国机构投资者协会设计的正式评价董事会的程序。但直到 20 世纪 90 年代末公司治理评价研究才真正引起学术界和实务界的广泛关注（李维安、徐业坤和宋文洋，2011）。2000 年前后，公司治理评价领域出现了众多公司治理评价成果。2003 年南开大学中国公司治理研究院（原南开大学公司治理研究中心）公司治理评价课题组研发的中国上市公司治理指数（CCGI[NK]），是目前国内研发时间最早、时间跨度最长的公司治理指数，被誉为上市公司治理状况的"晴雨表"，在学术界和实务界被广泛应用。此外，基于我国公司或机构样本开展指数研究的成果还有中国上市公司治理分类指数（高明华，2007）、中国上市公司绿色治理（ESG）指数（李维安、张耀伟、郑敏娜、李晓琳、崔光耀和李惠，2019）、银行绿色治理指数（梁琪、李温玉和余峰燕，2023）等，形成了公司治理指数家族。本研究成果中国保险机构治理指数（CIIGI）在细分行业上进一步发展了传统公司治理指数家族。

南开大学拥有指数研究的传统，其单独或者与其他机构合作推出的各类指数具体如表 1-1 所示。早期的南开指数主要是指价格指数，早在 1927 年前后，经济学大师何廉便开始主持发布享誉中外的南开价格指数，这一非官方经济指数，长期为国际学术界提供研究中国经济的权威数据，也成为政府决策的重要参考，物价指数的编制和发布一直持续至 20 世纪 80 年代末。实际上，早期南开指数不仅仅局限于表格中所列示的 7 个指数，关于早期南开指数的系统资料可以参考相关的经典著作[①]。新时期，在较早发布的中国上市公司治理指数（CCGI[NK]）和物流企业绩效指数的基础上，南开指数家族进一步发展，延伸出中国中小企业经济发展指数、南开经济景气指数、政府管理成本指数、中国房地产成本指数、恒安标准寿险指数、南开潇湘晨报指数、政治联系指数、央视财经 50 指数（指数代码：399550）、央视治理领先指数（指数代码：399554）、上市公司内部控制质量指数、上市金融机构的资本短缺程度指数、中国上市公司投资者关系互动指数、中国住房消费发展指数体系、南开中国对外直接投资（OFDI）指数、全域旅游发展指数、中国上市公司绿色治理（ESG）指数、中国股票市场质量指数、中国旅行服务业发展指数、数据赋能政府治理指数、互联网健康险保障指数、建行－南开系统性风险指数、中国公司治理研究院绿色治理股价指数（指数代码：980058）、中国保险机构监督指数（CIISI）、健康与养老保险保障指数、中国－东盟金融合作指数、省级行政区城投债利差指数、数字经济发展指数、商业银行绿色治理指数、服务业限制指数、共同富裕指数、图书馆员快乐指数以及本研究推出的中国保险机构治理指数（CIIGI 或 IIGI[NK]）等。

表 1-1　南开大学系列指数汇总表（1927－2023 年）

序号	指数名称	编制或发布机构	主要负责人	编制或发布时间
1	中国进出口贸易物量物价指数	南开大学社会经济研究委员会（1927 年成立，1934 年更名为南开大学经济研究所）	何廉	1927 年前后
2	华北批发物价指数	南开大学社会经济研究委员会（1927 年成立，1934 年更名为南开大学经济研究所）	何廉	1927 年前后
3	上海外汇指数	南开大学社会经济研究委员会（1927 年成立，1934 年更名为南开大学经济研究所）	何廉	1927 年前后
4	上海证券指数	南开大学社会经济研究委员会（1927 年成立，1934 年更名为南开大学经济研究所）	何廉	1927 年前后
5	天津外汇指数	南开大学社会经济研究委员会（1927 年成立，1934 年更名为南开大学经济研究所）	何廉	1927 年前后
6	天津工人生活费指数	南开大学社会经济研究委员会（1927 年成立，1934 年更名为南开大学经济研究所）	何廉	1927 年前后

---

① 关于南开指数系统研究的相关著作有：南开大学经济研究所编. 南开指数资料汇编[M]. 北京：统计出版社，1958；孔敏. 南开经济指数资料汇编[M]. 北京：中国社会科学出版社，1988；陈宗胜. "南开指数"及相关经济资料汇编（22 册）[M]. 天津：南开大学出版社，2020.

续表

序号	指数名称	编制或发布机构	主要负责人	编制或发布时间
7	天津零售物价指数	南开大学社会经济研究委员会（1927 年成立，1934 年更名为南开大学经济研究所）	何廉	1927 年前后
8	中国上市公司治理指数（CCGI^{NK}）	南开大学公司治理研究中心（1997 年成立，2012 年更名为南开大学中国公司治理研究院）	李维安	2003 年
9	物流企业绩效指数	南开大学现代物流研究中心	刘秉镰	2003 年
10	中国中小企业经济发展指数	南开大学公司治理研究中心（1997 年成立，2012 年更名为南开大学中国公司治理研究院）	李维安	2005 年
11	南开经济景气指数	南开大学经济研究所	南开大学经济指数研究中心	2007 年
12	政府管理成本指数	南开大学经济研究所	南开大学经济指数研究中心	2007 年
13	中国房地产成本指数	南开大学经济研究所	南开大学经济指数研究中心	2007 年
14	恒安标准寿险指数	南开大学商学院寿险认知指数课题组、恒安标准人寿	李桂华	2007 年
15	南开潇湘晨报指数	南开大学经济研究所、潇湘晨报社	郭金兴	2008 年
16	政治联系指数	南开大学公司治理研究中心（1997 年成立，2012 年更名为南开大学中国公司治理研究院）	李维安	2010 年
17	央视财经 50 指数（指数代码：399550）	中央电视台财经频道、北京大学、复旦大学、中国人民大学、南开大学、中央财经大学	李维安	2012 年
18	央视治理领先指数（指数代码：399554）	南开大学、中央电视台财经频道	李维安	2012 年
19	上市公司内部控制质量指数	南开大学中国公司治理研究院	戴文涛	2013 年
20	上市金融机构的资本短缺程度指数	南开大学经济学院金融学系	梁琪	2013 年
21	中国上市公司投资者关系互动指数	南开大学中国公司治理研究院、南开大学商学院现代管理研究所	马连福	2014 年
22	中国住房消费发展指数体系	中国特色社会主义经济建设协同创新中心、南开大学经济学院	周京奎	2015 年

序号	指数名称	编制或发布机构	主要负责人	编制或发布时间
23	南开中国对外直接投资（OFDI）指数	南开大学经济学院	薛军	2017 年
24	全域旅游发展指数	南开大学旅游与服务学院	白长虹	2017 年
25	中国旅行服务业发展指数	南开大学旅游与服务学院、中国旅行社协会	姚延波	2017 年
26	中国上市公司绿色治理（ESG）指数	南开大学中国公司治理研究院	李维安	2018 年
27	中国股票市场质量指数	南开大学中国市场质量研究中心	李志辉	2018 年
28	数据赋能政府治理指数	南开大学商学院网络社会治理研究中心	王芳	2019 年
29	互联网健康险保障指数	南开大学金融学院、中国银行保险报、小雨伞保险经纪有限公司	朱铭来	2019 年
30	建行—南开系统性风险指数	建行—南开系统性风险研究中心	范小云	2019 年
31	中国公司治理研究院绿色治理股价指数（指数代码：980058）	南开大学中国公司治理研究院、深圳市公司治理研究会、深圳证券信息有限公司	李维安	2020 年
32	中国保险机构治理指数（CIIGI 或 IIGI[NK]）	南开大学中国公司治理研究院金融机构治理研究室、南开大学商学院财务管理系	郝臣	2020 年
33	中国保险机构监督指数（CIISI）	南开大学中国公司治理研究院金融机构治理研究室、南开大学商学院财务管理系	郝臣	2021 年
34	健康与养老保险保障指数	南开大学金融学院、小雨伞保险经纪有限公司	朱铭来	2022 年
35	中国—东盟金融合作指数	南开大学金融发展研究院、广西大学中国—东盟金融合作学院	田利辉	2022 年
36	省级行政区城投债利差指数	南开大学金融学院	范小云	2022 年
37	数字经济发展指数	南开大学经济学院、南开大学经济学院国际经济研究所	盛斌	2022 年
38	商业银行绿色治理指数	南开大学经济学院	梁琪	2023 年
39	服务业限制指数	南开大学经济学院国际经济研究所	盛斌	2023 年
40	共同富裕指数	南开大学经济学院、南开大学中国财富经济研究院	陈宗胜	2023 年
41	图书馆员快乐指数	南开大学商学院信息资源管理系	徐建华	2023 年

资料来源：作者整理。

关于中国保险机构治理指数相关时间节点的说明如下：第一，中国保险机构治理指数编制周期起点是 2016 年，每年下半年完成前一年度的指数编制和分析工作；第二，本书完成时间是 2023 年下半年，出版时间是 2024 年上半年，本书分析的中国保险机构治理指数周期为 2016－2022 年；第三，中国保险机构治理指数首次编制或发布的时间为 2020 年，郝臣和刘琦于 2020 年在《保险研究》第 10 期发表了《我国中小型保险机构治理质量研究——基于 2016－2019 年公开数据的治理评价》一文，该文对中国保险机构治理指数进行了介绍并基于该指数重点研究了我国中小型保险机构治理质量，同年还以中国保险学会研究专报形式向监管部门报送了对策建议报告《我国中小型保险机构治理评价与优化研究》，因此表 1-1 中的相应时间为 2020 年而非本书的完成或出版时间；第四，本书在 2020 年首次编制或发布的基础上，自 2021 年起，先后历时三年时间从评价指标设计、评价标准设定、原始数据整理、指数模型构建、评价样本选择等方面进行了系统研究和优化，不但展示了最新年份的中国保险机构治理指数结果并开展了相关研究，同时首次公开了保险机构治理评价的全过程。

需要强调的是，在所有新时期南开指数中，中国上市公司治理指数（CCGI^{NK}）从 2003 年起发布，该指数是国内最早、时间跨度最长的。如表 1-2 所示，截至 2023 年 12 月 31 日，中国上市公司治理指数已连续发布二十一年，共评价样本 52037 家，被誉为上市公司治理状况的"晴雨表"。自 2018 年起，中国上市公司治理指数还拓展出中国上市公司绿色治理（ESG）指数，截至 2023 年 12 月 31 日已累计评价样本 6803 家，客观反映了作为绿色治理关键行动者的上市公司绿色治理的现状以及面临的挑战。总体来看，与早期宏观经济层面为主的南开价格指数相比，新时期南开指数宏观与微观并重，且包括上市公司治理指数、上市公司绿色治理（ESG）指数、银行绿色治理指数、保险机构治理指数、政府治理指数等在内的治理指数成为南开新时期指数的核心，即南开指数实现了从老指数——物价指数到新指数——治理指数的转变，中国保险机构治理指数及其系列分指数和分类指数的研发和推出也加快了这一转变过程。

表 1-2 中国上市公司治理指数发展历程（2003－2023 年）

编号	发布指数场合	发布指数情况	发布时间	发布地点	评价样本数量
1	《南开管理评论》，2001 年第 1 期	指数研发第一步：制定《中国公司治理原则（草案）》	2001 年 2 月 10 日	南开大学	/
2	中国上市公司治理指数发布会	中国上市公司治理评价指标体系——南开治理指数推出	2003 年 4 月 27 日	南开大学	/
3	以"公司治理改革与管理创新"为主题的第二届公司治理国际研讨会	中国上市公司治理评价指标体系征求专家意见	2003 年 11 月 15 日	南开大学	/

编号	发布指数场合	发布指数情况	发布时间	发布地点	评价样本数量
4	《中国公司治理评价报告》研讨会	2003 年中国上市公司治理指数（实际为 2002 年的上市公司数据）	2004 年 2 月 22 日	人民大会堂	931 家上市公司
5	以"公司治理改革与评价：国际化挑战"为主题的第三届公司治理国际研讨会	2004 年中国上市公司治理指数（实际为 2003 年的上市公司数据）	2005 年 11 月 8 日	南开大学	1149 家上市公司
6	中国公司治理指数发布研讨会	2005 年中国上市公司治理指数（实际为 2004 年的上市公司数据）2006 年中国上市公司治理指数（实际为 2005 年的上市公司数据）	2007 年 4 月 28 日	人民大会堂	2005 年：1282 家上市公司 2006 年：1249 家上市公司
7	以"公司治理新阶段：合规、创新与发展"为主题的第四届公司治理国际研讨	2007 年中国上市公司治理指数（实际为 2006 年的上市公司数据）	2007 年 11 月 3 日至 4 日	南开大学	1162 家上市公司
8	以"华尔街金融危机背景下公司治理风险的强化"为背景的 2008 年公司治理指数发布与研讨会	2008 年中国上市公司治理指数（实际为 2007 年的上市公司数据，下同）	2008 年 10 月 26 日	人民大会堂	1127 家上市公司
9	以"金融危机与公司治理"为主题的第五届公司治理国际研讨会	2009 年中国上市公司治理指数	2009 年 9 月 5 日至 6 日	南开大学	1234 家上市公司
10	2010 年公司治理指数发布与研讨会	2010 年中国上市公司治理指数	2010 年 10 月 30 日	人民大会堂	1559 家上市公司
11	以"公司治理：后危机时代的共同准则"为主题的第六届公司治理国际研讨会	2011 年中国上市公司治理指数	2011 年 8 月 20 日至 21 日	东北财经大学	1950 家上市公司
12	2012 年公司治理指数发布与研讨会	2012 年中国上市公司治理指数	2012 年 11 月 25	人民大会堂	2328 家上市公司
13	以"公司治理有效性与治理模式创新"为主题的第七届公司治理国际研讨会	2013 年中国上市公司治理指数	2013 年 9 月 7 日至 8 日	南开大学	2470 家上市公司
14	2014 年中国公司治理指数发布与研讨会	2014 年中国上市公司治理指数	2014 年 11 月 23 日	天津财经大学	2467 家上市公司

续表

编号	发布指数场合	发布指数情况	发布时间	发布地点	评价样本数量
15	以"网络治理、混合所有制改革与治理能力现代化"为主题的第八届公司治理国际研讨会	2015 年中国上市公司治理指数	2015 年 9 月 5 日至 6 日	天津财经大学	2590 家上市公司
16	以"公司治理改革深化与中国上市公司治理评价"为主题的 2016 年中国公司治理指数发布与研讨会	2016 年中国上市公司治理指数	2016 年 10 月 22 日	南开大学	2807 家上市公司
17	以"绿色治理与治理转型"为主题的第九届公司治理国际研讨会	2017 年中国上市公司治理指数 推出全球首份《绿色治理准则》	2017 年 7 月 22 日至 23 日	南开大学	3031 家上市公司
18	2018 年绿色治理与中国上市公司治理评价研讨会	2018 年中国上市公司治理指数 2018 年中国上市公司绿色治理指数	2018 年 9 月 16 日	山东大学	3464 家上市公司 712 家上市公司
19	以"中国公司治理转型：数据时代新挑战"为主题的第十届公司治理国际研讨会	2019 年中国上市公司治理指数 2019 年中国上市公司绿色治理指数	2019 年 7 月 20 日至 21 日	南开大学	3562 家上市公司 888 家上市公司
20	2020 公司治理高端论坛与中国上市公司治理评价研讨会	2020 年中国上市公司治理指数 2020 年中国上市公司绿色治理指数	2020 年 12 月 5 日	对外经济贸易大学	3753 家上市公司 987 家上市公司
21	以"后疫情时代的应对：绿色治理"为主题的第十一届公司治理国际研讨会	2021 年中国上市公司治理指数 2021 年中国上市公司绿色治理指数	2021 年 9 月 25 日至 26 日	南开大学	4134 家上市公司 1112 家上市公司
22	2022 中国上市公司治理指数发布暨学术研讨会	2022 年中国上市公司治理指数 2022 年中国上市公司绿色治理指数	2022 年 12 月 4 日	南开大学	4679 家上市公司 1366 家上市公司
23	以"中国式治理现代化与绿色治理"为主题的 2023 年第十二届公司治理国际研讨	2023 年中国上市公司治理指数 2023 年中国上市公司绿色治理指数	2023 年 8 月 19 日至 20 日	辽宁工程技术大学	5055 家上市公司 1738 家上市公司

资料来源：作者整理。

（二）建立了南开大学中国保险机构治理指数数据库

数据来源往往会影响研究方法的选择，进而影响一个研究领域的发展。国内外关于上市公司财务、治理等领域的相关数据库较多，例如 CSMAR、CCER、WIND、CNRDS、RESSET、CEIC 等。但关于非上市公司的治理数据库较少，尤其是关于保险业的治理数据库鲜有。李维安和程新生（2005）指出，通过公司治理评价促进数据库建设，通过数据库建设推动公司治理评价。本研究认为，公司治理评价、数据库建设不但相互影响，而且会共同影响保险机构治理领域研究的开展深度与广度。郝臣、李慧聪和罗胜（2011）[1]，张扬、郝臣和李慧聪（2012）[2]，郝臣、付金薇和李维安（2018）[3]通过对保险公司治理研究文献的梳理发现，我国保险公司治理研究在方法上以规范研究为主，而国外保险公司治理研究则以大样本的实证研究为主并深入到治理要素层面，其中一个重要的原因就是缺乏针对保险业的公司治理数据库。

本研究建立了包含 41.79 万余个数据字段的南开大学中国保险机构治理指数数据库（China Insurance Institution Governance Index Database of Nankai University，缩写为 CIIGID[NK]），数据库结构如表 1-3 所示。数据库包括四部分内容：第一部分为基础数据（Basic Data），主要是指保险机构基础信息，包括机构名称、基础信息码、状态信息码、保险机构代码、规模类型、资本性质、组织形式、业务类型、成立年限、注册地区、所在城市等，基础信息在数据库中以无色背景显示；第二部分为原始数据（Raw Data），包括根据保险机构治理评价指标体系所采集的 70 个评价指标原始数据，原始数据在数据库中也以无色背景显示；第三部分为评价数据（Evaluation Data），是整个数据库的核心，包括所有指标对应的原始评分数据，根据哑变量求和法进而百分化计算的股东与股权结构分指数、董事与董事会分指数、监事与监事会分指数、高级管理人员分指数、信息披露分指数和利益相关者分指数，强制性治理指数和自主性治理指数，根据中国保险机构治理分指数加权求和生成的中国保险机构治理指数，以及保险机构治理年度排名、保险机构治理等级与评级等，评价数据在数据库中以彩色背景显示；第四部分为中介数据（Secondary Data），包括规模分组中介、评分中介、核对中介、排名中介等辅助列信息，其中规模分组中介主要为上一年保险机构年初和年末资产负债表数据、评分中介主要为哑变量评分过渡数据（例如，指标 2-17：独立董事比例情况原始整理数据为独立董事数量，因此需要计算独立董事比例进而再进行评分）、核对中介主要为原始数据的逻辑校验（例如，前十大股东持股比例之和要小于等于 100%等）、排名中介主要为各保险机构的排名分组信息（例如，计算各业务类型保险机构单独排名时，需要首先按照评价年度和业务类型进行分组进而排名）。中国保险机构治理指数及其分指数和分类指数为科学衡量保险机构治理质量提供了"标尺"，南开大学中国保险机构治理指数数据库为未来我国保险机构治理实证研究的深入开展贡献了平台和基础。

---

① 郝臣，李慧聪，罗胜. 保险公司治理研究：进展、框架与展望[J]. 保险研究，2011（11）：119-127.
② 张扬，郝臣（通讯作者），李慧聪. 国外保险公司治理研究：主题、逻辑与展望[J]. 保险研究，2012（10）：86-94.
③ 郝臣，付金薇，李维安. 国外保险公司治理研究最新进展——基于 2008－2017 年文献的综述[J]. 保险研究，2018（04）：112-127.

表 1-3 南开大学中国保险机构治理指数数据库结构

序号	数据类型	数据内容	字段数量（个）
1	基础数据（Basic Data）	机构名称、基础信息码、状态信息码、保险机构代码、规模类型、资本性质、组织形式、业务类型、成立年限、注册地区（省/自治区/直辖市）、所在城市等	17×1639=27863
2	原始数据（Raw Data）	中国保险机构治理评价指标体系共计 70 个治理评价指标的手工整理的原始数据	98×1639=160622
3	评价数据（Evaluation Data）	中国保险机构治理评价指标体系 70 个评价指标的评分、基于治理内容维度的分指数、基于治理层次维度的分指数、中国保险机构治理指数、中国保险机构治理分类指数、中国保险机构治理年度排名、中国保险机构治理等级与评级等	109×1639=178651
4	中介数据（Secondary Data）	规模分组中介、评分中介、核对中介、排名中介等辅助列信息	31×1639=50809
总计	/	/	41.79 万

资料来源：南开大学中国保险机构治理指数数据库。

三、研究创新

（一）体系新：从第一版评价体系到第二版评价体系

中国保险机构治理评价研究不是一蹴而就的，而是一个逐步深化的过程。从 2009 年开始，作者逐步聚焦到保险机构治理评价研究上，开展了保险机构治理评价重要性和特殊性、保险机构治理评价理论和基础、保险机构治理评价体系构建和优化、保险机构治理指数分析等多个领域的研究。2022 年，作者在南开大学出版社出版学术著作《我国中小型保险机构治理研究》，该成果发布了第一版中国保险机构治理评价指标体系，该体系包含保险机构内部治理和外部治理共计 60 个具体评价指标，是保险机构治理评价重要的阶段性成果。2021 年，原中国银保监会发布《银行保险机构公司治理准则》（银保监发〔2021〕14 号）①，对保险机构治理提出了一些新的要求。在适应新监管规则的前提下，本研究对第一版中国保险机构治理评价指标体系进行了优化，新增与董事会专门委员会和外部监事相关的 10 个评价指标，并对评价指标的维度、层次、顺序、名称进行了优化调整，构建了第二版中国保险机构治理评价指标体系。

---

① 公司治理准则（Corporate Governance Principle）是指公司治理活动所应或必需遵循的基本准则和基本要求，也称公司治理原则。自 1992 年英国的《卡德伯利（Cadbury）报告》发布以来，众多国家与组织的多种公司治理原则纷纷出台，目前世界上已有 90 多个国家和地区制定了公司治理原则（郝臣，2021）。公司治理原则的发布主体主要有七种类型，包括国际性组织、中介组织、政府、监管机构、证券交易所、机构投资者和企业，不同主体发布的公司治理原则所适用的范围和强制性程度均不同，但均对构建有效的公司治理模式具有指导意义（郝臣、郑钰镜、崔光耀和石懿，2021）。《银行保险机构公司治理准则》（银保监发〔2021〕14 号）是监管机构发布的，具有强制性，该文件也是本书在开展保险机构治理评价中最重要的参考和依据之一。

（二）思路新：从保险机构治理指数到分类治理指数

不同业务类型保险机构的经营特殊性决定了其治理上也存在特殊性，因此对于不同业务类型保险机构的治理评价，不能完全以相同的指标和标准对待。本研究针对不同业务类型保险机构，设计了适用于其治理特点的评价指标。具体来看，在中国保险机构治理评价指标体系 70 个具体指标中，保险集团（控股）公司适用 67 个；仅经营受托型业务的养老保险公司适用 68 个，其他保险公司适用 70 个；其他人身保险机构适用 70 个；财产保险机构中的非公司制相互保险组织适用 65 个，其他财产保险机构适用 70 个；中国保险资产管理公司适用 64 个；再保险机构适用 69 个；非公司制相互保险组织适用 65 个，其他相互保险组织适用 70 个。基于前述适用评价指标，本研究生成了中国保险集团（控股）公司治理指数、中国保险公司治理指数（包括财产险公司治理指数和人身险公司治理指数）、中国人身保险机构治理指数、中国财产保险机构治理指数、中国保险资产管理公司治理指数、中国再保险机构治理指数和中国相互保险组织治理指数九个分类治理指数，将保险机构治理指数细化到保险机构分类治理指数。

（三）方法新：从早期的专家打分法到哑变量求和法

公司治理评价领域早期使用的主要方法是专家打分法，这种方法的优点是可以充分发挥治理专家的经验，提高评价效率；但缺点是，这种方法受制于治理专家的经验。近年来，伴随冈珀斯、石井和迈特里克（Gompers，Ishii & Metrick，2003）、克雷墨斯和奈尔（Cremers & Nair，2005）、科尔、盖伊和鲁斯提库斯（Core，Guay & Rusticus，2006）和别布丘克、科恩和费雷尔（Bebchuk，Cohen & Ferrell，2009）等学者尝试解决专家打分法的不足，而使用哑变量求和法来评价上市公司治理状况，但上述研究仅关注了公司的股东权利，不是对公司治理质量的整体反映，且评价指标数量仅有 24 个。保险机构治理评价必须遵循客观性原则，在计算评分过程中客观、公正，不受主观因素影响，以避免评价结果出现偏离和误差。本研究在评分过程中采用相较于专家打分法更为客观的哑变量求和法对保险机构治理整体状况进行打分，使用的指标数量达 70 个。哑变量（Dummy Variable），也叫虚拟变量，通常取值为 1 或 0。在保险机构治理评价中，难以说明哪种治理状况介于"好"与"不好"的中间，因此采用哑变量求和法，直接评定保险机构治理"合规"与"不合规"或"达到"与"未达到"，避免了个人的主观性因素。

第二章　国内外相关研究梳理

保险机构是指由国家法定的监管机构监督管理的、具备从事保险业合法资格的金融机构。保险机构发展状况会影响行业的发展，而保险机构治理状况又是影响其发展的微观层面的重要因素。因此，本章首先回顾了保险机构及具体类型保险机构发展的研究，然后系统梳理了保险机构治理领域的研究，最后重点关注了保险机构治理评价领域的相关研究。

第一节　保险机构发展研究

本节从保险机构发展宏观研究和具体类型保险机构发展研究两个方面进行了梳理，并对保险机构发展研究进行了总结。

一、保险机构发展宏观研究

（一）保险机构发展的环境研究

我国保险机构发展的环境研究主要包括政策环境、政府支持以及绿色治理（以下简称 ESG）理念环境三方面。

在政策环境方面，黄海骥（2004）认为我国监管机构在促进保险业的发展方面起着至关重要的作用，论述了制约保险业发展的环境并分析了保险监管机构改善保险业发展环境的措施。汤玉甲和隋绍先（2002）基于我国加入世界贸易组织（WTO）的大背景，研究分析了我国的保险中介机构如何从新生机构的求生存转入谋发展，提出了为促进中介机构发展，我国外部环境包括政府部门和保险监管部门需要做出的努力。陆珉（2006）以包含保险业发展总目标的"国十条"①为基础，探究在新的发展契机下保险中介机构需要承担的功能和发挥的作用。陈越（2020）基于保险行业发生变革且基层机构发展相对停滞的背景，分析总结了中小保险公司基层机构的发展困境，并提出了基层机构提高经

---

① 《国务院关于保险业改革发展的若干意见》（国发〔2006〕23 号）于 2006 年 6 月 15 日发布和实施，包含十个方面：
（1）充分认识加快保险业改革发展的重要意义；（2）加快保险业改革发展的指导思想、总体目标和主要任务；（3）积极稳妥推进试点，发展多形式、多渠道的农业保险；（4）统筹发展城乡商业养老保险和健康保险，完善多层次社会保障体系；（5）大力发展责任保险，健全安全生产保障和突发事件应急机制；（6）推进自主创新，提升服务水平；（7）提高保险资金运用水平，支持国民经济建设；（8）深化体制改革、提高开放水平，增强可持续发展能力；（9）加强和改善监管，防范化解风险；（10）进一步完善法规政策，营造良好发展环境。该文件又称保险业"国十条"。

营管理水平以促进发展的对策和建议。

在政府支持方面，杜正茂和龙文军（2009）基于国家农业保险政策，研究了我国农业保险经营机构的发展情况并提出了发展过程中存在的问题，从完善政府机制、加强内部治理机制和建立社会协同机制等方面提出了我国农业保险经营机构的发展建议。

在理念环境方面，随着 ESG 和可持续发展理念的广泛发展，越来越多的学者关注人与自然的和谐共生，对 ESG 投资等主题进行了研究。杨平（2023）在 ESG 投资理念盛行的背景下，分析了保险机构参与 ESG 投资的意义、机遇以及面临的挑战，最终给出了推进我国保险机构 ESG 投资的相关建议。

（二）保险机构发展的业务研究

随着转融通市场的发展，董竹敏（2015）从险资运用角度，强调了研究保险机构的转融通业务的重要性，在对该业务基本情况进行介绍的基础上，对保险机构参与该业务的可行性进行了分析。周春志和王莹（2019）以及李桂静（2020）均认为银行需要同保险机构加强合作，并提出了未来合作模式，以期推动银行和保险机构的协作长效发展。

（三）保险机构发展的监管研究

我国对保险机构发展的监管研究主要集中在系统重要性保险机构监管、外资保险机构监管、保险科技和外汇业务监管这四个方面。在系统重要性保险机构监管方面，高侯平（2021）在著作中论证了我国保险业系统性风险的形成机制，通过定量、定性和理论分析对我国保险业系统性风险进行了存在性研究，并对保险业系统性风险识别和监管进行了研究。鲁玉祥（2012）介绍了国际保险监督协会提出的评估金融机构系统重要性的方法，并从提高损失吸收能力、强化监管和有效处置三方面提出了特别监管措施。朱南军和高子涵（2017）也对系统重要性保险机构进行了评定思路、方法和监管框架方面的系统梳理和总结，并结合国际实践进行了中国探索。胡祥（2019）对我国上市保险公司系统性风险做了全面评估。这些研究对我国保险监管制度的完善有重要意义。在外资保险机构监管方面，安志梅（2002）研究了我国加入世贸组织后，相较于保险业发达国家的保险监管而言存在的不足，提出了我国保险监管部门需要做出的努力和应当确立的保险监管制度；鲁学武（2006）则从内涵、必要性、价值和监管目标角度探讨了外资保险机构市场准入监管的基础理论，并对相关的监管体制进行了分析。此外，盛和泰（2019）从科技应用角度研究了保险机构的探索实践和面临的挑战，并提出了在保险科技的驱动下保险机构和保险监管需要做的工作。叶李静（2006）从外汇业务监管角度对保险机构现状进行了梳理，提出了相应的监管新策。魏华林（1999）在研究中国保险市场开放的背景、现状以及存在问题的基础上，总结分析了各国保险市场的开放模式以及对应的监管程度，提出了关于中国保险监管的对策建议。罗胜（2013）则专门聚焦保险公司薪酬监管问题，提出探索建立符合我国国情和行业实际的保险公司薪酬监管机制。

（四）保险机构发展的财务与会计研究

黄京燕（2017）以"互联网+"时代为背景，从保险机构财务管理的变化、改良与变革以及财务转型三方面探讨研究了保险机构对于财务工作的创新性改革和优化。马树强（2012）关注基层保险企业，对基层保险机构的财务管理工作如何开展进行了研究和探讨。王庆松（2020）聚焦于保险机构风险偏好，分析了其优化升级的难点并提出相应对策。杜晓殿和徐玲（2011）从内审工作的功能、主要内容、主要方法以及关键环节四个方面介绍了保险机构内部审计工作系统有效、规范开展的方法与途径。江生忠（2000）以经济学、保险学及会计学为依据，从理论上研究保险会计核算原理和方法，保险会计信息的内容形式，以及提供保险会计信息的程序技术等。中国保险行业协会（2018）、王玉祥和尤瑞金（2023）分别介绍了保险公司和保险机构内部审计中的相关问题。

（五）保险机构发展的经营管理研究

目前有关保险机构发展的经营管理研究主要包括营销管理、文化建设、声誉管理以及偿付能力管理等方面。在营销管理方面，李国峰（2023）从营销管理角度分析了新时代保险机构的营销现状，提出了四点提升保险机构营销能力的策略。在文化建设方面，贾崧和蒲璞（2005）致力于构建以"诚信"为核心的保险机构企业文化与道德建设。在声誉管理方面，陈继红（2022）提出机构需要通过制定声誉风险管理办法，建立新闻发言人、信息披露以及声誉风险排查的制度来建构一个系统性的声誉管理体系。在偿付能力管理方面，郝新东和邓慧（2011）论述了保险机构在预警程序、退出路径和退出机制配套措施三方面的内容。蔡文远（1997）在《保险企业经营管理学》一书中概述了保险经营管理、国家保险管理机关与保险企业等方面的内容，并从保险计划管理、保险统计管理、保险展业管理、保险承保管理、保险防灾防损管理和保险理赔管理等方面进行了阐述与介绍。邓红国和王治超（1997）以及卓志（1998）分别从经营监管和经营风险防范方面对保险机构的发展做出研究与阐述。魏巧琴（2002）在《保险企业风险管理》一书中从多角度详细阐述了保险企业在经营管理过程中可能遇到的各类风险。孙蓉、彭雪梅、胡秋明等（2006）在《中国保险业风险管理战略研究——基于金融混业经营的视角》一书中立足中国国情，探讨了中国保险业的风险管理战略构想以及相关制度安排。

（六）保险机构发展的社会责任研究

卓志和王寒（2009）基于利益相关者理论，探讨分析了保险企业社会责任的现状以及存在的问题，借鉴西方国家的实践经验对我国保险企业履行社会责任提出了启示和建议。马坚波（2018）从民生保障出发，以商业保险机构为研究对象，分析了其在保障民生中做出的贡献，并总结了险企在从事社会责任活动时出现的问题与相应的对策。白雪石、任桥、刘鑫和金林立（2021）肯定了我国保险机构参与 ESG 投资的战略意义，从保险资金运用角度探讨了在"双碳"背景下我国保险机构 ESG 投资的实践路径。叶燕斐和谭林（2022）介绍了我国银行保险机构进行 ESG 信息披露的重要性、内容和关注重点，提出了有关银行保险机构高效开展 ESG 信息披露的五大工作要点。中国保险监督管理委员会（2014）在《中国保险业社会责任白皮书》中总结了行业发展的三个具体表现，具体介绍了中国保险行业 2013 年度的发展状况并对相关案例进行分析，阐明了中国保险业在补偿灾害损失、维护社会安定、支持中国经济建设等方面的重要作用。

（七）保险机构发展的对策研究

陈雨露和马勇（2011）梳理了中国金融发展的宏观背景与整体结构，研究了包括保险业在内的中国金融机构与金融市场的发展历程、发展现状等内容，在此基础上分析提出了未来中国金融发展的六大趋势。段国圣和段胜辉（2018）关注保险机构缺乏长期资金的问题，通过借鉴保险资金项目投资的国际经验，针对国内有关方面存在的五个问题，提出了促进我国保险机构项目投资的发展对策。卜振兴和王延培（2014）对中国保险机构进行了效率评价研究和效率影响因素研究，在肯定我国保险业发展的基础上，指出了存在的问题并为后续研究提出了对策建议。孙祁祥和郑伟（2007）从经济社会发展视角，分析研究了中国保险业的发展评价和问题现状两方面，并对该领域的未来前景做出全面的审视。江生忠（2006）针对我国保险业发展的前沿问题做了理论与实证两方面的探讨和研究。刘子操（2005）、王成辉（2008）、冯占军和李季芳（2012）针对保险企业经营竞争力的一般规律，竞争力的培育与提升等问题进行了深入研究。对于保险公司未来的发展而言，创新是必不可少的，潘国臣（2006）、许闲（2018）、张娓主（2020）针对保险机构或者保险公司的创新进行了深入研究。

（八）保险机构发展的综合研究

江生忠在 2003 年至 2008 年发布了六部《中国保险业发展报告》系列年度研究报告。其中，江生忠（2003）基于保险业的现状，介绍了保险业的发展环境，对寿险与财产保险市场、保险中介、保险投资与资本市场等进行了分析；江生忠（2004）基于保险市场的发展背景，阐述了这一年中国保险市场中寿险、财险、中介、再保险和保险投资发展等不同方面的发展历程；江生忠（2005）从市场发展、法律与监管、热点问题和附录等方面阐述了 2004 年中国保险市场的发展情况；江生忠（2007）在坚持以往系列著作风格和形式的基础上，提出了对我国保险业改革和发展的思考。

寇业富主编了 2015 年至 2022 年连续八个年度的关于保险公司竞争力评价的报告。其中，寇业富（2015）以提高我国保险业的竞争力为目的，研究了我国保险行业发展的成就与问题，深入分析了相关主要公司的竞争行为，并针对重点难点提出了相应对策。寇业富（2019）在介绍了中国保险市场发展状况的基础上，使用主成分分析法对主要公司进行了竞争力研究，并给出人身险公司和财产险公司的竞争力评价得分与排名。

郑伟编写了 2022 年和 2023 年两个年度的《中国保险业发展报告》。郑伟（2022、2023）深入分析了上一年中国保险业的发展现状和问题，并对未来提出展望，这两部著作对了解我国保险业发展具有重要参考意义。

吴定富（2004）主编了《中国保险业发展改革报告（1979－2003）》，该报告阐述了1979－2003 年我国保险业的历史脉络与发展现状，并总结分析了我国保险业在改革、法制、监管、各个险种等方面的相关情况。

中国保险行业协会（2010）撰写的《保险行业企业社会责任年度报告（2010 辑）》首次以图文形式，集中发布了 2009 年度保险行业主要企业的社会责任报告，报告涉及社会责任、经营管理、企业文化和环境保护等方面的内容，体现了保险公司履行社会责任的具体实践。

二、具体类型保险机构发展研究

我国具体业务类型的保险机构包括保险集团（控股）公司、保险公司、保险资产管理公司、再保险机构以及保险中介机构等。对具体类型保险机构发展的研究除了从上述多种业务类型保险机构展开之外，还涉及相互保险组织、中小型保险机构、外资保险机构等特殊类型保险机构发展研究。

（一）保险集团（控股）公司发展研究

在保险集团（控股）公司方面，许树仁（2021）从财务会计角度梳理了保险集团（控股）公司内部审计体系的现状，分析了这类保险机构在内部审计数字化转型上存在的不足，并探索研究了保险集团（控股）公司内部审计数字化转型的实施路径。魏迎宁（2010）撰写的《保险集团财务风险控制问题研究》从风险控制角度，基于我国保险集团的发展历程和现状，具体研究了我国保险集团（控股）公司的财务风险管理、预算管理和偿付能力等问题，构建了保险集团内部的业绩评价体系。薄滂沱（2009）在其著作中介绍了保险集团（控股）公司的概念、发展和监管等内容，实证分析了我国保险集团的发展。太平金融稽核服务（深圳）有限公司（2018）在著作《金融保险集团内部审计创新与实践》中总结了金融保险集团过去10年的稽核体系与运作模式，展望了未来审计模式的转变和前沿审计技术的探索，对集团内部稽核体系建设具有借鉴意义。董迎秋和夏萍（2019），董迎秋、王瑞涵和王虹珊（2021）较为深入地研究了我国保险集团化发展的历史、逻辑与方向。

（二）保险公司发展研究

在保险公司方面，欧阳越秀、严奕杨和李夏晴（2019）与童鹏程（2021）基于灰色关联分析法，研究财产险公司的偿付能力及风险管理问题。粟芳（2002）、陈信元和朱红军（2006）、孙祁祥和郑伟（2008）、李朝锋（2009）、占梦雅（2011）、王磊（2011）、杨贵军（2011）、江先学和吴岚等（2013）对保险公司偿付能力监管的相关问题进行了深入研究。雷星晖（2001）、孙磊（2002）、周玉华和张俊（2010）、《保险公司法律风险管理实务》编写组（2014）、刘宁（2014）及朱文革（2016）等从观念、对策等不同角度深入研究了保险公司风险管理方面的问题。张连增和戴成峰（2013）从新会计准则视角，研究了会计准则变化对我国财产保险公司在资产负债管理方面的影响。刘汉民（2009）在著作《保险公司财务管理》中分析了保险公司财务管理的重要性，对保险公司财务管理的职能进行了梳理，并阐述了现代科技在保险公司财务管理中的应用。中国保险行业协会（2018）针对保险公司2017年的经营数据，对寿险行业与财险行业进行了人力成本总额管理的调研分析，对保险行业人力成本总额管理进行了案例研究。魏巧琴（2021）撰写的《保险公司经营管理（第六版）》作为高等院校相关专业本科生和研究生的教学用书，对保险从业人员有重要参考意义。吴小平（2005）从业务角度出发，针对《保险公司非寿险业务准备金提取办法》规定的评估标准做了原理和方法的阐述，为该领域的评估实务提供了指南。中国保险行业协会在2015年共发布了三部有关国内中小财产保险公司和中小寿险公司的发展研究报告。其中，中国保险行业协会（2015）发布的《国内中小财产保险公司发展问题研究报告》针对我国中小财险公司，以专题的形式分析研究了公司发展过程中存在的共性问题，并提出了对策建议。中国保险行业协会（2015）在《中小寿险公司报告》中分析了我国中小寿险公司在2011—2013年的经营数据，总结提出了我国中小寿险公司近年来整体发展态势的七个特点，通过研究对比国际相关案例，提出可借鉴的国际经验，填补了我国中小寿险公司研究领域的多项空白。姬便便（2006）以财产险公司竞争力作为研究对象，比较了外部政策环境要素、外部市场环境要素以及内部要求三个层次上与外资保险公司的差异，分析了中资财产险公司的竞争力状况。杨文灿（2006）从经营管理角度对保险企业进行研究，探讨了保险企业如何在市场环境和资源约束条件下通过制定战略策略来提高经营效率。宋铁军（1998）和中国保险监督管理委员会国际部（2000）介绍了外资保险公司在中国的发展。慕刘伟（2003）、刘畅（2006）和贲圣林（2018）对中资保险公司股权融资、竞争力等发展问题进行了深入研究。吴定富（2006）介绍了股份制保险公司党建工作的实践与探索。沈烈（2009）、李秀芳和解强（2012）及余洋（2012）研究了保险公司经营过程中资产负债管理的问题。《保险公司投资资产委托管理模式研究》编写组（2007）、郝芳静（2021）以及周爱玲（2021）针对与保险公司投资有关的问题进行了深入研究。

（三）保险资产管理公司发展研究

在保险资产管理公司方面，郑伟厚和刘晓桐（2020）在解读资管新规①的基础上，提出了保险资产管理公司发挥优势并保持竞争力的对策和建议。中国保险资产管理业协会（2021）通过专项问卷调查收集了大量资料，调研了保险资产管理领域的数字化情况。

（四）再保险机构发展研究

在再保险机构方面，程惠霞和杜奎峰（2011）从财务与会计角度研究了再保险机构视角下基于特定目的的风险证券化的会计与税收问题。史鑫蕊（2013）从业务角度借鉴国际标杆再保险公司的全球业务管理模式，结合中国实践，对我国的再保险公司全球业务管理模式的发展提出了建议。王嘉冬（2017）也借鉴了国际的业务管理模式对我国的再保险公司未来发展建言献策。中国再保险集团（股份）有限公司（2023）在《中国再保险行业发展报告（2023）》中以"主报告+专题报告"形式，针对中国再保险行业做了行业发展因素分析，阐述了行业发展的现状与问题，并对未来的发展趋势提出展望。李照光和吴先明（2017）通过研究探讨中国再保险企业国际竞争动态能力的理论，分析国际领先再保险企业的动态能力优势，识别目前中国再保险企业动态能力存在的问题，提出对中国再保险企业增强国际竞争动态能力的建议。

（五）相互保险组织发展研究

在相互保险组织方面，高艳梅（2020）从发展对策角度区分了相互保险和网络互助的不同之处，通过对我国相互保险组织发展现状的梳理，分析了未来我国相互保险组织市场的发展前景并提出对策建议。陈辉（2017）首次针对我国相互保险进行了系统性研究，全面分析总结了国内外相互保险的历史发展脉络，探讨了有关相互保险历史、法律法规、理论、监管、发展前景等方面的内容，对之后我国相互保险组织的发展具有重要意义。陈辉（2019）梳理了中国相互保险组织的设立和发展模式，总结了该类组织的营运实践标准，加深了公众对相互保险组织的认知。梁涛、何肖峰和任建国（2017）在《相

---

① 《保险资产管理产品管理暂行办法》（中国银行保险监督管理委员会令 2020 年第 5 号）于 2019 年 7 月 19 日经原中国银保监会 2019 年第 6 次委务会会议通过，2020 年 3 月 18 日公布，自 2020 年 5 月 1 日起施行，该文件被业内称为保险业的"资管新规"。该文件旨在规范保险资产管理机构开展保险资产管理产品业务和保护投资者与相关当事人合法权益。该文件共八章六十六条，第一章：总则；第二章：产品当事人；第三章：产品发行、存续与终止；第四章：产品投资与管理；第五章：信息披露与报告；第六章：风险管理；第七章：监督管理；第八章：附则。为规范金融机构资产管理业务，统一同类资产管理产品监管标准，有效防控金融风险，更好地服务实体经济，经国务院同意，中国人民银行、中国银行保险监督管理委员会、中国证券监督管理委员会和国家外汇管理局于 2018 年 4 月 27 日联合印发了《关于规范金融机构资产管理业务的指导意见》（银发〔2018〕106 号），该文件被业内称为金融业的"资管新规"。

互保险组织运作及风险管理研究》一书中以上下篇形式对相互保险组织进行了专题研究与国别研究，分析了相互保险组织的运作以及风险管理等内容。缪若冰（2020）从法律角度构建了相互保险组织的法理基础，为更好研究相互保险组织以及与其他互助合作类组织之间的法律区别提供参考。

（六）保险中介机构发展研究

江生忠（2001）在《保险中介教程》一书中梳理了保险中介的基本理论和专业知识，分析了保险中介在保险市场中的地位和作用，介绍了我国保险中介各种形式的概念、特征以及现状等。江生忠、锺碧蓉和邵全权（2013）撰写的《保险中介前沿问题研究》从理论和实证两方面研究了保险专业中介机构对保险市场的作用。中国保险监督管理委员会保险中介监管部（2010）收录了中国保险监督管理委员会自1998年11月成立以来至2009年10月发布的且仍在执行的法律法规和规范性文件。马玉秀（2023）使用我国省级面板数据，实证分析了保险专业代理机构、保险经纪机构和保险公估机构集聚对自身经营效率和保险市场发展的影响，并提出了有关提升专业中介机构集聚溢出效应的相关建议。杨波（2010）在《中国保险专业中介机构发展问题研究》中介绍了中国保险专业中介市场的发展环境与现状，并从制度和功能发挥两个角度分析了我国专业中介机构存在的问题及原因，最后提出了相关的发展战略。

（七）中小型保险机构发展研究

王建东（2011）在《中小财产保险公司发展研究》一书中采用理论与实践相结合的方法，对中小财险公司的资本基础、战略规划、盈利模式、风险管理等内容展开研究，为我国中小财险公司的发展提供智力支持。郝臣和刘琦（2020）基于公开数据，通过构建由六大内容维度、总计60个指标组成的保险机构治理评价指标体系，针对我国中小型保险机构2016—2019年的治理状况展开研究，并在监管和机构两个层面提出提升保险机构治理能力的建议[①]。陈越（2020）基于保险行业发生变革且基层机构发展相对停滞的背景，分析总结了中小保险公司基层机构的发展困境，并提出了基层机构提高经营管理水平以促进发展的对策和建议。

（八）外资保险机构发展研究

鲁学武（2006）从探讨外资保险机构市场准入监管的基础理论入手，分别介绍了外资保险机构市场准入监管的内涵、必要性、价值以及监管的目标，并对相关的监管体制进行了分析，以便对我国外资保险机构市场准入监管的法制有所借鉴。宋铁军（1998）和中国保险监督管理委员会国际部（2000）分别介绍了外资保险公司在中国的发展状况与外资保险公司驻华机构情况。郝演苏、张文峰和杨雪君（2013）通过引入新概念"国家主权个性"，对部分发达国家和发展中国家的外资保险发展进行了实证分析，为保险公司或其他金融机构海外扩张的战略选择提供参考。

---

① 郝臣，刘琦. 我国中小型保险机构治理质量研究——基于2016—2019年公开数据的治理评价[J]. 保险研究，2020（10）：79-97.

三、保险机构发展研究总结

目前，有关保险机构发展的宏观研究主要围绕宏观环境研究、业务研究、监管研究、财务与会计研究、经营管理研究、社会责任与可持续发展管理研究和发展对策研究这七个部分展开。此外，学者们对包括保险资产管理公司、保险集团（控股）公司、再保险机构、相互保险组织以及保险公司在内的具体类型保险机构发展问题展开了探讨。总体来说，我国保险机构发展研究较为全面，学者们从不同角度对未来各类型保险机构的发展积极地建言献策，推动了我国保险机构的高质量发展。

第二节　保险机构治理研究

公司治理监管是保险监管的一项重要内容，保险机构治理在推动保险机构科学、持续、健康发展中起到越来越重要的作用。因此，本节对保险机构治理领域的研究进行具体梳理。

一、保险机构治理宏观研究

在金融机构治理研究领域中，保险机构治理的研究成果相对较少。郝臣（2022）[①]重点关注了中小型保险机构治理状况，构建了基于公开信息的保险机构治理评价指标体系。郝臣和刘琦（2020）[②]基于公开数据，利用中国保险机构治理指数对我国 2016-2019 年中小型保险机构治理现状进行了分析，构建了一套针对我国保险机构的由六大内容维度、总计 60 个指标组成的保险机构治理评价指标体系。郝臣、李慧聪和崔光耀（2017）[③]基于我国保险业当前发展现状，对治理的微观、中观与宏观内涵进行了界定，明确给出了保险公司治理的定义并对其进行了拓展，首次提出保险机构治理和保险业治理两个新概念；同时对我国微观层面的保险公司治理实践、中观层面的保险机构治理实践和宏观层面的保险业治理发展脉络进行了分析。许荣（2020）在《保险机构的治理功能研究》中从治理功能出发，为保险机构充分发挥公司治理功能提供理论指导，也为公司治理和创新的微观实证研究提供了新的实证证据。中国保险行业协会等（2021）在《保险机构公司治理监管制度汇编》中全面收录了 1993 年 4 月至 2021 年 6 月保险行业公司治理的法律法规、监管制度以及监管处罚案例和司法判例，包括股东治理、董事会治理、监事会和高管层治理、风险内容、关联交易治理、市场约束和其他利益相关者共七编。郝臣（2023）[④]在既定保险治理内涵的基础上，从北大法宝、监管机构官网等途径手工检索和整理了我国保险业自 1979 年复业以来至今在治理方面的法律法规文件，并以此开展统

① 郝臣. 我国中小型保险机构治理研究[M]. 天津：南开大学出版社，2022.

② 郝臣，刘琦. 我国中小型保险机构治理质量研究——基于 2016-2019 年公开数据的治理评价[J]. 保险研究，2020（10）：79-97.

③ 郝臣，李慧聪，崔光耀. 治理的微观、中观与宏观——基于中国保险业的研究[M]. 天津：南开大学出版社，2017.

④ 郝臣. 我国保险治理法律法规研究：1979-2022[M]. 天津：南开大学出版社，2023.

计分析研究，以期全面反映我国保险治理的发展脉络和现状。李克穆（2007）在《保险业信息披露研究》一书中全面分析了我国保险信息披露的状况、存在的问题并提出针对性的建议。

二、具体类型保险机构治理研究

我国目前针对具体类型保险机构治理的研究相对较少，主要包括保险资产管理公司治理、保险集团（控股）公司治理、相互保险组织治理和保险公司治理四方面的研究。

（一）保险资产管理公司治理研究

在保险资产管理公司治理研究方面，郝臣和马贵军（2023）[①]在梳理保险资产管理公司治理法律法规文件的基础上，研究保险资产管理公司的重要性和我国保险资产管理公司治理的发展阶段，并从首席风险管理执行官等角度对我国保险资产管理公司的治理状况进行了分析。

（二）保险集团（控股）公司治理研究

在保险集团（控股）公司治理研究方面，董迎秋和王虹珊（2020）关注了保险集团化背景下的风险管理问题。关伟和沈飞国（2021）在了解保险集团（控股）公司治理现状的基础上，指出了保险集团（控股）公司治理当前存在的五个问题，并从监管层面和保险集团层面提出政策建议。王诺方和吴迪（2022）针对保险集团（控股）公司治理中关联交易的公允性判断问题，提出了合适、完善的监管对策。

（三）相互保险组织治理研究

在相互保险组织治理研究方面，牛雪舫（2018）关注到作为新鲜事物的相互保险公司内部治理存在诸多问题，提出了促进相互保险组织治理改革创新的四点建议，助力相互保险组织的健康发展。缪若冰（2020）从监管角度分析了相互保险组织的法律基础，以此区别于其他互助合作类组织间的法律基础，更好地完善了相互保险组织的监管规则。罗利勇、胡启明、吴欣欣和宋中华（2020）基于中国相互保险组织相关的理论基础，借鉴国外的治理经验，分析了我国相互保险组织治理的本质特征与治理框架体系。方国春（2016）从公司治理主体权利的视角，分析了相互制保险公司的治理逻辑与价值并进行了实证分析，对中美相互制保险公司治理法律规制进行了比较分析，并对中国相互制保险公司治理相关主体资格确认、主体权利配置的法律规制优化进行了介绍。

（四）保险公司治理研究

在具体类型保险机构治理研究当中，我国目前在保险公司治理方面的研究相对较多，涉及保险公司治理基础理论研究、保险公司治理实证研究、保险公司治理特殊性研究、保险公司治理发展研究、保险公司治理要素研究、保险公司治理原则研究等。

在保险公司治理基础理论研究方面，郝臣、李慧聪和罗胜（2011）[②]利用文献检索的方法，以保险公司治理的特殊性为研究主线，构建了由研究主线、理论研究和应用研究组成的保险公司治理研究理论框架，并对未来研究内容进行了展望。郝臣、付金薇和李

[①] 郝臣，马贵军．我国保险资管公司治理与优化[J]．中国金融，2023（04）：72-73.

[②] 郝臣，李慧聪，罗胜．保险公司治理研究：进展、框架与展望[J]．保险研究，2011（11）：119-127.

维安（2018）①梳理了 2008—2017 年间的 240 篇保险公司治理文献并对其展开了相关分析。郝臣等（2019）②③从中国保险公司治理发展的基础、环境、内容、案例、评价以及展望六方面展开，以经典理论为指导构建了保险公司治理框架，反映了行业治理发展前沿。

在保险公司治理实证研究方面，李维安、李慧聪和郝臣（2012）④从保护利益相关者视角，以偿付能力作为指标，检验了我国保险公司治理合规性建设程度和各种治理机制在实践中的有效程度。郝臣、白丽荷和崔光耀（2016）⑤基于构建的中国保险公司治理指数，实证检验了中国保险公司治理对公司偿付能力的影响，打开了保险公司治理如何影响偿付能力的"黑箱"。郝臣（2021）⑥在阐述保险公司治理领域研究现状、研究问题以及研究设计的基础上，实证研究了投资效率对偿付能力的影响、公司治理对投资效率的影响以及公司治理对偿付能力的影响等内容。罗利勇、李悦、邹昌波和杨竞（2020）采用数据包络分析法（DEA）对我国财产保险公司绩效情况进行分析评价，并采用面板数据回归分析法就我国财产保险公司治理对绩效的影响进行实证分析。

在保险公司治理特殊性研究方面，张扬、郝臣、李慧聪和褚玉萍（2012）⑦基于对三家 A 股上市保险公司的案例分析，将治理理论与保险行业特殊性进行有机结合，深入分析了保险公司各个治理要素的特殊性并建立了相应的分析框架。罗利勇、李悦、邹昌波和杨竞（2020）以财产险公司为研究对象，研究了我国财产险公司治理的本质特征和特殊矛盾，分析评价了我国财产险公司绩效情况并提出了完善我国财产险公司治理的对策建议。

在保险公司治理发展研究方面，郝臣（2017）⑧梳理了我国保险公司治理在 1979—2017 年的探索历程，分析了我国保险公司治理的三要素，为提升我国保险公司治理有效性提出了五点优化建议。董迎秋和王瑞涵（2018）系统研究了保险公司治理实践发展，对我国保险公司治理的发展历程做了阶段性划分，并尝试总结出各阶段的发展路径和发展经验。

在保险公司治理要素研究方面，罗胜和曹顺明（2011）对保险公司控股股东和实际控制人监管的合理性基础与制度设计进行了探讨。罗胜和张雁云（2011）围绕保险公司董事会评价机制展开研究。董迎秋和王瑞涵（2020）专门研究了作为保险公司治理核心的董事会治理问题，并提出构建战略型董事会是保险业公司治理建设的重要方向。赵雪媛（2007）和邢栋（2011）针对保险公司信息披露制度进行了深入研究，并提出相关建

---

① 郝臣，付金薇，李维安. 国外保险公司治理研究最新进展——基于 2008—2017 年文献的综述[J]. 保险研究，2018（04）：112-127.

② 郝臣等. 中国保险公司治理发展报告 2018[M]. 天津：南开大学出版社，2019.

③ 郝臣等. 中国保险公司治理发展报告 2019[M]. 天津：南开大学出版社，2020.

④ 李维安，李慧聪，郝臣. 保险公司治理、偿付能力与利益相关者保护[J]. 中国软科学，2012（08）：35-44.

⑤ 郝臣，白丽荷，崔光耀. 我国保险公司股东治理有效性实证研究——基于偿付能力的视角[J]. 当代经济管理，2016（12）：84-90.

⑥ 郝臣. 保险公司治理、投资效率与投保人利益保护[M]. 沈阳：东北大学出版社，2021.

⑦ 张扬，郝臣，李慧聪，褚玉萍. 保险公司治理特殊性分析——三家上市保险公司的案例研究[J]. 管理案例研究与评论，2012（04）：265-276.

⑧ 郝臣. 保险公司治理的优化[J]. 中国金融，2017（16）：80-81.

议。董迎秋、金铭卉、崔亚南、刘婷和郝臣（2018）[1]基于保险业公司治理框架视角深入研究了保险公司治理风险。中国人民财产保险股份有限公司组织（2019）在《保险公司数据治理理论与实践》一书中总结了过去十几年公司数据治理体系的研究和实践成果，介绍了主要的专业理论和适应公司自身特色的业务和管理知识。

此外，保险公司治理原则是保险公司治理改进的重要外部动力，郝臣、郑钰镜和石懿（2021）[2]关注治理理论和治理应用研究的交叉点，界定了保险公司治理原则的内涵，然后分别从三个层面梳理了目前国内外主要的保险公司治理原则。

三、保险机构治理研究总结

从宏观来看，保险机构治理领域的研究主要聚焦于发展对策，保险机构治理的研究主要围绕保险资产管理公司、保险集团（控股）公司、相互保险组织和保险公司四个类型的机构展开。其中，保险公司相关的研究较多，相互保险组织作为起步阶段的保险机构也引起了学者们的关注。总体来说，我国有关具体类型保险机构治理的研究较少，未来学者们可以在此基础上进行多维度、深层次的研究。

第三节　保险机构治理评价研究梳理

保险机构治理评价是保险机构治理中一个非常重要的部分。保险机构治理评价是对保险机构治理状况的科学衡量，通过发现和解决治理改革发展中的重要问题，进而全面提高公司治理水平。保险机构治理评价作为一个系统，其核心是评价指标体系，本节从保险机构治理评价的核心——评价指标体系出发，梳理了我国现有相关文献，研究了基于不同视角和具体类型保险机构治理评价的相关内容。

一、保险机构治理评价的重要性与特殊性研究

（一）保险机构治理评价重要性研究

公司治理质量是公司高质量发展的重要方面，公司治理评价是以指数的形式对公司治理质量做出的客观反映。李维安、郝臣、崔光耀、郑敏娜和孟乾坤（2019）[3]指出，治理评价不仅为建立健全公司治理结构，优化公司治理机制提供科学参考，同时也为公司治理理论的科学性提供了检验标准。郝臣（2022）[4]将保险公司治理学的研究对象即治理制度安排划分为保险公司具体的治理制度、保险公司治理结构、保险公司治理机制、保险公司治理质量评价与治理风险管控四个层次，明确了保险公司治理评价作为保险公司治理学重要研究对象的定位。

---

① 董迎秋，金铭卉，崔亚南，刘婷，郝臣. 保险业公司治理风险的分析与防范——基于保险业公司治理框架视角[J]. 保险理论与实践，2018（12）：1-12.
② 郝臣，郑钰镜，石懿. 国内外保险公司治理原则研究[J]. 保险理论与实践，2021（12）：118-135.
③ 李维安，郝臣，崔光耀，郑敏娜，孟乾坤. 公司治理研究40年：脉络与展望[J]. 外国经济与管理，2019（12）：161-185.
④ 郝臣. 保险公司治理学：一门新兴分支学科[J]. 保险职业学院学报，2022（02）：21-27.

（二）保险机构治理评价特殊性研究

金融机构的治理评价区别于一般公司。李维安和郝臣（2009）[①]研究发现，金融机构在治理主体、治理结构、治理机制、治理目标、治理风险和治理评价六个方面存在特殊性。因此，金融机构治理评价不能直接采用或"拷贝"已有的一般公司治理评价系统，应在考虑治理特殊性的基础上，设计出金融机构治理评价系统。保险机构作为金融机构的重要组成部分，其治理评价的指标设计、标准建立、量化方法等也应考虑治理特殊性（郝臣、李慧聪和罗胜，2011[②]）。张扬、郝臣和李慧聪（2012）[③]也认为，在保险公司治理研究中尚未开展治理评价研究的可能原因是其治理目标较一般公司更为复杂，对其进行治理评价难度较大。

二、保险机构治理评价的理论与基础研究

（一）保险机构治理评价模型研究

评价指标体系是评价系统的核心，而评价模型是评价指标体系设计的基础。郝臣（2018）[④]构建了保险法人机构治理评价的三维立体模型，将保险法人机构治理评价从一维拓展到三维，即治理对象、治理内容和治理层次。

（二）保险机构治理评价标准研究

在评价模型基础上，需要根据法律法规要求和文献研究成果设计具体的评价指标。郝臣（2023）[⑤]从北大法宝、监管机构官网等途径手工检索和整理了我国保险业自 1979 年复业以来治理方面的法律法规文件，具体整理内容包括文件发布主体、编号、有效性情况、修订情况、内容分类等，并基于整理出的信息展开统计分析研究，包括保险治理内涵的界定、我国保险治理法律法规文件总体分析、我国保险业治理法律法规文件具体分析、我国保险机构治理法律法规文件具体分析、我国保险公司治理法律法规文件具体分析等，以期全面反映我国保险治理的发展脉络和现状。郝臣、付金薇和李维安（2018）[⑥]对保险领域五大专业期刊 2008—2017 年的文献目录和摘要进行逐篇确认，同时在科学指南（Science Direct）等外文数据库通过题名、摘要、关键词等对非保险领域期刊做进一步检索，筛选出 2008—2017 十年期间发表的 240 篇属于保险公司治理领域的文献并展开分析。基于对法律法规和研究文献的梳理，郝臣（2018）[⑦]构建了我国保险公司治理体系框架，从公司治理评价问题的提出、国内外主要公司治理评价系统、我国保险法人机构治理评价实践、保险法人机构治理的多维评价、优化保险法人机构治理评价的建议等方面展开研究，设计了我国保险公司治理的一百条标准。

① 李维安，郝臣. 金融机构治理及一般框架研究[J]. 农村金融研究，2009（04）：4-13.

② 郝臣，李慧聪，罗胜. 保险公司治理研究：进展、框架与展望[J]. 保险研究，2011（11）：119-127.

③ 张扬，郝臣（通讯作者），李慧聪. 国外保险公司治理研究：主题、逻辑与展望[J]. 保险研究，2012（10）：86-94.

④ 郝臣. 保险法人机构治理评价新思路[J]. 上海保险，2018（04）：10-13.

⑤ 郝臣. 我国保险治理法律法规研究：1979—2022[M]. 天津：南开大学出版社，2023.

⑥ 郝臣，付金薇，李维安. 国外保险公司治理研究最新进展——基于 2008—2017 年文献的综述[J]. 保险研究，2018（04）：112-127.

⑦ 郝臣. 提升我国保险公司治理能力的思考——标准引领与监管推动的视角[J]. 保险理论与实践，2018（07）：1-31.

（三）保险机构治理评价方法研究

评价方法是评价系统指数生成的关键，准确地量化保险机构治理质量需要科学的评价方法作为支撑。李维安、李慧聪和郝臣（2012）[①]利用我国 46 家股份制保险公司的调研数据，从保护以保单持有人为代表的利益相关者的视角，利用偿付能力这一基础性指标作为证据，采用加权最小二乘（WLS）的方法，检验我国保险公司治理合规性建设程度以及各种治理机制在实践中的有效程度。郝臣和刘琦（2020）[②]构建了一套针对我国保险机构的治理评价指标体系，并基于手工整理的公开数据，采用哑变量量化方法，利用该评价指标体系对我国 2016－2019 年中小型保险机构的治理状况进行了全面评价，并重点关注了小型保险机构的治理质量。

三、保险机构治理评价的体系构建与优化研究

（一）保险机构治理具体维度评价研究

1. 基于治理内容维度的保险机构治理评价研究

治理内容维度包括股东与股权结构、董事与董事会、监事与监事会、高级管理人员、信息披露和利益相关者。郝臣、王旭和王励翔（2015）[③]基于 2010 年度公开披露的 68 家保险公司社会责任年度报告，从披露格式和披露内容两个方面对我国保险行业公司社会责任履行情况进行分析。郝臣、孙佳琪、钱璟和付金薇（2017）[④]将强制性信息披露与自愿性信息披露纳入信息披露评价指标体系，构建了全面的保险公司信息披露评价指标体系，评价了我国目前保险公司信息披露的实际情况，并利用保险公司偿付能力溢额来衡量保险公司信息披露对投保人利益保护的效果，首次实证研究了保险公司信息披露对投保人利益保护的效果。

2. 基于治理层次维度的保险机构治理评价研究

治理层次维度包括合规性和有效性。李维安、李慧聪和郝臣（2012）[⑤]利用我国 46 家股份制保险公司的调研数据，从保护以保单持有人为代表的利益相关者的视角，检验我国保险公司治理合规性建设程度和各种治理机制在实践中的有效程度，在治理层次维度对保险机构的治理评价提供了有力的理论和实证支持，有助于揭示治理合规性和治理机制有效性在保险机构治理中的关键作用。

（二）保险机构治理评价指标体系研究

1. 基于非公开信息的保险机构治理评价指标体系研究

保险机构治理具体维度评价研究仅关注治理的某一个或多个方面，缺乏系统性，因

---

① 李维安，李慧聪，郝臣. 保险公司治理、偿付能力与利益相关者保护[J]. 中国软科学，2012（08）：35-44.

② 郝臣，刘琦. 我国中小型保险机构治理质量研究——基于 2016－2019 年公开数据的治理评价[J]. 保险研究，2020（10）：79-97.

③ 郝臣，王旭，王励翔. 我国保险公司社会责任状况研究——基于保险公司社会责任报告的分析[J]. 保险研究，2015（05）：92-100.

④ 郝臣，孙佳琪，钱璟，付金薇. 我国保险公司信息披露水平及其影响研究——基于投保人利益保护的视角[J]. 保险研究，2017（07）：64-79.

⑤ 李维安，李慧聪，郝臣. 保险公司治理、偿付能力与利益相关者保护[J]. 中国软科学，2012（08）：35-44.

此需要构建保险机构治理的评价指标体系。郝臣（2015）[①]梳理了我国保险公司治理的沿革和现状，构建了保险公司治理研究逻辑脉络和框架，研究了保险公司治理实践领域的前沿问题，设计了分类型的保险公司治理评价指标体系，构建了基于问卷调查数据（非公开信息）的保险公司治理评价指标体系，并基于该指标体系对我国保险公司治理状况进行了系统评价并开展评价研究。

2. 基于公开信息的保险机构治理评价指标体系研究

基于非公开信息的保险机构治理评价指标体系难以被其他主体直接应用，这就需要构建基于公开信息的保险机构治理评价指标体系，以促进行业的透明度和评估的客观性。严若森（2010）构建了由信息披露机制、公司社会责任以及利益相关者治理在内的 8 个一级指标和相关的二级、三级指标组成的保险公司治理评价指标体系。郝臣和刘琦（2020）[②]构建了一套针对我国保险机构的由六大内容维度、总计 60 个指标组成的保险机构治理评价指标体系，在设计保险机构规模类型分类标准的基础上，基于手工整理的公开数据，利用该评价指标体系对我国 2016－2019 年中小型保险机构的治理状况进行了全面评价，并重点关注了小型保险机构的治理质量，该研究运用基于公开信息的保险机构治理评价指标，不仅拓展了评价指标的维度，也加深了对保险机构治理状况的研究理解，为保险行业的发展和监管提供了有力支持。

（三）具体类型保险机构治理评价研究

1. 保险资产管理公司治理评价研究

目前关于保险资产管理公司的治理评价研究较少。郝臣和马贵军（2023）[③]在梳理保险资产管理公司治理法律法规文件的基础上，从股权结构安排、董事会规模、独立董事制度、董事会专门委员会、首席风险管理执行官、董事长与总经理两职设置、监事会结构、信息披露、关联交易等角度对我国保险资产管理公司的治理状况进行了评价。

2. 中小型保险机构治理评价研究

我国中小型保险机构对治理的重视程度和对治理的建设投入远远不足，其治理的现状、问题、改进等需要重点研究。郝臣和刘琦（2020）[④]构建了一套针对我国保险机构的由六大内容维度、总计 60 个指标组成的保险机构治理评价指标体系，利用该评价指标体系对我国 2016－2019 年中小型保险机构的治理状况进行了全面评价，并重点关注了小型保险机构的治理质量。

3. 国有控股保险机构治理评价研究

国有控股保险机构相较于一般保险机构，受政府的影响更大，治理也存在特殊性。李维安、郝臣等（2018）[⑤]在充分把握我国公司治理系统行政型治理和经济型治理并存特征的基础上，搭建了一个我国国有控股金融机构的二元治理结构分析框架，同时围绕公

① 郝臣. 中国保险公司治理研究[M]. 北京：清华大学出版社，2015.

② 郝臣，刘琦. 我国中小型保险机构治理质量研究——基于 2016－2019 年公开数据的治理评价[J]. 保险研究，2020（10）：79-97.

③ 郝臣，马贵军. 我国保险资管公司治理与优化[J]. 中国金融，2023（04）：72-73.

④ 郝臣，刘琦. 我国中小型保险机构治理质量研究——基于 2016－2019 年公开数据的治理评价[J]. 保险研究，2020（10）：79-97.

⑤ 李维安，郝臣等. 国有控股金融机构治理研究[M]. 北京：科学出版社，2018.

司治理风险这一核心概念，构建了囊括超级股东、股东行为、股东相对谈判力、董事会权力配置等重要概念的逻辑体系；在此基础上，对我国国有控股金融机构的股东治理、董事会治理、外部治理、治理风险和治理评价进行了研究，同时对银行、证券公司和保险公司三类具体金融机构的治理进行了探讨。

4. 上市保险机构治理评价研究

上市保险机构作为上市公司的重要组成部分，面临着更高的治理要求。郝臣、李维安和王旭（2015）[①]将中国上市公司治理指数作为反映上市金融机构治理状况的指标，发现上市金融机构治理水平与风险承担呈现负相关关系，公司治理分指数股东治理指数和监事会治理指数与上市金融机构的风险承担也呈现负相关关系，验证了金融危机公司治理层面的制度动因假说。郝臣、崔光耀、李浩波和王励翔（2016）[②]利用中国上市公司治理指数（CCGI^NK）对 2008－2015 年中国金融机构公司治理水平进行评价，发现上市金融机构的公司治理质量稳步提升，并实证检验了上市金融机构公司治理具有一定的有效性，其对财务绩效的提升和风险承担的控制具有显著作用。郝臣、石懿和郑钰镜（2022）[③]利用中国上市公司治理指数对我国上市金融机构治理状况进行了总体、比较和具体维度的分析。

四、保险机构治理评价的指数分析研究

（一）基于监管部门治理评价结果的分析研究

郝臣和李艺华（2019）[④]基于我国保险监管部门发布的三次保险法人机构公司治理评价结果，通过进行保险法人机构公司治理的总体分析和分内容维度分析，针对不同资本性质、业务类型和组织形式的分类比较分析，以及不同年度的趋势比较分析，发现我国保险法人机构公司治理在发展过程中存在治理标杆机构少、不同类型保险法人机构之间治理发展不平衡以及治理质量总体下滑等问题。

（二）基于保险公司治理评价结果的分析研究

郝臣（2015）[⑤]基于问卷调查数据，利用构建的基于非公开信息的保险公司治理评价指标体系对我国保险公司治理状况进行了系统评价，从我国保险业发展历程、保险公司治理沿革、保险公司治理现状、保险公司治理合规性与有效性实证研究、保险公司治理评价设计研究等方面展开分析，提出了我国保险公司治理的十大研究结论和十大对策建议。郝臣（2016）[⑥]从公司治理整体的视角，利用保险公司治理指数实证研究了保险公司治理对效率绩效、竞争力绩效和财务绩效的影响，研究发现我国保险公司治理的合规性

---

① 郝臣，李维安，王旭. 中国上市金融机构是否有效治理——风险承担视角[J]. 现代财经（天津财经大学学报），2015（11）：12-21+45.

② 郝臣，崔光耀，李浩波，王励翔. 中国上市金融机构公司治理的有效性——基于 2008－2015 年 CCGI^NK 的实证分析[J]. 金融论坛，2016（03）：64-71+80.

③ 郝臣，石懿，郑钰镜. 从治理指数看上市金融机构治理质量[J]. 金融市场研究，2022（02）：9-20.

④ 郝臣，李艺华. 我国保险法人机构公司治理发展研究——基于公司治理评价的视角[J]. 公司治理评论，2019（02）：22-40.

⑤ 郝臣. 中国保险公司治理研究[M]. 北京：清华大学出版社，2015.

⑥ 郝臣. 保险公司治理对绩效影响实证研究——基于公司治理评价视角[M]. 北京：科学出版社，2016.

较高，但有效性总体偏低。

（三）基于上市公司治理评价结果的分析研究

郝臣、李维安和王旭（2015）[①]以中国上市公司治理指数作为反映上市金融机构治理状况的指标，利用面板回归方法，分析了 2007－2011 年我国上市金融机构公司治理状况对其风险承担的影响，发现上市金融机构治理水平与风险承担呈现负相关关系，公司治理分指数股东治理指数和监事会治理指数与上市金融机构的风险承担也呈负相关关系，验证了金融危机公司治理层面的制度动因假说。郝臣、崔光耀、李浩波和王励翔（2016）[②]利用中国上市公司治理指数对 2008－2015 年中国金融机构公司治理水平进行评价，并实证检验上市金融机构公司治理的有效性，发现上市金融机构的公司治理质量稳步提升且治理具有一定的有效性，其对财务绩效的提升和风险承担的控制具有显著作用。郝臣、石懿和郑钰镜（2022）[③]利用中国上市公司治理指数对我国上市金融机构治理状况进行了总体、比较和具体维度的分析。

（四）基于保险机构治理评价结果的分析研究

郝臣和刘琦（2020）[④]构建了一套针对我国保险机构的由六大内容维度、总计 60 个指标组成的保险机构治理评价指标体系，分析了中小型和小型保险机构治理指数的分布与等级，从监管和机构两个层面提出提升保险机构治理能力的建议。郝臣（2022）[⑤]运用 2016－2019 年的数据对治理评价体系有效性进行了实证研究，梳理了我国中小型保险公司发展问题，并从股东与股权结构、董事与董事会、监事与监事会、高级管理人员、信息披露、利益相关者角度对我国中小型保险公司治理状况进行较为全面的分析，创新发展了我国关于保险机构公司治理的相关研究，对我国中小型保险机构的监管与改革具有借鉴意义。

五、保险机构治理评价研究总结

前述文献梳理表明，首先，保险机构治理评价具有特殊性，不能够直接用一般公司治理评价系统来评价保险机构治理的质量，而应在考虑保险机构治理特殊性的基础上，开发适用于我国保险机构的评价系统。其次，目前保险机构治理评价主要集中于理论和基础性的研究，例如评价模型、评价标准、评价方法等，而评价系统尚不成熟，需要进一步优化保险机构治理评价指标体系。最后，已有的评价系统较少关注不同类型保险机构在治理上的区别，对待不同类型保险机构"一视同仁"，没有建立保险机构分类治理指数，对于不同类型保险机构的评价研究尚处起步阶段，总体上文献较少。

① 郝臣，李维安，王旭. 中国上市金融机构是否有效治理——风险承担视角[J]. 现代财经（天津财经大学学报），2015（11）：12-21+45.

② 郝臣，崔光耀，李浩波，王励翔. 中国上市金融机构公司治理的有效性——基于 2008－2015 年 CCGI[NK] 的实证分析[J]. 金融论坛，2016（03）：64-71+80.

③ 郝臣，石懿，郑钰镜. 从治理指数看上市金融机构治理质量[J]. 金融市场研究，2022（02）：9-20.

④ 郝臣，刘琦. 我国中小型保险机构治理质量研究——基于 2016－2019 年公开数据的治理评价[J]. 保险研究，2020（10）：79-97.

⑤ 郝臣. 我国中小型保险机构治理研究[M]. 天津：南开大学出版社，2022.

第二篇

评价系统设计

公司治理评价就是对公司治理结构与治理机制的状况进行的评价。具体地说，就是根据公司治理的环境，设置公司治理评价指标体系与评价标准，并采用科学的方法，对公司治理状况做出客观、准确的评价。

——李维安. 公司治理评价与指数研究[M]. 北京：高等教育出版社，2005.

第三章　中国保险机构治理评价指标设计

治理评价体系是一个复杂的系统工程，而其中的评价指标又是最为重要的一环。为保证真实、有效地反映我国保险机构治理水平，本章首先给出了在治理评价指标设计过程中所遵循的原则与设计思路，其次从六大治理内容维度构建了中国保险机构治理评价指标体系框架并设计了具体指标，再次按照治理层次、治理特质和治理方向对所有评价指标进行细分，最后明确了每一个评价指标的适用对象。

第一节　治理评价指标设计原则与思路

一、中国保险机构治理评价指标设计原则

（一）科学性原则

科学性原则（Scientificity）是指保险机构治理评价系统的设计与评价方法的选择应符合公司治理评价的基本理论和原则。评价过程必须在科学理论的指导下进行，遵循科学评价的程序，使得整个评价工作做到科学和合理，并运用科学的思维方法和语言撰写评价报告。

（二）客观性原则

客观性原则（Objectivity）是指保险机构治理评价系统必须能真实反映评价对象的治理水平以及存在的问题。保险机构治理评价主体应以被评价客体真实可得的数据为评价依据，在计算评分和撰写报告的过程中保持客观、公正的态度，不受主观情绪影响，避免评价结果出现偏离和误差。

（三）系统性原则

系统性原则（Systematicness）是指保险机构治理评价系统的设计应综合考虑公司治理各方面的状况，并依据重要性赋予各维度一定的权重。保险机构治理评价系统设计要遵循系统论的思维，考虑各子系统和要素之间的关联性，避免因采用单一因素导致的片面性，使评价结果能够全面系统地反映保险机构治理的水平。

（四）可行性原则

可行性原则（Feasibility）是指保险机构治理评价系统的目标要合理、评价系统的具体内容要切合我国保险机构治理实际、评价系统中的具体评价指标要有相应的信息来源等。评价工作正式实施前，需要分别从评价主体和评价客体角度对上述内容逐一进行思

考和分析。

（五）动态性原则

动态性原则（Dynamicity）是指保险机构治理评价系统要随着治理环境、治理规则的变化而做出优化调整。评价系统一旦设立，则具有一定的稳定性。但是当评价的外部环境发生了变化，例如监管部门出台了新的治理方面的法律法规，评价的指标及评价的标准可能需要做出适当的调整和优化。

二、中国保险机构治理评价指标设计思路

（一）我国监管部门保险机构治理评价实践梳理

我国保险监管部门非常重视保险机构治理评价工作，这方面工作先后经历了摸底检查和专项自查的早期探索阶段、导入治理评价系统的正式开展阶段以及出台办法和发布结果的全面深入阶段。

1. 早期探索阶段：摸底检查和专项自查

我国保险法人机构治理评价工作的探索始于监管部门进行的治理摸底检查和专项自查工作。2006 年初，原中国保监会发布了《关于规范保险公司治理结构的指导意见（试行）》（保监发〔2006〕2 号）及一系列完善保险法人机构治理的制度措施，标志着公司治理成为继市场行为和偿付能力之后的第三大保险监管支柱。为推动保险法人机构切实落实相关制度，原中国保监会于 2006 年 9 月至 10 月对 44 家保险法人机构的治理状况进行了首次全面摸底检查，基本摸清了保险法人机构治理方面存在的问题和风险，为制定后续的监管制度和治理评价方法打下了坚实基础。2007 年底，原中国保监会也开展了公司治理专项自查活动。保险法人机构治理的摸底检查和专项自查为正式进行保险法人机构治理评价奠定了基础。

2. 正式开展阶段：导入治理评价系统

《关于规范报送〈保险公司治理报告〉的通知》（保监发改〔2010〕169 号），要求各保险集团（控股）公司、保险公司、保险资产管理公司按照规定的内容和格式要求，于每年 4 月 30 日前向原中国保监会报送经董事会审议通过的上一年度公司治理报告。该报告中关于公司治理状况的自评分和监管评分常态化工作是原中国保监会全面开展保险法人机构治理评价的标志，不同于临时性的摸底或自查。该评价系统中的评价指标体系由遵守性、有效性和调节性三类共计 100 个指标组成。自 2010 年之后，原中国保监会又先后多次出台文件规范我国保险法人机构治理评价有关问题，如原中国保监会 2012 年 2 月 10 日发布的《关于进一步做好〈保险公司治理报告〉报送工作的通知》（保监发改〔2012〕124 号）及 2015 年 6 月 1 日发布的《关于进一步规范报送〈保险公司治理报告〉的通知》（保监发改〔2015〕95 号）。

3. 全面深入阶段：出台办法和发布结果

为综合评价保险法人机构治理状况，进一步完善保险法人机构治理结构，提升行业治理水平，2015 年 12 月 7 日原中国保监会出台《保险法人机构公司治理评价办法（试行）》（保监发〔2015〕112 号）。该办法对保险法人机构公司治理评价机制、内容和方法、结果运用等方面做了全面系统的规定。为全面摸清保险行业治理现状，强化治理监管力

度，原中国保监会按照该办法于 2017 年上半年开展了首次覆盖全行业的保险法人机构治理现场评估工作，并于 2017 年 9 月 27 日正式发布通报。130 家中资保险法人机构的治理评价结果显示，中资保险法人机构治理指数平均分为 83.74 分；大于等于 60 分且小于 70 分的重点关注类公司有 4 家，包括君康人寿、华夏人寿[①]、华汇人寿和长安责任；没有小于 60 分的不合格类公司。49 家外资保险法人机构治理综合评价平均得分为 86.21 分。评价结果表明，我国保险机构治理合规水平较高，但有效性总体偏低，主要短板是董事会专业委员会、风险管理与内部控制等治理机制还存在虚化现象，没有充分发挥应有的治理效应。2019 年 11 月，原中国银保监会又制定《银行保险机构公司治理监管评估办法（试行）》（银保监发〔2019〕43 号），并根据治理监管评估结果对保险机构实施分类监管，切实提升保险机构治理有效性。

（二）本研究治理评价指标体系具体设计思路

需要说明的是，我国监管机构的治理评价系统具有一定的特点，但也因此存在一定局限性。首先，从评价指标体系构成上来看，监管部门保险机构治理评价指标体系由合理性、有效性和调节性指标构成，这样设计的思路充分体现出其作为一套监管部门所用评价指标体系的特点，但没有反映各维度的治理状况。其次，从评价信息来源上看，我国监管部门这套保险机构治理评价指标体系主要是基于保险机构上报的信息即非公开信息，这决定了其他评价主体难以直接应用该评价指标体系，因为其他主体不能获得这些相应的非公开信息。最后，从监管部门治理评价指标量化上来看，很多评价指标是主观判断指标，客观指标偏少，所以导致存在自评分和监管评分两个评价结果，且两个评分的平均值和中位数差距较大。

本研究在梳理国内外已有公司治理评价研究和主要公司治理评价系统的基础上，借鉴已有公司治理评价系统的框架设计思路，重点参考南开大学中国公司治理研究院发布的中国上市公司治理指数（CCGI[NK]）的指标体系框架，立足我国保险机构治理实际，从六个具体治理内容维度出发，设计指标评价我国保险机构各维度治理状况，基于此合成中国保险机构治理指数和两个治理层次分指数，即强制性治理指数和自主性治理指数，全面反映我国保险机构治理质量。本研究设计的保险机构评价系统恰好弥补了监管部门评价系统在前述三个方面的不足之处。

第二节　治理评价指标体系框架及具体指标

一、中国保险机构治理评价指标体系框架

（一）第一版中国保险机构治理评价指标体系框架

1. 基于治理内容维度的中国保险机构治理评价指标体系框架

2022 年 7 月，郝臣在南开大学出版社出版学术著作《我国中小型保险机构治理研究》，该成果发布了第一版中国保险机构治理评价指标体系，该体系包含保险机构内部治

[①] 该公司被 2023 年 6 月 28 日获批开业的瑞众人寿整体受让。

理和外部治理共计 60 个具体评价指标。在保险机构内部治理方面，涉及股东与股权结构、董事与董事会、监事与监事会和高级管理人员四个方面，即保险机构的"三会一层"，这也是国内已有公司治理评价系统关注的重点和核心。在保险机构外部治理方面，涉及信息披露和利益相关者两个维度。保险机构虽然多数为未上市的公司，但保险机构经营的特殊性要求其做好信息披露工作，我国监管部门也出台了多部关于保险机构信息披露的相关政策法规，因此该体系将信息披露作为保险机构外部治理评价的一个重要维度。公司治理的目标是实现利益相关者利益最大化，而投保人、监管机构等在内的主体构成了保险机构重要的利益相关者，因此该体系同时将利益相关者也作为保险机构外部治理的重要考察维度。

尽管该研究构建的第一版中国保险机构治理评价指标体系框架与现有主要公司治理评价系统总体上一致，但每个治理内容维度内的具体评价指标存在明显的差异，这种差异性主要体现在一些治理评价指标为保险业所特有。这些具体评价指标设计主要依托已有评价系统、公司治理理论研究文献和保险机构治理政策法规；设计过程中还考虑到评价指标数据的可获取性，所有治理评价指标原始数据均来自公开披露信息；此外，为保障评价结果的客观性，该研究所有评价指标均为客观指标。第一版中国保险机构治理评价指标体系框架构成如表 3-1 所示，涵盖股东与股权结构、董事与董事会、监事与监事会、高级管理人员、信息披露和利益相关者六大治理内容维度，包括的指标数量分别为 5 个、15 个、7 个、7 个、19 和 7 个，总计 60 个评价指标。

表 3-1　第一版中国保险机构治理评价指标体系框架

总指数	治理内容维度分指数	指标数量
中国保险机构治理指数（CIIGI）	股东与股权结构分指数（CIIGI$_{SHARE}$）	5
	董事与董事会分指数（CIIGI$_{BOD}$）	15
	监事与监事会分指数（CIIGI$_{SUPER}$）	7
	高级管理人员分指数（CIIGI$_{TOP}$）	7
	信息披露分指数（CIIGI$_{DISCL}$）	19
	利益相关者分指数（CIIGI$_{STAKE}$）	7

资料来源：南开大学中国保险机构治理评价课题组。

2. 中国保险机构治理评价指标的分类

所有保险机构治理评价指标按照治理内容不同，划分为上述六个内容维度，这也是已有公司治理评价系统和评价研究中常采用的分类方法。郝臣（2018）[1]构建了保险法人机构治理评价的三维立体模型，将保险法人机构治理评价从传统的一维即内容维度拓展到三维，即治理内容、治理层次和治理对象。本研究认为保险机构治理评价指标除了按照治理内容、治理对象（即本研究中的治理特质）和治理层次划分之外，还可以进一步按照治理方向细分，进而实现保险机构治理评价从一维到四维的转变，具体如图 3-1 所示。

---

① 郝臣. 保险法人机构治理评价新思路[J]. 上海保险，2018（04）：10-13.

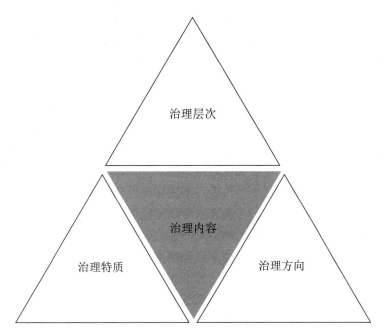

图 3-1 中国保险机构治理评价四维模型图

资料来源：南开大学中国保险机构治理评价课题组。

在治理层次上，所有保险机构治理评价指标可以分为初级合规治理评价指标和高级合规治理评价指标两个层次类别评价指标。其中初级合规治理评价指标是指评价标准有明确法律法规要求的评价指标，也被称为强制治理评价指标；而高级合规治理评价指标则是指评价标准没有明确的法律法规要求，但是目前理论研究或者实务界所倡导的评价指标，这类指标也被称为自主治理评价指标。从治理层次来看，在第一版中国保险机构治理评价指标体系的 60 个指标中，强制治理评价指标 28 个，自主治理评价指标 32 个。本研究基于这 28 个强制治理指标和 32 个自主治理指标分别生成了保险机构强制性治理分指数（$CIIGI_{MANDA}$）和保险机构自主性治理分指数（$CIIGI_{VOLUN}$），以从更多的视角来分析我国保险机构治理状况。

在治理特质上，所有保险机构治理评价指标可以分为保险机构评价所特有的治理评价指标和一般公司治理评价指标即通用治理评价指标两大类。除了考虑治理的层次性，还要考虑评价对象即治理对象的特殊性。保险机构经营特殊性决定了保险机构治理的特殊性，进而决定治理评价指标也具有一定的特殊性。从治理特质来看，在 60 个治理评价指标中，特有治理评价指标 24 个，通用治理评价指标 36 个。本研究基于不同类型保险机构治理的特点，生成了保险集团（控股）公司治理指数、保险公司治理指数、保险资产管理公司治理指数、再保险机构治理指数、相互保险组织治理指数等保险机构分类治理指数。

在治理方向上，所有保险机构治理评价指标可以分为正向指标和负向指标两大类。其中正向指标是指这些值越大越好或者鼓励机构在治理实践上做到的指标，负向指标是指这些值越小越好或者不鼓励机构在治理实践上出现的指标。从治理方向来看，在 60 个治理评价指标中，正向治理评价指标 48 个，负向治理评价指标 12 个。无论是治理层次上的层次分指数、治理内容上的内容分指数，还是治理特质上的分类指数，在生成的过程中均需要考虑所使用指标的方向并设计好相应的评价标准。

（二）第二版中国保险机构治理评价指标体系框架

2021 年原中国银保监会发布《银行保险机构公司治理准则》（银保监发〔2021〕14 号），规定银行保险机构董事会应当根据法律法规、监管规定和公司情况，单独或合并设立专门委员会，如战略、审计、提名、薪酬、关联交易控制、风险管理、消费者权益保护等专门委员会；明确保险公司董事会应当根据监管规定设立资产负债管理委员会；指出银行保险机构监事会成员不得少于 3 人，其中职工监事的比例不得低于三分之一，外部监事的比例不得低于三分之一；要求银行保险机构董事长不得兼任行长（总经理）。基于上述治理准则相关规定，本研究优化了第一版的中国保险机构治理评价指标体系，新增了 10 个有关董事会专门委员会和外部监事相关的评价指标，将董事长与总经理两职设置对应的指标层次从高级调整为初级，新增指标和层次变化自 2022 年评价年度开始导入。

同时，本研究还依据相关法律法规和学术文献，对部分指标的维度和层次进行了优化调整。具体而言，第一，将负面新闻报道、社会责任报告对应指标从信息披露维度调整到利益相关者维度。第二，根据《保险公司总精算师管理办法》（保监发〔2010〕10 号）和《关于财产保险公司和再保险公司实施总精算师制度有关事项的通知》（保监财险〔2017〕271 号），将第一版指标体系中指标 4-3：是否设立总精算师的指标层次调整为对于人身保险机构、保险集团（控股）公司而言为初级，对于财产保险机构和再保险公司而言 2019 及以前评价年度为高级、2020 及以后评价年度为初级。第三，根据《保险机构独立董事管理办法》（银保监发〔2018〕35 号）将第一版指标体系中指标 2-10：有无保险与精算背景独立董事、2-11：有无金融背景独立董事、2-12：有无财务会计背景独立董事和 2-14：有无法律背景独立董事的指标层次由高级调整为初级。第四，根据《保险公司信息披露管理办法》（保监发〔2010〕7 号）将第一版指标体系中指标 5-4：披露框架是否符合规定的指标层次由高级调整为初级。第五，将第一版指标体系中指标 5-16：审计意见类型由初级调整为高级。第六，将指标 6-1：亿元保费、万张保单投诉情况由初级调整为高级。此外，本研究也对部分指标的名称和顺序做了调整。

如表 3-2 所示，经优化后的第二版中国保险机构治理评价指标体系共包含 70 个具体评价指标，指标维度、指标层次、指标方向和指标特质等大框架不变。调整后的评价指标体系显示，股东与股权结构维度 5 个评价指标、董事与董事会维度 24 个评价指标、监事与监事会维度 8 个评价指标、高级管理人员维度 7 个评价指标、信息披露维度 17 个评价指标、利益相关者维度 9 个评价指标。

从分指标层次来看，对于财产保险机构和再保险机构，2019 年及以前评价年度初级指标 39 个、高级指标 31 个，2020 年和 2021 年评价年度初级指标 40 个、高级指标 30 个，2022 年及以后评价年度初级指标 41 个、高级指标 29 个；对于其他保险机构，2021 年及以前评价年度初级指标 40 个、高级指标 30 个，2022 年及以后评价年度初级指标 41 个、高级指标 29 个。从分指标特质来看，通用指标 37 个、特有指标 33 个。从分指标方向来看，正向指标 58 个、负向指标 12 个。

表 3-2 第二版中国保险机构治理评价指标体系框架

总指数	治理内容维度分指数	指标数量
中国保险机构治理指数（CIIGI）	股东与股权结构分指数（CIIGI$_{SHARE}$）	5
	董事与董事会分指数（CIIGI$_{BOD}$）	24
	监事与监事会分指数（CIIGI$_{SUPER}$）	8
	高级管理人员分指数（CIIGI$_{TOP}$）	7
	信息披露分指数（CIIGI$_{DISCL}$）	17
	利益相关者分指数（CIIGI$_{STAKE}$）	9

资料来源：南开大学中国保险机构治理评价课题组

二、中国保险机构治理评价具体评价指标

（一）第一版中国保险机构治理评价指标体系

2022 年 7 月，郝臣在《我国中小型保险机构治理研究》发布了第一版中国保险机构治理评价指标体系，共包含 60 个具体评价指标。从分指标维度来看，股东与股权结构维度 5 个评价指标、董事与董事会维度 15 个评价指标、监事与监事会维度 7 个评价指标、高级管理人员维度 7 个评价指标、信息披露维度 19 个评价指标、利益相关者维度 7 个评价指标。从分指标层次来看，初级指标 28 个、高级指标 32 个。从分指标特质来看，通用指标 36 个、特有指标 24 个。从分指标方向来看，正向指标 48 个、负向指标 12 个。指标具体情况如表 3-3 所示。

表 3-3 第一版中国保险机构治理评价指标体系构成

序号	指标编号	指标名称	指标层次	指标特质	指标方向
1	1-1	股东（大）会召开情况	初级	通用	正向
2	1-2	股权结构状况	高级	通用	正向
3	1-3	是否存在机构投资者	高级	通用	正向
4	1-4	股权层级	高级	通用	负向
5	1-5	股权出质情况	高级	通用	负向
6	2-1	董事会规模	初级	通用	正向
7	2-2	董事学历状况	高级	通用	正向
8	2-3	有无财务会计背景董事	高级	通用	正向
9	2-4	有无金融背景董事	高级	通用	正向
10	2-5	有无保险与精算背景董事	高级	特有	正向
11	2-6	董事职业背景结构	高级	通用	正向
12	2-7	董事长是否非正常变更	高级	通用	负向
13	2-8	独立董事人数	高级	通用	正向
14	2-9	独立董事学历情况	高级	通用	正向
15	2-10	有无保险与精算背景独立董事	高级	特有	正向

序号	指标编号	指标名称	指标层次	指标特质	指标方向
16	2-11	有无金融背景独立董事	高级	通用	正向
17	2-12	有无财务会计背景独立董事	高级	通用	正向
18	2-14	有无法律背景独立董事	高级	通用	正向
19	2-13	独立董事职业背景结构	高级	通用	正向
20	2-15	独立董事任职结构是否多元化	高级	通用	正向
21	3-1	监事会规模	初级	通用	正向
22	3-2	职工监事设立情况	初级	通用	正向
23	3-3	监事学历情况	高级	通用	正向
24	3-4	有无财务会计背景监事	高级	通用	正向
25	3-5	有无金融背景监事	高级	通用	正向
26	3-6	有无保险与精算背景监事	高级	特有	正向
27	3-7	监事职业背景结构	高级	通用	正向
28	4-1	高管规模	高级	通用	正向
29	4-2	两职设置	高级	通用	正向
30	4-3	是否设立总精算师	初级	特有	正向
31	4-4	是否设立合规负责人	初级	特有	正向
32	4-5	是否设立首席风险官	初级	特有	正向
33	4-6	是否设立审计责任人	初级	特有	正向
34	4-7	总经理是否非正常变更	高级	通用	负向
35	5-1	有无官网	初级	通用	正向
36	5-2	有无信息披露栏目	初级	特有	正向
37	5-3	公开信息披露栏目是否显著	初级	特有	正向
38	5-4	披露框架是否符合规定	初级	特有	正向
39	5-5	网站建设水平	高级	通用	正向
40	5-6	客服热线披露情况	初级	通用	正向
41	5-7	是否披露官微或公众号	高级	通用	正向
42	5-8	年度报告披露是否及时	初级	特有	正向
43	5-9	年度报告披露是否完善	初级	特有	正向
44	5-10	基本信息披露是否完善	初级	特有	正向
45	5-11	专项信息披露是否完善	初级	特有	正向
46	5-12	重大事项披露是否完善	初级	特有	正向
47	5-13	偿付能力报告披露是否及时	初级	特有	正向
48	5-14	偿付能力报告披露后是否有更正	高级	特有	负向
49	5-15	年度报告披露后是否有更正	高级	特有	负向
50	5-16	审计意见类型	初级	通用	正向
51	5-17	负面新闻报道情况	高级	通用	负向
52	5-18	是否披露社会责任或社会责任报告	高级	特有	正向

续表

序号	指标编号	指标名称	指标层次	指标特质	指标方向
53	5-19	公司治理架构是否披露完善	初级	特有	正向
54	6-1	亿元保费、万张保单投诉情况	初级	特有	负向
55	6-2	有无经营异常情况	初级	通用	负向
56	6-3	是否收到监管函	初级	特有	负向
57	6-4	是否受到行政处罚	初级	特有	负向
58	6-5	风险综合评级状况	初级	特有	正向
59	6-6	税务评级状况	初级	通用	正向
60	6-7	有无历史失信信息	初级	通用	负向

资料来源：南开大学中国保险机构治理评价课题组。

（二）第二版中国保险机构治理评价指标体系

《银行保险机构公司治理准则》（银保监发〔2021〕14 号）中新增保险机构董事会专门委员会以及外部监事相关规定①。因此，本研究在第一版中国保险机构治理评价指标体系基础上，新增与保险机构董事会专门委员会有关的 9 个评价指标以及与外部监事有关的 1 个指标，分别是指标 2-2：是否单独或合并设立资产负债管理专门委员会、指标 2-3：是否单独或合并设立战略专门委员会、指标 2-4：是否单独或合并设立审计专门委员会、指标 2-5：是否单独或合并设立提名专门委员会、指标 2-6：是否单独或合并设立薪酬专门委员会、指标 2-7：是否单独或合并设立关联交易控制专门委员会、指标 2-8：是否单独或合并设立风险管理专门委员会、指标 2-9：是否单独或合并设立消费者权益保护专门委员会、指标 2-10：是否单独或合并自主设立其他董事会专门委员会以及指标 3-3：外部监事比例情况，新增指标除指标 2-10：是否单独或合并自主设立其他董事会专门委员会外指标层次均为初级、指标特质均为特有、指标方向均为正向，指标 2-10 的指标层次为高级、指标特质为特有、指标方向为正向。其余优化细节见本节第一部分内容。

经优化后的第二版中国保险机构治理评价指标体系如表 3-4 所示，共 70 个具体评价指标，指标编号和指标名称均略有调整，本书若无特殊说明，所提及指标编号均为优化后的调整版本。从分指标维度来看，股东与股权结构维度 5 个评价指标、董事与董事会维度 24 个评价指标、监事与监事会维度 8 个评价指标、高级管理人员维度 7 个评价指标、信息披露维度 17 个评价指标、利益相关者维度 9 个评价指标。从分指标层次来看，对于财产保险机构和再保险机构，2019 年及以前评价年度初级指标 39 个、高级指标 31 个，2020 年和 2021 年评价年度初级指标 40 个、高级指标 30 个，2022 年及以后评价年度初级指标 41 个、高级指标 29 个；对于其他保险机构，2021 年及以前评价年度初级指标 40 个、高级指标 30 个，2022 年及以后评价年度初级指标 41 个、高级指标 29

_____

① 《公司法》是公司治理最基础也是最重要的法律文件。2023 年 12 月 29 日，十四届全国人大常委会第七次会议表决通过了新修订的《公司法》，新《公司法》将于 2024 年 7 月 1 日起施行。本研究评价周期为 2016－2022 年，因此未受到《公司法》修订的影响，2023 年的评价也不会受到影响。伴随新《公司法》的生效，预计《银行保险机构公司治理准则》（银保监发〔2021〕14 号）也会进行修订。因此，在 2025 年开展 2024 年中国保险机构治理指数研究时课题组将会根据新《公司法》和修订后的《银行保险机构公司治理准则》推出第三版中国保险机构治理评价指标体系。

个。从分指标特质来看，通用指标 37 个、特有指标 33 个。从分指标方向来看，正向指标 58 个、负向指标 12 个。

表 3-4　第二版中国保险机构治理评价指标体系构成

序号	指标编号	指标名称	指标层次	指标特质	指标方向
1	1-1	股东（大）会召开情况	初级	通用	正向
2	1-2	股权结构状况	高级	通用	正向
3	1-3	是否存在机构投资者	高级	通用	正向
4	1-4	股权层级状况	高级	通用	负向
5	1-5	股权出质或质押情况	高级	通用	负向
6	2-1	董事会规模	初级	通用	正向
7	2-2	是否单独或合并设立资产负债管理专门委员会	初级	特有	正向
8	2-3	是否单独或合并设立战略专门委员会	初级	特有	正向
9	2-4	是否单独或合并设立审计专门委员会	初级	特有	正向
10	2-5	是否单独或合并设立提名专门委员会	初级	特有	正向
11	2-6	是否单独或合并设立薪酬专门委员会	初级	特有	正向
12	2-7	是否单独或合并设立关联交易控制专门委员会	初级	特有	正向
13	2-8	是否单独或合并设立风险管理专门委员会	初级	特有	正向
14	2-9	是否单独或合并设立消费者权益保护专门委员会	初级	特有	正向
15	2-10	是否单独或合并自主设立其他董事会专门委员会	高级	特有	正向
16	2-11	董事学历状况	高级	通用	正向
17	2-12	有无财务会计审计背景董事	高级	通用	正向
18	2-13	有无金融背景董事	高级	通用	正向
19	2-14	有无保险精算背景董事	高级	特有	正向
20	2-15	董事专业和职业背景结构	高级	通用	正向
21	2-16	董事长是否存在非正常变更情况	高级	通用	负向
22	2-17	独立董事比例情况	初级	通用	正向
23	2-18	独立董事学历情况	高级	通用	正向
24	2-19	有无财务会计审计背景独立董事	初级	通用	正向
25	2-20	有无金融背景独立董事	初级	通用	正向
26	2-21	有无保险精算背景独立董事	初级	特有	正向
27	2-22	有无法律背景独立董事	初级	通用	正向
28	2-23	独立董事专业和职业背景结构	高级	通用	正向
29	2-24	独立董事任职结构是否多元化	高级	通用	正向
30	3-1	监事会规模或监事人数	初级	通用	正向
31	3-2	职工监事比例情况	初级	通用	正向

续表

序号	指标编号	指标名称	指标层次	指标特质	指标方向
32	3-3	外部监事比例情况	初级	通用	正向
33	3-4	监事学历情况	高级	通用	正向
34	3-5	有无财务会计审计背景监事	高级	通用	正向
35	3-6	有无金融背景监事	高级	通用	正向
36	3-7	有无保险精算背景监事	高级	特有	正向
37	3-8	监事专业和职业背景结构	高级	通用	正向
38	4-1	高管规模	高级	通用	正向
39	4-2	董事长和总经理两职是否分设	分年份①	通用	正向
40	4-3	是否设立总精算师	分类型+分年份②	特有	正向
41	4-4	是否设立合规负责人	初级	特有	正向
42	4-5	是否设立首席风险官	初级	特有	正向
43	4-6	是否设立审计负责人	初级	特有	正向
44	4-7	总经理是否存在非正常变更情况	高级	通用	负向
45	5-1	有无官网	初级	通用	正向
46	5-2	官网整体建设水平状况	高级	通用	正向
47	5-3	官网客服热线披露情况	初级	通用	正向
48	5-4	官网是否披露官微或公众号	高级	通用	正向
49	5-5	官网有无公开信息披露栏目	初级	特有	正向
50	5-6	官网公开信息披露栏目是否明显	初级	特有	正向
51	5-7	官网披露框架是否符合规定	初级	特有	正向
52	5-8	官网基本信息披露是否完善	初级	特有	正向
53	5-9	官网专项信息披露是否完善	初级	特有	正向
54	5-10	官网重大事项披露是否完善	初级	特有	正向
55	5-11	官网公司治理架构披露是否完善	初级	特有	正向
56	5-12	偿付能力报告披露是否及时	初级	特有	正向
57	5-13	偿付能力报告披露后是否有更正	高级	特有	负向
58	5-14	年度信息披露报告披露是否及时	初级	特有	正向
59	5-15	年度信息披露报告披露是否完善	初级	特有	正向
60	5-16	年度信息披露报告披露后是否有更正	高级	特有	负向
61	5-17	年度财务会计报告审计意见类型	高级	通用	正向
62	6-1	亿元保费、万张保单投诉情况	高级	特有	负向
63	6-2	有无经营异常情况	初级	通用	负向
64	6-3	是否收到监管函	初级	特有	负向

① 2021 年及以前评价年度为高级；2022 年及以后评价年度为初级。

② 对于人身保险机构、保险集团（控股）公司而言为初级，对于财产保险机构和再保险机构而言 2019 年及以前评价年度为高级、2020 年及以后评价年度为初级。

序号	指标编号	指标名称	指标层次	指标特质	指标方向
65	6-4	是否受到行政处罚	初级	特有	负向
66	6-5	风险综合评级状况	初级	特有	正向
67	6-6	纳税信用评级状况	初级	通用	正向
68	6-7	评价年度有无失信情况	初级	通用	负向
69	6-8	社会责任承担状况	高级	特有	正向
70	6-9	负面新闻报道情况	高级	通用	负向

资料来源：南开大学中国保险机构治理评价课题组。

（三）中国保险机构治理评价指标适用对象

1. 股东与股权结构维度指标适用对象

如表 3-5 所示，股东与股权结构维度共计 5 个指标。其中，指标 1-1 适用于公司制的保险机构，对于非公司制的相互保险组织以其会员代表大会召开情况代替；指标 1-2、1-3、1-4 和 1-5 适用于公司制的保险机构，不适用于非公司制的相互保险组织。

表 3-5 股权与股权结构维度指标适用对象

指标全称	适用对象
指标 1-1：股东（大）会召开情况	公司制的保险机构（对于非公司制的相互保险组织则以其会员代表大会召开情况代替）
指标 1-2：股权结构状况	公司制的保险机构
指标 1-3：是否存在机构投资者	公司制的保险机构
指标 1-4：股权层级状况	公司制的保险机构
指标 1-5：股权出质或质押情况	公司制的保险机构

资料来源：南开大学中国保险机构治理评价课题组。

2. 董事与董事会维度指标适用对象

如表 3-6 所示，董事与董事会维度共计 24 个指标。其中，指标 2-2 适用于保险公司，不适用于其他保险机构；其余指标适用于所有保险机构。

表 3-6 董事与董事会维度指标适用对象

指标全称	适用对象
指标 2-1：董事会规模	所有保险机构
指标 2-2：是否单独或合并设立资产负债管理专门委员会	保险公司
指标 2-3：是否单独或合并设立战略专门委员会	所有保险机构
指标 2-4：是否单独或合并设立审计专门委员会	所有保险机构
指标 2-5：是否单独或合并设立提名专门委员会	所有保险机构
指标 2-6：是否单独或合并设立薪酬专门委员会	所有保险机构
指标 2-7：是否单独或合并设立关联交易控制专门委员会	所有保险机构
指标 2-8：是否单独或合并设立风险管理专门委员会	所有保险机构

续表

指标全称	适用对象
指标2-9：是否单独或合并设立消费者权益保护专门委员会	所有保险机构
指标2-10：是否单独或合并自主设立其他董事会专门委员会	所有保险机构
指标2-11：董事学历状况	所有保险机构
指标2-12：有无财务会计审计背景董事	所有保险机构
指标2-13：有无金融背景董事	所有保险机构
指标2-14：有无保险精算背景董事	所有保险机构
指标2-15：董事专业和职业背景结构	所有保险机构
指标2-16：董事长是否存在非正常变更情况	所有保险机构
指标2-17：独立董事比例情况	所有保险机构
指标2-18：独立董事学历情况	所有保险机构
指标2-19：有无财务会计审计背景独立董事	所有保险机构
指标2-20：有无金融背景独立董事	所有保险机构
指标2-21：有无保险精算背景独立董事	所有保险机构
指标2-22：有无法律背景独立董事	所有保险机构
指标2-23：独立董事专业和职业背景结构	所有保险机构
指标2-24：独立董事任职结构是否多元化	所有保险机构

资料来源：南开大学中国保险机构治理评价课题组。

3. 监事与监事会维度指标适用对象

如表3-7所示，监事与监事会维度共计8个指标。各个指标均适用于所有保险机构。

表3-7 监事与监事会维度指标适用对象

指标全称	适用对象
指标3-1：监事会规模或监事人数	所有保险机构
指标3-2：职工监事比例情况	所有保险机构
指标3-3：外部监事比例情况	所有保险机构
指标3-4：监事学历情况	所有保险机构
指标3-5：有无财务会计审计背景监事	所有保险机构
指标3-6：有无金融背景监事	所有保险机构
指标3-7：有无保险精算背景监事	所有保险机构
指标3-8：监事专业和职业背景结构	所有保险机构

资料来源：南开大学中国保险机构治理评价课题组。

4. 高级管理人员维度指标适用对象

如表3-8所示，高级管理人员维度共计7个指标。其中，指标4-3不适用于保险资产管理公司，适用于其他保险机构；其余指标适用于所有保险机构。

表 3-8　高级管理人员维度指标适用对象

指标全称	适用对象
指标 4-1：高管规模	所有保险机构
指标 4-2：董事长和总经理两职是否分设	所有保险机构
指标 4-3：是否设立总精算师	保险资产管理公司外的其他保险机构
指标 4-4：是否设立合规负责人	所有保险机构
指标 4-5：是否设立首席风险官	所有保险机构
指标 4-6：是否设立审计负责人	所有保险机构
指标 4-7：总经理是否存在非正常变更情况	所有保险机构

资料来源：南开大学中国保险机构治理评价课题组。

5. 信息披露维度指标适用对象

如表 3-9 所示，信息披露维度共计 17 个指标。其中，指标 5-12 和 5-13 不适用于保险资产管理公司和仅经营受托型业务的养老保险公司，适用于其他保险机构；其余指标适用于所有保险机构。

表 3-9　信息披露维度指标适用对象

指标全称	适用对象
指标 5-1：有无官网	所有保险机构
指标 5-2：官网整体建设水平状况	所有保险机构
指标 5-3：官网客服热线披露情况	所有保险机构
指标 5-4：官网是否披露官微或公众号	所有保险机构
指标 5-5：官网有无公开信息披露栏目	所有保险机构
指标 5-6：官网公开信息披露栏目是否明显	所有保险机构
指标 5-7：官网披露框架是否符合规定	所有保险机构
指标 5-8：官网基本信息披露是否完善	所有保险机构
指标 5-9：官网专项信息披露是否完善	所有保险机构
指标 5-10：官网重大事项披露是否完善	所有保险机构
指标 5-11：官网公司治理架构披露是否完善	所有保险机构
指标 5-12：偿付能力报告披露是否及时	除保险资产管理公司和仅经营受托型业务的养老保险公司外的其他保险机构
指标 5-13：偿付能力报告披露后是否有更正	除保险资产管理公司和仅经营受托型业务的养老保险公司外的其他保险机构
指标 5-14：年度信息披露报告披露是否及时	所有保险机构
指标 5-15：年度信息披露报告披露是否完善	所有保险机构
指标 5-16：年度信息披露报告披露后是否有更正	所有保险机构
指标 5-17：年度财务会计报告审计意见类型	所有保险机构

资料来源：南开大学中国保险机构治理评价课题组。

6. 利益相关者维度指标适用对象

如表 3-10 所示，利益相关者维度共计 9 个指标。其中，指标 6-1 不适用于再保险机构、保险集团（控股）公司和保险资产管理公司，适用于其他的保险机构；指标 6-5 不适用于保险集团（控股）公司和保险资产管理公司，适用于其他保险机构；其余指标适用于所有保险机构。

表 3-10　利益相关者维度指标适用对象

指标全称	适用对象
指标 6-1：亿元保费、万张保单投诉情况	除再保险机构、保险集团（控股）公司和保险资产管理公司外的其他保险机构
指标 6-2：有无经营异常情况	所有保险机构
指标 6-3：是否收到监管函	所有保险机构
指标 6-4：是否受到行政处罚	所有保险机构
指标 6-5：风险综合评级状况	除保险集团（控股）公司和保险资产管理公司外的其他保险机构
指标 6-6：纳税信用评级状况	所有保险机构
指标 6-7：评价年度有无失信情况	所有保险机构
指标 6-8：社会责任承担状况	所有保险机构
指标 6-9：负面新闻报道情况	所有保险机构

资料来源：南开大学中国保险机构治理评价课题组。

第四章　保险机构治理评价指标具体说明

本章在第三章提出的中国保险机构治理评价指标体系的基础上，明确指标属性（包括维度、层次、特质、方向、适用范围等）和指标依据。具体来说，对保险公司治理六大内容维度每一个评价指标的层次、特质、方向、适用范围等进行明确，同时也给出每一个评价指标的具体法律法规文件或公司治理学术文献依据。

第一节　内部治理评价指标具体说明

一、股东与股权结构维度指标说明

（一）指标 1-1：股东（大）会召开情况

1. 指标属性

指标 1-1 的指标层次为初级，指标特质为通用，指标方向为正向，适用范围为公司制的保险机构。

2. 指标依据

《公司法》（中华人民共和国主席令第 15 号）规定股东大会应当每年召开一次年会。有下列情形之一的，应当在两个月内召开临时股东大会：（1）董事人数不足本法规定人数或者公司章程所定人数的三分之二时；（2）公司未弥补的亏损达实收股本总额三分之一时；（3）单独或者合计持有公司百分之十以上股份的股东请求时；（4）董事会认为必要时；（5）监事会提议召开时；（6）公司章程规定的其他情形。《银行保险机构公司治理准则》（银保监发〔2021〕14 号）要求银行保险机构应当于每一会计年度结束后 6 个月内召开年度股东大会；应当按照公司法有关规定，召开临时股东大会；年度股东大会或临时股东大会未能在公司法及该准则规定期限内召开的，银行保险机构应当向监管机构书面报告并说明原因；股东大会会议应当以现场会议方式召开。《上市公司股东大会规则》（中国证券监督管理委员会公告〔2016〕22 号）明确年度股东大会每年召开一次，应当于上一会计年度结束后的 6 个月内举行；临时股东大会不定期召开。《中国保险行业协会标准》（T/IAC 22.1-2018）指出股东（大）会会议分为定期会议和临时会议；股份有限公司的定期会议，即年度股东大会，每年应召开一次，有限责任公司的定期会议按照公司章程规定召开；除定期会议以外，可以根据需要临时召开股东（大）会。

（二）指标 1-2：股权结构状况

1. 指标属性

指标 1-2 的指标层次为高级，指标特质为通用，指标方向为正向，适用范围为公司制的保险机构。

2. 指标依据

《银行保险机构公司治理准则》（银保监发〔2021〕14 号）指出银行保险机构应当持续提升公司治理水平，逐步达到良好公司治理标准；良好公司治理包括但不限于清晰的股权结构等。兰梦灵（2017）研究发现股权过于分散会致使上市公司陷入危机。黄方亮、冯栋、王倩、杨敏和朱欣然（2018）研究发现仅考虑内生性时，股权集中度对公司绩效具有显著正向影响；在考虑动态性后，股权结构对当期绩效的影响有所减弱。沈华麟（2019）研究发现股权集中度、境外战略投资比例与绩效呈正相关关系。王焰辉（2022）研究发现高科技上市公司股权集中度越高，其股价崩盘风险反而越低。范宝学和孙鹤桐（2023）研究发现股权集中度对研发投入与公司成长性具有正向调节作用。

（三）指标 1-3：是否存在机构投资者

1. 指标属性

指标 1-3 的指标层次为高级，指标特质为通用，指标方向为正向，适用范围为公司制的保险机构。

2. 指标依据

陆瑶、朱玉杰和胡晓元（2012）研究发现机构投资者持股比例升高，降低了公司违规行为倾向，同时增加了公司违规行为被稽查的可能性。史永东和王谨乐（2014）指出机构投资者偏好财务优良、治理有效的公司，此类公司的股票往往呈现出更低的波动性，通过研究发现机构投资者的买入行为与股票的期内收益存在很强的正向关系。李争光、赵西卜、曹丰和卢晓璇（2014）研究发现机构投资者尤其是稳定型机构投资者发挥监督作用，能有效地缓解代理冲突，降低信息不对称程度，有利于企业绩效的提升。甄红线和王谨乐（2016）研究发现随着机构投资者持股比例上升，公司现金价值边际递减，说明机构投资者的参与能够有效降低信息不对称，缓解公司的融资约束。刘甲和牛彪（2023）研究发现共同机构投资者通过改善公司治理水平、优化投资效率和缓解融资约束的路径来提升企业资源配置效率。王治皓、廖科智和金鑫（2023）研究发现机构投资者投资期限与民营企业社会责任绩效正相关，长期机构投资者持股能够推动企业社会责任绩效的提升。

（四）指标 1-4：股权层级状况

1. 指标属性

指标 1-4 的指标层次为高级，指标特质为通用，指标方向为负向，适用范围为公司制的保险机构。

2. 指标依据

王雪梅（2012）研究发现终极控股股东性质对经济增加值（Economic Value Added，缩写为 EVA）的影响不显著，控制层级与 EVA 显著负相关。陈信元和黄俊（2016）研究发现股权分置改革后随着控股股东与其他小股东间代理冲突的减轻，公司股权层级显著减少；进一步分析显示，由于代理成本的下降及对管理层监督的加强，股权分置改革后公司业绩因股权层级的降低而上升。毛颖、孙蓉和甄浩（2019）研究发现保险公司金字塔式持股结构导致了控制权与现金流权偏离，使最终控制人从事高风险项目的预期收益大于预期成本。张原和李泽禧（2020）研究发现企业距离最终控制人的层级越多，人力资本对财务绩效的促进能力增强，关系资本对财务绩效的促进能力减弱，结构资本对财务绩效的促进能力没有明显改变。李仲泽、陈钦源、张翼和朱宇彤（2022）研究发现金字塔控股结构通过为企业实现过度融资，加剧了金融化程度。

（五）指标 1-5：股权出质或质押情况

1. 指标属性

指标 1-5 的指标层次为高级，指标特质为通用，指标方向为负向，适用范围为公司制的保险机构。

2. 指标依据

《银行保险机构公司治理准则》（银保监发〔2021〕14 号）明确指出股东转让、质押其持有的银行保险机构股份，或者与银行保险机构开展关联交易的，应当遵守法律法规及监管规定，不得损害其他股东和银行保险机构利益；股东所持银行保险机构股份涉及诉讼、仲裁、被司法机关等采取法律强制措施、被质押或者解质押的，应当按照法律法规及监管规定，及时将相关情况书面告知银行保险机构。陈德礼和于红（2007）指出保险资产对外担保会存在较大风险，包括未经批准擅自担保、被担保人信用和再投资利率等风险。邓泽慧、陈梦佳和罗华伟（2020）指出股权质押作为担保物权，可以优先受偿；但由于股权的特殊性，股权质押的优先受偿权建立在出质股权所在公司持续经营的基础上；众多存在股权质押的上市公司之中，近 70% 为民营上市公司，随着近年 A 股市场持续低迷，高比例股权质押不断加剧民营企业的经营困难。曹昱、华斯斯、郑悦和伍晶（2023）研究发现存在股权质押的控股股东会利用其控制权地位抑制企业创新投资。夏同水和胡中涵（2023）研究发现控股股东股权质押与投融资期限错配程度呈正相关，且这一关系在聘请非四大会计师事务所的企业和民营企业中更为显著。

二、董事与董事会维度指标说明

（一）指标 2-1：董事会规模

1. 指标属性

指标 2-1 的指标层次为初级，指标特质为通用，指标方向为正向，适用范围为所有保险机构。

2. 指标依据

《公司法》（中华人民共和国主席令第 15 号）规定有限责任公司设董事会，其成员为 3－13 人；股东人数较少或者规模较小的有限责任公司，可以设 1 名执行董事，不设董事会；股份有限公司设董事会，其成员为 5－19 人。《银行保险机构公司治理准则》（银保监发〔2021〕14 号）规定银行保险机构董事会人数至少为 5 人；应当在公司章程中明确规定董事会构成，包括执行董事、非执行董事（含独立董事）的人数，董事会人数应当具体、确定。《保险公司董事会运作指引》（保监发〔2008〕58 号）规定董事会人数应当符合《公司法》和公司章程的规定；鼓励保险公司建立由 7 至 13 名董事组成的专业、高效的董事会。《上市公司治理准则》（中国证券监督管理委员会公告〔2018〕29 号）规定董事会的人数及人员构成应当符合法律法规的要求，专业结构合理。吕荣杰、张晗和徐玮（2004）认为，董事会本质上属于公司的代理人，其运行的好坏直接关系到企业的生存发展。张仕英（2006）研究发现如果董事会人数太多，会导致彼此沟通与协调的困难，在一定程度上弱化了董事会的监督功能。马宁（2018）研究发现随着董事会人数的增加，多元化战略与企业风险承担呈现先增后减的变化趋势。

（二）指标 2-2：是否单独或合并设立资产负债管理专门委员会

1. 指标属性

指标 2-2 的指标层次为初级，指标特质为特有，指标方向为正向，适用范围为保险公司。

2. 指标依据

《银行保险机构公司治理准则》（银保监发〔2021〕14 号）规定保险公司董事会应当根据监管规定设立资产负债管理委员会。《保险资产负债管理监管暂行办法》（银保监发〔2019〕32 号）规定保险公司应当建立健全资产负债管理组织体系，在董事会下设立资产负债管理委员会（或具有相应职能的委员会），在高级管理层下设立资产负债管理执行委员会，明确董事会、资产负债管理委员会（或具有相应职能的委员会）和资产负债管理执行委员会的职责，成立或指定资产负债管理工作的牵头部门，作为资产负债管理执行委员会秘书处；总资产低于一千亿元的财产保险公司可以不设立资产负债管理委员会，由资产负债管理执行委员会履行相应职责并承担相应责任。《保险公司董事会运作指引》（保监发〔2008〕58 号）规定保险公司根据监管规定与实际需要，在董事会下设专业委员会；专业委员会是董事会的辅助决策机构，为董事会决策提供专业意见，或经董事会授权就专业事项进行决策。

（三）指标 2-3：是否单独或合并设立战略专门委员会

1. 指标属性

指标 2-3 的指标层次为初级，指标特质为特有，指标方向为正向，适用范围为所有保险机构。

2. 指标依据

《银行保险机构公司治理准则》（银保监发〔2021〕14 号）规定银行保险机构董事会应当根据法律法规、监管规定和公司情况，单独或合并设立专门委员会，如战略、审计、提名、薪酬、关联交易控制、风险管理、消费者权益保护等专门委员会。《保险公司董事会运作指引》（保监发〔2008〕58 号）规定保险公司根据监管规定与实际需要，在董事会下设专业委员会；专业委员会是董事会的辅助决策机构，为董事会决策提供专业意见，或经董事会授权就专业事项进行决策。《上市公司治理准则》（中国证券监督管理委员会公告〔2018〕29 号）规定上市公司董事会应当设立审计委员会，并可以根据需要设立战略、提名、薪酬与考核等相关专门委员会。

（四）指标 2-4：是否单独或合并设立审计专门委员会

1. 指标属性

指标 2-4 的指标层次为初级，指标特质为特有，指标方向为正向，适用范围为所有保险机构。

2. 指标依据

《银行保险机构公司治理准则》（银保监发〔2021〕14 号）规定银行保险机构董事会应当根据法律法规、监管规定和公司情况，单独或合并设立专门委员会，如战略、审计、提名、薪酬、关联交易控制、风险管理、消费者权益保护等专门委员会。《保险资产管理公司管理规定》（中国银行保险监督管理委员会令 2022 年第 2 号）规定保险资产管理公司应当根据监管规定和实际需要，在董事会下设置从事合规风控、审计、关联交易管理、提名薪酬和考核等事务的专门委员会，并在公司章程中明确规定各专门委员会的成员构成及职权。《保险公司董事会运作指引》（保监发〔2008〕58 号）规定保险公司根据监管规定与实际需要，在董事会下设专业委员会；专业委员会是董事会的辅助决策机构，为董事会决策提供专业意见，或经董事会授权就专业事项进行决策。《上市公司治理准则》（中国证券监督管理委员会公告〔2018〕29 号）规定上市公司董事会应当设立审计委员会，并可以根据需要设立战略、提名、薪酬与考核等相关专门委员会。

（五）指标 2-5：是否单独或合并设立提名专门委员会

1. 指标属性

指标 2-5 的指标层次为初级，指标特质为特有，指标方向为正向，适用范围为所有保险机构。

2. 指标依据

《银行保险机构公司治理准则》（银保监发〔2021〕14 号）规定银行保险机构董事会应当根据法律法规、监管规定和公司情况，单独或合并设立专门委员会，如战略、审计、提名、薪酬、关联交易控制、风险管理、消费者权益保护等专门委员会。《保险资产管理公司管理规定》（中国银行保险监督管理委员会令 2022 年第 2 号）规定保险资产管理公司应当根据监管规定和实际需要，在董事会下设置从事合规风控、审计、关联交易管理、提名薪酬和考核等事务的专门委员会，并在公司章程中明确规定各专门委员会的成员构成及职权。《保险公司董事会运作指引》（保监发〔2008〕58 号）规定保险公司根据监管规定与实际需要，在董事会下设专业委员会；专业委员会是董事会的辅助决策机构，为董事会决策提供专业意见，或经董事会授权就专业事项进行决策。《上市公司治理准则》（中国证券监督管理委员会公告〔2018〕29 号）规定上市公司董事会应当设立审计委员会，并可以根据需要设立战略、提名、薪酬与考核等相关专门委员会。

（六）指标 2-6：是否单独或合并设立薪酬专门委员会

1. 指标属性

指标 2-6 的指标层次为初级，指标特质为特有，指标方向为正向，适用范围为所有保险机构。

2. 指标依据

《银行保险机构公司治理准则》（银保监发〔2021〕14 号）规定银行保险机构董事会

应当根据法律法规、监管规定和公司情况，单独或合并设立专门委员会，如战略、审计、提名、薪酬、关联交易控制、风险管理、消费者权益保护等专门委员会。《保险资产管理公司管理规定》（中国银行保险监督管理委员会令2022年第2号）规定保险资产管理公司应当根据监管规定和实际需要，在董事会下设置从事合规风控、审计、关联交易管理、提名薪酬和考核等事务的专门委员会，并在公司章程中明确规定各专门委员会的成员构成及职权。《保险公司董事会运作指引》（保监发〔2008〕58号）规定保险公司根据监管规定与实际需要，在董事会下设专业委员会；专业委员会是董事会的辅助决策机构，为董事会决策提供专业意见，或经董事会授权就专业事项进行决策。《上市公司治理准则》（中国证券监督管理委员会公告〔2018〕29号）规定上市公司董事会应当设立审计委员会，并可以根据需要设立战略、提名、薪酬与考核等相关专门委员会。

（七）指标2-7：是否单独或合并设立关联交易控制专门委员会

1. 指标属性

指标2-7的指标层次为初级，指标特质为特有，指标方向为正向，适用范围为所有保险机构。

2. 指标依据

《银行保险机构公司治理准则》（银保监发〔2021〕14号）规定银行保险机构董事会应当根据法律法规、监管规定和公司情况，单独或合并设立专门委员会，如战略、审计、提名、薪酬、关联交易控制、风险管理、消费者权益保护等专门委员会。《银行保险机构关联交易管理办法》（中国银行保险监督管理委员会令〔2022〕1号）规定银行保险机构董事会应当设立关联交易控制委员会，负责关联交易管理、审查和风险控制。《金融控股公司关联交易管理办法》（中国人民银行令〔2023〕1号）规定金融控股公司应当建立完善的关联交易管理架构，在董事会下设关联交易管理委员会，负责制定关联交易管理的总体目标、基本原则和管理制度，并提交董事会审议决策；统筹关联交易管理、审议、批准和风险控制以及董事会授权的其他事宜。《保险资产管理公司管理规定》（中国银行保险监督管理委员会令2022年第2号）规定保险资产管理公司应当根据监管规定和实际需要，在董事会下设置从事合规风控、审计、关联交易管理、提名薪酬和考核等事务的专门委员会，并在公司章程中明确规定各专门委员会的成员构成及职权。《保险公司董事会运作指引》（保监发〔2008〕58号）规定保险公司根据监管规定与实际需要，在董事会下设专业委员会；专业委员会是董事会的辅助决策机构，为董事会决策提供专业意见，或经董事会授权就专业事项进行决策。

（八）指标2-8：是否单独或合并设立风险管理专门委员会

1. 指标属性

指标2-8的指标层次为初级，指标特质为特有，指标方向为正向，适用范围为所有保险机构。

2. 指标依据

《银行保险机构公司治理准则》（银保监发〔2021〕14号）规定银行保险机构董事会应当根据法律法规、监管规定和公司情况，单独或合并设立专门委员会，如战略、审计、提名、薪酬、关联交易控制、风险管理、消费者权益保护等专门委员会。《保险资产管理公司管理规定》（中国银行保险监督管理委员会令 2022 年第 2 号）规定保险资产管理公司应当根据监管规定和实际需要，在董事会下设置从事合规风控、审计、关联交易管理、提名薪酬和考核等事务的专门委员会，并在公司章程中明确规定各专门委员会的成员构成及职权。《保险公司董事会运作指引》（保监发〔2008〕58 号）规定保险公司根据监管规定与实际需要，在董事会下设专业委员会；专业委员会是董事会的辅助决策机构，为董事会决策提供专业意见，或经董事会授权就专业事项进行决策。白银钢（2020）研究发现风险管理委员会的设立可使业绩波动性趋向稳定，有助于提升公司绩效。逯东、池毅和纳超洪（2021）研究发现风险管理委员会能够显著降低公司风险（财务风险和市场风险），并且这种效应在市场化程度较低的地区更加显著。

（九）指标 2-9：是否单独或合并设立消费者权益保护专门委员会

1. 指标属性

指标 2-9 的指标层次为初级，指标特质为特有，指标方向为正向，适用范围为所有保险机构。

2. 指标依据

《银行保险机构公司治理准则》（银保监发〔2021〕14 号）规定银行保险机构董事会应当根据法律法规、监管规定和公司情况，单独或合并设立专门委员会，如战略、审计、提名、薪酬、关联交易控制、风险管理、消费者权益保护等专门委员会。《保险公司董事会运作指引》（保监发〔2008〕58 号）规定保险公司根据监管规定与实际需要，在董事会下设专业委员会；专业委员会是董事会的辅助决策机构，为董事会决策提供专业意见，或经董事会授权就专业事项进行决策。

（十）指标 2-10：是否单独或合并自主设立其他董事会专门委员会

1. 指标属性

指标 2-10 的指标层次为高级，指标特质为特有，指标方向为正向，适用范围为所有保险机构。

2. 指标依据

《银行保险机构公司治理准则》（银保监发〔2021〕14 号）规定银行保险机构董事会应当根据法律法规、监管规定和公司情况，单独或合并设立专门委员会，如战略、审计、提名、薪酬、关联交易控制、风险管理、消费者权益保护等专门委员会。《保险资产管理公司管理规定》（中国银行保险监督管理委员会令 2022 年第 2 号）规定保险资产管理公司应当根据监管规定和实际需要，在董事会下设置从事合规风控、审计、关联交易管理、提名薪酬和考核等事务的专门委员会，并在公司章程中明确规定各专门委员会的成员构成及职权。《保险公司董事会运作指引》（保监发〔2008〕58 号）规定保险公司根据监管规定与实际需要，在董事会下设专业委员会；专业委员会是董事会的辅助决策机构，为董事会决策提供专业意见，或经董事会授权就专业事项进行决策。《上市公司治理准则》（中国证券监督管理委员会公告〔2018〕29 号）规定上市公司董事会应当设立审计委员会，并可以根据需要设立战略、提名、薪酬与考核等相关专门委员会。

（十一）指标 2-11：董事学历情况

1. 指标属性

指标 2-11 的指标层次为高级，指标特质为通用，指标方向为正向，适用范围为所有保险机构。

2. 指标依据

《保险资产管理公司管理规定》（中国银行保险监督管理委员会令 2022 年第 2 号）规定保险资产管理公司董事应当具有大学本科以上学历。袁萍、刘士余和高峰（2006）研究发现董事的学历水平对公司业绩具有显著的正向影响。龚辉锋（2011）研究发现具有博士学位的董事与公司绩效呈显著正相关。高小丹（2011）研究发现董事会学历水平与公司成长性显著正相关。买生和杨一苏（2017）研究发现董事会平均年龄、高学历董事占比均与企业社会责任正相关。何平林、孙雨龙、李涛、原源和陈宥任（2019）研究发现董事学历越高，新三板企业经营绩效提升的概率显著增加。唐韵捷（2020）研究发现董事学历对公司的研发投资具有正向影响，董事学历越高，公司研发投入越大。

（十二）指标 2-12：有无财务会计审计背景董事

1. 指标属性

指标 2-12 的指标层次为高级，指标特质为通用，指标方向为正向，适用范围为所有保险机构。

2. 指标依据

《银行保险机构公司治理准则》（银保监发〔2021〕14 号）规定董事会专门委员会成员由董事组成，应当具备与专门委员会职责相适应的专业知识或工作经验；审计委员会成员应当具备财务、审计、会计或法律等某一方面的专业知识和工作经验。《保险公司董事和高级管理人员任职资格管理规定》（保监发〔2006〕4 号）规定担任保险公司其他董事应当具有 5 年以上金融、法律、财会等与其履行职责相适应的工作经历。《保险公司董事、监事和高级管理人员任职资格管理规定》（保监发〔2014〕1 号）规定保险机构董事、监事和高级管理人员应当具有诚实信用的品行、良好的合规经营意识和履行职务必需的经营管理能力。《关于规范保险公司治理结构的指导意见（试行）》（保监发〔2006〕2 号）规定董事应当具有良好的品行和声誉，具备与其职责相适应的专业知识和企业管理经验。杜兴强和路军（2015）研究发现董事会会计师事务所工作背景（董事会中是否有成员具有会计师事务所工作背景、董事会中拥有会计师事务所工作背景的董事人数、董事会中拥有会计师事务所工作背景的董事比例等）显著降低了企业的现金持有水平。钱学洪（2016）研究发现具备财务背景的董事数量越多、比例越高，企业的研发投资越多。

（十三）指标 2-13：有无金融背景董事

1. 指标属性

指标 2-13 的指标层次为高级，指标特质为通用，指标方向为正向，适用范围为所有保险机构。

2. 指标依据

《保险资产管理公司管理规定》（中国银行保险监督管理委员会令 2022 年第 2 号）规定保险资产管理公司董事、监事应当具有大学本科以上学历以及履行职务必需的知识、经验与能力，具备 5 年以上与履行职责相适应的工作经历；其中，董事长应当具有 10 年以上金融从业经验。《保险公司董事和高级管理人员任职资格管理规定》（保监发〔2006〕4 号）规定担任保险公司其他董事应当具有 5 年以上金融、法律、财会等与其履行职责相适应的工作经历。《关于规范保险公司治理结构的指导意见（试行）》（保监发〔2006〕2 号）规定保险公司董事应当具有良好的品行和声誉，具备与其职责相适应的专业知识和企业管理经验。《保险公司董事、监事和高级管理人员任职资格管理规定》（保监发〔2014〕1 号）规定保险公司董事长应当具有金融工作 5 年以上或者经济工作 10 年以上工作经历。王良成（2017）研究发现银行背景董事在公司的可转债融资申请中发挥了积极的作用，提高了被证监会审核通过的可能性。郝臣和钱璟（2018）[①]研究发现保险公司董事具备金融和精算背景的比例对偿付能力有正向作用。金熙悦（2019）研究发现具有银行从业背景的董事均有利于提升银行系保险公司的经营绩效。闫禹彤（2021）研究发现具有金融背景的董事能显著提升企业的内部控制质量，有助于建立更高效的财务审查和决策程序，防范企业的"去实向虚"趋势，化解"金融化"过程中的潜在风险，从而确保内部控制的有效实施。

（十四）指标 2-14：有无保险精算背景董事

1. 指标属性

指标 2-14 的指标层次为高级，指标特质为特有，指标方向为正向，适用范围为所有保险机构。

2. 指标依据

《关于规范保险公司治理结构的指导意见（试行）》（保监发〔2006〕2 号）规定董事应当具有良好的品行和声誉，具备与其职责相适应的专业知识和企业管理经验。《保险公司董事、监事和高级管理人员任职资格管理规定》（保监发〔2014〕1 号）规定保险机构董事、监事和高级管理人员应当具有诚实信用的品行、良好的合规经营意识和履行职务必需的经营管理能力。郝臣和钱璟（2018）[②]研究发现保险公司董事有金融和精算背景所占比例对公司偿付能力有正向作用。

（十五）指标 2-15：董事专业和职业背景结构

1. 指标属性

指标 2-15 的指标层次为高级，指标特质为通用，指标方向为正向，适用范围为所有保险机构。

2. 指标依据

《保险公司董事和高级管理人员任职资格管理规定》（保监发〔2006〕4 号）规定董事、高级管理人员应当具备诚实信用的良好品行和履行职务必需的专业知识、从业经历和管理能力；担任保险公司其他董事应当具有 5 年以上金融、法律、财会等与其履行职责相适应的工作经历。《上市公司治理准则》（中国证券监督管理委员会公告〔2018〕29 号）规定董事会的人数及人员构成应当符合法律法规的要求，专业结构合理；董事会成

---

① 郝臣，钱璟. 保险公司董事会治理、公司绩效与偿付能力[J]. 金融发展研究，2018（03）：12-20.

② 郝臣，钱璟. 保险公司董事会治理、公司绩效与偿付能力[J]. 金融发展研究，2018（03）：12-20.

员应当具备履行职责所必需的知识、技能和素质；鼓励董事会成员的多元化。《关于规范保险公司治理结构的指导意见（试行）》（保监发〔2006〕2 号）规定董事应当具有良好的品行和声誉，具备与其职责相适应的专业知识和企业管理经验。于学泽和李欣（2002）研究认为董事会成员的专业结构、知识结构、年龄结构、人数结构等不合理会影响董事会的决策，如果董事会决策不科学将导致企业战略出现问题。夏洪（2001）认为应在保险公司董事会中，实行外聘董事不少于二分之一和专家董事（法律专家、财务审计专家、管理咨询专家及各类技术专家）不少于三分之一的制度，保证公司董事会不为"内部人"所左右。武月和崔勋（2019）研究发现董事会职业背景多样性与高管团队职业背景多样性显著正相关。

（十六）指标 2-16：董事长是否存在非正常变更情况

1. 指标属性

指标 2-16 的指标层次为高级，指标特质为通用，指标方向为负向，适用范围为所有保险机构。

2. 指标依据

刘亭立（2009）研究发现董事长变更向市场传递了"不利"消息，这主要是因为董事长变更往往伴随着盈余质量的下降，也就是说董事长变更是上市公司进行盈余操纵的重要时机，但市场对此有所识别，所以导致显著为负的累积非正常收益率。韩小芳（2012）研究发现财务舞弊公司的董事会变更对盈余管理均有显著负向影响，特别是非常规性变更对盈余管理的负向影响更显著；以控制组公司数据为对象，发现董事长非常规性变更对盈余管理有显著负影响。巨赟（2019）研究发现董事长变更与审计费用呈显著正相关，证实了董事长变更会提高该公司的审计定价。

（十七）指标 2-17：独立董事比例情况

1. 指标属性

指标 2-17 的指标层次为初级，指标特质为通用，指标方向为正向，适用范围为所有保险机构。

2. 指标依据

《银行保险机构公司治理准则》（银保监发〔2021〕14 号）规定银行保险机构应当建立独立董事制度，独立董事人数原则上不低于董事会成员总数三分之一；独立董事辞职导致董事会中独立董事人数占比少于三分之一的，在新的独立董事就任前，该独立董事应当继续履职，因丧失独立性而辞职和被罢免的除外。《保险资产管理公司管理规定》（中国银行保险监督管理委员会令 2022 年第 2 号）规定保险资产管理公司应当按规定建立健全独立董事制度，独立董事人数原则上不得少于董事会人数的三分之一。《关于规范保险公司治理结构的指导意见（试行）》（保监发〔2006〕2 号）保险公司董事会应当至少有两名独立董事，并逐步使独立董事占董事会成员的比例达到三分之一以上。《上市公司治理准则》（中国证券监督管理委员会公告〔2018〕29 号）规定上市公司应当依照有关规定建立独立董事制度；独立董事不得在上市公司兼任除董事会专门委员会委员外的其他职务。二十国集团/经合组织《公司治理原则》指出要实现董事会的独立性，通常要求董事会中应有足够多的独立于管理层的成员。法马和詹森（Fama & Jensen，1983）研究发现独立董事为维持自身在市场中的声誉，将有动力保护股东的利益。蔡志岳和吴世农（2007）研究发现独立董事比例越高，公司经营越规范。买生和杨一苏（2017）研究发现独立董事占比、董事长与首席执行官（CEO）是否两职兼任与企业社会责任绩效并无显著相关性，但独立董事占比过半的董事会与企业承担社会责任显著正相关。申晨（2023）研究发现独立董事政治关联对企业负面和正面环境信息披露分别具有抑制和促进效应，政治关联的独立董事比例越高，政治关联度越强，企业负面环境信息披露度越弱，正面环境信息披露度越强。

（十八）指标 2-18：独立董事学历情况

1. 指标属性

指标 2-18 的指标层次为高级，指标特质为通用，指标方向为正向，适用范围为所有保险机构。

2. 指标依据

《保险公司独立董事管理暂行办法》（保监发〔2007〕22 号）规定独立董事应当具备大学本科以上学历条件；《保险机构独立董事管理办法》（银保监发〔2018〕35 号）规定独立董事应当具备较高的专业素质和良好的信誉，除符合国家法律法规和中国银行保险监督管理委员会规定的董事任职资格要求外，还应当具备大学本科以上学历或者学士以上学位条件。原仙鹤（2019）研究发现公司风险受到独立董事年龄、任职公司数量的正向影响，相反受到独立董事任期、学历层次的反向影响。谢瑶冰（2023）研究发现审计费用会随着控股股东股权质押比例的提高而增长，独立董事规模和学历水平提升可以弱化控股股东股权质押对审计费用的影响。

（十九）指标 2-19：有无财务会计审计背景独立董事

1. 指标属性

指标 2-19 的指标层次为初级，指标特质为通用，指标方向为正向，适用范围为所有保险机构。

2. 指标依据

《银行保险机构公司治理准则》（银保监发〔2021〕14 号）规定董事会专门委员会成员由董事组成，应当具备与专门委员会职责相适应的专业知识或工作经验；审计、提名、薪酬、风险管理、关联交易控制委员会中独立董事占比原则上不低于三分之一，审计、提名、薪酬、关联交易控制委员会应由独立董事担任主任委员或负责人；审计委员会成员应当具备财务、审计、会计或法律等某一方面的专业知识和工作经验。《保险机构独立董事管理办法》（银保监发〔2018〕35 号）规定保险机构应当结合保险行业特点和自身发展阶段特点，选择具有财务、会计、金融、保险、精算、投资、风险管理、审计、法律等专业背景或经历的人士担任独立董事，不断优化董事会专业结构，提高董事会专业委员会运作效能。向锐（2014）研究发现财务独立董事的年龄、性别、职称水平、多重董事身份以及会计师事务所型、学术型、政府型财务独立董事对会计稳健性具有显著的影响。陈祥义（2019）研究发现董事会中独立董事人数对公司杠杆率没有显著性影响，但分析独立董事的内部结构发现具有财务或法律背景的独立董事对公司杠杆率有显著的抑制作用。郑春美、伍光磊和温桂荣（2021）研究发现财会背景独立董事占比越大，兼职同行业、同类型公司越多，亲自与会次数越多，会计信息质量相对较高。

（二十）指标 2-20：有无金融背景独立董事

1. 指标属性

指标 2-20 的指标层次为初级，指标特质为通用，指标方向为正向，适用范围为所有保险机构。

2. 指标依据

《保险机构独立董事管理办法》（银保监发〔2018〕35 号）规定保险机构应当结合保险行业特点和自身发展阶段特点，选择具有财务、会计、金融、保险、精算、投资、风险管理、审计、法律等专业背景或经历的人士担任独立董事，不断优化董事会专业结构，提高董事会专业委员会运作效能。魏刚等（2007）研究发现政府背景和银行背景的独立董事比例越高，公司经营业绩越好。刘雪妍、冯舒婧、程珊珊、刘庞和郑展翔（2017）研究发现国有上市公司中独立董事的金融背景、学术背景和兼职比例对公司绩效有显著正向影响。崔也光、王肇和周畅（2018）研究发现聘请银行业背景独立董事对成熟期企业研发强度有显著促进作用。凌雪和李利霞（2021）研究发现金融背景独立董事在激烈的并购活动中能够利用自身独特的优势抑制超额商誉的产生以及缓解超额商誉产生的问题。

（二十一）指标 2-21：有无保险精算背景独立董事

1. 指标属性

指标 2-21 的指标层次为初级，指标特质为特有，指标方向为正向，适用范围为所有保险机构。

2. 指标依据

《保险机构独立董事管理办法》（银保监发〔2018〕35 号）规定保险机构应当结合保险行业特点和自身发展阶段特点，选择具有财务、会计、金融、保险、精算、投资、风险管理、审计、法律等专业背景或经历的人士担任独立董事，不断优化董事会专业结构，提高董事会专业委员会运作效能。吴定富（2009）研究发现在董事会引入独立董事制度，由经验丰富的金融、财务、法律和投资等方面的专家担任保险公司独立董事，对于提高保险公司董事会决策水平具有重要意义。

（二十二）指标 2-22：有无法律背景独立董事

1. 指标属性

指标 2-22 的指标层次为初级，指标特质为通用，指标方向为正向，适用范围为所有保险机构。

2. 指标依据

《银行保险机构公司治理准则》（银保监发〔2021〕14 号）规定董事会专门委员会成员由董事组成，应当具备与专门委员会职责相适应的专业知识或工作经验；审计、提名、薪酬、风险管理、关联交易控制委员会中独立董事占比原则上不低于三分之一，审计、提名、薪酬、关联交易控制委员会应由独立董事担任主任委员或负责人；审计委员会成员应当具备财务、审计、会计或法律等某一方面的专业知识和工作经验。《保险机构独立董事管理办法》（银保监发〔2018〕35 号）规定保险机构应当结合保险行业特点和自身发展阶段特点，选择具有财务、会计、金融、保险、精算、投资、风险管理、审计、法律等专业背景或经历的人士担任独立董事，不断优化董事会专业结构，提高董事会专业委员会运作效能。全怡和陈冬华（2017）研究发现法律背景独立董事能够起到抑制上市公司高管职务犯罪的作用，独立董事的法律背景越多元化、实务经验越丰富，高管职务犯罪的概率越低。唐建新和程晓彤（2018）研究发现当更多的上市公司聘请具有法律背景知识的独立董事时，投资者保护程度更高。曹方林（2019）研究发现法律背景董事能够有效地抑制企业的盈余管理行为；将法律背景董事区分为法律独立董事和法律非独立董事，法律独立董事能够显著抑制企业的盈余管理行为，法律非独立董事与盈余管理之间不存在这种显著的负相关关系。赵林和李竹梅（2020）研究发现独立董事的女性比例、学术背景、法律背景对"掏空"具有显著抑制作用。

（二十三）指标 2-23：独立董事专业和职业背景结构

1. 指标属性

指标 2-23 的指标层次为高级，指标特质为通用，指标方向为正向，适用范围为所有保险机构。

2. 指标依据

《银行保险机构公司治理准则》（银保监发〔2021〕14 号）规定董事会专门委员会成员由董事组成，应当具备与专门委员会职责相适应的专业知识或工作经验；审计、提名、薪酬、风险管理、关联交易控制委员会中独立董事占比原则上不低于三分之一，审计、提名、薪酬、关联交易控制委员会应由独立董事担任主任委员或负责人；审计委员会成员应当具备财务、审计、会计或法律等某一方面的专业知识和工作经验。《保险机构独立董事管理办法》（银保监发〔2018〕35 号）规定保险机构应当结合保险行业特点和自身发展阶段特点，选择具有财务、会计、金融、保险、精算、投资、风险管理、审计、法律等专业背景或经历的人士担任独立董事，不断优化董事会专业结构，提高董事会专业委员会运作效能。曾江洪和秦宇佳（2011）研究发现独立董事的比例、薪酬、职业背景的多样性等与企业成长性呈现显著的正相关关系。焦小静（2021）研究发现多元化职业背景的独立董事能够加快资本结构的调整速度。

（二十四）指标 2-24：独立董事任职结构是否多元化

1. 指标属性

指标 2-24 的指标层次为高级，指标特质为通用，指标方向为正向，适用范围为所有保险机构。

2. 指标依据

唐清泉、罗当论和张学勤（2005）研究发现没有哪一种职业背景的独立董事对公司业绩的影响有更好的表现；只有在公司既聘请来自企业界，又聘请来自非企业界的独立董事，且比例均衡的情况下，独立董事对公司业绩的影响才有更好的表现。袁春生和李琛毅（2018）研究发现民营企业聘任高校教师作为独立董事能够在提升创新绩效方面发挥作用。焦跃华和孙源（2021）研究发现学者型独立董事不仅能够提升企业研发投入和产出水平，而且有助于企业创新效率的提高。李嘉宁（2023）研究发现具备学术背景独立董事与企业绩效之间存在"倒 U 型"关系，说明其在独立董事中的占比并非越高越好，需要实务背景独立董事与之优势互补。

三、监事与监事会维度指标说明

（一）指标 3-1：监事会规模或监事人数

1. 指标属性

指标 3-1 的指标层次为初级，指标特质为通用，指标方向为正向，适用范围为所有保险机构。

2. 指标依据

《公司法》（中华人民共和国主席令第 15 号）规定有限责任公司设监事会，其成员不得少于 3 人；股东人数较少或者规模较小的有限责任公司，可以设 1—2 名监事，不设监事会；股份有限公司设监事会，其成员不得少于 3 人。《银行保险机构公司治理准则》（银保监发〔2021〕14 号）规定银行保险机构监事会成员不得少于 3 人；银行保险机构应当在公司章程中明确规定监事会构成，包括股权监事、外部监事、职工监事的人数；监事会人数应当具体、确定。马思乐和郜晓红（2021）研究发现企业环境信息披露的程度与企业价值呈正向相关，监事会规模对企业环境信息披露与企业价值之间的关系表现出显著的正向调节作用。

（二）指标 3-2：职工监事比例情况

1. 指标属性

指标 3-2 的指标层次为初级，指标特质为通用，指标方向为正向，适用范围为所有保险机构。

2. 指标依据

《公司法》（中华人民共和国主席令第 15 号）规定监事会应当包括股东代表和适当比例的公司职工代表，其中职工代表的比例不得低于三分之一，具体比例由公司章程规定。《银行保险机构公司治理准则》（银保监发〔2021〕14 号）规定银行保险机构监事会由股东监事、外部监事和职工监事组成；监事会成员不得少于 3 人，其中职工监事的比例不得低于三分之一；银行保险机构应当在公司章程中明确规定监事会构成，包括股权监事、外部监事、职工监事的人数。《保险资产管理公司管理规定》（中国银行保险监督管理委员会令 2022 年第 2 号）规定保险资产管理公司设立监事会的，监事会成员应当包括股东代表和公司职工代表，其中职工代表的比例不得少于监事会人数的三分之一。《全国金融系统公司制企业建立职工董事和职工监事制度实施办法》（中国金融工会 2010 年）指出凡依法设立监事会的公司制金融企业都应当依照法律和相关规定建立职工监事制度；监事会成员中应当有职工监事，且人数不得少于监事会成员总数的三分之一。《国务院办公厅关于进一步完善国有企业法人治理结构的指导意见》（国办发〔2017〕36 号）明确国有独资、全资公司的监事会中须有职工监事。

（三）指标 3-3：外部监事比例情况

1. 指标属性

指标 3-3 的指标层次为初级，指标特质为通用，指标方向为正向，适用范围为所有保险机构。

2. 指标依据

《银行保险机构公司治理准则》（银保监发〔2021〕14 号）规定银行保险机构监事会由股东监事、外部监事和职工监事组成；外部监事是指在银行保险机构不担任除监事以外的其他职务，并且与银行保险机构及其股东、实际控制人不存在可能影响其独立客观判断关系的监事；银行保险机构监事会成员不得少于 3 人，其中外部监事的比例不得低于三分之一；银行保险机构应当在公司章程中明确规定监事会构成，包括股权监事、外部监事、职工监事的人数。《上市公司治理准则》（中国证券监督管理委员会公告〔2018〕29 号）提出上市公司可以依照公司章程的规定设立外部监事。郭放和韦小泉（2015）研究发现设立独立监事公司的盈余质量显著高于没有设立独立监事的公司，且相对于民营企业，国有企业中的独立监事能更有效地履行其监督职能。易颜新、王榕和叶继英（2022）研究发现独立监事能有效减少企业违规行为并促进企业审计质量的提高。

（四）指标 3-4：监事学历情况

1. 指标属性

指标 3-4 的指标层次为高级，指标特质为通用，指标方向为正向，适用范围为所有保险机构。

2. 指标依据

《保险资产管理公司管理规定》（中国银行保险监督管理委员会令 2022 年第 2 号）规定保险资产管理公司监事应当具有大学本科以上学历以及履行职务必需的知识、经验与能力，具备 5 年以上与履行职责相适应的工作经历。李维安和郝臣（2006）[1]研究发现监事会治理水平不高并不是制度本身存在问题，而是由于运行过程中存在诸多不足，监事会结构与规模有待进一步优化，监事胜任能力低下。张志坡和王果（2014）研究认为监事会制度运行效果不佳，其原因至少包括监事学历较低、经验不足、兼职较多、身份不够独立等。

（五）指标 3-5：有无财务会计审计背景监事

1. 指标属性

指标 3-5 的指标层次为高级，指标特质为通用，指标方向为正向，适用范围为所有保险机构。

2. 指标依据

《关于规范保险公司治理结构的指导意见（试行）》（保监发〔2006〕2 号）规定保险公司监事应当具备与其职责相适应的专业知识和工作经验，审慎勤勉地履行职责。《上市公司治理准则》（中国证券监督管理委员会公告〔2018〕29 号）规定监事会的人员和结构应当确保监事会能够独立有效地履行职责；监事应当具有相应的专业知识或者工作经验，具备有效履职能力。王玉玫（2011）主张调整监事会的组成，增加外部监事或独立监事，外部监事应具有财会专业背景，代表中小股东或投保人、被保险人利益。赵西卜和徐爱莉（2013）研究发现除监事财务背景之外，监事会规模、监事会会议次数、监事薪酬和监事持股对信息披露质量的影响均不显著。冉光圭、方巧玲和罗帅（2015）研究

---

① 李维安，郝臣. 中国上市公司监事会治理评价实证研究[J]. 上海财经大学学报，2006（03）：78-84.

发现拥有会计和学术背景的监事有助于改善公司会计信息质量。郝臣和胡港（2021）[1]研究发现具有财务审计、保险精算、金融等与保险行业密切关联职业背景的监事比例和职工监事比例与保险公司的投资风险承担水平负相关。

（六）指标 3-6：有无金融背景监事

1. 指标属性

指标 3-6 的指标层次为高级，指标特质为通用，指标方向为正向，适用范围为所有保险机构。

2. 指标依据

《关于规范保险公司治理结构的指导意见（试行）》（保监发〔2006〕2 号）规定保险公司监事应当具备与其职责相适应的专业知识和工作经验，审慎勤勉地履行职责。《上市公司治理准则》（中国证券监督管理委员会公告〔2018〕29 号）要求监事会的人员和结构应当确保监事会能够独立有效地履行职责；监事应当具有相应的专业知识或者工作经验，具备有效履职能力。郝臣和胡港（2021）[2]研究发现具有财务审计、保险精算、金融等与保险行业密切关联职业背景的监事比例和职工监事比例与保险公司的投资风险承担水平负相关。

（七）指标 3-7：有无保险精算背景监事

1. 指标属性

指标 3-7 的指标层次为高级，指标特质为特有，指标方向为正向，适用范围为所有保险机构。

2. 指标依据

《关于规范保险公司治理结构的指导意见（试行）》（保监发〔2006〕2 号）规定保险公司监事应当具备与其职责相适应的专业知识和工作经验，审慎勤勉地履行职责。《上市公司治理准则》（中国证券监督管理委员会公告〔2018〕29 号）要求监事会的人员和结构应当确保监事会能够独立有效地履行职责；监事应当具有相应的专业知识或者工作经验，具备有效履职能力。郝臣和胡港（2021）[2]研究发现具有财务审计、保险精算、金融等与保险行业密切关联职业背景的监事比例和职工监事比例与保险公司的投资风险承担水平负相关。

（八）指标 3-8：监事专业和职业背景结构

1. 指标属性

指标 3-8 的指标层次为高级，指标特质为通用，指标方向为正向，适用范围为所有保险机构。

2. 指标依据

《关于规范保险公司治理结构的指导意见（试行）》（保监发〔2006〕2 号）规定保险公司监事应当具备与其职责相适应的专业知识和工作经验，审慎勤勉地履行职责。《上市公司治理准则》（中国证券监督管理委员会公告〔2018〕29 号）要求监事会的人员和结

① 郝臣，胡港. 监事会监督对保险公司风险承担影响实证研究[J]. 保险职业学院学报，2021（01）：5-11.

② 郝臣，胡港. 监事会监督对保险公司风险承担影响实证研究[J]. 保险职业学院学报，2021（01）：5-11.

构应当确保监事会能够独立有效地履行职责；监事应当具有相应的专业知识或者工作经验，具备有效履职能力。严若森（2010）研究发现监事的专业结构是影响监事能力保证的重要因素。胡欢（2014）研究发现监事人数、年龄和职业背景均与社会责任履行显著正相关。郝臣和胡港（2021）[①]研究发现具有财务审计、保险精算、金融等与保险行业密切关联职业背景的监事比例和职工监事比例与保险公司的投资风险承担水平负相关。

四、高级管理人员维度指标说明

（一）指标 4-1：高管规模

1. 指标属性

指标 4-1 的指标层次为高级，指标特质为通用，指标方向为正向，适用范围为所有保险机构。

2. 指标依据

刘进和池趁芳（2016）研究发现高管团队规模与内部控制质量呈正相关。南晓莉和李芊卉（2017）研究发现高管团队规模增加，公司风险承担水平呈先增后减的"倒 U 型"关系。郭文忠和周虹（2020）研究发现高管团队女性比例、平均年龄、平均学历、团队规模均与企业社会责任履行显著正相关。

（二）指标 4-2：董事长和总经理两职是否分设

1. 指标属性

指标 4-2 的指标层次 2021 年及以前评价年度为高级、2022 年及以后年度为初级，指标特质为通用，指标方向为正向，适用范围为所有保险机构。

2. 指标依据

《银行保险机构公司治理准则》（银保监发〔2021〕14 号）规定银行保险机构应当设立行长（总经理）；行长（总经理）对董事会负责，由董事会决定聘任或解聘；银行保险机构董事长不得兼任行长（总经理）。《关于规范保险公司治理结构的指导意见（试行）》（保监发〔2006〕2 号）要求保险公司应当按照现代企业制度的要求，逐步完善董事长与总经理设置，健全制衡机制。赵军现和曹晶晶（2006）认为一般情况下董事长与经理应分设，削弱关键人物的过度权利。顾晓伟（2012）认为处于成熟期的公司，选择两职分离比较好。陈彬和邓霆（2013）研究发现保险公司董事长与总经理的二元化与总资产收益率在 5% 的水平上呈现显著的正相关关系。李建标、李帅琦和王鹏程（2016）研究发现董事长和总经理非自愿分离、离职式分离和降职式分离对公司绩效的影响最终都是正向的，但是存在两年的滞后期。郝洁、郝云宏和汪茜（2017）研究发现对于两职合一的公司，当公司当前绩效较差时，实施两职分离对公司未来绩效产生显著的正向影响。王成方、叶若慧和鲍宗客（2020）研究发现董事长与总经理两职合一公司的投资效率显著低于两职分离公司。李康宏、罗永琪、连远强和吴桐（2023）研究发现董事长与总经理两职合一负向调节非国有股东与创新投入之间的关系，并负向调节非国有股东通过会计信息质量影响国有企业创新的间接效应。

---

① 郝臣，胡港. 监事会监督对保险公司风险承担影响实证研究[J]. 保险职业学院学报，2021（01）：5-11.

（三）指标 4-3：是否设立总精算师

1. 指标属性

指标 4-3 的指标层次对于人身保险机构、保险集团（控股）公司而言为初级，对于财产保险机构和再保险机构而言 2019 年及以前评价年度为高级、2020 年及以后评价年度为初级；指标特质为特有；指标方向为正向；适用范围为除保险资产管理公司外的其他保险机构。

2. 指标依据

《保险公司总精算师管理办法》（保监发〔2010〕10 号）规定人身险公司（人寿险公司、养老险公司和健康险公司）应当设立总精算师职位，总精算师既向管理层负责，也向董事会负责，并向中国保监会及时报告公司的重大风险隐患，总精算师应当参与保险公司风险管理、产品开发、资产负债匹配管理等方面的工作。《关于财产保险公司和再保险公司实施总精算师制度有关事项的通知》（保监财险〔2017〕271 号）规定中国保监会于本通知发布之日起在财产保险公司、再保险公司全面实施总精算师制度，各财产保险公司、再保险公司应严格执行《保险公司总精算师管理办法》（保监发〔2010〕10 号）和本通知中对总精算师的相关规定；财产保险公司、再保险公司已经聘任总精算师的，不得取消该职位；聘任精算责任人的，最迟应于 2020 年 1 月 1 日之前聘任总精算师，若精算责任人因辞职、被免职或者被撤职等原因离职的，财产保险公司、再保险公司应立即聘任总精算师；本通知发布之日以后成立的财产保险公司、再保险公司，应聘任总精算师。《中国保险行业协会标准》（T/IAC 21-2018）提出特殊管理人员至少包括董事会秘书、总精算师、审计责任人、合规负责人、财务负责人等。

（四）指标 4-4：是否设立合规负责人

1. 指标属性

指标 4-4 的指标层次为初级，指标特质为特有，指标方向为正向，适用范围为所有保险机构。

2. 指标依据

《中国保监会关于进一步加强保险公司合规管理工作有关问题的通知》（保监发〔2016〕38 号）规定保险公司应当设立合规负责人；合规负责人全面负责保险公司的合规管理工作，是保险公司的高级管理人员；保险公司应当在任命合规负责人前向中国保监会申请核准该拟任人员的任职资格，未经核准不得以任何形式任命。《中国保险行业协会标准》（T/IAC 21-2018）提出特殊管理人员至少包括董事会秘书、总精算师、审计责任人、合规负责人、财务负责人等。《保险公司合规管理指引》（保监发〔2007〕91 号）规定保险公司应当设立合规负责人，合规负责人不得兼管公司的业务部门和财务部门。《关于规范保险公司治理结构的指导意见（试行）》（保监发〔2006〕2 号）也要求保险公司应当设立合规负责人职位。

（五）指标 4-5：是否设立首席风险官

1. 指标属性

指标 4-5 的指标层次为初级，指标特质为特有，指标方向为正向，适用范围为所有保险机构。

2. 指标依据

《银行保险机构公司治理准则》（银保监发〔2021〕14 号）规定银行保险机构应当设立首席风险官或指定一名高级管理人员担任风险责任人；首席风险官或风险责任人应当保持充分的独立性，不得同时负责与风险管理有利益冲突的工作。《保险资产管理公司管理规定》（中国银行保险监督管理委员会令 2022 年第 2 号）规定保险资产管理公司应当设立首席风险管理执行官；首席风险管理执行官不得主管投资管理；首席风险管理执行官负责组织和领导保险资产管理公司风险管理工作，履职范围包括所有公司运作和业务环节的风险管理，独立向董事会、银保监会报告有关情况，提出防范和化解公司重大风险建议。

（六）指标 4-6：是否设立审计负责人

1. 指标属性

指标 4-6 的指标层次为初级，指标特质为特有，指标方向为正向，适用范围为所有保险机构。

2. 指标依据

《银行保险机构公司治理准则》（银保监发〔2021〕14 号）规定银行保险机构应当按照有关监管规定，设立首席审计官或审计责任人；首席审计官或审计责任人对董事会负责，由董事会聘任和解聘，定期向董事会及其审计委员会报告工作。《保险公司内部审计指引（试行）》（保监发〔2007〕26 号）规定保险公司应当设立审计责任人职位；审计责任人纳入保险机构高级管理人员任职资格核准范围，对董事会负责，向董事会审计委员会报告工作；同时负责与管理层沟通，并通报审计结果。《中国保险行业协会标准》（T/IAC 21-2018）提出特殊管理人员至少包括董事会秘书、总精算师、审计责任人、合规负责人、财务负责人等。

（七）指标 4-7：总经理是否存在非正常变更情况

1. 指标属性

指标 4-7 的指标层次为高级，指标特质为通用，指标方向为负向，适用范围为所有保险机构。

2. 指标依据

波尔西奥（Pourciau，1993）指出即将上任的高管在管理应计项目时，采用的方式是在高管变动当年减少收益，并在随后一年增加收益；此外，新上任的管理人员会在管理层变动的那一年记录大额冲销和特殊项目；与预期相反的是，离职的高管会在任期的最后一年记录预提和冲销，从而减少收入。德丰和洪（Defond & Hung，2004）研究发现在执法力度较强的国家，当股价信息更丰富时，首席执行官（CEO）更替更有可能与糟糕的股票回报相关。赵震宇、杨之曙和白重恩（2007）研究发现国有上市公司高管层职位的升迁或降职与公司业绩正向相关，不同属性的公司其评价总经理的业绩或能力指标也有所差异，而且决策者对高层人员业绩的要求也会因为公司历史业绩的不同而有所不同。李增福和曾晓清（2014）研究发现正常离职的高管在离职前会通过应计项目和真实活动来调增利润，而非正常离职的高管在离职前主要通过真实活动来调增利润。任声策和陈艳利（2017）研究发现总经理变更与企业年个股交易之间存在负相关关系。

第二节　外部治理评价指标具体说明

一、信息披露维度指标说明

（一）指标 5-1：有无官网

1. 指标属性

指标 5-1 的指标层次为初级，指标特质为通用，指标方向为正向，适用范围为所有保险机构。

2. 指标依据

《银行保险机构公司治理准则》（银保监发〔2021〕14 号）规定银行保险机构应当建立公司网站，按照监管规定披露相关信息。《保险公司信息披露管理办法（2018）》（银保监发〔2018〕2 号）规定保险公司应当建立公司网站，按照本办法的规定披露相关信息。二十国集团/经合组织《公司治理原则》指出公司网站有助于提高信息传播水平；目前，有些国家要求公司开设网站，在网站公布公司的相关重大信息。

（二）指标 5-2：官网整体建设水平状况

1. 指标属性

指标 5-2 的指标层次为高级，指标特质为通用，指标方向为正向，适用范围为所有保险机构。

2. 指标依据

《保险公司信息披露管理办法（2018）》（银保监发〔2018〕2 号）要求保险公司应当加强公司网站建设，维护公司网站安全，方便社会公众查阅信息。郝臣和李礼（2005）[1]指出之所以选择从上市公司网站角度研究投资者关系管理（Investor Relations Management，缩写为 IRM），主要因为网站是进行信息沟通的重要平台，IRM 大部分内容都能在其中有所体现。胡艳、阳晓明和谢至（2014）指出上市公司可能更倾向财务导向，没有充分利用网络的便捷沟通功能；未来上市公司还需加强网站建设，以满足中小投资者的信息需求。郝臣、李艺华、李中南和崔光耀（2019）[2]研究发现，现有关于保险公司信息披露的研究多集中于保险公司的年度信息披露报告，保险公司网站及其信息披露栏目才是投保人了解保险公司信息最直接、便捷的途径。

（三）指标 5-3：官网客服热线披露情况

1. 指标属性

指标 5-3 的指标层次为初级，指标特质为通用，指标方向为正向，适用范围为所有保险机构。

2. 指标依据

《保险公司信息披露管理办法》（保监发〔2010〕7 号）规定保险公司披露的公司概

---

[1] 郝臣，李礼. 中国境内上市公司网站投资者关系栏目实证研究[J]. 管理科学，2005（01）：56-61.

[2] 郝臣，李艺华，李中南，崔光耀. 我国保险公司信息披露及其优化研究——基于公司网站和公开信息披露栏目建设视角[J]. 保险职业学院学报，2019（04）：5-10.

况应当包括客服电话和投诉电话;《保险公司信息披露管理办法(2018)》(银保监发〔2018〕2 号)规定保险公司披露的公司概况应当包括下列内容:(1)公司名称;(2)注册资本;(3)公司住所和营业场所;(4)成立时间;(5)经营范围和经营区域;(6)法定代表人;(7)客服电话、投诉渠道和投诉处理程序;(8)各分支机构营业场所和联系电话。

(四)指标 5-4:官网是否披露官微或公众号

1. 指标属性

指标 5-4 的指标层次为高级,指标特质为通用,指标方向为正向,适用范围为所有保险机构。

2. 指标依据

黄宏斌和郝程伟(2018)研究认为上市公司要想完善公司治理机制,应尽快完善自媒体信息披露机制,借助自媒体实时发布企业特质性信息,并尽可能涵盖行业信息以及宏观信息,减少无用信息的推送,积极引导投资者决策行为,掌握公司治理的主动权,增强企业发展的稳定性。郝程伟(2018)研究发现自媒体的信息披露为投资者提供增量信息,会影响上市公司的股价和市场参与者的决策;因此,上市公司可利用自媒体适时发布自身及行业相关信息,积极引导投资者决策行为。黄宏斌和毛天琴(2018)研究发现中国联通对自媒体的利用程度较高,微信订阅号中连续发送与企业未来经营发展相关的信息;微信订阅号的信息披露内容带动着股价的涨跌,说明投资者在阅读并关注微信订阅号信息,股东对中国联通微信订阅号的利用效果非常明显。胡冰和戚聿东(2023)研究发现企业通过借助自媒体进行信息披露,能够吸引数字金融资源为技术创新提供支持,且在数字金融覆盖广度与数字化程度方面体现得更为明显。

(五)指标 5-5:官网有无公开信息披露栏目

1. 指标属性

指标 5-5 的指标层次为初级,指标特质为特有,指标方向为正向,适用范围为所有保险机构。

2. 指标依据

《保险公司信息披露管理办法》(保监发〔2010〕7 号)规定保险公司应当在公司互联网站主页的显著位置设置信息披露专栏。《保险公司信息披露管理办法(2018)》(银保监发〔2018〕2 号)要求保险公司应当在公司网站主页置顶的显著位置设置信息披露专栏,名称为"公开信息披露"。郝臣、李艺华、李中南和崔光耀(2019)[①]研究发现,现有关于保险公司信息披露的研究多集中于保险公司的年度信息披露报告,保险公司网站及其信息披露栏目才是投保人了解保险公司信息最直接、便捷的途径。

(六)指标 5-6:官网公开信息披露栏目是否明显

1. 指标属性

指标 5-6 的指标层次为初级,指标特质为特有,指标方向为正向,适用范围为所有保险机构。

---

① 郝臣, 李艺华, 李中南, 崔光耀. 我国保险公司信息披露及其优化研究——基于公司网站和公开信息披露栏目建设视角[J]. 保险职业学院学报, 2019(04): 5-10.

2. 指标依据

《保险公司信息披露管理办法》（保监发〔2010〕7 号）规定保险公司应当在公司互联网站主页的显著位置设置信息披露专栏。《保险公司信息披露管理办法（2018）》（银保监发〔2018〕2 号）要求保险公司应当在公司网站主页置顶的显著位置设置信息披露专栏，名称为"公开信息披露"。

（七）指标 5-7：官网披露框架是否符合规定

1. 指标属性

指标 5-7 的指标层次为初级，指标特质为特有，指标方向为正向，适用范围为所有保险机构。

2. 指标依据

《保险公司信息披露管理办法（2018）》（银保监发〔2018〕2 号）规定保险公司应当在公司网站主页置顶的显著位置设置信息披露专栏，名称为"公开信息披露"；保险公司所有公开披露的信息都应当在该专栏下分类设置子栏目列示，一级子栏目名称分别为"基本信息""年度信息""重大事项"和"专项信息"等。其中，"专项信息"栏目下设"关联交易""股东股权""偿付能力""互联网保险""资金运用""新型产品""交强险"等二级子栏目。陈彬、张娜和张璐（2014）指出信息披露是否完备直接影响股东、保单持有人、投资者及社会公众等对公司的监督，是衡量保险公司是否具有完善的治理结构的重要标准之一。

（八）指标 5-8：官网基本信息披露是否完善

1. 指标属性

指标 5-8 的指标层次为初级，指标特质为特有，指标方向为正向，适用范围为所有保险机构。

2. 指标依据

《保险公司信息披露管理办法》（保监发〔2010〕7 号）要求保险公司应当披露下列信息：（1）基本信息；（2）财务会计信息；（3）风险管理状况信息；（4）保险产品经营信息；（5）偿付能力信息；（6）重大关联交易信息；（7）重大事项信息。《保险公司信息披露管理办法（2018）》（银保监发〔2018〕2 号）要求保险公司应当披露下列信息：（1）基本信息；（2）财务会计信息；（3）保险责任准备金信息；（4）风险管理状况信息；（5）保险产品经营信息；（6）偿付能力信息；（7）重大关联交易信息；（8）重大事项信息；（9）中国银行保险监督管理委员会规定的其他信息。

（九）指标 5-9：官网专项信息披露是否完善

1. 指标属性

指标 5-9 的指标层次为初级，指标特质为特有，指标方向为正向，适用范围为所有保险机构。

2. 指标依据

《保险公司信息披露管理办法》（保监发〔2010〕7 号）要求保险公司应当披露下列信息：（1）基本信息；（2）财务会计信息；（3）风险管理状况信息；（4）保险产品经营信息；（5）偿付能力信息；（6）重大关联交易信息；（7）重大事项信息。《保险公司信息披露管理办法（2018）》（银保监发〔2018〕2 号）规定保险公司所有公开披露的信息都应当在"公开信息披露"专栏下分类设置子栏目列示，一级子栏目名称分别为"基本信息""年度信息""重大事项"和"专项信息"等。其中，"专项信息"栏目下设"关联交易""股东股权""偿付能力""互联网保险""资金运用""新型产品""交强险"等二级子栏目。要求保险公司在各栏目下应当披露下列信息：（1）基本信息；（2）财务会计信息；（3）保险责任准备金信息；（4）风险管理状况信息；（5）保险产品经营信息；（6）偿付能力信息；（7）重大关联交易信息；（8）重大事项信息；（9）中国银行保险监督管理委员会规定的其他信息。

（十）指标 5-10：官网重大事项披露是否完善

1. 指标属性

指标 5-10 的指标层次为初级，指标特质为特有，指标方向为正向，适用范围为所有保险机构。

2. 指标依据

《银行保险机构公司治理准则》（银保监发〔2021〕14 号）规定银行保险机构在公司治理方面发生下列重大事项的，应当编制临时信息披露报告，披露相关信息并做出简要说明：（1）控股股东或者实际控制人发生变更；（2）更换董事长或者行长（总经理）；（3）当年董事会累计变更人数超过董事会成员总数的三分之一；（4）公司名称、注册资本、公司住所或者主要营业场所发生变更；（5）经营范围发生变化；（6）公司合并、分立、解散或者申请破产；（7）撤销一级分行（省级分公司）；（8）对被投资企业实施控制的重大股权投资；（9）公司或者董事长、行长（总经理）受到刑事处罚；（10）公司或者一级分行（省级分公司）受到监管机构行政处罚；（11）更换或者提前解聘为公司财务报告进行定期法定审计的会计师事务所；（12）监管机构要求披露的其他信息。《保险公司信息披露管理办法》（保监发〔2010〕7 号）要求保险公司应当披露下列信息：（1）基本信息；（2）财务会计信息；（3）风险管理状况信息；（4）保险产品经营信息；（5）偿付能力信息；（6）重大关联交易信息；（7）重大事项信息。《保险公司信息披露管理办法（2018）》（银保监发〔2018〕2 号）要求保险公司应当披露下列信息：（1）基本信息；（2）财务会计信息；（3）保险责任准备金信息；（4）风险管理状况信息；（5）保险产品经营信息；（6）偿付能力信息；（7）重大关联交易信息；（8）重大事项信息；（9）中国银行保险监督管理委员会规定的其他信息。二十国集团/经合组织《公司治理原则》指出上市公司信息披露往往是必须的，至少每年一次，某些国家甚至要求每半年或每季度定期披露一次，在发生影响公司的重大事件时披露须更加频繁。

（十一）指标 5-11：官网公司治理架构披露是否完善

1. 指标属性

指标 5-11 的指标层次为初级，指标特质为特有，指标方向为正向，适用范围为所有保险机构。

2. 指标依据

《保险公司信息披露管理办法》（保监发〔2010〕7 号）要求保险公司披露的基本信息应当包括公司概况和公司治理概要。二十国集团/经合组织《公司治理原则》指出公司治理框架应确保及时准确地披露公司所有重要事务，包括财务状况、经营状况、所有权和公司的治理；应披露的实质性信息包括但不限于自己的公司治理实践，应当要求公司在定期报告中强制披露这类信息。

（十二）指标 5-12：偿付能力报告披露是否及时

1. 指标属性

指标 5-12 的指标层次为初级，指标特质为特有，指标方向为正向，适用范围为除保险资产管理公司和仅经营受托型业务的养老保险公司外的其他保险机构。

2. 指标依据

《保险公司偿付能力监管规则第 13 号：偿付能力信息公开披露》（保监发〔2015〕22号）规定非上市保险公司应当在每季度结束 30 日内，披露偿付能力季度报告摘要；上市保险公司及其子公司应当在第一季度和第三季度结束后 30 日内，披露偿付能力季度报告摘要；在披露半年度财务报告和年度财务报告的同时，披露第二季度和第四季度的偿付能力报告摘要。《保险公司偿付能力监管规则第 15 号：偿付能力信息公开披露》（银保监发〔2021〕51 号）规定非上市保险公司应当在每季度结束后 30 日内，披露偿付能力季度报告摘要；上市保险公司及其子公司应当在第一季度和第三季度结束后 30 日内，披露偿付能力季度报告摘要；在披露半年度财务报告和年度财务报告的同时，披露第二季度和第四季度的偿付能力季度报告摘要。《保险公司偿付能力管理规定（2021 修订）》（中国银行保险监督管理委员会令 2021 年第 1 号）要求保险公司应当按照中国银保监会制定的保险公司偿付能力监管具体规则，每季度公开披露偿付能力季度报告摘要，并在日常经营的有关环节，向保险消费者、股东、潜在投资者、债权人等利益相关方披露和说明其偿付能力信息；上市保险公司应当同时遵守证券监督管理机构相关信息披露规定。

（十三）指标 5-13：偿付能力报告披露后是否有更正

1. 指标属性

指标 5-13 的指标层次为高级，指标特质为特有，指标方向为负向，适用范围为除保险资产管理公司和仅经营受托型业务的养老保险公司外的其他保险机构。

2. 指标依据

陈凌云（2005）研究发现补丁公司的业绩较同行业的无补丁公司更差，不管出于什么原因，年报补丁都损害了定期报告的权威性、可信度和信息披露的透明度。刘媛媛和王邵安（2013）研究发现上市公司年报更正公告总体上对公司价值产生一定的负面影响，但不同性质、不同时间跨度的更正公告的市场反应有明显差异，从而得到了不同时间跨度的更正公告具有价值相关性的证据，揭示了上市公司更正公告披露的择机行为，股票市场对该择机行为具有一定的识别能力。张力云和夏芸（2013）研究发现市场对更正公告的反应程度最高，对涉及调减利润的公告和涉及核心指标更正的公告有显著为负的市场反应。张宁（2013）指出信息披露质量评估是从"合规"的角度对保险公司的信息披露报告进行评价；更正与补充行为是度量信息披露质量的重要指标。

（十四）指标 5-14：年度信息披露报告披露是否及时

1. 指标属性

指标 5-14 的指标层次为初级，指标特质为特有，指标方向为正向，适用范围为所有保险机构。

2. 指标依据

《银行保险机构公司治理准则》（银保监发〔2021〕14 号）规定银行保险机构年度信息披露报告应当于每年 4 月 30 日前在公司网站发布；临时信息披露报告应当自事项发生之日起 10 个工作日内在公司网站发布；银行保险机构网站应当保留最近 5 年的年度信息披露报告和临时信息披露报告。《保险公司信息披露管理办法（2018）》（银保监发〔2018〕2 号）要求保险公司应当在每年 4 月 30 日前在公司网站和中国银行保险监督管理委员会指定的媒介上发布年度信息披露报告。《保险公司信息披露管理办法》（保监发〔2010〕7 号）规定保险公司应当在每年 4 月 30 日前在公司互联网站和中国保监会指定的报纸上发布年度信息披露报告。

（十五）指标 5-15：年度信息披露报告披露是否完善

1. 指标属性

指标 5-15 的指标层次为初级，指标特质为特有，指标方向为正向，适用范围为所有保险机构。

2. 指标依据

《银行保险机构公司治理准则》（银保监发〔2021〕14 号）规定银行保险机构应当按照法律法规和监管规定，在年度信息披露报告中披露公司基本信息、财务会计报告、风险管理信息、公司治理信息、重大事项信息等；银行保险机构半年度、季度信息披露应当参照年度信息披露要求披露。《保险公司信息披露管理办法（2018）》（银保监发〔2018〕2 号）要求保险公司应当制作年度信息披露报告，于每年 4 月 30 日前在公司网站和中国银行保险监督管理委员会指定的媒介上发布年度信息披露报告。《保险公司信息披露管理办法》（保监发〔2010〕7 号）要求保险公司披露的上一年度财务会计信息应当与经审计的年度财务会计报告保持一致。二十国集团/经合组织《公司治理原则》指出公司应披露的实质性信息包括但不限于公司财务和经营成果：反映公司财务绩效和财务状况的经审计的财务报表（主要包括资产负债表、损益表、现金流量表和财务报表附注），是使用最广泛的公司信息来源。

（十六）指标 5-16：年度信息披露报告披露后是否有更正

1. 指标属性

指标 5-16 的指标层次为高级，指标特质为特有，指标方向为负向，适用范围为所有保险机构。

2. 指标依据

陈凌云（2005）研究发现补丁公司的业绩较同行业的无补丁公司更差，且认为不管出于什么原因年报补丁都损害了定期报告的权威性、可信度和信息披露的透明度。刘媛媛和王邵安（2013）研究发现年报更正公告总体上对公司价值产生一定的负面影响，但不同性质、不同时间跨度的更正公告的市场反应有明显差异。张力云和夏芸（2013）研究发现市场对更正公告的反应程度最高，对涉及调减利润的公告和涉及核心指标更正的公告有显著为负的市场反应。张宁（2013）指出信息披露质量评估是从"合规"的角度来对保险公司的信息披露报告进行评价的，更正与补充行为是度量信息披露质量的重要指标。郝臣、孙佳琪、钱璟和付金薇（2017）[1]构建的保险公司信息披露评价指标体系中将信息披露报告"内容更正与补充行为"作为重要因素。

（十七）指标 5-17：年度财务会计报告审计意见类型

1. 指标属性

指标 5-17 的指标层次为高级，指标特质为通用，指标方向为正向，适用范围为所有保险机构。

2. 指标依据

《银行保险机构公司治理准则》（银保监发〔2021〕14 号）规定银行保险机构应当聘请独立、专业、具备相应资质的外部审计机构进行财务审计，并对公司内部控制情况进行定期评估；外部审计机构对财务会计报告出具非标准审计报告的，银行保险机构董事会应当对该审计意见及涉及事项做出专项说明并公开披露。《保险公司信息披露管理办法（2018）》（银保监发〔2018〕2 号）规定保险公司披露的上一年度财务会计信息应当与经审计的年度财务会计报告保持一致，并包括审计报告的主要审计意见，审计意见中存在带强调事项段的无保留意见、保留意见、否定意见或者无法表示意见的，保险公司应当就此做出说明。《保险公司信息披露管理办法》（保监发〔2010〕7 号）规定审计报告的主要审计意见中存在解释性说明、保留意见、拒绝表示意见或者否定意见的，保险公司应当就此做出说明；实际经营期未超过 3 个月的保险公司年度财务报告可以不经审计。沈晗杰（2022）研究发现获得标准无保留审计意见的企业会承担较低的债务融资成本。李刚（2022）研究发现非标准审计意见显著降低了企业投资效率，具体表现为非标准审计意见加剧了企业的投资不足行为。

二、利益相关者维度指标说明

（一）指标 6-1：亿元保费、万张保单投诉情况

1. 指标属性

指标 6-1 的指标层次为高级，指标特质为特有，指标方向为负向，适用范围为除再保险机构、保险集团（控股）公司和保险资产管理公司外的其他保险机构。

2. 指标依据

《银行保险机构消费者权益保护管理办法》（中国银行保险监督管理委员会令 2022 年第 9 号）规定银行保险机构应当建立健全投诉处理工作机制，畅通投诉渠道，规范投诉处理流程，加强投诉统计分析，不断溯源整改，切实履行投诉处理主体责任。《关于银行保险机构加强消费者权益保护工作体制机制建设的指导意见》（银保监发〔2019〕38 号）规定银行保险机构应通过营业网点、官方网站、移动客户端等渠道对本机构投诉渠道和处理流程进行披露，通过年报、社会责任报告等方式对年度投诉数量、投诉业务类别、投诉地区分布等进行披露。《关于做好保险消费者权益保护工作的通知》（保监发〔2012〕9 号）要求保险公司畅通投诉渠道，维护保险消费者的诉求表达权利；保险公司各级机

---

① 郝臣，孙佳琪，钱璟，付金薇. 我国保险公司信息披露水平及其影响研究——基于投保人利益保护的视角[J]. 保险研究，2017（07）：64-79.

构要公布保险消费者投诉维权电话号码，在营业场所开辟投诉专区，张贴投诉办理须知，公布投诉办理流程和时限；要健全公司网站的投诉功能，建立与消费者的网上互动交流平台；要建立健全公司总经理接待日制度和疑难案件包案制度，当面听取消费者的诉求和意见。二十国集团/经合组织《公司治理原则》指出应建立相关程序和安全港，使得员工和公司外部人员能据以投诉公司的违法和不符合职业道德行为，这种做法符合公司及其股东的利益。王思佳（2013）指出为能有效保护保险消费者权益，我国应努力构建多平台、多层次的保险投诉处理机制，利用不同的渠道方法为保险消费者处理投诉，从而为保险消费者提供多种选择的可能。

（二）指标 6-2：有无经营异常情况

1. 指标属性

指标 6-2 的指标层次为初级，指标特质为通用，指标方向为负向，适用范围为所有保险机构。

2. 指标依据

《企业经营异常名录管理暂行办法》（国家工商行政管理总局令第 68 号）规定工商行政管理部门将有经营异常情形的企业列入经营异常名录，通过企业信用信息公示系统公示，提醒其履行公示义务。林一英（2021）指出实践中很多公司解散后不启动清算程序，或者清算程序启动后，不能正常进行清算，还有很多公司登记后，长期处于不报年报、不经营状态；完善公司清算制度，畅通经营异常公司的退出途径是公司法修改的重要内容。

（三）指标 6-3：是否收到监管函

1. 指标属性

指标 6-3 的指标层次为初级，指标特质为特有，指标方向为负向，适用范围为所有保险机构。

2. 指标依据

《关于精简保险资金运用监管报告事项的通知》（银保监规〔2022〕1 号）要求各保险集团（控股）公司、保险公司应当增强合规意识，严格按照监管规定报送监管报告，切实提高报送质量；对发生迟报、错报、漏报、瞒报等情形的，银保监会将视情况采取监管谈话、下发风险提示函、下发监管函等监管措施；情节严重的，将依法给予行政处罚。《保险资产负债管理监管暂行办法》（银保监发〔2019〕32 号）规定对于资产负债管理能力较低或匹配状况较差的保险公司，综合考虑公司发展阶段、负债特征、资产结构和存在的风险，可采取以下一项或多项有针对性的监管措施，包括但不限于：（1）风险提示；（2）监管谈话；（3）下发监管函；（4）监管通报；（5）进行专项现场检查或现场调查；（6）要求进行专项压力测试；（7）要求限期整改存在的问题，提交和实施预防资产负债匹配状况恶化或完善资产负债管理的计划。《保险法人机构公司治理评价办法》（保监发〔2015〕112 号）中监管评价指标分为约束性指标、遵循性指标及调节性指标，其中调节性指标描述保险法人机构是否存在因公司治理问题被下发监管函等特定情形。

（四）指标 6-4：是否受到行政处罚

1. 指标属性

指标 6-4 的指标层次为初级，指标特质为特有，指标方向为负向，适用范围为所有保险机构。

2. 指标依据

《中国保险监督管理委员会行政处罚程序规定（2017）》（保监发〔2017〕1 号）规定当事人违反有关保险管理的法律、行政法规和中国保监会规定的，中国保监会及派出机构应当依法查处，并做出下列行政处罚：（1）警告；（2）罚款；（3）没收违法所得；（4）限制业务范围；（5）责令停止接受新业务；（6）责令停业整顿；（7）吊销业务许可证；（8）撤销外国保险机构驻华代表机构；（9）撤销任职资格、从业资格，或者吊销资格证书；（10）责令撤换外国保险机构驻华代表机构的首席代表；（11）禁止进入保险业；（12）法律、行政法规规定的其他行政处罚。《行政处罚法》（中华人民共和国主席令第 70 号）指出行政处罚是指行政机关依法对违反行政管理秩序的公民、法人或者其他组织，以减损权益或者增加义务的方式予以惩戒的行为；国家在城市管理、市场监管、生态环境、文化市场、交通运输、应急管理、农业等领域推行建立综合行政执法制度，相对集中行政处罚权。

（五）指标 6-5：风险综合评级状况

1. 指标属性

指标 6-5 的指标层次为初级，指标特质为特有，指标方向为正向，适用范围为除保险集团（控股）公司和保险资产管理公司外的其他保险机构。

2. 指标依据

《保险公司偿付能力管理规定（2021 修订）》（中国银行保险监督管理委员会令 2021 年第 1 号）规定中国银保监会及其派出机构通过评估保险公司操作风险、战略风险、声誉风险和流动性风险，结合其核心偿付能力充足率和综合偿付能力充足率，对保险公司总体风险进行评价，确定其风险综合评级，分为 A 类、B 类、C 类和 D 类，并采取差别化监管措施。《保险集团公司监督管理办法》（中国银行保险监督管理委员会令 2021 年第 13 号）要求拟设立保险集团公司的投资人控制的保险公司中至少有一家具备最近四个季度风险综合评级不低于 B 类等条件。《保险公司偿付能力监管规则第 13 号：偿付能力信息公开披露》（保监发〔2015〕22 号）要求保险公司应当在偿付能力季度报告摘要的风险综合评级部分披露最近两期风险综合评级结果；最近一期风险综合评级结果为 C 类或 D 类的，应当披露公司的主要风险点。

（六）指标 6-6：纳税信用评级状况

1. 指标属性

指标 6-6 的指标层次为初级，指标特质为通用，指标方向为正向，适用范围为所有保险机构。

2. 指标依据

《纳税信用管理办法（试行）》（国家税务总局公告 2014 年第 40 号）规定纳税信用级别设 A、B、C、D 四级；A 级纳税信用为年度评价指标得分 90 分以上的；B 级纳税信用为年度评价指标得分 70 分以上不满 90 分的；C 级纳税信用为年度评价指标得分 40 分以上不满 70 分的；D 级纳税信用为年度评价指标得分不满 40 分或者直接判级确定的。王性玉和吴亚捷（2022）研究发现较高的纳税信用评级通过信号传递缓解融资约束水平，从而促进企业创新。王三法和钟廷勇（2023）研究发现纳税信用评级能够通过"声誉效应"和"治理效应"显著降低企业避税，这表明纳税信用评级对规范企业纳税行为发挥了治理作用，评级较高的企业是"名副其实"而非"盛名难副"。

（七）指标 6-7：评价年度有无失信情况

1. 指标属性

指标 6-7 的指标层次为初级，指标特质为通用，指标方向为负向，适用范围为所有保险机构。

2. 指标依据

《最高人民法院关于公布失信被执行人名单信息的若干规定》（法释〔2017〕7 号）规定被执行人未履行生效法律文书确定的义务，并具有下列情形之一的，人民法院应当将其纳入失信被执行人名单，依法对其进行信用惩戒：（1）有履行能力而拒不履行生效法律文书确定义务的；（2）以伪造证据、暴力、威胁等方法妨碍、抗拒执行的；（3）以虚假诉讼、虚假仲裁或者以隐匿、转移财产等方法规避执行的；（4）违反财产报告制度的；（5）违反限制消费令的；（6）无正当理由拒不履行执行和解协议的。

（八）指标 6-8：社会责任承担状况

1. 指标属性

指标 6-8 的指标层次为高级，指标特质为特有，指标方向为正向，适用范围为所有保险机构。

2. 指标依据

《银行保险机构公司治理准则》（银保监发〔2021〕14 号）规定银行保险机构应当定期向公众披露社会责任报告。《中国保监会关于保险业履行社会责任的指导意见》（保监发〔2015〕123 号）要求保险机构在提升透明度中体现社会责任；优化治理结构和机制，遵守法律法规和行业规范，在经营决策中充分考虑社会效益；坚持诚信经营，及时准确向社会公众披露信息，重视保护消费者知情权，自觉接受利益相关方的监督。《上市公司治理准则》（中国证券监督管理委员会公告〔2018〕29 号）要求上市公司在保持公司持续发展、提升经营业绩、保障股东利益的同时，应当在社区福利、救灾助困、公益事业等方面，积极履行社会责任。二十国集团/经合组织《公司治理原则》指出除披露商业目标外，还应鼓励公司披露与商业道德、环境以及对公司有重要意义的社会问题、人权和其他公共政策承诺相关的政策和绩效。王炜（2012）指出社会责任报告是对有价值的社会责任行为进行披露的载体；从业务的层面讲，保险公司是金融行业中社会责任的主体，承载了固有社会责任属性——风险导向型社会责任。郝臣、王旭和王励翔（2015）①研究发现多数保险公司积极履行了对股东、客户与合作伙伴、员工、社会公众和政府的社会

---

① 郝臣，王旭，王励翔. 我国保险公司社会责任状况研究——基于保险公司社会责任报告的分析[J]. 保险研究，2015（05）：92-100.

责任，保险公司社会责任已由"理念"阶段进入"实践"阶段，为社会经济发展做出了贡献。钱明、徐光华和沈弋（2016）研究发现社会责任信息披露有助于缓解融资约束，且这种影响主要体现在民营企业中，国有企业并不显著。祝桂芳和赵蕴桐（2021）研究发现我国上市保险企业的企业社会责任与财务绩效呈正相关。

（九）指标 6-9：负面新闻报道情况

1. 指标属性

指标 6-9 的指标层次为高级，指标特质为通用，指标方向为负向，适用范围为所有保险机构。

2. 指标依据

《保险法人机构公司治理评价办法》（保监发〔2015〕112 号）中监管评价指标分为约束性指标、遵循性指标及调节性指标，其中调节性指标描述保险法人机构是否存在有关公司的媒体负面报道或举报经中国保监会认定属实且对公司治理造成重大影响等特定情形。王奇、吕晓亮和殷源华（2016）指出消费者投诉与媒体报道是一种重要的外部治理机制。章宁和沈文标（2016）研究发现负面新闻在市场乐观状态下未能对股票收益产生显著影响；悲观情绪蔓延的市场失去价值发现功能，异常回报率持续下跌；稳定情绪市场负面影响持续 1-2 天，随后出现收益率回升的价值修复迹象。刘运国和江仪洵（2019）研究发现媒体对上市公司的负面报道越多，审计师对公司出具非标准审计意见的可能性越高。张婷和张敦力（2023）研究发现存在负面新闻越多的高管，其所在公司财务报告存在重大错报的控制风险和固有风险以及审计师的连带监察风险越高，进而导致审计应对的差异化程度越高。

第五章 保险机构治理原始数据整理过程说明

高质量的原始数据是评价结果准确性的前提和保障，而数据整理过程一定程度上决定了数据的质量。本章在第三章提出中国保险机构治理评价指标体系和第四章对该指标体系的评价指标进行具体说明的基础上，从指标整理方法、整理过程中注意的事项、指标适用对象以及指标整理时间与紧急程度四个方面详细说明了所有评价指标原始数据的整理过程。

第一节 内部治理数据整理过程

一、股东与股权结构维度数据整理过程

（一）指标 1-1：股东（大）会召开情况

1. 整理方法

该指标记录评价年度保险机构召开股东（大）会的次数，整理途径为"保险机构官网－公开信息披露－基本信息－公司治理概要－近三年股东（大）会主要决议"，如实记录为阿拉伯数字。若存在未设立股东（大）会的情况，则记录为"未设立"，此种情况下保险机构会在官网进行披露说明。若存在设立了股东（大）会但由于各种原因没有召开股东（大）会的情况，则记录为"未召开"。若存在没有披露评价年度当年股东（大）会主要决议的情况，可通过谷歌、百度等搜索引擎以"保险机构名称+股东（大）会"字样检索是否召开了股东（大）会，还可以通过搜索引擎语法限定检索范围的方式尝试检索，例如使用"Site""Filetype"等功能，确无相关信息的情形下，记录为"未披露"。

2. 注意事项

第一，股东（大）会包括年度股东（大）会和临时股东（大）会。其中，年度股东（大）会为评价年度上一年年度股东（大）会，但其召开时间在评价年度当年，至多召开1 次；临时股东（大）会为评价年度当年临时召开的股东（大）会，召开次数上不封顶。此指标遵循召开时间原则，统计评价年度当年召开的股东（大）会次数，即年度股东（大）会和临时股东（大）会召开次数之和。例如，评价年度为 2022 年，该指标统计的股东（大）会召开情况为 2022.01.01－2022.12.31 期间召开的 2021 年年度股东（大）会和 2022年临时股东（大）会。

第二，需要注意区分股东书面决议和实际召开会议，股东书面决议不纳入该指标统

计范围。

第三，保险机构官网披露的是股东（大）会"主要决议"而并非"全部决议"，一般情况下年度股东（大）会决议均会披露，但临时股东（大）会决议不会都披露，此时需根据临时股东（大）会编号确定临时股东（大）会召开次数，就少不就多。例如，某保险机构只披露了年度股东（大）会决议和第三次临时股东（大）会决议，可以记录为召开了4次股东（大）会，即1次年度股东（大）会和3次临时股东（大）会。

3. 适用对象

该指标仅适用于公司制的保险机构，对于非公司制的相互保险组织统计其会员代表大会召开情况即可。

4. 整理时间与紧急程度

此指标数据一般更新于评价年份下一年的1月，可于次年3—5月开始整理此指标数据，紧急程度为一般。

（二）指标1-2：股权结构状况

1. 整理方法

该指标记录评价年度当年年末保险机构前十大股东的持股比例，整理途径为"企查查－基本信息－查查图谱－股权穿透图"，也可以通过"保险机构官网－公开信息披露－基本信息－公司治理概要－持股比例在5%以上的股东及其持股情况"途径整理数据。

2. 注意事项

第一，若股东数量小于10，则全部股东的持股比例均需记录。

第二，记录前十大股东持股比例时，数据格式为百分制形式，例如49.99%，也可以记录为小数形式，例如0.4999。无论何种数据记录方式，前提都是统一化、标准化，不能时而百分制形式，时而小数形式。

第三，此指标不存在"未披露"情形，所有保险机构的持股比例均可以在企查查上查到。

第四，若通过保险机构官网途径整理数据，持股比例不足5%的股东将不会被披露；若最终前十大股东持股比例之和小于100%且统计的股东数量小于10，则需要通过企查查途径补充持股比例小于5%的股东的持股比例情况，至多补充到前十大股东的持股比例。可见，该指标数据整理最便捷的途径是企查查，可优先选择。

3. 适用对象

该指标适用于公司制的保险机构，不适用于非公司制的相互保险组织。

4. 整理时间与紧急程度

企查查途径可于评价年度当年年末12月31日整理，官网途径可于评价年度次年年初整理，需要在2月之前完成。该指标紧急程度为紧急。

（三）指标1-3：是否存在机构投资者

1. 整理方法

该指标记录评价年度当年年末保险机构股东中是否存在机构投资者，整理途径为"企查查－基本信息－查查图谱－股权穿透图"，也可以通过"保险机构官网－公开信息披露－基本信息－公司治理概要－持股比例在5%以上的股东及其持股情况"途径整理数据，若存在记录为"是"，若不存在记录为"否"。

2. 注意事项

第一，所有保险机构的股东均可以在企查查上查到，因此不存在"未披露"情况。

第二，对于机构投资者的判断不能只基于股东的名称以及主要业务类型，也应该结合股东投资的根本目的来进行判断。一般来说，无论是长期持有还是短期持有，机构投资者进行股权投资的目的应该是以套利为主。因此，本指标整理过程中当保险公司作为一些机构投资者（主要是保险集团（控股）公司）的子公司时，不能认为该母公司为机构投资者。根据经验主要有如下特殊情况：保险集团（控股）公司不作为保险公司的机构投资者，集团内保险公司发起设立保险公司的则不作为机构投资者，作为保险资产管理公司发起股东的保险公司一般不作为机构投资者；中外合资的保险公司往往具有中资与外资两个出资方，同样应该将其视为该中外合资保险公司的母公司，不统计为机构投资者（若存在两个以上的中外合资者，则可能存在机构投资者）；部分保险公司的股权结构比较复杂，其母公司可能通过另一机构投资者性质的子公司对保险公司进行控制，该情况同样不统计为机构投资者；集团（控股）公司之外的其他保险公司投资了集团（控股）公司、保险公司或者保险资产管理公司可以作为上述主体的机构投资者，其他保险公司一般不是上述相应投资对象的绝对或者相对控股股东；完全控股者不视为机构投资者。

3. 适用对象

该指标适用于公司制的保险机构，不适用于非公司制的相互保险组织。

4. 整理时间与紧急程度

企查查途径可于评价年度当年年末 12 月 31 日整理，官网途径可于评价年度次年年初整理，需要在 2 月之前完成。该指标紧急程度为紧急。

（四）指标 1-4：股权层级状况

1. 整理方法

该指标记录评价年度年末保险机构实际控制人所在的股权层级数，整理途径为"企查查－基本信息－查查图谱－实际控制人"或"企查查－基本信息－查查图谱－企业受益股东"。

2. 注意事项

第一，确定保险机构的实际控股人所在的股权层级数时，保险机构自身不算作一层。例如，A 机构有 B 和 C 两大股东，其中 B 股东持股比例最大，B 又被 D 机构全资控股，D 为 A 的实际控股人，则股权层级数为 2，即 B 算作一层，D 算作一层，而 A 自身一层不算。

第二，股权层级需要仔细判断，选择链接实际控制人所有链条中股份比例相对较高的确认股权层级。例如，现有 A、B、C 和 D 四家机构，B 和 C 是 A 的股东，其中 C 的持股比例大于 B，但是 C 的控制权归属于 B，D 是 B 的控股股东且是 A 的实际控制人。现需要确定 A 的股权层级，有两条链条可供分析，其一是"A－B－D"，其二是"A－C－B－D"。因为 A 的股东中 C 的持股比例要（远）大于 B，所以按照前述逻辑应该选择第二个链条，即"A－C－B－D"。因此，在此例中 A 的股权层级为 3。

第三，若保险机构存在实际控制人，企查查"基本信息－查查图谱－实际控制人"途径将会显示。若未显示，表明该保险机构可能不存在实际控制人，此时可进入保险机构官网查看是否有关于实际控制人的说明，进行确认。确无实际控制人的情形下，则以机构的实际受益人为准，记录保险机构实际受益人所在的股权层级数。这种情况下，"企查查－基本信息－查查图谱－实际控制人"途径将失效，不会显示此图谱，应通过"企查查－基本信息－查查图谱－企业受益股东"途径整理数据。

第四，因相关数据均可以在企查查查到，因此该指标整理时也不存在"未披露"情形。

3. 适用对象

该指标适用于公司制的保险机构，不适用于非公司制的相互保险组织。

4. 整理时间与紧急程度

此指标整理时间为评价年度当年年末 12 月 31 日，不可以错过此时间节点。因为保险机构与实际控制人或实际受益人之间的层级较为烦琐，一旦错过此时间节点，难以确保各链条上各机构的股权结构发生变化后收集人能够一一掌握相关信息，从而导致数据质量下降，不能如实反映评价年度当年年末的股权层级状态。该指标紧急程度为紧急。

（五）指标 1-5：股权出质或质押情况

1. 整理方法

此指标记录评价年度保险机构的股权是否存在出质或质押情况，整理途径为"企查查－经营风险－股权出质""企查查－经营风险－股权质押"和"企查查－历史信息－历史股权出质"。若存在股权出质或质押，则记录为"有"；若不存在，则记录为"无"。

2. 注意事项

第一，出质或质押任有一项即为"有"，两项均无则为"无"。

第二，该指标整理时不存在"未披露"情形。

第三，前述所言存在股权出质情况，是指保险机构为"出质股权标的企业"，而不是其为"出质人"或"质权人"，也就是说，被出质的股权是被评价保险机构样本的股权。

第四，前述所言股权质押情况，是指保险机构为"质押人参股企业"，而不是其为"质押人"或"质押权人"，也就是说，被质押的股权是被评价保险机构样本的股权。

第五，整理时需注意出质或质押的状态在评价年度当年是否有效，而不是看"登记日期"或"公告日期"。例如，记录 2022 年数据，2013 年登记或公告的股权出质或质押显示状态为"有效"，说明到 2022 年该出质或质押仍然存在，则 2022 年记录为"有"；若股权出质或质押显示状态为"失效"，且失效时间为 2021 年，在没有其他出质或质押的情况下，2022 年记录为"无"。通俗地讲，就是查看评价年度当年是否在保险机构的股权被出质或质押开始日期和解除日期之间。

3. 适用对象

该指标适用于公司制的保险机构，不适用于非公司制的相互保险组织。

4. 整理时间与紧急程度

该指标可于评价年度次年年初进行整理，3－5 月之前完成整理便可，紧急程度为一般。

二、董事与董事会指标数据整理过程

（一）指标 2-1：董事会规模

1. 整理方法

该指标记录评价年度年末保险机构董事会总人数，整理途径为"保险机构官网－公开信息披露－专项信息－偿付能力－偿付能力报告－基本信息－董事、监事和高级管理人员的基本情况"和"企查查－变更记录－查看距离统计年份年底最近的一次董事变更后的情况"，如实记录，若存在未披露的情况则记录为"未披露"。

2. 注意事项

第一，统计董事会总人数时，不包括拟任董事，因为还没有正式履职。

第二，保险资产管理公司和仅经营受托型业务的养老保险公司（经营范围只包含"受托管理委托人委托的以养老保障为目的的人民币、外币资金"的养老保险公司）没有偿付能力报告，适合企查查途径，保险资产管理公司也可查看其年度信息披露报告。

3. 适用对象

该指标适用于所有保险机构。

4. 整理时间与紧急程度

一般情况下，保险机构第四季度偿付能力报告将于评价年度次年 1 月 30 日之前披露，因此该指标整理时间为 1 月 30 日之后，可于 3－5 月整理完毕，紧急程度为一般。

（二）指标 2-2：是否单独或合并设立资产负债管理专门委员会

1. 整理方法

该指标记录评价年度年末保险机构是否设立了资产负债管理专门委员会，整理途径为"保险机构官网－公开信息披露－基本信息－公司治理概要－公司部门设置情况"和"保险机构官网－关于我们－组织架构"。若设立了该委员会，则记录为"是"，没有设立记录为"否"，没有披露记录为"未披露"。

2. 注意事项

第一，可能存在专门委员会合并设立情况，数据整理尺度与单独设立等效。

第二，若保险机构部门设置图和组织架构图或保险机构部门设置图和组织架构图中不显示董事会专门委员会情况，需通过"保险机构官网－公开信息披露－年度信息"途径查看年度信息披露报告或"保险机构官网－公开信息披露－专项信息"途径查看偿付能力报告，搜索"委员会"字样，若发现设立了该专门委员会，则记为"是"，否则记录为"未披露"。

第三，专门委员会特指董事会下设的专门委员会，不包括总裁室、监事会等部门下设的专业委员会。

3. 适用对象

该指标仅适用于保险公司，不适用于其他保险机构。

4. 整理时间与紧急程度

需要在评价年度年末即评价年度的 12 月 31 日整理，紧急程度为紧急。

（三）指标2-3：是否单独或合并设立战略专门委员会

1. 整理方法

该指标记录评价年度年末保险机构是否设立了战略专门委员会，整理途径为"保险机构官网—公开信息披露—基本信息—公司治理概要—公司部门设置情况"和"保险机构官网—关于我们—组织架构"。若设立了该委员会，则记录为"是"，没有设立记录为"否"，没有披露记录为"未披露"。

2. 注意事项

第一，可能存在专门委员会合并设立情况，数据整理尺度与单独设立等效。

第二，保险机构部门设置图或组织架构图中可能不显示董事会专门委员会情况，需通过"保险机构官网—公开信息披露—年度信息"途径查看年度信息披露报告或"保险机构官网—公开信息披露—专项信息"途径查看偿付能力报告，搜索"委员会"字样，若发现设立了该专门委员会，记录为"是"，否则记录为"未披露"。

第三，专门委员会特指董事会下设的专门委员会，不包括总裁室、监事会等部门下设的专业委员会。

3. 适用对象

该指标适用于所有保险机构。

4. 整理时间与紧急程度

需要在评价年度年末即评价年度的12月31日整理，紧急程度为紧急。

（四）指标2-4：是否单独或合并设立审计专门委员会

1. 整理方法

该指标记录评价年度年末保险机构是否设立了审计专门委员会，整理途径为"保险机构官网—公开信息披露—基本信息—公司治理概要—公司部门设置情况"和"保险机构官网—关于我们—组织架构"。若设立了该委员会，则记录为"是"，没有设立记录为"否"，没有披露记录为"未披露"。

2. 注意事项

第一，可能存在专门委员会合并设立情况，数据整理尺度与单独设立等效。

第二，保险机构部门设置图或组织架构图中可能不显示董事会专门委员会情况，需通过"保险机构官网—公开信息披露—年度信息"途径查看年度信息披露报告或"保险公司官网—公开信息披露—专项信息"途径查看偿付能力报告，搜索"委员会"字样，若发现设立了该专门委员会，记录为"是"，否则记录为"未披露"。

第三，专门委员会特指董事会下设的专门委员会，不包括总裁室、监事会等部门下设的专业委员会。

3. 适用对象

该指标适用于所有保险机构。

4. 整理时间与紧急程度

需要在评价年度年末即评价年度的12月31日整理，紧急程度为紧急。

（五）指标 2-5：是否单独或合并设立提名专门委员会

1. 整理方法

该指标记录评价年度年末保险机构是否设立了提名专门委员会，整理途径为"保险机构官网－公开信息披露－基本信息－公司治理概要－公司部门设置情况"和"保险机构官网－关于我们－组织架构"。若设立了该委员会，则记录为"是"，没有设立记录为"否"，没有披露记录为"未披露"。

2. 注意事项

第一，可能存在专门委员会合并设立情况，数据整理尺度与单独设立等效。

第二，保险机构部门设置图或组织架构图中可能不显示董事会专门委员会情况，需通过"保险机构官网－公开信息披露－年度信息"途径查看年度信息披露报告或"保险公司官网－公开信息披露－专项信息"途径查看偿付能力报告，搜索"委员会"字样，若发现设立了该专门委员会，记录为"是"，否则记录为"未披露"。

第三，专门委员会特指董事会下设的专门委员会，不包括总裁室、监事会等部门下设的专业委员会。

3. 适用对象

该指标适用于所有保险机构。

4. 整理时间与紧急程度

需要在评价年度年末即评价年度的 12 月 31 日整理，紧急程度为紧急。

（六）指标 2-6：是否单独或合并设立薪酬专门委员会

1. 整理方法

该指标记录评价年度年末保险机构是否设立了薪酬专门委员会，整理途径为"保险机构官网－公开信息披露－基本信息－公司治理概要－公司部门设置情况"和"保险机构官网－关于我们－组织架构"。若设立了该委员会，则记录为"是"，没有设立记录为"否"，没有披露记录为"未披露"。

2. 注意事项

第一，可能存在专门委员会合并设立情况，数据整理尺度与单独设立等效。

第二，保险机构部门设置图或组织架构图中可能不显示董事会专门委员会情况，需通过"保险机构官网－公开信息披露－年度信息"途径查看年度信息披露报告或"保险公司官网－公开信息披露－专项信息"途径查看偿付能力报告，搜索"委员会"字样，若发现设立了该专门委员会，记录为"是"，否则记录为"未披露"。

第三，专门委员会特指董事会下设的专门委员会，不包括总裁室、监事会等部门下设的专业委员会。

3. 适用对象

该指标适用于所有保险机构。

4. 整理时间与紧急程度

需要在评价年度年末即评价年度的 12 月 31 日整理，紧急程度为紧急。

（七）指标 2-7：是否单独或合并设立关联交易控制专门委员会

1. 整理方法

该指标记录评价年度年末保险机构是否设立了关联交易控制专门委员会，整理途径为"保险机构官网－公开信息披露－基本信息－公司治理概要－公司部门设置情况"和"保险机构官网－关于我们－组织架构"。若设立了该委员会，则记录为"是"，没有设立记录为"否"，没有披露记录为"未披露"。

2. 注意事项

第一，可能存在专门委员会合并设立情况，数据整理尺度与单独设立等效。

第二，保险机构部门设置图或组织架构图中可能不显示董事会专门委员会情况，需通过"保险机构官网－公开信息披露－年度信息"途径查看年度信息披露报告或"保险公司官网－公开信息披露－专项信息"途径查看偿付能力报告，搜索"委员会"字样，若发现设立了该专门委员会，记录为"是"，否则记录为"未披露"。

第三，专门委员会特指董事会下设的专门委员会，不包括总裁室、监事会等部门下设的专业委员会。

3. 适用对象

该指标适用于所有保险机构。

4. 整理时间与紧急程度

需要在评价年度年末即评价年度的 12 月 31 日整理，紧急程度为紧急。

（八）指标 2-8：是否单独或合并设立风险管理专门委员会

1. 整理方法

该指标记录评价年度年末保险机构是否设立了风险管理专门委员会，整理途径为"保险机构官网－公开信息披露－基本信息－公司治理概要－公司部门设置情况"和"保险机构官网－关于我们－组织架构"。若设立了该委员会，则记录为"是"，没有设立记录为"否"，没有披露记录为"未披露"。

2. 注意事项

第一，可能存在专门委员会合并设立情况，数据整理尺度与单独设立等效。

第二，保险机构部门设置图或组织架构图中可能不显示董事会专门委员会情况，需通过"保险机构官网－公开信息披露－年度信息"途径查看年度信息披露报告或"保险公司官网－公开信息披露－专项信息"途径查看偿付能力报告，搜索"委员会"字样，若发现设立了该专门委员会，记录为"是"，否则记录为"未披露"。

第三，专门委员会特指董事会下设的专门委员会，不包括总裁室、监事会等部门下设的专业委员会。

3. 适用对象

该指标适用于所有保险机构。

4. 整理时间与紧急程度

需要在评价年度年末即评价年度的 12 月 31 日整理，紧急程度为紧急。

（九）指标 2-9：是否单独或合并设立消费者权益保护专门委员会

1. 整理方法

该指标记录评价年度年末保险机构是否设立了消费者权益保护专门委员会，整理途径为"保险机构官网－公开信息披露－基本信息－公司治理概要－公司部门设置情况"和"保险机构官网－关于我们－组织架构"。若设立了该委员会，则记录为"是"，没有设立记录为"否"，没有披露记录为"未披露"。

2. 注意事项

第一，可能存在专门委员会合并设立情况，数据整理尺度与单独设立等效。

第二，保险机构部门设置图或组织架构图中可能不显示董事会专门委员会情况，需通过"保险机构官网－公开信息披露－年度信息"途径查看年度信息披露报告或"保险公司官网－公开信息披露－专项信息"途径查看偿付能力报告，搜索"委员会"字样，若发现设立了该专门委员会，记录为"是"，否则记录为"未披露"。

第三，专门委员会特指董事会下设的专门委员会，不包括总裁室、监事会等部门下设的专业委员会。

3. 适用对象

该指标适用于所有保险机构。

4. 整理时间与紧急程度

需要在评价年度年末即评价年度的 12 月 31 日整理，紧急程度为紧急。

（十）指标 2-10：是否单独或合并自主设立其他董事会专门委员会

1. 整理方法

该指标记录评价年度年末保险机构是否设立了除指标 2-3 至 2-9 所列示之外的其他专门委员会，整理途径为"保险机构官网－公开信息披露－基本信息－公司治理概要－公司部门设置情况"和"保险机构官网－关于我们－组织架构"。若设立了其他专门委员会，则记录为"是"，没有设立记录为"否"，没有披露记录为"未披露"。

2. 注意事项

第一，可能存在专门委员会合并设立情况，数据整理尺度与单独设立等效。

第二，保险机构部门设置图或组织架构图中可能不显示董事会专门委员会情况，需通过"保险机构官网－公开信息披露－年度信息"途径查看年度信息披露报告或"保险公司官网－公开信息披露－专项信息"途径查看偿付能力报告，搜索"委员会"字样，若发现设立了其他专门委员会，记录为"是"，否则记录为"未披露"。

第三，专门委员会特指董事会下设的专门委员会，不包括总裁室、监事会等部门下设的专业委员会。

第四，此处所谓其他董事会专门委员会是指除指标 2-3 至 2-9 所列示之外的专门委员会，可能包括经营管理委员会，环境、社会和治理（ESG）委员会等。

第五，需要特别说明的是，若除保险公司之外的其他保险机构设立了资产负债管理专门委员会，则属于自主设立情况。

3. 适用对象

该指标适用于所有保险机构。

4. 整理时间与紧急程度

需要在评价年度年末即评价年度的 12 月 31 日整理，紧急程度为紧急。

（十一）指标 2-11：董事学历状况

1. 整理方法

该指标记录评价年度年末保险机构董事各学历层次的人数，整理途径为"保险机构官网－公开信息披露－专项信息－偿付能力－偿付能力报告－基本信息－董事、监事和高级管理人员的基本情况"和"企查查－变更记录－查看距离统计年份年底最近的一次董事变更后的情况"，如实统计每一位董事的学历情况，记录大专及以下、本科、硕士、博士和未披露学历五种类型的具体人数。

2. 注意事项

第一，保险资产管理公司和仅经营受托型业务的养老保险公司（经营范围只包含"受托管理委托人委托的以养老保障为目的的人民币、外币资金"的养老保险公司）没有偿付能力报告，适合企查查途径，有时需要配合"保险机构官网－公开信息披露－基本信息－公司治理概要－公司董事简历"途径进行学历水平判断，保险资产管理公司也可以查看其年度信息披露报告。

第二，有的董事可能在简历中只说明是研究生学历，研究生包括硕士研究生和博士研究生，如果没有说明是哪一种，则按照硕士研究生来处理。如果没有披露具体学历，但说明是某一个大学毕业的，可以考虑按照本科来处理。如果是上过两个大学，可以考虑按照硕士来处理。

3. 适用对象

该指标适用于所有保险机构。

4. 整理时间与紧急程度

一般情况下，保险机构第四季度偿付能力报告将于评价年度次年 1 月 30 日之前披露，因此该指标整理时间为 1 月 30 日之后，可于 3—5 月整理完毕，紧急程度为一般。

（十二）指标 2-12：有无财务会计审计背景董事

1. 整理方法

该指标记录评价年度年末保险机构董事中有无财务、会计或审计背景的董事，整理途径为"保险机构官网－公开信息披露－专项信息－偿付能力－偿付能力报告－基本信息－董事、监事和高级管理人员的基本情况"和"企查查－变更记录－查看距离统计年份年底最近的一次董事变更后的情况"，如实记录财务、会计或审计背景的董事人数，没有披露董事的专业和职业背景情形记录为"未披露"。

2. 注意事项

第一，通过专业和工作经历综合判断某董事是否为财务、会计或审计背景，一般情况下专业是重要考虑因素，但若长期从事财务、会计或审计工作，则以工作经历为准，例如光学专业最终做财务总监，需要具体看工作年限，较长者以职业背景为准，记录为财务、会计或审计背景，较短者记录为其他背景。

第二，保险资产管理公司和仅经营受托型业务的养老保险公司（经营范围只包含"受托管理委托人委托的以养老保障为目的的人民币、外币资金"的养老保险公司）没有偿付能力报告，适合企查查途径，有时需要配合"保险机构官网－公开信息披露－基本信息－公司治理概要－公司董事简历"途径进行职业背景判断，保险资产管理公司也可以查看其年度信息披露报告进行数据整理。

第三，对于复合专业和职业背景的董事按照优先级来进行判断，保险或精算>①财务、会计或审计>金融>其他背景。

3. 适用对象

该指标适用于所有保险机构。

4. 整理时间与紧急程度

一般情况下，保险机构第四季度偿付能力报告将于评价年度次年 1 月 30 日之前披露，因此该指标整理时间为 1 月 30 日之后，可于 3－5 月整理完毕，紧急程度为一般。

（十三）指标 2-13：有无金融背景董事

1. 整理方法

该指标记录评价年度年末保险机构董事中有无金融背景的董事，整理途径为"保险机构官网－公开信息披露－专项信息－偿付能力－偿付能力报告－基本信息－董事、监事和高级管理人员的基本情况"和"企查查－变更记录－查看距离统计年份年底最近的一次董事变更后的情况"，如实记录金融背景的董事人数，没有披露董事的专业和职业背景情形记录为"未披露"。

2. 注意事项

第一，通过专业和工作经历综合判断某董事是否为金融背景，一般情况下专业是重要考虑因素，但若长期从事金融相关工作，则以工作经历为准，例如通信工程专业最终做投资总监或在基金、信托等公司工作，需要具体看工作年限，较长者以职业背景为准，记录为金融背景，较短者记录为其他背景。

第二，保险资产管理公司和仅经营受托型业务的养老保险公司（经营范围只包含"受托管理委托人委托的以养老保障为目的的人民币、外币资金"的养老保险公司）没有偿付能力报告，适合企查查途径，有时需要配合"保险机构官网－公开信息披露－基本信息－公司治理概要－公司董事简历"途径进行职业背景判断，保险资产管理公司也可以查看其年度信息披露报告进行数据整理。

第三，对于复合专业和职业背景的董事按照优先级来进行判断，保险或精算>财务、会计或审计>金融>其他背景。

3. 适用对象

该指标适用于所有保险机构。

4. 整理时间与紧急程度

一般情况下，保险机构第四季度偿付能力报告将于评价年度次年 1 月 30 日之前披露，因此该指标整理时间为 1 月 30 日之后，可于 3－5 月整理完毕，紧急程度为一般。

---

① "＞"表示复合专业和职业背景判断过程中，符号前面的优先于后面的，即将该符号前面的作为专业和职业背景的最终类型。

（十四）指标 2-14：有无保险精算背景董事

1. 整理方法

该指标记录评价年度年末保险机构董事中有无保险或精算背景的董事，整理途径为"保险机构官网－公开信息披露－专项信息－偿付能力－偿付能力报告－基本信息－董事、监事和高级管理人员的基本情况"和"企查查－变更记录－查看距离统计年份年底最近的一次董事变更后的情况"，如实记录保险或精算背景的董事人数，没有披露董事的专业和职业背景情形记录为"未披露"。

2. 注意事项

第一，通过专业和工作经历综合判断某董事是否为保险或精算背景，一般情况下专业是重要考虑因素，但若长期从事保险或精算工作，则以工作经历为准，例如光学专业最终做总精算师，需要具体看工作年限，较长者以职业背景为准，记录为保险或精算背景，较短者记录为其他背景。

第二，如果从专业上无法判断，但该人长期或者一直在保险公司从事与保险直接相关的工作，例如保险公司总经理、董事长、精算师、合规官、风险管理负责人等，则可计入保险或精算背景，如果只是在保险公司做通用性管理工作如人力资源总监、营销总监等，则不计入保险或精算背景。

第三，保险资产管理公司和仅经营受托型业务的养老保险公司（经营范围只包含"受托管理委托人委托的以养老保障为目的的人民币、外币资金"的养老保险公司）没有偿付能力报告，适合企查查途径，有时需要配合"保险机构官网－公开信息披露－基本信息－公司治理概要－公司董事简历"途径进行职业背景判断，保险资产管理公司也可以查看其年度信息披露报告进行数据整理。

第四，对于复合专业和职业背景的董事按照优先级来进行判断，保险或精算>财务、会计或审计>金融>其他背景。

3. 适用对象

该指标适用于所有保险机构。

4. 整理时间与紧急程度

一般情况下，保险机构第四季度偿付能力报告将于评价年度次年 1 月 30 日之前披露，因此该指标整理时间为 1 月 30 日之后，可于 3－5 月整理完毕，紧急程度为一般。

（十五）指标 2-15：董事专业和职业背景结构

1. 整理方法

该指标记录评价年度年末保险机构董事中有无除财务、会计或审计，金融，保险或精算外的其他背景的董事，整理途径为"保险机构官网－公开信息披露－专项信息－偿付能力－偿付能力报告－基本信息－董事、监事和高级管理人员的基本情况"和"企查查－变更记录－查看距离统计年份年底最近的一次董事变更后的情况"，如实记录其他背景的董事人数，没有披露董事的专业和职业背景情形记录为"未披露"。

2. 注意事项

第一，若某董事均不属于财务、会计或审计，金融，保险或精算背景，则记录为"其他背景"。

第二，其他经管专业，例如工商管理学等计入"其他背景"，不计入金融背景；金融学属于应用经济学专业，若简历显示为经济学专业，则需通过百度等搜索引擎简单了解此人背景，看是否修读金融学，无法确认的情形下，重点看其职业背景。

第三，保险资产管理公司和仅经营受托型业务的养老保险公司（经营范围只包含"受托管理委托人委托的以养老保障为目的的人民币、外币资金"的养老保险公司）没有偿付能力报告，适合企查查途径，有时需要配合"保险机构官网－公开信息披露－基本信息－公司治理概要－公司董事简历"途径进行职业背景判断，保险资产管理公司也可以查看其年度信息披露报告进行数据整理。

第四，对于复合专业和职业背景的董事按照优先级来进行判断，保险或精算>财务、会计或审计>金融>其他背景。

第五，经过指标 2-12 至 2-15 董事专业和职业背景人数统计后，董事专业和职业背景结构可以按照财务、会计或审计背景董事，金融背景董事，保险或精算背景董事以及其他背景董事的种类，确定为 1—4 种，此工作在具体打分过程中完成，此处只整理其他背景董事人数即可。

3. 适用对象

该指标适用于所有保险机构。

4. 整理时间与紧急程度

一般情况下，保险机构第四季度偿付能力报告将于评价年度次年 1 月 30 日之前披露，因此该指标整理时间为 1 月 30 日之后，可于 3—5 月整理完毕，紧急程度为一般。

（十六）指标 2-16：董事长是否存在非正常变更情况

1. 整理方法

该指标记录评价年度保险机构的董事长是否发生了非正常变更情况，整理途径为"国家金融监督管理总局官网－政务信息－行政许可"和"保险机构官网－公开信息披露－重大事项"，记录为"未变更""正常变更""非正常变更""空缺""未披露"五种情形，同时记录董事长变更原因以及空缺情形下有无临时负责人。

2. 注意事项

第一，董事长正常变更原因包括但不仅限于工作调动、换届、接管变更、控制权变更、去世、退休等。董事长非正常变更原因包括但不仅限于辞职（保监会"禁入保险业10 年"处罚、个人原因、工作安排、违规经营等）、接管、亏损、免职、频繁变更、涉案、胜任力不足等。

第二，该指标统计的是在评价年度内董事长是否发生了离职现象，而不是继任者上任，两个事件可能不在同一年，也就是说要以评价年度当年董事长发生离职现象为标志，假如年初董事长一职空缺，年末有人接任董事长，之后再无离职现象，那么当年应记录为"未变更"。

第三，董事长在评价年度当年内没有发生变更即为"未变更"，没有披露的即为"未披露"，但需确保在通过企查查、百度等途径均无法得出结论的情况下才可记录为"未披露"，即必须通过多途径进行信息确认。

第四，若披露报告显示"不再担任"等字眼，应搜索具体原因并如实填写，搜索不到则填"原因不明"且列入"正常变更"范围。

第五，若披露报告显示"另有任用"等字眼，应搜索具体去向并如实填写，如控制权变更、升职等原因。

第六，官网披露报告与天眼查等网站结果冲突时，应参考官网结果，搜索后续进行辅助判断。

第七，国外高管离职信息检索不到的，可记录为"未披露"。

第八，若官网未披露变更信息，应先查看官网历史披露报告中原董事长的任职情况，可采取检索天眼查"变更记录""历史高管镜像"等时间节点、查询银保监会官网任职信息以及在百度圈定时间范围搜索等方法。

3. 适用对象

该指标适用于所有保险机构。

4. 整理时间与紧急程度

此指标整理时间为评价年度次年年初，可于3—5月完成整理，紧急程度为一般。

（十七）指标2-17：独立董事比例情况

1. 整理方法

此指标记录评价年度年末保险机构的独立董事人数，整理途径为"保险机构官网—公开信息披露—专项信息—偿付能力—偿付能力报告—基本信息—董事、监事和高级管理人员的基本情况"和"企查查—变更记录—查看距离统计年份年底最近的一次董事变更后的情况"，如实记录独立董事人数，若未设立独立董事则记录为"0"，若未披露独立董事信息则记录为"未披露"。

2. 注意事项

第一，统计独立董事人数时，不包括拟任的独立董事，因为还没有正式履职。

第二，保险资产管理公司和仅经营受托型业务的养老保险公司（经营范围只包含"受托管理委托人委托的以养老保障为目的的人民币、外币资金"的养老保险公司）没有偿付能力报告，适合企查查途径，保险资产管理公司也可以通过年度信息披露报告整理数据。

第三，若遇到无官网或官网打不开的情形，可通过"中国保险行业官网—信息披露专栏—偿付能力信息披露"检索对应保险公司偿付能力报告。若有官网但官网打不开，可尝试更换浏览器或多次刷新。

第四，需结合偿付能力报告、企查查、官网公开信息披露基本信息中公司治理概要三种途径对独立董事人数进行检索，有时偿付能力报告中未明确说明独立董事身份，可结合基本信息中董监高信息进行判断，需要注意的是，基本信息的披露时点不一定满足检索要求，因此基本信息中独立董事成员仅供参考。通过三种途径的检索，一般都能获取到独立董事的信息，极少出现未披露的情况。

3. 适用对象

该指标适用于所有保险机构。

4. 整理时间与紧急程度

一般情况下，保险机构第四季度偿付能力报告将于评价年度次年1月30日之前披露，因此该指标整理时间为1月30日之后，可于3—5月整理完毕，紧急程度为一般。

（十八）指标2-18：独立董事学历情况

1. 整理方法

该指标记录评价年度年末保险机构独立董事各学历层次的人数，整理途径为"保险机构官网－公开信息披露－专项信息－偿付能力－偿付能力报告－基本信息－董事、监事和高级管理人员的基本情况"和"企查查－变更记录－查看距离统计年份年底最近的一次董事变更后的情况"，如实统计每一位独立董事的学历情况，记录大专及以下、本科、硕士、博士和未披露学历五种类型的具体人数。

2. 注意事项

第一，保险资产管理公司和仅经营受托型业务的养老保险公司（经营范围只包含"受托管理委托人委托的以养老保障为目的的人民币、外币资金"的养老保险公司）没有偿付能力报告，适合企查查途径，有时需要配合"保险机构官网－公开信息披露－基本信息－公司治理概要－公司董事简历"途径进行学历水平判断，保险资产管理公司也可以查看其年度信息披露报告。

第二，有的独立董事可能在简历中只说明是研究生学历，研究生包括硕士研究生和博士研究生，如果没有说明是哪一种，则按照硕士研究生来处理。如果没有披露具体学历，但说明是某一个大学毕业的，可以考虑按照本科来处理。如果是上过两个大学，可以考虑按照硕士来处理。此外，还可通过百度等其他途径对独立董事个人信息进行检索。

3. 适用对象

该指标适用于所有保险机构。

4. 整理时间与紧急程度

一般情况下，保险机构第四季度偿付能力报告将于评价年度次年1月30日之前披露，因此该指标整理时间为1月30日之后，可于3—5月整理完毕，紧急程度为一般。

（十九）指标2-19：有无财务会计审计背景独立董事

1. 整理方法

该指标记录评价年度年末保险机构独立董事中有无财务、会计或审计背景的独立董事，整理途径为"保险机构官网－公开信息披露－专项信息－偿付能力－偿付能力报告－基本信息－董事、监事和高级管理人员的基本情况"和"企查查－变更记录－查看距离统计年份年底最近的一次董事变更后的情况"，如实记录财务、会计或审计背景的独立董事人数，没有披露独立董事的专业和职业背景情形记录为"未披露"。

2. 注意事项

第一，通过专业和工作经历综合判断某独立董事是否为财务、会计或审计背景，一般情况下专业是重要考虑因素，但若长期从事财务、会计或审计工作，则以工作经历为准，例如光学专业最终做财务总监，需要具体看工作年限，较长者以职业背景为准，记录为财务、会计或审计背景，较短者记录为其他背景。

第二，资产管理公司和仅经营受托型业务的养老保险公司（经营范围只包含"受托管理委托人委托的以养老保障为目的的人民币、外币资金"的养老保险公司）没有偿付能力报告，适合企查查途径，有时需要配合"保险机构官网－公开信息披露－基本信息

－公司治理概要－公司董事简历"途径进行职业背景判断，保险资产管理公司也可以查看其年度信息披露报告进行数据整理。

第三，对于复合专业和职业背景的董事按照优先级来进行判断，法律>保险或精算>财务、会计或审计>金融>其他背景。

3. 适用对象

该指标适用于所有保险机构。

4. 整理时间与紧急程度

一般情况下，保险机构第四季度偿付能力报告将于评价年度次年 1 月 30 日之前披露，因此该指标整理时间为 1 月 30 日之后，可于 3－5 月整理完毕，紧急程度为一般。

（二十）指标 2-20：有无金融背景独立董事

1. 整理方法

该指标记录评价年度年末保险机构独立董事中有无金融背景的独立董事，整理途径为"保险机构官网－公开信息披露－专项信息－偿付能力－偿付能力报告－基本信息－董事、监事和高级管理人员的基本情况"和"企查查－变更记录－查看距离统计年份年底最近的一次董事变更后的情况"，如实记录金融背景的独立董事人数，没有披露独立董事的专业和职业背景情形记录为"未披露"。

2. 注意事项

第一，通过专业和工作经历综合判断某独立董事是否为金融背景，一般情况下专业是重要考虑因素，但若长期从事金融相关工作，则以工作经历为准，例如通信工程专业最终做投资总监或在基金、信托等公司工作，需要具体看工作年限，较长者以职业背景为准，记录为金融背景，较短者记录为其他背景。

第二，保险资产管理公司和仅经营受托型业务的养老保险公司（经营范围只包含"受托管理委托人委托的以养老保障为目的的人民币、外币资金"的养老保险公司）没有偿付能力报告，适合企查查途径，有时需要配合"保险机构官网－公开信息披露－基本信息－公司治理概要－公司董事简历"途径进行职业背景判断，保险资产管理公司也可以查看其年度信息披露报告进行数据整理。

第三，对于复合专业和职业背景的董事按照优先级来进行判断，法律>保险或精算>财务、会计或审计>金融>其他背景。

3. 适用对象

该指标适用于所有保险机构。

4. 整理时间与紧急程度

一般情况下，保险机构第四季度偿付能力报告将于评价年度次年 1 月 30 日之前披露，因此该指标整理时间为 1 月 30 日之后，可于 3－5 月整理完毕，紧急程度为一般。

（二十一）指标 2-21：有无保险精算背景独立董事

1. 整理方法

该指标记录评价年度年末保险机构独立董事中有无保险或精算背景的独立董事，整理途径为"保险机构官网－公开信息披露－专项信息－偿付能力－偿付能力报告－基本信息－董事、监事和高级管理人员的基本情况"和"企查查－变更记录－查看距离统计年份年底最近的一次董事变更后的情况"，如实记录保险或精算背景的独立董事人数，没有披露独立董事的专业和职业背景情形记录为"未披露"。

2. 注意事项

第一，通过专业和工作经历综合判断某独立董事是否为保险或精算背景，一般情况下专业是重要考虑因素，但若长期从事保险或精算工作，则以工作经历为准，例如光学专业最终做总精算师，需要具体看工作年限，较长者以职业背景为准，记录为保险或精算背景，较短者记录为其他背景。

第二，如果从专业上无法判断，但该人长期或者一直在保险公司从事与保险直接相关的工作，例如保险公司总经理、董事长、精算师、合规官、风险管理负责人等，则可计入保险或精算背景，如果只是在保险公司做通用性管理工作如人力资源总监、营销总监等，则不计入保险或精算背景。

第三，保险资产管理公司和仅经营受托型业务的养老保险公司（经营范围只包含"受托管理委托人委托的以养老保障为目的的人民币、外币资金"的养老保险公司）没有偿付能力报告，适合企查查途径，有时需要配合"保险机构官网－公开信息披露－基本信息－公司治理概要－公司董事简历"途径进行职业背景判断，保险资产管理公司也可以查看其年度信息披露报告进行数据整理。

第四，对于复合专业和职业背景的董事按照优先级来进行判断，法律>保险或精算>财务、会计或审计>金融>其他背景。

3. 适用对象

该指标适用于所有保险机构。

4. 整理时间与紧急程度

一般情况下，保险机构第四季度偿付能力报告将于评价年度次年 1 月 30 日之前披露，因此该指标整理时间为 1 月 30 日之后，可于 3－5 月整理完毕，紧急程度为一般。

（二十二）指标 2-22：有无法律背景独立董事

1. 整理方法

该指标记录评价年度年末保险机构独立董事中有无法律背景的独立董事，整理途径为"保险机构官网－公开信息披露－专项信息－偿付能力－偿付能力报告－基本信息－董事、监事和高级管理人员的基本情况"和"企查查－变更记录－查看距离统计年份年底最近的一次董事变更后的情况"，如实记录法律背景的独立董事人数，没有披露独立董事的专业和职业背景情形记录为"未披露"。

2. 注意事项

第一，通过专业和工作经历综合判断某董事是否为法律背景，一般情况下专业是重要考虑因素，但若长期从事法律相关工作，则以工作经历为准，例如经济学专业最终做律师工作，需要具体看工作年限，较长者以职业背景为准，记录为法律背景，较短者记录为其他背景。

第二，资产管理公司和仅经营受托型业务的养老保险公司（经营范围只包含"受托管理委托人委托的以养老保障为目的的人民币、外币资金"的养老保险公司）没有偿付能力报告，适合企查查途径，有时需要配合"保险机构官网－公开信息披露－基本信息－

公司治理概要—公司董事简历"途径进行职业背景判断，保险资产管理公司也可以查看其年度信息披露报告进行数据整理。

第三，对于复合专业和职业背景的董事按照优先级来进行判断，法律>保险或精算>财务、会计或审计>金融>其他背景。

3. 适用对象

该指标适用于所有保险机构。

4. 整理时间与紧急程度

一般情况下，保险机构第四季度偿付能力报告将于评价年度次年 1 月 30 日之前披露，因此该指标整理时间为 1 月 30 日之后，可于 3—5 月整理完毕，紧急程度为一般。

（二十三）指标 2-23：独立董事专业和职业背景结构

1. 整理方法

该指标记录评价年度年末保险机构独立董事中有无除财务、会计或审计，金融，保险或精算，法律外的其他背景的独立董事，整理途径为"保险机构官网—公开信息披露—专项信息—偿付能力—偿付能力报告—基本信息—董事、监事和高级管理人员的基本情况"和"企查查—变更记录—查看距离统计年份年底最近的一次董事变更后的情况"，如实记录其他背景的独立董事人数，没有披露独立董事的专业和职业背景情形记录为"未披露"。

2. 注意事项

第一，若某独立董事均不属于财务、会计或审计，金融，保险或精算，法律背景，则记录为"其他背景"。

第二，其他经管专业，例如工商管理学等计入其他背景，不计入金融背景；金融学属于应用经济学专业，若简历显示为经济学专业，则需通过百度等搜索引擎简单了解此人背景，看是否修读金融学，无法确认的情形下，重点看其职业背景。

第三，保险资产管理公司和仅经营受托型业务的养老保险公司（经营范围只包含"受托管理委托人委托的以养老保障为目的的人民币、外币资金"的养老保险公司）没有偿付能力报告，适合企查查途径，有时需要配合"保险机构官网—公开信息披露—基本信息—公司治理概要—公司董事简历"途径进行职业背景判断，保险资产管理公司也可以查看其年度信息披露报告进行数据整理。

第四，对于复合专业和职业背景的董事按照优先级来进行判断，法律>保险或精算>财务、会计或审计>金融>其他背景。

第五，经过指标 2-19 至 2-22 独立董事专业和职业背景人数统计后，独立董事专业和职业背景结构可以按照机构财务、会计或审计背景独立董事，金融背景独立董事，保险或精算背景独立董事，法律背景独立董事以及其他背景独立董事的种类，确定为 1—5 种，此工作在具体打分过程中完成，此处只整理其他背景独立董事人数即可。

3. 适用对象

该指标适用于所有保险机构。

4. 整理时间与紧急程度

一般情况下，保险机构第四季度偿付能力报告将于评价年度次年 1 月 30 日之前披露，因此该指标整理时间为 1 月 30 日之后，可于 3－5 月整理完毕，紧急程度为一般。

（二十四）指标 2-24：独立董事任职结构是否多元化

1. 整理方法

该指标记录评价年度年末保险机构独立董事在高校任职的人数，整理途径为"保险机构官网－公开信息披露－专项信息－偿付能力－偿付能力报告－基本信息－董事、监事和高级管理人员的基本情况"和"企查查－变更记录－查看距离统计年份年底最近的一次董事变更后的情况"。

2. 注意事项

第一，没有高校任职独立董事则记录为"0"，所有渠道都找不到独立董事相关信息的情况视为未披露相关信息，则记录为"未披露"。

第二，后续判断独立董事任职结构是否多元化时，若既有高校任职独立董事又有实务背景独立董事则为多元化，否则为不多元化。

第三，保险资产管理公司和仅经营受托型业务的养老保险公司（经营范围只包含"受托管理委托人委托的以养老保障为目的的人民币、外币资金"的养老保险公司）没有偿付能力报告，适合企查查途径，保险资产管理公司也可以查看其年度信息披露报告进行数据整理。

3. 适用对象

该指标适用于所有保险机构。

4. 整理时间与紧急程度

一般情况下，保险机构第四季度偿付能力报告将于评价年度次年 1 月 30 日之前披露，因此该指标整理时间为 1 月 30 日之后，可于 3－5 月整理完毕，紧急程度为一般。

三、监事与监事会指标数据整理过程

（一）指标 3-1：监事会规模或监事人数

1. 整理方法

该指标记录评价年度年末保险机构是否设立监事会以及监事总人数，整理途径为"保险机构官网－公开信息披露－专项信息－偿付能力－偿付能力报告－基本信息－董事、监事和高级管理人员的基本情况"和"企查查－变更记录－查看距离统计年份年底最近的一次监事变更后的情况"，是否设立监事会分为设立、未设立和未披露三种情形，监事总人数按照披露数据如实记录。

2. 注意事项

第一，统计监事总人数时，不包括拟任的，因为还没有正式履职。

第二，未设立监事会不代表没有监事，需特别注意，一般情况下，未设立监事会的保险机构会设 1－2 名监事。

第三，保险资产管理公司和仅经营受托型业务的养老保险公司（经营范围只包含"受托管理委托人委托的以养老保障为目的的人民币、外币资金"的养老保险公司）没有偿付能力报告，适合企查查途径，有时需要配合"保险机构官网－公开信息披露－基本信息－公司治理概要－公司监事简历"途径进行情况判断，保险资产管理公司也可以查看

其年度信息披露报告进行数据整理。

3. 适用对象

该指标适用于所有保险机构。

4. 整理时间与紧急程度

一般情况下，保险机构第四季度偿付能力报告将于评价年度次年 1 月 30 日之前披露，因此该指标整理时间为 1 月 30 日之后，可于 3－5 月整理完毕，紧急程度为一般。

（二）指标 3-2：职工监事比例情况

1. 整理方法

此指标记录评价年度年末保险机构的职工监事人数，整理途径为"保险机构官网－公开信息披露－专项信息－偿付能力－偿付能力报告－基本信息－董事、监事和高级管理人员的基本情况"和"企查查－变更记录－查看距离统计年份年底最近的一次监事变更后的情况"，如实记录职工监事人数，若未设立职工监事则记录为"0"，若未披露职工监事信息则记录为"未披露"。

2. 注意事项

第一，统计职工监事人数时，不包括拟任的职工监事，因为还没有正式履职。

第二，保险资产管理公司和仅经营受托型业务的养老保险公司（经营范围只包含"受托管理委托人委托的以养老保障为目的的人民币、外币资金"的养老保险公司）没有偿付能力报告，适合企查查途径，有时需要配合"保险机构官网－公开信息披露－基本信息－公司治理概要－公司监事简历"途径进行情况判断，保险资产管理公司也可以通过年度信息披露报告整理数据。

第三，若遇到无官网或官网打不开的情形，可通过"中国保险行业官网－信息披露专栏－偿付能力信息披露"检索对应保险公司偿付能力报告。若有官网但官网打不开，可尝试更换浏览器或多次刷新。

3. 适用对象

该指标适用于所有保险机构。

4. 整理时间与紧急程度

一般情况下，保险机构第四季度偿付能力报告将于评价年度次年 1 月 30 日之前披露，因此该指标整理时间为 1 月 30 日之后，可于 3－5 月整理完毕，紧急程度为一般。

（三）指标 3-3：外部监事比例情况

1. 整理方法

此指标记录评价年度年末保险机构的外部监事人数，整理途径为"保险机构官网－公开信息披露－专项信息－偿付能力－偿付能力报告－基本信息－董事、监事和高级管理人员的基本情况"和"企查查－变更记录－查看距离统计年份年底最近的一次监事变更后的情况"，如实记录外部监事人数，若未设立外部监事则记录为"0"，若未披露外部监事信息则记录为"未披露"。

2. 注意事项

第一，统计外部监事人数时，不包括拟任的，因为还没有正式履职。

第二，部分机构设立了独立监事，应视同外部监事进行记录。

第三，保险资产管理公司和仅经营受托型业务的养老保险公司（经营范围只包含"受托管理委托人委托的以养老保障为目的的人民币、外币资金"的养老保险公司）没有偿付能力报告，适合企查查途径，有时需要配合"保险机构官网－公开信息披露－基本信息－公司治理概要－公司监事简历"途径进行情况判断，保险资产管理公司也可以通过年度信息披露报告整理数据。

第四，若遇到无官网或官网打不开的情形，可通过"中国保险行业官网－信息披露专栏－偿付能力信息披露"检索对应保险公司偿付能力报告。若有官网但官网打不开，可尝试更换浏览器或多次刷新。

3. 适用对象

该指标适用于所有保险机构。

4. 整理时间与紧急程度

一般情况下，保险机构第四季度偿付能力报告将于评价年度次年 1 月 30 日之前披露，因此该指标整理时间为 1 月 30 日之后，可于 3－5 月整理完毕，紧急程度为一般。

（四）指标 3-4：监事学历情况

1. 整理方法

该指标记录评价年度年末保险机构监事各学历层次的人数，整理途径为"保险机构官网－公开信息披露－专项信息－偿付能力－偿付能力报告－基本信息－董事、监事和高级管理人员的基本情况"和"企查查－变更记录－查看距离统计年份年底最近的一次监事变更后的情况"，如实统计每一位监事的学历情况，记录大专及以下、本科、硕士、博士和未披露学历五种类型的具体人数。

2. 注意事项

第一，保险资产管理公司和仅经营受托型业务的养老保险公司（经营范围只包含"受托管理委托人委托的以养老保障为目的的人民币、外币资金"的养老保险公司）没有偿付能力报告，适合企查查途径，有时需要配合"保险机构官网－公开信息披露－基本信息－公司治理概要－公司监事简历"途径进行学历水平判断，保险资产管理公司也可以查看其年度信息披露报告。

第二，有的监事可能在简历中只说明是研究生学历，研究生包括硕士研究生和博士研究生，如果没有说明是哪一种，则按照硕士研究生来处理。如果没有披露具体学历，但说明是某一个大学毕业的，可以考虑按照本科来处理。如果是上过两个大学，可以考虑按照硕士来处理。

3. 适用对象

该指标适用于所有保险机构。

4. 整理时间与紧急程度

一般情况下，保险机构第四季度偿付能力报告将于评价年度次年 1 月 30 日之前披露，因此该指标整理时间为 1 月 30 日之后，可于 3－5 月整理完毕，紧急程度为一般。

（五）指标 3-5：有无财务会计审计背景监事

1. 整理方法

该指标记录评价年度年末保险机构监事中有无财务、会计或审计背景的监事，整理途径为"保险机构官网－公开信息披露－专项信息－偿付能力－偿付能力报告－基本信息－董事、监事和高级管理人员的基本情况"和"企查查－变更记录－查看距离统计年份年底最近的一次监事变更后的情况"，如实记录财务、会计或审计背景的监事人数，没有披露监事的专业和职业背景情形记录为"未披露"。

2. 注意事项

第一，通过专业和工作经历综合判断某监事是否为财务、会计或审计背景，一般情况下专业是重要考虑因素，但若长期从事财务、会计或审计工作，则以工作经历为准，例如光学专业最终做财务总监，需要具体看工作年限，较长者以职业背景为准，记录为财务、会计或审计背景，较短者记录为其他背景。

第二，保险资产管理公司和仅经营受托型业务的养老保险公司（经营范围只包含"受托管理委托人委托的以养老保障为目的的人民币、外币资金"的养老保险公司）没有偿付能力报告，适合企查查途径，有时需要配合"保险机构官网－公开信息披露－基本信息－公司治理概要－公司监事简历"途径进行职业背景判断，保险资产管理公司也可以查看其年度信息披露报告进行数据整理。

第三，对于复合专业和职业背景的监事按照优先级来进行判断，保险或精算>财务、会计或审计>金融>其他背景。

3. 适用对象

该指标适用于所有保险机构。

4. 整理时间与紧急程度

一般情况下，保险机构第四季度偿付能力报告将于评价年度次年 1 月 30 日之前披露，因此该指标整理时间为 1 月 30 日之后，可于 3－5 月整理完毕，紧急程度为一般。

（六）指标 3-6：有无金融背景监事

1. 整理方法

该指标记录评价年度年末保险机构监事中有无金融背景的监事，整理途径为"保险机构官网－公开信息披露－专项信息－偿付能力－偿付能力报告－基本信息－董事、监事和高级管理人员的基本情况"和"企查查－变更记录－查看距离统计年份年底最近的一次监事变更后的情况"，如实记录金融背景的监事人数，没有披露监事的专业和职业背景情形记录为"未披露"。

2. 注意事项

第一，通过专业和工作经历综合判断某监事是否为金融背景，一般情况下专业是重要考虑因素，但若长期从事金融相关工作，则以工作经历为准，例如通信工程专业最终做投资总监或在基金、信托等公司工作，需要具体看工作年限，较长者以职业背景为准，记录为金融背景，较短者记录为其他背景。

第二，保险资产管理公司和仅经营受托型业务的养老保险公司（经营范围只包含"受托管理委托人委托的以养老保障为目的的人民币、外币资金"的养老保险公司）没有偿付能力报告，适合企查查途径，有时需要配合"保险机构官网－公开信息披露－基本信息－公司治理概要－公司监事简历"途径进行职业背景判断，保险资产管理公司也可以查看其年度信息披露报告进行数据整理。

第三，对于复合专业和职业背景的监事按照优先级来进行判断，保险或精算>财务、会计或审计>金融>其他背景。

3. 适用对象

该指标适用于所有保险机构。

4. 整理时间与紧急程度

一般情况下，保险机构第四季度偿付能力报告将于评价年度次年 1 月 30 日之前披露，因此该指标整理时间为 1 月 30 日之后，可于 3－5 月整理完毕，紧急程度为一般。

（七）指标 3-7：有无保险精算背景监事

1. 整理方法

该指标记录评价年度年末保险机构监事中有无保险或精算背景的监事，整理途径为"保险机构官网－公开信息披露－专项信息－偿付能力－偿付能力报告－基本信息－董事、监事和高级管理人员的基本情况"和"企查查－变更记录－查看距离统计年份年底最近的一次监事变更后的情况"，如实记录保险或精算背景的监事人数，没有披露监事的专业和职业背景情形记录为"未披露"。

2. 注意事项

第一，通过专业和工作经历综合判断某监事是否为保险或精算背景，一般情况下专业是重要考虑因素，但若长期从事保险或精算工作，则以工作经历为准，例如光学专业最终做总精算师，需要具体看工作年限，较长者以职业背景为准，记录为保险或精算背景，较短者记录为其他背景。

第二，如果从专业上无法判断，但该人长期或者一直在保险公司从事与保险直接相关的工作，例如保险公司总经理、董事长、精算师、合规官、风险管理负责人等，则可计入保险或精算背景，如果只是在保险公司做通用性管理工作如人力资源总监、营销总监等，则不计入保险或精算背景。

第三，保险资产管理公司和仅经营受托型业务的养老保险公司（经营范围只包含"受托管理委托人委托的以养老保障为目的的人民币、外币资金"的养老保险公司）没有偿付能力报告，适合企查查途径，有时需要配合"保险机构官网－公开信息披露－基本信息－公司治理概要－公司监事简历"途径进行职业背景判断，保险资产管理公司也可以查看其年度信息披露报告进行数据整理。

第四，对于复合专业和职业背景的监事按照优先级来进行判断，保险或精算>财务、会计或审计>金融>其他背景。

3. 适用对象

该指标适用于所有保险机构。

4. 整理时间与紧急程度

一般情况下，保险机构第四季度偿付能力报告将于评价年度次年 1 月 30 日之前披露，因此该指标整理时间为 1 月 30 日之后，可于 3－5 月整理完毕，紧急程度为一般。

（八）指标 3-8：监事专业和职业背景结构

1. 整理方法

该指标记录评价年度年末保险机构监事中有无除财务、会计或审计，金融，保险或精算外的其他背景的监事，整理途径为"保险机构官网－公开信息披露－专项信息－偿付能力－偿付能力报告－基本信息－董事、监事和高级管理人员的基本情况"和"企查查－变更记录－查看距离统计年份年底最近的一次监事变更后的情况"，如实记录其他背景的监事人数，没有披露监事的专业和职业背景情形记录为"未披露"。

2. 注意事项

第一，若某监事不属于财务、会计或审计，金融，保险或精算背景，则记录为"其他背景"。

第二，其他经管专业，例如工商管理学等计入其他背景，不计入金融背景；金融学属于应用经济学专业，若简历显示为经济学专业，则需通过百度等搜索引擎简单了解此人背景，看是否修读金融学，无法确认的情形下，重点看其职业背景。

第三，保险资产管理公司和仅经营受托型业务的养老保险公司（经营范围只包含"受托管理委托人委托的以养老保障为目的的人民币、外币资金"的养老保险公司）没有偿付能力报告，适合企查查途径，有时需要配合"保险机构官网－公开信息披露－基本信息－公司治理概要－公司监事简历"途径进行职业背景判断，保险资产管理公司也可以查看其年度信息披露报告进行数据整理。

第四，对于复合专业和职业背景的监事按照优先级来进行判断，保险或精算>财务、会计或审计>金融>其他背景。

第五，经过指标 3-6 至 3-8 监事专业和职业背景人数统计后，监事专业和职业背景结构可以按照机构财务、会计或审计背景监事，金融背景监事，保险或精算背景监事以及其他背景监事的种类，确定为 1－4 种，这项工作在具体打分过程中完成，此处只整理其他背景监事人数即可。

3. 适用对象

该指标适用于所有保险机构。

4. 整理时间与紧急程度

一般情况下，保险机构第四季度偿付能力报告将于评价年度次年 1 月 30 日之前披露，因此该指标整理时间为 1 月 30 日之后，可于 3－5 月整理完毕，紧急程度为一般。

四、高级管理人员指标数据整理过程

（一）指标 4－1：高管规模

1. 整理方法

此指标记录评价年度年末保险机构高级管理人员总人数，整理途径为"保险机构官网－公开信息披露－专项信息－偿付能力－偿付能力报告－基本信息－董事、监事和高级管理人员的基本情况"和"企查查－变更记录－查看距离统计年份年底最近的一次高管变更后的情况"，统计高级管理人员人数，如实记录，若存在没有披露高管信息的情况记录为"未披露"。

2. 注意事项

保险资产管理公司和仅经营受托型业务的养老保险公司（经营范围只包含"受托管理委托人委托的以养老保障为目的的人民币、外币资金"的养老保险公司）没有偿付能力报告，适合企查查途径，有时需要配合"保险机构官网—公开信息披露—基本信息—公司治理概要—高级管理人员简历"途径进行高管人数确认，保险资产管理公司也可以查看其年度信息披露报告进行数据整理。

3. 适用对象

此指标适用于所有保险机构。

4. 整理时间与紧急程度

一般情况下，保险机构第四季度偿付能力报告将于评价年度次年 1 月 30 日之前披露，因此该指标整理时间为 1 月 30 日之后，可于 3—5 月整理完毕，紧急程度为一般。

（二）指标 4-2：董事长和总经理两职是否分设

1. 整理方法

该指标记录评价年度年末保险机构的董事长和总经理两职是否由不同的人担任，整理途径为"保险机构官网—公开信息披露—专项信息—偿付能力—偿付能力报告—基本信息—董事、监事和高级管理人员的基本情况"和"企查查—变更记录—查看距离统计年份年底最近的一次高管变更后的情况"，由不同的人担任则为分设，记录为"是"，由同一人担任，记录为"否"，若未披露董事和高管信息，则记录为"未披露"。

2. 注意事项

第一，总裁、首席执行官等职务视同总经理，如果董事长兼任首席执行官，则属于两职合一，没有分设，记录为"否"。

第二，如果高管的相关信息不全，可以考虑到董事会成员简介中查找，因为有的公司对于高管兼任董事的，会将其详细信息放在董事会成员部分。

3. 适用对象

该指标适用于所有保险机构。

4. 整理时间与紧急程度

一般情况下，保险机构第四季度偿付能力报告将于评价年度次年 1 月 30 日之前披露，因此该指标整理时间为 1 月 30 日之后，可于 3—5 月整理完毕，紧急程度为一般。

（三）指标 4-3：是否设立总精算师

1. 整理方法

该指标记录评价年度年末保险机构高管人员中是否设立了总精算师，整理途径为"保险机构官网—公开信息披露—专项信息—偿付能力—偿付能力报告—基本信息—董事、监事和高级管理人员的基本情况"和"保险机构官网—公开信息披露—基本信息—公司治理概要—高级管理人员简历"，设立了总精算师记录为"是"，未设立记录为"否"，若未披露高管信息，则记录为"未披露"。

2. 注意事项

并非每一家保险机构都称总精算师，重点看精算师字样，例如首席精算师、精算部总经理也属于设立了总精算师，记录为"是"。

3. 适用对象

该指标不适用于保险资产管理公司，适用于其他保险机构。

4. 整理时间与紧急程度

一般情况下，保险机构第四季度偿付能力报告将于评价年度次年 1 月 30 日之前披露，因此偿付能力报告途径下该指标整理时间为 1 月 30 日之后，可于 3—5 月整理完毕。若通过官网公司治理概要途径整理，则需要在年初完成，最好为 1 月 1 日。此指标紧急程度为一般。

（四）指标 4-4：是否设立合规负责人

1. 整理方法

该指标记录评价年度年末保险机构高管人员中是否设立了合规负责人，整理途径为"保险机构官网—公开信息披露—专项信息—偿付能力—偿付能力报告—基本信息—董事、监事和高级管理人员的基本情况"和"保险机构官网—公开信息披露—基本信息—公司治理概要—高级管理人员简历"，设立了合规负责人记录为"是"，未设立记录为"否"，若未披露高管信息，则记录为"未披露"。

2. 注意事项

并非每一家保险机构都称合规负责人，重点看合规字样，例如合规部总经理也属于设立了合规负责人，记录为"是"。

3. 适用对象

该指标适用于所有保险机构。

4. 整理时间与紧急程度

一般情况下，保险机构第四季度偿付能力报告将于评价年度次年 1 月 30 日之前披露，因此偿付能力报告途径下该指标整理时间为 1 月 30 日之后，可于 3—5 月整理完毕。若通过官网公司治理概要途径整理，则需要在年初完成，最好为 1 月 1 日。此指标紧急程度为一般。

（五）指标 4-5：是否设立首席风险官

1. 整理方法

该指标记录评价年度年末保险机构高管人员中是否设立了首席风险官，整理途径为"保险机构官网—公开信息披露—专项信息—偿付能力—偿付能力报告—基本信息—董事、监事和高级管理人员的基本情况"和"保险机构官网—公开信息披露—基本信息—公司治理概要—高级管理人员简历"，设立了记录为"是"，未设立记录为"否"，若未披露高管信息，则记录为"未披露"。

2. 注意事项

并非每一家保险机构都称首席风险官，重点看风险字样，例如首席风险管理执行官、风险管理部总经理也属于设立了首席风险官，记录为"是"。

3. 适用对象

该指标适用于所有保险机构。

4. 整理时间与紧急程度

一般情况下，保险机构第四季度偿付能力报告将于评价年度次年 1 月 30 日之前披露，因此偿付能力报告途径下该指标整理时间为 1 月 30 日之后，可于 3—5 月整理完毕。若通过官网公司治理概要途径整理，则需要在年初完成，最好为 1 月 1 日。此指标紧急程度为一般。

（六）指标 4-6：是否设立审计负责人

1. 整理方法

该指标记录评价年度年末保险机构高管人员中是否设立了审计负责人，整理途径为"保险机构官网－公开信息披露－专项信息－偿付能力－偿付能力报告－基本信息－董事、监事和高级管理人员的基本情况"和"保险机构官网－公开信息披露－基本信息－公司治理概要－高级管理人员简历"，设立了记录为"是"，未设立记录为"否"，若未披露高管信息，则记录为"未披露"。

2. 注意事项

并非每一家保险机构都称审计负责人，重点看审计字样，例如审计部总经理也属于设立了审计负责人，记录为"是"。

3. 适用对象

该指标适用于所有保险机构。

4. 整理时间与紧急程度

一般情况下，保险机构第四季度偿付能力报告将于评价年度次年 1 月 30 日之前披露，因此偿付能力报告途径下该指标整理时间为 1 月 30 日之后，可于 3－5 月整理完毕。若通过官网公司治理概要途径整理，则需要在年初完成，最好为 1 月 1 日。此指标紧急程度为一般。

（七）指标 4-7：总经理是否存在非正常变更情况

1. 整理方法

该指标记录评价年度保险机构的总经理是否发生了非正常变更情况，整理途径为"国家金融监督管理总局官网－政务信息－行政许可"和"保险机构官网－公开信息披露－重大事项"，记录为"未变更""正常变更""非正常变更""空缺""未披露"五种情形，同时记录总经理变更原因以及空缺情形下有无临时负责人。

2. 注意事项

第一，总经理正常变更原因包括但不仅限于退休、换届、控制权变动、公司经营需要、不再兼任、临时负责人变更、离世、升职等。总经理非正常变更原因包括但不仅限于频繁变更、辞职（包括个人原因、工作调动等）、免职（包括涉案、解聘、结束代理、胜任力不足、治理不佳等）等。

第二，该指标统计的是在评价年度内总经理是否发生了离职现象，而不是继任者上任，两个事件可能不在同一年，也就是说要以评价年度当年总经理发生离职现象为标志；假如年初总经理一职空缺，年末有人接任总经理，之后再无离职现象，那么当年应记录为"未变更"。

第三，总经理在评价年度当年内没有发生变更即为"未变更"，没有披露的即为"未披露"，但需确保在通过企查查、百度等途径均无法得出结论的情况下才可记录为"未披露"，即必须通过多途径进行信息确认。

第四，若披露报告显示"不再担任"等字眼，应搜索具体原因并如实填写，搜索不到则填"原因不明"且列入"正常变更"范围。

第五，若披露报告显示"另有任用"等字眼，应搜索具体去向并如实填写，如控制权变更、升职等原因。

第六，官网披露报告与天眼查等网站结果冲突时，应参考官网结果，并搜索后续进展辅助判断。

第七，国外高管离职信息检索不到的，可记录为"未披露"。

第八，若官网未披露变更信息，应先查看官网历史披露报告中原总经理的任职情况，可采取检索天眼查"变更记录""历史高管镜像"等时间节点、查询银保监会官网任职信息以及在百度圈定时间范围搜索等方法。

3. 适用对象

该指标适用于所有保险机构。

4. 整理时间与紧急程度

此指标整理时间为评价年度次年年初，可于3－5月完成整理，紧急程度为一般。

第二节　外部治理数据整理过程

一、信息披露指标数据整理过程

（一）指标5-1：有无官网

1. 整理方法

该指标记录评价年度年末保险机构是否有官方网站，整理途径为"企查查－官网"，有官网记录为"有"，无官网记录为"无"。

2. 注意事项

无官方网站的保险机构企查查将不会显示官网地址，有官网网站的也要点击尝试进入官网，测试是否准确。

3. 适用对象

该指标适用于所有保险机构。

4. 整理时间与紧急程度

需要在评价年度年末12月31日当天整理，紧急程度为紧急。

（二）指标5-2：官网整体建设水平状况

1. 整理方法

此指标记录评价年度年末保险机构的官网建设水平状况，整理途径为"企查查－官网－保险机构官网"，建设水平状况分为较差、一般和专业。

2. 注意事项

第一，官网建设水平需要判断，可参考如下标准：①较差：网站文字字体单一、模块数量较少、配图少、排版较差、有大量留白、整体设计不美观或者展示内容较少，判断为较差；②一般：页面各模块有简洁配图和文字，整体设计相对较好，首页内容较充实，判断为一般，一般往往介于专业和较差之间；③专业：网站各个模块鲜明突出、层次清晰，各模块既有生动形象的配图又有文字，拖动鼠标向下浏览网页有动画效果（各模块滚动浮现），或者没有动画效果但各模块配图质量高，整体设计美观，首页内容充实等，判断为专业。

第二，无官网的保险机构此指标可记录为"无官网"。

3. 适用对象

该指标适用于所有保险机构。

4. 整理时间与紧急程度

需要在评价年度年末 12 月 31 日当天整理，紧急程度为紧急。

（三）指标 5-3：官网客服热线披露情况

1. 整理方法

此指标记录评价年度年末保险机构官网是否披露了客服热线，整理途径为"企查查－官网－保险机构官网"，官网首页直接可以看见客服热线的记为"显著"；隐藏在"联系我们"二级栏目下的记为"一般"；没有客服热线的记为"无热线"。

2. 注意事项

无官网的保险机构此指标可记录为"无官网"。

3. 适用对象

该指标适用于所有保险机构。

4. 整理时间与紧急程度

需要在评价年度年末 12 月 31 日当天整理，紧急程度为紧急。

（四）指标 5-4：官网是否披露官微或公众号

1. 整理方法

此指标记录评价年度年末保险机构官网是否披露了官方微信或公众号，整理途径为"企查查－官网－保险机构官网"，官网首页直接可以看见官方微信和公众号的或者隐藏在"联系我们"二级栏目下的记为"是"；没有官网微信或公众号的记为"否"。

2. 注意事项

第一，无官网的保险机构此指标可记录为"无官网"。

第二，官网上出现的基于官网网址生成的"二维码"不能视为官微或者公众号，类似的二维码需要用手机扫描进行确认。

3. 适用对象

该指标适用于所有保险机构。

4. 整理时间与紧急程度

需要在评价年度年末 12 月 31 日当天整理，紧急程度为紧急。

（五）指标 5-5：官网有无公开信息披露栏目

1. 整理方法

此指标记录评价年度年末保险机构官网是否开设了公开信息披露栏目，整理途径为"企查查－官网－保险机构官网"，开设了公开信息披露栏目记录为"有"，未开设记录为"无"。

2. 注意事项

第一，公开信息披露栏目可能在官网首页顶部、首页底部或者隐藏在"关于我们"的二级栏目里。

第二，无官网的保险机构此指标可记录为"无官网"。

3. 适用对象

该指标适用于所有保险机构。

4. 整理时间与紧急程度

需要在评价年度年末 12 月 31 日当天整理，紧急程度为紧急。

（六）指标 5-6：官网公开信息披露栏目是否明显

1. 整理方法

此指标记录评价年度年末保险机构官网公开信息披露栏目是否明显，整理途径为"企查查－官网－保险机构官网"，若公开信息披露栏目在官网首页顶部记录为"是"，在首页底部或者隐藏在"关于我们""投资者关系"等的二级栏目里记录为"否"，无公开信息披露栏目的记录为"无此栏目"。

2. 注意事项

第一，只要公开信息披露栏目在官网首页顶部，不论字体大小，都很明显，记录为"是"。

第二，网页排版如果所有栏目都在侧面或底部时，有"公开信息披露"一级栏目即为明显，记录为"是"。

第三，无官网的保险机构此指标可记录为"无官网"。

3. 适用对象

该指标适用于所有保险机构。

4. 整理时间与紧急程度

需要在评价年度年末 12 月 31 日当天整理，紧急程度为紧急。

（七）指标 5-7：官网披露框架是否符合规定

1. 整理方法

此指标记录评价年度年末保险机构官网公开信息披露栏目披露框架是否符合监管规定，整理途径为"企查查－官网－保险机构官网－公开信息披露"，公开信息披露栏目下方有基本信息、年度信息、重大事项和专项信息四个一级栏目的记录为"是"，没有这四个一级栏目或四个一级栏目不全的记录为"否"。

2. 注意事项

无官网的保险机构此指标可记录为"无官网"。

3. 适用对象

该指标适用于所有保险机构。

4. 整理时间与紧急程度

需要在评价年度年末 12 月 31 日当天整理，紧急程度为紧急。

（八）指标 5-8：官网基本信息披露是否完善

1. 整理方法

此指标记录评价年度年末保险机构官网公开信息披露栏目中的基本信息披露是否完善，整理途径为"企查查－官网－保险机构官网－公开信息披露"，若有公司概况、公司治理概要等基本内容，则记录为"是"，如果没有则记录为"否"。

2. 注意事项

无官网的保险机构此指标可记录为"无官网"。

3. 适用对象

该指标适用于所有保险机构。

4. 整理时间与紧急程度

需要在评价年度年末 12 月 31 日当天整理，紧急程度为紧急。

（九）指标 5-9：官网专项信息披露是否完善

1. 整理方法

此指标记录评价年度年末保险机构官网公开信息披露栏目中的专项信息披露是否完善，整理途径为"企查查－官网－保险机构官网－公开信息披露"，若有关联交易、股东股权、偿付能力等内容，则记录为"是"，如果没有则记录为"否"。

2. 注意事项

第一，无官网的保险机构此指标可记录为"无官网"。

第二，如果没有二级栏目"专项信息"，只有关联交易、偿付能力等基本内容，记录为"否"。

3. 适用对象

该指标适用于所有保险机构。

4. 整理时间与紧急程度

需要在评价年度年末 12 月 31 日当天整理，紧急程度为紧急。

（十）指标 5-10：官网重大事项披露是否完善

1. 整理方法

此指标记录评价年度年末保险机构官网公开信息披露栏目中的重大事项信息披露是否完善，整理途径为"企查查－官网－保险机构官网－公开信息披露"，若有重大事项临时信息披露报告等内容，则记录为"是"，如果没有则记录为"否"。

2. 注意事项

第一，无官网的保险机构此指标可记录为"无官网"。

第二，该指标只要有专门的重大事项栏目且栏目下有一定的内容便算是完善，记录为"是"，如果没有专门的栏目就是不完善，记录为"否"。

3. 适用对象

该指标适用于所有保险机构。

4. 整理时间与紧急程度

需要在评价年度年末 12 月 31 日当天整理，紧急程度为紧急。

（十一）指标 5-11：官网公司治理架构披露是否完善

1. 整理方法

此指标记录评价年度年末保险机构官网公开信息披露栏目中基本信息下的公司治理架构披露是否完善，整理途径为"企查查－官网－保险机构官网－公开信息披露－基本信息"，若有股权基本情况、董事和监事简历、近三年股东（大）会决议等信息，则记录为"是"，如果没有则记录为"否"。

2. 注意事项

第一，无官网的保险机构此指标可记录为"无官网"。

第二，对于某类特殊的保险机构，由于其组织结构不同，公司治理概要内容也不同于大多数保险机构，这种情况应该灵活变通、理性判断。例如非公司制的相互保险组织没有股东（大）会，但是设立会员代表大会，与股东（大）会职能相似，其信息披露情况也属于完善，而不能因为没有"股权基本情况""近三年股东（大）会决议信息"等归结为不完善的情况。

第三，部分保险机构因为股权基本情况单一或者股东人数仅有 2 人等，特别说明了未设有股权大会，因此没有近三年股东（大）会决议信息等相关情况披露，也不能认为是信息披露不完善。

3. 适用对象

该指标适用于所有保险机构。

4. 整理时间与紧急程度

需要在评价年度年末 12 月 31 日当天整理，紧急程度为紧急。

（十二）指标 5-12：偿付能力报告披露是否及时

1. 整理方法

该指标记录评价年度当年各季度偿付能力报告披露是否及时，整理途径为"保险机构官网－公开信息披露－专项信息－偿付能力"，披露及时的记录为"是"，披露不及时的记录为"否"，完全没有披露偿付能力报告的记录为"未披露报告"。

2. 注意事项

第一，每一年保险机构有四个季度偿付能力报告，偿付能力报告一般在本季度结束后的 30 日内披露，每个季度报告在 30 日内披露则为及时，若一年内四个季度偿付能力报告披露均及时，才能算作本年偿付能力报告披露及时；一年中有任意一份报告披露不及时，则为披露不及时。

第二，保险集团（控股）公司只披露半年报和年度报告（保险集团公司应当在每年 8 月 31 日之前报送保险集团半年度偿付能力报告，每年 5 月 31 日之前报送年度偿付能力报告），不同于一般保险机构，应以 8 月 31 日和 5 月 31 日作为评判标准。

第三，若有集团（控股）公司披露季度偿付能力报告，则按照第二季度和第四季度偿付能力报告披露时间为依据判断。

第四，如果保险机构没有官网或官网进入有问题，可通过保险业协会官网确定偿付能力报告披露时间。

3. 适用对象

该指标不适用于保险资产管理公司和仅经营受托型业务的养老保险公司（经营范围只包含"受托管理委托人委托的以养老保障为目的的人民币、外币资金"的养老保险公司），其他有自营保险产品的养老保险公司（尤其是有长期保险产品）则适用，中国人民养老保险有限责任公司、中国人寿养老保险股份有限公司、新华养老保险有限责任公司和恒安标准养老保险有限责任公司 2023 年第一季度起首次披露偿付能力报告，之前年份不适用，2023 年之后适用该指标（包括 2023 年）。

4. 整理时间与紧急程度

保险集团（控股）公司可于评价年度次年 6 月份开始整理，其他保险机构可于次年 2 月份开始整理，此指标紧急程度为一般。

（十三）指标 5-13：偿付能力报告披露后是否有更正

1. 整理方法

此指标记录保险机构评价年度当年各季度偿付能力报告发布后是否有更正情况，整理途径为"保险机构官网—公开信息披露—专项信息—偿付能力"，有更正的记录为"是"，没有更正的记录为"否"，完全没有披露偿付能力报告的记录为"未披露报告"。

2. 注意事项

第一，如果一份偿付能力报告披露后，在后续时间有"报告名（更正）""报告名（更新）""报告名（修正）"等字样，即同一季度的报告出现两次，或存在对已披露报告的补充信息及有关偿付能力信息重大变动情况的公告，此时则为有更正，否则为无更正。

第二，审计后的报告披露不算是更正。

第三，偿付能力报告是否有更正是指当年的报告是否有更正，例如 2019 年数据是指 2019 年的偿付能力报告是否有更正。

3. 适用对象

该指标不适用于保险资产管理公司和仅经营受托型业务的养老保险公司（经营范围只包含"受托管理委托人委托的以养老保障为目的的人民币、外币资金"的养老保险公司），其他有自营保险产品尤其是长期保险产品的养老保险公司则适用，中国人民养老保险有限责任公司、中国人寿养老保险股份有限公司、新华养老保险有限责任公司和恒安标准养老保险有限责任公司 2023 年第一季度起首次披露偿付能力报告，之前年份不适用，2023 年之后适用该指标（包括 2023 年）。

4. 整理时间与紧急程度

保险集团（控股）公司可于评价年度次年第三季度开始整理，其他保险机构可于次年第一季度（2 月份之后，一般第四季度报告若有更正，会在次年第一季度内完成）开始整理，此指标紧急程度为最后。

（十四）指标 5-14：年度信息披露报告披露是否及时

1. 整理方法

该指标记录评价年度当年的年度信息披露报告披露是否及时，整理途径为"保险机构官网—公开信息披露—年度信息"和"中国保险行业协会官网—信息披露—年度信息披露报告披露"，披露及时的记录为"是"，披露不及时的记录为"否"，完全没有披露年度信息披露报告的记录为"未披露报告"。

2. 注意事项

保险机构年度信息披露报告披露时间一般为次年的 4 月 30 日之前，超过此时间节点再披露则为不及时。

3. 适用对象

该指标适用于所有保险机构。

4. 整理时间与紧急程度

此指标数据可于次年 5 月份之后进行整理，紧急程度为最后。

（十五）指标 5-15：年度信息披露报告披露是否完善

1. 整理方法

该指标记录评价年度当年的年度信息披露报告是否披露，整理途径为"保险机构官网—公开信息披露—年度信息"和"中国保险行业协会官网—信息披露—年度信息披露报告披露"，完成披露则记录为"是"，没有披露则记录为"否"。

2. 注意事项

此处所谓"完善"是指保险机构是否完成了披露，而不是年度信息披露报告中的内容和结构是否完善。

3. 适用对象

该指标适用于所有保险机构。

4. 整理时间与紧急程度

保险机构年度信息披露报告披露时间一般为次年的 4 月 30 日，因此该指标数据可于次年 5 月份之后进行整理，紧急程度为最后。

（十六）指标 5-16：年度信息披露报告披露后是否有更正

1. 整理方法

此指标记录保险机构评价年度当年的年度信息披露报告披露后是否发生更正，整理途径为"保险机构官网—公开信息披露—年度信息"和"中国保险行业协会官网—信息披露—年度信息披露报告披露"，有更正的记录为"是"，没有更正的记录为"否"，完全没有披露年度信息披露报告的记录为"未披露报告"。

2. 注意事项

第一，如果一份年度信息披露报告披露后，在后续时间有"报告名（更正）""报告名（更新）""报告名（修正）"等字样，即报告出现了两次，或存在对已披露报告的补充信息的公告，此时则为有更正，否则为无更正。

第二，审计后的报告披露不算是更正。

第三，年度信息披露报告是否有更正是指当年的报告是否有更正，例如 2019 年数据是指 2019 年报告是否有更正。

3. 适用对象

该指标适用于所有保险机构。

4. 整理时间与紧急程度

保险机构年度信息披露报告全年皆有可能更正，因此该指标整理时间为评价年度次年全年，紧急程度为最后。

（十七）指标 5-17：年度财务会计报告审计意见类型

1. 整理方法

该指标记录评价年度当年的年度信息披露报告中会计师事务所出具的审计意见类型，整理途径为"保险机构官网—公开信息披露—年度信息"和"中国保险行业协会官网—信息披露—年度信息披露报告披露"，若年度信息披露报告审计意见中有标准无保留、"财务报表在所有重大方面按照企业会计准则的规定编制，公允反映了本公司××××年 12 月 31 日的财务状况以及××××年度的经营成果和现金流量"等同义字样，则审计意见类型记录为"标准无保留意见"；若出现强调事项字样，则记录为"带强调事项段的标准无保留意见"；若出现无法表示意见字样，则记录为"无法表示意见"；若报告中未出现审计意见，则记录为"无审计意见"；若报告中出现保留意见字样，则记录为"保留意见"。

2. 注意事项

第一，未披露年度信息披露报告的保险机构直接记录为"未披露报告"。

第二，官网公告暂缓披露年度信息披露报告的保险机构直接记录为"暂缓披露"。

3. 适用对象

该指标适用于所有保险机构。

4. 整理时间与紧急程度

保险机构年度信息披露报告披露时间一般为次年的 4 月 30 日，因此此指标数据可于次年 5 月份之后进行整理，紧急程度为最后。

二、利益相关者指标数据整理过程

（一）指标 6-1：亿元保费、万张保单投诉情况

1. 整理方法

该指标记录保险机构评价年度当年亿元保费、万张保单的投诉数据，整理途径为"国家金融监督管理总局官网—政务信息—公告通知"，查找关于保险消费投诉情况的通报，查看里面的信息统计结果，如实记录。

2. 注意事项

第一，2020 年开始，亿元保费、万张保单投诉情况披露的数据只有季度数据而没有年度数据，可以用季度的几何平均值替代年度的；如果有的季度没有披露则可使用已经披露的季度数据的几何平均值来替代。

第二，没有投诉数据的保险机构记录为"无数据"。

第三，根据以往课题组成员数据整理经验，可将各季度的数据整理到一个图表中，然后计算几何平均值，进而填原始数据收集表时只需查找即可。

3. 适用对象

该指标不适用于再保险机构、集团（控股）公司和资产管理公司，适用于其他的保险机构。

4. 整理时间与紧急程度

亿元保费、万张保单投诉情况一般披露时间在评价年度次年的 3 月，因此此指标数

据整理可于次年3月末或4月开始，紧急程度为最后。

（二）指标6-2：有无经营异常情况

1. 整理方法

该指标记录保险机构评价年度当年是否存在经营异常的情况，整理途径为"企查查－经营风险－经营异常"，若有经营异常则记录为"有"，否则记录为"无"，不存在未披露情形。

2. 注意事项

该指标不统计分支机构，只统计保险机构法人。

3. 适用对象

该指标适用于所有保险机构。

4. 整理时间与紧急程度

评价年度当年信息一般于次年年初更新完成，可于次年年初开始整理该指标数据，紧急程度为一般。

（三）指标6-3：是否收到监管函

1. 整理方法

该指标记录保险机构评价年度当年是否收到了监管部门的监管函，整理途径为"保险机构官网－公开信息披露－重大事项"，若收到监管函则记录为"是"，否则记录为"否"，不存在未披露情形。

2. 注意事项

第一，"监管函"是2018年之前通行的叫法，现在多称呼为"行政监管措施决定书"。

第二，企查查、天眼查等无此信息。

第三，该指标同时还需在国家金融监督管理总局官网搜索相关信息进行确认。

3. 适用对象

该指标适用于所有保险机构。

4. 整理时间与紧急程度

评价年度当年信息一般于次年年初更新完成，可于次年年初开始整理该指标数据，紧急程度为一般。

（四）指标6-4：是否受到行政处罚

1. 整理方法

该指标记录保险机构评价年度当年是否受到了行政处罚，整理途径为"保险机构官网－公开信息披露－重大事项"，若受到了行政处罚则记录为"是"，否则记录为"否"，不存在未披露情形。

2. 注意事项

第一，该指标不统计分支机构的，只统计保险机构法人的。

第二，需要统计除监管部门（如中国人民银行、国家金融监督管理总局、国家外汇管理局等）之外的，税务、市场、消防、交通等部门（如税务局、工商局、交通局等）的行政处罚。

第三，企查查、天眼查等无此信息。

第四，该指标同时还需在国家金融监督管理总局官网搜索相关信息进行确认。

3. 适用对象

该指标适用于所有保险机构。

4. 整理时间与紧急程度

评价年度当年信息一般于次年年初更新完成，可于次年年初开始整理该指标数据，紧急程度为一般。

（五）指标 6-5：风险综合评级状况

1. 整理方法

该指标记录保险机构评价年度的风险综合评级，整理途径为"保险机构官网—公开信息披露—专项信息—偿付能力"，如实记录当年的风险综合评级，包括 AAA、AA、A、BBB、BB、B、C、D 等类别，未披露风险综合评级或偿付能力报告的，记录为"未披露"。

2. 注意事项

评价年度当年的风险综合评级情况在下一年的第一季度或第二季度偿付能力报告中。

3. 适用对象

该指标不适用于保险集团（控股）公司和保险资产管理公司，适用于其他保险机构。

4. 整理时间与紧急程度

可于评价年度次年 7 月 30 日之后开始整理，紧急程度为最后。

（六）指标 6-6：纳税信用评级状况

1. 整理方法

该指标记录保险机构评价年度的纳税信用评级，整理途径为"国家税务总局官网—纳税服务—纳税信用 A 级纳税人名单公布栏"和"天眼查—经营状况—税务评级途径"。如果通过国家税务总局官网途径整理，若纳税信用 A 级纳税人名单中有此保险机构，则记录为"A"，否则记录为"非 A"；如果通过天眼查途径整理，可以在天眼查搜索保险机构名称，判断某年的纳税信用评级是否为 A，若是则记录为"A"，否则记录为"非 A"。

2. 注意事项

第一，前述两种途径整理的数据若不一致，以国家税务总局官网数据为准。

第二，不统计分支机构的，只统计保险机构法人的。

第三，根据以往课题组成员数据整理经验，可遵循如下步骤整理此指标数据：（1）打开天眼查，在天眼查搜索保险机构名称，根据机构地址查询保险机构属地。（2）通过"国家税务总局官网—纳税服务—纳税信用 A 级纳税人名单公布栏"查询，若某年名单中有此家机构，则本年度此机构纳税信用评级为 A，否则为非 A。需要说明的是国家税务总局官网查询时需要按地区查询，一般来说该地区为步骤（1）中查询的属地。（3）若在国家税务总局官网查出纳税等级为 A 则可直接判断，若为非 A 则需借助"天眼查—经营状况—税务评级"途径验证。方法如下：①查看评价单位，某些机构纳税地可能与属地不符，若出现此种情况，则需重新到国家税务总局官网选择地区进行验证确认；②查看纳税人识别号，用识别号重新查询；③若纳税信用评级中缺少某一年数据，则该年非 A

的可能性较大。

3. 适用对象

该指标适用于所有保险机构。

4. 整理时间与紧急程度

该指标数据一般公布相对较晚，可于评价年度次年 6—7 月开始整理，紧急程度为最后。

（七）指标 6-7：评价年度有无失信情况

1. 整理方法

该指标记录保险机构评价年度当年是否有失信情况，整理途径为"天眼查－司法风险－历史失信信息"，若有失信情况则记录为"有"，否则记录为"无"，不存在未披露情形。

2. 注意事项

此处失信信息是指保险机构评价年度中存在的失信信息，不包含历史年度失信信息。

3. 适用对象

该指标适用于所有保险机构。

4. 整理时间与紧急程度

评价年度当年信息一般于次年年初更新完成，可于次年年初开始整理该指标数据，紧急程度为一般。

（八）指标 6-8：社会责任承担状况

1. 整理方法

该指标记录保险机构是否披露了评价年度的社会责任承担状况，整理途径为保险机构官网，在官网首页查看是否有社会责任、社会公益等栏目，或者查看"关于我们"的二级栏目下是否有社会责任、社会公益等栏目，抑或查看在"公开信息披露"栏目下是否有社会责任、社会公益等栏目，再或在相关栏目中有完整的社会责任报告，若存在前述情形，则记录为"披露承担"，否则记录为"未披露"。

2. 注意事项

一定要看时间，确认是对应数据年度的。

3. 适用对象

该指标适用于所有保险机构。

4. 整理时间与紧急程度

此指标数据更新时间不固定，可于评价年度次年 6—7 月开始整理，紧急程度为最后。

（九）指标 6-9：负面新闻报道情况

1. 整理方法

该指标记录保险机构评价年度当年负面新闻的报道数量，整理途径为"企查查－企业发展－新闻舆情－情感选择（消极）"，根据负面新闻报道记录新闻数量，有负面新闻报道的则记录新闻数量如实填入，没有负面新闻的则记录为"0"。

2. 注意事项

并非对所有负面消极新闻均计入，需进行主观判断，以下列举常见新闻类型：（1）属于重大负面新闻：出现重大亏损、净利润大幅下降、企业破产注销、企业被接管、董事长（总经理）等高管非正常离职、屡遭处罚且金额较大（100 万元以上）、高管涉案、银保监会通报批评（主要指点名批评）、信用评价下降、资产出现重大减值迹象、能够证明企业经营出现严重问题的其他新闻报道；（2）不属于重大负面新闻：高管职务变动、公司职位空缺、公司股权转让、监管部门行政处罚（金额较小）、消费投诉和保险投诉、股权债务纠纷、其他严重程度不大的法律诉讼、高管私生活新闻（与公司经营无关的）、其他与企业经营状况关系不大的新闻报道。此外，用企查查会员账号可以自动选择指定时间的负面信息，这样可以提高筛选的效率。

3. 适用对象

该指标适用于所有保险机构。

4. 整理时间与紧急程度

评价年度当年信息一般于次年年初更新完成，可于次年年初开始整理该指标数据，紧急程度为一般。

第六章　保险机构治理评价标准与指数模型

　　科学评价保险机构治理状况的前提和基础是确定保险机构治理评价指标的标准，本章从保险机构治理的六个内容维度出发，对于所有评价指标的评价标准进行了设计。在此基础上，本章构建了生成中国保险机构治理总指数所采用的中国保险机构治理指数模型，提出了中国保险机构治理指数分指数体系和分类指数体系；并基于分指数体系设计了包括治理内容维度的中国保险机构治理分指数模型以及治理层次维度的中国保险机构强制性治理指数和自主性治理指数模型，基于分类指数体系设计了按照业务类型划分的不同类型保险机构治理指数模型。本章最后还创新性地给出了中国保险机构治理等级与治理评级的划分方法和说明。

第一节　中国保险机构治理评价标准设计

一、股东与股权结构维度指标评价标准设计

　　股东与股权结构维度共计 5 个指标，各指标均采用哑变量量化处理方法。对于公司制的保险机构，指标原始评分最大值为 5，最小值为 0；百分化处理后，最大值为 100，最小值为 0。对于非公司制的相互保险组织，指标原始评分最大值为 1，最小值为 0；百分化处理后，最大值为 100，最小值为 0。

　　（一）指标 1-1：股东（大）会召开情况的量化方法

　　股东（大）会召开情况未披露、未设立股东（大）会、未召开股东（大）会—0 分，股东（大）会召开次数 1 及以上—1 分。Excel 量化公式为：=IF(R2="###","###",IF(R2="未披露",0,IF(R2="未设立",0,IF(R2="未召开",0,1)))),其中 R 列为指标 1-1 的原始整理数据，包括###[1]、自然数、未披露、未设立和未召开。

　　（二）指标 1-2：股权结构状况的量化方法

　　前十大股东持股比例平方之和小于 0.25—0 分，前十大股东持股比例平方之和大于等于 0.25—1 分。Excel 量化公式为：=IF(AE2="###","###",IF(AE2="不适用","不适用",IF(AE2>=0.25,1,0))),其中 AE 列为保险机构股权结构状况数据，包括###、（0,1]之间的

---

① ###表示非本年度评价样本，将此加入 Excel 公式中的主要目的是保持同一指标公式的统一性，本节内容同，不再重复说明。

实数和不适用。AE 列并非原始整理数据，而是基于原始整理数据前十大股东持股比例计算而来，公式为：=IF(T2="###","###",IF(T2="不适用","不适用",T2^2+U2^2+V2^2+W2^2+X2^2+Y2^2+Z2^2+AA2^2+AB2^2+AC2^2))，其中 T—AC 列依次为第一大至第十大股东持股比例。

（三）指标 1-3：是否存在机构投资者的量化方法

不存在机构投资者－0 分，存在机构投资者－1 分。Excel 量化公式为：=IF(AG2="###","###",IF(AG2="不适用","不适用",IF(AG2="是",1,0)))，其中 AG 列为指标 1-3 的原始整理数据，包括###、是、否和不适用。

（四）指标 1-4：股权层级状况的量化方法

股权层级为 3、4 和 5 层－0 分，股权层级为 1 和 2 层－1 分。Excel 量化公式为：=IF(AI2="###","###",IF(AI2="不适用","不适用",IF(AI2<=2,1,0)))，其中 AI 列为指标 1-4 原始整理数据，包括###、阿拉伯数字和不适用。

（五）指标 1-5：股权出质或质押情况的量化方法

存在股权出质或质押情况－0 分，不存在股权出质或质押情况－1 分。Excel 量化公式为：=IF(AK2="###","###",IF(AK2="不适用","不适用",IF(AK2="有",0,1)))，其中 AK 列为指标 1-5 原始整理数据，包括###、有、无和不适用。

二、董事与董事会维度指标评价标准设计

董事与董事会维度共计 24 个指标，各指标均采用哑变量量化处理方法。2021 年及以前：指标原始评分最大值为 15，最小值为 0；百分化处理后，最大值为 100，最小值为 0。2022 年及以后：对于保险公司，指标原始评分最大值为 23，最小值为 0；百分化处理后，最大值为 100，最小值为 0。对于其他保险机构，指标原始评分最大值为 24，最小值为 0；百分化处理后，最大值为 100，最小值为 0。

（一）指标 2-1：董事会规模的量化方法

2021 年及以前的标准为，股份制保险机构董事会规模小于 5 人、未披露－0 分，股份制保险机构董事会规模大于等于 5 人－1 分，有限制保险机构和相互保险组织董事会规模小于 3 人、未披露－0 分，有限制保险机构和相互保险组织董事会规模大于等于 3 人－1 分；2022 年及以后的标准为，董事会规模小于 5 人、未披露－0 分，董事会规模大于等于 5 人－1 分，不再区分组织形式。Excel 量化公式为：=IF(AO2="###","###",IF(AO2="未披露",0,IF(VALUE(LEFT(B2,4))>=2022,IF(AO2>=5,1,0),IF(H2="S",IF(AO2>=5,1,0),IF(AO2>=3,1,0)))))，其中 AO 列为指标 2-1 原始整理数据，包括###、阿拉伯数字和未披露；B 列为评价年份，例如"2022 年"，需提取"2022"并将文本转换为数值进而进行年份判断，以区分不同年份的评价标准；H 列为保险机构的组织形式，包括###、S、L 和 M，S 表示股份制，L 表示有限制，M 表示相互制。

（二）指标 2-2：是否单独或合并设立资产负债管理专门委员会的量化方法

未单独或合并设立资产负债管理专门委员会、未披露－0 分，单独或合并设立资产负债管理专门委员会－1 分。Excel 量化公式为：=IF(AQ2="###","###",IF(AQ2="不适用","不适用",IF(AQ2="是",1,0)))，其中 AQ 列为指标 2-2 的原始整理数据，包括###、是、

否、未披露和不适用。

（三）指标2-3：是否单独或合并设立战略专门委员会的量化方法

未单独或合并设立战略专门委员会、未披露－0 分，单独或合并设立战略专门委员会－1 分。Excel 量化公式为：=IF(AS2="###","###",IF(AS2="不适用","不适用",IF(AS2="是",1,0)))，其中 AS 列为指标 2-3 的原始整理数据，包括###、是、否、未披露和不适用。

（四）指标2-4：是否单独或合并设立审计专门委员会的量化方法

未单独或合并设立审计专门委员会、未披露－0 分，单独或合并设立审计专门委员会－1 分。Excel 量化公式为：=IF(AU2="###","###",IF(AU2="不适用","不适用",IF(AU2="是",1,0)))，其中 AU 列为指标 2-4 的原始整理数据，包括###、是、否、未披露和不适用。

（五）指标2-5：是否单独或合并设立提名专门委员会的量化方法

未单独或合并设立提名专门委员会、未披露－0 分，单独或合并设立提名专门委员会－1 分。Excel 量化公式为：=IF(AW2="###","###",IF(AW2="不适用","不适用",IF(AW2="是",1,0)))，其中 AW 列为指标 2-5 的原始整理数据，包括###、是、否、未披露和不适用。

（六）指标2-6：是否单独或合并设立薪酬专门委员会的量化方法

未单独或合并设立薪酬专门委员会、未披露－0 分，单独或合并设立薪酬专门委员会－1 分。Excel 量化公式为：=IF(AY2="###","###",IF(AY2="不适用","不适用",IF(AY2="是",1,0)))，其中 AY 列为指标 2-6 的原始整理数据，包括###、是、否、未披露和不适用。

（七）指标2-7：是否单独或合并设立关联交易控制专门委员会的量化方法

未单独或合并设立关联交易控制专门委员会、未披露－0 分，单独或合并设立关联交易控制专门委员会－1 分。Excel 量化公式为：=IF(BA2="###","###",IF(BA2="不适用","不适用",IF(BA2="是",1,0)))，其中 BA 列为指标 2-7 的原始整理数据，包括###、是、否、未披露和不适用。

（八）指标2-8：是否单独或合并设立风险管理专门委员会的量化方法

未单独或合并设立风险管理专门委员会、未披露－0 分，单独或合并设立风险管理专门委员会－1 分。Excel 量化公式为：=IF(BC2="###","###",IF(BC2="不适用","不适用",IF(BC2="是",1,0)))，其中 BC 列为指标 2-8 的原始整理数据，包括###、是、否、未披露和不适用。

（九）指标2-9：是否单独或合并设立消费者权益保护专门委员会的量化方法

未单独或合并设立消费者权益保护专门委员会、未披露－0 分，单独或合并设立消费者权益保护专门委员会－1 分。Excel 量化公式为：=IF(BE2="###","###",IF(BE2="不适用","不适用",IF(BE2="是",1,0)))，其中 BE 列为指标 2-9 的原始整理数据，包括###、是、否、未披露和不适用。

（十）指标2-10：是否单独或合并自主设立其他董事会专门委员会的量化方法

未单独或合并设立其他董事会专门委员会、未披露－0 分，单独或合并设立其他董事会专门委员会－1 分。Excel 量化公式为：=IF(BG2="###","###",IF(BG2="不适用","不适用",IF(BG2="是",1,0)))，其中 BG 列为指标 2-10 的原始整理数据，包括###、是、否、未披露和不适用。

（十一）指标 2-11：董事学历情况的量化方法

董事学历综合评分小于历史年度行业中位数、未披露—0 分，董事学历综合评分大于等于历史年度行业中位数—1 分。Excel 量化公式为：=IF(BO2="###","###",IF(BO2="未披露",0,IF(BO2<VLOOKUP(B:B,董事学历综合评分标准!J:L,3,),0,1)))，其中 BO 列为董事学历综合评分数据，包括###、实数和未披露；B 列为评价年度，此处用于从工作表"董事学历综合评分标准"中检索对应年份的董事学历综合评分历史年度行业中位数，该工作表为数据透视表，主要作用是基于 BO 列计算各年份对应的董事学历综合评分历史年度行业中位数。需要说明的是，BO 列并非原始整理数据，而是基于原始整理数据各学历层次董事人数计算而来。计算方法为：未披露学历、大专及以下学历、本科学历、硕士学历和博士学历依次赋分 1、1、2、3 和 4 分，进而加权求和。计算公式为：=IF(AO2="###","###",IF(OR(AO2="未披露",AND(BI2="未披露",BJ2="未披露",BK2="未披露",BL2="未披露",BM2="未披露")),"未披露",IF(AO2<>0,BI2/AO2*1+BJ2/AO2*2+BK2/AO2*3+BL2/AO2*4+BM2/AO2*1,0)))，其中 AO 列为董事会规模，BI—BM 列依次为大专及以下学历董事人数、本科学历董事人数、硕士学历董事人数、博士学历董事人数和未披露学历董事人数，AO 列以及 BI—BM 列均包括###、实数和未披露字段内容，完全没有披露董事会规模或任何董事学历信息的保险机构直接记录为"未披露"，在量化过程中评分为 0 分。

（十二）指标 2-12：有无财务会计审计背景董事的量化方法

没有财务、会计或审计背景的董事、未披露—0 分，有财务、会计或审计背景的董事—1 分。Excel 量化公式为：=IF(BQ2="###","###",IF(BQ2="未披露",0,IF(BQ2>=1,1,0)))，其中 BQ 列为指标 2-12 的原始整理数据，包括###、自然数和未披露。

（十三）指标 2-13：有无金融背景董事的量化方法

没有金融背景的董事、未披露—0 分，有金融背景的董事—1 分。Excel 量化公式为：=IF(BS2="###","###",IF(BS2="未披露",0,IF(BS2>=1,1,0)))，其中 BS 列为指标 2-13 的原始整理数据，包括###、自然数和未披露。

（十四）指标 2-14：有无保险精算背景董事的量化方法

没有保险或精算背景的董事、未披露—0 分，有保险或精算背景的董事—1 分。Excel 量化公式为：=IF(BU2="###","###",IF(BU2="未披露",0,IF(BU2>=1,1,0)))，其中 BU 列为指标 2-14 的原始整理数据，包括###、自然数和未披露。

（十五）指标 2-15：董事专业和职业背景结构的量化方法

董事财务、会计或审计背景，金融背景，保险或精算背景以及其他背景四类中含不足三个背景、未披露—0 分，四类背景中含三个及以上背景—1 分。Excel 量化公式为：=IF(BY2="###","###",IF(BY2="未披露",0,IF(BY2>=3,1,0)))，其中 BY 列为董事专业和职业背景含数量，包括###、自然数和未披露。需要说明的是，BY 列并非原始整理数据，而是基于原始整理数据前述四类专业和职业背景董事人数计算而来，计量公式为：=IF(BQ2="###","###",IF(OR(BQ2="未披露",BS2="未披露",BU2="未披露",BW2="未披露"), "未披露", COUNTIF (BQ2, "<>0") + COUNTIF (BS2,"<>0") + COUNTIF(BU2,"<>0") + COUNTIF (BW2,"<>0"))), 其中 BQ、BS、BU 和 BW 列依次为财务、会计或审计背景董事人数, 金融背景董事人数, 保险或精算背景董事人数以及其他背景董事人数, 均包括###、自然数和未披露字段内容。

（十六）指标 2-16：董事长是否存在非正常变更情况的量化方法

董事长非正常变更、空缺、未披露－0 分, 董事长未变更、正常变更－1 分。Excel 量化公式为：=IF(CA2="###","###",IF(OR(CA2="非正常变更",CA2="空缺",CA2="未披露"),0,1)), 其中 CA 列为指标 2-16 的原始整理数据, 包括###、未变更、正常变更、非正常变更、空缺和未披露。

（十七）指标 2-17：独立董事比例情况的量化方法

2018 年及以前的标准为, 股份制保险机构独立董事人数小于 2、未披露－0 分, 股份制保险机构独立董事人数大于等于 2－1 分, 有限制保险机构和相互保险组织独立董事人数小于 1、未披露－0 分, 有限制保险机构和相互保险组织独立董事人数大于等于 1－1 分；2019 年及以后的标准为, 独立董事人数小于 3 人或独立董事比例小于 1/3、未披露－0 分, 独立董事人数大于等于 3 人且独立董事比例大于等于 1/3－1 分, 不再区分组织形式。Excel 量化公式为：=IF(OR(CD2="###",CE2="###"),"###",IF(OR(CD2="未披露",CE2=" 未 披 露 "),0,IF(VALUE(LEFT(B2,4))>=2019,IF(AND(CD2>=3,CE2>=1/3),1,0),IF(H2="S",IF(CD2>=2,1,0),IF(CD2>=1,1,0))))), 其中 CD 列为指标 2-17 原始整理数据, 即独立董事人数, 包括###、自然数和未披露；CE 列为基于 CD 列独立董事人数和 AO 列董事会规模计算而来, 计算方法为：独立董事人数÷董事会规模, Excel 计算公式为：=IF(CD2="###","###", IF(OR(AO2=" 未 披 露 ",CD2=" 未 披 露 ")," 未 披 露 ",IF(AO2<>0, IF(OR(CD2/AO2<0, CD2/AO2>1),"数据有误",CD2/AO2),0))); B 列为评价年份, 例如 "2019 年", 需提取 "2019" 并将文本转换为数值进而进行年份判断, 以区分不同年份的评价标准；H 列为保险机构的组织形式, 包括###、S、L 和 M, S 表示股份制, L 表示有限制, M 表示相互制。

（十八）指标 2-18：独立董事学历情况的量化方法

独立董事学历综合评分小于历史年度行业中位数、未披露－0 分, 独立董事学历综合评分大于等于历史年度行业中位数－1 分。Excel 量化公式为：=IF(CO2="###","###", IF(CO2="未披露",0,IF(CO2<VLOOKUP(B:B,独董学历综合评分标准!J:M,3,),0,1))), 其中 CO 列为独立董事学历综合评分数据, 包括###、实数和未披露；B 列为评价年度, 此处用于从工作表 "独董学历综合评分标准" 中检索对应年份的独立董事学历综合评分历史年度行业中位数, 该工作表为数据透视表, 主要作用是基于 CO 列计算各年份对应的独立董事学历综合评分历史年度行业中位数。需要说明的是, CO 列并非原始整理数据, 而是基于原始整理数据各学历层次独立董事人数计算而来。计算方法为：未披露学历、大专及以下学历、本科学历、硕士学历和博士学历依次赋分 1、1、2、3 和 4 分, 进而加权求和。计算方法为：未披露学历、大专及以下学历、本科学历、硕士学历和博士学历依次赋分 1、1、2、3 和 4 分, 进而加权求和。计算公式为：=IF(CD2="###","###", IF(OR(CD2="未披露",AND(CH2="未披露",CI2="未披露",CJ2="未披露",CK2="未披露",CL2="未

披露")),"未披露",IF(CD2<>0,CH2/CD2*1＋CI2/CD2*2＋CJ2/CD2*3＋CK2/CD2*4＋CL2/CD2*1,0))),其中 CD 列为独立董事人数，CH－CL 列依次为大专及以下学历董事人数、本科学历董事人数、硕士学历董事人数、博士学历董事人数和未披露学历董事人数，CD 列以及 CH－CL 列均包括###、实数和未披露字段内容，完全没有披露独立董事人数或任何独立董事学历信息的保险机构直接记录为"未披露"，在量化过程中评分为 0 分。

（十九）指标 2-19：有无财务、会计或审计背景独立董事的量化方法

没有财务、会计或审计背景的独立董事、未披露－0 分，有财务、会计或审计背景的独立董事－1 分。Excel 量化公式为：=IF(CQ2="###","###",IF(CQ2="未披露",0,IF(CQ2>0,1,0)))，其中 CQ 列为指标 2-19 的原始整理数据，包括###、自然数和未披露。

（二十）指标 2-20：有无金融背景独立董事的量化方法

没有金融背景的独立董事、未披露－0 分，有金融背景的独立董事－1 分。Excel 量化公式为：=IF(CS2="###","###",IF(CS2="未披露",0,IF(CS2>0,1,0)))，其中 CS 列为指标 2-20 的原始整理数据，包括###、自然数和未披露。

（二十一）指标 2-21：有无保险或精算背景独立董事的量化方法

没有保险或精算背景的独立董事、未披露－0 分，有保险或精算背景的独立董事－1 分。Excel 量化公式为：=IF(CU2="###","###",IF(CU2="未披露",0,IF(CU2>0,1,0)))，其中 CU 列为指标 2-21 的原始整理数据，包括###、自然数和未披露。

（二十二）指标 2-22：有无法律背景独立董事的量化方法

没有法律背景的独立董事、未披露－0 分，有法律背景的独立董事－1 分。Excel 量化公式为：=IF(CW2="###","###",IF(CW2="未披露",0,IF(CW2>0,1,0)))，其中 CW 列为指标 2-22 的原始整理数据，包括###、自然数和未披露。

（二十三）指标 2-23：独立董事专业和职业背景结构的量化方法

独立董事财务、会计或审计背景，金融背景，保险或精算背景，法律背景以及其他背景五类中含不足三个背景、未披露－0 分，五类背景中含三个及以上背景－1 分。Excel 量化公式为：=IF(DC2="###","###",IF(DC2="未披露",0,IF(DC2>=3,1,0)))，其中 DC 列为独立董事专业和职业背景含数量，包括###、自然数和未披露。需要说明的是，DC 列并非原始整理数据，而是基于原始整理数据前述五类专业和职业背景独立董事人数计算而来，计量公式为：=IF(CQ2="###","###",IF(OR(CQ2="未披露",CS2="未披露",CU2="未披露",CW2="未披露",CY2="未披露"),"未披露",COUNTIF(CQ2,"<>0")+COUNTIF(CS2,"<>0")+COUNTIF(CU2,"<>0")+COUNTIF(CW2,"<>0")+COUNTIF(CY2,"<>0")))，其中 CQ、CS、CU、CW 和 CY 列依次为财务、会计或审计背景独立董事人数，金融背景独立董事人数，保险或精算背景独立董事人数，法律背景独立董事人数以及其他背景独立董事人数，均包括###、自然数和未披露字段内容。

（二十四）指标 2-24：独立董事任职结构是否多元化的量化方法

没有高校任职背景独立董事或实务背景独立董事、未披露－0 分，既有高校任职背景独立董事也有实务背景独立董事－1 分。Excel 量化公式为：=IF(OR(DE2="###",DF2="###"),"###",IF(OR(DE2="未披露",DF2="未披露"),0,IF(COUNTIF(DE2,"<>0")+COUNTIF(DF2,"<>0")=2,1,0)))，其中 DE 列为指标 2-24 的原始整理数据，即在高校任职

的独立董事人数，包括###、自然数和未披露；DF 列为实务背景独立董事人数，是基于 DE 列高校任职的独立董事人数和 CD 列独立董事人数计算而来，计算方法为：独立董事人数－高校任职的独立董事人数，Excel 计算公式为：=IF(OR(CD2="###",DE2="###"), "###",IF(OR(CD2="未披露",DE2="未披露"),"未披露",IF(CD2-DE2<0,"数据有误",CD2-DE2)))，CD 列包括###、自然数和未披露字段内容。

三、监事与监事会维度指标评价标准设计

监事与监事会维度共计 8 个指标，各指标均采用哑变量量化处理方法。2021 年及以前：指标原始评分最大值为 7，最小值为 0；百分化处理后，最大值为 100，最小值为 0。2022 年及以后：指标原始评分最大值为 8，最小值为 0；百分化处理后，最大值为 100，最小值为 0。

（一）指标 3-1：监事会规模或监事人数的量化方法

股份制保险机构的标准为，监事会规模小于 3 人、未设立监事会、监事会规模未披露、监事会设立情况未披露－0 分，设立监事会且监事会规模大于等于 3 人－1 分；有限制保险机构的标准为，设立监事会但监事会规模小于 3 人、未设立监事会且监事人数小于 1 人、监事会规模或监事人数未披露、监事会设立情况未披露－0 分，设立监事会且监事会规模大于等于 3、未设立监事会但监事人数大于等于 1－1 分；相互保险组织的标准为，监事人数小于 1、监事人数未披露－0 分，监事人数大于等于 1－1 分。Excel 量化公式为：=IF(H2="###","###",IF(H2="S",IF(OR(DJ2="未披露",DK2="未披露",DK2="未设立"),0,IF(DJ2>=3,1,0)),IF(H2="L",IF(OR(DJ2="未披露",DK2="未披露"),0,IF(DK2="设立",IF(DJ2>=3,1,0),IF(DJ2>=1,1,0))),IF(DJ2="未披露",0,IF(DJ2>=1,1,0)))))，其中 H 列为保险机构的组织形式，包括###、S、L 和 M，S 表示股份制，L 表示有限制，M 表示相互制；DJ 列为指标 3-1 原始整理数据监事会规模或监事人数，包括###、自然数和未披露；DK 列为指标 3-1 原始整理数据监事会设立情况，包括###、设立、未设立和未披露。

（二）指标 3-2：职工监事比例情况的量化方法

股份制保险机构的标准为，职工监事比例小于 1/3、未披露－0 分，职工监事比例大于等于 1/3－1 分；有限制保险机构的标准为，设立监事会但职工监事比例小于 1/3、未设立监事会且职工监事比例等于 0、未披露－0 分，设立监事会且职工监事比例大于等于 1/3、未设立监事会但职工监事比例大于 0－1 分；相互保险组织的标准为，职工监事比例等于 0、未披露－0 分，职工监事比例大于 0－1 分。Excel 量化公式为：=IF(H2="###","###",IF(H2="S",IF(DN2="未披露",0,IF(DN2>=1/3,1,0)),IF(H2="L",IF(DN2="未披露",0,IF(DK2="设立",IF(DN2>=1/3,1,0),IF(DN2>0,1,0))),IF(DN2="未披露",0,IF(DN2>0,1,0)))))，其中 H 列为保险机构的组织形式，包括###、S、L 和 M，S 表示股份制、L 表示有限制、M 表示相互制；DN 列为职工监事比例数据，包括###、实数和未披露，是基于 DM 列指标 3-2 原始整理数据职工监事人数和 DJ 列监事会规模或监事人数计算而来，计算方法为：职工监事人数÷监事会规模或监事人数，Excel 计算公式为：=IF(OR(DJ2="###",DM2="###"),"###",IF(OR(DJ2="未披露",DM2="未披露"),"未披露",IF(DJ2<>0,DM2/DJ2,0)))，DM 和 DJ 列均包括###、自然数和未披露字段内容；DK 列为监事会设立情况，包括###、

设立、未设立和未披露字段内容。

（三）指标 3-3：外部监事比例情况的量化方法

外部监事比例小于 1/3、未披露—0 分，外部监事比例大于等于 1/3—1 分。Excel 量化公式为：=IF(DQ2="###","###",IF(DQ2="不适用","不适用",IF(DQ2="未披露",0,IF(DQ2>=1/3,1,0))))，其中 DQ 列为外部监事比例数据，包括###、实数、未披露和不适用，是基于 DP 列指标 3-3 原始整理数据外部监事人数和 DJ 列监事会规模或监事人数计算而来，计算方法为：外部监事人数÷监事会规模或监事人数，Excel 计算公式为：=IF(DP2="###","###",IF(DP2="不适用","不适用",IF(OR(DJ2="未披露",DP2="未披露"),"未披露",IF(DJ2<>0,DP2/DJ2,0))))，DP 和 DJ 列均包括###、自然数和未披露字段内容。

（四）指标 3-4：监事学历情况的量化方法

监事学历综合评分小于历史年度行业中位数、未披露—0 分，监事学历综合评分大于等于历史年度行业中位数—1 分。Excel 量化公式为：=IF(DZ2="###","###",IF(DZ2="未披露",0,IF(DZ2<VLOOKUP(B:B,监事学历综合评分标准!J:M,3,),0,1)))，其中 DZ 列为监事学历综合评分数据，包括###、实数和未披露；B 列为评价年度，此处用于从工作表"监事学历综合评分标准"中检索对应年份的监事学历综合评分历史年度行业中位数，该工作表为数据透视表，主要作用是基于 DZ 列计算各年份对应的监事学历综合评分历史年度行业中位数。需要说明的是，DZ 列并非原始整理数据，而是由原始整理数据中的各学历层次监事人数计算得到。计算方法为：未披露学历、大专及以下学历、本科学历、硕士学历和博士学历依次赋分 1、1、2、3 和 4 分，进而加权求和。计算公式为：=IF(DJ2="###","###",IF(OR(DJ2="未披露",AND(DT2="未披露",DU2="未披露",DV2="未披露",DW2="未披露",DX2="未披露")),"未披露",IF(DJ2<>0,DT2/DJ2*1+DU2/DJ2*2+DV2/DJ2*3+DW2/DJ2*4+DX2/DJ2*1,0)))，其中 DJ 列为监事会规模或监事人数，DT—DX 列依次为大专及以下学历董事人数、本科学历董事人数、硕士学历董事人数、博士学历董事人数和未披露学历董事人数，DJ 列以及 DT—DX 列均包括###、实数和未披露字段内容，完全没有披露监事人数或任何监事学历信息的保险机构直接记录为"未披露"，在量化过程中评分为 0 分。

（五）指标 3-5：有无财务、会计或审计背景监事的量化方法

没有财务、会计或审计背景的监事、未披露—0 分，有财务、会计或审计背景的监事—1 分。Excel 量化公式为：=IF(EB2="###","###",IF(EB2="未披露",0,IF(EB2>0,1,0)))，其中 EB 列为指标 3-5 的原始整理数据，包括###、自然数和未披露。

（六）指标 3-6：有无金融背景监事的量化方法

没有金融背景的监事、未披露—0 分，有金融背景的监事—1 分。Excel 量化公式为：=IF(ED2="###","###",IF(ED2="未披露",0,IF(ED2>0,1,0)))，其中 ED 列为指标 3-6 的原始整理数据，包括###、自然数和未披露。

（七）指标 3-7：有无保险或精算背景监事的量化方法

没有保险或精算背景的监事、未披露—0 分，有保险或精算背景的监事—1 分。Excel 量化公式为：=IF(EF2="###","###",IF(EF2="未披露",0,IF(EF2>0,1,0)))，其中 EF 列为指标 3-7 的原始整理数据，包括###、自然数和未披露。

（八）指标 3-8：监事专业和职业背景结构的量化方法

监事财务、会计或审计背景，金融背景，保险或精算背景以及其他背景四类中含不足三个背景、未披露－0 分，四类背景中含三个及以上背景－1 分。Excel 量化公式为：=IF(EK2="###","###",IF(EK2="未披露",0,IF(EK2>=3,1,0)))，其中 EK 列为监事专业和职业背景含数量，包括###、自然数和未披露。需要说明的是，EK 列并非原始整理数据，而是基于原始整理数据前述四类专业和职业背景监事人数计算而来，计量公式为：=IF(EB2="###","###",IF(OR(EB2="未披露",ED2="未披露",EF2="未披露",EH2="未披露"),"未披露",COUNTIF(EB2,"<>0")+COUNTIF(ED2,"<>0")+COUNTIF(EF2,"<>0")+ COUNTIF(EH2,"<>0")))，其中 EB、ED、EF 和 EH 列依次为财务、会计或审计背景监事人数，金融背景监事人数，保险或精算背景监事人数以及其他背景监事人数，均包括###、自然数和未披露字段内容。

四、高级管理人员维度指标评价标准设计

高级管理人员维度共计 7 个指标，各指标均采用哑变量量化处理方法。对于保险资产管理公司，指标原始评分最大值为 6，最小值为 0；百分化处理后，最大值为 100，最小值为 0。对于其他保险机构，指标原始评分最大值为 7，最小值为 0；百分化处理后，最大值为 100，最小值为 0。

（一）指标 4-1：高管规模的量化方法

保险资产管理公司的标准为，高级管理人员规模小于 4、未披露－0 分，高级管理人员规模大于等于 4－1 分；其他保险机构的标准为，高级管理人员规模小于 5、未披露－0 分，高级管理人员规模大于等于 5－1 分。Excel 量化公式为：=IF(EO2="###","###",IF(EO2="未披露",0,IF(G2="A",IF(EO2>=4,1,0),IF(EO2>=5,1,0))))，其中 EO 列为指标 4-1 的原始整理数据，包括###、自然数和未披露；G 列为保险机构的业务类型，包括 G、A、N、P 和 R，G 表示保险集团（控股）公司，A 表示保险资产管理公司，N 表示人身保险机构，P 表示财产保险机构，R 表示再保险机构。

（二）指标 4-2：董事长和总经理两职是否分设的量化方法

董事长与总经理两职合一、未披露－0 分，董事长与总经理两职分设－1 分。Excel 量化公式为：=IF(EQ2="###","###",IF(EQ2="是",1,0))，其中 EQ 列为指标 4-2 的原始整理数据，包括###、是、否和未披露。

（三）指标 4-3：是否设立总精算师的量化方法

未设立总精算师、未披露－0 分，设立总精算师－1 分。Excel 量化公式为：=IF(ES2="###","###",IF(ES2="不适用","不适用",IF(ES2="是",1,0)))，其中 ES 列为指标 4-3 的原始整理数据，包括###、是、否、未披露和不适用。

（四）指标 4-4：是否设立合规负责人的量化方法

未设立合规负责人、未披露－0 分，设立合规负责人－1 分。Excel 量化公式为：=IF(EU2="###","###",IF(EU2="是",1,0))，其中 EU 列为指标 4-4 的原始整理数据，包括###、是、否和未披露。

（五）指标 4-5：是否设立首席风险官的量化方法

未设立首席风险官、未披露－0 分，设立首席风险官－1 分。Excel 量化公式为：=IF(EW2="###","###",IF(EW2="是",1,0))，其中 EW 列为指标 4-5 的原始整理数据，包括###、是、否和未披露。

（六）指标 4-6：是否设立审计负责人的量化方法

未设立审计负责人、未披露－0 分，设立审计负责人－1 分。Excel 量化公式为：=IF(EY2="###","###",IF(EY2="是",1,0))，其中 EY 列为指标 4-6 的原始整理数据，包括###、是、否和未披露。

（七）指标 4-7：总经理是否存在非正常变更情况的量化方法

总经理非正常变更、空缺、未披露－0 分，总经理未变更、正常变更－1 分。Excel 量化公式为：=IF(FA2="###","###",IF(OR(FA2="非正常变更",FA2="空缺",FA2="未披露"),0,1))，其中 FA 列为指标 4-7 的原始整理数据，包括###、未变更、正常变更、非正常变更、空缺和未披露。

五、信息披露维度指标评价标准设计

信息披露维度共计 17 个指标，各指标均采用哑变量量化处理方法。对于保险资产管理公司、仅经营受托型业务的养老保险公司以及 2022 年及以前评价年度的中国人民养老保险有限责任公司、中国人寿养老保险股份有限公司、新华养老保险有限责任公司和恒安标准养老保险有限责任公司四家养老保险公司，指标原始评分最大值为 15，最小值为 0；百分化处理后，最大值为 100，最小值为 0。对于其他保险机构和前述四家养老保险公司 2023 年及以后评价年度，指标原始评分最大值为 17，最小值为 0；百分化处理后，最大值为 100，最小值为 0。

（一）指标 5-1：有无官网的量化方法

无官网－0 分，有官网－1 分。Excel 量化公式为：=IF(FF2="###","###",IF(FF2="有",1,0))，其中 FF 列为指标 5-1 的原始整理数据，包括###、有和无。

（二）指标 5-2：官网整体建设水平状况的量化方法

官网整体建设水平较差、无官网－0 分，官网整体建设水平专业或一般－1 分。Excel 量化公式为：=IF(FH2="###","###",IF(OR(FH2="一般",FH2="专业"),1,0))，其中 FH 列为指标 5-2 的原始整理数据，包括###、较差、一般、专业和无官网。

（三）指标 5-3：官网客服热线披露情况的量化方法

无客服热线、无官网－0 分，客服热线披露且位置显著或一般－1 分。Excel 量化公式为：=IF(FJ2="###","###",IF(OR(FJ2="一般",FJ2="显著"),1,0))，其中 FJ 列为指标 5-3 的原始整理数据，包括###、一般、显著、无热线和无官网。

（四）指标 5-4：官网是否披露官微或公众号的量化方法

未披露官方微信或公众号、无官网－0 分，披露了官方微信或公众号－1 分。Excel 量化公式为：=IF(FL2="###","###",IF(FL2="是",1,0))，其中 FL 列为指标 5-4 的原始整理数据，包括###、是、否和无官网。

（五）指标 5-5：官网有无公开信息披露栏目的量化方法

官网无公开信息披露栏目、无官网－0 分，官网有公开信息披露栏目－1 分。Excel 量化公式为：=IF(FN2="###","###",IF(FN2="有",1,0))，其中 FN 列为指标 5-5 的原始整理数据，包括###、有、无和无官网。

（六）指标 5-6：官网公开信息披露栏目是否明显的量化方法

官网公开信息披露栏目不明显、无官网－0 分，官网公开信息披露栏目明显－1 分。Excel 量化公式为：=IF(FP2="###","###",IF(FP2="是",1,0))，其中 FP 列为指标 5-6 的原始整理数据，包括###、是、否和无官网。

（七）指标 5-7：官网披露框架是否符合规定的量化方法

官网披露框架不符合规定、无官网－0 分，官网披露框架符合规定－1 分。Excel 量化公式为：=IF(FR2="###","###",IF(FR2="是",1,0))，其中 FR 列为指标 5-7 的原始整理数据，包括###、是、否和无官网。

（八）指标 5-8：官网基本信息披露是否完善的量化方法

官网基本信息披露不完善、无官网－0 分，官网基本信息披露完善－1 分。Excel 量化公式为：=IF(FT2="###","###",IF(FT2="是",1,0))，其中 FT 列为指标 5-8 的原始整理数据，包括###、是、否和无官网。

（九）指标 5-9：官网专项信息披露是否完善的量化方法

官网专项信息披露不完善、无官网－0 分，官网专项信息披露完善－1 分。Excel 量化公式为：=IF(FV2="###","###",IF(FV2="是",1,0))，其中 FV 列为指标 5-9 的原始整理数据，包括###、是、否和无官网。

（十）指标 5-10：官网重大事项披露是否完善的量化方法

官网重大事项信息披露不完善、无官网－0 分，官网重大事项信息披露完善－1 分。Excel 量化公式为：=IF(FX2="###","###",IF(FX2="是",1,0))，其中 FX 列为指标 5-10 的原始整理数据，包括###、是、否和无官网。

（十一）指标 5-11：官网公司治理架构披露是否完善的量化方法

官网公司治理架构披露不完善、无官网－0 分，官网公司治理架构披露完善－1 分。Excel 量化公式为：=IF(FZ2="###","###",IF(FZ2="是",1,0))，其中 FZ 列为指标 5-11 的原始整理数据，包括###、是、否和无官网。

（十二）指标 5-12：偿付能力报告披露是否及时的量化方法

偿付能力报告披露不及时、未披露报告－0 分，偿付能力报告披露及时－1 分。Excel 量化公式为：=IF(GB2="###","###",IF(GB2="不适用","不适用",IF(GB2="是",1,0)))，其中 GB 列为指标 5-12 的原始整理数据，包括###、是、否、未披露报告和不适用。

（十三）指标 5-13：偿付能力报告披露后是否有更正的量化方法

偿付能力报告披露后未更改、未披露报告－0 分，偿付能力报告披露后有更改－1 分。Excel 量化公式为：=IF(GD2="###","###",IF(GD2="不适用","不适用",IF(GD2="否",1,0)))，其中 GD 列为指标 5-13 的原始整理数据，包括###、是、否、未披露报告和不适用。

（十四）指标 5-14：年度信息披露报告披露是否及时的量化方法

年度信息披露报告披露不及时、未披露报告－0 分，年度信息披露报告披露及时－1

分。Excel 量化公式为：=IF(GF2="###","###",IF(GF2="是",1,0))，其中 GF 列为指标 5-14 的原始整理数据，包括###、是、否和未披露报告。

（十五）指标 5-15：年度信息披露报告披露是否完善的量化方法

年度信息披露报告未披露－0 分，年度信息披露报告已披露－1 分。Excel 量化公式为：=IF(GH2="###","###",IF(GH2="是",1,0))，其中 GH 列为指标 5-15 的原始整理数据，包括###、是和否。

（十六）指标 5-16：年度信息披露报告披露后是否有更正的量化方法

年度信息披露报告披露后未更改、未披露报告－0 分，年度信息披露报告披露后有更改－1 分。Excel 量化公式为：=IF(GJ2="###","###",IF(GJ2="否",1,0))，其中 GJ 列为指标 5-16 的原始整理数据，包括###、是、否和未披露报告。

（十七）指标 5-17：年度财务会计报告审计意见类型的量化方法

保留意见、无法表示意见、无审计意见、带强调事项段的标准无保留意见、暂缓披露、未披露报告－0 分，审计意见类型为标准无保留意见－1 分。Excel 量化公式为：=IF(GL2="###","###",IF(OR(GL2="标准无保留意见"),1,0))，其中 GL 列为指标 5-17 的原始整理数据，包括###、标准无保留意见、保留意见、无法表示意见、无审计意见、带强调事项段的标准无保留意见、暂缓披露和未披露报告。

六、利益相关者维度指标评价标准设计

利益相关者维度共计 9 个指标，各指标均采用哑变量量化处理方法。对于保险集团（控股）公司和保险资产管理公司，指标原始评分最大值为 7，最小值为 0；百分化处理后，最大值为 100，最小值为 0。对于再保险机构，指标原始评分最大值为 8，最小值为 0；百分化处理后，最大值为 100，最小值为 0。对于其他保险机构，指标原始评分最大值为 9，最小值为 0；百分化处理后，最大值为 100，最小值为 0。

（一）指标 6-1：亿元保费、万张保单投诉情况的量化方法

亿元保费和万张保单投诉数据均大于等于历史年度行业中位数－0 分，其余情形－1 分。Excel 量化公式为：=IF(OR(GR2="###",GT2="###"),"###",IF(OR(GR2="不适用",GT2="不适用"),"不适用",IF(GR2+GT2=0,0,1)))。其中，GR 列为亿元保费投诉情况的赋分，包括###、0、1 和不适用，当保险机构亿元保费投诉数据大于等于历史年度行业中位数时赋分为 0，当保险机构亿元保费投诉数据小于历史年度行业中位数或无亿元保费投诉数据时赋分为 1，Excel 赋分公式为：=IF(GQ2="###","###",IF(GQ2="不适用","不适用",IF(GQ2="无数据",1,IF(GQ2<VLOOKUP(B:B,亿元保费数据分组标准!J:M,3,),1,0)))))，其中 GQ 列为亿元保费的原始整理数据，包括###、实数、无数据和不适用字段内容，B 列为评价年度，此处用于从工作表"亿元保费数据分组标准"中检索对应年份的亿元保费投诉数据历史年度行业中位数，该工作表为数据透视表，主要作用是基于 GQ 列计算各年份对应的亿元保费投诉数据历史年度行业中位数；GT 列为万张保单投诉情况的赋分，包括###、0、1 和不适用，当保险机构万张保单投诉数据大于等于历史年度行业中位数时赋分为 0，当保险机构万张保单投诉数据小于历史年度行业中位数或无万张保单投诉数据时赋分为 1，Excel 赋分公式为：=IF(GS2="###","###",IF(GS2="不适用","不适用",

IF(GS2="无数据",1,IF(GS2<VLOOKUP(B:B,万张保单数据分组标准!J:M,3,),1,0)))），其中GS列为万张保单的原始整理数据，包括###、实数、无数据和不适用字段内容，B列为评价年度，此处用于从工作表"万张保单数据分组标准"中检索对应年份的万张保单投诉数据历史年度行业中位数，该工作表为数据透视表，主要作用是基于GS列计算各年份对应的万张保单投诉数据历史年度行业中位数。

（二）指标6-2：有无经营异常情况的量化方法

有经营异常情况-0分，无经营异常情况-1分。Excel量化公式为：=IF(GV2="###","###",IF(GV2="无",1,0))，其中GV列为指标6-2的原始整理数据，包括###、有和无。

（三）指标6-3：是否收到监管函的量化方法

收到监管函-0分，未收到监管函-1分。Excel量化公式为：=IF(GX2="###","###",IF(GX2="否",1,0))，其中GX列为指标6-3的原始整理数据，包括###、是和否。

（四）指标6-4：是否受到行政处罚的量化方法

受到行政处罚-0分，未受到行政处罚-1分。Excel量化公式为：=IF(GZ2="###","###",IF(GZ2="否",1,0))，其中GZ列为指标6-4的原始整理数据，包括###、是和否。

（五）指标6-5：风险综合评级状况的量化方法

风险综合评级为C、D、未披露-0分，风险综合评级为AAA、AA、A、BBB、BB、B-1分。Excel量化公式为：=IF(HB2="###","###",IF(HB2="不适用","不适用",IF(OR(HB2="A",HB2="AA",HB2="AAA",HB2="B",HB2="BB",HB2="BBB"),1,0)))，其中HB列为指标6-5的原始整理数据，包括###、AAA、AA、A、BBB、BB、B、C、D、未披露和不适用。

（六）指标6-6：纳税信用评级状况的量化方法

纳税信用评级为非A-0分，纳税信用评级为A-1分。Excel量化公式为：=IF(HD2="###","###",IF(HD2="A",1,0))，其中HD列为指标6-6的原始整理数据，包括###、A和非A。

（七）指标6-7：评价年度有无失信情况的量化方法

有失信情况-0分，无失信情况-1分。Excel量化公式为：=IF(HF2="###","###",IF(HF2="无",1,0))，其中HF列为指标6-7的原始整理数据，包括###、有和无。

（八）指标6-8：社会责任承担状况的量化方法

未披露承担社会责任-0分，披露承担社会责任-1分。Excel量化公式为：=IF(HH2="###","###",IF(HH2="披露承担",1,0))，其中HH列为指标6-8的原始整理数据，包括###、披露承担和未披露。

（九）指标6-9：负面新闻报道情况的量化方法

负面新闻报道数量大于5条-0分，负面新闻报道数量小于等于5条-1分。Excel量化公式为：=IF(HJ2="###","###",IF(HJ2<=5,1,0))，其中HJ列为指标6-9的原始整理数据，包括###和自然数。

第二节　中国保险机构治理指数模型

在对保险机构治理评价指标量化的基础上，需要生成中国保险机构治理指数。本节首先采用群决策层次分析法（AHP），为中国保险机构股东与股权结构等六个分指数分配一定权重，加权求和生成中国保险机构治理总指数，并构建了中国保险机构治理指数分指数体系，分别得到基于治理内容维度的中国保险机构治理分指数和基于治理层次维度的中国保险机构强制性治理指数和自主性治理指数。

一、中国保险机构治理总指数模型

公司治理指数是运用统计学及运筹学原理，根据一定的指标体系，对照一定的标准，按照科学的程序，通过定量分析与定性分析，以指数形式对公司治理状况做出的系统、客观和准确的评价（李维安，2005）。

中国保险机构治理指数（China Insurance Institution Governance Index，缩写为 CIIGI），也称南开保险机构治理指数（Insurance Institution Governance Index of Nankai University，缩写为 IIGI[NK]），是基于公开披露信息，根据中国保险机构治理指标体系，将股东与股权结构、董事与董事会、监事与监事会、高级管理人员、信息披露及利益相关者六大内容维度分指数以一定的权重加权求和，对中国保险机构治理质量做出的系统、客观、准确的评价，指数最小值为 0，最大值为 100，治理指数越高代表治理质量越好。相对于内容维度分指数来说，中国保险机构治理指数也是总指数。

围绕治理内容维度各分指数的权重，南开大学中国保险机构治理评价课题组先后发放 118 份调查问卷，其中 68 份通过了数据一致性检验（Consistency Test），即 CR 值（Consistency Ratio）小于 0.1。进而使用软件 yaahp12.4 中的群决策层次分析法（AHP）计算后确定各分指数的权重为：股东与股权结构分指数权重 0.1833、董事与董事会分指数权重 0.2069、监事与监事会分指数权重 0.0998、高级管理人员分指数权重 0.1507、信息披露分指数权重 0.1925 以及利益相关者分指数权重 0.1668。

本研究按照该权重对治理内容维度的六大分指数加权求和进而生成中国保险机构治理指数，指数模型见式 6-1。

$$\text{CIIGI} = 0.1833 \times \text{CIIGI}_{\text{SHARE}} + 0.2069 \times \text{CIIGI}_{\text{BOD}} + 0.0998 \times \text{CIIGI}_{\text{SUPER}} + 0.1507 \times \text{CIIGI}_{\text{TOP}} + 0.1925 \times \text{CIIGI}_{\text{DISCL}} + 0.1668 \times \text{CIIGI}_{\text{STAKE}} \quad （式 6-1）$$

其中，$\text{CIIGI}_{\text{SHARE}}$ 表示股东与股权结构分指数、$\text{CIIGI}_{\text{BOD}}$ 表示董事与董事会分指数、$\text{CIIGI}_{\text{SUPER}}$ 表示监事与监事会分指数、$\text{CIIGI}_{\text{TOP}}$ 表示高级管理人员分指数、$\text{CIIGI}_{\text{DISCL}}$ 表示信息披露分指数、$\text{CIIGI}_{\text{STAKE}}$ 表示利益相关者分指数，分别基于式 6-2、式 6-3、式 6-4、式 6-5、式 6-6 和式 6-7 计算而来。

二、中国保险机构治理指数分指数体系总体说明

如图 6-1 所示，中国保险机构治理指数分指数可分为治理内容维度分指数和治理层次分指数两大方面。其中，治理内容维度分指数按治理内容的不同主要包括股东与股权

结构分指数、董事与董事会分指数、监事与监事会分指数、高级管理人员分指数、信息披露分指数和利益相关者分指数。治理层次分指数按治理层次的不同主要包括强制性治理分指数和自主性治理分指数。

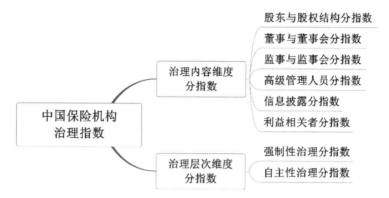

图 6-1　中国保险机构治理指数分指数体系图

资料来源：作者整理。

三、治理内容维度中国保险机构治理分指数模型

中国保险机构治理评价指标体系包含六大治理内容维度，分别是股东与股权结构维度、董事与董事会维度、监事与监事会维度、高级管理人员维度、信息披露维度和利益相关者维度。对各维度指标的哑变量量化结果进行等权重求和，可以得到每一个维度的治理原始评分。因为各维度的指标数量不一致，因此为确保各维度评价结果具有可比性，对每个维度的原始评分进行标准化处理，采用百分化后的结果。

（一）股东与股权结构分指数模型

股东与股权结构维度共计 5 个评价指标，其中非公司制的相互保险组织适用 1 个指标，其他保险机构适用全部指标，分指数计算过程如式 6-2 所示。

$$CIIGI_{SHARE} = \left(\sum\nolimits_{1\text{-}i}^{n} Score_{1\text{-}i} \div n \right) \times 100 \qquad （式 6\text{-}2）$$

其中，$Score_{1\text{-}i}$ 表示股东与股权结构维度各评价指标的哑变量评分，1-i 代表指标编号；n 表示适用指标数量。对于公司制的保险机构，$i = 1, \cdots, 5$；对于非公司制的相互保险组织，$i = 1$。

（二）董事与董事会分指数模型

董事与董事会维度共计 24 个评价指标，其中 2021 年及以前评价年度所有保险机构适用 15 个指标，2022 年及以后评价年度保险公司适用 24 个指标，其他保险机构适用 23 个指标，分指数计算过程如式 6-3 所示。

$$CIIGI_{BOD} = \left(\sum\nolimits_{2\text{-}i}^{n} Score_{2\text{-}i} \div n \right) \times 100 \qquad （式 6\text{-}3）$$

其中，$Score_{2\text{-}i}$ 表示董事与董事会维度各评价指标的哑变量评分，2-i 代表指标编号；n 表示适用指标数量。2021 年及以前评价年度，$i = 1, 11, 12, \cdots, 24$。2022 年及以后评价年度，对于保险公司，$i = 1, \cdots, 24$；对于除保险公司外的其他保险机构，$i = 1, 3, 4, \cdots, 24$。

（三）监事与监事会分指数模型

监事与监事会维度共计 8 个评价指标，其中 2021 年及以前评价年度所有保险机构适用 7 个指标，2022 年及以后评价年度所有保险机构适用 8 个指标，分指数计算过程如式 6-4 所示。

$$\text{CIIGI}_{\text{SUPER}} = \left(\sum\nolimits_{3-i}^{n} \text{Score}_{3-i} \div n \right) \times 100 \qquad （式 6-4）$$

其中，Score_{3-i} 表示监事与监事会维度各评价指标的哑变量评分，3-i 代表指标编号；n 表示适用指标数量。2021 年及以前评价年度，i = 1, 2, 4, 5, …, 8。2022 年及以后评价年度，i = 1, …, 8。

（四）高级管理人员分指数模型

高级管理人员维度共计 7 个评价指标，其中保险资产管理公司适用 6 个指标，其他保险机构适用全部指标，分指数计算过程如式 6-5 所示。

$$\text{CIIGI}_{\text{TOP}} = \left(\sum\nolimits_{4-i}^{n} \text{Score}_{4-i} \div n \right) \times 100 \qquad （式 6-5）$$

其中，Score_{4-i} 表示高级管理人员维度各评价指标的哑变量评分，4-i 代表指标编号；n 表示适用指标数量。对于保险资产管理公司，i = 1, 2, 4, 5, 6, 7；对于其他保险机构，i = 1, …, 7。

（五）信息披露分指数模型

信息披露维度共计 17 个评价指标，其中保险资产管理公司和仅经营受托型业务的养老保险公司使用 15 个指标，其他保险机构适用全部指标，分指数计算过程如式 6-6 所示。

$$\text{CIIGI}_{\text{DISCL}} = \left(\sum\nolimits_{5-i}^{n} \text{Score}_{5-i} \div n \right) \times 100 \qquad （式 6-6）$$

其中，Score_{5-i} 表示股东与股权结构维度各评价指标的哑变量评分，5-i 代表指标编号；n 表示适用指标数量。对于保险资产管理公司和仅经营受托型业务的养老保险公司，i = 1, …, 17；对于其他保险机构，i = 1, …, 17。

（六）利益相关者分指数模型

利益相关者维度共计 9 个评价指标，其中保险集团（控股）公司和保险资产管理公司适用 7 个指标，再保险机构适用 8 个指标，其他保险机构适用全部指标，分指数计算过程如式 6-7 所示。

$$\text{CIIGI}_{\text{STAKE}} = \left(\sum\nolimits_{6-i}^{n} \text{Score}_{6-i} \div n \right) \times 100 \qquad （式 6-7）$$

其中，Score_{6-i} 表示股东与股权结构维度各评价指标的哑变量评分，6-i 代表指标编号；n 表示适用指标数量。对于保险集团（控股）公司和保险资产管理公司，i = 2, 3, 4, 6, 7, 8, 9；对于再保险机构，i = 2, …, 9。

四、治理层次维度中国保险机构治理分指数模型

中国保险机构治理评价指标体系对各治理内容维度指标依照治理层次进一步划分为初级指标和高级指标，本研究根据初级指标和高级指标分别生成强制性治理指数和自主性治理指数。对于财产保险机构和再保险机构，2019 年及以前评价年度初级指标 39 个、高级指标 31 个，2020 年和 2021 年评价年度初级指标 40 个、高级指标 30 个，2022 年及以后评价年度初级指标 41 个、高级指标 29 个；对于其他保险机构，2021 年及以前评价年度初级指标 40 个、高级指标 30 个，2022 年及以后评价年度初级指标 41 个、高级指标 29 个。针对不同类型、不同年份机构对应的初高级指标，首先根据式 6-2 至式 6-7 生成各治理内容维度强制性治理分指数和自主性治理分指数，进而根据前述六大治理内容维度的权重，加权求和生成强制性治理指数和自主性治理指数。

（一）强制性治理分指数模型

根据表 3-4 第二版中国保险机构治理评价指标体系中的初级指标，生成中国保险机构强制性治理指数，计算过程如式 6-8 所示。

$$CIIGI_{MANDA} = 0.1833 \times CIIGI_{SHARE-MANDA} + 0.2069 \times CIIGI_{BOD-MANDA} + 0.0998 \times CIIGI_{SUPER-MANDA} + 0.1507 \times CIIGI_{TOP-MANDA} + 0.1925 \times CIIGI_{DISCL-MANDA} + 0.1668 \times CIIGI_{STAKE-MANDA} \tag{式 6-8}$$

其中，$CIIGI_{SHARE-MANDA}$、$CIIGI_{BOD-MANDA}$、$CIIGI_{SUPER-MANDA}$、$CIIGI_{TOP-MANDA}$、$CIIGI_{DISCL-MANDA}$ 和 $CIIGI_{STAKE-MANDA}$ 分别代表各治理内容维度的强制性治理分指数，基于式 6-2、式 6-3、式 6-4、式 6-5、式 6-6 和式 6-7 导入初级指标计算而来。

（二）自主性治理分指数模型

根据表 3-4 第二版中国保险机构治理评价指标体系中的高级指标，生成中国保险机构自主性治理指数，计算过程如式 6-9 所示。

$$CIIGI_{VOLUN} = 0.1833 \times CIIGI_{SHARE-VOLUN} + 0.2069 \times CIIGI_{BOD-VOLUN} + 0.0998 \times CIIGI_{SUPER-VOLUN} + 0.1507 \times CIIGI_{TOP-VOLUN} + 0.1925 \times CIIGI_{DISCL-VOLUN} + 0.1668 \times CIIGI_{STAKE-VOLUN} \tag{式 6-9}$$

其中，$CIIGI_{SHARE-VOLUN}$、$CIIGI_{BOD-VOLUN}$、$CIIGI_{SUPER-VOLUN}$、$CIIGI_{TOP-VOLUN}$、$CIIGI_{DISCL-VOLUN}$ 和 $CIIGI_{STAKE-VOLUN}$ 分别代表各治理内容维度的自主性治理分指数，基于式 6-2、式 6-3、式 6-4、式 6-5、式 6-6 和式 6-7 导入高级指标计算而来。

需要说明的是，非公司制的相互保险组织在股东与股权结构维度并无高级指标，因此这类机构在生成自主性治理指数时需要特殊处理。本研究将其他五个治理内容维度的权重进行标准化处理，使其之和为 1，进而生成非公司制的相互保险组织自主性治理指数，具体模型见式 6-10 所示。

$$CIIGI_{VOLUN} = 0.2534 \times CIIGI_{BOD-VOLUN} + 0.1222 \times CIIGI_{SUPER-VOLUN} + 0.1845 \times CIIGI_{TOP-VOLUN} + 0.2357 \times CIIGI_{DISCL-VOLUN} + 0.2042 \times CIIGI_{STAKE-VOLUN} \tag{式 6-10}$$

第三节　中国保险机构治理分类指数模型

不同类型保险机构有其治理特殊性，因此要针对特定类型保险机构开展治理评价，生成治理指数以量化反映其治理状况。本节构建了中国保险机构治理指数分类指数体系，针对保险集团（控股）公司、保险公司、人身保险机构、财产保险机构、保险资产管理公司和相互保险组织分别建立治理指数模型，生成治理分类指数。

一、中国保险机构治理指数分类指数体系

如图 6-2 所示，根据保险机构业务类型的差异，同时考虑不同业务类型保险机构治理的特殊性，中国保险机构治理指数分类指数可分为中国保险经营机构治理指数和中国保险中介机构治理指数两大方面。

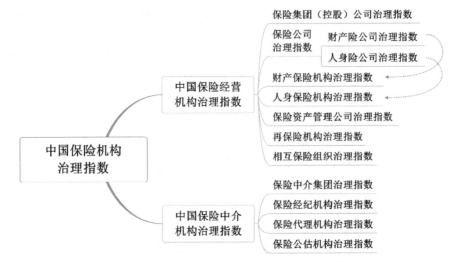

图 6-2 中国保险机构治理指数分类指数体系图

资料来源：作者整理。

本书着重研究了中国保险经营机构治理指数的主要内容，包括保险集团（控股）公司治理指数、保险公司治理指数、财产保险机构治理指数、人身保险机构治理指数、保险资产管理公司治理指数、再保险机构治理指数和相互保险组织治理指数，保险公司治理指数根据险种类型不同还可分为财产险公司治理指数和人身险公司治理指数。此外，中国保险中介机构治理指数主要包括保险中介集团治理指数、保险经纪机构治理指数、保险代理机构治理指数和保险公估机构治理指数。

二、中国保险集团（控股）公司治理指数模型

中国保险机构治理评价指标体系 70 个具体指标中有 67 个适用于保险集团（控股）公司，其余 3 个指标即指标 2-2：是否单独或合并设立资产负债管理专门委员会，指标 6-1：亿元保费、万张保单投诉情况，指标 6-5：风险综合评级状况不适用。中国保险集团（控股）公司治理指数（China Insurance Group (Holdings) Corporate Governance Index，缩写为 CIGCGI）是基于这 67 个评价指标生成股东与股权结构等六大分指数进而加权求和而得，指数模型如式 6-11 所示。

$$CIIGI_{GROUP} = 0.1833 \times CIIGI_{SHARE} + 0.2069 \times CIIGI_{BOD} + 0.0998 \times CIIGI_{SUPER} + 0.1507 \times CIIGI_{TOP} + 0.1925 \times CIIGI_{DISCL} + 0.1668 \times CIIGI_{STAKE} \qquad （式 6-11）$$

其中，$CIIGI_{SHARE}$、$CIIGI_{BOD}$、$CIIGI_{SUPER}$、$CIIGI_{TOP}$、$CIIGI_{DISCL}$ 和 $CIIGI_{STAKE}$ 分别基于式 6-1、式 6-2、式 6-3、式 6-4、式 6-5 和式 6-6 计算而来。

三、中国保险公司治理指数模型

中国保险机构治理评价指标体系 70 个具体指标中有 68 个指标适用于仅经营受托型业务的养老保险公司，指标 5-12：偿付能力报告披露是否及时和指标 5-13：偿付能力报告披露后是否有更正不适用；其余保险公司对 70 个指标均适用。中国保险公司治理指数（China Insurance Company Governance Index，缩写为 CICGI）是基于前述适用指标生成股东与股权结构等六大分指数进而加权求和而得，指数模型如式 6-12 所示。

$$\text{CIIGI}_{\text{INCOM}} = 0.1833 \times \text{CIIGI}_{\text{SHARE}} + 0.2069 \times \text{CIIGI}_{\text{BOD}} + 0.0998 \times \text{CIIGI}_{\text{SUPER}} + 0.1507 \times \text{CIIGI}_{\text{TOP}} + 0.1925 \times \text{CIIGI}_{\text{DISCL}} + 0.1668 \times \text{CIIGI}_{\text{STAKE}} \qquad (\text{式 } 6\text{-}12)$$

其中，$\text{CIIGI}_{\text{SHARE}}$、$\text{CIIGI}_{\text{BOD}}$、$\text{CIIGI}_{\text{SUPER}}$、$\text{CIIGI}_{\text{TOP}}$、$\text{CIIGI}_{\text{DISCL}}$ 和 $\text{CIIGI}_{\text{STAKE}}$ 分别基于式 6-1、式 6-2、式 6-3、式 6-4、式 6-5 和式 6-6 计算而来。

四、中国人身保险机构治理指数模型

中国保险机构治理评价指标体系 70 个具体指标中有 68 个指标适用于仅经营受托型业务的养老保险公司，指标 5-12：偿付能力报告披露是否及时和指标 5-13：偿付能力报告披露后是否有更正不适用；有 65 个指标适用于人身保险机构中的非公司制相互保险组织，指标 1-2：股权结构状况，指标 1-3：是否存在机构投资者，指标 1-4：股权层级状况，指标 1-5：股权出质或质押情况，指标 2-2：是否单独或合并设立资产负债管理专门委员会不适用；其余人身保险机构对 70 个指标均适用。中国人身保险机构治理指数（China Personal Insurance Institution Governance Index，缩写为 CPLIIGI）是基于前述适用指标生成股东与股权结构等六大分指数进而加权求和而得，指数模型如式 6-13 所示。

$$\text{CIIGI}_{\text{NONPR}} = 0.1833 \times \text{CIIGI}_{\text{SHARE}} + 0.2069 \times \text{CIIGI}_{\text{BOD}} + 0.0998 \times \text{CIIGI}_{\text{SUPER}} + 0.1507 \times \text{CIIGI}_{\text{TOP}} + 0.1925 \times \text{CIIGI}_{\text{DISCL}} + 0.1668 \times \text{CIIGI}_{\text{STAKE}} \qquad (\text{式 } 6\text{-}13)$$

其中，$\text{CIIGI}_{\text{SHARE}}$、$\text{CIIGI}_{\text{BOD}}$、$\text{CIIGI}_{\text{SUPER}}$、$\text{CIIGI}_{\text{TOP}}$、$\text{CIIGI}_{\text{DISCL}}$ 和 $\text{CIIGI}_{\text{STAKE}}$ 分别基于式 6-1、式 6-2、式 6-3、式 6-4、式 6-5 和式 6-6 计算而来。

五、中国财产保险机构治理指数模型

中国保险机构治理评价指标体系 70 个具体指标中有 65 个指标适用于财产保险机构中的非公司制相互保险组织，指标 1-2：股权结构状况，指标 1-3：是否存在机构投资者，指标 1-4：股权层级状况，指标 1-5：股权出质或质押情况，指标 2-2：是否单独或合并设立资产负债管理专门委员会不适用；其余财产保险机构对 70 个指标均适用。中国财产保险机构治理指数（China Property Insurance Institution Governance Index，缩写为 CPYIIGI）是基于前述适用指标生成股东与股权结构等六大分指数进而加权求和而得，指数模型如式 6-14 所示。

$$\text{CIIGI}_{\text{PROPE}} = 0.1833 \times \text{CIIGI}_{\text{SHARE}} + 0.2069 \times \text{CIIGI}_{\text{BOD}} + 0.0998 \times \text{CIIGI}_{\text{SUPER}} + 0.1507 \times \text{CIIGI}_{\text{TOP}} + 0.1925 \times \text{CIIGI}_{\text{DISCL}} + 0.1668 \times \text{CIIGI}_{\text{STAKE}} \qquad (\text{式 } 6\text{-}14)$$

其中，$\text{CIIGI}_{\text{SHARE}}$、$\text{CIIGI}_{\text{BOD}}$、$\text{CIIGI}_{\text{SUPER}}$、$\text{CIIGI}_{\text{TOP}}$、$\text{CIIGI}_{\text{DISCL}}$ 和 $\text{CIIGI}_{\text{STAKE}}$ 分别基于式 6-1、式 6-2、式 6-3、式 6-4、式 6-5 和式 6-6 计算而来。

六、中国保险资产管理公司治理指数模型

中国保险机构治理评价指标体系 70 个具体指标中有 64 个适用于保险资产管理公司，其余 6 个指标即指标 2-2：是否单独或合并设立资产负债管理专门委员会，指标 4-3：是否设立总精算师，指标 5-12：偿付能力报告披露是否及时，指标 5-13：偿付能力报告披露后是否有更正，指标 6-1：亿元保费、万张保单投诉情况，指标 6-5：风险综合评级状况不适用。中国保险资产管理公司治理指数（China Insurance Asset Management Company Governance Index，缩写为 CIAMCGI）是基于这 64 个评价指标生成股东与股权结构等六大分指数进而加权求和而得，指数模型如式 6-15 所示。

$$\text{CIIGI}_{\text{ASSET}} = 0.1833 \times \text{CIIGI}_{\text{SHARE}} + 0.2069 \times \text{CIIGI}_{\text{BOD}} + 0.0998 \times \text{CIIGI}_{\text{SUPER}} + 0.1507 \times \text{CIIGI}_{\text{TOP}} + 0.1925 \times \text{CIIGI}_{\text{DISCL}} + 0.1668 \times \text{CIIGI}_{\text{STAKE}} \quad (\text{式 6-15})$$

其中，$\text{CIIGI}_{\text{SHARE}}$、$\text{CIIGI}_{\text{BOD}}$、$\text{CIIGI}_{\text{SUPER}}$、$\text{CIIGI}_{\text{TOP}}$、$\text{CIIGI}_{\text{DISCL}}$ 和 $\text{CIIGI}_{\text{STAKE}}$ 分别基于式 6-1、式 6-2、式 6-3、式 6-4、式 6-5 和式 6-6 计算而来。

七、中国再保险机构治理指数模型

中国保险机构治理评价指标体系 70 个具体指标中有 69 个适用于再保险机构，仅有指标 6-1：亿元保费、万张保单投诉情况不适用。中国再保险机构治理指数（China Reinsurance Company Governance Index，缩写为 CRCGI）是基于这 69 个评价指标生成股东与股权结构等六大分指数进而加权求和而得，指数模型如式 6-16 所示。

$$\text{CIIGI}_{\text{REINS}} = 0.1833 \times \text{CIIGI}_{\text{SHARE}} + 0.2069 \times \text{CIIGI}_{\text{BOD}} + 0.0998 \times \text{CIIGI}_{\text{SUPER}} + 0.1507 \times \text{CIIGI}_{\text{TOP}} + 0.1925 \times \text{CIIGI}_{\text{DISCL}} + 0.1668 \times \text{CIIGI}_{\text{STAKE}} \quad (\text{式 6-16})$$

其中，$\text{CIIGI}_{\text{SHARE}}$、$\text{CIIGI}_{\text{BOD}}$、$\text{CIIGI}_{\text{SUPER}}$、$\text{CIIGI}_{\text{TOP}}$、$\text{CIIGI}_{\text{DISCL}}$ 和 $\text{CIIGI}_{\text{STAKE}}$ 分别基于式 6-1、式 6-2、式 6-3、式 6-4、式 6-5 和式 6-6 计算而来。

八、中国相互保险组织治理指数模型

中国保险机构治理评价指标体系 70 个具体指标中有 65 个指标适用于非公司制相互保险组织，其余 5 个指标即指标 1-2：股权结构状况，指标 1-3：是否存在机构投资者，指标 1-4：股权层级状况，指标 1-5：股权出质或质押情况，指标 2-2：是否单独或合并设立资产负债管理专门委员会不适用；公司制的相互保险组织对 70 个指标均适用。中国相互保险组织治理指数（China Mutual Insurance Organization Governance Index，缩写为 CMIOGI）是基于前述适用指标生成股东与股权结构等六大分指数进而加权求和而得，指数模型如式 6-17 所示。

$$\text{CIIGI}_{\text{MUTUA}} = 0.1833 \times \text{CIIGI}_{\text{SHARE}} + 0.2069 \times \text{CIIGI}_{\text{BOD}} + 0.0998 \times \text{CIIGI}_{\text{SUPER}} + 0.1507 \times \text{CIIGI}_{\text{TOP}} + 0.1925 \times \text{CIIGI}_{\text{DISCL}} + 0.1668 \times \text{CIIGI}_{\text{STAKE}} \quad (\text{式 6-17})$$

其中，$\text{CIIGI}_{\text{SHARE}}$、$\text{CIIGI}_{\text{BOD}}$、$\text{CIIGI}_{\text{SUPER}}$、$\text{CIIGI}_{\text{TOP}}$、$\text{CIIGI}_{\text{DISCL}}$ 和 $\text{CIIGI}_{\text{STAKE}}$ 分别基于式 6-1、式 6-2、式 6-3、式 6-4、式 6-5 和式 6-6 计算而来。

第四节　中国保险机构治理等级与治理评级说明

一、治理等级说明

如表 6-1 所示，中国保险机构治理等级按照治理指数大小划分为 I、II、III、IV、V、VI、VII 七个等级。其中，等级 I 对应的指数区间为[90, 100]，等级 II 对应的指数区间为[80, 90)，等级 III 对应的指数区间为[70, 80)，等级 IV 对应的指数区间为[60, 70)，等级 V 对应的指数区间为[50, 60)，等级 VI 对应的指数区间为[40, 50)，等级 VII 对应的指数区间为[0, 40)。治理等级是对保险机构治理指数的简单分组，没有考虑样本整体的分布情况，无特殊的经济含义，主要作用在于可以清晰地观察到中国保险机构治理质量的整体变化趋势。

表 6-1　中国保险机构治理等级划分

序号	治理等级	指数区间
1	I	[90, 100]
2	II	[80, 90)
3	III	[70, 80)
4	IV	[60, 70)
5	V	[50, 60)
6	VI	[40, 50)
7	VII	[0, 40)

资料来源：作者整理。

二、治理评级说明

治理等级划分相对简单明了且比较好操作，但是也存在如下明显的不足：第一，治理等级根据指数等额区间强制划分，没有考虑样本整体的分布情况，且缺少经济含义；第二，公众针对治理等级没有形成一种规范的认知，在没有明确说明的情况下，有人会认为 VI 等级是治理水平较高的等级，也有人会认为 VI 等级是治理水平较低的等级；第三，现实中罗马数字使用频率较英文字母低，同时罗马数字不方便公众理解和记忆，有些人可能会分不清 IV 和 VI。治理评级能够弥补治理等级表现出的不足，评级结果的分布更加符合正态分布规律，经济含义更加符合实际，评级结果也便于理解和接受。

参照国内外专业机构信用评级、ESG 评级主流做法，本研究在中国保险机构治理等级的基础上，充分考虑了样本的治理指数整体分布情况，根据保险机构治理指数大小每年为每家保险机构确定一个治理评级。治理评级结果包括 A、B 和 C 三个大类评级，以及 AAA、AA、A、BBB、BB、B、CCC、CC 和 C 九个细分评级，不同评级具有不同的经济含义，具体如表 6-2 所示。各细分治理评级的划分标准为：AAA 对应指数区间[90, 100]，AA 对应指数区间[85, 90)，A 对应指数区间[80, 85)，BBB 对应指数区间[70, 80)，

BB 对应指数区间[65, 70)，B 对应指数区间[60, 65)，CCC 对应指数区间[50, 60)，CC 对应指数区间[40, 50)，C 对应指数区间[0, 40)。

其中，A 大类评级（包括 AAA、AA 和 A）表示公司治理水平优秀，治理结构健全，治理机制高效。B 大类评级（包括 BBB、BB 和 B）表示公司治理水平良好，仅在个别方面表现欠佳，总体上治理比较稳健，治理风险较小。C 大类评级（包括 CCC、CC 和 C）表示公司治理水平较差，在多个方面表现欠佳，总体上治理稳健，治理风险明显。在 C 大类评级中，CCC 和 CC 表示公司治理水平一般，在部分内容与层次维度或多个方面存在明显短板，有一定的治理风险；C 表示公司治理水平较差，结构安排不合理，机制不健全，治理合规性较低，暴露或隐含较大的治理风险。

表 6-2　中国保险机构治理评级划分

序号	治理大类评级	治理细分评级	指数区间	经济含义
1	A 类治理优秀	AAA	[90, 100]	治理非常优秀
2		AA	[85, 90)	距离优秀有一点距离
3		A	[80, 85)	治理总体不错，但有效性待提高
4	B 类治理良好	BBB	[70, 80)	治理较为良好，无明显短板
5		BB	[65, 70)	治理总体良好，但个别方面表现欠佳
6		B	[60, 65)	治理总体良好，隐含一定治理风险
7	C 类治理较差	CCC	[50, 60)	治理较差，存在明显短板
8		CC	[40, 50)	治理很差，有一定治理风险
9		C	[0, 40)	治理极差，治理风险很大

资料来源：作者整理。

第七章　保险机构治理评价样本与数据来源

本章在描述我国保险机构类型体系的基础上，统计了 2016—2022 年保险机构治理评价样本的数量，从规模类型、资本性质、组织形式、险种类型、成立年限、注册地区和所在城市七个方面对样本构成情况进行了详细分析，并对不同业务类型保险机构的规模类型、资本性质、组织形式和注册地区进行了透视分析。除此之外，本章对评价所用到的治理数据与非治理指数来源进行了说明。

第一节　评价样本情况

一、我国保险机构类型体系

如图 7-1 所示，我国保险机构可以按照规模类型、资本性质、组织形式、业务类型等方面的区别来进行划分①。其中按照业务类型不同，我国保险机构可以分为保险经营机构和保险中介机构两大类。《保险业务外汇管理内部控制制度（试行）》（汇发〔2004〕123号）中也将保险机构划分为保险经营机构和保险中介机构。《国务院关于加快发展现代保险服务业的若干意见》（国发〔2014〕29 号）也提及保险经营机构和保险中介机构。在已有的法律法规文件中，"保险中介机构"这一概念使用相对较多，"保险经营机构"则相对较少。实际上，很多法律法规文件使用是"保险机构"，但更多是狭义的保险机构即"保险经营机构"。

保险经营机构按照具体业务类型的差异可以进一步划分为保险集团（控股）公司、财产保险机构、人身保险机构、保险资产管理公司和再保险机构；考虑相互保险组织经营的特点，本研究将相互保险组织也作为单独一类保险经营机构。财产保险机构包括财产险公司和相互财产保险组织，人身保险机构包括人身险公司和相互人身保险组织，而保险公司则包括财产险公司（包括综合型财产险公司和专业型财产险公司）和人身险公司（包括寿险公司、健康险公司和养老险公司）。

保险中介机构按照具体业务类型的差异可以细分为保险中介集团、保险经纪机构、保险代理机构和保险公估机构。

需要说明的是，本研究的评价样本为保险机构体系中的保险经营机构，而没有包括

---

① 比如按照保险机构是否具有法人资格，可以将保险机构划分为保险法人机构和不具有法人资格的保险分支机构。

保险中介机构,主要原因有三个方面:第一,保险经营机构经营上具有明显的特殊性,而保险中介机构在经营上与一般公司相比特殊性不是非常明显;第二,保险经营机构在整个保险机构体系中发挥着核心作用,而保险中介机构在保险业发展中发挥着中介作用;第三,保险经营机构治理方面主要规范文件是《银行保险机构公司治理准则》(银保监发〔2021〕14 号),而保险中介机构早期是《保险中介机构法人治理指引(试行)》(保监发〔2005〕21 号),2010 年指引文件失效后则主要是《公司法》。

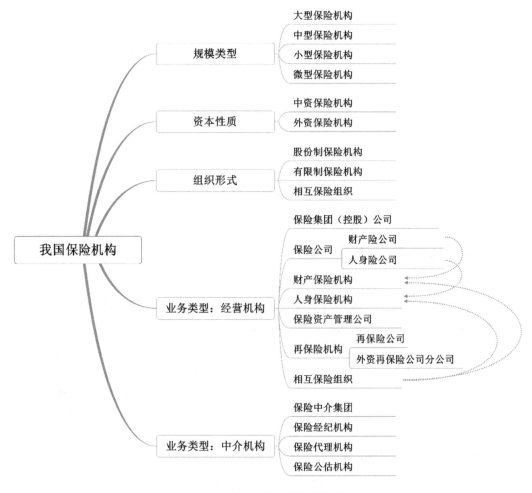

图 7-1　我国保险机构类型体系图

资料来源:作者整理。

二、中国保险机构治理评价样本的选择

如表 7-1 和图 7-2 所示,中国保险机构治理指数历年评价样本数合计 1389 家,2016－2022 年的评价样本数依次为 160、172、180、180、227、234 和 236 家,每年均为行业的全样本,其中 2022 年的评价样本数最多,相较于 2016 年相比增加了 76 家。

表 7-1 历年中国保险机构治理评价样本数统计

年份	样本数	占比（%）
2016	160	11.52
2017	172	12.38
2018	180	12.96
2019	180	12.96
2020	227	16.34
2021	234	16.85
2022	236	16.99
合计	1389	100.00

资料来源：南开大学中国保险机构治理指数数据库。

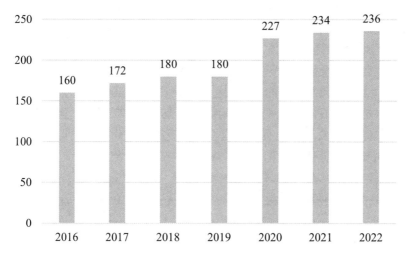

图 7-2 2016—2022 年中国保险机构样本数

资料来源：南开大学中国保险机构治理指数数据库。

三、中国保险机构治理评价样本的构成

（一）样本规模类型

当前，对于保险公司规模类型主要以保费收入的市场占比进行划分。祝向军、刘霄辉和唐瑜（2008）指出保险公司的"大小"实质上指的就是"业务规模"即"市场份额"，并且提出 8% 的市场份额应成为界定我国保险公司"大小"的量化标准，市场份额在 8% 以上的保险公司基本可以确定为"大型保险公司"，而市场份额不足 8% 的保险公司则属于"中小保险公司"。与祝向军、刘霄辉和唐瑜（2008）的思路相似，徐景峰和廖朴（2010）提出，市场份额高于 10% 的定为大型保险公司，市场份额在 5% 到 10% 之间的定为中型保险公司，市场份额低于 5% 的视为小型保险公司。彭雪梅和黄鑫（2016）将市场份额在 8% 以上的划分为大型保险公司，市场份额在 1% 到 8% 之间的为中型保险公司，市场份额

1% 以下的为小型保险公司。郝臣（2022）提出了不同于上述文献规模类型划分的思路，认为保险机构规模类型在一定时间内具有稳定性，划分机构标准在临界点附近的微小变化会导致机构类型的变化，因此用某一年度的数据来确定其当年的机构类型并不严谨，提出应该在一定时期内观察和确定某一机构的类型相对更加科学，并建议 2—5 年；明确提出将市场份额 4% 作为划分大型和中小型保险机构的标准，同时提出把中小型保险机构进行细分，并将市场份额 1% 作为划分中型保险机构和小型保险机构的标准；主张分析时期内市场份额符合相应标准的比例的年份占比在 50% 以上，便可认定样本机构这一时期内各年均为大型保险机构或中型保险机构；也对所提出的大型、中型和小型保险机构划分标准的效果进行了检验，发现上述规模类型划分效果良好。

本书研究对象为保险机构，保险公司只是保险机构的一部分，保险机构还包括保险集团（控股）公司、保险资产管理公司、再保险机构等。以其中的保险资产管理公司为例，其并没有保费收入，因此不能利用保费收入的市场份额对保险机构规模类型进行划分，必须寻找一个统一的、适用于所有保险机构的基准。中国人民银行等五部门制定的《金融业企业划型标准规定》（银发〔2015〕309 号）正好提供了前述条件的特定基准。该文件规定，对于保险业金融机构，资产总额 5000 亿元及以上的为大型企业，资产总额 5000 亿元以下、400 亿元及以上的为中型企业，资产总额 400 亿元以下、20 亿元及以上的为小型企业，资产总额 20 亿元以下的为微型企业。本研究根据《金融业企业划型标准规定》（银发〔2015〕309 号）对保险机构进行规模类型划分，分为四类，即大型保险机构、中型保险机构、小型保险机构和微型保险机构，详见表 7-2。

表 7-2　中国保险机构规模类型划分标准

序号	规模类型	划分标准
1	大型保险机构	资产总额 5000 亿元及以上
2	中型保险机构	资产总额 5000 亿元以下、400 亿元及以上
3	小型保险机构	资产总额 400 亿元以下、20 亿元及以上
4	微型保险机构	资产总额 20 亿元以下

资料来源：作者整理。

如表 7-3 所示，中国保险机构治理指数评价样本按照规模类型不同划分为大型保险机构、中型保险机构、小型保险机构和微型保险机构四种，为方便统计和分析，上述机构规模类型分别用 B、M、S 和 T 表示，这些字母实际上对应 Big、Medium、Small 和 Micro 单词的首字母。在 2016—2019 年中国保险机构治理指数评价样本规模类型统计中，样本数呈现逐年上升的趋势，2019 年样本数相较于 2016 年增加了 20 家。大型保险机构、中型保险机构和小型保险机构的评价样本数总体呈上升趋势，微型保险机构的评价样本数呈先上升后下降趋势。如图 7-3、图 7-4、图 7-5 和图 7-6 所示，大型保险机构评价样本占比最低，各年数量分别是 6、6、7 和 7 家，占比分别是 3.75%、3.49%、3.89% 和 3.89%，小型保险机构评价样本占比最高，各年数量分别是 83、84、94 和 96 家，占比分别是 51.88%、48.84%、52.22% 和 53.33%。

表 7-3　评价样本规模类型统计（2016－2019 年）

规模类型	2016 年		2017 年		2018 年		2019 年	
	样本数	占比（%）	样本数	占比（%）	样本数	占比（%）	样本数	占比（%）
B	6	3.75	6	3.49	7	3.89	7	3.89
M	27	16.88	32	18.60	33	18.33	35	19.44
S	83	51.88	84	48.84	94	52.22	96	53.33
T	44	27.50	50	29.07	46	25.56	42	23.33
合计	160	100.00	172	100.00	180	100.00	180	100.00

资料来源：南开大学中国保险机构治理指数数据库。

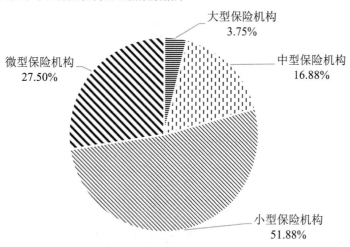

图 7-3　2016 年中国保险机构评价样本规模类型占比统计

资料来源：南开大学中国保险机构治理指数数据库。

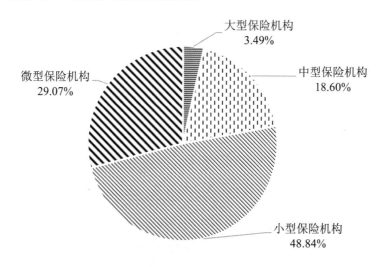

图 7-4　2017 年中国保险机构评价样本规模类型占比统计

资料来源：南开大学中国保险机构治理指数数据库。

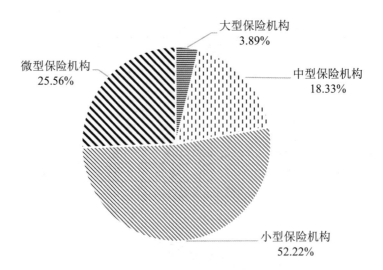

图 7-5　2018 年中国保险机构评价样本规模类型占比统计

资料来源：南开大学中国保险机构治理指数数据库。

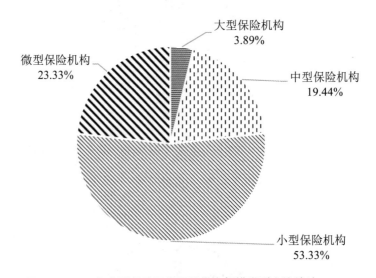

图 7-6　2019 年中国保险机构评价样本规模类型占比统计

资料来源：南开大学中国保险机构治理指数数据库。

　　如表 7-4 所示，中国保险机构治理指数评价样本规模类型包括大型保险机构、中型保险机构、小型保险机构和微型保险机构。在 2020－2022 年中国保险机构治理指数评价样本规模类型统计中，总样本数呈现逐年上升的趋势，2022 年样本数相较于 2020 年增加了 9 家。大型保险机构、中型保险机构的评价样本数总体呈上升趋势，小型保险机构的评价样本数先上升后下降，微型保险机构的评价样本数呈下降趋势。如图 7-7、图 7-8 和图 7-9 所示，大型保险机构评价样本占比最低，各年数量分别是 16、16 和 18 家，占比分别是 7.05%、6.84% 和 7.63%，小型保险机构评价样本占比最高，各年数量分别是 118、120 和 119 家，占比分别是 51.98%、51.28% 和 50.42%，中型保险机构和微型保险机构占比接近。

表 7-4　评价样本规模类型统计（2020－2022 年）

规模类型	2020 年		2021 年		2022 年	
	样本数	占比（%）	样本数	占比（%）	样本数	占比（%）
B	16	7.05	16	6.84	18	7.63
M	44	19.38	51	21.79	54	22.88
S	118	51.98	120	51.28	119	50.42
T	49	21.59	47	20.09	45	19.07
合计	227	100.00	234	100.00	236	100.00

资料来源：南开大学中国保险机构治理指数数据库。

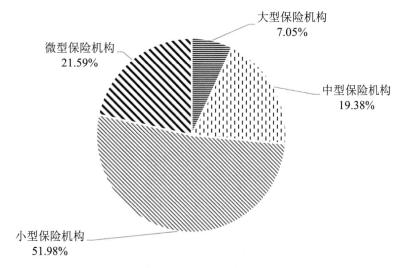

图 7-7　2020 年中国保险机构评价样本规模类型占比统计

资料来源：南开大学中国保险机构治理指数数据库。

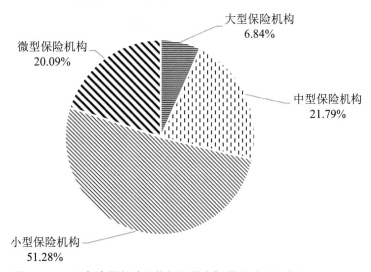

图 7-8　2021 年中国保险机构评价样本规模类型占比统计

资料来源：南开大学中国保险机构治理指数数据库。

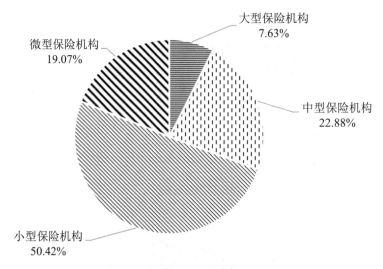

图 7-9　2022 年中国保险机构评价样本规模类型占比统计

资料来源：南开大学中国保险机构治理指数数据库。

（二）样本资本性质

控股股东性质是上市公司研究当中的重要变量，但各数据库对上市公司控股股东性质的划分略有不同，例如 CSMAR 数据库中将上市公司控股股东性质划分为国有、民营、外资和其他四类，CCER 数据库中将其划分为国有控股、民营控股、外资控股、集体控股、社会团体控股和职工持股会控股六类。需要说明的是，金融行业的相关研究和监管实践中多关注金融机构的中外资性质，即将金融机构划分为中资金融机构和外资金融机构。我国保险机构多数为非上市公司，因此各个数据库无法提供全部保险机构的控股股东性质。本研究遵循惯例，按照资本性质不同将保险机构分为中资保险机构和外资保险机构。本研究确定样本资本性质的早期数据来源于监管机构官网披露的相关信息，原中国保监会官网披露了 2005-2018 年我国所有保险机构的资本性质，即中资和外资，因此2016-2018 年评价年度对保险机构资本性质的划分直接沿用监管机构的划分标准；2019年及以后评价年度，本研究在 2018 年保险机构资本性质划分的基础上，结合所有保险机构公开披露的股权信息变动情况，对各保险机构的资本性质进行了逐年确认和调整。

如表 7-5 所示，中国保险机构治理指数评价样本按照资本性质不同可以分为中资保险机构和外资保险机构，为方便统计和分析，上述机构资本性质分别用 C 和 F 表示，这两个字母实际上对应 Chinese 和 Foreign 单词的首字母。如图 7-10 至图 7-16 所示，中资保险机构和外资保险机构治理指数评价样本数都呈现总体上升趋势，各年中资保险机构治理指数评价样本占比均高于外资保险机构，中资保险机构治理指数评价样本数增长速度也高于外资保险机构。

表 7-5　评价样本资本性质统计

年份	资本性质	样本数	占比（%）
2016	C	111	69.38
	F	49	30.63
	合计	160	100.00
2017	C	123	71.51
	F	49	28.49
	合计	172	100.00
2018	C	131	72.78
	F	49	27.22
	合计	180	100.00
2019	C	130	72.22
	F	50	27.78
	合计	180	100.00
2020	C	170	74.89
	F	57	25.11
	合计	227	100.00
2021	C	175	74.79
	F	59	25.21
	合计	234	100.00
2022	C	178	75.42
	F	58	24.58
	合计	236	100.00

资料来源：南开大学中国保险机构治理指数数据库。

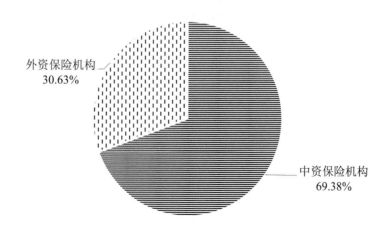

图 7-10　2016 年中国保险机构评价样本资本性质占比统计

资料来源：南开大学中国保险机构治理指数数据库。

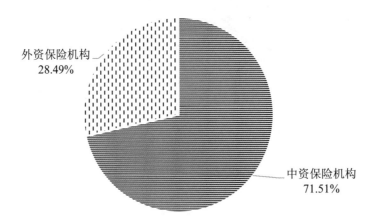

图 7-11　2017 年中国保险机构评价样本资本性质占比统计

资料来源：南开大学中国保险机构治理指数数据库。

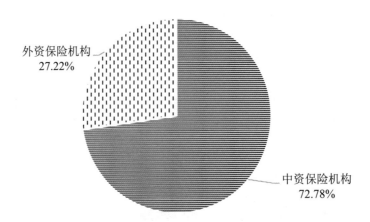

图 7-12　2018 年中国保险机构评价样本资本性质占比统计

资料来源：南开大学中国保险机构治理指数数据库。

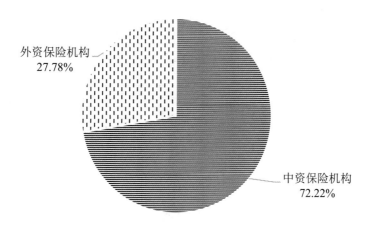

图 7-13　2019 年中国保险机构评价样本资本性质占比统计

资料来源：南开大学中国保险机构治理指数数据库。

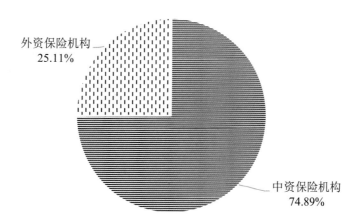

图 7-14　2020 年中国保险机构评价样本资本性质占比统计

资料来源：南开大学中国保险机构治理指数数据库。

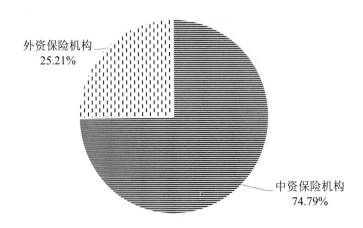

图 7-15　2021 年中国保险机构评价样本资本性质占比统计

资料来源：南开大学中国保险机构治理指数数据库。

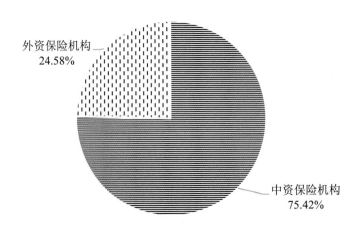

图 7-16　2022 年中国保险机构评价样本资本性质占比统计

资料来源：南开大学中国保险机构治理指数数据库。

（三）样本组织形式

如表 7-6 所示，中国保险机构治理指数评价样本按照组织形式不同可以分为有限制保险机构、相互保险组织和股份制保险机构，为方便统计和分析，这些机构组织形式分别用 L、M 和 S 表示，这些字母实际上对应 Limited、Mutual 和 Stock 单词的首字母。截至 2022 年底，我国相互保险组织名录详见附表 6。如图 7-17 至图 7-23 所示，在 2016－2022 年中国保险机构治理指数评价样本组织形式统计中，有限制保险机构和股份制保险机构的评价样本数均呈上升趋势，相互保险组织的评价样本数总体相对稳定；股份制保险机构的评价样本占比最高，相互保险组织评价样本占比明显小于有限制保险机构和股份制保险机构。

表 7-6　评价样本组织形式统计

年份	组织形式	样本数	占比（%）
2016	L	58	36.25
	M	4	2.50
	S	98	61.25
	合计	160	100.00
2017	L	61	35.47
	M	7	4.07
	S	104	60.47
	合计	172	100.00
2018	L	61	33.89
	M	7	3.89
	S	112	62.22
	合计	180	100.00
2019	L	63	35.00
	M	7	3.89
	S	110	61.11
	合计	180	100.00
2020	L	94	41.41
	M	7	3.08
	S	126	55.51
	合计	227	100.00
2021	L	100	42.74
	M	7	2.99
	S	127	54.27
	合计	234	100.00
2022	L	101	42.80
	M	7	2.97
	S	128	54.24
	合计	236	100.00

资料来源：南开大学中国保险机构治理指数数据库。

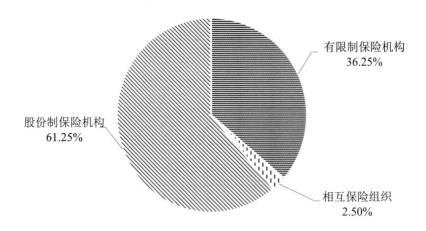

图 7-17 2016 年中国保险机构评价样本组织形式占比统计

资料来源：南开大学中国保险机构治理指数数据库。

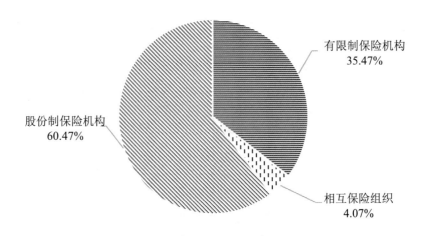

图 7-18 2017 年中国保险机构评价样本组织形式占比统计

资料来源：南开大学中国保险机构治理指数数据库。

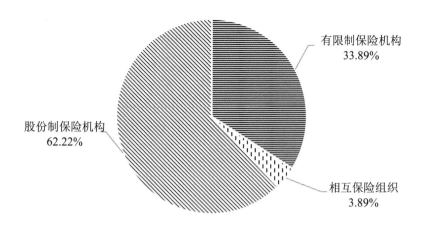

图 7-19　2018 年中国保险机构评价样本组织形式占比统计

资料来源：南开大学中国保险机构治理指数数据库。

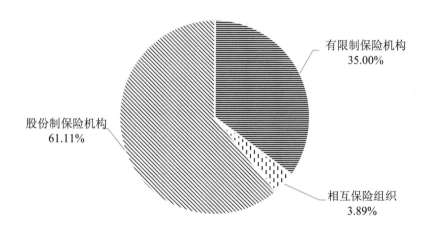

图 7-20　2019 年中国保险机构评价样本组织形式占比统计

资料来源：南开大学中国保险机构治理指数数据库。

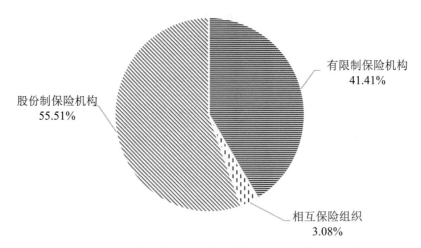

图 7-21　2020 年中国保险机构评价样本组织形式占比统计

资料来源：南开大学中国保险机构治理指数数据库。

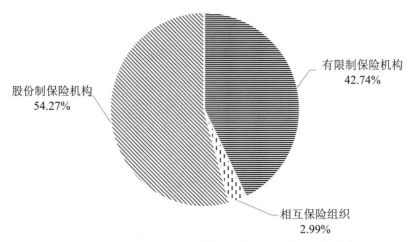

图 7-22　2021 年中国保险机构评价样本组织形式占比统计

资料来源：南开大学中国保险机构治理指数数据库。

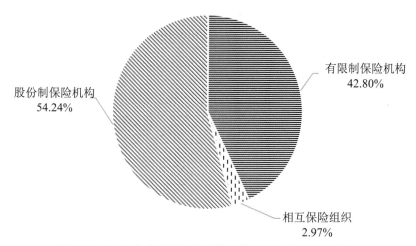

图 7-23　2022 年中国保险机构评价样本组织形式占比统计

资料来源：南开大学中国保险机构治理指数数据库。

（四）样本业务类型

如表 7-7 所示，中国保险机构治理指数评价样本按照业务类型不同划分为资产管理公司、集团（控股）公司、人身保险机构、财产保险机构和再保险机构，为方便统计和分析，上述机构业务类型分别用 A、G、N、P 和 R 表示，这些字母实际上对应 Asset、Group、Non-property、Property 和 Reinsurance 单词的首字母。截至 2022 年底，我国各业务类型机构名录详见附表 1、附表 2、附表 3、附表 4 和附表 5。如图 7-24、图 7-25、图 7-26 和图 7-27 所示，在 2016－2019 年中国保险机构治理指数评价样本业务类型统计中，不含资产管理公司、集团（控股）公司和再保险机构的评价样本，只含人身保险机构和财产保险机构的评价样本，其中人身保险机构和财产保险机构的评价样本数都呈现上升趋势。相较于 2016 年，2019 年的人身保险机构增加了 13 家，财产保险机构增加了 7 家，2016－2019 年二者样本数占比几乎相同。

表 7-7　评价样本业务类型统计（2016－2019 年）

业务类型	2016 年		2017 年		2018 年		2019 年	
	样本数	占比（%）	样本数	占比（%）	样本数	占比（%）	样本数	占比（%）
A	–	–	–	–	–	–	–	–
G	–	–	–	–	–	–	–	–
N	78	48.75	86	50.00	91	50.56	91	50.56
P	82	51.25	86	50.00	89	49.44	89	49.44
R	–	–	–	–	–	–	–	–
合计	160	100.00	172	100.00	180	100.00	180	100.00

资料来源：南开大学中国保险机构治理指数数据库。

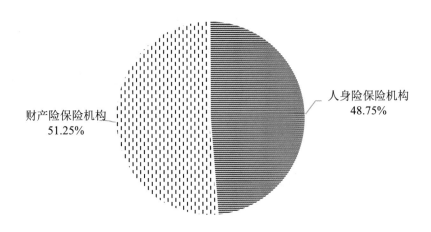

图 7-24　2016 年中国保险机构评价样本业务类型占比统计

资料来源：南开大学中国保险机构治理指数数据库。

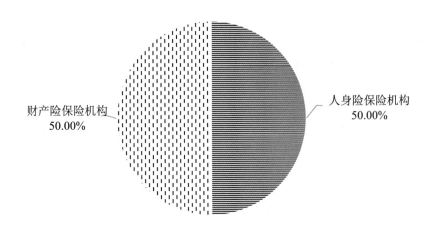

图 7-25　2017 年中国保险机构评价样本业务类型占比统计

资料来源：南开大学中国保险机构治理指数数据库。

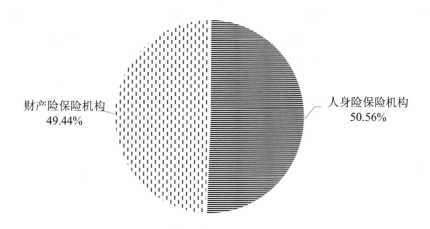

图 7-26　2018 年中国保险机构评价样本业务类型占比统计

资料来源：南开大学中国保险机构治理指数数据库。

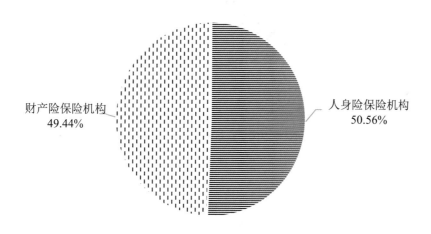

图 7-27　2019 年中国保险机构评价样本业务类型占比统计

资料来源：南开大学中国保险机构治理指数数据库。

　　如表 7-8 所示，中国保险机构治理指数评价样本业务类型包括资产管理公司、集团（控股）公司、人身保险机构、财产保险机构和再保险机构。如图 7-28、图 7-29 和图 7-30 所示，资产管理公司、人身保险机构、财产保险机构和再保险机构的评价样本数在 2020－2022 年都呈现上升趋势，集团（控股）公司的评价样本数保持不变，且人身保险机构和财产保险机构的评价样本占比较大，2020 年总计达到 79.30%，集团（控股）公司和再保险机构的评价样本占比较小。

表 7-8 评价样本业务类型统计（2020—2022 年）

业务类型	2020 年		2021 年		2022 年	
	样本数	占比（%）	样本数	占比（%）	样本数	占比（%）
A	28	12.33	33	14.10	33	13.98
G	13	5.73	13	5.56	13	5.51
N	92	40.53	93	39.74	94	39.83
P	88	38.77	88	37.61	89	37.71
R	6	2.64	7	2.99	7	2.97
合计	227	100.00	234	100.00	236	100.00

资料来源：南开大学中国保险机构治理指数数据库。

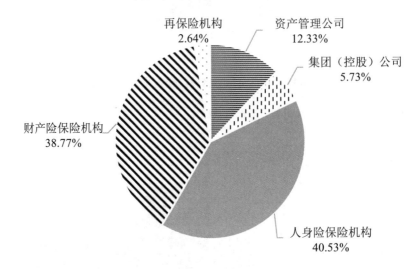

图 7-28 2020 年中国保险机构评价样本业务类型占比统计

资料来源：南开大学中国保险机构治理指数数据库。

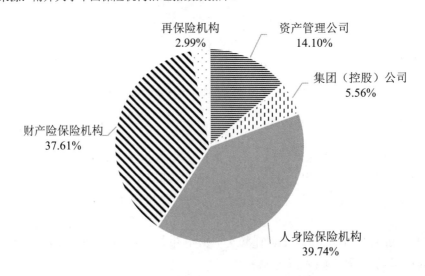

图 7-29 2021 年中国保险机构评价样本业务类型占比统计

资料来源：南开大学中国保险机构治理指数数据库。

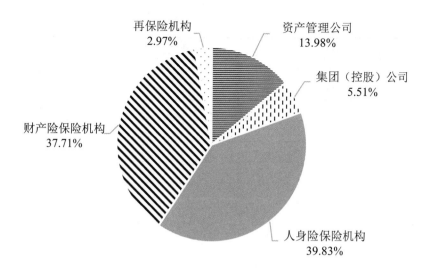

图 7-30　2022 年中国保险机构评价样本业务类型占比统计

资料来源：南开大学中国保险机构治理指数数据库。

（五）样本成立年限

如表 7-9 所示，如果以 2022 年为分析的基准点，中国保险机构治理指数评价样本成立年限分布主要集中于 5－20 年，合计样本 185 家，占 2022 年评价样本数 236 家的 78.39%；2022 年有 2 家样本成立年限不到 1 年，成立年限超过 20 年的有 26 家，最长的成立年限为 73 年。需要说明的是，2020 年因为导入了保险集团（控股）公司、保险资产管理公司和再保险机构三种类型的保险机构评价样本，因此使得各年评价样本成立年限的分布规律在 2020 年发生了细小的变化。

表 7-9　评价样本成立年限统计

编号	成立年限	2016 年	2017 年	2018 年	2019 年	2020 年	2021 年	2022 年
1	0	10	12	8	1	3	6	2
2	1	11	10	12	8	5	4	6
3	2	5	11	10	12	8	5	4
4	3	7	5	11	10	13	8	5
5	4	9	7	5	11	14	13	8
6	5	11	9	7	5	16	14	13
7	6	5	11	9	7	5	16	14
8	7	10	5	11	9	10	5	16
9	8	9	10	5	10	13	10	5
10	9	15	9	10	5	12	13	10
11	10	9	15	9	10	5	12	13
12	11	19	9	15	9	10	5	12
13	12	7	19	9	15	9	10	5
14	13	7	7	19	9	16	9	10

编号	成立年限	2016 年	2017 年	2018 年	2019 年	2020 年	2021 年	2022 年
15	14	9	7	7	19	13	16	9
16	15	5	9	7	7	22	13	16
17	16	3	5	9	7	7	22	13
18	17	1	3	5	9	11	7	22
19	18	2	1	3	5	9	11	7
20	19	0	2	1	3	5	9	11
21	20	4	0	2	1	3	5	9
22	21	2	4	0	2	1	3	5
23	22	0	2	4	0	3	1	3
24	23	0	0	2	4	0	3	1
25	24	0	0	0	2	8	0	3
26	25	0	0	0	0	2	8	0
27	26	0	0	0	0	0	2	8
28	27	0	0	0	0	0	0	2
29	28	0	0	0	0	0	0	0
30	29	0	0	0	0	1	0	0
31	30	0	0	0	0	0	1	0
32	31	0	0	0	0	0	0	1
33	32	0	0	0	0	1	0	0
34	33	0	0	0	0	0	1	0
35	34	0	0	0	0	1	0	1
36	35	0	0	0	0	0	1	0
37	36	0	0	0	0	0	0	1
38	71	0	0	0	0	1	0	0
39	72	0	0	0	0	0	1	0
40	73	0	0	0	0	0	0	1
合计		160	172	180	180	227	234	236

资料来源：南开大学中国保险机构治理指数数据库。

（六）样本注册地区

如表 7-10 所示，中国保险机构注册地分布于安徽省、北京市、福建省等 29 个省市。2016－2018 年中国保险机构治理指数评价样本数呈现逐年上升趋势，2018 年样本数相较于 2016 年增加了 20 家，各个省市 2018 年的评价样本数与 2016 年相比，只有上海市的评价样本数发生减少，与 2016 年相比评价样本数减少了 1 家，其余省市评价样本数均保持不变或有所增加。北京市、广东省和上海市的评价样本数占比较高，其中北京市评价样本数占比最高，2016－2018 年样本数分别为 44、47 和 47 家，各年占比分别为 27.50%、27.33% 和 26.11%；上海市次之，2016－2018 年样本数分别为 41、42 和 40 家，各年占比分别为 25.62%、24.42% 和 22.22%；广东省占比再次之，2016－2018 年样本数分别为 19、22 和 24 家，各年占比分别为 11.88%、12.79% 和 13.33%。

表 7-10 评价样本注册地区统计（2016－2018 年）

编号	注册地区	2016 年		2017 年		2018 年	
		样本数	占比（%）	样本数	占比（%）	样本数	占比（%）
1	安徽省	1	0.63	1	0.58	1	0.56
2	北京市	44	27.50	47	27.33	47	26.11
3	福建省	3	1.88	3	1.74	3	1.67
4	甘肃省	－	－	－	－	1	0.56
5	广东省	19	11.88	22	12.79	24	13.33
6	广西	1	0.63	1	0.58	2	1.11
7	贵州省	－	－	1	0.58	1	0.56
8	海南省	1	0.63	1	0.58	2	1.11
9	河北省	1	0.63	2	1.16	2	1.11
10	河南省	1	0.63	1	0.58	1	0.56
11	黑龙江省	1	0.63	1	0.58	1	0.56
12	湖北省	3	1.88	3	1.74	4	2.22
13	湖南省	1	0.63	1	0.58	1	0.56
14	吉林省	3	1.88	3	1.74	3	1.67
15	江苏省	5	3.13	5	2.91	5	2.78
16	江西省	1	0.63	1	0.58	1	0.56
17	辽宁省	3	1.88	4	2.33	5	2.78
18	宁夏	1	0.63	1	0.58	1	0.56
19	山东省	4	2.50	5	2.91	5	2.78
20	山西省	1	0.63	1	0.58	1	0.56
21	陕西省	1	0.63	1	0.58	2	1.11
22	上海市	41	25.62	42	24.42	40	22.22
23	四川省	3	1.88	3	1.74	4	2.22
24	天津市	6	3.75	6	3.49	6	3.33
25	西藏	1	0.63	1	0.58	1	0.56
26	新疆	2	1.25	2	1.16	2	1.11
27	云南省	1	0.63	1	0.58	1	0.56
28	浙江省	7	4.38	7	4.07	8	4.44
29	重庆市	4	2.50	5	2.91	5	2.78
	合计	160	100.00	172	100.00	180	100.00

资料来源：南开大学中国保险机构治理指数数据库。

如表 7-11 所示，中国保险机构注册地分布于安徽省、北京市、福建省等 29 个省市。2019－2020 年中国保险机构治理指数评价样本数呈现上升趋势，2020 年样本数相较于

2019 年增加了 47 家，大部分评价样本的注册地区为北京市、广东省和上海市，其中北京市占比最高，上海市次之，广东省占比再次之。安徽省、北京市、广东省、辽宁省、上海市、天津市和浙江省的评价样本数均有所增加。其中，北京市、广东省和上海市增加的数量较多，北京市增加数量最多，达 22 家；上海市次之，为 12 家；广东省增加数量最少，为 9 家。其余地区的评价样本数保持不变。

表 7-11　评价样本注册地区统计（2019－2020 年）

编号	注册地区	2019 年		2020 年	
		样本数	占比（%）	样本数	占比（%）
1	安徽省	1	0.56	2	0.88
2	北京市	46	25.56	68	29.96
3	福建省	3	1.67	3	1.32
4	甘肃省	1	0.56	1	0.44
5	广东省	25	13.89	34	14.98
6	广西	2	1.11	2	0.88
7	贵州省	1	0.56	1	0.44
8	海南省	2	1.11	2	0.88
9	河北省	2	1.11	2	0.88
10	河南省	1	0.56	1	0.44
11	黑龙江省	1	0.56	1	0.44
12	湖北省	4	2.22	4	1.76
13	湖南省	1	0.56	1	0.44
14	吉林省	3	1.67	3	1.32
15	江苏省	5	2.78	5	2.20
16	江西省	1	0.56	1	0.44
17	辽宁省	5	2.78	6	2.64
18	宁夏	1	0.56	1	0.44
19	山东省	5	2.78	5	2.20
20	山西省	1	0.56	1	0.44
21	陕西省	2	1.11	2	0.88
22	上海市	40	22.22	52	22.91
23	四川省	4	2.22	4	1.76
24	天津市	6	3.33	7	3.08
25	西藏	1	0.56	1	0.44
26	新疆	2	1.11	2	0.88
27	云南省	1	0.56	1	0.44
28	浙江省	8	4.44	9	3.96
29	重庆市	5	2.78	5	2.20
	合计	180	100.00	227	100.00

资料来源：南开大学中国保险机构治理指数数据库。

如表 7-12 所示，中国保险机构注册地分布于安徽省、北京市、福建省等 29 个省市，2021－2022 年，大部分评价样本的注册地区为北京市、广东省和上海市，其中北京市占比最高，2021 年样本数为 72 家、2022 年样本数为 73 家；上海市次之，2021 年样本数为 53 家、2022 年样本数为 55 家；广东占比再次之，2021 年和 2022 年样本数均为 35 家。2022 年总样本数相较于 2021 年增加了 2 家，有 3 个注册地区的样本数发生了变化，北京市的评价样本数增加了 1 家，上海市的评价样本数增加了 2 家，仅有陕西省的评价样本数发生减少，减少了 1 家。

表 7-12　评价样本注册地区统计（2021－2022 年）

编号	注册地区	2021 年		2022 年	
		样本数	占比（%）	样本数	占比（%）
1	安徽省	2	0.85	2	0.85
2	北京市	72	30.77	73	30.93
3	福建省	3	1.28	3	1.27
4	甘肃省	1	0.43	1	0.42
5	广东省	35	14.96	35	14.83
6	广西	2	0.85	2	0.85
7	贵州省	1	0.43	1	0.42
8	海南省	2	0.85	2	0.85
9	河北省	2	0.85	2	0.85
10	河南省	1	0.43	1	0.42
11	黑龙江省	1	0.43	1	0.42
12	湖北省	4	1.71	4	1.69
13	湖南省	1	0.43	1	0.42
14	吉林省	3	1.28	3	1.27
15	江苏省	5	2.14	5	2.12
16	江西省	1	0.43	1	0.42
17	辽宁省	6	2.56	6	2.54
18	宁夏	1	0.43	1	0.42
19	山东省	5	2.14	5	2.12
20	山西省	1	0.43	1	0.42
21	陕西省	2	0.85	1	0.42
22	上海市	53	22.65	55	23.31
23	四川省	4	1.71	4	1.69
24	天津市	8	3.42	8	3.39
25	西藏	1	0.43	1	0.42
26	新疆	2	0.85	2	0.85
27	云南省	1	0.43	1	0.42
28	浙江省	9	3.85	9	3.81
29	重庆市	5	2.14	5	2.12
合计		234	100.00	236	100.00

资料来源：南开大学中国保险机构治理指数数据库。

（七）样本所在城市

如表 7-13 所示，2016－2018 年的保险机构治理评价样本数分别为 160、172 和 180 家，总体呈现稳步上升的趋势。在 2016－2018 年期间，评价样本所在城市数量有所增加，分布范围更加广泛。绝大多数城市在 2016－2018 年的评价样本数保持稳定不变或略有上升，仅上海市出现了样本数的减少。截至 2018 年，在表 7-13 所列示的城市中，评价样本分布最密集的是北京市，共 47 家；其次为上海市，共 40 家；再次为深圳市，共 17 家；其他城市的评价样本数较少，除天津市为 6 家外，均低于或等于 5 家，分布较为分散。

表 7-13　评价样本所在城市统计（2016－2018 年）

编号	所在城市	2016 年		2017 年		2018 年	
		样本数	占比（%）	样本数	占比（%）	样本数	占比（%）
1	蚌埠市	－	－	－	－	－	－
2	保定市	－	－	1	0.58	1	0.56
3	北京市	44	27.50	47	27.33	47	26.11
4	沈阳市	1	0.63	1	0.58	2	1.11
5	成都市	3	1.88	3	1.74	4	2.22
6	慈溪市	2	1.25	2	1.16	2	1.11
7	大连市	3	1.88	3	1.74	3	1.67
8	佛山市	－	－	－	－	－	－
9	福州市	1	0.63	1	0.58	1	0.56
10	广州市	3	1.88	5	2.91	5	2.78
11	贵阳市	－	－	1	0.58	1	0.56
12	哈尔滨市	1	0.63	1	0.58	1	0.56
13	海口市	－	－	－	－	1	0.56
14	杭州市	3	1.88	3	1.74	3	1.67
15	合肥市	1	0.63	1	0.58	1	0.56
16	吉林市	1	0.63	1	0.58	1	0.56
17	济南市	2	1.25	3	1.74	3	1.67
18	嘉兴市	－	－	－	－	1	0.56
19	克拉玛依市	1	0.63	1	0.58	1	0.56
20	昆明市	1	0.63	1	0.58	1	0.56
21	拉萨市	1	0.63	1	0.58	1	0.56
22	兰州市	－	－	－	－	1	0.56
23	南昌市	1	0.63	1	0.58	1	0.56
24	南京市	3	1.88	3	1.74	3	1.67
25	南宁市	1	0.63	1	0.58	2	1.11
26	宁波市	1	0.63	1	0.58	1	0.56

编号	所在城市	2016 年		2017 年		2018 年	
		样本数	占比（%）	样本数	占比（%）	样本数	占比（%）
27	青岛市	1	0.63	1	0.58	1	0.56
28	瑞安市	1	0.63	1	0.58	1	0.56
29	三亚市	1	0.63	1	0.58	1	0.56
30	厦门市	2	1.25	2	1.16	2	1.11
31	上海市	41	25.62	42	24.42	40	22.22
32	深圳市	13	8.13	15	8.72	17	9.44
33	石家庄市	–	–	–	–	–	–
34	苏州市	1	0.63	1	0.58	1	0.56
35	太原市	1	0.63	1	0.58	1	0.56
36	天津市	6	3.75	6	3.49	6	3.33
37	乌鲁木齐市	1	0.63	1	0.58	1	0.56
38	无锡市	1	0.63	1	0.58	1	0.56
39	武汉市	3	1.88	3	1.74	4	2.22
40	西安市	1	0.63	1	0.58	2	1.11
41	烟台市	1	0.63	1	0.58	1	0.56
42	银川市	1	0.63	1	0.58	1	0.56
43	长春市	2	1.25	2	1.16	2	1.11
44	长沙市	1	0.63	1	0.58	1	0.56
45	郑州市	1	0.63	1	0.58	1	0.56
46	重庆市	4	2.50	5	2.91	5	2.78
47	珠海市	2	1.25	2	1.16	2	1.11
	合计	160	100.00	172	100.00	180	100.00

资料来源：南开大学中国保险机构治理指数数据库。

如表 7-14 所示，相较于 2019 年，2020 年保险机构的评价样本数大幅增加，从 180 家上升至 227 家。北京市、上海市和深圳市评价样本数最多，也是 2019—2020 年间评价样本数的主要增长点，从 2019 年的 46、40 和 18 家增长至 2020 年的 68、52 和 27 家。其余大多数城市在 2019—2020 这一期间的样本数保持不变，仅蚌埠市、大连市、宁波市、石家庄市和天津市出现小幅度增加。与表 7-13 中 2016—2018 年样本所在城市统计相比，2019—2020 年评价样本所在城市的分布范围进一步扩大。

表 7-14　评价样本所在城市统计（2019—2020 年）

编号	所在城市	2019 年		2020 年	
		样本数	占比（%）	样本数	占比（%）
1	蚌埠市	–	–	1	0.44
2	保定市	1	0.56	1	0.44

编号	所在城市	2019 年		2020 年	
		样本数	占比（%）	样本数	占比（%）
3	北京市	46	25.56	68	29.96
4	沈阳市	2	1.11	2	0.88
5	成都市	4	2.22	4	1.76
6	慈溪市	2	1.11	2	0.88
7	大连市	3	1.67	4	1.76
8	佛山市	–	–	–	–
9	福州市	1	0.56	1	0.44
10	广州市	5	2.78	5	2.20
11	贵阳市	1	0.56	1	0.44
12	哈尔滨市	1	0.56	1	0.44
13	海口市	1	0.56	1	0.44
14	杭州市	3	1.67	3	1.32
15	合肥市	1	0.56	1	0.44
16	吉林市	1	0.56	1	0.44
17	济南市	3	1.67	3	1.32
18	嘉兴市	1	0.56	1	0.44
19	克拉玛依市	1	0.56	1	0.44
20	昆明市	1	0.56	1	0.44
21	拉萨市	1	0.56	1	0.44
22	兰州市	1	0.56	1	0.44
23	南昌市	1	0.56	1	0.44
24	南京市	3	1.67	3	1.32
25	南宁市	2	1.11	2	0.88
26	宁波市	1	0.56	2	0.88
27	青岛市	1	0.56	1	0.44
28	瑞安市	1	0.56	1	0.44
29	三亚市	1	0.56	1	0.44
30	厦门市	2	1.11	2	0.88
31	上海市	40	22.22	52	22.91
32	深圳市	18	10.00	27	11.89
33	石家庄市	–	–	1	0.44
34	苏州市	1	0.56	1	0.44
35	太原市	1	0.56	1	0.44
36	天津市	6	3.33	7	3.08
37	乌鲁木齐市	1	0.56	1	0.44
38	无锡市	1	0.56	1	0.44

编号	所在城市	2019 年		2020 年	
		样本数	占比（%）	样本数	占比（%）
39	武汉市	4	2.22	4	1.76
40	西安市	2	1.11	2	0.88
41	烟台市	1	0.56	1	0.44
42	银川市	1	0.56	1	0.44
43	长春市	2	1.11	2	0.88
44	长沙市	1	0.56	1	0.44
45	郑州市	1	0.56	1	0.44
46	重庆市	5	2.78	5	2.20
47	珠海市	2	1.11	2	0.88
合计		180	100.00	227	100.00

资料来源：南开大学中国保险机构治理指数数据库。

如表 7-15 所示，2021－2022 年保险机构的评价样本数分别为 234 和 236 家，整体无较大变动。2022 年佛山市首次出现评价样本，除此之外评价样本中无新所在城市出现。2021－2022 年，北京市、佛山市和上海市的评价样本数有所增加，广州市和西安市的评价样本数略微下降。2022 年样本数较多的三个城市分别为北京市、上海市和深圳市，分别为 73、55 和 27 家；47 个所在城市当中，有 28 个城市只有 1 家样本，有 7 个城市有 2 家样本，各有 3 个城市有 3 家和 4 家，2 家城市有 5 家样本，1 个城市有 8 家样本。

表 7-15 评价样本所在城市统计（2021－2022 年）

编号	所在城市	2021 年		2022 年	
		样本数	占比（%）	样本数	占比（%）
1	蚌埠市	1	0.43	1	0.42
2	保定市	1	0.43	1	0.42
3	北京市	72	30.77	73	30.93
4	沈阳市	2	0.85	2	0.85
5	成都市	4	1.71	4	1.69
6	慈溪市	2	0.85	2	0.85
7	大连市	4	1.71	4	1.69
8	佛山市	－	－	1	0.42
9	福州市	1	0.43	1	0.42
10	广州市	6	2.56	5	2.12
11	贵阳市	1	0.43	1	0.42
12	哈尔滨市	1	0.43	1	0.42
13	海口市	1	0.43	1	0.42
14	杭州市	3	1.28	3	1.27
15	合肥市	1	0.43	1	0.42

续表

编号	所在城市	2021 年		2022 年	
		样本数	占比（%）	样本数	占比（%）
16	吉林市	1	0.43	1	0.42
17	济南市	3	1.28	3	1.27
18	嘉兴市	1	0.43	1	0.42
19	克拉玛依市	1	0.43	1	0.42
20	昆明市	1	0.43	1	0.42
21	拉萨市	1	0.43	1	0.42
22	兰州市	1	0.43	1	0.42
23	南昌市	1	0.43	1	0.42
24	南京市	3	1.28	3	1.27
25	南宁市	2	0.85	2	0.85
26	宁波市	2	0.85	2	0.85
27	青岛市	1	0.43	1	0.42
28	瑞安市	1	0.43	1	0.42
29	三亚市	1	0.43	1	0.42
30	厦门市	2	0.85	2	0.85
31	上海市	53	22.65	55	23.31
32	深圳市	27	11.54	27	11.44
33	石家庄市	1	0.43	1	0.42
34	苏州市	1	0.43	1	0.42
35	太原市	1	0.43	1	0.42
36	天津市	8	3.42	8	3.39
37	乌鲁木齐市	1	0.43	1	0.42
38	无锡市	1	0.43	1	0.42
39	武汉市	4	1.71	4	1.69
40	西安市	2	0.85	1	0.42
41	烟台市	1	0.43	1	0.42
42	银川市	1	0.43	1	0.42
43	长春市	2	0.85	2	0.85
44	长沙市	1	0.43	1	0.42
45	郑州市	1	0.43	1	0.42
46	重庆市	5	2.14	5	2.12
47	珠海市	2	0.85	2	0.85
合计		234	100.00	236	100.00

资料来源：南开大学中国保险机构治理指数数据库。

四、中国保险机构治理评价样本的透视

（一）不同业务类型保险机构规模类型

如表 7-16 所示，2016－2018 年人身保险机构中规模类型样本最多的为小型保险机构，占比维持在一个相对稳定的状态。中型保险机构次之，微型再次之，两种规模类型在 2016－2017 年存在一定的涨幅，在 2017－2018 年基本稳定；最少的为大型保险机构，样本数三年内始终保持 6 家不变。2016－2018 年财产保险机构规模类型中样本数最多的为小型保险机构，占比在 2016－2017 年基本稳定，在 2017－2018 年存在一定的增长；2016－2017 年大型保险机构缺失，这两年规模类型样本数最少的为中型保险机构；2018 年中型保险机构占比相较于前两年而言浮动不大，同年规模类型样本数最少的为大型保险机构；三年内微型保险机构占比都保持在第二的位置。

表 7-16　不同业务类型保险机构规模类型统计（2016－2018 年）

业务类型	规模类型	2016 年		2017 年		2018 年	
		样本数	占比（%）	样本数	占比（%）	样本数	占比（%）
A	B	－	－	－	－	－	－
	M	－	－	－	－	－	－
	S	－	－	－	－	－	－
	T	－	－	－	－	－	－
	小计	－	－	－	－	－	－
G	B	－	－	－	－	－	－
	M	－	－	－	－	－	－
	S	－	－	－	－	－	－
	T	－	－	－	－	－	－
	小计	－	－	－	－	－	－
N	B	6	7.69	6	6.98	6	6.59
	M	19	24.36	23	26.74	24	26.37
	S	40	51.28	40	46.51	43	47.25
	T	13	16.67	17	19.77	18	19.78
	小计	78	100.00	86	100.00	91	100.00
P	B	－	－	－	－	1	1.12
	M	8	9.76	9	10.47	9	10.11
	S	43	52.44	44	51.16	51	57.30
	T	31	37.80	33	38.37	28	31.46
	小计	82	100.00	86	100.00	89	100.00
R	B	－	－	－	－	－	－
	M	－	－	－	－	－	－
	S	－	－	－	－	－	－
	T	－	－	－	－	－	－
	小计	－	－	－	－	－	－

资料来源：南开大学中国保险机构治理指数数据库。

如表 7-17 所示，2020 年保险资产管理公司仅包括小型及微型保险机构，以微型保险机构为主。集团（控股）公司包括大型、中型和小型保险机构，以大型保险机构为主，中型次之，小型最少。再保险机构包括中型、小型和微型保险机构，以小型保险机构为主，中型次之，微型最少。

2019－2020 年人身保险机构中规模类型样本最多的均为小型保险机构。2019 年中型保险机构次之，微型再次之，大型最少。2020 年中型保险机构次之，大型和微型保险机构以相同样本数同为最少。2019－2020 年微型保险机构占比显著减少。2019－2020 年财产保险机构中规模类型样本最多的均为小型保险机构，总体维持在一个相对稳定的状态。微型保险机构次之，中型再次之，大型最少，且大型和中型保险机构样本数在两年内未发生变化。

从比例来看，人身保险机构和财产保险机构在规模类型的侧重方面具有相似的趋势，均以小型保险机构为主，最少的类型基本均为大型保险机构。而保险资产管理公司、集团（控股）公司和再保险机构则各不相同，分别以微型保险机构、大型保险机构和小型保险机构为主。除再保险机构中占比最少的为微型保险机构外，其余两大业务类型占比最少的均为小型保险机构。

表 7-17 不同业务类型保险机构规模类型统计（2019－2020 年）

业务类型	规模类型	2019 年		2020 年	
		样本数	占比（%）	样本数	占比（%）
A	B	–	–	–	–
	M	–	–	–	–
	S	–	–	10	35.71
	T	–	–	18	64.29
	小计	–	–	28	100.00
G	B	–	–	7	53.85
	M	–	–	4	30.77
	S	–	–	2	15.38
	T	–	–	–	–
	小计	–	–	13	100.00
N	B	6	6.59	8	8.70
	M	27	29.67	30	32.61
	S	41	45.05	46	50.00
	T	17	18.68	8	8.70
	小计	91	100.00	92	100.00
P	B	1	1.12	1	1.14
	M	8	8.99	8	9.09
	S	55	61.80	57	64.77
	T	25	28.09	22	25.00
	小计	89	100.00	88	100.00

续表

业务类型	规模类型	2019 年		2020 年	
		样本数	占比（%）	样本数	占比（%）
R	B	-	-	-	-
	M	-	-	2	33.33
	S	-	-	3	50.00
	T	-	-	1	16.67
	小计	-	-	6	100.00

资料来源：南开大学中国保险机构治理指数数据库。

　　如表 7-18 所示，2021—2022 年三大业务类型保险机构的样本数及占比均未发生变化。保险资产管理公司仅包括小型及微型保险机构，以后者为主。集团（控股）公司包括大型、中型和小型保险机构，以大型保险机构为主，中型次之，小型最少。再保险机构包括中型、小型和微型保险机构，以小型保险机构为主，中型次之，微型最少。

　　2021—2022 年人身保险机构中规模类型样本最多的为小型保险机构，中型保险机构次之，大型再次之，微型最少。两年间小型保险机构样本数减少 2 家，中型保险机构样本数增加 2 家。2021—2022 年财产保险机构中规模类型样本最多的为小型保险机构，总体维持在一个比较稳定的状态。微型保险机构次之，中型再次之，大型最少且样本数始终保持 1 家不变。

　　从比例来看，人身保险和财产保险机构在规模类型结构方面具有相似的规律，均以小型保险机构为主。而保险资产管理公司、集团（控股）公司和再保险机构则各不相同，分别以微型保险机构、大型保险机构和小型保险机构为主；除再保险机构中占比最少的为微型保险机构外，其余两大业务类型保险机构占比最少的均为小型保险机构，且样本比例在 2021—2022 年间未发生改变。

表 7-18　不同业务类型保险机构规模类型统计（2021—2022 年）

业务类型	规模类型	2021 年		2022 年	
		样本数	占比（%）	样本数	占比（%）
A	B	-	-	-	-
	M	-	-	-	-
	S	12	36.36	12	36.36
	T	21	63.64	21	63.64
	小计	33	100.00	33	100.00
G	B	7	53.85	7	53.85
	M	4	30.77	4	30.77
	S	2	15.38	2	15.38
	T	-	-	-	-
	小计	13	100.00	13	100.00

续表

业务类型	规模类型	2021 年		2022 年	
		样本数	占比（%）	样本数	占比（%）
N	B	8	8.60	10	10.64
	M	37	39.78	39	41.49
	S	42	45.16	40	42.55
	T	6	6.45	5	5.32
	小计	93	100.00	94	100.00
P	B	1	1.14	1	1.12
	M	8	9.09	9	10.11
	S	60	68.18	61	68.54
	T	19	21.59	18	20.22
	小计	88	100.00	89	100.00
R	B	－	－	－	－
	M	2	28.57	2	28.57
	S	4	57.14	4	57.14
	T	1	14.29	1	14.29
	小计	7	100.00	7	100.00

资料来源：南开大学中国保险机构治理指数数据库。

（二）不同业务类型保险机构资本性质

如表 7-19 所示，2016－2018 年人身保险机构的资本性质都以中资保险机构为主，中资保险机构样本数分别为 51、59 和 64 家，各年占比分别为 65.38%、68.60%和 70.33%，均呈现逐年上涨的趋势；而外资保险机构样本数均为 27 家，各年占比分别为 34.62%、31.40%和 29.67%，呈现逐年下降的趋势。2016－2018 年财产保险机构的资本性质都以中资保险机构为主，中资保险机构样本数分别为 60、64 和 67 家，各年占比分别为 73.17%、74.42%和 75.28%，均呈现逐年上涨的趋势，而外资保险机构样本数均为 22 家，各年占比分别为 26.83%、25.58%和 24.72%，占比呈现逐年下降的趋势。

表 7-19 不同业务类型保险机构资本性质统计（2016－2018 年）

业务类型	资本性质	2016 年		2017 年		2018 年	
		样本数	占比（%）	样本数	占比（%）	样本数	占比（%）
A	C	－	－	－	－	－	－
	F	－	－	－	－	－	－
	小计	－	－	－	－	－	－
G	C	－	－	－	－	－	－
	F	－	－	－	－	－	－
	小计	－	－	－	－	－	－

业务 类型	资本 性质	2016 年		2017 年		2018 年	
		样本数	占比（%）	样本数	占比（%）	样本数	占比（%）
N	C	51	65.38	59	68.60	64	70.33
	F	27	34.62	27	31.40	27	29.67
	小计	78	100.00	86	100.00	91	100.00
P	C	60	73.17	64	74.42	67	75.28
	F	22	26.83	22	25.58	22	24.72
	小计	82	100.00	86	100.00	89	100.00
R	C	–	–	–	–	–	–
	F	–	–	–	–	–	–
	小计	–	–	–	–	–	–

资料来源：南开大学中国保险机构治理指数数据库。

如表 7-20 所示，保险资产管理公司、集团（控股）公司和再保险机构在 2020 年的资本性质均以中资保险机构为主，样本数分别为 23、11 和 5 家，占比分别为 82.14%、84.62% 和 83.33%；外资保险机构的样本数分别为 5、2 和 1 家，占比分别为 17.86%、15.38% 和 16.67%。2019－2020 年人身保险机构中的中资保险机构的样本数分别为 64 和 65 家，各年占比分别为 70.33% 和 70.65%；外资保险机构的样本数均为 27 家，与表 7-19 中 2016－2018 年的样本数相同，在 2019－2020 年的占比分别为 29.67% 和 29.35%，占比相较于之前三年略有下降。2019－2020 年财产保险机构中的中资保险机构的样本数均为 66 家，各年占比分别为 74.16% 和 75.00%；外资保险机构的样本数呈现逐年递减的趋势，分别为 23 和 22 家，各年占比分别为 25.84% 和 25.00%。人身保险机构和财产保险机构仍以中资保险机构为主。

表 7-20　不同业务类型保险机构资本性质统计（2019－2020 年）

业务 类型	资本 性质	2019 年		2020 年	
		样本数	占比（%）	样本数	占比（%）
A	C	–	–	23	82.14
	F	–	–	5	17.86
	小计	–	–	28	100.00
G	C	–	–	11	84.62
	F	–	–	2	15.38
	小计	–	–	13	100.00
N	C	64	70.33	65	70.65
	F	27	29.67	27	29.35
	小计	91	100.00	92	100.00
P	C	66	74.16	66	75.00
	F	23	25.84	22	25.00
	小计	89	100.00	88	100.00

业务 类型	资本 性质	2019 年		2020 年	
		样本数	占比（%）	样本数	占比（%）
R	C	－	－	5	83.33
	F	－	－	1	16.67
	小计	－	－	6	100.00

资料来源：南开大学中国保险机构治理指数数据库。

如表 7-21 所示，2021—2022 年保险资产管理公司、集团（控股）公司和再保险机构的不同资本性质样本占比均维持在一个稳定的状态，两年间样本数均未发生改变。中资保险机构样本数分别为 27、11 和 6 家，占比分别为 81.82%、84.62%和 85.71%；外资保险机构样本数分别为 6、2 和 1 家，占比分别为 18.18%、15.38%和 14.29%。2021—2022 年人身保险机构中的中资保险机构样本数分别为 65 和 67 家，各年占比分别为 69.89%和 71.28%；外资保险机构样本数分别为 28 和 27 家，各年占比分别为 30.11%和 28.72%。2021—2022 年财产保险机构中的中资保险机构样本数分别为 66 和 67 家，各年占比分别为 75.00%和 75.28%；外资保险机构样本数均为 22 家，与表 7-20 中 2020 年的样本数相同，2021—2022 年占比分别为 25.00%和 24.72%，占比相较于之前略有下降。

表 7-21　不同业务类型保险机构资本性质统计（2021—2022 年）

业务 类型	资本 性质	2021 年		2022 年	
		样本数	占比（%）	样本数	占比（%）
A	C	27	81.82	27	81.82
	F	6	18.18	6	18.18
	小计	33	100.00	33	100.00
G	C	11	84.62	11	84.62
	F	2	15.38	2	15.38
	小计	13	100.00	13	100.00
N	C	65	69.89	67	71.28
	F	28	30.11	27	28.72
	小计	93	100.00	94	100.00
P	C	66	75.00	67	75.28
	F	22	25.00	22	24.72
	小计	88	100.00	89	100.00
R	C	6	85.71	6	85.71
	F	1	14.29	1	14.29
	小计	7	100.00	7	100.00

资料来源：南开大学中国保险机构治理指数数据库。

（三）不同业务类型保险机构组织形式

如表 7-22 所示，按照业务类型分类，2016—2018 年的保险机构样本仅包括人身保险机构和财产保险机构两类，两类样本数在此期间均稳步增长，且人身保险机构的增长幅度大于财产保险机构。在以上两类业务类型的保险机构样本中，按照组织形式划分，股份制保险机构数量最多，2016－2018 年人身保险机构中股份制样本数分别为 47、53和 58 家，财产保险机构中股份制样本数分别为 51、51 和 54 家，占比 60%左右；有限制保险机构次之，样本数基本稳定在 30 家，占比 33%－37%；相互保险组织最少，占比不超过 5%。

表 7-22　不同业务类型保险机构组织形式统计（2016－2018 年）

业务类型	组织形式	2016 年		2017 年		2018 年	
		样本数	占比（%）	样本数	占比（%）	样本数	占比（%）
A	L	–	–	–	–	–	–
	M	–	–	–	–	–	–
	S	–	–	–	–	–	–
	小计	–	–	–	–	–	–
G	L	–	–	–	–	–	–
	M	–	–	–	–	–	–
	S	–	–	–	–	–	–
	小计	–	–	–	–	–	–
N	L	29	37.18	30	34.88	30	32.97
	M	2	2.56	3	3.49	3	3.30
	S	47	60.26	53	61.63	58	63.74
	小计	78	100.00	86	100.00	91	100.00
P	L	29	35.37	31	36.05	31	34.83
	M	2	2.44	4	4.65	4	4.49
	S	51	62.20	51	59.30	54	60.67
	小计	82	100.00	86	100.00	89	100.00
R	L	–	–	–	–	–	–
	M	–	–	–	–	–	–
	S	–	–	–	–	–	–
	小计	–	–	–	–	–	–

资料来源：南开大学中国保险机构治理指数数据库。

如表 7-23 所示，按照业务类型分类，2019 年的保险机构样本仅包括人身保险机构和财产保险机构两类，而 2020 年的保险机构样本在原有的基础上增加了保险资产管理公司、集团（控股）公司和再保险机构三类。每种业务类型的保险机构样本均可划分为有限制保险机构、股份制保险机构和相互保险组织三种组织形式。对于人身保险机构和财产保险机构，2019－2020 年的各类组织形式样本数均无明显变动，股份制保险机构样本数最多，分别为 58 和 52 家，占比约 60%；有限制保险机构次之，数量稳定在 30 家有余，相互保险组织最少，占比不超过 5%。2020 年保险资产管理公司、集团（控股）

公司和再保险机构样本数分别为 28、13 和 6 家。对于保险资产管理公司和集团（控股）公司，2020 年的样本中仅包括有限制和股份制两种组织形式，其中保险资产管理公司的样本以有限制为主，集团（控股）公司以股份制为主，再保险机构 2020 年的样本仅包括有限制一种组织形式。

表 7-23　不同业务类型保险机构组织形式统计（2019－2020 年）

业务类型	组织形式	2019 年		2020 年	
		样本数	占比（%）	样本数	占比（%）
A	L	–	–	21	75.00
	M	–	–	–	–
	S	–	–	7	25.00
	小计	–	–	28	100.00
G	L	–	–	4	30.77
	M	–	–	–	–
	S	–	–	9	69.23
	小计	–	–	13	100.00
N	L	30	32.97	31	33.70
	M	3	3.30	3	3.26
	S	58	63.74	58	63.04
	小计	91	100.00	92	100.00
P	L	33	37.08	32	36.36
	M	4	4.49	4	4.55
	S	52	58.43	52	59.09
	小计	89	100.00	88	100.00
R	L	–	–	6	100.00
	M	–	–	–	–
	S	–	–	–	–
	小计	–	–	6	100.00

资料来源：南开大学中国保险机构治理指数数据库。

如表 7-24 所示，按照业务类型分类，2021－2022 年的保险机构样本共包括保险资产管理公司、集团（控股）公司、人身保险机构、财产保险机构和再保险机构五类，各类保险机构样本数在 2021－2022 年均基本保持不变。在人身保险机构和财产保险机构 2022 年的样本中，股份制保险机构的数量分别为 59 和 52 家，约占 60%，有限制保险机构次之，样本数分别为 32 和 33 家，相互保险组织最少，占比不超过 5%。而保险资产管理公司、集团（控股）公司和再保险机构的样本数分别为 33、13 和 7 家，三类中均不包括组织形式为相互制的样本。对于保险资产管理公司和再保险机构，有限制保险机构的样本占比均超过 70%，明显多于股份制样本，而集团（控股）公司样本的情况则相反。

表 7-24　不同业务类型保险机构组织形式统计（2021－2022 年）

业务类型	组织形式	2021 年		2022 年	
		样本数	占比（%）	样本数	占比（%）
A	L	26	78.79	26	78.79
	M	－	－	－	－
	S	7	21.21	7	21.21
	小计	33	100.00	33	100.00
G	L	4	30.77	4	30.77
	M	－	－	－	－
	S	9	69.23	9	69.23
	小计	13	100.00	13	100.00
N	L	32	34.41	32	34.04
	M	3	3.23	3	3.19
	S	58	62.37	59	62.77
	小计	93	100.00	94	100.00
P	L	32	36.36	33	37.08
	M	4	4.55	4	4.49
	S	52	59.09	52	58.43
	小计	88	100.00	89	100.00
R	L	6	85.71	6	85.71
	M	－	－	－	－
	S	1	14.29	1	14.29
	小计	7	100.00	7	100.00

资料来源：南开大学中国保险机构治理指数数据库。

（四）不同业务类型保险机构注册地区

1. 保险资产管理公司注册地区

如表 7-25 所示，2020－2022 年，保险资产管理公司的样本数从 28 家上升至 33 家，其中 2020－2021 年出现增长，2021－2022 年保持不变。2020－2022 年，保险资产管理公司的注册地区没有发生变化，分布占比最高的三个地区分别是北京市、上海市和广东省，其中北京市 2020－2021 年的样本数从 11 家上升至 15 家，是所有注册地区中上升幅度最大的地区。

表 7-25　保险资产管理公司注册地区分布统计

年份	注册地区	样本数	占比（%）
2020	北京市	11	39.29
	广东省	5	17.86
	辽宁省	1	3.57
	上海市	9	32.14
	天津市	1	3.57
	浙江省	1	3.57
	合计	28	100.00

续表

年份	注册地区	样本数	占比（%）
2021	北京市	15	45.45
	广东省	5	15.15
	辽宁省	1	3.03
	上海市	10	30.30
	天津市	1	3.03
	浙江省	1	3.03
	合计	33	100.00
2022	北京市	15	45.45
	广东省	5	15.15
	辽宁省	1	3.03
	上海市	10	30.30
	天津市	1	3.03
	浙江省	1	3.03
	合计	33	100.00

资料来源：南开大学中国保险机构治理指数数据库。

2. 保险集团（控股）公司注册地区

如表 7-26 所示，2020—2022 年，保险集团（控股）公司的注册地区分布集中在北京市、上海市和广东省，各地区的样本数保持不变。三大注册地区按占比从高到低排序分别是北京市、广东省和上海市，样本数分别为 8、3 和 2 家，占比分别为 61.54%、23.08%和 15.38%。

表 7-26 保险集团（控股）公司注册地区分布统计

年份	注册地区	样本数	占比（%）
2020	北京市	8	61.54
	广东省	3	23.08
	上海市	2	15.38
	合计	13	100.00
2021	北京市	8	61.54
	广东省	3	23.08
	上海市	2	15.38
	合计	13	100.00
2022	北京市	8	61.54
	广东省	3	23.08
	上海市	2	15.38
	合计	13	100.00

资料来源：南开大学中国保险机构治理指数数据库。

3. 人身保险机构注册地区

如表 7-27 所示，2016－2022 年，人身保险机构的注册地区数量较多，分布范围略有扩大。大部分注册地区的人身保险机构样本数在 2016－2022 年保持不变或略有增加。2016－2022 年人身保险机构样本数最多的注册地区为北京市，上海市次之，广东省再次之；截至 2022 年，三个省市的样本数分别为 32、22 和 10 家。

表 7-27　人身保险机构注册地区分布统计

注册地区	样本数						
	2016 年	2017 年	2018 年	2019 年	2020 年	2021 年	2022 年
北京市	29	31	31	31	31	31	32
福建省	1	1	1	1	1	1	1
广东省	7	8	10	10	10	10	10
广西	–	1	1	1	1	1	1
贵州省	–	1	1	1	1	1	1
海南省	1	1	2	2	2	2	2
河北省	–	1	1	1	1	1	1
湖北省	1	1	2	2	2	2	2
湖南省	1	1	1	1	1	1	1
江苏省	3	3	3	3	3	3	3
辽宁省	2	3	3	3	3	3	3
山东省	1	2	2	2	2	2	2
陕西省	–	–	1	1	1	1	–
上海市	22	22	20	20	21	21	22
四川省	1	1	2	2	2	2	2
天津市	4	4	4	4	4	5	5
浙江省	4	4	4	4	4	4	4
重庆市	1	2	2	2	2	2	2
合计	78	87	91	91	92	93	94

资料来源：南开大学中国保险机构治理指数数据库。

4. 财产保险机构注册地区

如表 7-28 所示，2016－2022 年，财产保险机构的样本数略有上升，注册地区数量基本保持不变，仅在 2018 年新增注册地区为甘肃省的样本。相较于表 7-27 人身保险机构注册地区分布而言，财产保险机构注册地区涉及省市更加广泛，但就 2022 年看，财产保险机构样本数略低于人身保险机构样本数。2016－2022 年财产保险机构样本数最多的注册地区为上海市，样本数基本稳定在 20 家上下；在 2019 年之前，北京市的样本数多于广东省，而在 2019 年之后，北京市样本数略有下降，广东省样本数略有上升，故截至 2022 年，广东省和北京市列于财产保险机构样本数的第二位和第三位，分别为 16 和 13 家。

表 7-28 财产保险机构注册地区分布统计

注册地区	样本数						
	2016 年	2017 年	2018 年	2019 年	2020 年	2021 年	2022 年
安徽省	1	1	1	1	2	2	2
北京市	15	16	16	15	14	13	13
福建省	2	2	2	2	2	2	2
甘肃省	-	-	1	1	1	1	1
广东省	12	14	14	15	15	16	16
广西	1	1	1	1	1	1	1
河北省	1	1	1	1	1	1	1
河南省	1	1	1	1	1	1	1
黑龙江省	1	1	1	1	1	1	1
湖北省	2	2	2	2	2	2	2
吉林省	3	3	3	3	3	3	3
江苏省	2	2	2	2	2	2	2
江西省	1	1	1	1	1	1	1
辽宁省	1	1	2	2	2	2	2
宁夏	1	1	1	1	1	1	1
山东省	3	3	3	3	3	3	3
山西省	1	1	1	1	1	1	1
陕西省	1	1	1	1	1	1	1
上海市	19	20	20	20	19	19	20
四川省	2	2	2	2	2	2	2
天津市	2	2	2	2	2	2	2
西藏	1	1	1	1	1	1	1
新疆	2	2	2	2	2	2	2
云南省	1	1	1	1	1	1	1
浙江省	3	3	4	4	4	4	4
重庆市	3	3	3	3	3	3	3
合计	82	86	89	89	88	88	89

资料来源：南开大学中国保险机构治理指数数据库。

5. 再保险机构注册地区

如表 7-29 所示，2020－2022 年，再保险机构的注册地区分布集中在北京市、上海市和广东省，样本数较少且各地区的样本数较为稳定，仅北京市在 2021 年增加 1 家。三大注册地区中，样本数最大的为北京市，2020 年为 4 家，占比 66.67%，2021－2022 年为 5 家，占比 71.43%；2020－2022 年广东省和上海市的再保险机构样本数均稳定在 1 家，次于北京市。

表 7-29　再保险机构注册地区分布统计

年份	注册地区	样本数	占比（%）
2020	北京市	4	66.67
	广东省	1	16.67
	上海市	1	16.67
	合计	6	100.00
2021	北京市	5	71.43
	广东省	1	14.29
	上海市	1	14.29
	合计	7	100.00
2022	北京市	5	71.43
	广东省	1	14.29
	上海市	1	14.29
	合计	7	100.00

资料来源：南开大学中国保险机构治理指数数据库。

五、中国保险机构治理评价样本的注解

截至 2022 年底，我国各类型保险机构名录详见附表 1 至附表 6，但该名录并不是最新的中国保险机构名录。截至 2023 年底，我国保险机构样本总数与 2022 年的 236 家相比，增加 5 家（人身保险机构 3 家、财产保险机构 1 家、资产管理公司 1 家），减少 3 家（人身保险机构 3 家），净增加 2 家，总计为 238 家。

根据 2023 年 6 月 1 日《国家金融监督管理总局关于海港人寿保险股份有限公司及其分支机构开业的批复》（金复〔2023〕17 号），海港人寿保险股份有限公司获批开业。根据 2023 年 9 月 13 日《国家金融监督管理总局深圳监管局关于海港人寿保险股份有限公司受让恒大人寿保险有限公司保险业务的批复》（深金复〔2023〕94 号），海港人寿保险股份有限公司整体受让恒大人寿保险有限公司保险业务及相应的资产、负债。

根据 2023 年 6 月 20 日《国家金融监督管理总局关于中汇人寿保险股份有限公司及其分支机构开业的批复》（金复〔2023〕80 号），中汇人寿保险股份有限公司开业。根据 2023 年 9 月 28 日《国家金融监督管理总局北京监管局关于中汇人寿保险股份有限公司受让天安人寿保险股份有限公司保险业务的批复》京金复（〔2023〕166 号），中汇人寿保险股份有限公司整体受让天安人寿保险股份有限公司保险业务及相应的资产、负债。

根据 2023 年 6 月 28 日《国家金融监督管理总局关于瑞众人寿保险有限责任公司及其分支机构开业的批复》（金复〔2023〕88 号），瑞众人寿保险有限责任公司开业。根据 2023 年 11 月 8 日《国家金融监督管理总局北京监管局关于瑞众人寿保险有限责任公司受让华夏人寿保险股份有限公司保险业务的批复京金复》（〔2023〕245 号），瑞众人寿保险有限责任公司整体受让华夏人寿保险股份有限公司保险业务及相应的资产、负债。

因此，截至 2023 年底，我国保险机构新增海港人寿保险股份有限公司、中汇人寿保险股份有限公司和瑞众人寿保险有限责任公司 3 家人身保险机构，同时恒大人寿保险有

限公司、天安人寿保险股份有限公司、华夏人寿保险股份有限公司将不会出现在 2023 年评价样本中，即减少 3 家人身保险机构。

2023 年我国保险机构新增财产保险机构 1 家。根据 2022 年 2 月 15 日《中国银保监会关于筹建中国渔业互助保险社的批复》（银保监复〔2022〕87 号），中国渔业互助保险社获批筹建。根据 2023 年 2 月 3 日《中国银保监会关于中国渔业互助保险社开业的批复》（银保监复〔2023〕55 号），中国渔业互助保险社获批开业。

2023 年我国保险机构新增保险资产管理公司 1 家。根据 2023 年 1 月 12 日《中国银保监会关于筹建中邮保险资产管理有限公司的批复》（银保监复〔2023〕17 号），中邮保险资产管理有限公司获批筹建。根据 2023 年 10 月 23 日《国家金融监督管理总局关于中邮保险资产管理有限公司开业的批复》（金复〔2023〕17 号），中邮保险资产管理有限公司获批开业。

除了上述保险机构数量的增加或者减少之外，还有 1 家保险机构更名。根据 2023 年 5 月 12 日《中国银保监会关于易安财产保险股份有限公司重整后续事项的批复》（银保监复〔2023〕285 号），"易安财产保险股份有限公司"更名为"深圳比亚迪财产保险有限公司"。

此外，还有 1 家保险机构获批筹建。根据 2023 年 9 月 14 日《国家金融监督管理总局关于筹建申能财产保险股份有限公司的批复》（金复〔2023〕261 号），申能财产保险股份有限公司获批筹建。申能财产保险股份有限公司获批开业后将整体受让天安财产保险股份有限公司保险业务及相应的资产、负债。

总的来看，关于中国保险机构治理评价样本的整体情况，通过上述分析，本研究发现：第一，中国保险机构治理评价样本数整体呈上升趋势；第二，随着时间的推移，不同规模类型、资本性质、组织形式和业务类型的保险机构细分样本数也均不断上涨；第三，保险机构的成立年限较为集中，大多分布在 5－20 年，注册地区和所在城市分布较为广泛但重点地区和城市样本量较多。

第二节　评价数据来源

本节主要内容是对中国保险机构治理评价指标原始数据来源的说明，包括总体说明和具体说明。评价数据均来自公开信息渠道，具体包括保险机构官网披露的信息、国家金融监督管理总局官网（https://www.cbirc.gov.cn/）公布的信息、中国保险行业协会官网（https://www.iachina.cn/）发布的信息、企查查和天眼查检索的信息、搜索引擎搜索的信息等。

一、保险机构治理指标原始数据来源总体说明

关于保险机构治理指标原始数据的来源，本研究认为：

第一，从数据来源来看，中国保险机构治理评价的原始数据来源十分丰富，本研究提出数据应主要从公开信息渠道取得，而非内部信息或者调研信息。

第二，中国保险机构治理评价指标原始数据可以通过监管机构官网、保险机构官网相关栏目检索、企查查等专业网站检索这三种方式进行整理与记录，若无相关信息则可记录为"未披露"。

第三，中国保险机构治理评价指标原始数据整理过程中需要全面、客观地考虑相应的注意事项，以确保评价所用原始数据的科学性和准确性。

第四，不同的指标可能适用于不同的评价对象，因此各指标原始数据整理过程会略有不同，整理过程中要注意指标所适用的对象。

第五，不同指标原始数据的整理时间与紧急程度不同，对于及时性要求较高的指标原始数据一般于评价年度的 12 月 31 日整理完毕（紧急程度为紧急），某些需要根据年度信息披露报告、偿付能力报告等文件整理的指标数据则可在次年等相关报告披露后进行整理（紧急程度为一般）。

二、内部治理指标原始数据来源具体说明

中国保险机构内部治理指标原始数据来源见表 7-30 至表 7-33，主要来源为"保险机构官网－公开信息披露－基本信息－公司治理概要""保险机构官网－公开信息披露－专项信息－偿付能力""保险机构官网－关于我们－组织架构""保险机构官网－公开信息披露－重大事项""国家金融监督管理总局官网－政务信息－行政许可""企查查－基本信息－查查图谱""企查查－经营风险"等。其中，偿付能力报告也可以通过"中国保险行业协会－信息披露－偿付能力信息披露"途径查找，因该途径与保险机构官网披露信息一致，因此未在表 7-30 至表 7-33 中列示。此外，诸如指标 1-1：股东（大）会召开情况、指标 2-16：董事长是否存在非正常变更情况等的原始数据需要配合搜索引擎搜索信息进行确认。

表 7-30　保险机构股东与股权结构维度治理指标原始数据来源

序号	指标编号	指标名称	数据来源
1	1-1	股东（大）会召开情况	保险机构官网－公开信息披露－基本信息－公司治理概要－近三年股东（大）会主要决议
2	1-2	股权结构状况	（1）企查查－基本信息－查查图谱－股权穿透图 （2）保险机构官网－公开信息披露－基本信息－公司治理概要－持股比例在 5%以上的股东及其持股情况
3	1-3	是否存在机构投资者	（1）企查查－基本信息－查查图谱－股权穿透图 （2）保险机构官网－公开信息披露－基本信息－公司治理概要－持股比例在 5%以上的股东及其持股情况
4	1-4	股权层级状况	（1）企查查－基本信息－查查图谱－股权穿透图 （2）企查查－基本信息－查查图谱－企业受益股东
5	1-5	股权出质或质押情况	（1）企查查－经营风险－股权出质 （2）企查查－经营风险－股权质押 （3）企查查－历史信息－历史股权出质

资料来源：作者整理。

表 7-31　保险机构董事与董事会维度治理指标原始数据来源

序号	指标编号	指标名称	数据来源
1	2-1	董事会规模	（1）保险机构官网—公开信息披露—专项信息—偿付能力—偿付能力报告—基本信息—董事、监事和高级管理人员的基本情况 （2）企查查—变更记录—查看距离统计年份年底最近的一次董事变更后的情况
2	2-2	是否单独或合并设立资产负债管理专门委员会	（1）保险机构官网—公开信息披露—基本信息—公司治理概要—公司部门设置情况 （2）保险机构官网—关于我们—组织架构
3	2-3	是否单独或合并设立战略专门委员会	（1）保险机构官网—公开信息披露—基本信息—公司治理概要—公司部门设置情况 （2）保险机构官网—关于我们—组织架构
4	2-4	是否单独或合并设立审计专门委员会	（1）保险机构官网—公开信息披露—基本信息—公司治理概要—公司部门设置情况 （2）保险机构官网—关于我们—组织架构
5	2-5	是否单独或合并设立提名专门委员会	（1）保险机构官网—公开信息披露—基本信息—公司治理概要—公司部门设置情况 （2）保险机构官网—关于我们—组织架构
6	2-6	是否单独或合并设立薪酬专门委员会	（1）保险机构官网—公开信息披露—基本信息—公司治理概要—公司部门设置情况 （2）保险机构官网—关于我们—组织架构
7	2-7	是否单独或合并设立关联交易控制专门委员会	（1）保险机构官网—公开信息披露—基本信息—公司治理概要—公司部门设置情况 （2）保险机构官网—关于我们—组织架构
8	2-8	是否单独或合并设立风险管理专门委员会	（1）保险机构官网—公开信息披露—基本信息—公司治理概要—公司部门设置情况 （2）保险机构官网—关于我们—组织架构
9	2-9	是否单独或合并设立消费者权益保护专门委员会	（1）保险机构官网—公开信息披露—基本信息—公司治理概要—公司部门设置情况 （2）保险机构官网—关于我们—组织架构
10	2-10	是否单独或合并自主设立其他董事会专门委员会	（1）保险机构官网—公开信息披露—基本信息—公司治理概要—公司部门设置情况 （2）保险机构官网—关于我们—组织架构
11	2-11	董事学历状况	（1）保险机构官网—公开信息披露—专项信息—偿付能力—偿付能力报告—基本信息—董事、监事和高级管理人员的基本情况 （2）企查查—变更记录—查看距离统计年份年底最近的一次董事变更后的情况

续表

序号	指标编号	指标名称	数据来源
12	2-12	有无财务、会计或审计背景董事	（1）保险机构官网－公开信息披露－专项信息－偿付能力－偿付能力报告－基本信息－董事、监事和高级管理人员的基本情况 （2）企查查－变更记录－查看距离统计年份年底最近的一次董事变更后的情况
13	2-13	有无金融背景董事	（1）保险机构官网－公开信息披露－专项信息－偿付能力－偿付能力报告－基本信息－董事、监事和高级管理人员的基本情况 （2）企查查－变更记录－查看距离统计年份年底最近的一次董事变更后的情况
14	2-14	有无保险精算背景董事	（1）保险机构官网－公开信息披露－专项信息－偿付能力－偿付能力报告－基本信息－董事、监事和高级管理人员的基本情况 （2）企查查－变更记录－查看距离统计年份年底最近的一次董事变更后的情况
15	2-15	董事专业和职业背景结构	（1）保险机构官网－公开信息披露－专项信息－偿付能力－偿付能力报告－基本信息－董事、监事和高级管理人员的基本情况 （2）企查查－变更记录－查看距离统计年份年底最近的一次董事变更后的情况
16	2-16	董事长是否存在非正常变更情况	（1）国家金融监督管理总局官网－政务信息－行政许可 （2）保险机构官网－公开信息披露－重大事项
17	2-17	独立董事比例情况	（1）保险机构官网－公开信息披露－专项信息－偿付能力－偿付能力报告－基本信息－董事、监事和高级管理人员的基本情况 （2）企查查－变更记录－查看距离统计年份年底最近的一次董事变更后的情况
18	2-18	独立董事学历情况	（1）保险机构官网－公开信息披露－专项信息－偿付能力－偿付能力报告－基本信息－董事、监事和高级管理人员的基本情况 （2）企查查－变更记录－查看距离统计年份年底最近的一次董事变更后的情况
19	2-19	有无财务、会计或审计背景独立董事	（1）保险机构官网－公开信息披露－专项信息－偿付能力－偿付能力报告－基本信息－董事、监事和高级管理人员的基本情况 （2）企查查－变更记录－查看距离统计年份年底最近的一次董事变更后的情况

续表

序号	指标编号	指标名称	数据来源
20	2-20	有无金融背景独立董事	（1）保险机构官网－公开信息披露－专项信息－偿付能力－偿付能力报告－基本信息－董事、监事和高级管理人员的基本情况 （2）企查查－变更记录－查看距离统计年份年底最近的一次董事变更后的情况
21	2-21	有无保险精算背景独立董事	（1）保险机构官网－公开信息披露－专项信息－偿付能力－偿付能力报告－基本信息－董事、监事和高级管理人员的基本情况 （2）企查查－变更记录－查看距离统计年份年底最近的一次董事变更后的情况
22	2-22	有无法律背景独立董事	（1）保险机构官网－公开信息披露－专项信息－偿付能力－偿付能力报告－基本信息－董事、监事和高级管理人员的基本情况 （2）企查查－变更记录－查看距离统计年份年底最近的一次董事变更后的情况
23	2-23	独立董事专业和职业背景结构	（1）保险机构官网－公开信息披露－专项信息－偿付能力－偿付能力报告－基本信息－董事、监事和高级管理人员的基本情况 （2）企查查－变更记录－查看距离统计年份年底最近的一次董事变更后的情况
24	2-24	独立董事任职结构是否多元化	（1）保险机构官网－公开信息披露－专项信息－偿付能力－偿付能力报告－基本信息－董事、监事和高级管理人员的基本情况 （2）企查查－变更记录－查看距离统计年份年底最近的一次董事变更后的情况

资料来源：作者整理。

表 7-32　保险机构监事与监事会维度治理指标原始数据来源

序号	指标编号	指标名称	数据来源
1	3-1	监事会规模或监事人数	（1）保险机构官网－公开信息披露－专项信息－偿付能力－偿付能力报告－基本信息－董事、监事和高级管理人员的基本情况 （2）企查查－变更记录－查看距离统计年份年底最近的一次监事变更后的情况

序号	指标编号	指标名称	数据来源
2	3-2	职工监事比例情况	（1）保险机构官网－公开信息披露－专项信息－偿付能力－偿付能力报告－基本信息－董事、监事和高级管理人员的基本情况 （2）企查查－变更记录－查看距离统计年份年底最近的一次监事变更后的情况
3	3-3	外部监事比例情况	（1）保险机构官网－公开信息披露－专项信息－偿付能力－偿付能力报告－基本信息－董事、监事和高级管理人员的基本情况 （2）企查查－变更记录－查看距离统计年份年底最近的一次监事变更后的情况
4	3-4	监事学历情况	（1）保险机构官网－公开信息披露－专项信息－偿付能力－偿付能力报告－基本信息－董事、监事和高级管理人员的基本情况 （2）企查查－变更记录－查看距离统计年份年底最近的一次监事变更后的情况
5	3-5	有无财务、会计或审计背景监事	（1）保险机构官网－公开信息披露－专项信息－偿付能力－偿付能力报告－基本信息－董事、监事和高级管理人员的基本情况 （2）企查查－变更记录－查看距离统计年份年底最近的一次监事变更后的情况
6	3-6	有无金融背景监事	（1）保险机构官网－公开信息披露－专项信息－偿付能力－偿付能力报告－基本信息－董事、监事和高级管理人员的基本情况 （2）企查查－变更记录－查看距离统计年份年底最近的一次监事变更后的情况
7	3-7	有无保险精算背景监事	（1）保险机构官网－公开信息披露－专项信息－偿付能力－偿付能力报告－基本信息－董事、监事和高级管理人员的基本情况 （2）企查查－变更记录－查看距离统计年份年底最近的一次监事变更后的情况
8	3-8	监事专业和职业背景结构	（1）保险机构官网－公开信息披露－专项信息－偿付能力－偿付能力报告－基本信息－董事、监事和高级管理人员的基本情况 （2）企查查－变更记录－查看距离统计年份年底最近的一次监事变更后的情况

资料来源：作者整理。

表 7-33　保险机构高级管理人员维度治理指标原始数据来源

序号	指标编号	指标名称	数据来源
1	4-1	高管规模	（1）保险机构官网－公开信息披露－专项信息－偿付能力－偿付能力报告－基本信息－董事、监事和高级管理人员的基本情况 （2）企查查－变更记录－查看距离统计年份年底最近的一次高管变更后的情况
2	4-2	董事长和总经理两职是否分设	（1）保险机构官网－公开信息披露－专项信息－偿付能力－偿付能力报告－基本信息－董事、监事和高级管理人员的基本情况 （2）企查查－变更记录－查看距离统计年份年底最近的一次高管变更后的情况
3	4-3	是否设立总精算师	（1）保险机构官网－公开信息披露－专项信息－偿付能力－偿付能力报告－基本信息－董事、监事和高级管理人员的基本情况 （2）保险机构官网－公开信息披露－基本信息－公司治理概要－高级管理人员简历
4	4-4	是否设立合规负责人	（1）保险机构官网－公开信息披露－专项信息－偿付能力－偿付能力报告－基本信息－董事、监事和高级管理人员的基本情况 （2）保险机构官网－公开信息披露－基本信息－公司治理概要－高级管理人员简历
5	4-5	是否设立首席风险官	（1）保险机构官网－公开信息披露－专项信息－偿付能力－偿付能力报告－基本信息－董事、监事和高级管理人员的基本情况 （2）保险机构官网－公开信息披露－基本信息－公司治理概要－高级管理人员简历
6	4-6	是否设立审计负责人	（1）保险机构官网－公开信息披露－专项信息－偿付能力－偿付能力报告－基本信息－董事、监事和高级管理人员的基本情况 （2）保险机构官网－公开信息披露－基本信息－公司治理概要－高级管理人员简历
7	4-7	总经理是否存在非正常变更情况	（1）国家金融监督管理总局官网－政务信息－行政许可 （2）保险机构官网－公开信息披露－重大事项

资料来源：作者整理。

三、外部治理指标原始数据来源具体说明

中国保险机构外部治理指标原始数据来源见表 7-34 和表 7-35，主要来源为"企查

查－保险机构官网""企查查－官网－保险机构官网－公开信息披露""国家金融监督管理总局官网－政务信息－公告通知""国家税务总局官网－纳税服务－纳税信用 A 级纳税人名单公布栏""天眼查－司法风险－历史失信信息"等。其中，偿付能力报告也可以通过"中国保险行业协会－信息披露－偿付能力信息披露"途径查找，年度信息披露报告也可以通过"中国保险行业协会－信息披露－保险公司年度信息披露"途径查找，因前述中国保险行业协会官网途径与保险机构官网披露信息一致，因此未在表 7-34 和表 7-35 中列示。此外，诸如指标 6-8：社会责任承担状况、指标 6-9：负面新闻报道情况等的原始数据需要配合搜索引擎搜索信息进行确认。

表 7-34　保险机构信息披露维度治理指标原始数据来源

序号	指标编号	指标名称	数据来源
1	5-1	有无官网	企查查－官网
2	5-2	官网整体建设水平状况	企查查－官网－保险机构官网
3	5-3	官网客服热线披露情况	企查查－官网－保险机构官网
4	5-4	官网是否披露官微或公众号	企查查－官网－保险机构官网
5	5-5	官网有无公开信息披露栏目	企查查－官网－保险机构官网
6	5-6	官网公开信息披露栏目是否明显	企查查－官网－保险机构官网
7	5-7	官网披露框架是否符合规定	企查查－官网－保险机构官网
8	5-8	官网基本信息披露是否完善	企查查－官网－保险机构官网－公开信息披露
9	5-9	官网专项信息披露是否完善	企查查－官网－保险机构官网－公开信息披露
10	5-10	官网重大事项披露是否完善	企查查－官网－保险机构官网－公开信息披露
11	5-11	官网公司治理架构披露是否完善	企查查－官网－保险机构官网－公开信息披露－基本信息
12	5-12	偿付能力报告披露是否及时	保险机构官网－公开信息披露－专项信息－偿付能力
13	5-13	偿付能力报告披露后是否有更正	保险机构官网－公开信息披露－专项信息－偿付能力
14	5-14	年度信息披露报告披露是否及时	保险机构官网－公开信息披露－年度信息
15	5-15	年度信息披露报告披露是否完善	保险机构官网－公开信息披露－年度信息
16	5-16	年度信息披露报告披露后是否有更正	保险机构官网－公开信息披露－年度信息
17	5-17	年度财务会计报告审计意见类型	保险机构官网－公开信息披露－年度信息

资料来源：作者整理。

表 7-35　保险机构利益相关者维度治理指标原始数据来源

序号	指标编号	指标名称	数据来源
1	6-1	亿元保费、万张保单投诉情况	国家金融监督管理总局官网－政务信息－公告通知
2	6-2	有无经营异常情况	企查查－经营风险－经营异常
3	6-3	是否收到监管函	保险机构官网－公开信息披露－重大事项
4	6-4	是否受到行政处罚	保险机构官网－公开信息披露－重大事项
5	6-5	风险综合评级状况	保险机构官网－公开信息披露－专项信息－偿付能力－偿付能力报告－风险综合评级
6	6-6	纳税信用评级状况	（1）国家税务总局官网－纳税服务－纳税信用 A 级纳税人名单公布栏 （2）天眼查－经营状况－税务评级途径
7	6-7	评价年度有无失信情况	天眼查－司法风险－历史失信信息
8	6-8	社会责任承担状况	（1）保险机构官网－社会责任/社会公益 （2）保险机构官网－关于我们－社会责任/社会公益 （3）保险机构官网－公开信息披露－社会责任/社会公益
9	6-9	负面新闻报道情况	企查查－企业发展－新闻舆情－情感选择（消极）

资料来源：作者整理。

第三篇

总分指数分析

在我国的制度背景下，治理评价以内部治理为主，包括股东治理、董事会治理、监事会治理等，考虑保险公司治理的特殊性，外部监管和利益相关者治理等维度也需要纳入评价系统中。

——郝臣. 保险公司治理[M]. 北京：清华大学出版社，2021.

第八章　中国保险机构治理指数分析

本章利用2016－2022年中国保险机构治理指数（CIIGI），对我国保险机构治理状况进行了总体分析，包括描述性统计分析和分布分析，同时还尝试从评价样本的治理等级和治理评级角度解读我国保险机构治理的状况。本章还从规模类型、资本性质、组织形式、险种类型、成立年限、注册地区和所在城市角度展开保险机构治理总指数的分组比较分析，以此发掘上述因素对保险机构治理状况的影响。

第一节　中国保险机构治理指数总体分析

一、中国保险机构治理指数描述性统计分析

（一）中国保险机构治理总指数描述性统计分析

如表8-1和图8-1所示，2016－2022年的中国保险机构治理指数平均值依次为66.69、67.32、68.37、70.38、71.94、73.16和73.79，总体呈现出逐年上升的趋势，并且2022年中国保险机构治理指数平均值相较2016年上升了7.10，但近两年上升幅度趋缓。从中位数来看，中国保险机构治理指数也呈现整体上升的趋势，且各年中位数高于平均值，即中国保险机构治理指数呈左偏分布，个别保险机构治理指数非常低。

表 8-1　中国保险机构治理指数统计分析

年份	样本数	平均值	中位数	标准差	极差	最小值	最大值
2016	160	66.69	68.17	11.52	74.38	11.12	85.50
2017	172	67.32	68.68	12.17	82.09	11.12	93.21
2018	180	68.37	69.67	12.24	79.99	11.12	91.11
2019	180	70.38	72.13	12.49	80.71	11.12	91.83
2020	227	71.94	72.83	12.02	82.45	11.12	93.57
2021	234	73.16	75.39	11.69	82.96	11.12	94.08
2022	236	73.79	74.93	10.89	82.55	11.12	93.67

资料来源：南开大学中国保险机构治理指数数据库。

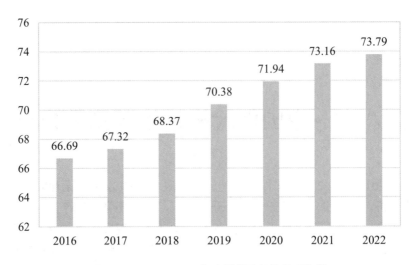

图 8-1　2016－2022 年中国保险机构治理指数

资料来源：南开大学中国保险机构治理指数数据库。

（二）中国保险机构治理分指数描述性统计分析

如表 8-2 和图 8-2 所示，2016－2022 年的中国保险机构治理分指数中股东与股权结构指数的平均值呈现先递减再递增的趋势，最小值出现在 2019 年为 61.33，最大值出现在 2022 年为 66.78，2022 年相较于 2016 年增加了 4.28。董事与董事会指数的平均值总体呈现出逐年上升的趋势，在 2016－2019 年间上升幅度缓慢，近三年则呈现出较大涨幅，2022 年董事与董事会指数的平均值相较于 2016 年上升 10.84。监事与监事会指数的平均值在 2016－2019 呈现逐年上升的趋势，在 2017 年与 2018 年间实现了较大的涨幅，上升 7.76；近三年变化额的正负方向不一致，但 2022 年相较于 2016 年仍上升 10.73。高级管理人员指数的平均值在 2016－2021 年间呈现逐年上升的趋势，在 2021 年与 2022 年间出现下降趋势，但 2022 年相较于 2016 年仍上升 15.16。信息披露指数的平均值总体维持在一个相对稳定的状态，以 90.23 为中位数上下浮动 0.86 左右。利益相关者指数的平均值总体实现了上升，2022 年相较于 2016 年提高了 3.90；但是七年间变化额的正负方向不一致，最大值出现在 2019 年为 85.86，最小值出现在 2018 年为 79.38。

表 8-2　中国保险机构治理分指数平均值统计分析

年份	样本数	股东与股权结构	董事与董事会	监事与监事会	高级管理人员	信息披露	利益相关者
2016	160	62.50	49.54	39.11	67.05	90.10	81.74
2017	172	62.21	50.66	41.61	71.35	89.36	79.91
2018	180	61.78	51.67	49.37	71.83	90.23	79.38
2019	180	61.33	52.33	49.76	77.54	90.07	85.86
2020	227	65.64	54.42	49.15	79.44	91.08	85.37
2021	234	66.07	57.55	50.43	86.16	90.98	81.63
2022	236	66.78	60.38	49.84	82.21	90.41	85.64

资料来源：南开大学中国保险机构治理指数数据库。

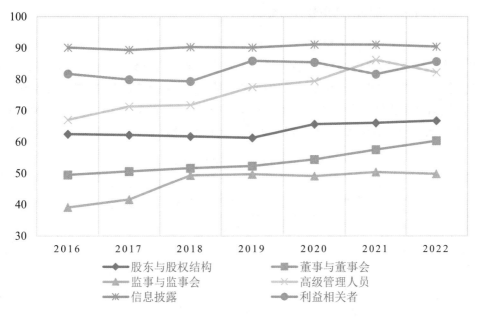

图 8-2　2016—2022 年中国保险机构治理分指数

资料来源：南开大学中国保险机构治理指数数据库。

如表 8-3 所示，2016—2022 年的中国保险机构治理分指数中股权与股权结构指数的中位数始终为 60，七年来未发生变化。董事与董事会指数的中位数依次为 46.67、50.00、50.00、53.33、53.33、60.00 和 61.68，总体呈现上升的趋势，2022 年比 2016 年提高了 15.01。监事与监事会指数的中位数七年内总体增加了 7.14，2016—2019 年稳定在 42.86，2020—2021 年稳定在 57.14，2022 年相较于 2021 年下降了 7.14。高级管理人员指数的中位数七年内总体增加了 14.28，2016—2018 年稳定在 71.43，2019—2020 年稳定在 85.71，2021 年增至 100，实现较大幅度增长，2022 年又回落至 85.71。信息披露指数的中位数均为 94.12，七年来未发生变化。利益相关者指数的中位数七年内总体增加了 11.11，2016—2018 年稳定在 77.78，2019—2020 年稳定在 88.89，2021 年降至 85.71，2022 年又回升至 88.89。

表 8-3　中国保险机构治理分指数中位数统计分析

年份	样本数	股东与股权结构	董事与董事会	监事与监事会	高级管理人员	信息披露	利益相关者
2016	160	60.00	46.67	42.86	71.43	94.12	77.78
2017	172	60.00	50.00	42.86	71.43	94.12	77.78
2018	180	60.00	50.00	42.86	71.43	94.12	77.78
2019	180	60.00	53.33	42.86	85.71	94.12	88.89
2020	227	60.00	53.33	57.14	85.71	94.12	88.89
2021	234	60.00	60.00	57.14	100.00	94.12	85.71
2022	236	60.00	61.68	50.00	85.71	94.12	88.89

资料来源：南开大学中国保险机构治理指数数据库。

二、中国保险机构治理指数分布分析

如表 8-4 所示，2016－2022 年中国保险机构治理指数分布分析中偏度误差标准差和峰态系数标准差均呈现总体递减的趋势。下四分位数、中位数和上四分位数呈现总体上升的趋势，2022 年相较于 2016 年的增加额分别为 7.258、6.760 和 7.173。偏度系数及峰态系数波动方向变化较大，前者总体上增加了-0.400，后者总体上增加了 3.820。2016－2022 年中国保险机构治理指数分布图如图 8-3 至 8-9 所示。

表 8-4　中国保险机构治理指数分布分析

年份	样本数	偏度系数	偏度误差标准差	峰态系数	峰态系数标准差	下四分位数	中位数	上四分位数
2016	160	-2.154	0.192	8.132	0.381	62.048	68.169	73.163
2017	172	-1.824	0.185	6.277	0.368	62.134	68.677	74.944
2018	180	-1.951	0.181	6.670	0.360	63.912	69.670	76.435
2019	180	-2.163	0.181	7.312	0.360	66.748	72.127	77.759
2020	227	-1.968	0.162	7.454	0.322	66.402	72.832	79.260
2021	234	-2.218	0.159	8.687	0.317	67.693	75.393	79.929
2022	236	-2.554	0.158	11.952	0.316	69.306	74.929	80.336

资料来源：南开大学中国保险机构治理指数数据库。

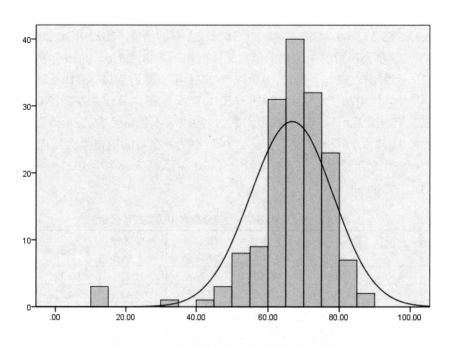

图 8-3　2016 年中国保险机构治理指数分布图

资料来源：南开大学中国保险机构治理评价课题组。

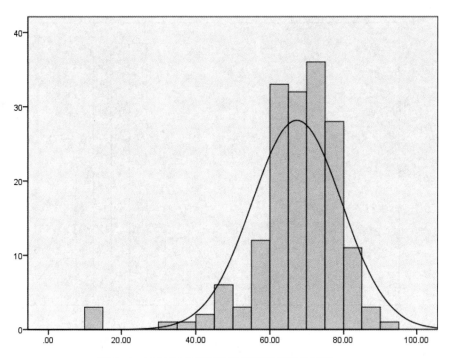

图 8-4 2017 年中国保险机构治理指数分布图

资料来源：南开大学中国保险机构治理评价课题组。

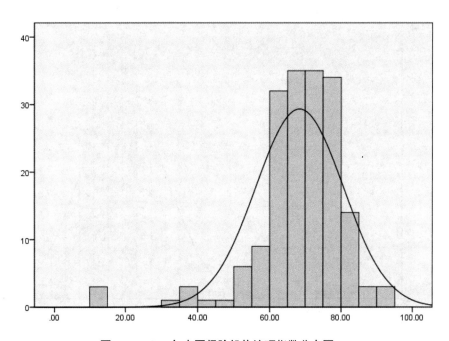

图 8-5 2018 年中国保险机构治理指数分布图

资料来源：南开大学中国保险机构治理评价课题组。

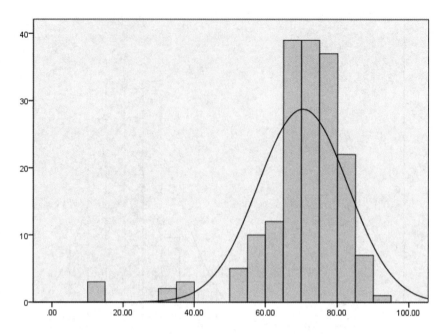

图 8-6　2019 年中国保险机构治理指数分布图

资料来源：南开大学中国保险机构治理评价课题组。

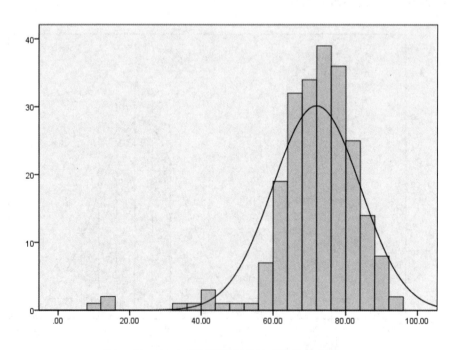

图 8-7　2020 年中国保险机构治理指数分布图

资料来源：南开大学中国保险机构治理评价课题组。

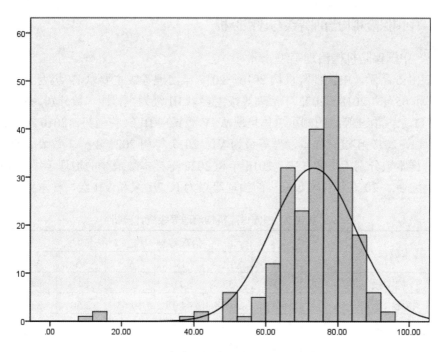

图 8-8 2021 年中国保险机构治理指数分布图

资料来源：南开大学中国保险机构治理评价课题组。

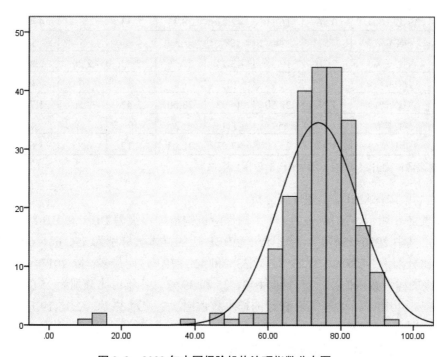

图 8-9 2022 年中国保险机构治理指数分布图

资料来源：南开大学中国保险机构治理评价课题组。

三、中国保险机构治理等级与评级分析

（一）中国保险机构治理等级分析

如表 8-5 所示，中国保险机构 2016－2017 年治理等级主要以 IV 级为主，样本数分别为 71 和 65 家。2018－2022 年治理等级主要以 III 级为主，样本数分别为 69、76、97、103 和 111 家。治理等级的侧重总体呈现从 IV 级转向 III 级的趋势。2016 年没有样本治理等级为 I，2019 年没有样本治理等级为 VI。2017 年和 2021 年样本数最少的治理等级为 I 级，样本数分别为 1 和 3 家。2018 年和 2022 年样本数最少的治理等级为 VI 级，样本数均为 2 家。2020 年样本数最少的治理等级为 I、VI 级和 VII 级，样本数均为 5 家。

表 8-5　中国保险机构治理等级统计分析

年份	样本数与占比	治理等级							合计
		I	II	III	IV	V	VI	VII	
2016	样本数	－	9	55	71	17	4	4	160
	占比（%）	－	5.63	34.38	44.38	10.63	2.50	2.50	100.00
2017	样本数	1	14	64	65	15	8	5	172
	占比（%）	0.58	8.14	37.21	37.79	8.72	4.65	2.91	100.00
2018	样本数	3	17	69	67	15	2	7	180
	占比（%）	1.67	9.44	38.33	37.22	8.33	1.11	3.89	100.00
2019	样本数	1	29	76	51	15	－	8	180
	占比（%）	0.56	16.11	42.22	28.33	8.33	－	4.44	100.00
2020	样本数	5	44	97	63	8	5	5	227
	占比（%）	2.20	19.38	42.73	27.75	3.52	2.20	2.20	100.00
2021	样本数	3	55	103	55	8	6	4	234
	占比（%）	1.28	23.50	44.02	23.50	3.42	2.56	1.71	100.00
2022	样本数	3	59	111	52	5	2	4	236
	占比（%）	1.27	25.00	47.03	22.03	2.12	0.85	1.69	100.00

资料来源：南开大学中国保险机构治理指数数据库。

（二）中国保险机构治理评级分析

如表 8-6 所示，2016－2019 年中国保险机构治理评级为 BBB 和 BB 级的样本数占比较多，其中 2016－2019 年治理评级为 BBB 级的样本数分别为 55、64、69 和 76 家，各年占比分别为 34.38%、37.21%、38.33% 和 42.22%，占比最多；除 2017 年外，治理评级 BB 级的样本数占比次之，分别为 40、35 和 39 家，各年占比分别为 25.00%、19.44% 和 21.67%；2017 年，治理等级 B 级的样本数占比次之，为 33 家，占比 19.19%。在 2016 年和 2018 年，评级样本数排名第三位的是 B 级，2017 年排名第三位的是 BB 级，2019 年排名第三位的为 A 级。总体而言，2016－2019 年，中国保险机构治理评级为 BBB 级、BB 级和 B 级的样本数占比较多，其他评级占比较少，总共不超过 30%。

表 8-6　中国保险机构治理评级统计分析（2016－2019 年）

治理评级	2016 年		2017 年		2018 年		2019 年	
	样本数	占比（%）	样本数	占比（%）	样本数	占比（%）	样本数	占比（%）
AAA	－	－	1	0.58	3	1.67	1	0.56
AA	2	1.25	3	1.74	3	1.67	7	3.89
A	7	4.38	11	6.40	14	7.78	22	12.22
BBB	55	34.38	64	37.21	69	38.33	76	42.22
BB	40	25.00	32	18.60	35	19.44	39	21.67
B	31	19.38	33	19.19	32	17.78	12	6.67
CCC	17	10.63	15	8.72	15	8.33	15	8.33
CC	4	2.50	8	4.65	2	1.11	－	－
C	4	2.50	5	2.91	7	3.89	8	4.44
总计	160	100.00	172	100.00	180	100.00	180	100.00

资料来源：南开大学中国保险机构治理指数数据库。

如表 8-7 所示，2020－2022 年中国保险机构治理评级为 BBB 级的样本数占比最多，样本数分别为 97、103 和 111 家，各年占比分别为 42.73%、44.02%和 47.03%；在 2020 年和 2021 年，评级为 BB 级的样本数排第二，各年占比分别为 14.98%和 16.67%，2022 年评级 A 的样本数排第二，当年占比为 18.22%。此外，2020－2022 年，中国保险机构治理评级为 A 级、BBB 级、BB 级和 B 级的样本数占比较多，其他评级的样本数占比较少，总共不超过 20%。

表 8-7　中国保险机构治理评级统计分析（2020－2022 年）

治理评级	2020 年		2021 年		2022 年	
	样本数	占比（%）	样本数	占比（%）	样本数	占比（%）
AAA	5	2.20	3	1.28	3	1.27
AA	14	6.17	18	7.69	16	6.78
A	30	13.22	37	15.81	43	18.22
BBB	97	42.73	103	44.02	111	47.03
BB	34	14.98	39	16.67	34	14.41
B	29	12.78	16	6.84	18	7.63
CCC	8	3.52	8	3.42	5	2.12
CC	5	2.20	6	2.56	2	0.85
C	5	2.20	4	1.71	4	1.69
总计	227	100.00	234	100.00	236	100.00

资料来源：南开大学中国保险机构治理指数数据库。

第二节　中国保险机构治理指数比较分析

一、中国保险机构治理指数分规模类型比较分析

如表 8-8 所示，在 2016－2022 年间的中国保险机构中，大型保险机构、中型保险机构和小型保险机构的样本数都呈总体增加的趋势，微型保险机构的样本数在 2018－2019 年和 2021－2022 年间减少且 2022 年最终样本数与 2016 年样本数相差不大。如图 8-10、图 8-11、图 8-12 和图 8-13 所示，大、中、小和微型保险机构治理指数平均值在 2016－2022 年呈逐年上升趋势，大型保险机构治理指数的中位数在 2016－2022 年间呈总体上升趋势，而中型保险机构治理指数的中位数继 2016－2021 年的持续递增后在 2022 年下降，小、微型保险机构治理指数的中位数总体呈上升趋势，但小型保险机构治理指数中位数在 2017 年和 2022 年出现了下降，微型保险机构治理指数中位数在 2018 年出现下降。

表 8-8　中国保险机构治理指数分规模类型比较分析

年份	样本数与统计指标	规模类型			
		B	M	S	T
2016	样本数	6	27	83	44
	平均值	71.97	70.02	67.72	61.99
	中位数	75.02	72.60	68.08	66.10
2017	样本数	6	32	84	50
	平均值	72.13	70.08	67.89	64.02
	中位数	75.84	73.44	67.84	67.54
2018	样本数	7	33	94	46
	平均值	72.34	71.63	68.98	64.20
	中位数	77.74	74.07	69.03	65.92
2019	样本数	7	35	96	42
	平均值	74.80	74.24	70.91	65.22
	中位数	80.98	76.42	71.47	69.13
2020	样本数	16	44	118	49
	平均值	75.00	74.34	73.12	65.94
	中位数	75.77	76.68	73.27	70.80
2021	样本数	16	51	120	47
	平均值	75.85	74.79	74.51	67.05
	中位数	77.32	77.79	75.21	71.40
2022	样本数	18	54	119	45
	平均值	77.08	75.14	74.85	68.02
	中位数	80.14	76.62	74.65	72.10

资料来源：南开大学中国保险机构治理指数数据库。

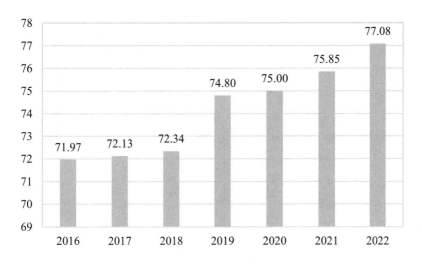

图 8-10 2016－2022 年中国大型保险机构治理指数

资料来源：南开大学中国保险机构治理指数数据库。

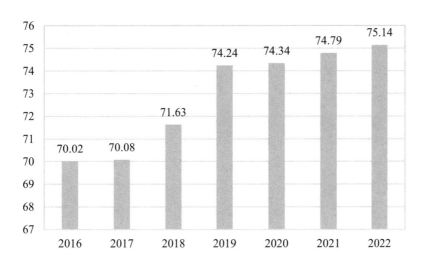

图 8-11 2016－2022 年中国中型保险机构治理指数

资料来源：南开大学中国保险机构治理指数数据库。

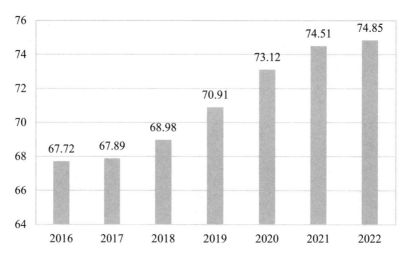

图 8-12　2016－2022 年中国小型保险机构治理指数

资料来源：南开大学中国保险机构治理指数数据库。

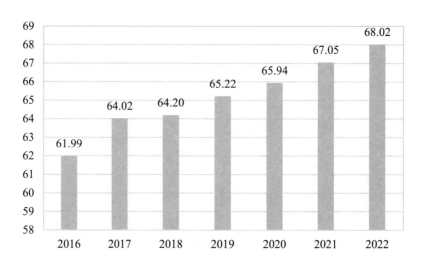

图 8-13　2016－2022 年中国微型保险机构治理指数

资料来源：南开大学中国保险机构治理指数数据库。

二、中国保险机构治理指数分资本性质比较分析

如表 8-9、图 8-14 和图 8-15 所示，从平均值看，中资保险机构治理指数平均值逐年上升，外资保险机构治理指数平均值略低于中资保险机构治理指数平均值，在 2017 年两者差值最小，2020 年两者差值最大。从中位数看，两种资本性质的保险机构治理指数中位数总体呈上升趋势，中资保险机构治理指数中位数在 2020 年略有下降但幅度微小，而外资保险机构治理指数中位数在 2018 年有较明显下降。

表 8-9 中国保险机构治理指数分资本性质比较分析

年份	样本数与统计指标	资本性质	
		C	F
2016	样本数	111	49
	平均值	66.95	66.10
	中位数	69.63	66.11
2017	样本数	123	49
	平均值	67.34	67.26
	中位数	70.50	66.95
2018	样本数	131	49
	平均值	69.07	66.52
	中位数	71.52	65.62
2019	样本数	130	50
	平均值	71.17	68.35
	中位数	74.34	68.38
2020	样本数	170	57
	平均值	72.72	69.61
	中位数	74.32	68.99
2021	样本数	175	59
	平均值	73.80	71.28
	中位数	76.28	71.40
2022	样本数	178	58
	平均值	74.22	72.45
	中位数	76.38	72.82

资料来源：南开大学中国保险机构治理指数数据库。

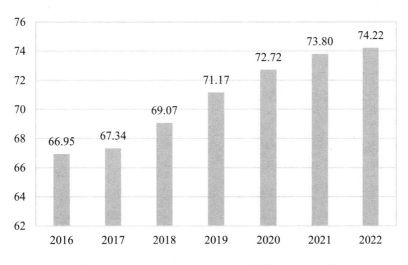

图 8-14 2016—2022 年中国中资保险机构治理指数

资料来源：南开大学中国保险机构治理指数数据库。

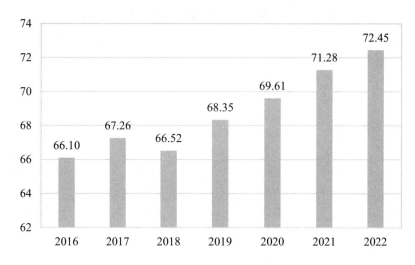

图 8-15　2016－2022 年中国外资保险机构治理指数

资料来源：南开大学中国保险机构治理指数数据库。

三、中国保险机构治理指数分组织形式比较分析

如表 8-10 所示，中国保险机构按照组织形式分为有限制保险机构、相互保险组织和股份制保险机构。如图 8-16、图 8-17 和图 8-18 所示，2016－2022 年间，有限制保险机构治理指数和股份制保险机构治理指数的平均值稳步上升，相互保险组织治理指数平均值在 2017 年增长接近一倍后大约维持在 52－53，而且三者平均值由高到低排列分别为股份制保险机构治理指数、有限制保险机构治理指数和相互保险组织治理指数。从中位数看，有限制保险机构治理指数和股份制保险机构治理指数中位数总体均呈上升趋势，相互保险组织治理指数中位数于 2017 年激增后变化不稳定，最低跌至 73.77 而最高为79.75。

表 8-10　中国保险机构治理指数分组织形式比较分析

年份	样本数与统计指标	组织形式		
		L	M	S
2016	样本数	58	4	98
	平均值	66.17	28.46	68.56
	中位数	66.56	12.50	69.63
2017	样本数	61	7	104
	平均值	66.43	53.27	68.79
	中位数	66.95	78.36	69.98
2018	样本数	61	7	112
	平均值	66.77	52.26	70.26
	中位数	65.93	76.28	71.37

续表

年份	样本数与统计指标	组织形式		
		L	M	S
2019	样本数	63	7	110
	平均值	67.44	53.39	73.15
	中位数	68.25	79.75	74.52
2020	样本数	94	7	126
	平均值	68.74	53.70	75.34
	中位数	69.61	78.79	75.93
2021	样本数	100	7	127
	平均值	71.65	52.26	75.51
	中位数	73.00	76.28	77.27
2022	样本数	101	7	128
	平均值	72.86	53.28	75.64
	中位数	73.23	73.77	76.87

资料来源：南开大学中国保险机构治理指数数据库。

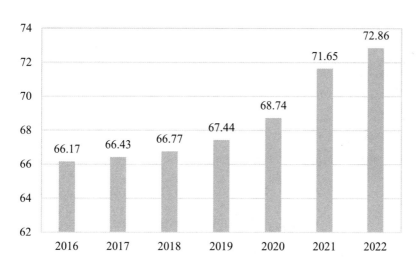

图 8-16　2016－2022 年中国有限制保险机构治理指数

资料来源：南开大学中国保险机构治理指数数据库。

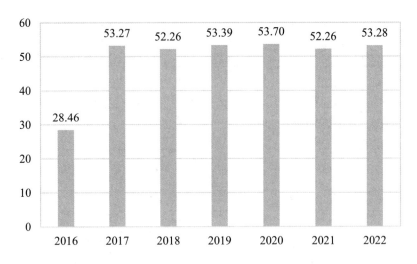

图 8-17 2016－2022 年中国相互保险组织治理指数

资料来源：南开大学中国保险机构治理指数数据库。

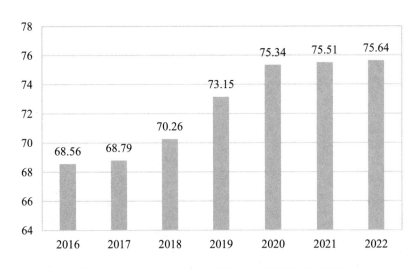

图 8-18 2016－2022 年中国股份制保险机构治理指数

资料来源：南开大学中国保险机构治理指数数据库。

四、中国保险机构治理指数分业务类型比较分析

如表 8-11 所示，2016－2019 年保险机构样本仅有人身保险机构和财产保险机构两种业务类型，两类样本数在此期间稳步增长且人身保险机构样本数总体增幅大于财产保险机构。2020－2022 年间，资产管理公司、人身保险机构、财产保险机构和再保险机构的样本数增加幅度较小，集团（控股）公司保持稳定。如图 8-19、图 8-20、图 8-21、图 8-22 和图 8-23 所示，五种业务类型的保险机构治理指数平均值均呈缓慢增长的趋势，资产管理公司、人身保险机构治理指数中位数在 2020－2022 年缓慢上升，而集团（控股）公司、财产保险机构和再保险机构治理指数中位数在 2020－2021 年间小幅增长后都有小幅下降。

表 8-11　中国保险机构治理指数分业务类型比较分析

年份	样本数与统计指标	业务类型				
		A	G	N	P	R
2016	样本数	–	–	78	82	–
	平均值	–	–	67.79	65.65	–
	中位数	–	–	69.31	66.70	–
2017	样本数	–	–	86	86	–
	平均值	–	–	68.17	66.47	–
	中位数	–	–	70.39	66.67	–
2018	样本数	–	–	91	89	–
	平均值	–	–	69.50	67.23	–
	中位数	–	–	71.20	66.87	–
2019	样本数	–	–	91	89	–
	平均值	–	–	71.49	69.25	–
	中位数	–	–	73.05	70.51	–
2020	样本数	28	13	92	88	6
	平均值	71.97	75.61	72.17	71.41	68.23
	中位数	72.89	75.13	73.60	72.01	64.29
2021	样本数	33	13	93	88	7
	平均值	72.34	76.52	73.07	73.28	70.69
	中位数	73.79	75.79	76.04	75.41	70.22
2022	样本数	33	13	94	89	7
	平均值	74.46	77.75	73.61	73.33	71.38
	中位数	75.12	75.54	76.24	73.77	68.70

资料来源：南开大学中国保险机构治理指数数据库。

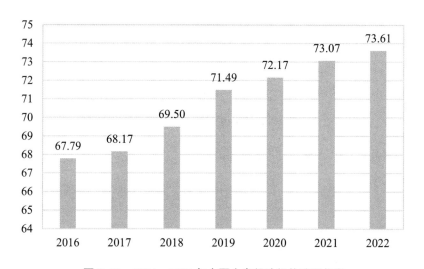

图 8-19　2016－2022 年中国人身保险机构治理指数

资料来源：南开大学中国保险机构治理指数数据库。

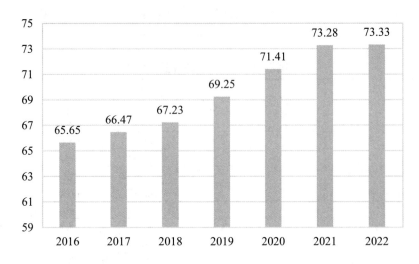

图 8-20　2016－2022 年中国财产保险机构治理指数

资料来源：南开大学中国保险机构治理指数数据库。

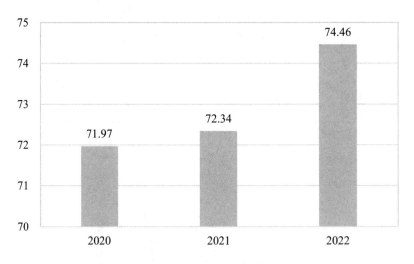

图 8-21　2020－2022 年中国保险资产管理公司治理指数

资料来源：南开大学中国保险机构治理指数数据库。

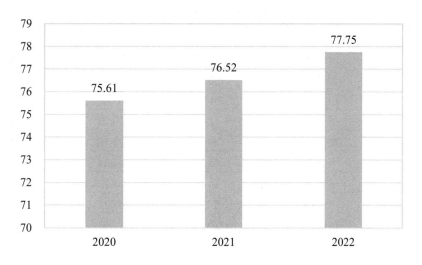

图 8-22　2020－2022 年中国保险集团（控股）公司治理指数

资料来源：南开大学中国保险机构治理指数数据库。

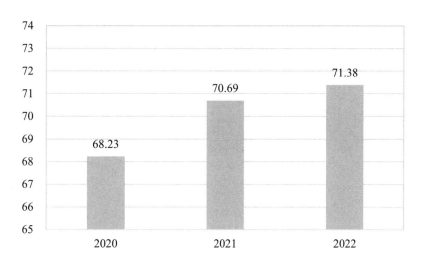

图 8-23　2020－2022 年中国再保险机构治理指数

资料来源：南开大学中国保险机构治理指数数据库。

五、中国保险机构治理指数分成立年限比较分析

如表 8-12、图 8-24、图 8-25、图 8-26、图 8-27 和图 8-28 所示，2016－2019 年每年样本的成立年限集中分布于 0－4 年、5－9 年和 10－14 年，中国保险机构治理指数的平均值和中位数均呈现上升趋势。

表 8-12 中国保险机构治理指数分成立年限比较分析（2016－2019 年）

年份	成立年限分组	样本数	平均值	中位数
2016	0-4 年	42	63.99	66.61
	5-9 年	50	64.45	67.35
	10-14 年	51	69.68	69.14
	15-19 年	11	69.77	70.75
	20-24 年	6	73.17	74.53
2017	0-4 年	45	64.43	67.26
	5-9 年	44	65.23	66.69
	10-14 年	57	68.57	67.95
	15-19 年	20	72.63	71.50
	20-24 年	6	74.75	74.56
2018	0-4 年	46	68.48	69.97
	5-9 年	42	62.70	66.09
	10-14 年	59	69.48	70.06
	15-19 年	25	72.48	74.07
	20-24 年	8	76.60	76.46
2019	0-4 年	42	71.07	73.80
	5-9 年	36	65.49	70.53
	10-14 年	62	70.29	70.57
	15-19 年	31	73.35	73.12
	20-24 年	9	77.19	75.70

资料来源：南开大学中国保险机构治理指数数据库。

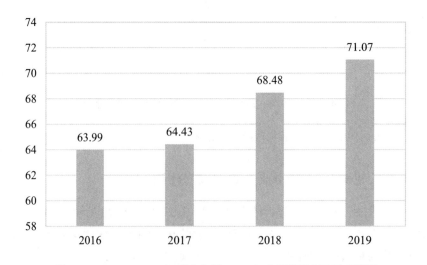

图 8-24 2016－2019 年成立年限 0—4 年中国保险机构治理指数

资料来源：南开大学中国保险机构治理指数数据库。

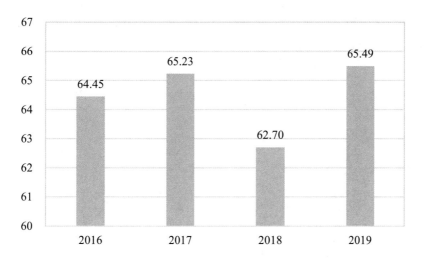

图 8-25 2016－2019 年成立年限 5－9 年中国保险机构治理指数

资料来源：南开大学中国保险机构治理指数数据库。

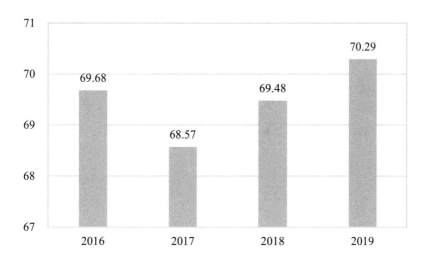

图 8-26 2016－2019 年成立年限 10－14 年中国保险机构治理指数

资料来源：南开大学中国保险机构治理指数数据库。

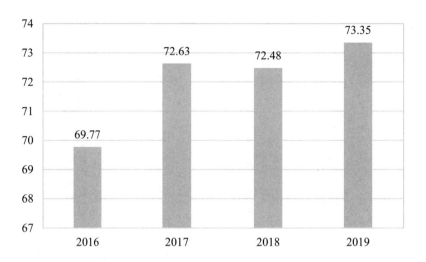

图 8-27　2016－2019 年成立年限 15－19 年中国保险机构治理指数

资料来源：南开大学中国保险机构治理指数数据库。

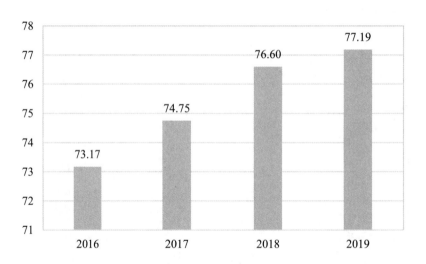

图 8-28　2016－2019 年成立年限 20－24 年中国保险机构治理指数

资料来源：南开大学中国保险机构治理指数数据库。

如表 8-13、图 8-29、图 8-30、图 8-31、图 8-32、图 8-33 和图 8-34 所示，2020－2022 年每年样本的成立年限集中分布于 0－4 年、5－9 年、10－14 年和 15－19 年，中国保险机构治理指数的平均值和中位数均呈现上升趋势；2020－2022 年成立年限分组中25 年及以上虽然样本数相对偏少，但其平均值及中位数在同年中相对较高。

表 8-13　中国保险机构治理指数分成立年限比较分析（2020－2022 年）

年份	成立年限分组	样本数	平均值	中位数
2020	0－4 年	43	72.12	73.00
	5－9 年	56	67.55	71.17
	10－14 年	53	72.01	71.49
	15－19 年	54	73.89	72.60
	20－24 年	15	76.36	76.47
	25 年及以上	6	82.47	83.27
2021	0－4 年	36	71.15	73.71
	5－9 年	58	71.68	75.17
	10－14 年	52	72.78	75.22
	15－19 年	62	74.80	75.87
	20－24 年	12	73.27	77.94
	25 年及以上	14	78.58	77.11
2022	0－4 年	25	74.14	75.12
	5－9 年	58	72.31	74.64
	10－14 年	49	72.01	72.25
	15－19 年	69	74.96	75.70
	20－24 年	21	74.73	78.07
	25 年及以上	14	78.29	80.17

资料来源：南开大学中国保险机构治理指数数据库。

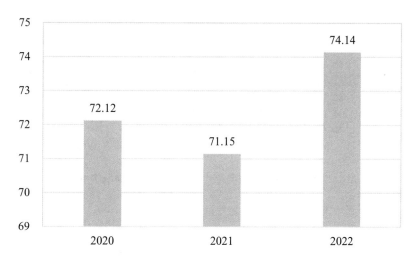

图 8-29　2020－2022 年成立年限 0－4 年中国保险机构治理指数

资料来源：南开大学中国保险机构治理指数数据库。

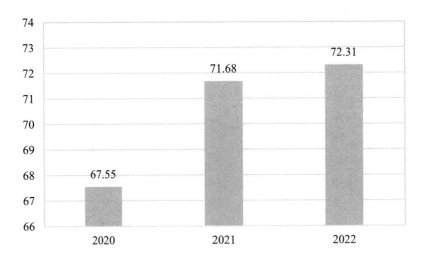

图 8-30　2020－2022 年成立年限 5－9 年中国保险机构治理指数

资料来源：南开大学中国保险机构治理指数数据库。

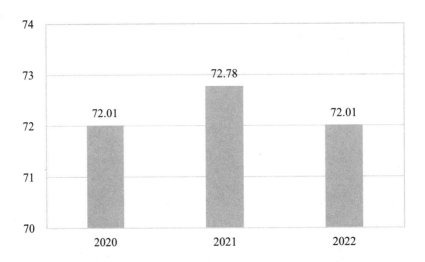

图 8-31　2020－2022 年成立年限 10－14 年中国保险机构治理指数

资料来源：南开大学中国保险机构治理指数数据库。

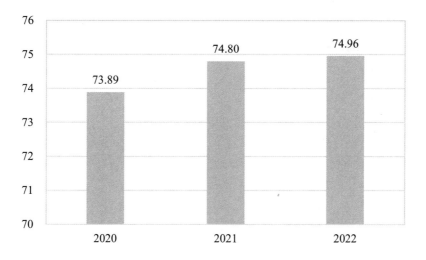

图 8-32 2020－2022 年成立年限 15－19 年中国保险机构治理指数

资料来源：南开大学中国保险机构治理指数数据库。

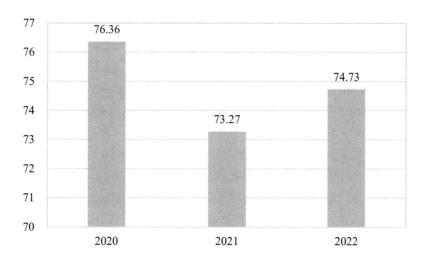

图 8-33 2020－2022 年成立年限 20－24 年中国保险机构治理指数

资料来源：南开大学中国保险机构治理指数数据库。

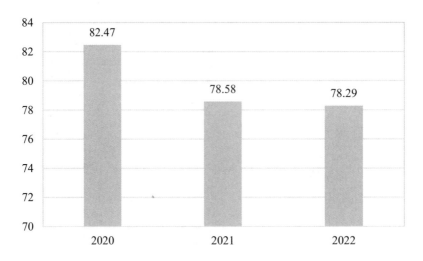

图 8-34　2020－2022 年成立年限 25 年及以上中国保险机构治理指数

资料来源：南开大学中国保险机构治理指数数据库。

六、中国保险机构治理指数分注册地区比较分析

如表 8-14 所示，2016－2018 年中国保险机构治理指数样本数较多的注册地区分别为北京市、上海市和广东省，北京市三年样本数分别为 44、47 和 47 家，上海市三年样本数分别为 41、42 和 40 家，广东省三年样本数分别为 19、22 和 24 家。从平均值看，2016－2018 年中国保险机构治理指数平均值最高的样本注册地区及其数值分别为河南省 79.70、河南省 82.87 和宁夏 90.07，平均值最低的样本注册地区以及数值分别为浙江省 44.89、浙江省 45.45 和浙江省 50.63。从中位数看，2016－2018 年中国保险机构治理指数中位数最高的样本注册地区以及数值分别为河南省 79.70、河南省 82.87 和宁夏 90.07，中位数最低的样本注册地区以及数值分别为山东省 59.58、河北省 50.23 和西藏 55.07。需要强调的是，多数注册地区的样本数在 1—4 家，样本数过少会影响结论的稳健性。因此，本部分还重点关注了注册地区样本数较多的北京市、上海市、广东省、浙江省、天津市、江苏省和重庆市七个注册地区，可以发现，2016－2018 年上述地区中天津市、上海市、广东省、重庆市四个注册地区的中国保险机构治理指数的平均值和中位数总体较高，而北京市和江苏省相对较低，浙江省为最低。

表 8-14　中国保险机构治理指数分注册地区比较分析（2016－2018 年）

编号	注册地区	2016 年			2017 年			2018 年		
		样本数	平均值	中位数	样本数	平均值	中位数	样本数	平均值	中位数
1	安徽省	1	72.03	72.03	1	73.41	73.41	1	81.60	81.60
2	北京市	44	65.44	67.16	47	65.83	66.42	47	69.02	70.06
3	福建省	3	67.31	69.11	3	68.76	73.42	3	66.36	66.12
4	甘肃省	－	－	－	－	－	－	1	78.99	78.99

编号	注册地区	2016 年			2017 年			2018 年		
		样本数	平均值	中位数	样本数	平均值	中位数	样本数	平均值	中位数
5	广东省	19	67.71	67.01	22	68.81	71.31	24	68.52	71.81
6	广西	1	64.20	64.20	1	59.70	59.70	2	68.36	68.36
7	贵州省	–	–	–	1	77.40	77.40	1	73.35	73.35
8	海南省	1	67.74	67.74	1	62.18	62.18	2	65.18	65.18
9	河北省	1	63.33	63.33	2	50.23	50.23	2	57.73	57.73
10	河南省	1	79.70	79.70	1	82.87	82.87	1	76.41	76.41
11	黑龙江省	1	77.73	77.73	1	81.74	81.74	1	76.28	76.28
12	湖北省	3	74.49	78.69	3	71.52	70.50	4	72.05	73.37
13	湖南省	1	75.98	75.98	1	76.22	76.22	1	73.26	73.26
14	吉林省	3	66.23	60.20	3	65.14	62.19	3	67.31	67.64
15	江苏省	5	64.99	69.08	5	65.77	67.65	5	64.47	66.14
16	江西省	1	71.90	71.90	1	71.90	71.90	1	71.12	71.12
17	辽宁省	3	67.49	66.39	4	66.81	66.48	5	67.31	64.70
18	宁夏	1	73.25	73.25	1	79.16	79.16	1	90.07	90.07
19	山东省	4	61.81	59.58	5	64.63	63.73	5	64.08	64.25
20	山西省	1	70.80	70.80	1	71.63	71.63	1	71.51	71.51
21	陕西省	1	76.14	76.14	1	72.68	72.68	2	74.68	74.68
22	上海市	41	69.51	69.14	42	71.66	70.68	40	71.65	71.09
23	四川省	3	61.50	60.31	3	63.38	63.73	4	58.46	64.01
24	天津市	6	72.19	71.37	6	72.04	72.35	6	71.36	69.71
25	西藏	1	61.95	61.95	1	60.10	60.10	1	55.07	55.07
26	新疆	2	65.89	65.89	2	65.41	65.41	2	63.04	63.04
27	云南省	1	69.63	69.63	1	60.70	60.70	1	63.03	63.03
28	浙江省	7	44.89	64.78	7	45.45	65.08	8	50.63	66.93
29	重庆市	4	67.13	65.46	5	64.85	70.66	5	69.73	68.38

资料来源：南开大学中国保险机构治理指数数据库。

如表 8-15 所示，2019－2020 年中国保险机构治理指数样本数较多的注册地区分别为北京市、上海市和广东省，北京市两年样本数分别为 46 和 68 家，上海市两年样本数分别为 40 和 52 家，广东省两年样本数分别为 25 和 34 家。从平均值看，2019－2020 年中国保险机构治理指数平均值最高的样本注册地区以及数值分别为宁夏 86.60 和甘肃省 91.25，平均值最低的样本注册地区以及数值分别为浙江省 51.65 和浙江省 52.78。从中位数看，2019－2020 年中国保险机构治理指数中位数最高的样本注册地区以及数值分别为宁夏 86.60 和甘肃省 91.25，中位数最低的样本注册地区以及数值分别为西藏 58.47 和西藏 61.95。本部分还重点关注了注册地区样本数较多的北京市、上海市、广东省、浙江省、天津市、江苏省和重庆市七个注册地区，可以发现，2019－2020 年上述地区中重庆市、上海市、天津市、广东省、北京市五个注册地区的中国保险机构治理指数的平均值和中位数总体较高，而江苏省相对较低，浙江省仅 2019 年中位数高于江苏省，其余数据在上述七个地区中均处最低。

表 8-15　中国保险机构治理指数分注册地区比较分析（2019—2020 年）

编号	注册地区	2019 年			2020 年		
		样本数	平均值	中位数	样本数	平均值	中位数
1	安徽省	1	77.46	77.46	2	76.93	76.93
2	北京市	46	70.68	71.09	68	72.08	72.22
3	福建省	3	74.10	74.19	3	74.10	73.50
4	甘肃省	1	84.37	84.37	1	91.25	91.25
5	广东省	25	70.40	72.56	34	73.33	75.58
6	广西	2	68.05	68.05	2	78.04	78.04
7	贵州省	1	72.69	72.69	1	83.83	83.83
8	海南省	2	69.25	69.25	2	70.39	70.39
9	河北省	2	70.11	70.11	2	73.55	73.55
10	河南省	1	77.19	77.19	1	79.56	79.56
11	黑龙江省	1	79.75	79.75	1	84.12	84.12
12	湖北省	4	74.64	74.36	4	72.14	72.75
13	湖南省	1	78.10	78.10	1	86.58	86.58
14	吉林省	3	64.05	59.17	3	73.15	71.97
15	江苏省	5	66.33	64.05	5	70.65	69.74
16	江西省	1	77.68	77.68	1	74.01	74.01
17	辽宁省	5	71.47	72.97	6	68.89	70.97
18	宁夏	1	86.60	86.60	1	78.62	78.62
19	山东省	5	65.25	66.32	5	69.33	70.33
20	山西省	1	78.69	78.69	1	79.09	79.09
21	陕西省	2	73.25	73.25	2	74.86	74.86
22	上海市	40	73.28	71.72	52	73.53	72.13
23	四川省	4	62.85	69.54	4	62.28	68.72
24	天津市	6	72.40	72.91	7	71.20	71.49
25	西藏	1	58.47	58.47	1	61.95	61.95
26	新疆	2	66.60	66.60	2	65.97	65.97
27	云南省	1	67.69	67.69	1	75.10	75.10
28	浙江省	8	51.65	68.18	9	52.78	67.01
29	重庆市	5	73.25	75.60	5	74.67	74.38

资料来源：南开大学中国保险机构治理指数数据库。

如表 8-16 所示，2021—2022 年中国保险机构治理指数样本数较多的注册地区分别为北京市、上海市和广东省，北京市两年样本数分别为 72 和 73 家，上海市两年样本数分别为 53 和 55 家，广东省两年样本数均为 35 家。从平均值看，2021－2022 年中国保险机构治理指数平均值最高的样本注册地区以及数值分别为山西省 89.39 和宁夏 87.08，平均值最低的样本注册地区以及数值分别为浙江省 54.99 和浙江省 53.31。从中位数看，2021－2022 年中国保险机构治理指数中位数最高的样本注册地区以及数值分别为山西省 89.39 和宁夏 87.08，中位数最低的样本注册地区以及数值分别为重庆市 65.21 和吉林省 68.84。本部分还重点关注了注册地区样本数较多的北京市、上海市、广东省、浙江省、天津市、江苏省和重庆市七个注册地区，可以发现，2021－2022 年上述地区中上海市、江苏省、广东省、北京市四个注册地区的中国保险机构治理指数的平均值和中位数总体较高，而天津市和重庆市相对较低，浙江省仅 2021 年中位数高于重庆市，2022 年中位数高于天津市，其余数据在上述七个地区中均处最低。

表 8-16　中国保险机构治理指数分注册地区比较分析（2021－2022 年）

编号	注册地区	2021 年			2022 年		
		样本数	平均值	中位数	样本数	平均值	中位数
1	安徽省	2	79.15	79.15	2	71.98	71.98
2	北京市	72	73.34	74.64	73	75.60	75.75
3	福建省	3	77.79	77.45	3	75.87	76.68
4	甘肃省	1	86.16	86.16	1	84.10	84.10
5	广东省	35	74.15	76.86	35	73.64	74.91
6	广西	2	82.33	82.33	2	80.03	80.03
7	贵州省	1	80.07	80.07	1	79.06	79.06
8	海南省	2	76.41	76.41	2	74.37	74.37
9	河北省	2	76.52	76.52	2	72.23	72.23
10	河南省	1	84.69	84.69	1	79.52	79.52
11	黑龙江省	1	79.39	79.39	1	84.41	84.41
12	湖北省	4	73.48	71.74	4	73.79	76.62
13	湖南省	1	80.84	80.84	1	76.47	76.47
14	吉林省	3	68.25	69.34	3	68.27	68.84
15	江苏省	5	75.44	77.99	5	77.19	78.92
16	江西省	1	77.36	77.36	1	74.12	74.12
17	辽宁省	6	69.68	72.60	6	71.30	70.62
18	宁夏	1	77.73	77.73	1	87.08	87.08
19	山东省	5	71.53	75.85	5	71.75	71.00
20	山西省	1	89.39	89.39	1	86.60	86.60
21	陕西省	2	75.52	75.52	1	84.23	84.23
22	上海市	53	75.16	75.70	55	74.70	73.54
23	四川省	4	63.35	67.63	4	74.72	74.62
24	天津市	8	69.41	71.84	8	68.38	70.50
25	西藏	1	71.79	71.79	1	73.75	73.75

续表

编号	注册地区	2021 年			2022 年		
		样本数	平均值	中位数	样本数	平均值	中位数
26	新疆	2	71.33	71.33	2	71.97	71.97
27	云南省	1	76.66	76.66	1	75.47	75.47
28	浙江省	9	54.99	69.88	9	53.31	71.05
29	重庆市	5	69.16	65.21	5	71.29	76.09

资料来源：南开大学中国保险机构治理指数数据库。

七、中国保险机构治理指数分所在城市比较分析

如表 8-17 所示，2016—2018 年中国保险机构所在城市在北京市、上海市和深圳市的样本数较多，所在城市在其余城市的样本数都为个位数。从平均值看，2016—2018 年中国保险机构治理指数平均值最高的样本所在城市以及数值分别为郑州市 79.70、郑州市 82.87 和银川市 90.07，平均值最低的样本所在城市以及数值均为慈溪市 11.81。从中位数看，2016—2018 年中国保险机构治理指数中位数最高的样本所在城市以及数值分别为郑州市 79.70、郑州市 82.87 和银川市 90.07，中位数最低的样本所在城市以及数值均为慈溪市 11.81。与分注册地区的比较分析类似，本部分也重点关注了样本数较多的北京市、上海市、深圳市、天津市和重庆市五个所在城市，可以发现，2016—2018 年上述所在城市中天津市、上海市、深圳市的中国保险机构治理指数的平均值和中位数总体较高，而北京市和重庆市相对较低。

表 8-17　中国保险机构治理指数分所在城市比较分析（2016—2018 年）

编号	所在城市	2016 年			2017 年			2018 年		
		样本数	平均值	中位数	样本数	平均值	中位数	样本数	平均值	中位数
1	北京市	44	65.44	67.16	47	65.83	66.42	47	69.02	70.06
2	沈阳市	1	51.25	51.25	1	55.56	55.56	2	65.47	65.47
3	成都市	3	61.50	60.31	3	63.38	63.73	4	58.46	64.01
4	慈溪市	2	11.81	11.81	2	11.81	11.81	2	11.81	11.81
5	大连市	3	71.58	66.39	3	70.56	67.82	3	68.54	64.70
6	福州市	1	58.02	58.02	1	58.32	58.32	1	66.12	66.12
7	广州市	3	71.62	72.78	5	65.67	71.17	5	67.13	70.92
8	贵阳市	–	–	–	1	77.40	77.40	1	73.35	73.35
9	哈尔滨市	1	77.73	77.73	1	81.74	81.74	1	76.28	76.28
10	杭州市	3	71.12	67.40	3	72.31	74.68	3	74.73	77.44
11	合肥市	1	72.03	72.03	1	73.41	73.41	1	81.60	81.60
12	吉林市	1	59.93	59.93	1	55.57	55.57	1	67.64	67.64
13	济南市	2	59.15	59.15	3	63.71	63.73	3	64.26	64.25
14	嘉兴市	–	–	–	–	–	–	1	76.44	76.44

编号	所在城市	2016 年			2017 年			2018 年		
		样本数	平均值	中位数	样本数	平均值	中位数	样本数	平均值	中位数
15	克拉玛依市	1	63.66	63.66	1	62.22	62.22	1	59.52	59.52
16	昆明市	1	69.63	69.63	1	60.70	60.70	1	63.03	63.03
17	拉萨市	1	61.95	61.95	1	60.10	60.10	1	55.07	55.07
18	南昌市	1	71.90	71.90	1	71.90	71.90	1	71.12	71.12
19	南京市	3	60.73	54.53	3	62.36	60.15	3	61.67	60.11
20	南宁市	1	64.20	64.20	1	59.70	59.70	2	68.36	68.36
21	宁波市	1	64.78	64.78	1	65.08	65.08	1	68.31	68.31
22	青岛市	1	72.37	72.37	1	73.62	73.62	1	74.77	74.77
23	瑞安市	1	12.50	12.50	1	12.50	12.50	1	12.50	12.50
24	三亚市	1	67.74	67.74	1	62.18	62.18	1	65.93	65.93
25	厦门市	2	71.95	71.95	2	73.98	73.98	2	66.47	66.47
26	上海市	41	69.51	69.14	42	71.66	70.68	40	71.65	71.09
27	深圳市	13	68.67	69.63	15	70.01	71.45	17	69.09	73.69
28	苏州市	1	73.66	73.66	1	74.14	74.14	1	66.14	66.14
29	太原市	1	70.80	70.80	1	71.63	71.63	1	71.51	71.51
30	唐山市	1	63.33	63.33	1	55.85	55.85	1	61.12	61.12
31	天津市	6	72.19	71.37	6	72.04	72.35	6	71.36	69.71
32	乌鲁木齐市	1	68.12	68.12	1	68.59	68.59	1	66.57	66.57
33	无锡市	1	69.08	69.08	1	67.65	67.65	1	71.20	71.20
34	武汉市	3	74.49	78.69	3	71.52	70.50	4	72.05	73.37
35	西安市	1	76.14	76.14	1	72.68	72.68	2	74.68	74.68
36	烟台市	1	56.56	56.56	1	58.42	58.42	1	52.86	52.86
37	银川市	1	73.25	73.25	1	79.16	79.16	1	90.07	90.07
38	长春市	2	69.38	69.38	2	69.92	69.92	2	67.14	67.14
39	长沙市	1	75.98	75.98	1	76.22	76.22	1	73.26	73.26
40	郑州市	1	79.70	79.70	1	82.87	82.87	1	76.41	76.41
41	重庆市	4	67.13	65.46	5	64.85	70.66	5	69.73	68.38
42	珠海市	2	57.69	57.69	2	67.65	67.65	2	67.13	67.13

资料来源：南开大学中国保险机构治理指数数据库。

如表 8-18 所示，2019－2020 年中国保险机构所在城市在北京市、上海市和深圳市的样本数较多。从平均值看，2019－2020 年中国保险机构治理指数平均值最高的样本所在城市以及数值分别为银川市 86.60 和长沙市 86.58，平均值最低的样本所在城市以及数值均为慈溪市 11.81。从中位数看，2019－2020 年中国保险机构治理指数中位数最高的样本所在城市以及数值分别为银川市 86.60 和长沙市 86.58，中位数最低的样本所在城市以及数值均为慈溪市 11.81。本部分也重点关注了样本数较多的北京市、上海市、深圳市、天津市和重庆市五个所在城市，可以发现，2019－2020 年上述所在城市中重庆市、上海市、深圳市、天津市的中国保险机构治理指数的平均值和中位数总体较高，而北京市相对较低。

表 8-18　中国保险机构治理指数分所在城市比较分析（2019－2020 年）

编号	所在城市	2019 年			2020 年		
		样本数	平均值	中位数	样本数	平均值	中位数
1	北京市	46	70.68	71.09	68	72.08	72.22
2	沈阳市	2	73.01	73.01	2	62.06	62.06
3	成都市	4	62.85	69.54	4	62.28	68.72
4	慈溪市	2	11.81	11.81	2	11.81	11.81
5	大连市	3	70.45	71.47	4	72.31	72.39
6	福州市	1	74.19	74.19	1	72.18	72.18
7	广州市	5	68.83	70.49	5	77.31	81.02
8	贵阳市	1	72.69	72.69	1	83.83	83.83
9	哈尔滨市	1	79.75	79.75	1	84.12	84.12
10	杭州市	3	76.22	76.87	3	72.79	69.77
11	合肥市	1	77.46	77.46	1	83.84	83.84
12	吉林市	1	57.08	57.08	1	71.42	71.42
13	济南市	3	66.22	66.32	3	73.17	72.06
14	嘉兴市	1	81.49	81.49	1	78.92	78.92
15	克拉玛依市	1	59.08	59.08	1	66.38	66.38
16	昆明市	1	67.69	67.69	1	75.10	75.10
17	拉萨市	1	58.47	58.47	1	61.95	61.95
18	南昌市	1	77.68	77.68	1	74.01	74.01
19	南京市	3	63.46	64.05	3	66.89	69.74
20	南宁市	2	68.05	68.05	2	78.04	78.04
21	宁波市	1	66.93	66.93	2	70.80	70.80
22	青岛市	1	69.14	69.14	1	70.33	70.33
23	瑞安市	1	12.50	12.50	1	12.50	12.50
24	三亚市	1	65.93	65.93	1	67.79	67.79
25	厦门市	2	74.06	74.06	2	75.06	75.06
26	上海市	40	73.28	71.72	52	73.53	72.13
27	深圳市	18	71.26	73.90	27	72.36	74.89
28	苏州市	1	78.03	78.03	1	84.07	84.07
29	太原市	1	78.69	78.69	1	79.09	79.09
30	唐山市	1	74.48	74.48	－	－	－
31	天津市	6	72.40	72.91	7	71.20	71.49
32	乌鲁木齐市	1	74.12	74.12	1	65.56	65.56

编号	所在城市	2019 年			2020 年		
		样本数	平均值	中位数	样本数	平均值	中位数
33	无锡市	1	63.21	63.21	1	68.51	68.51
34	武汉市	4	74.64	74.36	4	72.14	72.75
35	西安市	2	73.25	73.25	2	74.86	74.86
36	烟台市	1	58.46	58.46	1	56.79	56.79
37	银川市	1	86.60	86.60	1	78.62	78.62
38	长春市	2	67.53	67.53	2	74.02	74.02
39	长沙市	1	78.10	78.10	1	86.58	86.58
40	郑州市	1	77.19	77.19	1	79.56	79.56
41	重庆市	5	73.25	75.60	5	74.67	74.38
42	珠海市	2	66.56	66.56	2	76.46	76.46

资料来源：南开大学中国保险机构治理指数数据库。

如表 8-19 所示，2021－2022 年中国保险机构所在城市在北京市、上海市和深圳市的样本数较多。从平均值看，2021－2022 年中国保险机构治理指数平均值最高的样本所在城市以及数值分别为太原市 89.39 和银川市 87.08，平均值最低的样本所在城市为慈溪市，数值分别为 11.81 和 12.20。从中位数看，2021－2022 年中国保险机构治理指数中位数最高的样本所在城市以及数值分别为太原市 89.39 和银川市 87.08，中位数最低的样本所在城市均为慈溪市，数值分别为 11.81 和 12.20。本部分也重点关注了样本数较多的北京市、上海市、深圳市、天津市和重庆市五个所在城市，可以发现，2019－2020 年上述所在城市中上海市、深圳市、北京市的中国保险机构治理指数的平均值和中位数总体较高，而天津市和重庆市相对较低。

表 8-19　中国保险机构治理指数分所在城市比较分析（2021－2022 年）

编号	所在城市	2021 年			2022 年		
		样本数	平均值	中位数	样本数	平均值	中位数
1	北京市	72	73.34	74.64	73	75.60	75.75
2	沈阳市	2	65.07	65.07	2	70.31	70.31
3	成都市	4	63.35	67.63	4	74.72	74.62
4	慈溪市	2	11.81	11.81	2	12.20	12.20
5	大连市	4	71.99	72.60	4	71.80	70.62
6	福州市	1	69.42	69.42	1	69.97	69.97
7	广州市	6	76.86	78.46	5	76.57	80.34
8	贵阳市	1	80.07	80.07	1	79.06	79.06
9	哈尔滨市	1	79.39	79.39	1	84.41	84.41
10	杭州市	3	77.83	79.34	3	75.27	76.13
11	合肥市	1	83.74	83.74	1	81.78	81.78

续表

编号	所在城市	2021 年			2022 年		
		样本数	平均值	中位数	样本数	平均值	中位数
12	吉林市	1	58.14	58.14	1	71.37	71.37
13	济南市	3	72.80	75.85	3	70.61	70.23
14	嘉兴市	1	79.89	79.89	1	73.48	73.48
15	克拉玛依市	1	67.73	67.73	1	69.27	69.27
16	昆明市	1	76.66	76.66	1	75.47	75.47
17	拉萨市	1	71.79	71.79	1	73.75	73.75
18	南昌市	1	77.36	77.36	1	74.12	74.12
19	南京市	3	72.27	75.70	3	74.33	72.10
20	南宁市	2	82.33	82.33	2	80.03	80.03
21	宁波市	2	72.69	72.69	2	71.88	71.88
22	青岛市	1	78.55	78.55	1	75.94	75.94
23	瑞安市	1	12.50	12.50	1	12.37	12.37
24	三亚市	1	77.79	77.79	1	71.29	71.29
25	厦门市	2	81.97	81.97	2	78.82	78.82
26	上海市	53	75.16	75.70	55	74.70	73.54
27	深圳市	27	73.41	76.86	27	73.11	74.91
28	苏州市	1	77.99	77.99	1	83.35	83.35
29	太原市	1	89.39	89.39	1	86.60	86.60
30	唐山市	-	-	-	-	-	-
31	天津市	8	69.41	71.84	8	68.38	70.50
32	乌鲁木齐市	1	74.94	74.94	1	74.67	74.67
33	无锡市	1	82.40	82.40	1	79.62	79.62
34	武汉市	4	73.48	71.74	4	73.79	76.62
35	西安市	2	75.52	75.52	1	84.23	84.23
36	烟台市	1	60.71	60.71	1	71.00	71.00
37	银川市	1	77.73	77.73	1	87.08	87.08
38	长春市	2	73.30	73.30	2	66.72	66.72
39	长沙市	1	80.84	80.84	1	76.47	76.47
40	郑州市	1	84.69	84.69	1	79.52	79.52
41	重庆市	5	69.16	65.21	5	71.29	76.09
42	珠海市	2	75.90	75.90	2	74.63	74.63

资料来源：南开大学中国保险机构治理指数数据库。

第九章　中国保险机构治理内容分指数分析

中国保险机构治理指数（CIIGI）由股东与股权结构、董事与董事会、监事与监事会、高级管理人员、信息披露和利益相关者六个内容维度分指数构成。本章在对中国保险机构治理总指数分析的基础上，进一步从公司治理六个内容维度的分指数和原始评分展开分析，同时对六个内容维度分指数展开了分规模类型、资本性质、组织形式、业务类型、成立年限、注册地区和所在城市的分组比较分析，以更全面地反映中国保险机构治理的状况。

第一节　中国保险机构治理内容分指数总体分析

一、股东与股权结构维度分析

（一）股东与股权结构维度分指数分析

如表 9-1 和图 9-1 所示，将股东与股权结构分指数进行统计分析，2016－2022 年样本平均值分别为 62.50、62.21、61.78、61.33、65.64、66.07 和 66.78，其中 2021 年和 2022 年数值较高，总体呈小幅波动上升状态。从中位数看，2016－2022 年每年的股东与股权结构分指数中位数均为 60，中位数平稳不变，且每年的中位数均低于当年的平均值，股东与股权结构分指数呈右偏分布。从标准差来看，2016－2022 年各年份样本标准差呈相对平稳状态，说明该分指数各年变动程度基本一致。

表 9-1　股东与股权结构分指数统计分析

年份	样本数	平均值	中位数	标准差	极差	最小值	最大值
2016	160	62.50	60.00	21.01	100.00	0.00	100.00
2017	172	62.21	60.00	21.13	100.00	0.00	100.00
2018	180	61.78	60.00	21.69	100.00	0.00	100.00
2019	180	61.33	60.00	21.20	100.00	0.00	100.00
2020	227	65.64	60.00	19.82	100.00	0.00	100.00
2021	234	66.07	60.00	21.02	100.00	0.00	100.00
2022	236	66.78	60.00	19.65	100.00	0.00	100.00

资料来源：南开大学中国保险机构治理指数数据库。

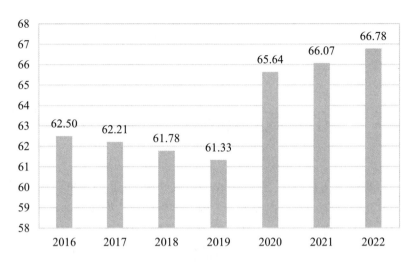

图 9-1　2016－2022 年中国保险机构股东与股权结构分指数

资料来源：南开大学中国保险机构治理指数数据库。

（二）股东与股权结构维度原始评分分析

如表 9-2 所示，2016－2019 年，股东与股权结构维度的原始评分集中在 2－5 分，其余评分样本占比总共不超过 10%。其中，股东与股权结构维度每年的原始评分为 3 分的样本占比最多，样本数分别为 75、78、79 和 77 家，各年占比分别为 46.88%、45.35%、43.89% 和 42.78%。此外，股东与股权结构维度的原始评分集中度较高，样本数最多的评分占比接近 50%。

表 9-2　股东与股权结构维度原始评分统计分析（2016－2019 年）

编号	年份 原始评分	2016 年 样本数	占比（%）	2017 年 样本数	占比（%）	2018 年 样本数	占比（%）	2019 年 样本数	占比（%）
1	0	3	1.88	3	1.74	3	1.67	3	1.67
2	1	5	3.13	8	4.65	10	5.56	9	5.00
3	2	30	18.75	36	20.93	39	21.67	42	23.33
4	3	75	46.88	78	45.35	79	43.89	77	42.78
5	4	29	18.13	30	17.44	30	16.67	33	18.33
6	5	18	11.25	17	9.88	19	10.56	16	8.89
	合计	160	100.00	172	100.00	180	100.00	180	100.00

资料来源：南开大学中国保险机构治理指数数据库。

如表 9-3 所示，2020－2022 年，股东与股权结构维度的原始评分分布较为集中，大多为 2－5 分，其余评分样本占比总共不超过 10%。其中，评分为 3 分的样本占比最多，样本数分别为 95、93 和 102 家，比例分别为 41.85%、39.74% 和 43.22%；评分为 4 分的样本占比第二，样本数分别为 63、62 和 64 家，各年占比分别为 27.75%、26.50% 和 27.12%。

表 9-3　股东与股权结构维度原始评分统计分析（2020－2022 年）

编号	年份	2020 年		2021 年		2022 年	
	原始评分	样本数	占比（%）	样本数	占比（%）	样本数	占比（%）
1	0	3	1.32	3	1.28	3	1.27
2	1	6	2.64	9	3.85	5	2.12
3	2	38	16.74	38	16.24	35	14.83
4	3	95	41.85	93	39.74	102	43.22
5	4	63	27.75	62	26.50	64	27.12
6	5	22	9.69	29	12.39	27	11.44
合计		227	100.00	234	100.00	236	100.00

资料来源：南开大学中国保险机构治理指数数据库。

二、董事与董事会维度分析

（一）董事与董事会维度分指数分析

如表 9-4 和图 9-2 所示，将董事与董事会分指数进行统计分析。2016－2022 年样本平均值分别为 49.54、50.66、51.67、52.33、54.42、57.55 和 60.38，其中 2021 年和 2022 年数值较高，总体呈平稳上升状态。从中位数看，2016－2022 年的董事与董事会分指数中位数总体上升。从标准差来看，2016－2022 年样本标准差变化较大。从最大值来看，2016－2018 年数值稳定在 93.33，2019 年数值上升到 100.00，并且持续稳定到 2021 年，而 2022 年又回落至 95.83。

表 9-4　董事与董事会分指数统计分析

年份	样本数	平均值	中位数	标准差	极差	最小值	最大值
2016	160	49.54	46.67	21.83	93.33	0.00	93.33
2017	172	50.66	50.00	22.04	93.33	0.00	93.33
2018	180	51.67	50.00	23.82	93.33	0.00	93.33
2019	180	52.33	53.33	23.91	100.00	0.00	100.00
2020	227	54.42	53.33	24.14	100.00	0.00	100.00
2021	234	57.55	60.00	22.75	100.00	0.00	100.00
2022	236	60.38	61.68	20.29	95.83	0.00	95.83

资料来源：南开大学中国保险机构治理指数数据库。

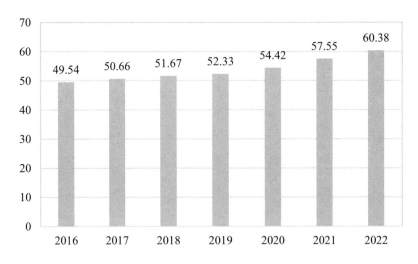

图 9-2 2016－2022 年中国保险机构董事与董事会分指数

资料来源：南开大学中国保险机构治理指数数据库。

（二）董事与董事会维度原始评分分析

如表 9-5 所示，2016－2019 年董事与董事会维度原始评分为 3－14 分的样本数占比比较多，其余评分样本占比总数不超过 10%。其中 2016－2019 年原始评分为 6 分的样本数分别为 17、21、23 和 27 家，各年占比分别为 10.63%、12.21%、12.78% 和 15.00%；在 2016 年评分样本数排名第一位的评分是 7 分，而 2017－2019 年，排名第一位的评分为 6 分。这 4 年期间没有评分大于或等于 16 分的样本。

表 9-5 董事与董事会维度原始评分统计分析（2016－2019 年）

编号	年份 原始评分	2016 年 样本数	占比（%）	2017 年 样本数	占比（%）	2018 年 样本数	占比（%）	2019 年 样本数	占比（%）
1	0	1	0.63	2	1.16	2	1.11	1	0.56
2	1	6	3.75	6	3.49	4	2.22	6	3.33
3	2	2	1.25	0	0.00	9	5.00	6	3.33
4	3	13	8.13	12	6.98	8	4.44	10	5.56
5	4	8	5.00	11	6.40	15	8.33	7	3.89
6	5	17	10.63	15	8.72	13	7.22	19	10.56
7	6	17	10.63	21	12.21	23	12.78	27	15.00
8	7	22	13.75	19	11.05	16	8.89	12	6.67
9	8	11	6.88	16	9.30	8	4.44	12	6.67
10	9	13	8.13	19	11.05	15	8.33	18	10.00
11	10	21	13.13	18	10.47	18	10.00	14	7.78
12	11	11	6.88	9	5.23	18	10.00	10	5.56
13	12	9	5.63	11	6.40	13	7.22	15	8.33

编号	年份	2016年		2017年		2018年		2019年	
	原始评分	样本数	占比(%)	样本数	占比(%)	样本数	占比(%)	样本数	占比(%)
14	13	3	1.88	5	2.91	11	6.11	15	8.33
15	14	6	3.75	8	4.65	7	3.89	7	3.89
16	15	0	0.00	0	0.00	0	0.00	1	0.56
17	16	0	0.00	0	0.00	0	0.00	0	0.00
18	17	0	0.00	0	0.00	0	0.00	0	0.00
19	18	0	0.00	0	0.00	0	0.00	0	0.00
20	19	0	0.00	0	0.00	0	0.00	0	0.00
21	20	0	0.00	0	0.00	0	0.00	0	0.00
22	21	0	0.00	0	0.00	0	0.00	0	0.00
23	22	0	0.00	0	0.00	0	0.00	0	0.00
24	23	0	0.00	0	0.00	0	0.00	0	0.00
	合计	160	100.00	172	100.00	180	100.00	180	100.00

资料来源：南开大学中国保险机构治理指数数据库。

如表9-6所示，2020年和2021年董事与董事会维度原始评分为3-14分的样本数占比较多，其余评分样本占比总数不超过10%；而2022年，各样本的原始评分较为分散，评分为0-22分基本均有分布。2020年原始评分为5分和6分的样本数相同，同列于该年占比最多的评分；2021-2022年原始评分的样本数占比最多的均为12分。2020-2021年，没有评分超过16分的样本。

表9-6 董事与董事会维度原始评分统计分析（2020-2022年）

编号	年份	2020年		2021年		2022年	
	原始评分	样本数	占比（%）	样本数	占比（%）	样本数	占比（%）
1	0	1	0.44	1	0.43	3	1.27
2	1	3	1.32	2	0.85	0	0.00
3	2	3	1.32	4	1.71	0	0.00
4	3	20	8.81	10	4.27	0	0.00
5	4	13	5.73	12	5.13	3	1.27
6	5	23	10.13	21	8.97	3	1.27
7	6	23	10.13	25	10.68	5	2.12
8	7	20	8.81	20	8.55	9	3.81
9	8	14	6.17	12	5.13	3	1.27
10	9	17	7.49	22	9.40	10	4.24
11	10	22	9.69	21	8.97	13	5.51
12	11	18	7.93	22	9.40	15	6.36
13	12	16	7.05	30	12.82	23	9.75

编号	年份	2020 年		2021 年		2022 年	
	原始评分	样本数	占比（%）	样本数	占比（%）	样本数	占比（%）
14	13	16	7.05	18	7.69	14	5.93
15	14	14	6.17	13	5.56	17	7.20
16	15	4	1.76	1	0.43	17	7.20
17	16	0	0.00	0	0.00	16	6.78
18	17	0	0.00	0	0.00	17	7.20
19	18	0	0.00	0	0.00	10	4.24
20	19	0	0.00	0	0.00	18	7.63
21	20	0	0.00	0	0.00	16	6.78
22	21	0	0.00	0	0.00	13	5.51
23	22	0	0.00	0	0.00	7	2.97
24	23	0	0.00	0	0.00	4	1.69
合计		227	100.00	234	100.00	236	100.00

资料来源：南开大学中国保险机构治理指数数据库。

三、监事与监事会维度分析

（一）监事与监事会维度分指数分析

如表 9-7 和图 9-3 所示，将监事与监事会分指数进行统计分析，2016—2022 年样本平均值分别为 39.11、41.61、49.37、49.76、49.15、50.43 和 49.84，其中 2021 年和 2022 年数值较高，平均值总体呈上升状态。从中位数看，2016—2019 年每年的监事与监事会分指数中位数相同，2020 年和 2021 年样本中位数相同。从标准差来看，2016—2022 年各年份样本标准差波动性较大。从极差和最大值来看，除 2017 年外，其他年份数值均相同。最小值在各年内均为 0.00。

表 9-7　监事与监事会分指数统计分析

年份	样本数	平均值	中位数	标准差	极差	最小值	最大值
2016	160	39.11	42.86	25.51	100.00	0.00	100.00
2017	172	41.61	42.86	24.52	85.71	0.00	85.71
2018	180	49.37	42.86	27.24	100.00	0.00	100.00
2019	180	49.76	42.86	26.91	100.00	0.00	100.00
2020	227	49.15	57.14	26.16	100.00	0.00	100.00
2021	234	50.43	57.14	24.23	100.00	0.00	100.00
2022	236	49.84	50.00	21.56	100.00	0.00	100.00

资料来源：南开大学中国保险机构治理指数数据库。

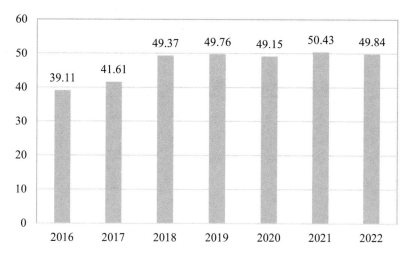

图 9-3　2016—2022 年中国保险机构监事与监事会分指数

资料来源：南开大学中国保险机构治理指数数据库。

（二）监事与监事会维度原始评分分析

如表 9-8 所示，2016—2019 年监事与监事会维度原始评分为 0—6 分的样本数占比较多，其余评分样本占比总数不超过 5%。其中，2016—2019 年原始评分的样本数占比最多的为 3 分，各年占比分别为 24.38%、25.00%、23.89% 和 25.00%。2016—2019 年，没有评分为 8 分的样本。

表 9-8　监事与监事会维度原始评分统计分析（2016—2019 年）

编号	年份	2016 年		2017 年		2018 年		2019 年	
	原始评分	样本数	占比（%）	样本数	占比（%）	样本数	占比（%）	样本数	占比（%）
1	0	23	14.38	22	12.79	22	12.22	20	11.11
2	1	17	10.63	11	6.40	5	2.78	7	3.89
3	2	31	19.38	34	19.77	21	11.67	20	11.11
4	3	39	24.38	43	25.00	43	23.89	45	25.00
5	4	25	15.63	33	19.19	36	20.00	31	17.22
6	5	9	5.63	13	7.56	24	13.33	26	14.44
7	6	15	9.38	16	9.30	21	11.67	26	14.44
8	7	1	0.63	0	0.00	8	4.44	5	2.78
9	8	0	0.00	0	0.00	0	0.00	0	0.00
	合计	160	100.00	172	100.00	180	100.00	180	100.00

资料来源：南开大学中国保险机构治理指数数据库。

如表 9-9 所示，2020 年样本数为 227 家，共有 72.24% 样本的评分分布在 2—5 分，其中评分为 3 分较为集中，有 46 家；2021 年样本数为 234 家，共有 65.81% 样本评分分布在 3－5 分，其中评分为 3 分和 4 分相对集中，共有 109 家；2022 年样本数为 236 家，共有 68.64%样本评分分布于 3－5 分，其中样本集中于 4 分，有 64 家。相比之下，2022 年的样本中原始评分在 3 分以上的占比较高，且同年样本数中评分在 6－8 分的占比上升。

表 9-9　监事与监事会维度原始评分统计分析（2020－2022 年）

编号	年份	2020 年		2021 年		2022 年	
	原始评分	样本数	占比（%）	样本数	占比（%）	样本数	占比（%）
1	0	23	10.13	21	8.97	12	5.08
2	1	9	3.96	4	1.71	7	2.97
3	2	35	15.42	30	12.82	17	7.20
4	3	46	20.26	55	23.50	49	20.76
5	4	43	18.94	54	23.08	64	27.12
6	5	40	17.62	45	19.23	49	20.76
7	6	25	11.01	19	8.12	17	7.20
8	7	6	2.64	6	2.56	18	7.63
9	8	0	0.00	0	0.00	3	1.27
合计		227	100.00	234	100.00	236	100.00

资料来源：南开大学中国保险机构治理指数数据库。

四、高级管理人员维度分析

（一）高级管理人员维度分指数分析

如表 9-10 和图 9-4 所示，2016－2022 年高级管理人员分指数平均值总体呈现上升趋势；2016－2018 年中位数均为 71.43，2019 年、2020 年和 2022 年中位数均为 85.71，2021 年中位数为 100；其中，2022 年标准差最低，即高级管理人员分指数变化幅度较小，2017 年标准差最高，即高级管理人员分指数变化幅度较大；2016－2022 年，极差与最大值均为 100.00，最小值均为 0.00。

表 9-10　高级管理人员分指数统计分析

年份	样本数	平均值	中位数	标准差	极差	最小值	最大值
2016	160	67.05	71.43	24.19	100.00	0.00	100.00
2017	172	71.35	71.43	24.40	100.00	0.00	100.00
2018	180	71.83	71.43	23.17	100.00	0.00	100.00
2019	180	77.54	85.71	22.40	100.00	0.00	100.00
2020	227	79.44	85.71	23.23	100.00	0.00	100.00
2021	234	86.16	100.00	21.17	100.00	0.00	100.00
2022	236	82.21	85.71	20.52	100.00	0.00	100.00

资料来源：南开大学中国保险机构治理指数数据库。

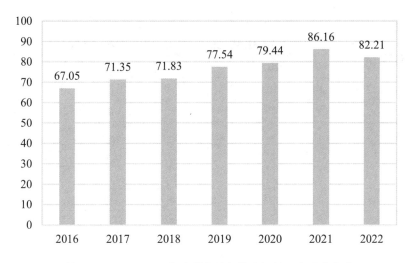

图 9-4　2016－2022 年中国保险机构高级管理人员分指数

资料来源：南开大学中国保险机构治理指数数据库。

（二）高级管理人员维度原始评分分析

如表 9-11 所示，2016－2019 年高级管理人员维度原始评分统计分析的分布大致相同，样本中 0－4 分相对分散，5－7 分相对集中。2016 年样本数为 160 家，共有 76.26% 样本的评分分布在 4－7 分，其中评分为 5 分的相对集中，有 42 家；2017－2019 年样本的评分主要分布在 5－7 分，其中 6 分的相对集中，分别为 45、49 和 68 家。

表 9-11　高级管理人员维度原始评分统计分析（2016－2019 年）

编号	年份	2016 年		2017 年		2018 年		2019 年	
	原始评分	样本数	占比（%）	样本数	占比（%）	样本数	占比（%）	样本数	占比（%）
1	0	3	1.88	4	2.33	3	1.67	3	1.67
2	1	5	3.13	4	2.33	3	1.67	4	2.22
3	2	10	6.25	7	4.07	8	4.44	5	2.78
4	3	20	12.50	17	9.88	18	10.00	6	3.33
5	4	23	14.38	23	13.37	23	12.78	21	11.67
6	5	42	26.25	38	22.09	43	23.89	29	16.11
7	6	35	21.88	45	26.16	49	27.22	68	37.78
8	7	22	13.75	34	19.77	33	18.33	44	24.44
	合计	160	100.00	172	100.00	180	100.00	180	100.00

资料来源：南开大学中国保险机构治理指数数据库。

如表 9-12 所示，2020－2022 年高级管理人员维度原始评分统计分析的分布大致相同，样本中 0－3 分相对分散，4－7 分相对集中。2020 年样本的评分集于 6 分和 7 分，各有 69 家；2021 年样本的评分集于 7 分，有 103 家；2022 年的样本评分集于 6 分，有 79 家。

表 9-12　高级管理人员维度原始评分统计分析（2020－2022 年）

编号	年份	2020 年		2021 年		2022 年	
	原始评分	样本数	占比（%）	样本数	占比（%）	样本数	占比（%）
1	0	3	1.32	3	1.28	3	1.27
2	1	7	3.08	7	2.99	3	1.27
3	2	2	0.88	2	0.85	4	1.69
4	3	16	7.05	2	0.85	9	3.81
5	4	22	9.69	14	5.98	19	8.05
6	5	39	17.18	28	11.97	45	19.07
7	6	69	30.40	75	32.05	79	33.47
8	7	69	30.40	103	44.02	74	31.36
合计		227	100.00	234	100.00	236	100.00

资料来源：南开大学中国保险机构治理指数数据库。

五、信息披露维度分析

（一）信息披露维度分指数分析

如表 9-13 和图 9-5 所示，2016－2022 年信息披露分指数的样本的平均值总体相对稳定，2016－2022 年中位数均为 94.12；2020 年标准差最低，2017 年标准差最高；2016－2022 年极差与最大值均为 100.00，最小值为 0.00。

表 9-13　信息披露分指数统计分析

年份	样本数	平均值	中位数	标准差	极差	最小值	最大值
2016	160	90.10	94.12	15.39	100.00	0.00	100.00
2017	172	89.36	94.12	15.71	100.00	0.00	100.00
2018	180	90.23	94.12	15.28	100.00	0.00	100.00
2019	180	90.07	94.12	15.61	100.00	0.00	100.00
2020	227	91.08	94.12	14.90	100.00	0.00	100.00
2021	234	90.98	94.12	15.58	100.00	0.00	100.00
2022	236	90.41	94.12	15.01	100.00	0.00	100.00

资料来源：南开大学中国保险机构治理指数数据库。

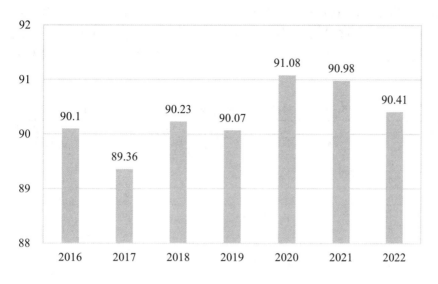

图 9-5　2016－2022 年中国保险机构信息披露分指数

资料来源：南开大学中国保险机构治理指数数据库。

（二）信息披露维度原始评分分析

如表 9-14 所示，2016－2019 年信息披露维度原始评分均相对集中分布于 15－17 分；2016－2019 年均有某些样本原始评分较低及某些评分占比为 0 的情况。2016－2018 年，评分分布相对集中于 16 分，分别为 55、54 和 65 家，2019 评分分布相对集中于 17 分，有 58 家。

表 9-14　信息披露维度原始评分统计分析（2016－2019 年）

编号	年份	2016 年		2017 年		2018 年		2019 年	
	原始评分	样本数	占比（%）	样本数	占比（%）	样本数	占比（%）	样本数	占比（%）
1	0	3	1.88	3	1.74	3	1.67	3	1.67
2	4	0	0.00	0	0.00	0	0.00	0	0.00
3	6	1	0.63	1	0.58	1	0.56	1	0.56
4	7	0	0.00	0	0.00	0	0.00	1	0.56
5	8	0	0.00	0	0.00	0	0.00	0	0.00
6	9	1	0.63	1	0.58	1	0.56	0	0.00
7	10	0	0.00	3	1.74	1	0.56	3	1.67
8	11	1	0.63	1	0.58	2	1.11	1	0.56
9	12	3	1.88	6	3.49	5	2.78	5	2.78
10	13	7	4.38	8	4.65	10	5.56	7	3.89
11	14	11	6.88	15	8.72	15	8.33	13	7.22
12	15	34	21.25	30	17.44	21	11.67	32	17.78
13	16	55	34.38	54	31.40	65	36.11	56	31.11
14	17	44	27.50	50	29.07	56	31.11	58	32.22
合计		160	100.00	172	100.00	180	100.00	180	100.00

资料来源：南开大学中国保险机构治理指数数据库。

如表 9-15 所示，2020－2022 年信息披露维度原始评分均相对集中分布于 15－17 分，其中 2020 年 15－17 分占比最高；2020－2022 年均有某些样本原始评分较低及某些评分占比为 0 的情况。2020－2022 年，评分分布相对集中于 17 分，分别为 84、91 和 73 家。

表 9-15　信息披露维度原始评分统计分析（2020－2022 年）

编号	年份 原始评分	2020 年		2021 年		2022 年	
		样本数	占比（%）	样本数	占比（%）	样本数	占比（%）
1	0	3	1.32	3	1.28	3	1.27
2	4	0	0.00	1	0.43	0	0.00
3	6	1	0.44	0	0.00	0	0.00
4	7	0	0.00	0	0.00	0	0.00
5	8	0	0.00	2	0.85	0	0.00
6	9	3	1.32	2	0.85	2	0.85
7	10	4	1.76	3	1.28	7	2.97
8	11	6	2.64	10	4.27	13	5.51
9	12	4	1.76	7	2.99	3	1.27
10	13	15	6.61	10	4.27	8	3.39
11	14	19	8.37	22	9.40	25	10.59
12	15	26	11.45	23	9.83	37	15.68
13	16	62	27.31	60	25.64	65	27.54
14	17	84	37.00	91	38.89	73	30.93
	合计	227	100.00	234	100.00	236	100.00

资料来源：南开大学中国保险机构治理指数数据库。

六、利益相关者维度分析

（一）利益相关者维度分指数分析

如表 9-16 和图 9-6 所示，2016－2022 年，利益相关者分指数平均值处于总体上升趋势；2016－2018 年中位数均为 77.78，2019 年、2020 年和 2022 年中位数均为 88.89，2021 年中位数为 85.71；2022 年标准差最低为 10.92，2017 年标准差最高为 12.45；2016－2022 年最大值均为 100。2016－2019 年、2021 年极差均为 55.56，2020 年和 2022 年极差均为 44.44。2016－2019 年、2021 年最小值均为 44.44，2020 年和 2022 年最小值均为 55.56。

表 9-16　利益相关者分指数统计分析

年份	样本数	平均值	中位数	标准差	极差	最小值	最大值
2016	160	81.74	77.78	11.51	55.56	44.44	100.00
2017	172	79.91	77.78	12.45	55.56	44.44	100.00
2018	180	79.38	77.78	11.57	55.56	44.44	100.00
2019	180	85.86	88.89	11.13	55.56	44.44	100.00
2020	227	85.37	88.89	11.17	44.44	55.56	100.00
2021	234	81.63	85.71	11.93	55.56	44.44	100.00
2022	236	85.64	88.89	10.92	44.44	55.56	100.00

资料来源：南开大学中国保险机构治理指数数据库。

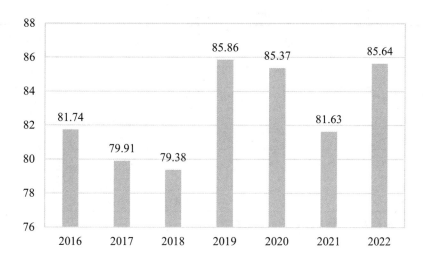

图 9-6 2016－2022 年中国保险机构利益相关者分指数

资料来源：南开大学中国保险机构治理指数数据库。

（二）利益相关者维度原始评分分析

如表 9-17 所示，2016－2019 年利益相关者维度的原始评分均集中分布于 6－9 分，4－5 分占比相对较少；2016－2018 年，评分相对集中于 7 分，分别为 61、62 和 64 家，2019 年，评分相对集中于 8 分，共有 59 家。

表 9-17 利益相关者维度原始评分统计分析（2016－2019 年）

编号	年份 原始评分	2016 年		2017 年		2018 年		2019 年	
		样本数	占比 （%）	样本数	占比 （%）	样本数	占比 （%）	样本数	占比 （%）
1	4	1	0.63	3	1.74	2	1.11	1	0.56
2	5	7	4.38	9	5.23	6	3.33	1	0.56
3	6	19	11.88	29	16.86	40	22.22	16	8.89
4	7	61	38.13	62	36.05	64	35.56	57	31.67
5	8	52	32.50	50	29.07	53	29.44	59	32.78
6	9	20	12.50	19	11.05	15	8.33	46	25.56
合计		160	100.00	172	100.00	180	100.00	180	100.00

资料来源：南开大学中国保险机构治理指数数据库。

如表 9-18 所示，2020－2022 年利益相关者维度的原始评分均集中分布于 6－9 分，4－5 分占比相对较少；2020 年和 2022 年原始评分为 4 分的样本数均为 0；2020－2021 年，评分相对集中于 8 分，分别有 80 和 66 家，2022 年集中于 7 分，共有 74 家。

表 9-18　利益相关者维度原始评分统计分析（2020—2022 年）

编号	年份	2020 年		2021 年		2022 年	
	原始评分	样本数	占比（%）	样本数	占比（%）	样本数	占比（%）
1	4	0	0.00	3	1.28	0	0.00
2	5	15	6.61	18	7.69	12	5.08
3	6	34	14.98	64	27.35	43	18.22
4	7	68	29.96	65	27.78	74	31.36
5	8	80	35.24	66	28.21	68	28.81
6	9	30	13.22	18	7.69	39	16.53
合计		227	100.00	234	100.00	236	100.00

资料来源：南开大学中国保险机构治理指数数据库。

第二节　中国保险机构治理内容分指数比较分析

一、治理内容分指数分规模类型比较分析

如表 9-19 所示，从不同规模类型的保险机构来看，微型保险机构的各类指数总体较低，大型保险机构的股东与股权结构指数、董事与董事会指数和监事与监事会指数整体最高，在 2022 年分别为 75.56、64.33 和 62.50，中型保险机构的上述指标次之。中型保险机构的高级管理人员指数整体最高，在 2022 年为 84.39，小型保险机构的该指标次之，2022 年中型保险机构的高级管理人员指数领先微型保险机构 10.37。2022 年小型保险机构的信息披露指数最高，中型保险机构的该指标次之。

表 9-19　中国保险机构治理内容维度分指数分规模类型平均值统计

年份	规模类型	样本数	股东与股权结构	董事与董事会	监事与监事会	高级管理人员	信息披露	利益相关者
2016	B	6	70.00	60.00	59.52	61.90	91.18	83.33
	M	27	68.15	52.10	42.33	71.43	92.59	83.54
	S	83	59.76	51.41	39.41	71.08	92.56	81.93
	T	44	63.18	43.03	33.77	57.47	83.77	80.05
2017	B	6	76.67	56.67	64.29	69.05	89.22	74.07
	M	32	65.00	54.79	44.20	74.55	91.91	80.90
	S	84	60.48	51.35	41.16	73.64	91.55	80.03
	T	50	61.60	46.13	38.00	65.71	84.07	79.78
2018	B	7	80.00	53.33	61.22	67.35	89.08	79.37
	M	33	66.06	58.99	45.02	74.89	92.34	82.49
	S	94	60.64	51.70	51.98	72.80	92.57	79.08
	T	46	58.26	46.09	45.34	68.32	84.11	77.78

年份	规模类型	样本数	股东与股权结构	董事与董事会	监事与监事会	高级管理人员	信息披露	利益相关者
2019	B	7	80.00	57.14	55.10	67.35	89.92	92.06
	M	35	66.86	58.29	47.35	82.86	92.10	89.84
	S	96	59.58	52.08	52.53	79.02	92.05	86.00
	T	42	57.62	47.14	44.56	71.43	83.89	81.22
2020	B	16	72.50	65.42	56.25	71.43	85.66	91.77
	M	44	65.91	61.36	49.03	81.82	91.71	88.06
	S	118	65.25	52.88	52.66	82.67	94.54	85.78
	T	49	64.08	48.30	38.48	72.16	83.96	79.89
2021	B	16	75.00	65.00	64.29	76.79	87.87	82.44
	M	51	64.31	63.79	52.38	87.39	90.43	83.91
	S	120	65.83	56.39	52.74	90.26	95.07	81.61
	T	47	65.53	51.21	37.69	77.56	82.22	78.91
2022	B	18	75.56	64.33	62.50	84.13	84.64	88.18
	M	54	64.44	64.15	52.31	84.39	89.11	89.69
	S	119	66.72	61.48	49.05	84.03	94.10	85.31
	T	45	66.22	51.33	43.89	74.02	84.54	80.64

资料来源：南开大学中国保险机构治理指数数据库。

二、治理内容分指数分资本性质比较分析

如表 9-20 所示，从不同资本性质的保险机构来看，中资保险机构的股东与股权结构指数总体低于外资保险机构，二者样本指数平均值的差距在 2020－2022 年分别为 2.78、3.21 和 1.99。中资保险机构的监事与监事会指数始终高于外资保险机构，二者差距在 2020－2022 年分别为 21.12、17.89 和 17.50，差距呈现逐年缩小趋势。中资保险机构的董事与董事会指数始终高于外资保险机构，外资保险机构的高级管理人员指数、信息披露指数和利益相关者指数总体高于中资保险机构。

表 9-20　中国保险机构治理内容维度分指数分资本性质平均值统计

年份	资本性质	样本数	股东与股权结构	董事与董事会	监事与监事会	高级管理人员	信息披露	利益相关者
2016	C	111	60.90	53.51	44.66	64.99	88.96	79.98
	F	49	66.12	40.54	26.53	71.72	92.68	85.71
2017	C	123	60.81	54.74	46.57	68.99	87.71	77.60
	F	49	65.71	40.41	29.15	77.26	93.52	85.71
2018	C	131	59.54	57.86	55.51	70.01	89.00	77.69
	F	49	67.76	35.10	32.94	76.68	93.52	83.90

年份	资本性质	样本数	股东与股权结构	董事与董事会	监事与监事会	高级管理人员	信息披露	利益相关者
2019	C	130	59.08	58.00	56.37	76.15	89.01	84.53
	F	50	67.20	37.60	32.57	81.14	92.82	89.33
2020	C	170	64.94	59.49	54.45	77.09	90.01	84.74
	F	57	67.72	39.30	33.33	86.47	94.28	87.28
2021	C	175	65.26	62.36	54.94	84.22	90.27	80.23
	F	59	68.47	43.28	37.05	91.93	93.11	85.75
2022	C	178	66.29	63.44	54.14	80.98	89.28	84.82
	F	58	68.28	50.96	36.64	86.00	93.89	88.16

资料来源：南开大学中国保险机构治理指数数据库。

三、治理内容分指数分组织形式比较分析

如表 9-21 所示，从不同组织形式的保险机构比较来看，股份制保险机构除股东与股权结构指数和利益相关者指数低于有限制保险机构外均较高，相互保险组织各项指数均最低。有限制保险机构的股东股权结构指数、高级管理人员指数、信息披露指数和利益相关者指数总体较高，在 2022 年分别为 69.31、83.40、91.89 和 86.82，相互保险组织的上述指数最低，在 2022 年分别为 57.14、46.94、57.14 和 77.78，且不同组织形式的样本指数平均值的差距逐年增大；股份制保险机构的董事与董事会指数、监事与监事会指数最高，在 2022 年分别为 67.17 和 55.08。

表 9-21　中国保险机构治理内容维度分指数分组织形式平均值统计

年份	组织形式	样本数	股东与股权结构	董事与董事会	监事与监事会	高级管理人员	信息披露	利益相关者
2016	L	58	64.83	42.41	30.05	69.70	92.60	85.06
	M	4	25.00	23.33	10.71	14.29	22.06	69.44
	S	98	62.65	54.83	45.63	67.64	91.39	80.27
2017	L	61	64.26	41.97	33.26	72.83	92.41	83.24
	M	7	57.14	47.62	30.61	42.86	52.94	79.37
	S	104	61.35	55.96	47.25	72.39	90.02	77.99
2018	L	61	65.90	38.14	38.64	74.94	92.43	83.06
	M	7	57.14	42.86	30.61	40.82	57.14	76.19
	S	112	59.82	59.58	56.38	72.07	91.10	77.58
2019	L	63	65.08	38.73	35.15	77.32	91.56	88.18
	M	7	57.14	45.71	32.65	44.90	52.94	79.37
	S	110	59.45	60.55	59.22	79.74	91.58	84.95
2020	L	94	67.45	42.20	39.21	78.44	91.35	85.89
	M	7	57.14	45.71	28.57	40.82	57.14	82.54
	S	126	64.76	64.02	57.71	82.33	92.76	85.15

年份	组织形式	样本数	股东与股权结构	董事与董事会	监事与监事会	高级管理人员	信息披露	利益相关者
2021	L	100	68.20	48.40	42.43	87.76	91.51	84.27
	M	7	57.14	42.86	24.49	44.90	57.14	76.19
	S	127	64.88	65.56	58.16	87.18	92.43	79.84
2022	L	101	69.31	53.14	44.31	83.40	91.89	86.82
	M	7	57.14	40.48	33.93	46.94	57.14	77.78
	S	128	65.31	67.17	55.08	83.20	91.07	85.13

资料来源：南开大学中国保险机构治理指数数据库。

四、治理内容分指数分业务类型比较分析

如表 9-22 所示，从不同业务类型的保险机构来看，再保险机构的股东与股权结构指数总体较高，在 2022 年为 74.29；人身保险机构的上述指数总体较低，2022 年分别为 61.91 和 48.14；集团（控股）公司的董事与董事会指数最高，再保险机构的该指数最低，集团（控股）公司在 2020—2022 年分别领先再保险机构 31.96、23.59 和 24.56；财产保险机构的信息披露指数总体较高，再保险机构的该指数最低；财产保险机构的利益相关者指数总体较低，再保险机构、集团（控股）公司的该指数总体较高。

表 9-22　中国保险机构治理内容维度分指数分业务类型平均值统计

年份	业务类型	样本数	股东与股权结构	董事与董事会	监事与监事会	高级管理人员	信息披露	利益相关者
2016	N	78	61.28	51.03	35.35	71.79	90.62	85.19
	P	82	63.66	48.13	42.68	62.54	89.60	78.46
2017	N	86	62.33	50.70	39.04	76.41	89.94	81.14
	P	86	62.09	50.62	44.19	66.28	88.78	78.68
2018	N	91	60.22	53.04	47.72	75.20	91.02	83.15
	P	89	63.37	50.26	51.04	68.38	89.42	75.53
2019	N	91	60.00	54.65	47.72	80.38	91.22	88.40
	P	89	62.70	49.96	51.85	74.64	88.90	83.27
2020	A	28	71.43	50.48	45.92	83.33	87.38	86.73
	G	13	69.23	69.74	60.44	70.33	85.52	92.31
	N	92	62.61	56.67	44.57	81.83	92.70	85.99
	P	88	66.82	52.20	52.76	77.11	91.84	82.70
	R	6	60.00	37.78	57.14	78.57	84.31	93.75
2021	A	33	71.52	54.14	43.72	82.83	88.08	85.28
	G	13	69.23	70.26	64.84	82.42	84.62	84.62
	N	93	62.15	59.78	49.00	86.02	91.79	82.62
	P	88	67.05	55.45	52.11	88.96	92.85	78.16
	R	7	74.29	46.67	53.06	75.51	82.35	89.29

续表

年份	业务类型	样本数	股东与股权结构	董事与董事会	监事与监事会	高级管理人员	信息披露	利益相关者
	A	33	70.91	58.37	46.97	82.32	92.73	86.58
	G	13	72.31	69.90	65.38	80.22	84.16	91.21
2022	N	94	61.91	63.48	48.14	83.74	89.94	86.29
	P	89	68.99	57.63	50.56	81.06	91.14	83.65
	R	7	74.29	45.34	48.21	79.59	88.24	87.50

资料来源：南开大学中国保险机构治理指数数据库。

五、治理内容分指数分成立年限比较分析

如表 9-23 所示，中国保险机构治理分指数按照成立年限分为 0-4 年、5—9 年、10—14 年、15—19 年、20—24 年和 25 年及以上 6 个组别。在 2016—2019 年中国保险机构治理分指数分成立年限比较分析的结果中，设立年限为 0—4 年样本即新设立的保险机构治理指数平均值总体高于成立年限为 5—9 年的样本，而成立年限越长的组即成立年限为 5—9 年、10—14 年、15—19 年、20—24 年和 25 年及以上的组别中，中国保险机构各类分指数指标平均值随着成立年限越长而越高。

表 9-23　中国保险机构治理内容维度分指数分成立年限比较分析（2016—2019 年）

年份	成立年限分组	样本数	股东与股权结构	董事与董事会	监事与监事会	高级管理人员	信息披露	利益相关者
	0—4 年	42	58.57	49.05	38.78	62.24	86.10	79.63
	5—9 年	50	56.40	45.47	39.14	66.00	89.04	82.22
2016	10—14 年	51	67.84	53.07	38.10	71.43	93.89	81.70
	15—19 年	11	74.55	46.67	44.16	64.94	91.44	87.88
	20—24 年	6	73.33	62.22	40.48	76.19	92.16	81.48
	0—4 年	45	60.89	50.37	42.54	66.03	83.15	75.80
	5—9 年	44	51.82	47.88	42.86	71.75	89.84	80.56
2017	10—14 年	57	66.67	50.76	37.84	71.68	92.35	80.90
	15—19 年	20	73.00	51.67	46.43	78.57	93.53	84.44
	20—24 年	6	70.00	68.89	45.24	80.95	90.20	81.48
	0—4 年	46	59.57	56.81	54.97	68.63	88.13	78.02
	5—9 年	42	50.95	46.03	45.92	64.97	86.55	76.72
2018	10—14 年	59	64.07	50.40	49.39	72.88	92.61	81.36
	15—19 年	25	76.00	49.07	42.86	83.43	93.41	81.33
	20—24 年	8	70.00	69.17	55.36	82.14	94.12	80.56
	0—4 年	42	60.95	57.78	57.48	77.21	88.42	81.22
	5—9 年	36	51.11	45.37	50.00	71.43	86.60	85.80
2019	10—14 年	62	59.35	51.83	47.70	77.65	91.92	87.10
	15—19 年	31	74.84	51.18	41.47	82.49	91.65	88.89
	20—24 年	9	71.11	62.22	55.56	85.71	93.46	88.89

资料来源：南开大学中国保险机构治理指数数据库。

如表 9-24 所示，2020－2022 年中国保险机构治理分指数按成立年限分组比较中可以得出与表 9-23 相似的结论，即刚刚设立的保险机构各内容维度分指数表现总体不错，而后随着评价样本成立年限增加，分内容维度总体上表现越来越好。

表 9-24　中国保险机构治理内容维度分指数分成立年限比较分析（2020－2022 年）

年份	成立年限分组	样本数	股东与股权结构	董事与董事会	监事与监事会	高级管理人员	信息披露	利益相关者
2020	0－4 年	43	66.98	57.98	56.48	74.97	91.79	79.41
	5－9 年	56	58.93	50.36	46.43	75.13	86.03	82.80
	10－14 年	53	62.64	53.71	46.63	81.58	93.74	86.46
	15－19 年	54	72.59	50.86	44.44	85.32	93.59	88.42
	20－24 年	15	65.33	66.22	59.05	76.19	92.55	92.91
	25 年及以上	6	83.33	75.56	61.90	88.10	83.33	96.30
2021	0－4 年	36	66.11	57.04	47.22	79.23	90.84	78.48
	5－9 年	58	63.10	59.31	52.71	83.78	87.57	78.55
	10－14 年	52	63.08	53.59	48.08	89.79	92.07	84.41
	15－19 年	62	69.68	57.31	47.47	89.55	93.74	83.26
	20－24 年	12	73.33	49.44	54.76	83.33	90.69	84.66
	25 年及以上	14	67.14	74.29	67.35	87.76	89.50	82.31
2022	0－4 年	25	68.80	62.71	50.50	80.76	92.42	81.22
	5－9 年	58	65.52	60.25	52.59	77.13	88.31	83.70
	10－14 年	49	61.63	59.49	46.68	85.13	89.52	82.03
	15－19 年	69	67.25	59.21	48.91	84.82	92.34	89.60
	20－24 年	21	75.24	56.07	46.43	84.35	90.20	87.68
	25 年及以上	14	71.43	72.01	58.04	79.59	89.50	91.61

资料来源：南开大学中国保险机构治理指数数据库。

六、治理内容分指数分注册地区比较分析

如表 9-25 所示，从不同注册地区的保险机构来看，2016－2022 年北京市保险机构的各指数总体居中水平，上海市保险机构的股东与股权指数、高级管理人员指数和利益相关者指数最高，在 2022 年分别为 73.45、85.76 和 88.29，分别超过广东省保险机构8.31、4.81 和 5.52；广东省保险机构的董事与董事会指数和监事与监事会指数最高，在2022 年分别为 62.69 和 57.50，分别超过上海市保险机构的 54.77 和 44.77。2016－2019年，广东省保险机构的信息披露指数总体较高，2020－2022 年上海市保险机构的该指数最高，分别为 93.03、93.51 和 92.39。

表 9-25　中国保险机构治理内容维度分指数分注册地区平均值统计

年份	注册地区	样本数	股东与股权结构	董事与董事会	监事与监事会	高级管理人员	信息披露	利益相关者
2016	广东省	19	61.05	51.58	42.11	66.92	93.50	81.29
	上海市	41	73.66	44.72	36.24	74.91	91.95	84.82
	北京市	44	61.82	48.48	34.42	62.34	91.41	81.82
2017	广东省	22	61.82	57.88	50.00	68.18	91.44	75.76
	上海市	42	72.38	46.03	41.84	82.99	92.70	85.98
	北京市	47	63.40	51.63	36.17	62.92	89.70	78.96
2018	广东省	24	61.67	53.61	50.60	72.62	92.34	74.07
	上海市	40	73.50	43.67	53.57	79.29	92.04	84.72
	北京市	47	63.83	54.75	44.07	69.60	91.74	80.61
2019	广东省	25	59.20	54.93	52.57	74.86	92.41	83.11
	上海市	40	72.50	44.50	51.43	86.07	91.30	90.56
	北京市	46	63.04	56.38	43.79	73.29	91.30	86.71
2020	广东省	34	63.53	60.00	54.20	81.30	90.21	85.39
	上海市	52	72.31	45.13	48.08	88.69	93.03	89.11
	北京市	68	67.94	57.25	45.17	74.30	90.29	88.08
2021	广东省	35	64.57	63.24	54.69	88.84	89.08	79.33
	上海市	53	73.21	49.81	49.60	94.70	93.51	85.24
	北京市	72	69.17	60.28	47.22	79.89	90.02	84.60
2022	广东省	35	65.14	62.69	57.50	80.95	88.26	82.77
	上海市	55	73.45	54.77	44.77	85.76	92.39	88.29
	北京市	73	69.86	61.51	52.57	83.24	91.06	88.45

资料来源：南开大学中国保险机构治理指数数据库。

七、治理内容分指数分所在城市比较分析

如表 9-26 所示，从不同所在城市的保险机构来看，上海市保险机构的股东与股权结构指数最高，在 2022 年为 73.45，上海市保险机构的董事与董事会指数始终保持最低水平；北京市保险机构的董事与董事会指数略高于上海保险机构；天津市保险机构与北京市保险机构的监事与监事会指数总体水平较低；2016—2018 年天津市保险机构的高级管理人员指数最高，分别为 80.95、85.71 和 80.95；2019—2022 年上海市保险机构的该指数最高，分别为 86.07、88.69、94.70 和 85.76；2016—2019 年天津市和重庆市保险机构的信息披露指数总体较高，2020—2022 年广州市保险机构的该指数最高；重庆市保险机构的利益相关者指数总体较低。

表9-26　中国保险机构治理内容维度分指数分所在城市平均值统计

年份	所在城市	样本数	股东与股权结构	董事与董事会	监事与监事会	高级管理人员	信息披露	利益相关者
2016	北京市	44	61.82	48.48	34.42	62.34	91.41	81.82
	广州市	3	60.00	53.33	57.14	61.90	96.08	96.30
	上海市	41	73.66	44.72	36.24	74.91	91.95	84.82
	深圳市	13	63.08	54.36	43.96	68.13	93.21	79.49
	天津市	6	56.67	64.44	35.71	80.95	96.08	85.19
	重庆市	4	60.00	46.67	60.71	64.29	97.06	72.22
2017	北京市	47	63.40	51.63	36.17	62.92	89.70	78.96
	广州市	5	56.00	53.33	57.14	65.71	85.88	73.33
	上海市	42	72.38	46.03	41.84	82.99	92.70	85.98
	深圳市	15	65.33	58.22	48.57	69.52	92.55	77.04
	天津市	6	56.67	58.89	40.48	85.71	95.10	85.19
	重庆市	5	60.00	48.00	37.14	57.14	92.94	82.22
2018	北京市	47	63.83	54.75	44.07	69.60	91.74	80.61
	广州市	5	60.00	53.33	48.57	62.86	90.59	80.00
	上海市	40	73.50	43.67	53.57	79.29	92.04	84.72
	深圳市	17	63.53	52.94	50.42	76.47	92.64	72.55
	天津市	6	53.33	61.11	40.48	80.95	96.08	85.19
	重庆市	5	52.00	62.67	54.29	65.71	96.47	80.00
2019	北京市	46	63.04	56.38	43.79	73.29	91.30	86.71
	广州市	5	56.00	54.67	51.43	74.29	89.41	82.22
	上海市	40	72.50	44.50	51.43	86.07	91.30	90.56
	深圳市	18	61.11	55.56	52.38	76.19	92.72	83.95
	天津市	6	53.33	60.00	42.86	85.71	96.08	87.04
	重庆市	5	56.00	73.33	54.29	68.57	95.29	82.22
2020	北京市	68	67.94	57.25	45.17	74.30	90.29	88.08
	广州市	5	64.00	66.67	65.71	80.00	95.29	88.89
	上海市	52	72.31	45.13	48.08	88.69	93.03	89.11
	深圳市	27	62.96	59.01	49.74	82.28	88.76	84.89
	天津市	7	54.29	61.90	38.78	85.03	89.69	86.85
	重庆市	5	60.00	74.67	45.71	82.86	96.47	75.56
2021	北京市	72	69.17	60.28	47.22	79.89	90.02	84.60
	广州市	6	66.67	64.44	59.52	88.10	96.08	81.48
	上海市	53	73.21	49.81	49.60	94.70	93.51	85.24
	深圳市	27	63.70	62.72	51.85	89.77	87.36	79.37
	天津市	8	50.00	61.67	53.57	79.76	92.25	74.08
	重庆市	5	56.00	54.67	45.71	88.57	90.59	73.33

续表

年份	所在城市	样本数	股东与股权结构	董事与董事会	监事与监事会	高级管理人员	信息披露	利益相关者
2022	北京市	73	69.86	61.51	52.57	83.24	91.06	88.45
	广州市	5	68.00	66.67	65.00	77.14	94.12	84.44
	上海市	55	73.45	54.77	44.77	85.76	92.39	88.29
	深圳市	27	64.44	61.82	56.02	83.77	86.52	81.78
	天津市	8	50.00	55.25	48.44	74.40	89.41	87.10
	重庆市	5	56.00	62.50	47.50	80.00	89.41	84.44

资料来源：南开大学中国保险机构治理指数数据库。

第十章　中国保险机构治理层次分指数分析

本章利用 2016－2022 年中国保险机构治理指数（CIIGI），对我国保险机构治理状况进行了分层次分析，分别从中国保险机构强制性治理指数和自主性治理指数两个层次展开。本章在对中国保险机构强制性治理总指数和自主性治理总指数分析的基础上，从公司治理六个内容维度的分指数展开分析，以更深入地揭示中国保险机构治理的状况。本章最后从规模类型、资本性质、组织形式、险种类型、成立年限、注册地区和所在城市角度展开中国保险机构强制性治理指数和自主性治理指数的分组比较分析，以此发掘上述因素对保险机构治理状况的影响。

第一节　中国保险机构强制性治理指数分析

一、中国保险机构强制性治理指数描述性统计分析

（一）中国保险机构强制性治理总指数描述性统计分析

如表 10-1 和图 10-1 所示，2016－2022 年中国保险机构强制性治理指数平均值依次为 67.21、68.82、69.27、70.97、72.90、75.92 和 78.24，呈现逐年上升的趋势，2022 年中国保险机构强制性治理指数平均值较 2016 年上升了 11.03，且近两年的上升幅度逐渐加大。从中位数来看，2016－2022 年中国保险机构强制性治理指数中位数依次为 70.73、72.81、74.29、76.64、77.77、81.15 和 82.06，同样呈现为逐年上升的趋势，且各年中位数均高于平均值，这说明中国保险机构强制性治理指数呈现为左偏分布。

表 10-1　中国保险机构强制性治理指数统计分析

年份	样本数	平均值	中位数	标准差	极差	最小值	最大值
2016	160	67.21	70.73	16.62	85.43	11.12	96.55
2017	172	68.82	72.81	17.58	85.43	11.12	96.55
2018	180	69.27	74.29	17.63	85.43	11.12	96.55
2019	180	70.97	76.64	18.07	85.11	11.12	96.23
2020	227	72.90	77.77	17.13	85.43	11.12	96.55
2021	234	75.92	81.15	15.74	86.10	11.12	97.22
2022	236	78.24	82.06	14.35	87.29	11.12	98.41

资料来源：南开大学中国保险机构治理指数数据库。

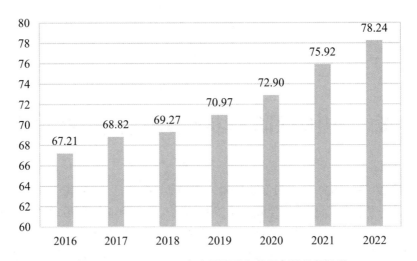

图 10-1　2016－2022 年中国保险机构强制性治理指数

资料来源：南开大学中国保险机构治理指数数据库。

（二）中国保险机构强制性治理分指数描述性统计分析

如表 10-2 和图 10-2 所示，2016－2022 年中国保险机构股东与股权结构维度的强制性治理分指数平均值呈现为先下降后上升的趋势，最小值出现在 2019 年的 66.11，最大值出现在 2022 年的 76.27，2022 年强制性治理分指数平均值相比 2016 年增加了 8.14。董事与董事会维度的强制性治理分指数平均值整体呈上升趋势，其间 2019 年曾出现小幅度回落，2020 年之后稳步回升，2022 年相比 2016 年平均值增加了 20.26。监事与监事会维度的强制性治理分指数平均值在 2016－2018 年逐年上升，2019－2020 年回落至七年来最低值 64.32，2021 年之后再次上升，波动较为频繁，2022 年平均值相比 2016 年增加了 3.79。高级管理人员维度的指数平均值总体上呈现为上升趋势，其间分别在 2018 年和 2022 年出现小幅度下降，2022 年高级管理人员指数平均值较 2016 年上升了 23.52。信息披露维度的强制性治理分指数平均值整体表现相对稳定，维持在 90－93.5 的区间，波动幅度较小，2022 年平均值较 2016 年仅上升了 1.92。利益相关者维度的指数平均值总体为上升趋势，2022 年较 2016 年提高了 6.29，但其间变化的正负方向波动较为频繁，最大值出现在 2020 年为 93.11，最小值出现在 2016 年为 84.06。

表 10-2　中国保险机构分内容维度强制性治理指数平均值统计分析

年份	样本数	股东与股权结构	董事与董事会	监事与监事会	高级管理人员	信息披露	利益相关者
2016	160	68.13	38.75	65.00	58.70	90.15	84.06
2017	172	68.60	39.34	68.02	64.34	90.38	85.27
2018	180	67.22	42.96	71.11	62.04	91.37	84.07
2019	180	66.11	40.56	70.83	70.69	90.17	92.22
2020	227	70.48	42.51	64.32	74.67	93.40	93.11
2021	234	75.21	46.37	68.80	83.12	93.19	91.18
2022	236	76.27	59.01	68.79	82.22	92.07	90.35

资料来源：南开大学中国保险机构治理指数数据库。

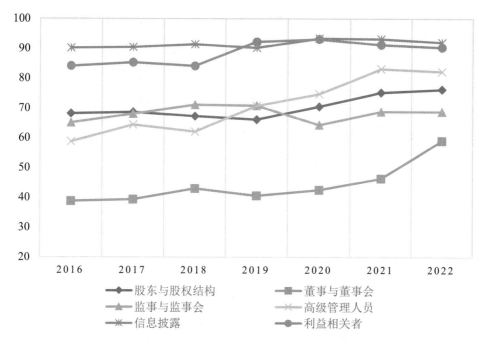

股东与股权结构　董事与董事会
监事与监事会　高级管理人员
信息披露　利益相关者

图 10-2　2016－2022 年中国保险机构强制性治理分指数

资料来源：南开大学中国保险机构治理指数数据库。

二、中国保险机构强制性治理指数分规模类型比较分析

如表 10-3 所示，在 2016－2022 年间，中国保险机构中的大型保险机构、中型保险机构和小型保险机构的样本数总体上皆呈上升趋势，微型保险机构的样本数波动变化相对频繁，分别在 2018－2019 年和 2021－2022 年间减少，但 2022 年最终样本数与 2016年样本数相差不大。从平均值来看，如图 10-3、图 10-4、图 10-5 和图 10-6 所示，大型、微型保险机构强制性治理指数平均值整体呈上升趋势，其中，大型保险机构强制性治理指数平均值在 2018 年和 2020 年出现下降，微型保险机构强制性治理指数平均值在 2018 年和 2019 年出现下降；中型、小型保险机构强制性治理指数平均值则表现为逐年上升的趋势。从中位数来看，大型保险机构强制性治理指数中位数在 2016－2019 年持续递增后，2020 年出现小幅度回落，随后继续增加；中型保险机构中位数则是在 2020 年出现小幅度下降，总体仍呈上升趋势；小型和微型保险机构强制性治理指数中位数始终保持上升态势。

表 10-3　中国保险机构强制性治理指数分规模类型比较分析

年份	规模类型	样本数	平均值	中位数
2016	B	6	67.54	71.51
	M	27	71.88	75.22
	S	83	68.52	71.46
	T	44	61.84	63.58

续表

年份	规模类型	样本数	平均值	中位数
2017	B	6	69.83	72.90
	M	32	74.16	78.13
	S	84	69.02	72.42
	T	50	64.96	68.22
2018	B	7	68.65	74.61
	M	33	75.07	78.37
	S	94	69.77	74.25
	T	46	64.18	68.98
2019	B	7	74.06	81.49
	M	35	75.32	77.77
	S	96	72.26	76.80
	T	42	63.90	70.38
2020	B	16	71.55	78.19
	M	44	76.57	81.95
	S	118	74.65	78.55
	T	49	65.83	70.52
2021	B	16	74.94	78.58
	M	51	78.20	83.12
	S	120	77.84	81.39
	T	47	68.89	74.56
2022	B	18	81.17	85.58
	M	54	80.47	83.24
	S	119	79.30	82.12
	T	45	71.60	77.83

资料来源：南开大学中国保险机构治理指数数据库。

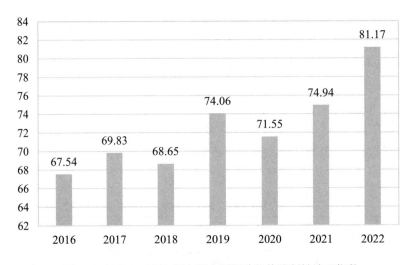

图 10-3　2016－2022 年中国大型保险机构强制性治理指数

资料来源：南开大学中国保险机构治理指数数据库。

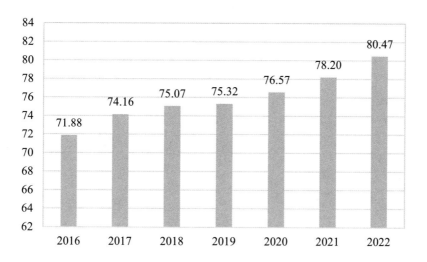

图 10-4　2016－2022 年中国中型保险机构强制性治理指数

资料来源：南开大学中国保险机构治理指数数据库。

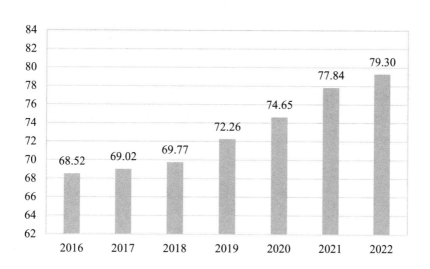

图 10-5　2016－2022 年中国小型保险机构强制性治理指数

资料来源：南开大学中国保险机构治理指数数据库。

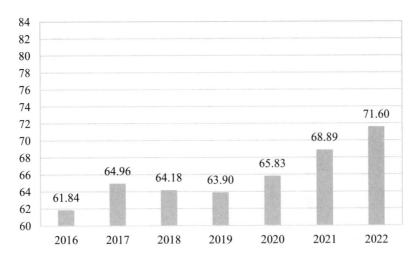

图 10-6　2016－2022 年中国微型保险机构强制性治理指数

资料来源：南开大学中国保险机构治理指数数据库。

三、中国保险机构强制性治理指数分资本性质比较分析

如表 10-4、图 10-7 和图 10-8 所示，从平均值看，中资保险机构和外资保险机构强制性治理指数平均值整体均呈上升趋势，且外资保险机构强制性治理指数平均值始终低于中资保险机构平均值，2022 年两者差值最小，2019 年两者差值最大。从中位数看，除了外资保险机构强制性治理指数中位数在 2019 年曾出现短暂下滑，两种资本性质的保险机构强制性治理指数中位数均呈逐年递增的趋势，中资保险机构 2022 年强制性治理指数中位数较 2016 年上升了 9.56，外资保险机构 2022 年强制性治理指数中位数较 2016 年上升了 13.62。

表 10-4　中国保险机构强制性治理指数分资本性质比较分析

年份	资本性质	样本数	平均值	中位数
2016	C	111	72.24	75.22
	F	49	55.82	53.51
2017	C	123	73.07	77.77
	F	49	58.17	55.05
2018	C	131	73.44	78.37
	F	49	58.11	56.02
2019	C	130	75.78	80.28
	F	50	58.46	55.95
2020	C	170	76.77	81.22
	F	57	61.34	56.66
2021	C	175	79.55	83.64
	F	59	65.16	64.43
2022	C	178	81.28	84.79
	F	58	68.90	67.13

资料来源：南开大学中国保险机构治理指数数据库。

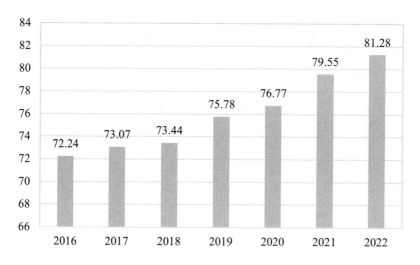

图 10-7　2016－2022 年中国中资保险机构强制性治理指数

资料来源：南开大学中国保险机构治理指数数据库。

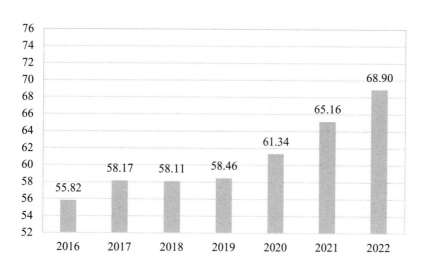

图 10-8　2016－2022 年中国外资保险机构强制性治理指数

资料来源：南开大学中国保险机构治理指数数据库。

四、中国保险机构强制性治理指数分组织形式比较分析

如表 10-5 所示，中国保险机构按照组织形式可划分为有限制保险机构、相互保险组织和股份制保险机构。从平均值看，如图 10-9、图 10-10 和图 10-11 所示，2016－2022年间，股份制保险机构强制性治理指数平均值稳步上升；有限制保险机构强制性治理指数平均值则在 2019 年出现极小幅度的下滑，整体仍呈现为上升趋势；相互保险组织强制性治理指数平均值在 2017 年增长接近一倍后基本维持在 53 以上，2022 年上升至 56.48。三种组织形式的保险机构平均值由高到低排列分别为股份制保险机构强制性治理指数、

有限制保险机构强制性治理指数和相互保险组织强制性治理指数。从中位数看，有限制保险机构与股份制保险机构强制性治理指数中位数均呈逐年上升趋势；相互保险组织强制性治理指数中位数在 2017 年从 11.12 激增至 76.83 后始终波动不定，最大值出现在 2019 年为 80.28，最小值除 2016 年外出现在 2021 年为 74.35。

表 10-5　中国保险机构强制性治理指数分组织形式比较分析

年份	组织形式	样本数	平均值	中位数
2016	L	58	56.86	54.24
	M	4	28.86	11.12
	S	98	74.90	75.88
2017	L	61	58.48	55.05
	M	7	53.94	76.83
	S	104	75.89	77.89
2018	L	61	58.78	56.02
	M	7	53.28	77.50
	S	112	75.98	78.54
2019	L	63	58.40	56.26
	M	7	53.39	80.28
	S	110	79.29	81.15
2020	L	94	62.79	59.44
	M	7	53.36	76.81
	S	126	81.52	83.27
2021	L	100	68.87	67.88
	M	7	53.47	74.35
	S	127	82.71	86.21
2022	L	101	72.06	71.10
	M	7	56.48	77.83
	S	128	84.30	86.35

资料来源：南开大学中国保险机构治理指数数据库。

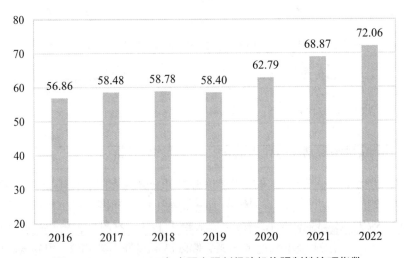

图 10-9　2016－2022 年中国有限制保险机构强制性治理指数

资料来源：南开大学中国保险机构治理指数数据库。

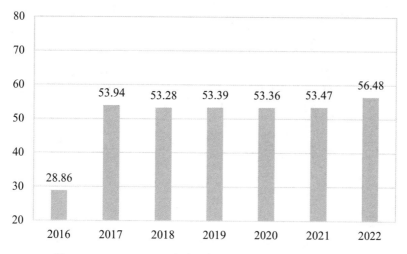

图 10-10　2016－2022 年中国相互保险组织强制性治理指数

资料来源：南开大学中国保险机构治理指数数据库。

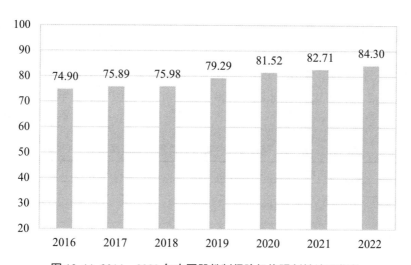

图 10-11　2016－2022 年中国股份制保险机构强制性治理指数

资料来源：南开大学中国保险机构治理指数数据库。

五、中国保险机构强制性治理指数分业务类型比较分析

如表 10-6 所示，2016－2019 年中国保险机构样本仅有人身保险机构和财产保险机构两种业务类型，2020 年后又增加了资产管理公司、集团（控股）公司和再保险机构三种类型。从平均值看，如图 10-12、图 10-13、图 10-14、图 10-15 和图 10-16 所示，人身保险机构和财产保险机构强制性治理指数平均值在 2016－2022 年间保持逐年递增的趋势，集团（控股）公司和再保险机构强制性治理指数平均值则在 2020－2022 年间呈现逐年上升的趋势，资产管理公司指数平均值在 2021 年出现小幅度下降后，2022 年回升至 78.28。从中位数看，人身保险机构、资产管理公司和再保险机构强制性治理指数中位

数均呈逐年上升趋势；财产保险机构与集团（控股）公司指数中位数整体呈现上升态势，其中财产保险机构中位数在 2018 年出现下降，集团（控股）公司中位数在 2021 年出现下降。

表 10-6　中国保险机构强制性治理指数分业务类型比较分析

年份	业务类型	样本数	平均值	中位数
2016	N	78	66.53	71.05
	P	82	67.86	70.10
2017	N	86	68.82	73.30
	P	86	68.82	72.59
2018	N	91	69.62	75.25
	P	89	68.91	71.81
2019	N	91	71.99	77.39
	P	89	69.93	75.23
2020	A	28	74.78	78.51
	G	13	73.67	82.68
	N	92	73.09	78.10
	P	88	72.73	77.61
	R	6	61.92	59.62
2021	A	33	74.31	79.42
	G	13	76.41	81.15
	N	93	75.78	81.15
	P	88	76.81	81.89
	R	7	73.32	77.93
2022	A	33	78.28	82.19
	G	13	81.24	84.10
	N	94	78.05	81.83
	P	89	78.28	82.56
	R	7	74.44	74.55

资料来源：南开大学中国保险机构治理指数数据库。

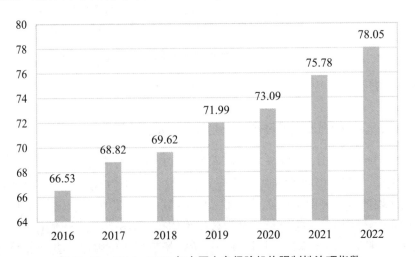

图 10-12　2016－2022 年中国人身保险机构强制性治理指数

资料来源：南开大学中国保险机构治理指数数据库。

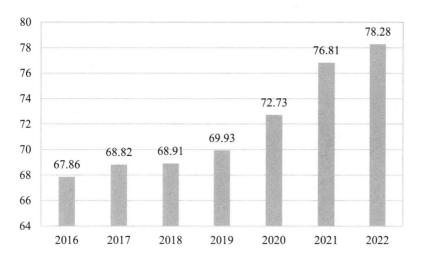

图 10-13　2016－2022 年中国财产保险机构强制性治理指数

资料来源：南开大学中国保险机构治理指数数据库。

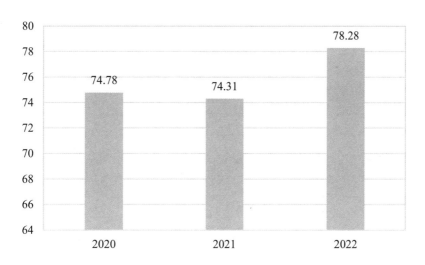

图 10-14　2020－2022 年中国保险资产管理公司强制性治理指数

资料来源：南开大学中国保险机构治理指数数据库。

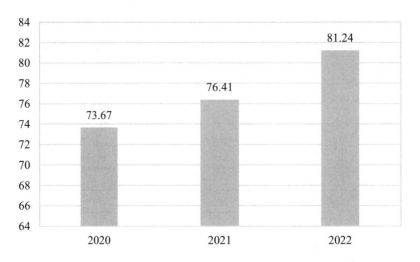

图 10-15　2020－2022 年中国保险集团（控股）公司强制性治理指数

资料来源：南开大学中国保险机构治理指数数据库。

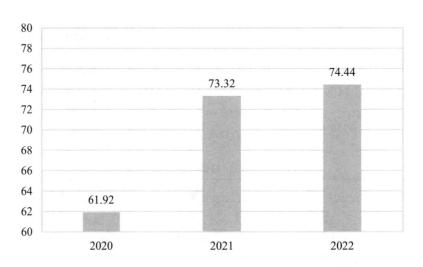

图 10-16　2020－2022 年中国再保险机构强制性治理指数

资料来源：南开大学中国保险机构治理指数数据库。

六、中国保险机构强制性治理指数分成立年限比较分析

如表 10-7 所示，2016－2019 年中国保险机构样本的成立年限集中分布于 0－4 年、5－9 年和 10－14 年。如图 10-17、图 10-18、图 10-19、图 10-20 和图 10-21 所示，其中，成立年限为 0－4 年、5－9 年、10－14 年和 15－19 年的保险机构强制性治理指数平均值和中位数整体均呈上升趋势；成立年限为 20－24 年的保险机构强制性治理指数中位数总体为上升趋势，平均值则呈现先上升后下降的态势，2019 年指数平均值略低于 2016 年，其 2016－2019 年的指数平均值和中位数均为所有成立年限分组中最高的。

表 10-7　中国保险机构强制性治理指数分成立年限比较分析（2016－2019 年）

年份	成立年限分组	样本数	平均值	中位数
2016	0－4 年	42	68.32	73.06
	5－9 年	50	64.61	64.27
	10－14 年	51	67.85	70.60
	15－19 年	11	64.93	66.23
	20－24 年	6	79.89	82.85
2017	0－4 年	45	68.34	76.51
	5－9 年	44	67.19	69.18
	10－14 年	57	68.97	72.44
	15－19 年	20	68.87	72.30
	20－24 年	6	82.86	83.67
2018	0－4 年	46	71.28	77.49
	5－9 年	42	64.91	69.07
	10－14 年	59	70.41	75.92
	15－19 年	25	66.67	69.21
	20－24 年	8	80.26	83.42
2019	0－4 年	42	74.23	79.48
	5－9 年	36	69.36	77.85
	10－14 年	62	70.03	73.39
	15－19 年	31	67.87	69.54
	20－24 年	9	79.38	83.73

资料来源：南开大学中国保险机构治理指数数据库。

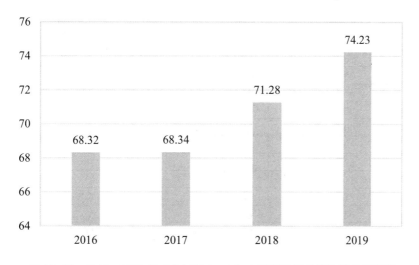

图 10-17　2016－2019 年成立年限 0－4 年中国保险机构强制性治理指数

资料来源：南开大学中国保险机构治理指数数据库。

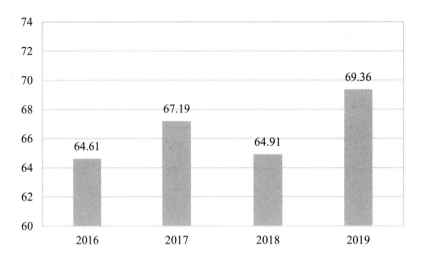

图 10-18　2016—2019 年成立年限 5—9 年中国保险机构强制性治理指数

资料来源：南开大学中国保险机构治理指数数据库。

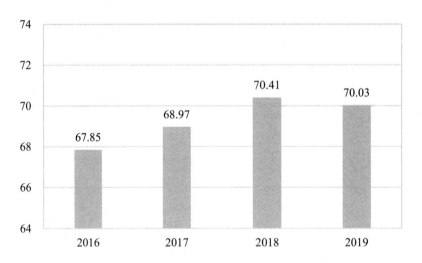

图 10-19　2016—2019 年成立年限 10—14 年中国保险机构强制性治理指数

资料来源：南开大学中国保险机构治理指数数据库。

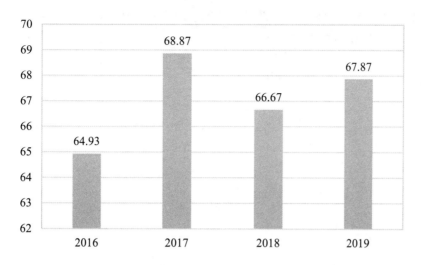

图 10-20　2016－2019 年成立年限 15－19 年中国保险机构强制性治理指数

资料来源：南开大学中国保险机构治理指数数据库。

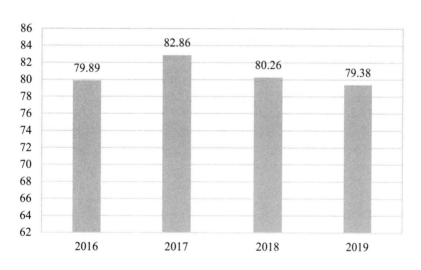

图 10-21　2016－2019 年成立年限 20－24 年中国保险机构强制性治理指数

资料来源：南开大学中国保险机构治理指数数据库。

如表 10-8 所示，2020－2022 年中国保险机构样本的成立年限集中分布于 0－4 年、5－9 年、10－14 年和 15－19 年。从平均值看，如图 10-22、图 10-23、图 10-24、图 10-25、图 10-26 和图 10-27 所示，除了成立年限为 20－24 年的保险机构外，其余分组的保险机构强制性治理指数平均值均呈现整体上升趋势。从中位数看，除了成立年限为 0－4 年和 20－24 年的保险机构外，其余分组的保险机构强制性治理指数中位数总体上均呈现上升趋势。此外，尽管 2020－2022 年间成立年限为 25 年及以上分组的样本数相对较少，其平均值及中位数在同年中仍相对较高。

表 10-8　中国保险机构强制性治理指数分成立年限比较分析（2020－2022 年）

年份	成立年限分组	样本数	平均值	中位数
2020	0－4 年	43	72.89	76.83
	5－9 年	56	71.74	78.55
	10－14 年	53	73.56	77.77
	15－19 年	54	71.54	76.16
	20－24 年	15	76.42	82.68
	25 年及以上	6	81.36	81.26
2021	0－4 年	36	73.31	79.97
	5－9 年	58	77.57	82.76
	10－14 年	52	76.12	79.28
	15－19 年	62	76.18	80.76
	20－24 年	12	68.12	76.16
	25 年及以上	14	80.61	84.97
2022	0－4 年	25	76.39	73.14
	5－9 年	58	78.93	84.69
	10－14 年	49	77.80	82.12
	15－19 年	69	78.31	80.77
	20－24 年	21	75.22	77.89
	25 年及以上	14	84.42	86.15

资料来源：南开大学中国保险机构治理指数数据库。

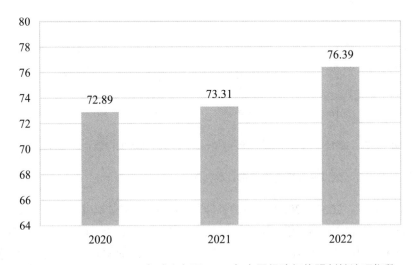

图 10-22　2020－2022 年成立年限 0－4 年中国保险机构强制性治理指数

资料来源：南开大学中国保险机构治理指数数据库。

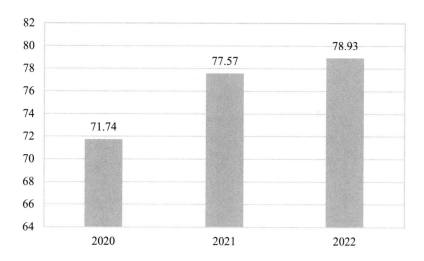

图 10-23 2020－2022 年成立年限 5－9 年中国保险机构强制性治理指数

资料来源：南开大学中国保险机构治理指数数据库。

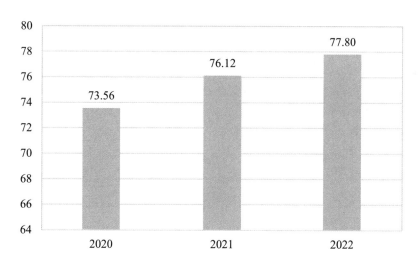

图 10-24 2020－2022 年成立年限 10－14 年中国保险机构强制性治理指数

资料来源：南开大学中国保险机构治理指数数据库。

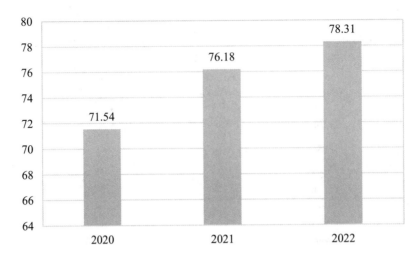

图 10-25　2020—2022 年成立年限 15—19 年中国保险机构强制性治理指数

资料来源：南开大学中国保险机构治理指数数据库。

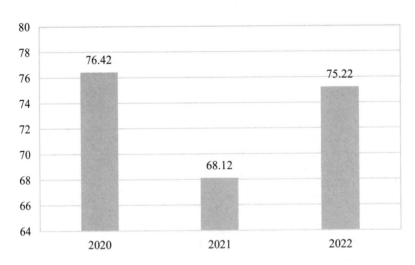

图 10-26　2020—2022 年成立年限 20—24 年中国保险机构强制性治理指数

资料来源：南开大学中国保险机构治理指数数据库。

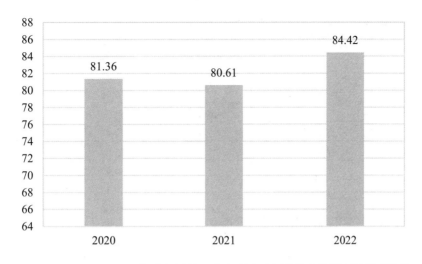

图 10-27　2020－2022 年成立年限 25 年及以上中国保险机构强制性治理指数

资料来源：南开大学中国保险机构治理指数数据库。

七、中国保险机构强制性治理指数分注册地区比较分析

如表 10-9 所示，在北京市、广东省、江苏省、上海市、天津市、浙江省和重庆市七个主要注册地区中，2016－2019 年中国保险机构强制性治理指数样本数较多的注册地区分别为北京市、上海市和广东省，北京市四年样本数分别为 44、47、47 和 46 家，上海市四年样本数分别为 41、42、40 和 40 家，广东省四年样本数分别为 19、22、24 和 25家。从平均值看，2016－2019 年中国保险机构强制性治理指数平均值最高的样本注册地区及其数值分别为天津市 74.12、天津市 77.41、重庆市 74.12 和重庆市 80.05，平均值最低的样本注册地区均为浙江省，数值分别为 45.47、45.89、52.24 和 52.22。从中位数看，2016－2019 年中国保险机构强制性治理指数中位数最高的样本注册地区以及数值分别为江苏省 86.88、江苏省 84.10、北京市 77.50 和重庆市 85.30，中位数最低的样本注册地区均为浙江省，数值分别为 51.93、63.24、67.05 和 63.11。总的来看，如图 10-28 所示，从 2016－2019 年数据来看，这七个注册地区当中，广东省、江苏省、天津市和重庆市的治理指数平均值和中位数总体较高，北京市和上海市相对较低，浙江省最低。

表 10-9　中国保险机构强制性治理指数分注册地区比较分析（2016－2019 年）

年份	注册地区	样本数	平均值	中位数
	北京市	44	65.66	69.15
	广东省	19	69.75	75.62
	江苏省	5	72.46	86.88
2016	上海市	41	65.04	62.82
	天津市	6	74.12	75.40
	浙江省	7	45.47	51.93
	重庆市	4	72.53	76.56

续表

年份	注册地区	样本数	平均值	中位数
2017	北京市	47	66.92	71.46
	广东省	22	71.25	77.61
	江苏省	5	74.45	84.10
	上海市	42	67.78	67.89
	天津市	6	77.41	78.39
	浙江省	7	45.89	63.24
	重庆市	5	69.97	80.90
2018	北京市	47	69.13	77.50
	广东省	24	71.00	74.93
	江苏省	5	69.83	74.89
	上海市	40	67.87	68.79
	天津市	6	72.86	73.51
	浙江省	8	52.24	67.05
	重庆市	5	74.12	75.57
2019	北京市	46	70.49	76.92
	广东省	25	72.41	77.39
	江苏省	5	74.48	82.44
	上海市	40	68.10	66.61
	天津市	6	72.32	73.76
	浙江省	8	52.22	63.11
	重庆市	5	80.05	85.30

资料来源：南开大学中国保险机构治理指数数据库。

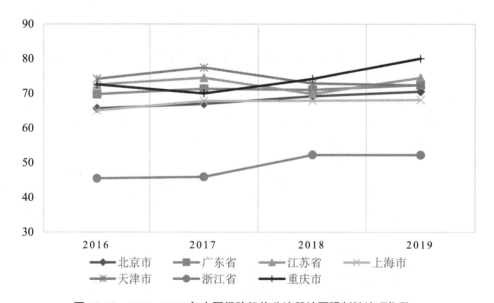

图 10-28　2016－2019 年中国保险机构分注册地区强制性治理指数

资料来源：南开大学中国保险机构治理指数数据库。

如表 10-10 所示，在北京市、广东省、江苏省、上海市、天津市、浙江省和重庆市七个主要注册地区中，2020－2022 年中国保险机构强制性治理指数样本数较多的注册地区分别为北京市、上海市和广东省，北京市三年样本数分别为 68、72 和 73 家，上海市三年样本数分别为 52、53 和 55 家，广东省三年样本数分别为 34、35 和 35 家。从平均值看，2020－2022 年中国保险机构强制性治理指数平均值最高的样本注册地区以及数值分别为重庆市 81.13、江苏省 81.93 和江苏省 83.68，平均值最低的样本注册地区均为浙江省，数值分别为 52.74、56.01 和 55.79。从中位数看，2020－2022 年中国保险机构强制性治理指数中位数最高的样本注册地区以及数值分别为重庆市 86.24、江苏省 88.11 和江苏省 86.45，中位数最低的样本注册地区均为浙江省，数值分别为 56.10、56.34 和 63.87。总的来看，如图 10-29 所示，从 2020－2022 年数据来看，这七个注册地区当中，北京市、广东省、江苏省和重庆市的治理指数平均值和中位数总体较高，天津市和上海市相对较低，浙江省最低。

表 10-10　中国保险机构强制性治理指数分注册地区比较分析（2020－2022 年）

年份	注册地区	样本数	平均值	中位数
2020	北京市	68	72.55	79.46
	广东省	34	77.16	79.72
	江苏省	5	74.94	78.44
	上海市	52	69.82	72.76
	天津市	7	72.44	74.00
	浙江省	9	52.74	56.10
	重庆市	5	81.13	86.24
2021	北京市	72	75.47	81.08
	广东省	35	80.51	82.76
	江苏省	5	81.93	88.11
	上海市	53	72.99	76.16
	天津市	8	70.72	70.68
	浙江省	9	56.01	56.34
	重庆市	5	76.75	79.11
2022	北京市	73	79.64	82.19
	广东省	35	80.71	83.11
	江苏省	5	83.68	86.45
	上海市	55	75.50	78.29
	天津市	8	69.51	73.47
	浙江省	9	55.79	63.87
	重庆市	5	77.68	78.31

资料来源：南开大学中国保险机构治理指数数据库。

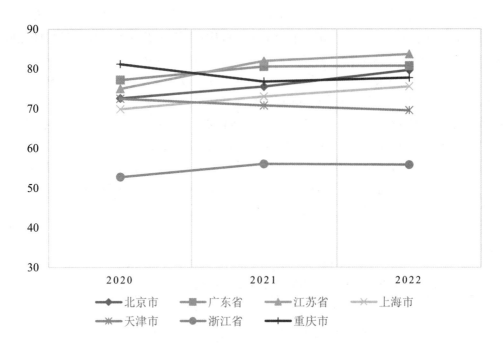

图 10-29 2020—2022 年中国保险机构分注册地区强制性治理指数

资料来源：南开大学中国保险机构治理指数数据库。

八、中国保险机构强制性治理指数分所在城市比较分析

如表 10-11 所示，在北京市、上海市、深圳市、天津市和重庆市五个主要城市中，2016—2019 年中国保险机构在北京市、上海市和深圳市的样本数较多，天津市和重庆市样本均仅为个位数。从平均值看，2016—2019 年中国保险机构强制性治理指数平均值最高的样本所在城市以及数值分别为天津市 74.12、天津市 77.41、重庆市 74.12 和重庆市 80.05，平均值最低的样本所在城市以及数值分别为上海市 65.04、北京市 66.92、上海市 67.87 和上海市 68.10。从中位数看，2016—2019 年中国保险机构强制性治理指数中位数最高的样本所在城市以及数值分别为重庆市 76.56、重庆市 80.90、北京市 77.50 和重庆市 85.30，中位数最低的样本所在城市均为上海市，数值分别为 62.82、67.89、68.79 和66.61。总的来看，如图 10-30 所示，从 2016—2019 年数据来看，这五个城市当中，深圳市、天津市和重庆市的治理指数平均值和中位数总体较高，北京市和上海市相对较低。

表 10-11 中国保险机构强制性治理指数分所在城市比较分析（2016—2019 年）

年份	所在城市	样本数	平均值	中位数
2016	北京市	44	65.66	69.15
	上海市	41	65.04	62.82
	深圳市	13	72.46	76.13
	天津市	6	74.12	75.40
	重庆市	4	72.53	76.56

续表

年份	所在城市	样本数	平均值	中位数
2017	北京市	47	66.92	71.46
	上海市	42	67.78	67.89
	深圳市	15	72.69	77.10
	天津市	6	77.41	78.39
	重庆市	5	69.97	80.90
2018	北京市	47	69.13	77.50
	上海市	40	67.87	68.79
	深圳市	17	71.77	74.61
	天津市	6	72.86	73.51
	重庆市	5	74.12	75.57
2019	北京市	46	70.49	76.92
	上海市	40	68.10	66.61
	深圳市	18	74.09	76.95
	天津市	6	72.32	73.76
	重庆市	5	80.05	85.30

资料来源：南开大学中国保险机构治理指数数据库。

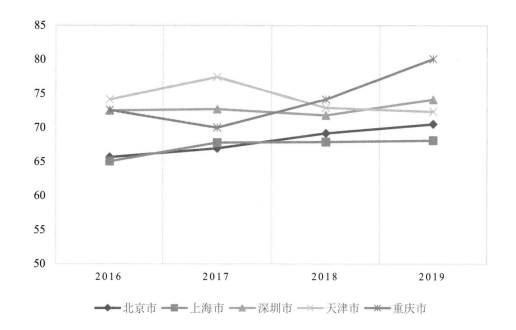

图 10-30　2016—2019 年中国保险机构分所在城市强制性治理指数

资料来源：南开大学中国保险机构治理指数数据库。

如表 10-12 所示，在北京市、上海市、深圳市、天津市和重庆市五个主要城市中，2020—2022 年中国保险机构在北京市、上海市和深圳市的样本数较多，天津市和重庆市样本均仅为个位数。从平均值看，2020－2022 年中国保险机构强制性治理指数平均值最高的样本所在城市以及数值分别为重庆市 81.13、深圳市 78.91 和北京市 79.64，平均值最低的样本所在城市以及数值分别为上海市 69.82、天津市 70.72 和天津市 69.51。从中位数看，2020－2022 年中国保险机构强制性治理指数中位数最高的样本所在城市以及数值分别为重庆市 86.24、深圳市 81.15 和深圳市 82.56，中位数最低的样本所在城市以及数值分别为上海市 72.76、天津市 70.68 和天津市 73.47。总的来看，如图 10-31 所示，从 2020－2022 年数据来看，这五个城市当中，北京市、深圳市和重庆市的治理指数平均值和中位数总体较高，上海市和天津市相对较低。

表 10-12　中国保险机构强制性治理指数分所在城市比较分析（2020－2022 年）

年份	所在城市	样本数	平均值	中位数
2020	北京市	68	72.55	79.46
	上海市	52	69.82	72.76
	深圳市	27	75.57	79.02
	天津市	7	72.44	74.00
	重庆市	5	81.13	86.24
2021	北京市	72	75.47	81.08
	上海市	53	72.99	76.16
	深圳市	27	78.91	81.15
	天津市	8	70.72	70.68
	重庆市	5	76.75	79.11
2022	北京市	73	79.64	82.19
	上海市	55	75.50	78.29
	深圳市	27	79.35	82.56
	天津市	8	69.51	73.47
	重庆市	5	77.68	78.31

资料来源：南开大学中国保险机构治理指数数据库。

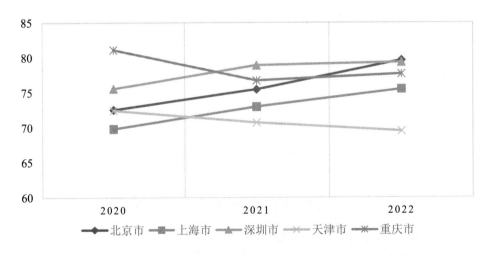

图 10-31　2020－2022 年中国保险机构分所在城市强制性治理指数

资料来源：南开大学中国保险机构治理指数数据库。

第二节　中国保险机构自主性治理指数分析

一、中国保险机构自主性治理指数描述性统计分析

（一）中国保险机构自主性治理总指数描述性统计分析

如表 10-13 和图 10-32 所示，2016－2022 年中国保险机构自主性治理指数平均值依次为 67.53、66.42、67.94、69.86、69.85、69.65 和 70.01，整体呈现上升的趋势，2022 年中国保险机构自主性治理指数平均值较 2016 年上升了 2.48，整体变化幅度较小。从中位数来看，2016－2022 年中国保险机构自主性治理指数中位数依次为 70.13、67.46、67.72、70.87、70.84、70.28 和 71.58，整体上保持较为稳定的水平，除 2017－2018 年出现大幅度下滑以外，其余年份皆维持在 70－72 的水平。总体来看，除 2018 年外，各年中位数皆高于平均值，表明中国保险机构自主性治理指数总体上呈现为左偏分布。

表 10-13　中国保险机构自主性治理指数描述性统计分析

年份	样本数	平均值	中位数	标准差	极差	最小值	最大值
2016	160	67.53	70.13	12.36	76.63	13.61	90.24
2017	172	66.42	67.46	12.21	76.77	13.61	90.39
2018	180	67.94	67.72	12.65	79.79	13.61	93.41
2019	180	69.86	70.87	12.60	80.40	13.61	94.01
2020	227	69.85	70.84	13.08	82.09	13.61	95.71
2021	234	69.65	70.28	12.38	78.10	13.61	91.71
2022	236	70.01	71.58	12.34	84.39	13.61	98.00

资料来源：南开大学中国保险机构治理指数数据库。

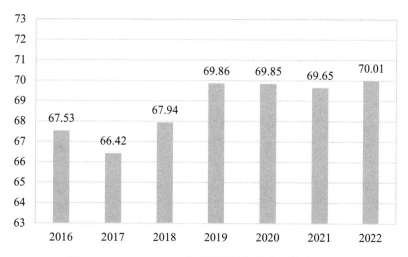

图 10-32　2016－2022 年中国保险机构自主性治理指数

资料来源：南开大学中国保险机构治理指数数据库。

（二）中国保险机构自主性治理分指数描述性统计分析

如表 10-14 和图 10-33 所示，在 2016—2022 年中国保险机构分内容维度自主性治理指数分析中，股东与股权结构维度的自主性治理分指数平均值呈现为先下降后上升的趋势，2020 年后该指数在 64 上下波动，最小值出现在 2019 年的 60.26，最大值出现在 2020 年的 64.66，2022 年自主性治理分指数平均值相比 2016 年增加了 2.61。董事与董事会维度的自主性治理分指数平均值整体呈上升趋势，2018 年和 2022 年曾分别出现小幅度回落，2022 年相比 2016 年平均值增加了 5.47。监事与监事会维度和高级管理人员维度的自主性治理分指数平均值在 2016—2021 年均稳步上升，直至 2022 年出现了一定程度的下降，但整体仍呈现为上升态势，监事与监事会维度的自主性治理分指数平均值 2022 年相比 2016 年增加了 9.72，高级管理人员维度的自主性治理分指数平均值 2022 年较 2016 年增加了 5.48。信息披露维度的自主性治理分指数平均值在 2016—2022 年间正负方向变动较为频繁，整体维持在 85—90 的水平，2022 年平均值相比 2016 年有所降低，减少了 3.7。2016—2022 年，利益相关者维度的自主性治理指数平均值整体表现波动较大，在 2017 年剧烈下降后，2018—2019 年逐渐回升，2020—2021 年再次下降，直至 2022 年重新回到 75.42 水平；其间最大值出现在 2016 年为 77.08，最小值出现在 2021 年为 61.47，2022 年平均值相比 2016 年降低了 1.66。

表 10-14　中国保险机构分内容维度自主性治理指数平均值统计分析

年份	样本数	股东与股权结构	董事与董事会	监事与监事会	高级管理人员	信息披露	利益相关者
2016	156	62.02	56.74	28.75	76.51	89.97	77.08
2017	165	60.76	58.20	31.05	79.22	86.89	69.19
2018	173	60.55	57.47	40.67	82.55	87.50	70.00
2019	173	60.26	60.19	41.33	84.91	89.83	73.15
2020	220	64.66	62.36	43.08	85.76	85.22	69.09
2021	227	63.99	65.00	43.08	89.89	85.41	61.47
2022	229	64.63	62.20	38.47	81.99	86.27	75.42

资料来源：南开大学中国保险机构治理指数数据库。

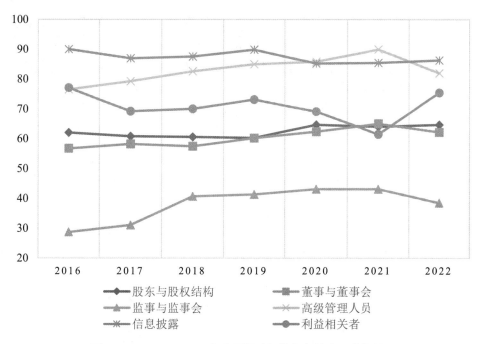

图 10-33　2016－2022 年中国保险机构自主性治理分指数

资料来源：南开大学中国保险机构治理指数数据库。

二、中国保险机构自主性治理指数分规模类型比较分析

如表 10-15 所示，在 2016－2022 年间，中国保险机构中的大型保险机构、中型保险机构和小型保险机构的样本数总体皆呈上升趋势，微型保险机构的样本数波动变化相对频繁，分别在 2018－2019 年和 2021－2022 年间减少，2022 年最终样本数与 2016 年样本数相差不大。从平均值看，如图 10-34、图 10-35、图 10-36 和图 10-37 所示，大型保险机构自主性治理指数平均值始终在 75－78 间不断波动，中型保险机构平均值始终在 70－75 间不断波动，变动均较为频繁；小型保险机构平均值在 2017 年下降后，2018－2022 年缓慢上升至 70.88；微型保险机构平均值在 2016－2019 年稳步上升，随后维持在 62 这一相对稳定的水平。从中位数看，大型保险机构自主性治理指数中位数除在 2018 年出现了较大幅度的回升，其余年度均呈下降趋势；中型保险机构中位数始终保持在 73－76.5 区间波动；小型保险机构中位数整体呈现先下降、后上升的趋势；微型保险机构中位数在 2016－2018 年间始终在 66 上下波动，2019 年上升至 68.39，随后逐年下降至 62.59。

表 10-15　中国保险机构自主性治理指数分规模类型比较分析

年份	规模类型	样本数	平均值	中位数
2016	B	6	77.06	78.45
	M	27	72.92	74.77
	S	83	68.06	69.57
	T	44	61.93	65.52

续表

年份	规模类型	样本数	平均值	中位数
2017	B	6	75.21	75.99
	M	32	70.21	73.39
	S	84	66.48	66.76
	T	50	62.84	66.35
2018	B	7	76.67	81.25
	M	33	71.92	75.95
	S	94	67.90	67.46
	T	46	63.85	65.74
2019	B	7	76.02	80.23
	M	35	74.76	76.24
	S	96	69.57	70.44
	T	42	65.42	68.39
2020	B	16	77.65	79.21
	M	44	73.66	74.84
	S	118	70.48	70.68
	T	49	62.36	65.78
2021	B	16	75.32	77.94
	M	51	72.22	74.94
	S	120	70.61	70.44
	T	47	62.48	64.55
2022	B	18	76.19	77.49
	M	54	73.35	73.80
	S	119	70.88	72.64
	T	45	61.25	62.59

资料来源：南开大学中国保险机构治理指数数据库。

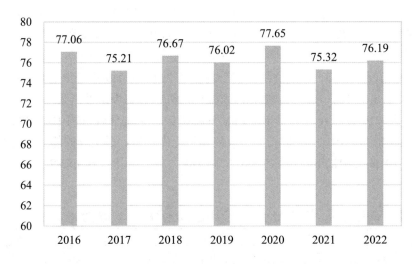

图 10-34 2016－2022 年中国大型保险机构自主性治理指数

资料来源：南开大学中国保险机构治理指数数据库。

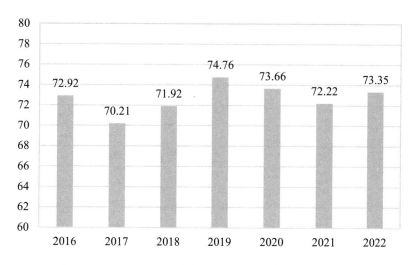

图 10-35　2016—2022 年中国中型保险机构自主性治理指数

资料来源：南开大学中国保险机构治理指数数据库。

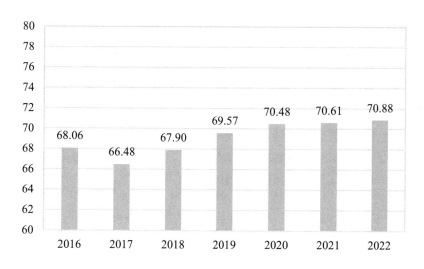

图 10-36　2016—2022 年中国小型保险机构自主性治理指数

资料来源：南开大学中国保险机构治理指数数据库。

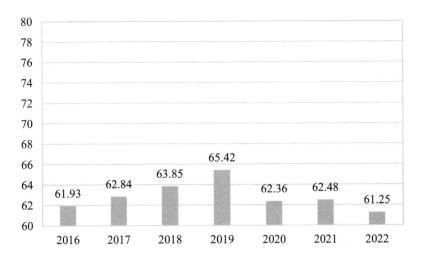

图 10-37　2016－2022 年中国微型保险机构自主性治理指数

资料来源：南开大学中国保险机构治理指数数据库。

三、中国保险机构自主性治理指数分资本性质比较分析

如表 10-16、图 10-38 和图 10-39 所示，从平均值看，中资保险机构自主性治理指数平均值 2016-2020 年间呈现为先下降后上升的态势，随后 2021 年出现了小幅度下滑，2022 年再次回升至 70；外资保险机构自主性治理指数平均值在 2016－2018 年间持续下降，2019 年后在 70 上下波动。除 2020 年外，外资保险机构自主性治理指数平均值始终高于中资保险机构，在 2017 年两者差值最大，2022 年两者差值最小。从中位数看，中资保险机构自主性治理指数中位数在 2016－2020 年间呈现为先下降后上升的态势，随后 2021 年出现了小幅度下滑，2022 年再次回升至 71.70；外资保险机构自主性治理指数中位数在 2016－2018 年间持续下降，2019－2021 年在 70 上下波动，2022 年上升至 71.49。

表 10-16　中国保险机构自主性治理指数分资本性质比较分析

年份	资本性质	样本数	平均值	中位数
2016	C	111	66.42	67.08
	F	49	70.05	70.38
2017	C	123	65.38	65.81
	F	49	69.04	69.70
2018	C	131	67.82	68.61
	F	49	68.27	66.31
2019	C	130	69.67	70.92
	F	50	70.35	70.20
2020	C	170	69.85	71.55
	F	57	69.84	70.38

续表

年份	资本性质	样本数	平均值	中位数
2021	C	175	69.37	70.82
	F	59	70.46	69.79
2022	C	178	70.00	71.70
	F	58	70.03	71.49

资料来源：南开大学中国保险机构治理指数数据库。

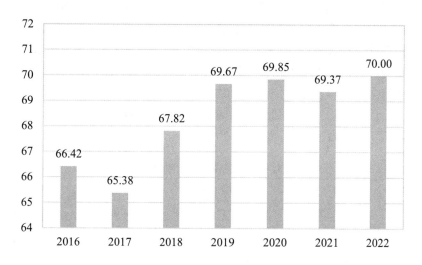

图 10-38　2016－2022 年中国中资保险机构自主性治理指数

资料来源：南开大学中国保险机构治理指数数据库。

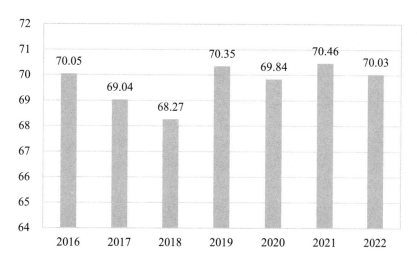

图 10-39　2016－2022 年中国外资保险机构自主性治理指数

资料来源：南开大学中国保险机构治理指数数据库。

四、中国保险机构自主性治理指数分组织形式比较分析

如表 10-17、图 10-40、图 10-41 和图 10-42 所示，从平均值看，2016－2020 年间，股份制保险机构自主性治理指数平均值呈现先下降后上升的趋势，随后始终在 71 上下波动；有限制保险机构自主性治理指数平均值则于 2016－2019 年呈现先下降后上升的趋势，并在 2020 年出现小幅度下滑后再次回升，波动较为频繁，且 2022 年平均值与 2016 年相差不大；相互保险组织自主性治理指数平均值在 2017 年增长接近一倍后，整体保持上升趋势，直至 2021 年出现回落，最终下降至 2022 年的 48.20。在 2016－2018 年间，三种组织形式的保险机构自主性治理指数的平均值由高到低排列分别为有限制保险机构自主性治理指数、股份制保险机构自主性治理指数和相互保险组织治理指数，2019－2022 年，股份制保险机构自主性治理指数反超有限制保险机构，位列第一。从中位数看，股份制保险机构自主性治理指数中位数于 2016－2020 年呈现先下降后上升的趋势，随后始终在 71－72 区间波动；有限制保险机构中位数则在总体上表现出先下降后上升的态势；相互保险组织中位数波动较为剧烈，2017 年从上一年的 16.43 激增至 75.99。

表 10-17　中国保险机构自主性治理指数分组织形式比较分析

年份	组织形式	样本数	平均值	中位数
2016	L	58	70.09	70.39
	M	4	29.46	16.43
	S	98	67.57	67.29
2017	L	61	68.19	70.18
	M	7	52.68	75.99
	S	104	66.31	65.81
2018	L	61	68.89	67.41
	M	7	51.30	65.10
	S	112	68.47	67.96
2019	L	63	69.94	70.52
	M	7	53.24	70.36
	S	110	70.87	71.19
2020	L	94	68.23	69.24
	M	7	54.52	74.97
	S	126	71.91	71.95
2021	L	100	69.52	69.69
	M	7	51.70	68.16
	S	127	70.74	71.43
2022	L	101	70.25	72.05
	M	7	48.20	64.17
	S	128	71.01	71.70

资料来源：南开大学中国保险机构治理指数数据库。

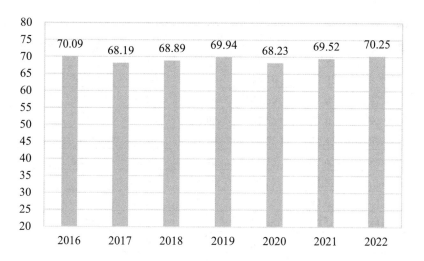

图 10-40　2016－2022 年中国有限制保险机构自主性治理指数

资料来源：南开大学中国保险机构治理指数数据库。

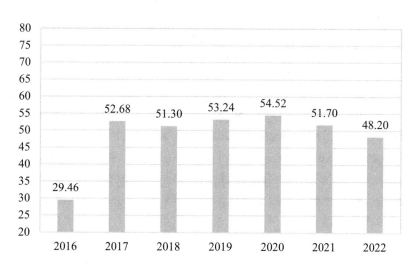

图 10-41　2016－2022 年中国相互保险组织自主性治理指数

资料来源：南开大学中国保险机构治理指数数据库。

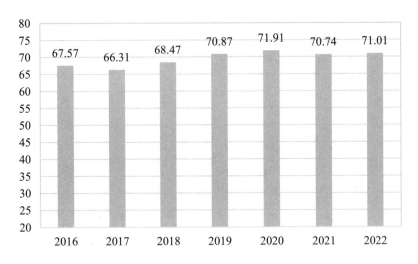

图 10-42　2016－2022 年中国股份制保险机构自主性治理指数

资料来源：南开大学中国保险机构治理指数数据库。

五、中国保险机构自主性治理指数分业务类型比较分析

如表 10-18 所示，2020 年后中国保险机构评价样本增加了资产管理公司、集团（控股）公司和再保险机构三种类型。从平均值看，如图 10-43、图 10-44、图 10-45、图 10-46 和图 10-47 所示，人身保险机构自主性治理指数平均值整体较为稳定，维持在 70－72 区间；财产保险机构自主性治理指数平均值在 2017 年出现小幅度下滑后，整体保持上升趋势，2022 年平均值为 67.88；2020－2022 年，资产管理公司指数平均值呈现出逐年上升趋势，集团（控股）公司和再保险机构自主性治理指数平均值皆呈现先下降后上升的趋势。从中位数看，人身保险机构自主性治理指数中位数整体维持在 70－74 区间；财产保险机构和集团（控股）公司自主性治理指数中位数总体先下降后上升；资产管理公司和再保险机构自主性治理指数中位数则呈现为逐年上升的趋势。

表 10-18　中国保险机构自主性治理指数分业务类型比较分析

年份	业务类型	样本数	平均值	中位数
2016	N	78	70.48	72.38
	P	82	64.73	65.88
2017	N	86	68.60	69.98
	P	86	64.24	64.92
2018	N	91	70.14	70.08
	P	89	65.70	64.69
2019	N	91	71.63	74.08
	P	89	68.05	69.37

续表

年份	业务类型	样本数	平均值	中位数
2020	A	28	65.99	67.24
	G	13	78.33	80.48
	N	92	71.19	72.38
	P	88	68.50	69.24
	R	6	68.63	66.25
2021	A	33	67.43	69.00
	G	13	75.30	74.94
	N	93	70.39	72.69
	P	88	68.97	70.15
	R	7	68.22	67.20
2022	A	33	69.59	72.58
	G	13	78.03	76.43
	N	94	71.04	74.08
	P	89	67.88	68.13
	R	7	70.45	70.51

资料来源：南开大学中国保险机构治理指数数据库。

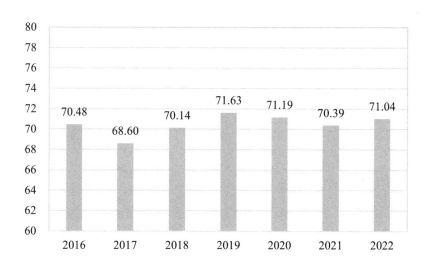

图 10-43　2016－2022 年中国人身保险机构自主性治理指数

资料来源：南开大学中国保险机构治理指数数据库。

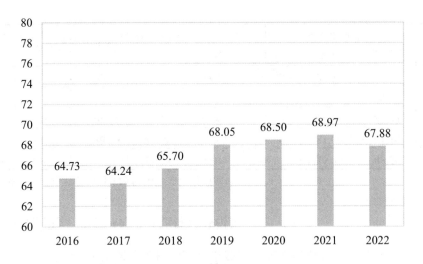

图 10-44　2016－2022 年中国财产保险机构自主性治理指数

资料来源：南开大学中国保险机构治理指数数据库。

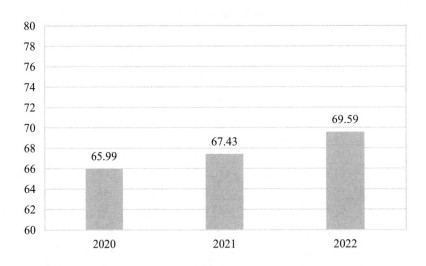

图 10-45　2020－2022 年中国保险资产管理公司自主性治理指数

资料来源：南开大学中国保险机构治理指数数据库。

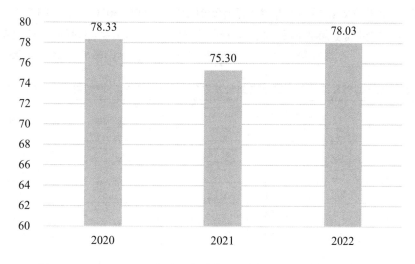

图 10-46 2020－2022 年中国保险集团（控股）公司自主性治理指数

资料来源：南开大学中国保险机构治理指数数据库。

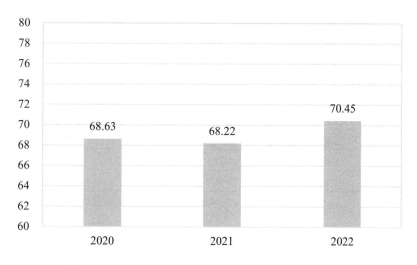

图 10-47 2020－2022 年中国再保险机构自主性治理指数

资料来源：南开大学中国保险机构治理指数数据库。

六、中国保险机构自主性治理指数分成立年限比较分析

如表 10-19 所示，2016－2019 年中国保险机构样本的成立年限集中分布于 0－4 年、5－9 年和 10－14 年。如图 10-48、图 10-49、图 10-50、图 10-51 和图 10-52 所示，其中成立年限为 0－4 年、15－19 年和 20－24 年的保险机构自主性治理指数平均值和中位数整体均呈上升趋势；成立年限为 5－9 年和 10－14 年的保险机构自主性治理指数平均值和中位数总体呈现先下降后上升的趋势；成立 15－19 年的保险机构自主性治理指数平均值和中位数在所有成立年限分组中相对较高。

表 10-19 中国保险机构自主性治理指数分成立年限比较分析（2016－2019 年）

年份	成立年限分组	样本数	平均值	中位数
2016	0－4 年	42	63.32	64.74
	5－9 年	50	64.81	66.44
	10－14 年	51	71.86	71.57
	15－19 年	11	74.04	74.67
	20－24 年	6	71.07	73.73
2017	0－4 年	45	62.89	65.81
	5－9 年	44	63.98	65.18
	10－14 年	57	67.95	66.97
	15－19 年	20	74.48	73.90
	20－24 年	6	69.46	69.37
2018	0－4 年	46	67.91	68.73
	5－9 年	42	61.27	62.61
	10－14 年	59	68.36	66.31
	15－19 年	25	75.84	76.37
	20－24 年	8	75.37	75.05
2019	0－4 年	42	70.72	72.13
	5－9 年	36	63.54	67.20
	10－14 年	62	69.44	69.87
	15－19 年	31	75.25	76.99
	20－24 年	9	75.45	76.70

资料来源：南开大学中国保险机构治理指数数据库。

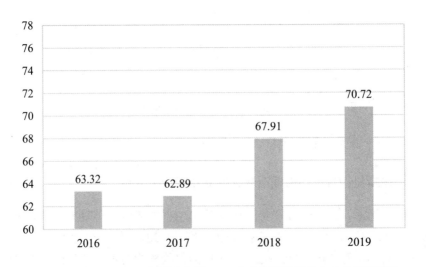

图 10-48 2016－2019 年成立年限 0－4 年中国保险机构自主性治理指数

资料来源：南开大学中国保险机构治理指数数据库。

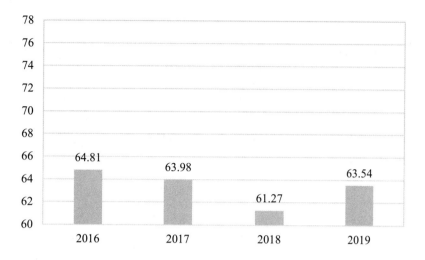

图 10-49 2016－2019 年成立年限 5－9 年中国保险机构自主性治理指数

资料来源：南开大学中国保险机构治理指数数据库。

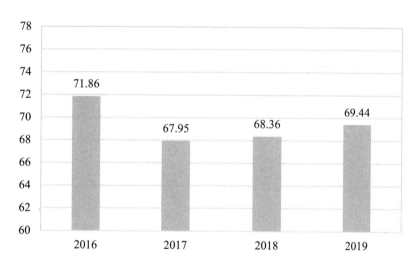

图 10-50 2016－2019 年成立年限 10－14 年中国保险机构自主性治理指数

资料来源：南开大学中国保险机构治理指数数据库。

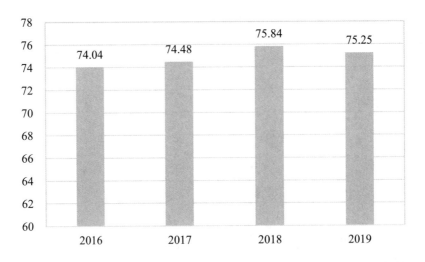

图 10-51　2016—2019 年成立年限 15—19 年中国保险机构自主性治理指数

资料来源：南开大学中国保险机构治理指数数据库。

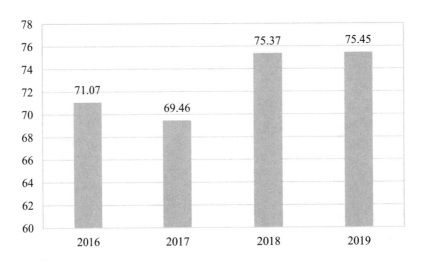

图 10-52　2016—2019 年成立年限 20—24 年中国保险机构自主性治理指数

资料来源：南开大学中国保险机构治理指数数据库。

　　如表 10-20 所示，2020—2022 年中国保险机构样本的成立年限集中分布于 0—4 年、5—9 年、10—14 年和 15—19 年。如图 10-53、图 10-54、图 10-55、图 10-56、图 10-57 和图 10-58 所示，其中，成立年限为 5—9 年的保险机构自主性治理指数平均值和中位数整体均呈上升趋势；成立年限为 0—4 年、15—19 年和 20—24 年的保险机构自主性治理指数平均值和中位数总体呈现先下降后上升的趋势；成立年限为 10—14 年的保险机构自主性治理指数平均值和中位数则呈现整体下降的趋势；成立年限 25 年及以上的保险机构平均值 2020—2022 年逐年下降，中位数先下降后上升。此外，尽管 2020—2022 年间成立年限为 25 年及以上分组的样本数相对较少，但其平均值及中位数在同年中均相对较高。

表 10-20 中国保险机构自主性治理指数分成立年限比较分析（2020－2022 年）

年份	成立年限分组	样本数	平均值	中位数
2020	0－4 年	43	70.04	70.82
	5－9 年	56	63.24	67.64
	10－14 年	53	69.35	70.38
	15－19 年	54	73.65	71.71
	20－24 年	15	76.21	76.97
	25 年及以上	6	84.43	87.61
2021	0－4 年	36	68.68	67.85
	5－9 年	58	66.03	68.67
	10－14 年	52	68.86	69.93
	15－19 年	62	71.90	71.42
	20－24 年	12	74.09	76.51
	25 年及以上	14	76.31	74.28
2022	0－4 年	25	70.27	71.53
	5－9 年	58	66.75	70.05
	10－14 年	49	66.97	68.06
	15－19 年	69	72.34	72.05
	20－24 年	21	74.25	77.23
	25 年及以上	14	75.88	77.05

资料来源：南开大学中国保险机构治理指数数据库。

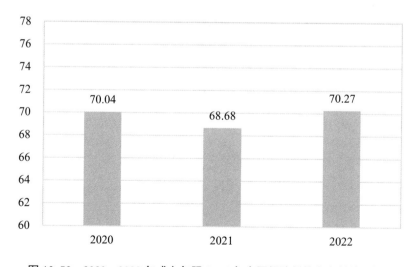

图 10-53 2020－2022 年成立年限 0－4 年中国保险机构自主性治理指数

资料来源：南开大学中国保险机构治理指数数据库。

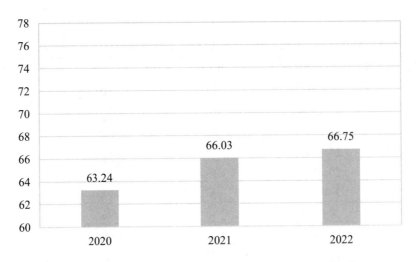

图 10-54　2020－2022 年成立年限 5－9 年中国保险机构自主性治理指数

资料来源：南开大学中国保险机构治理指数数据库。

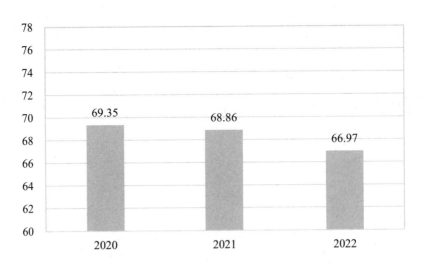

图 10-55　2020－2022 年成立年限 10－14 年中国保险机构自主性治理指数

资料来源：南开大学中国保险机构治理指数数据库。

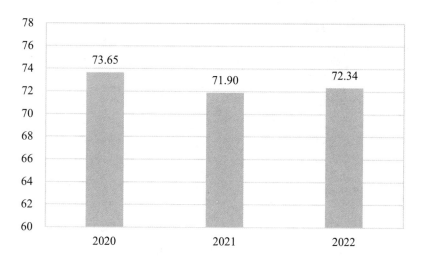

图 10-56　2020－2022 年成立年限 15－19 年中国保险机构自主性治理指数

资料来源：南开大学中国保险机构治理指数数据库。

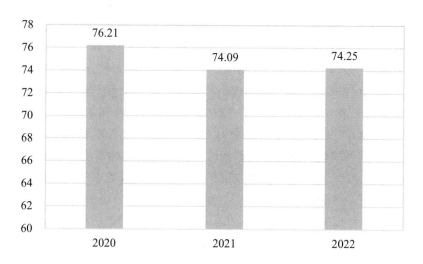

图 10-57　2020－2022 年成立年限 20－24 年中国保险机构自主性治理指数

资料来源：南开大学中国保险机构治理指数数据库。

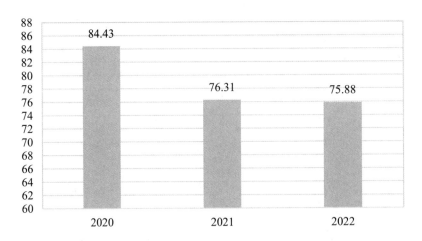

图 10-58　2020－2022 年成立年限 25 年及以上中国保险机构自主性治理指数

资料来源：南开大学中国保险机构治理指数数据库。

七、中国保险机构自主性治理指数分注册地区比较分析

如表 10-21 所示，在北京市、广东省、江苏省、上海市、天津市、浙江省和重庆市七个主要注册地区中，2016－2019 年中国保险机构自主性治理指数样本数较多的注册地区分别为北京市、上海市和广东省，北京市四年样本数分别为 44、47、47 和 46 家，上海市四年样本数分别为 41、42、40 和 40 家，广东省四年样本数分别为 19、22、24 和 25 家。从平均值看，2016－2019 年中国保险机构自主性治理指数平均值最高的样本注册地区及其数值分别为天津市 73.58、上海市 72.73、上海市 72.39 和上海市 74.28，平均值最低的样本注册地区均为浙江省，数值分别为 47.17、48.06、52.05 和 53.85。从中位数看，2016－2019 年中国保险机构自主性治理指数中位数最高的样本注册地区以及数值分别为天津市 73.34、上海市 72.76、上海市 71.60 和上海市 75.56，中位数最低的样本注册地区以及数值为重庆市 62.69、重庆市 62.93、重庆市 65.67 和江苏省 63.43。总的来看，如图 10-59 所示，2016－2019 年这七个注册地区当中，北京市、广东省、上海市和天津市的指数平均值较高，江苏省和重庆市相对较低，浙江省最低；相比其他注册地区，江苏省和重庆市的指数中位数整体相对较低。

表 10-21　中国保险机构自主性治理指数分注册地区比较分析（2016－2019 年）

年份	注册地区	样本数	平均值	中位数
2016	北京市	44	67.38	67.30
	广东省	19	67.17	69.57
	江苏省	5	64.86	63.23
	上海市	41	71.71	70.70
	天津市	6	73.58	73.34
	浙江省	7	47.17	64.32
	重庆市	4	64.90	62.69

续表

年份	注册地区	样本数	平均值	中位数
2017	北京市	47	65.63	65.53
	广东省	22	67.37	66.29
	江苏省	5	64.42	64.34
	上海市	42	72.73	72.76
	天津市	6	68.65	69.06
	浙江省	7	48.06	67.50
	重庆市	5	62.40	62.93
2018	北京市	47	69.42	67.81
	广东省	24	67.66	68.31
	江苏省	5	65.35	68.11
	上海市	40	72.39	71.60
	天津市	6	70.10	69.67
	浙江省	8	52.05	66.17
	重庆市	5	68.52	65.67
2019	北京市	46	70.92	72.51
	广东省	25	69.24	70.41
	江苏省	5	63.88	63.43
	上海市	40	74.28	75.56
	天津市	6	72.48	70.66
	浙江省	8	53.85	71.80
	重庆市	5	68.97	68.86

资料来源：南开大学中国保险机构治理指数数据库。

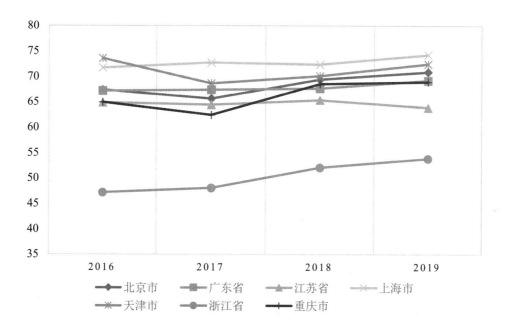

图 10-59　2016—2019 年中国保险机构分注册地区自主性治理指数

资料来源：南开大学中国保险机构治理指数数据库。

如表 10-22 所示，在北京市、广东省、江苏省、上海市、天津市、浙江省和重庆市七个主要注册地区中，2020－2022 年中国保险机构自主性治理指数样本数较多的注册地区分别为北京市、上海市和广东省，北京市三年样本数分别为 68、72 和 73 家，上海市三年样本数分别为 52、53 和 55 家，广东省三年样本数分别为 34、35 和 35 家。从平均值看，2020－2022 年中国保险机构自主性治理指数平均值最高的样本注册地区以及数值分别为上海市 72.54、上海市 72.93 和江苏省 74.52，平均值最低的样本注册地区均为浙江省，数值分别为 52.55、53.42 和 50.09。从中位数看，2020－2022 年中国保险机构自主性治理指数中位数最高的样本注册地区以及数值分别为广东省 74.32、江苏省 72.69 和江苏省 75.15，中位数最低的样本注册地区以及数值分别为浙江省 65.07、重庆市 62.75 和浙江省 60.43。总的来看，如图 10-60 所示，2020－2022 年，在这七个注册地区当中，北京市、广东省、江苏省和上海市的治理指数平均值和中位数总体较高，天津市和重庆市相对较低，浙江省最低。

表 10-22 中国保险机构自主性治理指数分注册地区比较分析（2020－2022 年）

年份	注册地区	样本数	平均值	中位数
2020	北京市	68	70.73	72.12
	广东省	34	70.77	74.32
	江苏省	5	69.14	67.38
	上海市	52	72.54	70.83
	天津市	7	67.89	66.54
	浙江省	9	52.55	65.07
	重庆市	5	68.72	67.81
2021	北京市	72	70.94	72.40
	广东省	35	68.80	71.39
	江苏省	5	70.62	72.69
	上海市	53	72.93	71.41
	天津市	8	66.92	66.69
	浙江省	9	53.42	67.87
	重庆市	5	60.69	62.75
2022	北京市	73	73.51	73.14
	广东省	35	68.56	71.32
	江苏省	5	74.52	75.15
	上海市	55	70.91	72.74
	天津市	8	67.65	70.95
	浙江省	9	50.09	60.43
	重庆市	5	66.88	65.60

资料来源：南开大学中国保险机构治理指数数据库。

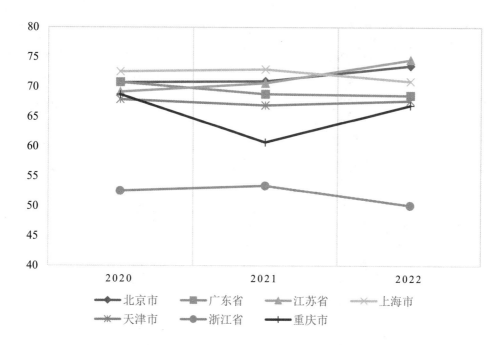

图 10-60　2020－2022 年中国保险机构分注册地区自主性治理指数

资料来源：南开大学中国保险机构治理指数数据库。

八、中国保险机构自主性治理指数分所在城市比较分析

如表 10-23 所示，在北京市、上海市、深圳市、天津市和重庆市五个主要城市中，2016－2019 年中国保险机构在北京市、上海市和深圳市的样本数较多，天津市和重庆市样本均为个位数。从平均值看，2016－2019 年中国保险机构自主治理指数平均值最高的样本所在城市以及数值分别为天津市 73.58、上海市 72.73、上海市 72.39 和上海市 74.28，平均值最低的样本所在城市以及数值分别为重庆市 64.90、重庆市 62.40、深圳市 68.12 和重庆市 68.97。从中位数看，2016－2019 年中国保险机构自主性治理指数中位数最高的样本所在城市以及数值分别为深圳市 74.26、上海市 72.76、上海市 71.60 和上海市 75.56，中位数最低的样本所在城市均为重庆市，数值分别为 62.69、62.93、65.67 和 68.86。总的来看，如图 10-61 所示，2016－2019 年，这五个城市当中，上海市和天津市的治理指数平均值和中位数总体较高，北京市、深圳市和重庆市相对较低。

表 10-23　中国保险机构自主性治理指数分所在城市比较分析（2016－2019 年）

年份	所在城市	样本数	平均值	中位数
2016	北京市	44	67.38	67.30
	上海市	41	71.71	70.70
	深圳市	13	67.08	74.26
	天津市	6	73.58	73.34
	重庆市	4	64.90	62.69

续表

年份	所在城市	样本数	平均值	中位数
2017	北京市	47	65.63	65.53
	上海市	42	72.73	72.76
	深圳市	15	68.83	70.68
	天津市	6	68.65	69.06
	重庆市	5	62.40	62.93
2018	北京市	47	69.42	67.81
	上海市	40	72.39	71.60
	深圳市	17	68.12	67.35
	天津市	6	70.10	69.67
	重庆市	5	68.52	65.67
2019	北京市	46	70.92	72.51
	上海市	40	74.28	75.56
	深圳市	18	69.25	70.11
	天津市	6	72.48	70.66
	重庆市	5	68.97	68.86

资料来源：南开大学中国保险机构治理指数数据库。

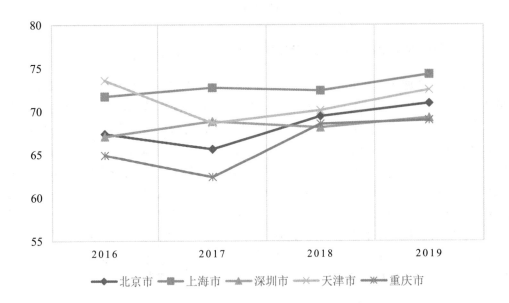

图 10-61　2016－2019 年中国保险机构分所在城市自主性治理指数

资料来源：南开大学中国保险机构治理指数数据库。

如表 10-24 所示，在北京市、上海市、深圳市、天津市和重庆市五个主要城市中，2020－2022 年中国保险机构在北京市、上海市和深圳市的样本数较多，天津市和重庆市样本均为个位数。从平均值看，2020－2022 年中国保险机构自主性治理指数平均值最高的样本所在城市以及数值分别为上海市 72.54、上海市 72.93 和北京市 73.51，平均值最低的样本所在城市以及数值分别为天津市 67.89、重庆市 60.69 和重庆市 66.88。从中位数看，2020－2022 年中国保险机构自主性治理指数中位数最高的样本所在城市以及数值分别为北京市和深圳市同为 72.12、北京市 72.40 和北京市 73.14，中位数最低的样本所在城市以及数值分别为天津市 66.54、重庆市 62.75 和重庆市 65.60。总的来看，如图 10-62 所示，2020－2022 年这五个城市当中，北京市、上海市和深圳市的治理指数平均值和中位数总体较高，天津市和重庆市相对较低。

表 10-24　中国保险机构自主性治理指数分所在城市比较分析（2020－2022 年）

年份	所在城市	样本数	平均值	中位数
2020	北京市	68	70.73	72.12
	上海市	52	72.54	70.83
	深圳市	27	69.52	72.12
	天津市	7	67.89	66.54
	重庆市	5	68.72	67.81
2021	北京市	72	70.94	72.40
	上海市	53	72.93	71.41
	深圳市	27	68.47	71.39
	天津市	8	66.92	66.69
	重庆市	5	60.69	62.75
2022	北京市	73	73.51	73.14
	上海市	55	70.91	72.74
	深圳市	27	68.41	69.39
	天津市	8	67.65	70.95
	重庆市	5	66.88	65.60

资料来源：南开大学中国保险机构治理指数数据库。

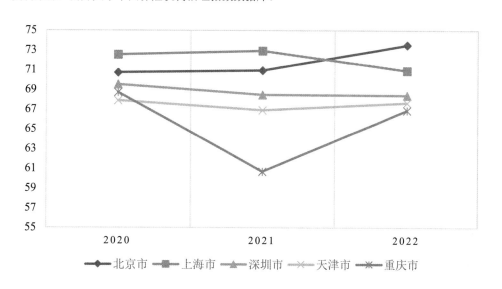

图 10-62　2020－2022 年中国保险机构分所在城市自主性治理指数

资料来源：南开大学中国保险机构治理指数数据库。

第四篇

分类指数分析

公司治理评价是以指数的形式对公司治理质量的客观反映。公司治理评价既是治理理论研究的前沿问题，也是治理实务界关注的焦点。治理评价不仅为建立健全公司治理结构，优化公司治理机制提供科学参考，同时也为公司治理理论科学性提供了检验标准。

——李维安，郝臣，崔光耀，郑敏娜，孟乾坤. 公司治理研究 40 年：脉络与展望[J]. 外国经济与管理，2019（12）：161-185.

第十一章 中国保险集团（控股）公司治理指数分析

保险集团（控股）公司是我国保险机构的重要组成部分，其治理状况对于保险公司等其他类型保险机构治理质量具有极其重要的影响。本章利用 2020－2022 年中国保险机构治理指数（CIIGI）对保险集团（控股）公司治理状况展开具体分析、分组比较分析和分布分析，同时也关注保险集团（控股）公司的治理等级与评级情况，最后进行保险集团（控股）公司与其他类型保险机构的治理总指数和分指数的比较分析。

第一节 中国保险集团（控股）公司治理指数总体分析

一、中国保险集团（控股）公司治理指数描述性统计分析

（一）中国保险集团（控股）公司治理指数具体分析

如表 11-1 和图 11-1 所示，针对 13 家保险集团（控股）公司样本，2020－2022 年的中国保险集团（控股）公司治理指数平均值依次为 75.61、76.52 和 77.75，总体呈现出逐年上升的趋势。从中位数来看，中国保险集团（控股）公司治理指数呈现出较小的波动，即先升后降的特点，且各年中位数低于平均值。从极差来看，2020－2022 年的中国保险集团（控股）公司治理指数极差依次为 35.55、34.76 和 28.23，呈现缩小的趋势。

表 11-1 中国保险集团（控股）公司治理指数统计分析

年份	样本数	平均值	中位数	标准差	极差	最小值	最大值
2020	13	75.61	75.13	11.68	35.55	56.69	92.24
2021	13	76.52	75.79	9.86	34.76	59.32	94.08
2022	13	77.75	75.54	9.04	28.23	62.94	91.17

资料来源：南开大学中国保险机构治理指数数据库。

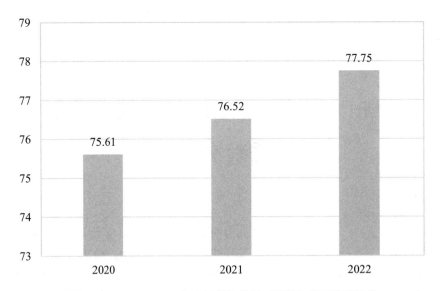

图 11-1　2016－2022 年中国保险集团（控股）公司治理指数

资料来源：南开大学中国保险机构治理指数数据库。

（二）中国保险集团（控股）公司治理指数分组比较分析

如表 11-2 所示，2020－2022 年中国保险集团（控股）公司治理指数评价样本的规模类型共三类，分别为大、中、小型保险机构，没有微型保险机构，样本数依次为 7、4 和 2 家。2020－2022 年评价样本分规模类型比较分析中，从平均值来看，如图 11-2 所示，大型保险机构治理指数呈现逐年上升的趋势，而中型保险机构治理指数和小型保险机构治理指数均有一定的波动，其中小型保险机构治理指数波动幅度大于中型保险机构治理指数。从中位数来看，大型保险机构治理指数中位数呈现上升趋势，中型保险机构治理指数呈现下降趋势，小型保险机构治理指数略有波动，2020 年和 2021 年中型保险机构治理指数的中位数高于大型保险机构，2022 年大型保险机构治理指数中位数超过中型保险机构，2020－2022 年小型保险机构治理指数中位数始终低于大中型保险机构治理指数。

表 11-2　中国保险集团（控股）公司治理指数分规模类型比较分析

年份	规模类型	样本数	平均值	中位数
2020	B	7	75.38	75.13
	M	4	80.80	84.44
	S	2	66.03	66.03
2021	B	7	78.27	75.79
	M	4	79.98	82.62
	S	2	63.47	63.47
2022	B	7	79.93	80.33
	M	4	80.00	79.43
	S	2	65.59	65.59

资料来源：南开大学中国保险机构治理指数数据库。

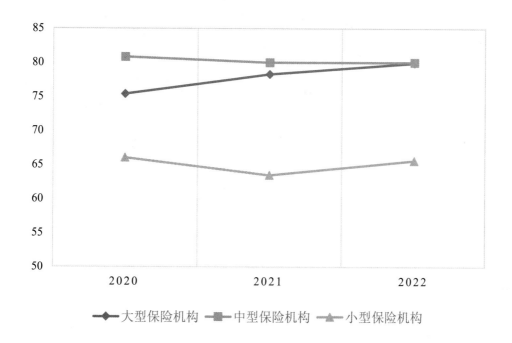

图 11-2　2020－2022 年中国保险集团（控股）公司治理指数分规模类型比较分析

资料来源：南开大学中国保险机构治理指数数据库。

如表 11-3 所示，中国保险集团（控股）公司治理指数评价样本按资本性质分为中资保险机构和外资保险机构两类，2020－2022 年样本数分别为 11 和 2 家。如图 11-3 所示，2020－2022 年评价样本分资本性质比较分析中，中资保险机构治理指数的平均值和中位数均呈现出逐年上升的趋势；外资保险机构治理指数的平均值和中位数呈现先升后降的趋势。此外，中资保险机构治理指数平均值及中位数始终高于外资保险机构。

表 11-3　中国保险集团（控股）公司治理指数分资本性质比较分析

年份	资本性质	样本数	平均值	中位数
2020	C	11	76.43	75.13
	F	2	71.08	71.08
2021	C	11	77.42	75.79
	F	2	71.54	71.54
2022	C	11	79.05	80.33
	F	2	70.57	70.57

资料来源：南开大学中国保险机构治理指数数据库。

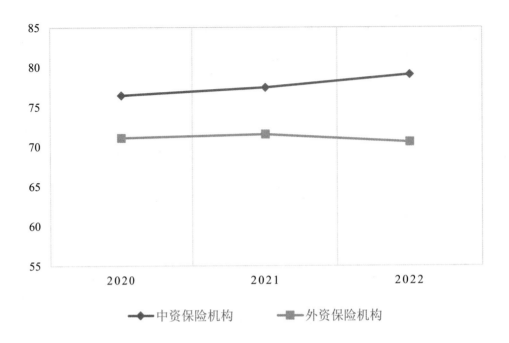

图 11-3　2020—2022 年中国保险集团（控股）公司治理指数分资本性质比较分析

资料来源：南开大学中国保险机构治理指数数据库。

如表 11-4 所示，中国保险集团（控股）公司治理指数评价样本按组织形式分为两类，分别为有限制保险机构和股份制保险机构，2020—2022 年样本数分别为 4 和 9 家。如图 11-4 所示，2020—2022 年评价样本分组织形式比较分析中，有限制保险机构的治理指数平均值和中位数均呈现出逐年上升的趋势；股份制保险机构的治理指数平均值呈现出先降后升的趋势，中位数呈现下降的趋势。此外，有限制保险机构治理指数平均值及中位数始终低于股份制保险机构。

表 11-4　中国保险集团（控股）公司治理指数分组织形式比较分析

年份	组织形式	样本数	平均值	中位数
2020	L	4	62.58	61.03
	S	9	81.40	83.88
2021	L	4	68.32	70.11
	S	9	80.16	81.49
2022	L	4	71.17	70.45
	S	9	80.67	80.64

资料来源：南开大学中国保险机构治理指数数据库。

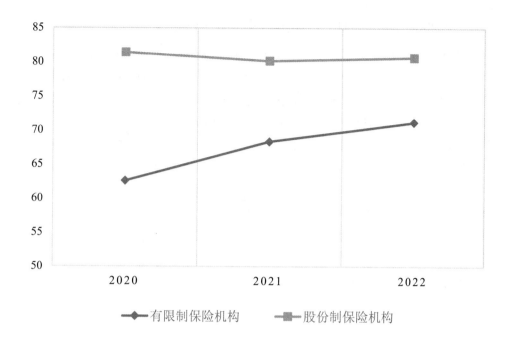

图 11-4　2020－2022 年中国保险集团（控股）公司治理指数分组织形式比较分析

资料来源：南开大学中国保险机构治理指数数据库。

二、中国保险集团（控股）公司治理指数分布分析

如表 11-5 所示，2020－2022 年，中国保险集团（控股）公司治理指数偏度系数分别为-0.321、0.129 和 0.155，呈现出从左偏到右偏的变化，但偏度误差标准差不变。就峰度系数而言，2020－2022 年，峰度系数依次为-0.993、-0.579 和-1.043，始终小于 0，但峰度系数标准差始终不变。就中位数而言，2020－2022 年中国保险集团（控股）公司治理指数中位数依次为 75.130、75.785 和 75.542，呈现出小幅度的波动。

表 11-5　中国保险集团（控股）公司治理指数分布分析

统计指标	2020 年	2021 年	2022 年
偏度系数	-0.321	0.129	0.155
偏度误差标准差	0.616	0.616	0.616
峰度系数	-0.993	-0.579	-1.043
峰度系数标准差	1.191	1.191	1.191
下四分位数	66.138	68.368	70.453
中位数	75.130	75.785	75.542
上四分位数	85.959	85.481	86.366

资料来源：南开大学中国保险机构治理指数数据库。

三、中国保险集团（控股）公司治理等级与评级分析

（一）中国保险集团（控股）公司治理等级分析

如表 11-6 所示，2020－2022 年，在 13 家样本中，治理等级为 I 级和治理等级为 III 级的样本占比在 2022 年有所增加，治理等级为 II 级的样本占比在三年间保持不变，治理等级为 IV 级的样本占比波动较大，呈现出先增后减的特征，治理等级为 V 级的样本占比在 2021 年减少，并且 2022 年没有该等级的样本。其中，治理等级为 II 级和 III 级的样本占比始终超过 30%。

表 11-6　中国保险集团（控股）公司治理等级统计分析

年份	样本数与占比	治理等级					合计
		I	II	III	IV	V	
2020	样本数	1	4	4	2	2	13
	占比（%）	7.70	30.80	30.80	15.40	15.40	100.00
2021	样本数	1	4	4	3	1	13
	占比（%）	7.70	30.80	30.80	23.10	7.70	100.00
2022	样本数	2	4	5	2	－	13
	占比（%）	15.40	30.80	38.50	15.40	－	100.00

资料来源：南开大学中国保险机构治理指数数据库。

（二）中国保险集团（控股）公司治理评级分析

如表 11-7 所示，2020－2022 年，在对中国保险集团（控股）公司治理评级统计分析中，AAA 级样本占比提高，由 2020 年、2021 年的 7.70%升至 2022 年的 15.40%。AA 级样本占比下降，由 2020 年、2021 年的 15.40%降至 2022 年的 7.70%。A 级样本占比提高，由 2020 年、2021 年的 15.40%升至 2022 年的 23.10%。BBB 级样本占比提高，由 2020 年、2021 年的 30.80%升至 2022 年的 38.50%。BB 级样本占比先升后降，由 7.70%升至 23.10%，又降至 7.70%。B 级样本占比 2020 年和 2022 年均为 7.70%，2021 年无 B 级样本。CCC 级样本占比下降，2020－2021 年占比由 15.40%降至 7.70%，2022 年没有该级的样本。在 13 家样本中，BBB 级样本占比始终最高，均超过 30%，样本中不包括评级为 CC 级和 C 级的样本。

表 11-7　中国保险集团（控股）公司治理评级统计分析

治理评级	2020 年		2021 年		2022 年	
	样本数	占比（%）	样本数	占比（%）	样本数	占比（%）
AAA	1	7.70%	1	7.70%	2	15.40%
AA	2	15.40%	2	15.40%	1	7.70%
A	2	15.40%	2	15.40%	3	23.10%
BBB	4	30.80%	4	30.80%	5	38.50%
BB	1	7.70%	3	23.10%	1	7.70%
B	1	7.70%	－	－	1	7.70%

续表

治理评级	2020 年		2021 年		2022 年	
	样本数	占比（%）	样本数	占比（%）	样本数	占比（%）
CCC	2	15.40%	1	7.70%	-	-
CC	-	-	-	-	-	-
C	-	-	-	-	-	-
合计	13	100.00%	13	100.00%	13	100.00%

资料来源：南开大学中国保险机构治理指数数据库。

第二节　保险集团（控股）公司与其他类型机构比较分析

一、中国保险集团（控股）公司治理总指数比较分析

如表 11-8 所示，保险集团（控股）公司与资产管理公司、财产保险机构、人身保险机构及再保险机构 2020－2022 年治理指数平均值均呈现逐年上升的趋势。其中，集团（控股）公司治理指数平均值三年中始终高于其他类型保险机构，再保险机构治理指数平均值始终低于其他类型保险机构。在中位数方面，集团（控股）公司和财产保险机构、再保险机构治理指数中位数均呈现先升后降的趋势，资产管理公司和人身保险机构治理指数中位数则均为逐年上升的趋势。此外，集团（控股）公司样本量始终为 13 家，样本数相对稳定；相比之下，其他业务类型的保险机构样本数均有所增加，总体样本规模扩大。总体来看，相对于其他业务类型的保险机构，集团（控股）公司的平均值和中位数均处于较高水平，整体表现较为稳定。

表 11-8　中国保险集团（控股）公司与其他业务类型保险机构治理指数比较分析

年份	样本数与统计指标	业务类型				
		G	A	N	P	R
2020	样本数	13	28	92	88	6
	平均值	75.61	71.97	72.17	71.41	68.23
	中位数	75.13	72.89	73.60	72.01	64.29
2021	样本数	13	33	93	88	7
	平均值	76.52	72.34	73.07	73.28	70.69
	中位数	75.79	73.79	76.04	75.41	70.22
2022	样本数	13	33	94	89	7
	平均值	77.75	74.46	73.61	73.33	71.38
	中位数	75.54	75.12	76.24	73.77	68.70

资料来源：南开大学中国保险机构治理指数数据库。

如表 11-9 所示，2020 年中国保险集团（控股）公司的 13 家样本中治理等级为 II 级

和 III 级的样本占比最高，均为 30.80%，治理等级为 I 级的样本占比较低，为 7.70%，不含治理等级为 VI 和 VII 的样本；相比之下，资产管理公司的 28 家样本中治理等级为 III 级的样本占比最高，为 46.40%，治理等级为 V 级的样本占比较低，仅为 3.60%，不含治理等级为 I 和 VII 级的样本；人身保险机构的 92 家样本覆盖全部治理等级，其中治理等级为 III 级的样本占比最高，为 40.20%，治理等级为 I 级占比最低，为 1.10%；财产保险机构的 88 家样本同样覆盖全部治理等级，其中治理等级为 III 级的样本占比最高，为 47.70%，治理等级为 VI 级的样本占比最低，为 1.10%；再保险机构的 6 家样本中治理等级为 IV 级的样本占比最高，为 50.00%，治理等级为 II、III 和 V 级的样本占比较低，均为 16.70%，不包含治理等级为 I、VI 和 VII 级的样本。相对于其他类型保险机构，2020 年集团（控股）公司的样本治理等级较为集中，在等级 V 及以上的比例达到了 100%。

表 11-9　中国保险集团（控股）公司与其他业务类型保险机构治理等级比较分析（2020 年）

治理等级	业务类型									
	G		A		N		P		R	
	样本数	占比（%）	样本数	占比（%）	样本数	占比（%）	样本数	占比（%）	样本数	占比（%）
I	1	7.70	–	–	1	1.10	3	3.40	–	–
II	4	30.80	6	21.40	23	25.00	10	11.40	1	16.70
III	4	30.80	13	46.40	37	40.20	42	47.70	1	16.70
IV	2	15.40	6	21.40	24	26.10	28	31.80	3	50.00
V	2	15.40	1	3.60	2	2.20	2	2.30	1	16.70
VI	–	–	2	7.10	2	2.20	1	1.10	–	–
VII	–	–	–	–	3	3.30	2	2.30	–	–
合计	13	100.00	28	100.00	92	100.00	88	100.00	6	100.00

资料来源：南开大学中国保险机构治理指数数据库。

如表 11-10 所示，2021 年中国保险集团（控股）公司的 13 家样本中治理等级为 II 和 III 级的样本占比最高，均为 30.80%，治理等级为 I 和 V 级的样本占比较低，为 7.70%，不含治理等级为 VI 和 VII 级的样本；相比之下，资产管理公司的 33 家样本中治理等级为 III 级的样本占比最高，为 39.40%，治理等级为 VII 级的样本占比较低，仅为 3.00%，不含治理等级为 I 和 VI 级的样本；人身保险机构的 93 家样本覆盖全部治理等级，其中治理等级为 III 级的样本占比最高，为 45.20%，治理等级为 I、V 和 VII 级的样本占比最低，为 2.20%；财产保险机构的 88 家样本覆盖了 II 至 VII 六个等级，其中治理等级为 III 级的样本占比最高，为 46.60%，治理等级为 VII 级的样本占比较低，仅为 1.10%，不含治理等级为 I 级的样本；再保险机构的 7 家样本中治理等级为 III 和 IV 级的样本占比最高，为 42.90%，治理等级为 II 级的样本占比较低，为 14.30%，不包含治理等级为 I、V、VI 和 VII 级的样本。相对于其他类型保险机构，2021 年集团（控股）公司的样本治理等级较为集中，在等级 IV 及以上的比例达到了 100%。

表 11-10　中国保险集团（控股）公司与其他业务类型保险机构治理等级比较分析（2021 年）

治理等级	业务类型									
	G		A		N		P		R	
	样本数	占比（%）	样本数	占比（%）	样本数	占比（%）	样本数	占比（%）	样本数	占比（%）
I	1	7.70	–	–	2	2.20	–	–	–	–
II	4	30.80	7	21.20	23	24.70	20	22.70	1	14.30
III	4	30.80	13	39.40	42	45.20	41	46.60	3	42.90
IV	3	23.10	9	27.30	18	19.40	22	25.00	3	42.90
V	1	7.70	3	9.10	2	2.20	2	2.30	–	–
VI	–	–	–	–	4	4.30	2	2.30	–	–
VII	–	–	1	3.00	2	2.20	1	1.10	–	–
合计	13	100.00	33	100.00	93	100.00	88	100.00	7	100.00

资料来源：南开大学中国保险机构治理指数数据库。

如表 11-11 所示，2022 年中国保险集团（控股）公司的 13 家样本中治理等级为 III 级的样本占比最高，为 38.50%，治理等级 I 和 IV 占比较低，为 15.40%，不含治理等级为 V、VI 和 VII 级的样本；相比之下，资产管理公司的 33 家样本中治理等级为 III 级的样本占比最高，为 42.40%，治理等级为 V 级的样本占比较低，仅为 3.00%，不含治理等级为 I、VI 和 VII 级的样本；人身保险机构的 94 家样本覆盖全部治理等级，其中治理等级为 III 级的样本占比最高，为 47.90%，治理等级为 I、V 和 VI 级占比最低，仅为 1.10%；财产保险机构的 89 家样本中治理等级为 III 级的样本占比最高，为 50.60%，治理等级为 VI 和 VII 级占比较低，为 1.10%，不含治理等级为 I 级的样本；再保险机构的 7 家样本中治理等级为 IV 级的样本占比最高，为 57.10%，治理等级为 II 级的样本占比最低，为 14.30%，不包含治理等级为 I、V、VI 和 VII 级的样本。相对于其他类型保险机构，2022 年集团（控股）公司的样本治理等级越发集中，在等级 IV 及以上的比例达到了 100%。

表 11-11　中国保险集团（控股）公司与其他业务类型保险机构治理等级比较分析（2022 年）

治理等级	业务类型									
	G		A		N		P		R	
	样本数	占比（%）	样本数	占比（%）	样本数	占比（%）	样本数	占比（%）	样本数	占比（%）
I	2	15.40	–	–	1	1.10	–	–	–	–
II	4	30.80	8	24.20	24	25.50	22	24.70	1	14.30
III	5	38.50	14	42.40	45	47.90	45	50.60	2	28.60
IV	2	15.40	10	30.30	19	20.20	17	19.10	4	57.10
V	–	–	1	3.00	1	1.10	3	3.40	–	–
VI	–	–	–	–	1	1.10	1	1.10	–	–
VII	–	–	–	–	3	3.20	1	1.10	–	–
合计	13	100.00	33	100.00	94	100.00	89	100.00	7	100.00

资料来源：南开大学中国保险机构治理指数数据库。

　　如表 11-12 所示，2020 年中国保险集团（控股）公司治理评级为 BBB 级的样本占比最多，为 30.77%，评级为 AAA、BB 和 B 的样本占比较低，各为 7.69%，不含治理评级为 CC 和 C 级的样本；相比之下，资产管理公司治理评级为 BBB 级的样本较多，占比为 46.43%，治理评级为 CCC 级的样本占比较低，仅为 3.57%，不含治理评级为 AAA 和 C 级的样本；人身保险机构的样本数是五种业务类型保险机构中最多的，覆盖全部治理评级，其中治理评级为 BBB 级的样本数最多，占比为 40.22%，治理评级为 AAA 级的样本占比最低，仅为 1.09；财产保险机构样本同样覆盖了全部治理评级，BBB 级的样本占比较大，比例为 47.73%，治理评级为 CC 级的样本占比最低为 1.14%；再保险机构仅有 6 家样本，其中治理评级为 B 级的样本占比最大，为 50%，评级为 A、BBB 和 CCC 级的样本均只有 1 家，各占全部样本的 16.67%。相对于其他类型保险机构，2020 年集团（控股）公司的样本数相对较少，评级为 CCC 级及以上的样本占比为 100%。

表 11-12　中国保险集团（控股）公司与其他业务类型保险机构治理评级比较分析（2020 年）

治理评级	业务类型									
	G		A		N		P		R	
	样本数	占比（%）	样本数	占比（%）	样本数	占比（%）	样本数	占比（%）	样本数	占比（%）
AAA	1	7.69	–	–	1	1.09	3	3.41	–	–
AA	2	15.38	3	10.71	7	7.61	2	2.27	–	–
A	2	15.38	3	10.71	16	17.39	8	9.09	1	16.67
BBB	4	30.77	13	46.43	37	40.22	42	47.73	1	16.67
BB	1	7.69	2	7.14	16	17.39	15	17.05	–	–
B	1	7.69	4	14.29	8	8.70	13	14.77	3	50.00
CCC	2	15.38	1	3.57	2	2.17	2	2.27	1	16.67
CC	–	–	2	7.14	2	2.17	1	1.14	–	–
C	–	–	–	–	3	3.26	2	2.27	–	–
合计	13	100.00	28	100.00	92	100.00	88	100.00	6	100.00

　　资料来源：南开大学中国保险机构治理指数数据库。

　　如表 11-13 所示，2021 年中国保险集团（控股）公司治理评级为 BBB 级的样本占比最多，为 30.77%，评级为 B 和 CCC 级的样本占比较低，各为 7.69%，不含治理评级为 AAA、CC 和 C 级的样本；相比之下，资产管理公司治理评级为 BBB 级的样本较多，占比为 39.39%，治理评级为 B 的样本占比较低，为 3.03%，不含治理评级为 AAA 和 CC 级的样本；人身保险机构的样本数是五种业务类型保险机构中最多的，覆盖全部治理评级，其中治理评级为 BBB 级的样本数最多，占比为 45.16%，治理评级为 AAA、CCC 和 C 级的样本占比最低，各为 2.15%；财产保险机构样本覆盖了除 AAA 级外的全部治理评级，BBB 级的样本占比较大，比例为 46.59%，治理评级为 C 级的样本占比最低，仅为 1.14%；再保险机构仅有 7 家样本，其中治理评级为 BBB 级的样本占比最大，为 42.86%，评级为 AA 和 BB 级的样本均只有 1 家，各占全部样本的 14.29%。相对于其他类型保险机构，2021 年集团（控股）公司的样本数相对较少，评级为 B 级及以上的样本占比为 100%。

表 11-13　中国保险集团（控股）公司与其他业务类型保险机构治理评级比较分析（2021 年）

治理评级	业务类型									
	G		A		N		P		R	
	样本数	占比（%）	样本数	占比（%）	样本数	占比（%）	样本数	占比（%）	样本数	占比（%）
AAA	–	–	–	–	2	2.15	–	–	–	–
AA	2	15.38	4	12.12	6	6.45	5	5.68	1	14.29
A	2	15.38	3	9.09	17	18.28	15	17.05	–	–
BBB	4	30.77	13	39.39	42	45.16	41	46.59	3	42.86
BB	3	23.08	8	24.24	10	10.75	17	19.32	1	14.29
B	1	7.69	1	3.03	8	8.60	5	5.68	2	28.57
CCC	1	7.69	3	9.09	2	2.15	2	2.27	–	–
CC	–	–	–	–	4	4.30	2	2.27	–	–
C	–	–	1	3.03	2	2.15	1	1.14	–	–
合计	13	100.00	33	100.00	93	100.00	88	100.00	7	100.00

资料来源：南开大学中国保险机构治理指数数据库。

如表 11-14 所示，2022 年中国保险集团（控股）公司治理评级为 BBB 级的样本占比最多，为 38.46%，评级为 AA、BB 和 B 级的样本占比较低，各为 7.69%，不含治理评级为 CCC 至 C 级的样本；相比之下，资产管理公司治理评级为 BBB 级的样本较多，占比为 42.42%，治理评级为 CCC 级的样本占比较低，仅为 3.03%，不含治理评级为 AAA、CC 和 C 级的样本；人身保险机构的样本数是五种业务类型保险机构中最多的，覆盖全部治理评级，其中治理评级为 BBB 级的样本数最多，占比为 47.87%，治理评级为 AAA、CCC 和 CC 级的样本占比最低，各为 1.06%；财产保险机构样本覆盖了除 AAA 级外的全部治理评级，BBB 级的样本占比较大，比例为 50.56%，治理评级为 CC 和 C 级的样本占比最低，各为 1.12%；再保险机构仅有 7 家样本，其中治理评级为 BB 级的样本占比最大，为 42.86%，评级为 A 和 B 级的样本均只有 1 家，各占全部样本的 14.29%。相对于其他类型保险机构，2022 年集团（控股）公司的样本数相对较少，评级为 B 级及以上的样本占比为 100%。

表 11-14　中国保险集团（控股）公司与其他业务类型保险机构治理评级比较分析（2022 年）

治理评级	业务类型									
	G		A		N		P		R	
	样本数	占比（%）	样本数	占比（%）	样本数	占比（%）	样本数	占比（%）	样本数	占比（%）
AAA	2	15.38	–	–	1	1.06	–	–	–	–
AA	1	7.69	3	9.09	6	6.38	6	6.74	–	–

续表

治理评级	业务类型									
	G		A		N		P		R	
	样本数	占比(%)	样本数	占比(%)	样本数	占比(%)	样本数	占比(%)	样本数	占比(%)
A	3	23.08	5	15.15	18	19.15	16	17.98	1	14.29
BBB	5	38.46	14	42.42	45	47.87	45	50.56	2	28.57
BB	1	7.69	8	24.24	12	12.77	10	11.24	3	42.86
B	1	7.69	2	6.06	7	7.45	7	7.87	1	14.29
CCC	–	–	1	3.03	1	1.06	3	3.37	–	–
CC	–	–	–	–	1	1.06	1	1.12	–	–
C	–	–	–	–	3	3.19	1	1.12	–	–
合计	13	100.00	33	100.00	94	100.00	89	100.00	7	100.00

资料来源：南开大学中国保险机构治理指数数据库。

二、中国保险集团（控股）公司治理分指数比较分析

表 11-15 将 2020 年中国保险机构治理分指数和业务类型进行了平均值比较分析。在 2020 年五种业务类型的保险机构中，集团（控股）公司的股东与股权结构指数的平均值为 69.23，仅次于资产管理公司的 71.43，位列第二；董事与董事会指数和监事与监事会指数的平均值为五种业务类型的保险机构中的最高值，分别为 69.74 和 60.44；高级管理人员指数的平均值为 70.33，为五种业务类型的保险机构中最低值，与最高值资产管理公司的 83.33 相差 13；信息披露指数的平均值为 85.52，仅高于再保险机构的 84.31；利益相关者指数的平均值较高，为 92.31，仅次于再保险机构的 93.75。总体来看，相对于其他类型保险机构，2020 年集团（控股）公司的股东与股权结构、董事与董事会、监事与监事会和利益相关者指数的水平较高，高级管理人员和信息披露治理指数的水平相对较低。

表 11-15　中国保险集团（控股）公司与其他业务类型保险机构治理分指数平均值比较分析（2020 年）

治理分指数	业务类型				
	G	A	N	P	R
股东与股权结构	69.23	71.43	62.61	66.82	60.00
董事与董事会	69.74	50.48	56.67	52.20	37.78
监事与监事会	60.44	45.92	44.57	52.76	57.14
高级管理人员	70.33	83.33	81.83	77.11	78.57
信息披露	85.52	87.38	92.70	91.84	84.31
利益相关者	92.31	86.73	85.99	82.70	93.75

资料来源：南开大学中国保险机构治理指数数据库。

表 11-16 将 2021 年中国保险机构治理分指数和业务类型进行了平均值比较分析。

在 2021 年五种业务类型的保险机构中，集团（控股）公司的股东与股权结构指数平均值为 69.23，低于资产管理公司的 71.52 和再保险机构的 74.29，位列第三；董事与董事会指数和监事与监事会指数的平均值均为五种业务类型的保险机构之首，分别为 70.26 和 64.84；高级管理人员指数与信息披露指数的平均值较低，均位于第四位，分别为 82.42 和 84.62；利益相关者指数平均值次于资产管理公司的 85.28 和再保险机构的 89.29，为 84.62。总体来看，相对于其他类型保险机构，2021 年集团（控股）公司的董事与董事会和监事与监事会治理指数的水平较高，股东与股权结构和利益相关者指数位于中等水平，高级管理人员和信息披露治理指数的水平则相对较低。

表 11-16　中国保险集团（控股）公司与其他业务类型保险机构治理分指数平均值比较分析（2021 年）

治理分指数	业务类型				
	G	A	N	P	R
股东与股权结构	69.23	71.52	62.15	67.05	74.29
董事与董事会	70.26	54.14	59.78	55.45	46.67
监事与监事会	64.84	43.72	49.00	52.11	53.06
高级管理人员	82.42	82.83	86.02	88.96	75.51
信息披露	84.62	88.08	91.79	92.85	82.35
利益相关者	84.62	85.28	82.62	78.16	89.29

资料来源：南开大学中国保险机构治理指数数据库。

表 11-17 将 2022 年中国保险机构治理分指数和业务类型进行了平均值比较分析。在 2022 年五种业务类型的保险机构中，集团（控股）公司的股东与股权结构指数平均值为 72.31，仅次于再保险机构的 74.29；董事与董事会指数、监事与监事会指数以及利益相关者指数的平均值均位于五种业务类型的保险机构之首，分别为 69.90、65.38 和 91.21；高级管理人员指数平均值较低，仅高于再保险机构，为 80.22；信息披露指数的平均值最低，仅为 84.16，与最高值资产管理公司的 92.73 相差 8.57。总体来看，相对于其他类型保险机构，2022 年集团（控股）公司的股东与股权结构、董事与董事会、监事与监事会和利益相关者指数的水平均较高，高级管理人员和信息披露治理指数的水平相对较低。

表 11-17　中国保险集团（控股）公司与其他业务类型保险机构治理分指数平均值比较分析（2022 年）

治理分指数	业务类型				
	G	A	N	P	R
股东与股权结构	72.31	70.91	61.91	68.99	74.29
董事与董事会	69.90	58.37	63.48	57.63	45.34
监事与监事会	65.38	46.97	48.14	50.56	48.21
高级管理人员	80.22	82.32	83.74	81.06	79.59
信息披露	84.16	92.73	89.94	91.14	88.24
利益相关者	91.21	86.58	86.29	83.65	87.50

资料来源：南开大学中国保险机构治理指数数据库。

表 11-18 将中国保险集团（控股）公司治理分指数中位数与其他业务类型保险机构进行比较分析。2020-2021 年集团（控股）公司股东与股权结构治理指数中位数均为60.00，低于资产管理公司，并在 2022 年上升为 80.00。集团（控股）公司的董事与董事会和监事与监事会治理指数中位数在 2020-2022 年均位于较高水平，董事及董事会指数的中位数仅在 2022 年低于人身保险机构，其余均为五种业务类型保险机构中的最高值；高级管理人员指数中位数总体水平较高，在 2020-2022 年均为 85.71。相较于其他四种业务类型的保险机构，集团（控股）公司信息披露指数中位数总体较低；利益相关者指数中位数在 2020 年和 2022 年均为 100.00，位于所有业务类型的保险机构之首，但在 2021 年曾一度降低为 85.71，低于人身保险机构和再保险机构的 87.50。

表 11-18　中国保险集团（控股）公司与其他业务类型保险机构治理分指数中位数比较分析

年份	业务类型	样本数	股东与股权结构	董事与董事会	监事与监事会	高级管理人员	信息披露	利益相关者
2020	G	13	60.00	73.33	71.43	85.71	88.24	100.00
	A	28	80.00	46.67	42.86	83.33	86.67	85.71
	N	92	60.00	53.33	42.86	85.71	100.00	88.89
	P	88	60.00	53.33	57.14	85.71	94.12	88.89
	R	6	60.00	26.67	50.00	85.71	85.29	93.75
2021	G	13	60.00	73.33	71.43	85.71	88.24	85.71
	A	33	80.00	46.67	42.86	83.33	93.33	85.71
	N	93	60.00	60.00	57.14	100.00	100.00	87.50
	P	88	60.00	60.00	57.14	100.00	94.12	77.78
	R	7	80.00	33.33	42.86	85.71	82.35	87.50
2022	G	13	80.00	65.22	62.50	85.71	88.24	100.00
	A	33	80.00	60.87	50.00	83.33	93.33	85.71
	N	94	60.00	66.67	50.00	85.71	94.12	88.89
	P	89	60.00	54.17	50.00	85.71	94.12	88.89
	R	7	80.00	56.52	50.00	85.71	88.24	87.50

资料来源：南开大学中国保险机构治理指数数据库。

第十二章　中国保险公司治理指数分析

保险公司是我国保险机构的重要组成部分，其治理状况对于整个行业治理状况具有决定性的影响。本章利用 2016－2022 年的中国保险公司治理指数（CIIGI）对我国保险公司治理状况展开具体分析、分组比较分析和分布分析，同时也关注保险公司的治理等级与评级情况，最后进行保险公司与其他类型保险机构的治理总指数和分指数的比较分析。

第一节　中国保险公司治理指数总体分析

一、中国保险公司治理指数描述性统计分析

（一）中国保险公司治理指数具体分析

如表 12-1 和图 12-1 所示，对中国保险公司治理指数进行统计分析，2016－2022 年中国保险公司治理指数样本平均值分别为 67.67、67.92、69.03、71.07、72.53、74.01 和 74.28，总体呈递增趋势。从中位数来看，2016－2021 年中国保险公司治理指数中位数逐年递增，2022 年略有下降，且每年的中位数均高于当年的平均值。从标准差来看，2016－2022 年中国保险公司的标准差稳定在 8－10 之间。样本中治理指数极差的最大与最小值分别出现在 2017 年与 2021 年，分别为 60.17 和 50.84。2016－2022 年，中国保险公司治理指数最小值在 2021 年最高，为 40.27；最大值在 2016 年最低，为 85.50。

表 12-1　中国保险公司治理指数统计分析

年份	样本数	平均值	中位数	标准差	极差	最小值	最大值
2016	156	67.67	68.22	8.75	51.47	34.03	85.50
2017	165	67.92	68.59	9.53	60.17	33.04	93.21
2018	173	69.03	69.63	9.74	57.37	33.04	90.41
2019	173	71.07	71.84	9.88	58.52	33.31	91.83
2020	173	72.53	72.66	9.51	57.33	34.21	91.54
2021	174	74.01	75.71	9.04	50.84	40.27	91.11
2022	176	74.28	74.89	8.31	55.33	38.35	93.67

资料来源：南开大学中国保险机构治理指数数据库。

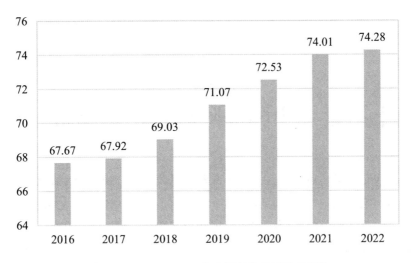

图 12-1　2016－2022 年中国保险公司治理指数

资料来源：南开大学中国保险机构治理指数数据库。

（二）中国保险公司治理指数分组比较分析

如表 12-2 和图 12-2 所示，2016－2022 年大型保险公司治理指数平均值分别为 71.97、72.13、72.34、74.80、74.70、73.97 和 75.26，呈现总体上升趋势；中型保险公司 2016－2022 年治理指数平均值分别为 70.02、70.08、71.63、74.24、74.23、74.76 和 75.18，也呈现总体上升趋势；小型保险公司和微型保险公司治理指数的平均值均呈现出同样的递增趋势。从各规模类型保险公司治理指数的中位数来看，大型保险公司在 2016－2019 年逐年上升后，于 2020 年下降至 76.41，而后继续逐年上升；中小微型保险公司治理指数中位数在 2016－2019 年总体均呈现上升趋势。大型保险公司和中型保险公司的平均值与中位数普遍高于小型保险公司和微型保险公司。

表 12-2　中国保险公司治理指数分规模类型比较分析

年份	规模类型	样本数	平均值	中位数
2016	B	6	71.97	75.02
	M	27	70.02	72.60
	S	82	67.60	67.74
	T	41	65.65	67.40
2017	B	6	72.13	75.84
	M	32	70.08	73.44
	S	83	67.72	67.74
	T	44	66.14	67.54
2018	B	7	72.34	77.74
	M	33	71.63	74.07
	S	93	68.90	68.89
	T	40	66.59	65.92

续表

年份	规模类型	样本数	平均值	中位数
2019	B	7	74.80	80.98
	M	35	74.24	76.42
	S	95	70.82	71.47
	T	36	67.93	69.13
2020	B	9	74.70	76.41
	M	38	74.23	76.68
	S	101	72.55	72.42
	T	25	69.09	70.80
2021	B	9	73.97	78.88
	M	45	74.76	77.79
	S	100	73.98	75.21
	T	20	72.49	73.50
2022	B	11	75.26	79.96
	M	48	75.18	77.33
	S	99	74.26	74.16
	T	18	71.39	71.09

资料来源：南开大学中国保险机构治理指数数据库。

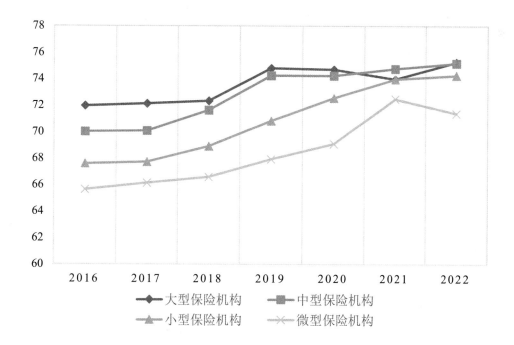

图 12-2 2016－2022 年中国保险公司治理指数分规模类型比较分析

资料来源：南开大学中国保险机构治理指数数据库。

如表 12-3 和图 12-3 所示，2016－2022 年中资保险公司治理指数平均值分别为 68.39、68.19、70.02、72.18、73.59、74.81 和 74.92，呈现总体上升趋势；外资保险公司 2016－2022 年治理指数平均值分别为 66.10、67.26、66.52、68.35、69.85、72.04 和 72.62，呈现整体上升趋势。中资保险公司和外资保险公司治理指数的中位数也呈现同样递增的趋势。此外，中资保险公司和外资保险公司治理指数的中位数普遍高于平均值，且中资保险公司治理指数的平均值与中位数均高于外资保险公司。

表 12-3　中国保险公司治理指数分资本性质比较分析

年份	资本性质	样本数	平均值	中位数
2016	C	107	68.39	69.79
	F	49	66.10	66.11
2017	C	116	68.19	70.33
	F	49	67.26	66.95
2018	C	124	70.02	71.51
	F	49	66.52	65.62
2019	C	123	72.18	74.25
	F	50	68.35	68.38
2020	C	124	73.59	74.32
	F	49	69.85	69.33
2021	C	124	74.81	77.16
	F	50	72.04	71.77
2022	C	127	74.92	76.71
	F	49	72.62	73.23

资料来源：南开大学中国保险机构治理指数数据库。

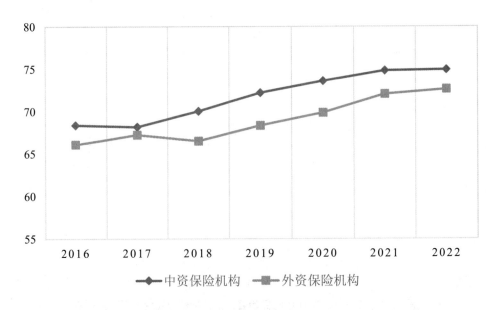

图 12-3　2016－2022 年中国保险公司治理指数分资本性质比较分析

资料来源：南开大学中国保险机构治理指数数据库。

如表 12-4 和图 12-4 所示，2016－2022 年有限制保险公司的治理指数平均值分别为 66.17、66.43、66.77、67.44、68.58、71.91 和 72.55，呈现逐年上升的趋势；股份制保险公司治理指数平均值分别为 68.56、68.79、70.26、73.15、74.79、75.24 和 75.29，同样呈现逐年上升的趋势。此外，股份制保险公司和有限制保险公司的中位数普遍高于平均值，且股份制保险公司的治理指数的平均值与中位数均高于有限制保险公司。

表 12-4 中国保险公司治理指数分组织形式比较分析

年份	组织形式	样本数	平均值	中位数
2016	L	58	66.17	66.56
	S	98	68.56	69.63
2017	L	61	66.43	66.95
	S	104	68.79	69.98
2018	L	61	66.77	65.93
	S	112	70.26	71.37
2019	L	63	67.44	68.25
	S	110	73.15	74.52
2020	L	63	68.58	68.99
	S	110	74.79	75.46
2021	L	64	71.91	73.00
	S	110	75.24	77.36
2022	L	65	72.55	72.31
	S	111	75.29	76.86

资料来源：南开大学中国保险机构治理指数数据库。

图 12-4 2016－2022 年中国保险公司治理指数分组织形式比较分析

资料来源：南开大学中国保险机构治理指数数据库。

如表 12-5 和图 12-5 所示，2016－2022 年人身险公司的治理指数平均值分别为
69.26、69.30、70.56、72.65、73.28、74.21 和 74.79，呈现逐年上升的趋势；财产险公司
治理指数平均值分别为 66.16、66.52、67.44、69.43、71.73、73.80 和 73.73，同样呈现整
体上升的趋势。人身险公司和财产险公司的中位数普遍高于平均值，且人身险公司的治
理指数的平均值与中位数均高于财产险公司。

表 12-5　中国保险公司治理指数分险种类型比较分析

年份	险种类型	样本数	平均值	中位数
2016	N	76	69.26	69.64
	P	80	66.16	66.70
2017	N	83	69.30	70.50
	P	82	66.52	66.36
2018	N	88	70.56	71.21
	P	85	67.44	66.57
2019	N	88	72.65	73.09
	P	85	69.43	70.49
2020	N	89	73.28	73.61
	P	84	71.73	71.73
2021	N	90	74.21	76.13
	P	84	73.80	75.22
2022	N	91	74.79	76.26
	P	85	73.73	73.75

资料来源：南开大学中国保险机构治理指数数据库。

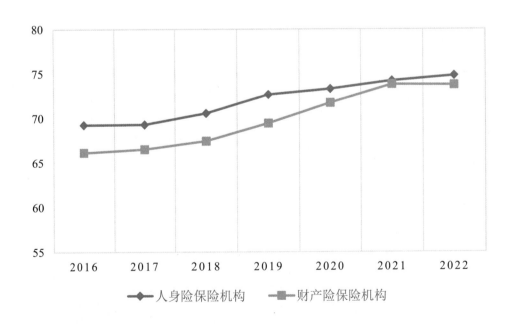

图 12-5　2016－2022 年中国保险公司治理指数分险种类型比较分析

资料来源：南开大学中国保险机构治理指数数据库。

二、中国保险公司治理指数分布分析

如表 12-6 所示，2016—2022 年中国保险公司治理指数的偏度系数均为负数，由此可知中国保险公司治理指数分布为左偏；峰度系数均为正数，由此可知与正态分布相比，中国保险公司治理指数的分布为尖峰分布；下四分位数、中位数和上四分位数总体来看均呈现出上升趋势，表明 2016—2022 年中国保险公司治理水平总体不断提升。

表 12-6　中国保险公司治理指数分布分析

统计指标	2016 年	2017 年	2018 年	2019 年	2020 年	2021 年	2022 年
偏度系数	-0.621	-0.705	-0.923	-1.200	-1.003	-1.090	-1.069
偏度误差标准差	0.194	0.189	0.185	0.185	0.185	0.184	0.183
峰度系数	1.014	1.201	1.976	2.709	2.622	1.761	2.585
峰度系数标准差	0.386	0.376	0.367	0.367	0.367	0.366	0.364
下四分位数	62.512	62.186	64.135	66.940	67.470	68.262	70.111
中位数	68.222	68.593	69.634	71.836	72.656	75.714	74.887
上四分位数	73.163	74.547	76.407	77.607	79.113	79.929	79.995

资料来源：南开大学中国保险机构治理指数数据库。

三、中国保险公司治理等级与评级分析

（一）中国保险公司治理等级分析

如表 12-7 所示，2016—2019 年中国保险公司治理等级在III级与IV级的样本数占比最多，其中治理等级为III级的样本数分别为 54、63、68 和 75，各年占比分别为 34.62%、38.18%、39.31%和 43.35%；治理等级为IV级的样本数分别为 71、65、67 和 51 家，各年占比分别为 45.51%、39.39%、38.73%和 29.48%。样本治理等级集中分布在II、III、IV和V级，治理等级在I、VI和VII级的样本数占比每年在 5%上下。

表 12-7　中国保险公司治理等级统计分析（2016—2019 年）

治理等级	2016 年 样本数	占比（%）	2017 年 样本数	占比（%）	2018 年 样本数	占比（%）	2019 年 样本数	占比（%）
I	-	-	1	0.61	2	1.16	1	0.58
II	9	5.77	11	6.67	15	8.67	26	15.03
III	54	34.62	63	38.18	68	39.31	75	43.35
IV	71	45.51	65	39.39	67	38.73	51	29.48
V	17	10.90	15	9.09	15	8.67	15	8.67
VI	4	2.56	8	4.85	2	1.16	-	-
VII	1	0.64	2	1.21	4	2.31	5	2.89
合计	156	100.00	165	100.00	173	100.00	173	100.00

资料来源：南开大学中国保险机构治理指数数据库。

如表 12-8 所示，2020－2022 年中国保险公司治理等级统计分析中，总体样本数呈现逐年小幅度增加的趋势，其中 II 到 IV 级的样本数占据整体的绝大部分，三个等级每年总体占比均超过 92%；III 级的样本数始终保持最多，且逐年升高，分别为 78、81 和 89；I、V、VI、VII 级的样本数则较少，且 2021 年没有 VII 级的样本。

表 12-8　中国保险公司治理等级统计分析（2020－2022 年）

治理等级	2020 年		2021 年		2022 年	
	样本数	占比（%）	样本数	占比（%）	样本数	占比（%）
I	3	1.73	1	0.57	1	0.57
II	31	17.92	42	24.14	43	24.43
III	78	45.09	81	46.55	89	50.57
IV	52	30.06	40	22.99	36	20.45
V	4	2.31	4	2.30	4	2.27
VI	3	1.73	6	3.45	2	1.14
VII	2	1.16	－	－	1	0.57
合计	173	100.00	174	100.00	176	100.00

资料来源：南开大学中国保险机构治理指数数据库。

（二）中国保险公司治理评级分析

如表 12-9 所示，2016－2019 年中国保险公司治理评级统计分析中，总体样本数呈现上升的趋势，其中，占比最高的是 BBB 级，各年分别为 54、63、68 和 75 家，四年间数量和占比逐年升高，且总体涨幅最大；最高评级 AAA 级于 2017 年实现了从无到有；最低评级 C 级的数量也逐年增多；评级 B 在 2018－2019 年间实现了最大跌幅 20 家。CCC 级以上的公司占比由 2016 年的 85.90% 上升至 2019 年的 88.44%。

表 12-9　中国保险公司治理评级统计分析（2016－2019 年）

治理评级	2016 年		2017 年		2018 年		2019 年	
	样本数	占比（%）	样本数	占比（%）	样本数	占比（%）	样本数	占比（%）
AAA	－	－	1	0.61	2	1.16	1	0.58
AA	2	1.28	1	0.61	3	1.73	5	2.89
A	7	4.49	10	6.06	12	6.94	21	12.14
BBB	54	34.62	63	38.18	68	39.31	75	43.35
BB	40	25.64	32	19.39	35	20.23	39	22.54
B	31	19.87	33	20.00	32	18.50	12	6.94
CCC	17	10.90	15	9.09	15	8.67	15	8.67
CC	4	2.56	8	4.85	2	1.16	－	－
C	1	0.64	2	1.21	4	2.31	5	2.89
合计	156	100.00	165	100.00	173	100.00	173	100.00

资料来源：南开大学中国保险机构治理指数数据库。

如表 12-10 所示，2020－2022 年中国保险公司治理评级统计分析中，总体样本数三年间小幅度增加，其中，评级占比最高的是 BBB 级，三年占比均超过 45%，且逐年升高，具体样本数分别为 78、81 和 89 家；CCC 级以上的样本合计占比三年均超过 94%。2022 年 A、BBB、BB 三个评级的样本数合计为 144 家，占比高达 81.82%。

表 12-10 中国保险公司治理评级统计分析（2020－2022 年）

治理评级	2020 年		2021 年		2022 年	
	样本数	占比（%）	样本数	占比（%）	样本数	占比（%）
AAA	3	1.73	1	0.57	1	0.57
AA	9	5.20	11	6.32	10	5.68
A	22	12.72	31	17.82	33	18.75
BBB	78	45.09	81	46.55	89	50.57
BB	31	17.92	27	15.52	22	12.50
B	21	12.14	13	7.47	14	7.95
CCC	4	2.31	4	2.30	4	2.27
CC	3	1.73	6	3.45	2	1.14
C	2	1.16	－	－	1	0.57
合计	173	100.00	174	100.00	176	100.00

资料来源：南开大学中国保险机构治理指数数据库。

第二节 保险公司与其他类型机构比较分析

一、中国保险公司治理总指数比较分析

如表 12-11 所示，2020 年之前保险机构的业务类型分为保险公司和相互保险组织，2020 年起则增加了资产管理公司、集团（控股）公司和再保险机构三类。在平均值方面，保险公司和资产管理公司、集团（控股）公司及再保险机构的治理指数均呈现总体上升趋势，而相互保险组织在 2016－2017 年实现大幅增长后，几年间仅存在较小波动，相对较为稳定。其中，保险公司的治理指数平均值始终处于五种业务类型保险机构中的较高水平，2021 年及以前低于集团（控股）公司，而集团（控股）公司的治理指数平均值在 2020－2022 年间一直高于其他业务类型的保险机构，2022 年已高达 77.75；相比之下，相互保险组织的治理指数平均值七年均处于较低水平。在中位数方面，2016－2022 年保险公司的治理指数中位数总体呈现上升趋势，位于五种业务类型保险机构的中等水平；相互保险组织的中位数相对较低；此外，保险公司和资产管理公司治理指数的中位数始终大于平均值，集团（控股）公司和再保险机构治理指数的中位数始终小于平均值。

表 12-11　中国保险公司与其他业务类型保险机构治理指数比较分析

年份	业务类型	样本数	平均值	中位数
2016	W	156	67.67	68.22
	M	4	28.46	12.50
2017	W	165	67.92	68.59
	M	7	53.27	78.36
2018	W	173	69.03	69.63
	M	7	52.26	76.28
2019	W	173	71.07	71.84
	M	7	53.39	79.75
2020	W	173	72.53	72.66
	A	28	71.97	72.89
	G	13	75.61	75.13
	M	7	53.70	78.79
	R	6	68.23	64.29
2021	W	174	74.01	75.71
	A	33	72.34	73.79
	G	13	76.52	75.79
	M	7	52.26	76.28
	R	7	70.69	70.22
2022	W	176	74.28	74.89
	A	33	74.46	75.12
	G	13	77.75	75.54
	M	7	53.28	73.77
	R	7	71.38	68.70

资料来源：南开大学中国保险机构治理指数数据库。

如表 12-12 所示，2016—2017 年保险公司样本大部分集中在 II 至 V 等级，两年均超过 93%，分别为 151 和 154 家，属于 IV 等级的样本数最多，且实现了 I 级从无到有；相比之下，相互保险组织 2016—2017 年间均没有属于 I、IV、V 和 VI 等级的样本，且属于 VII 等级的样本占比较大，两极分化情况严重。

表 12-12　中国保险公司与其他业务类型保险机构治理等级比较分析（2016—2017 年）

治理等级	2016 年业务类型				2017 年业务类型			
	W		M		W		M	
	样本数	占比（%）	样本数	占比（%）	样本数	占比（%）	样本数	占比（%）
I	–	–	–	–	1	0.61	–	–
II	9	5.77	–	–	11	6.67	3	42.86
III	54	34.62	1	25.00	63	38.18	1	14.29
IV	71	45.51	–	–	65	39.39	–	–
V	17	10.90	–	–	15	9.09	–	–
VI	4	2.56	–	–	8	4.85	–	–
VII	1	0.64	3	75.00	2	1.21	3	42.86
合计	156	100.00	4	100.00	165	100.00	7	100.00

资料来源：南开大学中国保险机构治理指数数据库。

如表 12-13 所示，2018－2019 年保险公司样本大部分集中在 II 至 V 级，占比均超过 95%，且属于 III 级的样本数最多，分别为 68 和 75 家；相比之下，相互保险组织 2018－2019 年间均没有属于 IV、V 和 VI 级的样本且 2019 年没有 I 级的样本，属于 VII 等级的样本占比最多，两极分化情况严重。综合 2016－2019 年保险公司与其他业务类型保险机构治理等级比较分析的结果来看，其他业务类型保险机构种类和数量较少，保险公司在等级分布较集中的基础上，位于 II 级的样本数实现逐年增长。

表 12-13　中国保险公司与其他业务类型保险机构治理等级比较分析（2018－2019 年）

治理等级	2018 年业务类型				2019 年业务类型			
	W		M		W		M	
	样本数	占比（%）	样本数	占比（%）	样本数	占比（%）	样本数	占比（%）
I	2	1.16	1	14.29	1	0.58	－	－
II	15	8.67	2	28.57	26	15.03	3	42.86
III	68	39.31	1	14.29	75	43.35	1	14.29
IV	67	38.73	－	－	51	29.48	－	－
V	15	8.67	－	－	15	8.67	－	－
VI	2	1.16	－	－	－	－	－	－
VII	4	2.31	3	42.86	5	2.89	3	42.86
合计	173	100.00	7	100.00	173	100.00	7	100.00

资料来源：南开大学中国保险机构治理指数数据库。

如表 12-14 所示，2020 年保险公司和资产管理公司、集团（控股）公司及再保险机构样本大部分集中在 II 至 V 级，合计占比均超过 92%，样本数分别为 165、26、12 和 6 家；相互保险组织没有属于 IV、V 和 VI 级的样本，属于 VII 级的样本占比最多，比例为 42.86%，两极分化情况严重。相比之下，保险公司和资产管理公司样本治理等级主要集中于 III 级，集团（控股）公司和再保险机构则相对分散。

表 12-14　中国保险公司与其他业务类型保险机构治理等级比较分析（2020 年）

治理等级	业务类型									
	W		A		G		M		R	
	样本数	占比（%）	样本数	占比（%）	样本数	占比（%）	样本数	占比（%）	样本数	占比（%）
I	3	1.73	－	－	1	7.69	1	14.29	－	－
II	31	17.92	6	21.43	4	30.77	2	28.57	1	16.67
III	78	45.09	13	46.43	4	30.77	1	14.29	1	16.67
IV	52	30.06	6	21.43	2	15.38	－	－	3	50.00
V	4	2.31	1	3.57	2	15.38	－	－	1	16.67
VI	3	1.73	2	7.14	－	－	－	－	－	－
VII	2	1.16	－	－	－	－	3	42.86	－	－
合计	173	100.00	28	100.00	13	100.00	7	100.00	6	100.00

资料来源：南开大学中国保险机构治理指数数据库。

如表 12-15 所示，2021 年保险公司、资产管理公司、集团（控股）公司、再保险机构样本大部分集中在 II 至 V 级，合计占比均超过 92%，样本数分别为 167、32、12 和 7 家，且属于 III 级的样本占比最大；相互保险组织没有属于 IV、V 和 VI 级的样本，属于 VII 级的样本占比最多，比例为 42.86%，两极分化情况严重。相比之下，保险公司和资产管理公司样本治理等级更集中于 III 级，集团（控股）公司和再保险机构则相对分散。

表 12-15　中国保险公司与其他业务类型保险机构治理等级比较分析（2021 年）

治理等级	业务类型									
	W		A		G		M		R	
	样本数	占比（%）	样本数	占比（%）	样本数	占比（%）	样本数	占比（%）	样本数	占比（%）
I	1	0.57	－	－	1	7.69	1	14.29	－	－
II	42	24.14	7	21.21	4	30.77	1	14.29	1	14.29
III	81	46.55	13	39.39	4	30.77	2	28.57	3	42.86
IV	40	22.99	9	27.27	3	23.08	－	－	3	42.86
V	4	2.30	3	9.09	1	7.69	－	－	－	－
VI	6	3.45	－	－	－	－	－	－	－	－
VII	－	－	1	3.03	－	－	3	42.86	－	－
合计	174	100.00	33	100.00	13	100.00	7	100.00	7	100.00

资料来源：南开大学中国保险机构治理指数数据库。

如表 12-16 所示，2022 年保险公司和资产管理公司、集团（控股）公司及再保险机构样本大部分集中在 II 至 IV 级，分别为 168、32、11 和 7 家；相互保险组织没有属于 I、IV、V 和 VI 级的样本，属于 VII 级的样本占比最多，比例为 42.86%，两极分化情况严重。相比之下，保险公司和资产管理公司样本治理等级更集中于 III 级，集团（控股）公司和再保险机构则相对分散。

表 12-16　中国保险公司与其他业务类型保险机构治理等级比较分析（2022 年）

治理等级	业务类型									
	W		A		G		M		R	
	样本数	占比（%）	样本数	占比（%）	样本数	占比（%）	样本数	占比（%）	样本数	占比（%）
I	1	0.57	－	－	2	15.38	－	－	－	－
II	43	24.43	8	24.24	4	30.77	3	42.86	1	14.29
III	89	50.57	14	42.42	5	38.46	1	14.29	2	28.57
IV	36	20.45	10	30.30	2	15.38	－	－	4	57.14
V	4	2.27	1	3.03	－	－	－	－	－	－
VI	2	1.14	－	－	－	－	－	－	－	－
VII	1	0.57	－	－	－	－	3	42.86	－	－
合计	176	100.00	33	100.00	13	100.00	7	100.00	7	100.00

资料来源：南开大学中国保险机构治理指数数据库。

综合 2020－2022 年保险公司与其他业务类型保险机构治理等级比较分析的结果来看，保险公司和资产管理公司的治理等级总体上优于集团（控股）公司、再保险机构和相互保险组织。

如表 12-17 所示，保险公司的样本评级分布相对集中，2016－2017 年间 BBB 评级样本占比最大，样本数分别为 54 和 63 家；相比之下，相互保险组织 2016－2017 年均没有 AAA、BB、B、CCC 和 CC 级的样本，属于最低评级 C 级的样本数最多，增加的样本评级均在 A 级以上，两极分化情况严重。

表 12-17　中国保险公司与其他业务类型保险机构治理评级比较分析（2016－2017 年）

治理评级	2016 年业务类型				2017 年业务类型			
	W		M		W		M	
	样本数	占比（%）	样本数	占比（%）	样本数	占比（%）	样本数	占比（%）
AAA	－	－	－	－	1	0.61	－	－
AA	2	1.28	－	－	1	0.61	2	28.57
A	7	4.49	－	－	10	6.06	1	14.29
BBB	54	34.62	1	25.00	63	38.18	1	14.29
BB	40	25.64	－	－	32	19.39	－	－
B	31	19.87	－	－	33	20.00	－	－
CCC	17	10.90	－	－	15	9.09	－	－
CC	4	2.56	－	－	8	4.85	－	－
C	1	0.64	3	75.00	2	1.21	3	42.86
合计	156	100.00	4	100.00	165	100.00	7	100.00

资料来源：南开大学中国保险机构治理指数数据库。

如表 12-18 所示，2018－2019 年保险公司属于 AA 至 BB 级的样本数集体增加，2019 年评级分布较 2018 年更为集中，且 BBB 级的样本数量最多，分别为 68 和 75 家；相比之下，相互保险组织 2018－2019 年均没有 BB、B、CCC 和 CC 级的样本，属于最低评级 C 级的样本数最多，两极分化情况严重。综合 2016－2019 年保险公司与其他业务类型保险机构治理评级比较分析的结果来看，相互保险组织种类和数量较少，保险公司在保持评级分布较集中的基础上，实现了 A 级及以上样本数的持续增长。

表 12-18　中国保险公司与其他业务类型保险机构治理评级比较分析（2018－2019 年）

治理评级	2018 年业务类型				2019 年业务类型			
	W		M		W		M	
	样本数	占比（%）	样本数	占比（%）	样本数	占比（%）	样本数	占比（%）
AAA	2	1.16	1	14.29	1	0.58	－	－
AA	3	1.73	－	－	5	2.89	2	28.57
A	12	6.94	2	28.57	21	12.14	1	14.29

治理评级	2018 年业务类型				2019 年业务类型			
	W		M		W		M	
	样本数	占比(%)	样本数	占比(%)	样本数	占比(%)	样本数	占比(%)
BBB	68	39.31	1	14.29	75	43.35	1	14.29
BB	35	20.23	–	–	39	22.54	–	–
B	32	18.50	–	–	12	6.94	–	–
CCC	15	8.67	–	–	15	8.67	–	–
CC	2	1.16	–	–	–	–	–	–
C	4	2.31	3	42.86	5	2.89	3	42.86
合计	173	100.00	7	100.00	173	100.00	7	100.00

资料来源：南开大学中国保险机构治理指数数据库。

如表 12-19 所示，2020 年保险公司样本数为 173 家，87.87%的样本分布于 A 至 B 评级，其中 BBB 评级分布最为集中；相比之下，资产管理公司样本数为 28 家，其中 46.43%的样本集中在 BBB 评级；集团（控股）公司样本数为 13 家，其中 61.53%的样本分布于 AA 至 BBB 评级，BBB 评级样本占比最多；相互保险组织样本数为 7 家，样本评级分化较大，57.15%的样本分布在 AAA 至 BBB 评级，其余样本均为 C 评级；再保险机构样本数为 6 家，其中 50%集中于 B 评级。总体而言，保险公司与资产管理公司、集团（控股）公司的治理评级更多集中于 BBB 评级，总体上优于相互保险组织和再保险机构的评级表现。

表 12-19　中国保险公司与其他业务类型保险机构治理评级比较分析（2020 年）

治理评级	业务类型									
	W		A		G		M		R	
	样本数	占比(%)	样本数	占比(%)	样本数	占比(%)	样本数	占比(%)	样本数	占比(%)
AAA	3	1.73	–	–	1	7.69	1	14.29	–	–
AA	9	5.20	3	10.71	2	15.38	–	–	–	–
A	22	12.72	3	10.71	2	15.38	2	28.57	1	16.67
BBB	78	45.09	13	46.43	4	30.77	1	14.29	1	16.67
BB	31	17.92	2	7.14	1	7.69	–	–	–	–
B	21	12.14	4	14.29	1	7.69	–	–	3	50.00
CCC	4	2.31	1	3.57	2	15.38	–	–	1	16.67
CC	3	1.73	2	7.14	–	–	–	–	–	–
C	2	1.16	–	–	–	–	3	42.86	–	–
合计	173	100.00	28	100.00	13	100.00	7	100.00	6	100.00

资料来源：南开大学中国保险机构治理指数数据库。

如表 12-20 所示，2021 年保险公司样本数为 174 家，79.89%的样本分布于 A 至 BB 评级，其中 BBB 评级的样本占比最大，高达 46.55%；相比之下，资产管理公司样本数为 33 家，其中 63.63%分布于 BB 至 BBB 评级；集团（控股）公司样本数为 13 家，其中 84.61%分布于 AA 至 BB 评级；相互保险组织样本数为 7 家，样本评级分化较大，其中 57.15%的样本分布在 AAA 至 BBB 评级，其余样本均为 C 评级；再保险机构样本数为 7 家，分布于 AA 至 B 评级，其中 42.86%集中于 BBB 评级。总体而言，保险公司与资产管理公司、集团（控股）公司和再保险机构的样本评级均大部分分布于 AA 至 BB 评级，而相互保险组织的样本评级则两极分化情况严重。

表 12-20　中国保险公司与其他业务类型保险机构治理评级比较分析（2021 年）

治理评级	业务类型									
	W		A		G		M		R	
	样本数	占比(%)	样本数	占比(%)	样本数	占比(%)	样本数	占比(%)	样本数	占比(%)
AAA	1	0.57	–	–	1	7.69	1	14.29	–	–
AA	11	6.32	4	12.12	2	15.38	–	–	1	14.29
A	31	17.82	3	9.09	2	15.38	1	14.29	–	–
BBB	81	46.55	13	39.39	4	30.77	2	28.57	3	42.86
BB	27	15.52	8	24.24	3	23.08	–	–	1	14.29
B	13	7.47	1	3.03	–	–	–	–	2	28.57
CCC	4	2.30	3	9.09	1	7.69	–	–	–	–
CC	6	3.45	–	–	–	–	–	–	–	–
C	–	–	1	3.03	–	–	3	42.86	–	–
合计	174	100.00	33	100.00	13	100.00	7	100.00	7	100.00

资料来源：南开大学中国保险机构治理指数数据库。

如表 12-21 所示，2022 年保险公司样本数为 176 家，81.82%的样本分布于 A 至 BB 评级，其中 BBB 评级的样本占比最大，高达 50.57%；相比之下，资产管理公司样本数为 33 家，其中 81.81%分布于 A 至 BB 评级；集团（控股）公司样本数为 13 家，均分布于 AAA 至 B 评级，其中 61.54%分布于 A 至 BBB 评级；相互保险组织样本数为 7 家，样本评级分化较大，其中 57.15%的样本分布在 AA 至 BBB 评级，其余样本均为 C 评级；再保险机构样本数为 7 家，均分布于 A 至 B 评级，其中 42.86%集中于 BB 评级。总体而言，保险公司和资产管理公司、集团（控股）公司的样本评级总体表现较好，优于再保险机构和相互保险组织。

表 12-21　中国保险公司与其他业务类型保险机构治理评级比较分析（2022 年）

治理评级	业务类型									
	W		A		G		M		R	
	样本数	占比（%）	样本数	占比（%）	样本数	占比（%）	样本数	占比（%）	样本数	占比（%）
AAA	1	0.57	–	–	2	15.38	–	–	–	–
AA	10	5.68	3	9.09	1	7.69	2	28.57	–	–
A	33	18.75	5	15.15	3	23.08	1	14.29	1	14.29
BBB	89	50.57	14	42.42	5	38.46	1	14.29	2	28.57
BB	22	12.50	8	24.24	1	7.69	–	–	3	42.86
B	14	7.95	2	6.06	1	7.69	–	–	1	14.29
CCC	4	2.27	1	3.03	–	–	–	–	–	–
CC	2	1.14	–	–	–	–	–	–	–	–
C	1	0.57	–	–	–	–	3	42.86	–	–
合计	176	100.00	33	100.00	13	100.00	7	100.00	7	100.00

资料来源：南开大学中国保险机构治理指数数据库。

综合 2020－2022 年保险公司与其他业务类型保险机构治理评级比较分析的结果来看，保险公司、资产管理公司和集团（控股）公司的样本评级表现大多优于再保险机构和相互保险组织。

二、中国保险公司治理分指数比较分析

表 12-22 将中国保险机构治理分指数和业务类型进行了平均值比较分析。就指数变化趋势而言，股东与股权结构方面，保险公司 2016－2019 年该指标平均值呈现逐年下降的趋势，2020 年后略有上升但仍有所波动；相比之下，相互保险组织 2016 年的平均值为 25.00，随后六年均保持为 57.14 不变；资产管理公司 2020－2022 年股东与股权结构指数平均值呈小幅下降，集团（控股）公司和再保险机构 2020－2022 年股东与股权结构指数平均值总体均略有上升。在董事与董事会方面，保险公司和资产管理公司该指标平均值均呈现逐年上升的趋势；相互保险组织的平均值在 2016－2017 年间出现上升，2017 年后整体呈现下降趋势。在监事与监事会方面，保险公司该指标平均值在 2016－2019 年间连续上升，2020 年及以后不断波动；相比之下，2020－2022 年集团（控股）公司该指标平均值逐年上升；再保险机构的平均值逐年下降。在高级管理人员方面，保险公司该指标平均值在 2016－2021 年期间连续上升，2022 年出现一定程度下降。在信息披露方面，保险公司该指标平均值表现为持续的小幅度波动；资产管理公司 2020－2022 年的平均值呈现逐年上升趋势；集团（控股）公司则呈现逐年下降趋势。在利益相关者方面，保险公司与相互保险组织、资产管理公司及集团（控股）公司该指标平均值皆表现出一定的波动性，仅再保险机构的平均值呈现逐年下降趋势。

就指数相对水平而言，从 2016－2019 年保险公司与相互保险组织的指数平均值比较中可以看出，保险公司在股东与股权结构、董事与董事会、监事与监事会、高级管理人员、信息披露与利益相关者各项指标中的平均值均高于相互保险组织。

2020 年，在股东与股权结构指数中，保险公司平均值位于五种业务类型保险机构的中等水平，资产管理公司平均值最高，相互保险组织平均值最低；在董事与董事会指数中，保险公司该指标平均值为 54.84，相对较高，但仍低于最高值的集团（控股）公司的 69.74，再保险机构平均值最低；在监事与监事会指数中，保险公司该指标平均值为 49.38，位列第三，而集团（控股）公司平均值位列第一，高达 60.44，相互保险组织平均值最低，仅为 28.57；在高级管理人员指数中，保险公司该指标平均值相对较高，仅与资产管理公司的最高平均值 83.33 相差 2.24，相互保险组织平均值仍为最低；在信息披露指数中，保险公司该指标平均值最高，为 93.71，远高于相互保险组织的 57.14；在利益相关者指数中，保险公司该指标平均值相对较低，位列第四，再保险机构平均值最高，相互保险组织平均值最低。

2021 年，在股东与股权结构指数中，保险公司该指标平均水平较低，位列五种业务类型保险机构中的第四，相比之下，再保险机构表现最优，平均值高达 74.29；在董事与董事会指数中，保险公司平均值相对较高，但仍低于最高值的集团（控股）公司的 70.26；在监事与监事会指数中，保险公司该指标平均值位于中等水平，集团（控股）公司平均值最高为 64.84；在高级管理人员指数和信息披露指数中，保险公司平均值均为最高，分别为 89.16 和 93.72；在利益相关者指数中，保险公司平均水平相对较低，再保险机构平均值最高为 89.29。此外，在 2021 年六种不同类型的指数中，相互保险组织的平均值均为最低。

2022 年，在股东与股权结构指数中，保险公司平均值为 65.68，仅高于最低值相互保险组织的 57.14，再保险机构的平均值最高为 74.29；在董事与董事会指数和监事与监事会指数中，保险公司的平均值分别为 61.44 和 49.93，均仅低于最高值集团（控股）公司的 69.90 和 65.38，相对较优；在高级管理人员指数中，保险公司的平均值最高为 83.85；在信息披露指数中，保险公司该指标平均值相对较高，位列第二，资产管理公司平均值最高为 92.73；在利益相关者指数中，保险公司该指标平均值相对较低，仅位列五种业务类型保险机构中的第四，集团（控股）公司的平均值最高为 91.21。此外，在 2022 年六种不同类型的指数中，相互保险组织的平均值均为最低。

表 12-22 中国保险公司治理分指数平均值分业务类型比较分析

年份	业务类型	样本数	股东与股权结构	董事与董事会	监事与监事会	高级管理人员	信息披露	利益相关者
2016	W	156	63.46	50.21	39.84	68.41	91.84	82.05
	M	4	25.00	23.33	10.71	14.29	22.06	69.44
2017	W	165	62.42	50.79	42.08	72.55	90.91	79.93
	M	7	57.14	47.62	30.61	42.86	52.94	79.37
2018	W	173	61.97	52.02	50.12	73.08	91.57	79.51
	M	7	57.14	42.86	30.61	40.82	57.14	76.19
2019	W	173	61.50	52.60	50.45	78.86	91.57	86.13
	M	7	57.14	45.71	32.65	44.90	52.94	79.37

年份	业务类型	样本数	股东与股权结构	董事与董事会	监事与监事会	高级管理人员	信息披露	利益相关者
2020	W	173	64.97	54.84	49.38	81.09	93.71	84.46
	A	28	71.43	50.48	45.92	83.33	87.38	86.73
	G	13	69.23	69.74	60.44	70.33	85.52	92.31
	M	7	57.14	45.71	28.57	40.82	57.14	82.54
	R	6	60.00	37.78	57.14	78.57	84.31	93.75
2021	W	174	64.83	58.28	51.56	89.16	93.72	80.62
	A	33	71.52	54.14	43.72	82.83	88.08	85.28
	G	13	69.23	70.26	64.84	82.42	84.62	84.62
	M	7	57.14	42.86	24.49	44.90	57.14	76.19
	R	7	74.29	46.67	53.06	75.51	82.35	89.29
2022	W	176	65.68	61.44	49.93	83.85	91.85	85.29
	A	33	70.91	58.37	46.97	82.32	92.73	86.58
	G	13	72.31	69.90	65.38	80.22	84.16	91.21
	M	7	57.14	40.48	33.93	46.94	57.14	77.78
	R	7	74.29	45.34	48.21	79.59	88.24	87.50

资料来源：南开大学中国保险机构治理指数数据库。

表 12-23 将中国保险机构治理分指数和业务类型进行了中位数比较分析。就指数变化趋势而言，在股东与股权结构方面，保险公司在 2016－2022 年间中位数均保持 60.00 不变；相互保险组织 2016 年的中位数为 0.00，随后六年均保持 100.00 不变；资产管理公司在 2020－2022 年间中位数均保持 80.00 不变；集团（控股）公司 2020 年和 2021 年中位数均为 60.00，2022 年上升至 80.00；再保险机构 2020 年中位数为 60.00，2021 年和 2022 年中位数均为 80.00。在董事与董事会方面，保险公司在 2016－2022 年期间中位数整体呈上升趋势；再保险机构该指标中位数在 2020－2022 年期间逐年上升。在监事与监事会和高级管理人员方面，保险公司的中位数均在 2016－2021 年整体呈上升趋势，2022 年出现小幅度回落；资产管理公司、集团（控股）公司和再保险机构的高级管理人员指标中位数在 2020－2022 年期间均保持不变，对应的指数中位数分别为 83.33、85.71 和 85.71。在信息披露方面，保险公司、相互保险组织和集团（控股）公司的中位数在 2020－2022 年间均保持不变，对应的指数中位数分别为 94.12、100.00 和 88.24。在利益相关者方面，保险公司该指标中位数总体呈上升趋势，2021 年出现小幅度波动后，2022 年再次回升；资产管理公司在 2020－2022 年期间均保持 85.71 不变。

就指数相对水平而言，2016 年，保险公司各项指标中位数均高于相互保险组织。2017－2019 年，在股东与股权结构和董事与董事会指数中，相互保险组织中位数高于保险公司；在监事与监事会指数中，二者中位数基本持平；在高级管理人员、信息披露和利益相关者指数中，保险公司中位数高于相互保险组织。

2020 年，在股东与股权结构指数中，保险公司与集团（控股）公司、再保险机构的中位数最低且持平，相互保险组织中位数最高；在董事与董事会指数中，保险公司该指标中位数为53.33，位于五种业务类型保险机构的中等水平，集团（控股）公司中位数最高为73.33，再保险机构中位数最低仅为26.67；在监事与监事会指数中，保险公司中位数水平相对较高，仅低于最高值集团（控股）公司，相互保险组织中位数最低；在高级管理人员指数中，保险公司、集团（控股）公司和再保险机构中位数最高且持平，相互保险组织中位数最低；在信息披露指数中，保险公司该指标中位数为94.12，位列第二，相互保险组织中位数最高为100.00，再保险机构中位数最低为85.29；在利益相关者指数中，保险公司与相互保险组织中位数仅高于最低值资产管理公司的85.71，集团（控股）公司中位数最高，为100.00。

2021年，在股东与股权结构指数中，保险公司与集团（控股）公司该指标中位数最低且持平，相互保险组织中位数最高；在董事与董事会指数中，保险公司该指标中位数为60.00，与相互保险组织并列位于五种业务类型保险机构中的第二，集团（控股）公司为第一，中位数最高，再保险机构中位数最低为33.33；在监事与监事会指数中，保险公司中位数水平相对较高为73.33，仅低于集团（控股）公司的71.43，相互保险组织中位数最低为28.57；在高级管理人员指数中，保险公司的中位数最高，相互保险组织中位数最低为57.14；在信息披露指数中，保险公司中位数为94.12，相对表现较优，相互保险组织中位数最高为100.00，再保险机构中位数最低为82.35；在利益相关者指数中，保险公司和相互保险组织的中位数最低且持平，仅为77.78，再保险机构中位数最高，为87.50。

2022年，在股东与股权结构指数中，保险公司中位数水平在五种业务类型保险机构中最低为60.00，相互保险组织中位数最高为100.00；在董事与董事会指数中，保险公司中位数仅次于集团（控股）公司，数值为62.50，相对较高，再保险机构中位数最低为56.52；在监事与监事会指数中，保险公司与除集团（控股）公司以外的保险机构中位数持平，皆为50.00，集团（控股）公司的中位数最高为62.50；在高级管理人员指数中，保险公司、集团（控股）公司和再保险机构中位数最高且持平，相互保险组织中位数最低为28.57；在信息披露指数中，保险公司该指标中位数为94.12，低于最高值相互保险组织，高于相互持平的集团（控股）公司和再保险机构；在利益相关者指数中，保险公司中位数相对较高，位列第二，集团（控股）公司中位数最高，相互保险组织中位数最低。

表12-23 中国保险公司治理分指数中位数分业务类型比较分析

年份	业务类型	样本数	股东与股权结构	董事与董事会	监事与监事会	高级管理人员	信息披露	利益相关者
2016	W	156	60.00	46.67	42.86	71.43	94.12	77.78
	M	4	0.00	6.67	0.00	0.00	0.00	66.67
2017	W	165	60.00	46.67	42.86	71.43	94.12	77.78
	M	7	100.00	66.67	42.86	42.86	88.24	88.89
2018	W	173	60.00	46.67	42.86	71.43	94.12	77.78
	M	7	100.00	60.00	28.57	57.14	100.00	77.78
2019	W	173	60.00	53.33	42.86	85.71	94.12	88.89
	M	7	100.00	60.00	42.86	57.14	88.24	77.78

续表

年份	业务类型	样本数	股东与股权结构	董事与董事会	监事与监事会	高级管理人员	信息披露	利益相关者
2020	W	173	60.00	53.33	57.14	85.71	94.12	88.89
	A	28	80.00	46.67	42.86	83.33	86.67	85.71
	G	13	60.00	73.33	71.43	85.71	88.24	100.00
	M	7	100.00	66.67	28.57	42.86	100.00	88.89
	R	6	60.00	26.67	50.00	85.71	85.29	93.75
2021	W	174	60.00	60.00	57.14	100.00	94.12	77.78
	A	33	80.00	46.67	42.86	83.33	93.33	85.71
	G	13	60.00	73.33	71.43	85.71	88.24	85.71
	M	7	100.00	60.00	28.57	57.14	100.00	77.78
	R	7	80.00	33.33	42.86	85.71	82.35	87.50
2022	W	176	60.00	62.50	50.00	85.71	94.12	88.89
	A	33	80.00	60.87	50.00	83.33	93.33	85.71
	G	13	80.00	65.22	62.50	85.71	88.24	100.00
	M	7	100.00	58.33	50.00	28.57	100.00	77.78
	R	7	80.00	56.52	50.00	85.71	88.24	87.50

资料来源：南开大学中国保险机构治理指数数据库。

第十三章　中国保险资产管理公司治理指数分析

保险资产管理公司是我国保险机构的重要组成部分，其治理状况对于整个行业治理状况具有一定的影响。本章利用 2020－2022 年的中国保险机构治理指数对我国保险资产管理公司治理状况展开具体分析、分组比较分析和分布分析，同时也关注保险资产管理公司的治理等级与评级情况，最后进行保险资产管理公司与其他类型保险机构的治理总指数和分指数的比较分析。

第一节　中国保险资产管理公司治理指数总体分析

一、中国保险资产管理公司治理指数描述性统计分析

（一）中国保险资产管理公司治理指数具体分析

如表 13-1 和图 13-1 所示，2020－2022 年中国保险资产管理公司治理指数平均值依次为 71.97、72.34 和 74.46，中位数依次为 72.89、73.79 和 75.12，平均值和中位数均呈现出逐年上升的趋势。2020－2022 年中国保险资产管理公司治理指数最小值依次为 42.59、37.08 和 52.75；最大值较为稳定，依次为 88.34、89.72 和 88.99。

表 13-1　中国保险资产管理公司治理指数统计分析

年份	样本数	平均值	中位数	标准差	极差	最小值	最大值
2020	28	71.97	72.89	10.85	45.75	42.59	88.34
2021	33	72.34	73.79	11.29	52.64	37.08	89.72
2022	33	74.46	75.12	8.30	36.24	52.75	88.99

资料来源：南开大学中国保险机构治理指数数据库。

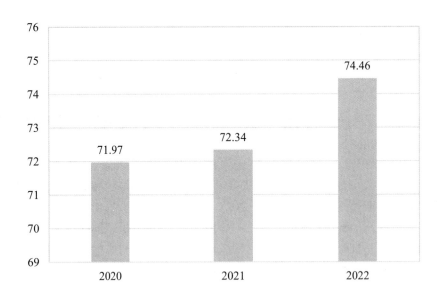

图 13-1　2020－2022 年中国保险资产管理公司治理指数

资料来源：南开大学中国保险机构治理指数数据库。

（二）中国保险资产管理公司治理指数分组比较分析

如表 13-2 和图 13-2 所示，从 2020－2022 年中国保险资产管理公司治理指数分规模类型来看，小型保险资产管理公司的平均值依次为 77.43、79.16 和 78.85，在 2021 年上升后，2022 年出现小幅度回落；微型保险资产管理公司的平均值依次为 68.93、68.44 和 71.95，在 2021 年出现下降后，2022 年回升至近三年来最大值。小型保险资产管理公司的中位数依次为 76.49、76.68 和 78.52，呈现逐年上升的趋势；微型保险资产管理公司的中位数依次为 71.53、68.47 和 73.66，在 2021 年出现下降后，次年回升到近三年最大值。

表 13-2　中国保险资产管理公司治理指数分规模类型比较分析

年份	规模类型	样本数	平均值	中位数
2020	S	10	77.43	76.49
	T	18	68.93	71.53
2021	S	12	79.16	76.68
	T	21	68.44	68.47
2022	S	12	78.85	78.52
	T	21	71.95	73.66

资料来源：南开大学中国保险机构治理指数数据库。

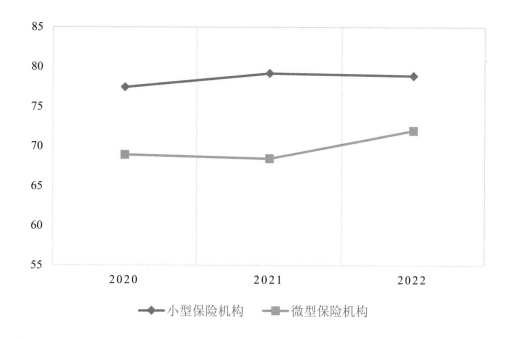

图 13-2　2020－2022 年中国保险资产管理公司治理指数分规模类型比较分析

资料来源：南开大学中国保险机构治理指数数据库。

如表 13-3 和图 13-3 所示，从 2020－2022 年中国保险资产管理公司治理指数分资本性质来看，中资保险资产管理公司的指数平均值依次为 72.91、73.95 和 74.82，中位数依次为 73.79、74.66 和 75.62，均呈现逐年上升的趋势，且各年中位数高于平均值；外资保险资产管理公司的平均值依次为 67.61、65.07 和 72.85，在 2021 年小幅回落后，2022年上升至最大值；外资保险资产管理公司的中位数依次为 66.09、67.21 和 73.79，呈现逐年上升的趋势。

表 13-3　中国保险资产管理公司治理指数分资本性质比较分析

年份	资本性质	样本数	平均值	中位数
2020	C	23	72.91	73.79
	F	5	67.61	66.09
2021	C	27	73.95	74.66
	F	6	65.07	67.21
2022	C	27	74.82	75.62
	F	6	72.85	73.79

资料来源：南开大学中国保险机构治理指数数据库。

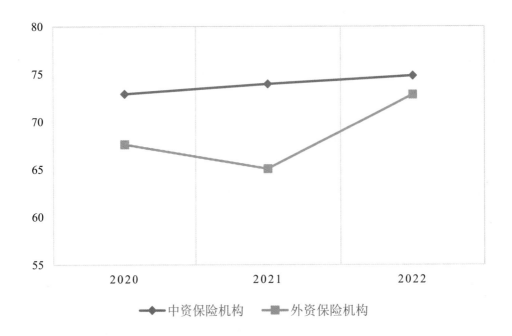

图 13-3 2020－2022 年中国保险资产管理公司治理指数分资本性质比较分析

资料来源：南开大学中国保险机构治理指数数据库。

如表 13-4 和图 13-4 所示，从 2020－2022 年中国保险资产管理公司治理指数分组织形式来看，有限制保险机构的指数平均值依次为 70.54、71.36 和 74.14，中位数依次为 72.22、73.71 和 75.18，平均值和中位数均呈现逐年上升的趋势，且各年中位数高于平均值；股份制保险机构的平均值依次为 76.23、75.95 和 75.65，有小幅下降趋势，中位数依次为 73.55、74.66 和 74.95，呈现逐年上升的趋势，且各年的平均值高于中位数。此外，股份制保险资产管理公司各年平均值均高于有限制保险资产管理公司，但差距在逐年缩小；在中位数方面，2020 年和 2021 年股份制保险资产管理公司高于有限制保险资产管理公司，而 2022 年有限制保险资产管理公司的中位数超过股份制保险资产管理公司。

表 13-4 中国保险资产管理公司治理指数分组织形式比较分析

年份	组织形式	样本数	平均值	中位数
2020	L	21	70.54	72.22
	S	7	76.23	73.55
2021	L	26	71.36	73.71
	S	7	75.95	74.66
2022	L	26	74.14	75.18
	S	7	75.65	74.95

资料来源：南开大学中国保险机构治理指数数据库。

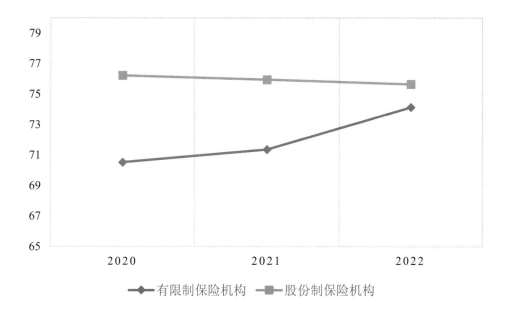

图 13-4　2020－2022 年中国保险资产管理公司治理指数分组织形式比较分析

资料来源：南开大学中国保险机构治理指数数据库。

二、中国保险资产管理公司治理指数分布分析

如表 13-5 所示，2020－2022 年中国保险资产管理公司治理指数偏度系数依次为 -0.807、-0.964 和-0.288，2022 年偏度系数绝对值为近三年来最小；2022 年偏度误差标准差与 2021 年相等，均为 0.409，低于 2020 年的 0.441；2020－2022 年峰度系数依次为 1.079、1.844 和 0.073，2022 年峰度系数为近三年来最小；2022 年峰度系数标准差与 2021 年相等均为 0.798，低于 2020 年的 0.858；2020－2022 年下四分位数依次为 65.165、66.599 和 67.388，中位数依次为 72.885、73.789 和 75.120，下四分位数与中位数均呈现逐年上升的趋势；上四分位数依次为 79.224、78.836 和 79.793，2022 年的上四分位数为近三年来最高。

表 13-5　中国保险资产管理公司治理指数分布分析

统计指标	2020 年	2021 年	2022 年
偏度系数	-0.807	-0.964	-0.288
偏度误差标准差	0.441	0.409	0.409
峰度系数	1.079	1.844	0.073
峰度系数标准差	0.858	0.798	0.798
下四分位数	65.165	66.599	67.388
中位数	72.885	73.789	75.120
上四分位数	79.224	78.836	79.793

资料来源：南开大学中国保险机构治理指数数据库。

三、中国保险资产管理公司治理等级与评级分析

（一）中国保险资产管理公司治理等级分析

如表 13-6 所示，2020—2022 年中国保险资产管理公司治理等级占比最高的各年均为 III 级，分别占到当年全部样本数的 46.43%、39.39% 和 42.42%。保险资产管理公司治理等级属于 II、III 和 IV 级的样本数呈现上升趋势，2022 年仅有 1 家样本为 V 级，没有 VI 级样本。

表 13-6　中国保险资产管理公司治理等级统计分析

年份	样本数与占比	治理等级					合计
		II	III	IV	V	VI	
2020	样本数	6	13	6	1	2	28
	占比（%）	21.43	46.43	21.43	3.57	7.14	100.00
2021	样本数	7	13	9	3	1	33
	占比（%）	21.21	39.39	27.27	9.09	3.03	100.00
2022	样本数	8	14	10	1	–	33
	占比（%）	24.24	42.42	30.30	3.03	–	100.00

资料来源：南开大学中国保险机构治理指数数据库。

（二）中国保险资产管理公司治理评级分析

如表 13-7 所示，BBB 评级 2020—2022 年连续三年的样本占比均为最高，均接近或超过 40%；最高评级 AAA 在三年中从未出现，最低评级 C 只在 2021 年出现 1 次。总体上中国保险资产管理公司治理评级呈现出上升并集中的趋势，CCC 级以上的公司占比由 2020 年的 89.28% 上升至 2022 年的 96.96%，2022 年 A、BBB 和 BB 三个评级的合计占比为 81.81%，且没有被评为 CC 级和 C 级的公司。

表 13-7　中国保险资产管理公司治理评级统计分析

治理评级	2020 年		2021 年		2022 年	
	样本数	占比（%）	样本数	占比（%）	样本数	占比（%）
AAA	–	–	–	–	–	–
AA	3	10.71	4	12.12	3	9.09
A	3	10.71	3	9.09	5	15.15
BBB	13	46.43	13	39.39	14	42.42
BB	2	7.14	8	24.24	8	24.24
B	4	14.29	1	3.03	2	6.06
CCC	1	3.57	3	9.09	1	3.03
CC	2	7.14	–	–	–	–
C	–	–	1	3.03	–	–
合计	28	100.00	33	100.00	33	100.00

资料来源：南开大学中国保险机构治理指数数据库。

第二节　保险资产管理公司与其他类型机构比较分析

一、中国保险资产管理公司治理总指数比较分析

如表 13-8 所示，资产管理公司和集团（控股）公司、财产保险机构、人身保险机构及再保险机构 2020－2022 年的治理指数平均值都呈现出逐年上升趋势。其中，资产管理公司与财产保险机构、人身保险机构的治理指数平均值较为接近，三年间排名不断变动但始终位列前四；集团（控股）公司的治理指数平均值在三年内一直高于其他业务类型的保险机构，2022 年已达到 77.75；再保险机构的治理指数平均值三年间一直是较低的，与集团（控股）公司的差保持在 6 上下。在中位数方面，资产管理公司 2020－2022 年的治理指数中位数逐年上升，且始终位于五种业务类型保险机构的中等水平；相比之下，2020 年中位数最大值为集团（控股）公司的 75.13，高于资产管理公司 2.24；2021 年和 2022 年中位数最大值为人身保险机构的 76.04 和 76.24，分别高于当年资产管理公司 2.25 和 1.12，且三年来中位数最大值始终低于当年平均值最大值；再保险机构的中位数始终是五种业务类型的保险机构中较低的。此外，资产管理公司和财产保险机构、人身保险机构治理指数的中位数三年间始终大于平均值，集团（控股）公司和再保险机构治理指数的中位数三年间始终小于平均值。总体而言，相对于其他业务类型的保险机构，资产管理公司的平均值和中位数皆处于中等水平，且中位数与当年最大值的差距有所缩小。

表 13-8　中国保险资产管理公司与其他业务类型保险机构治理指数比较分析

年份	业务类型	样本数	平均值	中位数
2020	A	28	71.97	72.89
	G	13	75.61	75.13
	N	92	72.17	73.60
	P	88	71.41	72.01
	R	6	68.23	64.29
2021	A	33	72.34	73.79
	G	13	76.52	75.79
	N	93	73.07	76.04
	P	88	73.28	75.41
	R	7	70.69	70.22
2022	A	33	74.46	75.12
	G	13	77.75	75.54
	N	94	73.61	76.24
	P	89	73.33	73.77
	R	7	71.38	68.70

资料来源：南开大学中国保险机构治理指数数据库。

如表 13-9 所示，2020 年资产管理公司和集团（控股）公司、人身保险机构及财产保险机构的等级Ⅲ占比最高，比例分别为 46.43%、30.77%、40.22%和 47.73%；再保险机构等级Ⅳ占比最高，比例为 50.00%。在五种业务类型的保险机构中，资产管理公司样本量为 28 家，包括Ⅱ至Ⅵ五个等级；相比之下，财产保险机构和人身保险机构的样本数显著多于资产管理公司，治理等级也最分散，七个等级均有涉及，但等级Ⅰ和等级Ⅴ及以下的样本分别有 8 个；集团（控股）公司样本量略少于资产管理公司，包括Ⅰ至Ⅴ五个等级；再保险机构样本量最少，只包括Ⅱ至Ⅴ四个等级。相比集团（控股）公司和再保险机构的样本在等级Ⅴ及以上的比例为 100%，资产管理公司样本在等级 Ⅴ 及以上的比例为 92.86%。

表 13-9　中国保险资产管理公司与其他业务类型保险机构治理等级比较分析（2020 年）

治理等级	业务类型									
	A		G		N		P		R	
	样本数	占比(%)	样本数	占比(%)	样本数	占比(%)	样本数	占比(%)	样本数	占比(%)
Ⅰ	－	－	1	7.69	1	1.09	3	3.41	－	－
Ⅱ	6	21.43	4	30.77	23	25.00	10	11.36	1	16.67
Ⅲ	13	46.43	4	30.77	37	40.22	42	47.73	1	16.67
Ⅳ	6	21.43	2	15.38	24	26.09	28	31.82	3	50.00
Ⅴ	1	3.57	2	15.38	2	2.17	2	2.27	1	16.67
Ⅵ	2	7.14	－	－	2	2.17	1	1.14	－	－
Ⅶ	－	－	－	－	3	3.26	2	2.27	－	－
合计	28	100.00	13	100.00	92	100.00	88	100.00	6	100.00

资料来源：南开大学中国保险机构治理指数数据库。

如表 13-10 所示，2021 年资产管理公司和集团（控股）公司、人身保险机构、财产保险机构及再保险机构都是等级Ⅲ占比最高，比例分别为 39.39%、30.77%、45.16%、46.59%和 42.86%。在五种业务类型的保险机构中，资产管理公司样本量为 33 家，显著少于财产保险机构和人身保险机构，多于集团（控股）公司和再保险机构，评级包括除Ⅰ级和Ⅵ级的五个等级；相比之下，人身保险机构的样本数最多，治理等级分散，七个等级均有涉及，但其中最高评级Ⅰ和最低评级Ⅶ各有 2 家样本；财产保险机构样本量略少，涉及除等级Ⅰ之外的其他六个等级；集团（控股）公司样本量略少于资产管理公司，评级只包括五个等级；再保险机构样本量最少，评级也最为集中，只包括Ⅱ至Ⅳ三个等级。相比集团（控股）公司和再保险机构的样本在等级Ⅴ及以上的比例达到 100%，资产管理公司样本在等级Ⅴ及以上的比例为 96.97%。

表 13-10　中国保险资产管理公司与其他业务类型保险机构治理等级比较分析（2021 年）

治理等级	业务类型									
	A		G		N		P		R	
	样本数	占比（%）	样本数	占比（%）	样本数	占比（%）	样本数	占比（%）	样本数	占比（%）
I	-	-	1	7.69	2	2.15	-	-	-	-
II	7	21.21	4	30.77	23	24.73	20	22.73	1	14.29
III	13	39.39	4	30.77	42	45.16	41	46.59	3	42.86
IV	9	27.27	3	23.08	18	19.35	22	25	3	42.86
V	3	9.09	1	7.69	2	2.15	2	2.27	-	-
VI	-	-	-	-	4	4.3	2	2.27	-	-
VII	1	3.03	-	-	2	2.15	1	1.14	-	-
合计	33	100.00	13	100.00	93	100.00	88	100.00	7	100.00

资料来源：南开大学中国保险机构治理指数数据库。

如表 13-11 所示，2022 年资产管理公司和集团（控股）公司、财产保险机构及人身保险机构都是等级Ⅲ占比最高，比例分别为 42.42%、38.46%、47.87% 和 50.56%；再保险机构等级Ⅳ占比最高，比例为 57.14%。在五种业务类型的保险机构中，资产管理公司样本量为 33 家，显著少于财产保险机构和人身保险机构，多于集团（控股）公司和再保险机构，包括Ⅱ至Ⅴ四个等级；相比之下，人身保险机构的样本数最多，治理等级也最分散，七个等级均有涉及，但其中等级Ⅰ、等级Ⅴ和等级Ⅵ仅有 1 家样本；财产保险机构样本量略少，包括除等级Ⅰ之外的其他六个等级，集团（控股）公司样本量略少于资产管理公司，包括Ⅰ至Ⅳ四个等级；再保险机构样本量最少，评级也最为集中，只包括Ⅱ至Ⅳ三个等级。2022 年，资产管理公司、集团（控股）公司和再保险机构的样本在等级Ⅴ及以上的概率比例均为 100%。

表 13-11　中国保险资产管理公司与其他业务类型保险机构治理等级比较分析（2022 年）

治理等级	业务类型									
	A		G		N		P		R	
	样本数	占比（%）	样本数	占比（%）	样本数	占比（%）	样本数	占比（%）	样本数	占比（%）
I	-	-	2	15.38	1	1.06	-	-	-	-
II	8	24.24	4	30.77	24	25.53	22	24.72	1	14.29
III	14	42.42	5	38.46	45	47.87	45	50.56	2	28.57
IV	10	30.3	2	15.38	19	20.21	17	19.1	4	57.14
V	1	3.03	-	-	1	1.06	3	3.37	-	-
VI	-	-	-	-	1	1.06	1	1.12	-	-
VII	-	-	-	-	3	3.19	1	1.12	-	-
合计	33	100.00	13	100.00	94	100.00	89	100.00	7	100.00

资料来源：南开大学中国保险机构治理指数数据库。

　　如表 13-12 所示，2020 年资产管理公司和集团（控股）公司、人身保险机构及财产保险机构都是 BBB 评级占比最高，比例分别为 46.43%、30.77%、40.22% 和 47.73%；再保险机构 B 评级占比最高，为 50.00%。在五种业务类型的保险机构中，资产管理公司样本量为 28 家，包括 AA 至 CC 七个评级；相比之下，财产保险机构和人身保险机构的样本数最多，显著多于资产管理公司，治理评级也最分散，九个评级均有涉及，但其中获评 AAA 评级和 CCC 及以下评级的样本数非常少，两种业务类型各有 8 家；集团（控股）公司样本量略少于资产管理公司，包括 AAA 至 CCC 七个评级；再保险机构样本量最少，只包括四个评级，最高评级仅为 A。相对于其他类型的保险机构，资产管理公司缺少最高评级 AAA 和最低评级 C，处于 BBB 至 B 评级的样本占比相对较多。

表 13-12　中国保险资产管理公司与其他业务类型保险机构治理评级比较分析（2020 年）

治理评级	业务类型									
	A		G		N		P		R	
	样本数	占比（%）	样本数	占比（%）	样本数	占比（%）	样本数	占比（%）	样本数	占比（%）
AAA	–	–	1	7.69	1	1.09	3	3.41	–	–
AA	3	10.71	2	15.38	7	7.61	2	2.27	–	–
A	3	10.71	2	15.38	16	17.39	8	9.09	1	16.67
BBB	13	46.43	4	30.77	37	40.22	42	47.73	1	16.67
BB	2	7.14	1	7.69	16	17.39	15	17.05	–	–
B	4	14.29	1	7.69	8	8.70	13	14.77	3	50.00
CCC	1	3.57	2	15.38	2	2.17	2	2.27	1	16.67
CC	2	7.14	–	–	2	2.17	1	1.14	–	–
C	–	–	–	–	3	3.26	2	2.27	–	–
合计	28	100.00	13	100.00	92	100.00	88	100.00	6	100.00

资料来源：南开大学中国保险机构治理指数数据库。

　　如表 13-13 所示，2021 年资产管理公司和集团（控股）公司、人身保险机构、财产保险机构及再保险机构都是 BBB 评级占比最高，占比分别为 39.39%、30.77%、45.16%、46.59% 和 42.86%。在五种业务类型的保险机构中，资产管理公司的样本量为 33 家，显著少于财产保险机构和人身保险机构，多于集团（控股）公司和再保险机构，包括 C 评级以及 AA 至 CCC 共七个评级；相比之下，人身保险机构的样本数最多，治理评级也最分散，九个评级均有涉及，但最高评级 AAA 和最低评级 C 仅各有 2 家样本，其他四种业务类型的保险机构样本中均无最高评级 AAA；集团（控股）公司样本量略少于资产管理公司，只包括 AA 至 CCC 六个评级；再保险机构样本量最少，只包括四个评级且均在 CCC 评级之上。相对于其他类型的保险机构，资产管理公司缺少最高评级 AAA 和较低评级 CC，处于 BBB 至 CCC 评级的样本占比相对较多。

表 13-13　中国保险资产管理公司与其他业务类型保险机构治理评级比较分析（2021 年）

治理评级	业务类型									
	A		G		N		P		R	
	样本数	占比（%）	样本数	占比（%）	样本数	占比（%）	样本数	占比（%）	样本数	占比（%）
AAA	–	–	–	–	2	2.15	–	–	–	–
AA	4	12.12	2	15.38	6	6.45	5	5.68	1	14.29
A	3	9.09	2	15.38	17	18.28	15	17.05	–	–
BBB	13	39.39	4	30.77	42	45.16	41	46.59	3	42.86
BB	8	24.24	3	23.08	10	10.75	17	19.32	1	14.29
B	1	3.03	1	7.69	8	8.60	5	5.68	2	28.57
CCC	3	9.09	1	7.69	2	2.15	2	2.27	–	–
CC	–	–	–	–	4	4.30	2	2.27	–	–
C	1	3.03	–	–	2	2.15	1	1.14	–	–
合计	33	100.00	13	100.00	93	100.00	88	100.00	7	100.00

资料来源：南开大学中国保险机构治理指数数据库。

　　如表 13-14 所示，2022 年资产管理公司和集团（控股）公司、人身保险机构及财产保险机构都是 BBB 评级占比最高，比例分别为 42.42%、38.46%、47.87% 和 50.56%；再保险按机构 BB 评级占比最高，为 42.86%。在五种业务类型的保险机构中，资产管理公司的样本量为 33 家，显著少于人身保险机构和财产保险机构，多于集团（控股）公司和再保险机构，包括 AA 至 CCC 六个评级；相比之下，人身保险机构的样本数最多，治理评级也最分散，九个评级均有涉及，但其中仅有 1 家样本被评为最高评级 AAA；财产保险机构样本量略少于人身保险机构，评级涉及除 AAA 评级外的八个评级，但较低评级 C 和 CC 各有 1 家样本；集团（控股）公司样本量略少于资产管理公司，包括 AAA 至 B 六个评级；再保险机构样本量最少，只包括 A 至 B 四个评级。相对于其他类型的保险机构，资产管理公司最高评级 AAA、较低评级 CC 和最低评级 C 样本较少，处于 BBB 至 B 评级的样本占比相对较多。

表 13-14　中国保险资产管理公司与其他业务类型保险机构治理评级比较分析（2022 年）

治理评级	业务类型									
	A		G		N		P		R	
	样本数	占比（%）	样本数	占比（%）	样本数	占比（%）	样本数	占比（%）	样本数	占比（%）
AAA	–	–	2	15.38	1	1.06	–	–	–	–
AA	3	9.09	1	7.69	6	6.38	6	6.74	–	–
A	5	15.15	3	23.08	18	19.15	16	17.98	1	14.29
BBB	14	42.42	5	38.46	45	47.87	45	50.56	2	28.57
BB	8	24.24	1	7.69	12	12.77	10	11.24	3	42.86

续表

治理评级	业务类型									
	A		G		N		P		R	
	样本数	占比（%）	样本数	占比（%）	样本数	占比（%）	样本数	占比（%）	样本数	占比（%）
B	2	6.06	1	7.69	7	7.45	7	7.87	1	14.29
CCC	1	3.03	－	－	1	1.06	3	3.37	－	－
CC	－	－	－	－	1	1.06	1	1.12	－	－
C	－	－	－	－	3	3.19	1	1.12	－	－
合计	33	100.00	13	100.00	94	100.00	89	100.00	7	100.00

资料来源：南开大学中国保险机构治理指数数据库。

二、中国保险资产管理公司治理分指数比较分析

表 13-15 将中国保险机构治理分指数和业务类型进行了平均值比较分析。在股东与股权结构方面，资产管理公司 2021 年该指数平均值小幅上升，2022 年又降至低于 2020 年的水平；相比之下，集团（控股）公司、财产保险机构和再保险机构 2021 年和 2022 年该指数平均值都有所上升或保持不变；人身保险机构该指数平均值逐年下降。2020 年，资产管理公司该指数平均值为五种业务类型保险机构中最高，为 71.43，再保险机构最低，仅为 60.00；2021 年，资产管理公司名次下降，再保险机构该指数平均值大幅上升，达到 74.29，在五种类型中位居第一，资产管理公司位居第二，其余三种类型的保险机构该指数平均值与上年相比变化不大；2022 年再保险机构仍位居第一，集团（控股）公司该指数平均值上升幅度相对较大，超越资产管理公司位居第二，资产管理公司下降至第三位。在董事与董事会方面，资产管理公司及其他业务类型的保险机构该指数平均值总体都呈上升趋势；资产管理公司该指数平均值始终保持中等水平，低于三年间一直位列第一的集团（控股）公司，但差距在逐渐缩小；再保险机构该指数平均值三年间始终位列第五，分差也有所缩小。在监事与监事会方面，资产管理公司和集团（控股）公司、人身保险机构该指标平均值在 2020－2022 年总体呈上升趋势，财产保险机构和再保险机构该指标平均值逐年下降。资产管理公司与除集团（控股）公司外的保险机构该指标平均值呈现逐渐接近的趋势，排名不断变化；集团（控股）公司该指数平均值三年间始终位列第一。在高级管理人员方面，资产管理公司 2020－2022 年该指标平均值逐年下降，但降幅不大；相比之下，集团（控股）公司、财产保险机构和人身保险机构该指标平均值三年间先上升后下降，总体呈上升趋势，其中集团（控股）公司 2021 年该指标平均值为 82.42，相比 2021 年的 70.33 增幅较大；再保险机构该指标平均值先下降后上升，总体呈上升趋势。与 2020 年和 2021 年相比，2022 年资产管理公司与其他业务类型保险机构该指标平均值之间的差距显著缩小，分数更加集中。在信息披露方面，资产管理公司和再保险机构 2020－2021 年该指标平均值总体呈上升趋势，集团（控股）公司、财产保险机构和人身保险机构该指标平均值总体呈下降趋势；该指标平均值与其他指标相比

较高且分布相对集中，三年间最高值都略高于92.00，最低值也都高于82.00。在利益相关者方面，2020－2022年资产管理公司、集团（控股）公司、财产保险机构和人身保险机构该指标平均值都先下降后上升，资产管理公司和集团（控股）公司总体下降，财产保险机构和人身保险机构总体上升。其中，资产管理公司该指标平均值三年间总体位于中等偏上水平，数值较为稳定，波动较小；相比之下，集团（控股）公司2021年该指标平均值为84.62，较上一年的92.31大幅下降，2022年又大幅回升至91.21；财产保险机构2021年该指标平均值为78.16，是三年中五种业务类型保险机构该指标平均值中唯一低于80的；再保险机构该指标平均值逐年下降，但始终位列前两位。

表13-15　中国保险资产管理公司与其他业务类型保险机构治理分指数平均值比较分析

年份	业务类型	样本数	股东与股权结构	董事与董事会	监事与监事会	高级管理人员	信息披露	利益相关者
2020	A	28	71.43	50.48	45.92	83.33	87.38	86.73
	G	13	69.23	69.74	60.44	70.33	85.52	92.31
	N	92	62.61	56.67	44.57	81.83	92.70	85.99
	P	88	66.82	52.20	52.76	77.11	91.84	82.70
	R	6	60.00	37.78	57.14	78.57	84.31	93.75
2021	A	33	71.52	54.14	43.72	82.83	88.08	85.28
	G	13	69.23	70.26	64.84	82.42	84.62	84.62
	N	93	62.15	59.78	49.00	86.02	91.79	82.62
	P	88	67.05	55.45	52.11	88.96	92.85	78.16
	R	7	74.29	46.67	53.06	75.51	82.35	89.29
2022	A	33	70.91	58.37	46.97	82.32	92.73	86.58
	G	13	72.31	69.90	65.38	80.22	84.16	91.21
	N	94	61.91	63.48	48.14	83.74	89.94	86.29
	P	89	68.99	57.63	50.56	81.06	91.14	83.65
	R	7	74.29	45.34	48.21	79.59	88.24	87.50

资料来源：南开大学中国保险机构治理指数数据库。

表13-16将中国保险机构治理分指数和业务类型进行了中位数比较分析。如表13-16所示，2020－2022年资产管理公司和集团（控股）公司、财产保险机构、人身保险机构及再保险机构在股东与股权结构这一指数上中位数均为80或60，中位数为80的保险机构类型逐年增加，由2020年的一类变为2022年的三类。在董事与董事会方面，资产管理公司、财产保险机构、人身保险机构和再保险机构该指数中位数总体呈上升趋势，其中资产管理公司2022年该指标中位数由46.67上升至60.87，大大缩小了与当年最大值间的差距；相比之下，再保险机构该指数中位数增长幅度最大，由2020年的26.67增长至2022年的56.52，但始终位列后两位；集团（控股）公司该指数中位数呈下降趋势，由2020年的73.33降至2022年的65.22，但始终位列前两位。在监事与监事会方面，资产管理公司与其他业务类型的保险机构三年间该指数中位数均变化不大，资产管理公司

始终位列最后，集团（控股）公司始终位列第一。在高级管理人员、信息披露和利益相关者方面，2020－2022 年各业务类型保险机构中位数显著高于其他三个分指数且资产管理公司与各业务类型的保险机构之间相差很小，三年间数值总体保持平稳。

表 13-16　中国保险资产管理公司与其他业务类型保险机构治理分指数中位数比较分析

年份	业务类型	样本数	股东与股权结构	董事与董事会	监事与监事会	高级管理人员	信息披露	利益相关者
2020	A	28	80.00	46.67	42.86	83.33	86.67	85.71
	G	13	60.00	73.33	71.43	85.71	88.24	100.00
	N	92	60.00	53.33	42.86	85.71	100.00	88.89
	P	88	60.00	53.33	57.14	85.71	94.12	88.89
	R	6	60.00	26.67	50.00	85.71	85.29	93.75
2021	A	33	80.00	46.67	42.86	83.33	93.33	85.71
	G	13	60.00	73.33	71.43	85.71	88.24	85.71
	N	93	60.00	60.00	57.14	100.00	100.00	87.50
	P	88	60.00	60.00	57.14	100.00	94.12	77.78
	R	7	80.00	33.33	42.86	85.71	82.35	87.50
2022	A	33	80.00	60.87	50.00	83.33	93.33	85.71
	G	13	80.00	65.22	62.50	85.71	88.24	100.00
	N	94	60.00	66.67	50.00	85.71	94.12	88.89
	P	89	60.00	54.17	50.00	85.71	94.12	88.89
	R	7	80.00	56.52	50.00	85.71	88.24	87.50

资料来源：南开大学中国保险机构治理指数数据库。

第十四章　中国再保险机构治理指数分析

再保险机构是我国经济风险保障体系中不可或缺的一部分，其治理状况对于整个行业具有一定的影响。本章利用 2020－2022 年的中国保险机构治理指数（CIIGI）对我国再保险机构治理状况展开具体分析、分组比较分析和分布分析，同时也关注再保险机构的治理等级与评级情况，最后进行再保险机构与其他类型保险机构的治理总指数和分指数的比较分析。

第一节　中国再保险机构治理指数总体分析

一、中国再保险机构治理指数描述性统计分析

（一）中国再保险机构治理指数具体分析

如表 14-1 和图 14-1 所示，2020－2022 年中国再保险机构治理指数平均值依次为68.23、70.69 和 71.38，呈现出逐年上升的趋势；中位数依次为 64.29、70.22 和 68.70，在 2021 年上升后，2022 年出现了小幅度回落。2020－2022 年中国再保险机构治理指数最小值依次为 59.56、60.42 和 61.78，总体呈现上升趋势；最大值依次为 82.57、85.40 和83.25，在 2021 年上升至近三年最大值后，2022 年出现下降。

表 14-1　中国再保险机构治理指数统计分析

年份	样本数	平均值	中位数	标准差	极差	最小值	最大值
2020	6	68.23	64.29	8.73	23.02	59.56	82.57
2021	7	70.69	70.22	8.60	24.98	60.42	85.40
2022	7	71.38	68.70	7.60	21.47	61.78	83.25

资料来源：南开大学中国保险机构治理指数数据库。

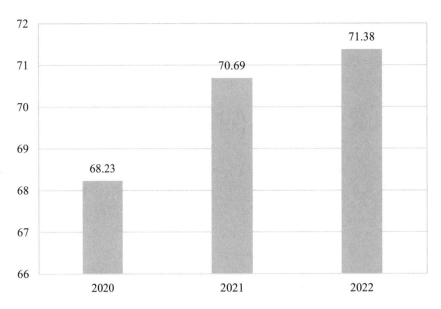

图 14-1　2020—2022 年中国再保险机构治理指数

资料来源：南开大学中国保险机构治理指数数据库。

（二）中国再保险机构治理指数分组比较分析

如表 14-2 和图 14-2 所示，2020—2022 年中国再保险机构治理指数分规模类型来看，中型再保险机构的平均值和中位数依次为 63.62、65.12 和 64.42，在 2021 年出现上升后，2022 年小幅度下降；小型再保险机构的平均值依次为 72.39、73.59 和 76.21，呈现逐年上升的趋势；小型再保险机构的中位数依次为 75.05、74.09 和 76.45，在 2021 年出现下降后，次年回升至近三年来最大值；微型再保险机构的平均值和中位数依次为 64.93、70.22 和 65.98，在 2021 年上升后，2022 年再次出现下降。

表 14-2　中国再保险机构治理指数分规模类型比较分析

年份	规模类型	样本数	平均值	中位数
2020	M	2	63.62	63.62
	S	3	72.39	75.05
	T	1	64.93	64.93
2021	M	2	65.12	65.12
	S	4	73.59	74.09
	T	1	70.22	70.22
2022	M	2	64.42	64.42
	S	4	76.21	76.45
	T	1	65.98	65.98

资料来源：南开大学中国保险机构治理指数数据库。

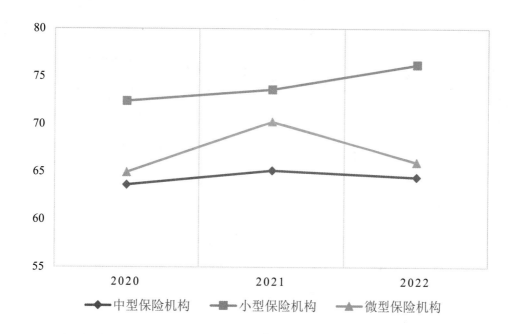

图 14-2 2020－2022 年中国再保险机构治理指数分规模类型比较分析

资料来源：南开大学中国保险机构治理指数数据库。

如表 14-3 和图 14-3 所示，2020－2022 年中国再保险机构治理指数分资本性质来看，中资再保险机构的指数平均值依次为 68.88、70.77 和 72.28，呈现逐年上升的趋势；中资再保险机构的指数中位数依次为 63.64、71.83 和 71.65，在 2021 年出现上升后，2022年相对稳定；外资再保险机构的平均值和中位数依次为 64.93、70.22 和 65.98，在 2021年上升后，2022 年出现一定程度的回落。

表 14-3 中国再保险机构治理指数分资本性质比较分析

年份	资本性质	样本数	平均值	中位数
2020	C	5	68.88	63.64
	F	1	64.93	64.93
2021	C	6	70.77	71.83
	F	1	70.22	70.22
2022	C	6	72.28	71.65
	F	1	65.98	65.98

资料来源：南开大学中国保险机构治理指数数据库。

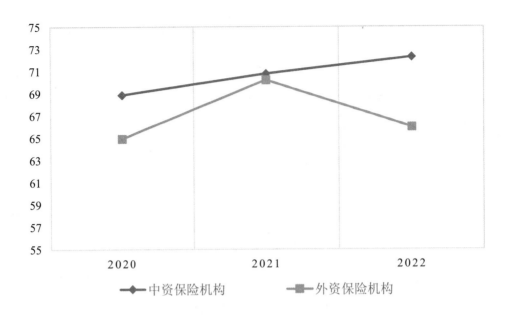

图 14-3 2020－2022 年中国再保险机构治理指数分资本性质比较分析

资料来源：南开大学中国保险机构治理指数数据库。

如表 14-4 和图 14-4 所示，2020－2022 年中国再保险机构治理指数分组织形式来看，有限制再保险机构的指数平均值依次为 68.23、72.34 和 71.83，中位数依次为 64.29、72.03 和 70.83，平均值和中位数均在 2021 年上升后，2022 年出现小幅度回落，且各年中位数低于平均值即有限制再保险机构治理指数分布呈右偏；股份制再保险机构 2021－2022 年的平均值和中位数分别为 60.79 和 68.70，2022 年较 2021 年出现一定幅度的上升。此外，有限制再保险机构各年平均值和中位数均高于股份制再保险机构，但 2022 年的差距有所缩小。

表 14-4 中国再保险机构治理指数分组织形式比较分析

年份	组织形式	样本数	平均值	中位数
2020	L	6	68.23	64.29
	S	0	–	–
2021	L	6	72.34	72.03
	S	1	60.79	60.79
2022	L	6	71.83	70.83
	S	1	68.70	68.70

资料来源：南开大学中国保险机构治理指数数据库。

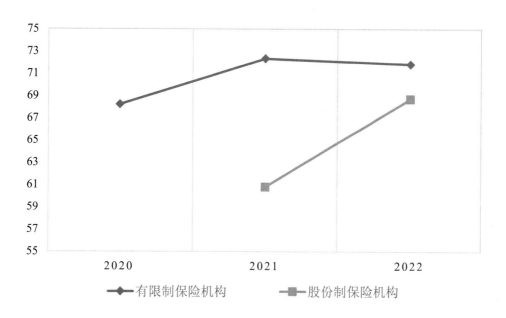

图 14-4　2020－2022 年中国再保险机构治理指数分组织形式比较分析

资料来源：南开大学中国保险机构治理指数数据库。

二、中国再保险机构治理指数分布分析

如表 14-5 所示，2020－2022 年中国再保险机构治理指数偏度系数依次为 1.078、0.443 和 0.475，2021 年偏度系数绝对值为近三年来最小；2022 年偏度误差标准差与 2021 年相等，均为 0.794，低于 2020 年的 0.845；2020－2022 年峰度系数依次为-0.071、0.377 和-0.921，2020 年峰度系数绝对值为近三年来最低；2022 年峰度系数标准差与 2021 年相等，均为 1.587，低于 2020 年的 1.741；2020－2022 年下四分位数依次为 62.587、60.793 和 65.984，在 2021 年下降后，2022 年回升至近三年最大值；中位数依次为 64.287、70.223 和 68.700，在 2021 年上升后，2022 年出现小幅度回落；上四分位数依次为 76.931、74.352 和 78.312，2022 年的上四分位数为近三年来最高。

表 14-5　中国再保险机构治理指数分布分析

统计指标	2020 年	2021 年	2022 年
偏度系数	1.078	0.443	0.475
偏度误差标准差	0.845	0.794	0.794
峰度系数	−0.071	0.377	−0.921
峰度系数标准差	1.741	1.587	1.587
下四分位数	62.587	60.793	65.984
中位数	64.287	70.223	68.700
上四分位数	76.931	74.352	78.312

资料来源：南开大学中国保险机构治理指数数据库。

三、中国再保险机构治理等级与评级分析

（一）中国再保险机构治理等级分析

如表 14-6 所示，2020—2022 年中国再保险机构治理等级各年占比最高的均为 IV 级，分别占到当年全部样本数的 50%、42.86%和 57.14%，2021 年治理等级属于 III 级的再保险机构占比与 IV 级同为最高，均为 42.86%。再保险机构治理等级属于 III 级的样本数在 2021 年上升后，2022 年出现回落；治理等级属于 IV 级的样本数呈现上升趋势。2020 年仅有一家再保险机构治理等级为V级，2021 年和 2022 年均没有V级样本。

表 14-6　中国再保险机构治理等级统计分析

年份	样本数与占比	治理等级				合计
		II	III	IV	V	
2020	样本数	1	1	3	1	6
	占比（%）	16.67	16.67	50	16.67	100.00
2021	样本数	1	3	3	–	7
	占比（%）	14.29	42.86	42.86	–	100.00
2022	样本数	1	2	4	–	7
	占比（%）	14.29	28.57	57.14	–	100.00

资料来源：南开大学中国保险机构治理指数数据库。

（二）中国再保险机构治理评级分析

如表 14-7 所示，最高评级 AAA、较低评级 CC 和最低评级 C 在 2020—2022 年从未出现，AA 评级仅在 2021 年出现一次，CCC 评级仅在 2020 年出现一次。总体而言，中国再保险机构治理评级呈现出逐年上升并集中的趋势，评级为 B 级和 CCC 级的公司占比逐年降低，B 级以上的公司占比由 2020 年的 33.34%上升至 2022 年的 85.71%；2022 年 BBB 级和 BB 级的公司占比达到 71.43%，且没有评级为 CCC 级及以下的公司。

表 14-7　中国再保险机构治理评级统计分析

治理评级	2020 年		2021 年		2022 年	
	样本数	占比（%）	样本数	占比（%）	样本数	占比（%）
AAA	–	–	–	–	–	–
AA	0	–	1	14.29	0	–
A	1	16.67	0	–	1	14.29
BBB	1	16.67	3	42.86	2	28.57
BB	0	–	1	14.29	3	42.86
B	3	50	2	28.57	1	14.29
CCC	1	16.67	0	–	0	–
CC	–	–	–	–	–	–
C	–	–	–	–	–	–
合计	6	100.00	7	100.00	7	100.00

资料来源：南开大学中国保险机构治理指数数据库。

第二节　再保险机构与其他类型机构比较分析

一、中国再保险机构治理总指数比较分析

如表 14-8 所示，再保险机构和资产管理公司、集团（控股）公司、人身保险机构及财产保险机构 2020－2022 年的治理指数平均值都呈现出逐年上升趋势。其中，再保险机构的治理指数平均值三年内一直是五种业务类型的保险机构中最低的；相比之下，集团（控股）公司的治理指数平均值在三年内一直高于其他业务类型的保险机构，2022 年达到 77.75，与再保险机构的差始终在 6 上下；资产管理公司、人身保险机构和财产保险机构的治理指数平均值较为接近，三年中排名不断变化但始终位列前四。在中位数方面，再保险机构的中位数同样是所有保险机构中较低的，且中位数三年内始终小于平均值即指数分布呈右偏；相比之下，2020 年中位数最大值为集团（控股）公司的 75.13，高于再保险机构 10.84；2021 年和 2022 年中位数最大值为人身保险机构的 76.04 和 76.24，分别高于再保险机构 5.82 和 7.54，且三年来中位数最大值始终低于当年平均值最大值。此外，资产管理公司、人身保险机构和财产保险机构治理指数的中位数三年内始终大于平均值即指数分布呈左偏，集团（控股）公司与再保险机构相同，治理指数的中位数三年内始终小于平均值即指数分布呈右偏。总体而言，相对于其他业务类型的保险机构，再保险机构治理指数的平均值和中位数皆处于较低水平，且与当年最大值的差距较大。

表 14-8　中国再保险机构与其他业务类型保险机构治理指数比较分析

年份	业务类型	样本数	平均值	中位数
2020	R	6	68.23	64.29
	A	28	71.97	72.89
	G	13	75.61	75.13
	N	92	72.17	73.60
	P	88	71.41	72.01
2021	R	7	70.69	70.22
	A	33	72.34	73.79
	G	13	76.52	75.79
	N	93	73.07	76.04
	P	88	73.28	75.41
2022	R	7	71.38	68.70
	A	33	74.46	75.12
	G	13	77.75	75.54
	N	94	73.61	76.24
	P	89	73.33	73.77

资料来源：南开大学中国保险机构治理指数数据库。

如表 14-9 所示，2020 年中国再保险机构等级IV占比最高，比例为 50%；相比之下，资产管理公司、集团（控股）公司、人身保险机构和财产保险机构等级III占比最高，比例分别为 46.43%、30.77%、40.22%和 47.73%。在五种业务类型的保险机构中，再保险机构样本量最小，仅包括II至V四个等级；相比之下，资产管理公司和集团（控股）公司样本量多于再保险机构，但同样较少，分别包括II至VI、I至V五个等级；人身保险机构和财产保险机构的样本数最大，治理等级也最分散，七个等级均有涉及，但等级I和等级V及以下的样本仅各有 8 个。相对于其他类型的保险机构，再保险机构和集团（控股）公司的样本在等级V及以上的比例达到了 100%。

表 14-9　中国再保险机构与其他业务类型保险机构治理等级比较分析（2020 年）

治理等级	业务类型									
	R		A		G		N		P	
	样本数	占比（%）	样本数	占比（%）	样本数	占比（%）	样本数	占比（%）	样本数	占比（%）
I	–	–	–	–	1	7.69	1	1.09	3	3.41
II	1	16.67	6	21.43	4	30.77	23	25.00	10	11.36
III	1	16.67	13	46.43	4	30.77	37	40.22	42	47.73
IV	3	50.00	6	21.43	2	15.38	24	26.09	28	31.82
V	1	16.67	1	3.57	2	15.38	2	2.17	2	2.27
VI	–	–	2	7.14	–	–	2	2.17	1	1.14
VII	–	–	–	–	–	–	3	3.26	2	2.27
合计	6	100.00	28	100.00	13	100.00	92	100.00	88	100.00

资料来源：南开大学中国保险机构治理指数数据库。

如表 14-10 所示，2021 年中国再保险机构等级III和等级IV的占比同为最高，比例为 42.86%；资产管理公司、集团（控股）公司、人身保险机构和财产保险机构都是等级III占比最高，比例分别为 39.39%、30.77%、45.16%和 46.59%。在五种业务类型的保险机构中，再保险机构样本量最小，评级也最为集中，仅包括II至IV三个等级；相比之下，资产管理公司和集团（控股）公司样本量略多于再保险机构，但仍显著少于人身保险机构和财产保险机构，评级仅包括五个等级；财产保险机构样本量较多，涉及除等级I之外的其他六个等级；人身保险机构的样本数最大，治理等级分散，七个等级均有涉及，但其中最高评级I和最低评级VII各有 2 家样本。相对于其他类型的保险机构，再保险机构和集团（控股）公司的样本在等级V及以上的比例达到 100%。

表 14-10 中国再保险机构与其他业务类型保险机构治理等级比较分析（2021 年）

治理等级	业务类型									
	R		A		G		N		P	
	样本数	占比（%）	样本数	占比（%）	样本数	占比（%）	样本数	占比（%）	样本数	占比（%）
I	–	–	–	–	1	7.69	2	2.15	–	–
II	1	14.29	7	21.21	4	30.77	23	24.73	20	22.73
III	3	42.86	13	39.39	4	30.77	42	45.16	41	46.59
IV	3	42.86	9	27.27	3	23.08	18	19.35	22	25
V	–	–	3	9.09	1	7.69	2	2.15	2	2.27
VI	–	–	–	–	–	–	4	4.3	2	2.27
VII	–	–	1	3.03	–	–	2	2.15	1	1.14
合计	7	100.00	33	100.00	13	100.00	93	100.00	88	100.00

资料来源：南开大学中国保险机构治理指数数据库。

如表 14-11 所示，2022 年中国再保险机构等级 IV 占比最高，比例达到了 57.14%；资产管理公司、集团（控股）公司、人身保险机构和财产保险机构则是等级 III 占比最高，比例分别为 42.42%、38.46%、47.87% 和 50.56%。在五种业务类型的保险机构中，再保险机构样本量最小，评级也最为集中，仅包括 II 至 IV 三个等级；相比之下，资产管理公司和集团（控股）公司样本量略多于再保险机构，但仍显著少于人身保险机构和财产保险机构，分别包括 II 至 V 和 I 至 IV 四个等级；财产保险机构样本量较多，包括除等级 I 之外的其他六个等级；人身保险机构的样本数最大，治理等级也最分散，七个等级均有涉及，但其中等级 I、等级 V 和等级 VI 仅有 1 家样本。相对于其他类型的保险机构，再保险机构和资产管理公司、集团（控股）公司的样本在等级 V 及以上的比例达到了 100%。

表 14-11 中国再保险机构与其他业务类型保险机构治理等级比较分析（2022 年）

治理等级	业务类型									
	R		A		G		N		P	
	样本数	占比（%）	样本数	占比（%）	样本数	占比（%）	样本数	占比（%）	样本数	占比（%）
I					2	15.38	1	1.06	–	–
II	1	14.29	8	24.24	4	30.77	24	25.53	22	24.72
III	2	28.57	14	42.42	5	38.46	45	47.87	45	50.56
IV	4	57.14	10	30.3	2	15.38	19	20.21	17	19.1
V	–	–	1	3.03	–	–	1	1.06	3	3.37
VI	–	–	–	–	–	–	1	1.06	1	1.12
VII	–	–	–	–	–	–	3	3.19	1	1.12
合计	7	100.00	33	100.00	13	100.00	94	100.00	89	100.00

资料来源：南开大学中国保险机构治理指数数据库。

如表 14-12 所示，2020 年再保险机构 B 评级占比最高，达到了 50.00%；资产管理公司、集团（控股）公司、人身保险机构和财产保险机构都是 BBB 评级占比最高，比例分别为 46.43%、30.77%、40.22% 和 47.73%。在五种业务类型的保险机构中，再保险机构样本量最小，仅包括四个评级，最高评级仅为 A；相比之下，资产管理公司和集团（控股）公司样本量略多于再保险机构，但仍显著少于人身保险机构和财产保险机构，分别包括 AA 至 CC 和 AAA 至 CCC 七个评级；人身保险机构和财产保险机构的样本数最多，治理评级也最分散，九个评级均有涉及，但其中获评 AAA 评级和 CCC 及以下评级的样本数非常少，两种业务类型各有 8 家。相对于其他类型的保险机构，2020 年再保险机构的样本量相差较大且治理评级整体较低。

表 14-12　中国再保险机构与其他业务类型保险机构治理评级比较分析（2020 年）

治理评级	业务类型									
	R		A		G		N		P	
	样本数	占比（%）	样本数	占比（%）	样本数	占比（%）	样本数	占比（%）	样本数	占比（%）
AAA	－	－	－	－	1	7.69	1	1.09	3	3.41
AA	－	－	3	10.71	2	15.38	7	7.61	2	2.27
A	1	16.67	3	10.71	2	15.38	16	17.39	8	9.09
BBB	1	16.67	13	46.43	4	30.77	37	40.22	42	47.73
BB	－	－	2	7.14	1	7.69	16	17.39	15	17.05
B	3	50.00	4	14.29	1	7.69	8	8.70	13	14.77
CCC	1	16.67	1	3.57	2	15.38	2	2.17	2	2.27
CC	－	－	2	7.14	－	－	2	2.17	1	1.14
C	－	－	－	－	－	－	3	3.26	2	2.27
合计	6	100.00	28	100.00	13	100.00	92	100.00	88	100.00

资料来源：南开大学中国保险机构治理指数数据库。

如表 14-13 所示，2021 年再保险机构和资产管理公司、集团（控股）公司、人身保险机构及财产保险机构都是 BBB 评级占比最高，占比分别为 42.86%、39.39%、30.77%、45.16% 和 46.59%。在五种业务类型的保险机构中，再保险机构样本量最小，仅包括四个评级且均在 CCC 评级之上；相比之下，资产管理公司和集团（控股）公司样本量略多于再保险机构，但仍显著少于人身保险机构和财产保险机构，资产管理公司包括 C 评级以及 AA 至 CCC 共七个评级，集团（控股）公司仅包括 AA 至 CCC 六个评级；财产保险机构样本量较多，包括除 AAA 评级之外的其他六个评级；人身保险机构的样本数最多，治理评级也最分散，九个评级均有涉及，但最高评级 AAA 和最低评级 C 各有 2 家；再保险机构与除人身保险机构的其他三种业务类型的保险机构样本中均无最高评级 AAA。相对于其他类型的保险机构，2021 年再保险机构的样本量相差较大，且评级多集中于 BBB 至 B 级，比例为 85.71%。

表 14-13 中国再保险机构与其他业务类型保险机构治理评级比较分析（2021 年）

治理评级	业务类型									
	R		A		G		N		P	
	样本数	占比（%）	样本数	占比（%）	样本数	占比（%）	样本数	占比（%）	样本数	占比（%）
AAA	—	—	—	—	—	—	2	2.15	—	—
AA	1	14.29	4	12.12	2	15.38	6	6.45	5	5.68
A	—	—	3	9.09	2	15.38	17	18.28	15	17.05
BBB	3	42.86	13	39.39	4	30.77	42	45.16	41	46.59
BB	1	14.29	8	24.24	3	23.08	10	10.75	17	19.32
B	2	28.57	1	3.03	1	7.69	8	8.60	5	5.68
CCC	—	—	3	9.09	1	7.69	2	2.15	2	2.27
CC	—	—	—	—	—	—	4	4.30	2	2.27
C	—	—	1	3.03	—	—	2	2.15	1	1.14
合计	7	100.00	33	100.00	13	100.00	93	100.00	88	100.00

资料来源：南开大学中国保险机构治理指数数据库。

如表 14-14 所示，2022 年再保险机构 BB 评级占比最高，为 42.86%；资产管理公司、集团（控股）公司、人身保险机构和财产保险机构都是 BBB 评级占比最高，比例分别为 42.42%、38.46%、47.87% 和 50.56%。在五种业务类型的保险机构中，再保险机构样本量最少，仅包括 A 至 B 四个评级；相比之下，资产管理公司和集团（控股）公司样本量略多于再保险机构，但仍显著少于人身保险机构和财产保险机构，分别包括 AA 至 CCC 和 AAA 至 B 六个评级；财产保险机构样本量略少于人身保险机构，评级涉及除 AAA 评级外的八个评级，但较低评级 C 和 CC 各有 1 家样本；人身保险机构的样本数最多，治理评级也最分散，九个评级均有涉及，但其中仅有 1 家样本被评为最高评级 AAA。相对于其他类型的保险机构，2022 年再保险机构的样本量相差较大，且评级多集中于 BBB 至 B 级，比例为 85.71%。

表 14-14 中国再保险机构与其他业务类型保险机构治理评级比较分析（2022 年）

治理评级	业务类型									
	R		A		G		N		P	
	样本数	占比（%）	样本数	占比（%）	样本数	占比（%）	样本数	占比（%）	样本数	占比（%）
AAA	—	—	—	—	2	15.38	1	1.06	—	—
AA	—	—	3	9.09	1	7.69	6	6.38	6	6.74
A	1	14.29	5	15.15	3	23.08	18	19.15	16	17.98
BBB	2	28.57	14	42.42	5	38.46	45	47.87	45	50.56
BB	3	42.86	8	24.24	1	7.69	12	12.77	10	11.24
B	1	14.29	2	6.06	1	7.69	7	7.45	7	7.87
CCC	—	—	1	3.03	—	—	1	1.06	3	3.37
CC	—	—	—	—	—	—	1	1.06	1	1.12
C	—	—	—	—	—	—	3	3.19	1	1.12
合计	7	100.00	33	100.00	13	100.00	94	100.00	89	100.00

资料来源：南开大学中国保险机构治理指数数据库。

二、中国再保险机构治理分指数比较分析

表 14-15 将中国保险机构治理分指数和业务类型进行了平均值比较分析。在股东与股权结构方面，再保险机构 2021 年该指数平均值有所上升，2022 年保持不变；相比之下，资产管理公司 2021 年该指数平均值小幅上升，2022 年又降至低于 2020 年的水平；集团（控股）公司 2021 年该指数平均值保持不变，2022 年又有所上升；财产保险机构该指数平均值逐年上升；人身保险机构该指数平均值逐年下降。2020 年再保险机构该指数平均值最低，仅为 60.00，远低于当年最高值资产管理公司的 71.43；2021 年再保险机构该指数平均值大幅上升，达到 74.29，在五种类型中位居第一，资产管理公司位居第二，其余三种类型的保险机构该指数平均值与上年相比变化不大；2022 年再保险机构仍位居第一，集团（控股）公司该指数平均值上升幅度相对较大，超越资产管理公司位居第二。在董事与董事会方面，再保险机构与其他业务类型保险机构的该指数平均值总体都呈上升趋势。再保险机构该指数平均值三年间始终位列第五，但分差有所缩小；集团（控股）公司该指数平均值三年间始终位列第一，但优势逐渐缩小。在监事与监事会方面，再保险机构和财产保险机构该指标平均值逐年下降，资产管理公司、集团（控股）公司和人身保险机构该指标平均值在 2020－2022 年总体呈上升趋势。集团（控股）公司该指数平均值三年中始终位列第一，再保险机构和其他三种类型的保险机构该指标平均值越来越接近，排名不断变化。在高级管理人员方面，再保险机构 2020－2022 年该指标平均值先下降后上升，总体呈上升趋势；相比之下，资产管理公司该指标平均值逐年下降，但降幅不大；集团（控股）公司、人身保险机构和财产保险机构该指标平均值三年间先上升后下降，总体呈上升趋势，其中集团（控股）公司 2021 年该指标平均值为 82.42，相比 2021 年的 70.33 增幅较大。与 2020 年和 2021 年相比，2022 年各业务类型保险机构该指标平均值之间的差距显著缩小，分数更加集中。在信息披露方面，再保险机构该指标平均值在 2021 年小幅度下降后，2022 年回升至三年最大值，总体仍呈现上升趋势；相比之下，资产管理公司 2020－2022 年该指标平均值总体呈上升趋势；集团（控股）公司、人身保险机构和财产保险机构该指标平均值总体呈下降趋势。该指标平均值与其他指标相比较高且分布相对集中，三年间最高值都略高于 92.0，最低值也都高于 82.0。在利益相关者方面，2020－2022 年再保险机构该指标平均值逐年下降，但始终位列五种业务类型保险机构中的前两位；相比之下，资产管理公司、集团（控股）公司、人身保险机构和财产保险机构该指标平均值都先下降后上升，资产管理公司和集团（控股）公司总体下降，人身保险机构和财产保险机构总体上升。其中，集团（控股）公司 2021 年该指标平均值为 84.62，较上一年的 92.31 大幅下降，2022 年又大幅回升至 91.21；财产保险机构 2021 年该指标平均值为 78.16，是三年中五种业务类型保险机构该指标平均值中唯一低于 80 的。

表 14-15　中国再保险机构与其他业务类型保险机构治理分指数平均值比较分析

年份	业务类型	样本数	股东与股权结构	董事与董事会	监事与监事会	高级管理人员	信息披露	利益相关者
2020	R	6	60.00	37.78	57.14	78.57	84.31	93.75
	A	28	71.43	50.48	45.92	83.33	87.38	86.73
	G	13	69.23	69.74	60.44	70.33	85.52	92.31
	N	92	62.61	56.67	44.57	81.83	92.70	85.99
	P	88	66.82	52.20	52.76	77.11	91.84	82.70
2021	R	7	74.29	46.67	53.06	75.51	82.35	89.29
	A	33	71.52	54.14	43.72	82.83	88.08	85.28
	G	13	69.23	70.26	64.84	82.42	84.62	84.62
	N	93	62.15	59.78	49.00	86.02	91.79	82.62
	P	88	67.05	55.45	52.11	88.96	92.85	78.16
2022	R	7	74.29	45.34	48.21	79.59	88.24	87.50
	A	33	70.91	58.37	46.97	82.32	92.73	86.58
	G	13	72.31	69.90	65.38	80.22	84.16	91.21
	N	94	61.91	63.48	48.14	83.74	89.94	86.29
	P	89	68.99	57.63	50.56	81.06	91.14	83.65

资料来源：南开大学中国保险机构治理指数数据库。

表 14-16 将中国保险机构治理分指数和业务类型进行了中位数比较分析。在股东与股权结构方面，2020 年再保险机构该指标中位数为 60.00，2021 年后上升为 80.00；资产管理公司、集团（控股）公司、人身保险机构和财产保险机构在这一指标上中位数也均为 80.00 或 60.00，中位数为 80.00 的保险机构类型逐年增加，由 2020 年的一类变为 2022 年的三类。在董事与董事会方面，再保险机构、资产管理公司、人身保险机构和财产保险机构该指标中位数总体均呈上升趋势，其中再保险机构相比其他业务类型保险机构该指数中位数增长幅度最大，由 2020 年的 26.67 增长至 2022 年的 56.52，但始终位列后两位；集团（控股）公司该指标中位数呈下降趋势，由 2020 年的 73.33 降至 2022 年的 65.22，但始终位列前两位。在监事与监事会方面，再保险机构与其他业务类型的保险机构三年间该指数中位数均变化不大，集团（控股）公司始终位列第一。在高级管理人员、信息披露和利益相关者方面，2020－2022 年中位数显著高于其他三个指标且再保险机构与各业务类型的保险机构之间相差很小，三年间数值总体保持平稳。

表 14-16　中国再保险机构与其他业务类型保险机构治理分指数中位数比较分析

年份	业务类型	样本数	股东与股权结构	董事与董事会	监事与监事会	高级管理人员	信息披露	利益相关者
2020	R	6	60.00	26.67	50.00	85.71	85.29	93.75
	A	28	80.00	46.67	42.86	83.33	86.67	85.71
	G	13	60.00	73.33	71.43	85.71	88.24	100.00
	N	92	60.00	53.33	42.86	85.71	100.00	88.89
	P	88	60.00	53.33	57.14	85.71	94.12	88.89

年份	业务类型	样本数	股东与股权结构	董事与董事会	监事与监事会	高级管理人员	信息披露	利益相关者
2021	R	7	80.00	33.33	42.86	85.71	82.35	87.50
	A	33	80.00	46.67	42.86	83.33	93.33	85.71
	G	13	60.00	73.33	71.43	85.71	88.24	85.71
	N	93	60.00	60.00	57.14	100.00	100.00	87.50
	P	88	60.00	60.00	57.14	100.00	94.12	77.78
2022	R	7	80.00	56.52	50.00	85.71	88.24	87.50
	A	33	80.00	60.87	50.00	83.33	93.33	85.71
	G	13	80.00	65.22	62.50	85.71	88.24	100.00
	N	94	60.00	66.67	50.00	85.71	94.12	88.89
	P	89	60.00	54.17	50.00	85.71	94.12	88.89

资料来源：南开大学中国保险机构治理指数数据库。

第十五章　中国相互保险组织治理指数分析

相互保险组织在我国起步较晚，样本数有限，但也是我国保险机构的重要组成部分。考虑其治理结构与机制明显区别于一般公司，因此本章利用 2016－2022 年的中国保险机构治理指数（CIIGI）对我国相互保险组织治理状况展开具体分析、分组比较分析和分布分析，同时也关注相互保险组织的治理等级与评级情况，最后进行相互保险组织与股份制和有限制保险机构的治理总指数和分指数的比较分析。

第一节　中国相互保险组织治理指数总体分析

一、中国相互保险组织治理指数描述性统计分析

（一）中国相互保险组织治理指数具体分析

如表 15-1 和图 15-1 所示，2017 年中国相互保险组织治理指数的平均值由 2016 年的 28.46 上升至 53.27，中位数由 2016 年的 12.50 上升至 78.36，2018－2022 年平均值和中位数波动明显；与 2016 年相比，2017 年标准差和极差有所上升，中国相互保险组织治理指数波动幅度变大，2017 年后数值保持平稳；2016－2022 年中国相互保险组织治理指数最小值始终为 11.12，2016 年最大值为 77.73，2017 年及以后最大值始终在 90.00 附近波动。

表 15-1　中国相互保险组织治理指数统计分析

年份	样本数	平均值	中位数	标准差	极差	最小值	最大值
2016	4	28.46	12.50	32.85	66.61	11.12	77.73
2017	7	53.27	78.36	38.73	78.13	11.12	89.25
2018	7	52.26	76.28	37.88	79.99	11.12	91.11
2019	7	53.39	79.75	38.76	77.25	11.12	88.37
2020	7	53.70	78.79	39.22	82.45	11.12	93.57
2021	7	52.26	76.28	37.95	81.37	11.12	92.49
2022	7	53.28	73.77	38.72	78.59	11.12	89.71

资料来源：南开大学中国保险机构治理指数数据库。

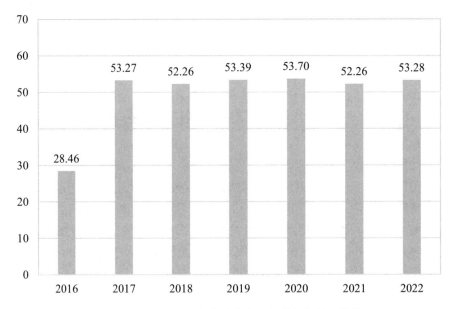

图 15-1　2016－2022 年中国相互保险组织治理指数

资料来源：南开大学中国保险机构治理指数数据库。

（二）中国相互保险组织治理指数分组比较分析

如表 15-2 和图 15-2 所示，中国相互保险组织规模类型只有小型和微型，没有大型和中型。2016－2022 年，小型相互保险组织治理指数平均值依次为 77.73、81.74、76.28、79.75、88.85、85.94 和 87.06，微型相互保险组织治理指数平均值依次为 12.04、48.53、48.25、48.99、39.65、38.79 和 39.77，每年小型相互保险组织治理指数平均值均高于微型相互保险组织，其中，2016 年指数平均值差距最大。从中位数来看，历年小型相互保险组织治理指数中位数高于微型相互保险组织，2020 年两者差距最大。综上所述，小型相互保险组织的治理水平优于微型相互保险组织。

表 15-2　中国相互保险组织治理指数分规模类型比较分析

年份	规模类型	样本数	平均值	中位数
2016	S	1	77.73	77.73
	T	3	12.04	12.50
2017	S	1	81.74	81.74
	T	6	48.53	45.43
2018	S	1	76.28	76.28
	T	6	48.25	46.27
2019	S	1	79.75	79.75
	T	6	48.99	48.27
2020	S	2	88.85	88.85
	T	5	39.65	12.50

续表

年份	规模类型	样本数	平均值	中位数
2021	S	2	85.94	85.94
	T	5	38.79	12.50
2022	S	2	87.06	87.06
	T	5	39.77	13.27

资料来源：南开大学中国保险机构治理指数数据库。

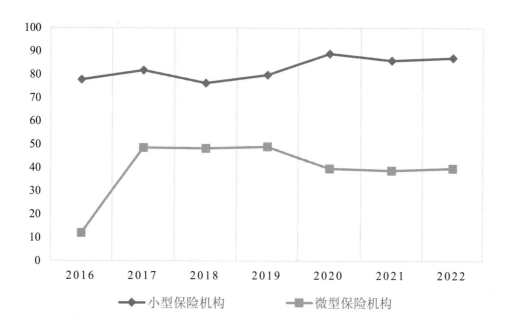

图 15-2　2016－2022 年中国相互保险组织治理指数分规模类型比较分析

资料来源：南开大学中国保险机构治理指数数据库。

如表 15-3 和图 15-3 所示，中国相互保险组织保险种类分为财产保险机构和人身保险机构。2016－2022 年，人身保险机构的治理指数平均值依次为 11.81、37.01、38.24、37.33、39.06、38.70 和 38.03，财产保险机构的治理指数平均值依次为 45.11、65.46、62.77、65.43、64.68、62.43 和 64.72，人身保险机构的治理指数平均值均低于财产保险机构，其中 2016 年差值最大为 33.30，其余年份差值保持在 25 上下。从中位数来看，人身保险机构的治理指数中位数同样低于财产保险机构，其中 2019 年差值最大为 69.40。由此可知中国相互保险组织人身保险机构治理水平低于财产保险机构。

表 15-3　中国相互保险组织治理指数分险种类型比较分析

年份	险种类型	样本数	平均值	中位数
2016	N	2	11.81	11.81
	P	2	45.11	45.11

续表

年份	险种类型	样本数	平均值	中位数
2017	N	3	37.01	12.50
	P	4	65.46	80.05
2018	N	3	38.24	12.50
	P	4	62.77	78.16
2019	N	3	37.33	12.50
	P	4	65.43	81.90
2020	N	3	39.06	12.50
	P	4	64.68	81.05
2021	N	3	38.70	12.50
	P	4	62.43	77.84
2022	N	3	38.03	13.27
	P	4	64.72	79.09

资料来源：南开大学中国保险机构治理指数数据库。

图 15-3　2016－2022 年中国相互保险组织治理指数分险种类型比较分析

资料来源：南开大学中国保险机构治理指数数据库。

二、中国相互保险组织治理指数分布分析

如表 15-4 所示，2016－2017 年，中国相互保险组织治理指数偏度系数和峰度系数由正转负，其后 5 年都为负数且基本保持稳定，由此可知从 2017 年开始中国相互保险组织指数分布为左偏，与正态分布相比较为"矮胖"；2016－2022 年下四分位数、中位数

和上四分位数呈现总体上升趋势，表明 2016—2022 年中国相互保险组织治理水平不断提升。

表 15-4　中国相互保险组织治理指数分布分析

统计指标	2016 年	2017 年	2018 年	2019 年	2020 年	2021 年	2022 年
偏度系数	1.998	-0.342	-0.319	-0.358	-0.324	-0.304	-0.311
偏度误差标准差	1.014	0.794	0.794	0.794	0.794	0.794	0.794
峰度系数	3.992	-2.752	-2.709	-2.775	-2.718	-2.681	-2.720
峰度系数标准差	2.619	1.587	1.587	1.587	1.587	1.587	1.587
下四分位数	11.465	12.499	12.499	12.499	12.499	12.499	12.368
中位数	12.499	78.361	76.284	79.750	78.789	76.284	73.772
上四分位数	61.422	87.420	82.240	85.420	84.121	81.541	88.326

资料来源：南开大学中国保险机构治理指数数据库。

三、中国相互保险组织治理等级与评级分析

（一）中国相互保险组织治理等级分析

如表 15-5 所示，总体来看，2016—2022 年，中国相互保险组织治理等级呈现波动向好的趋势，除 2016 年，每年都有治理等级为 II 级的相互保险组织，其中 2018 年、2020年和 2021 年均有 1 家治理等级为 I 级的组织，整体治理水平一直在波动。值得注意的是治理等级为 VII 级的相互保险组织 2016—2022 年每年都有 3 家，且占比较高。

表 15-5　中国相互保险组织治理等级统计分析

年份	样本数与占比	治理等级				合计
		I	II	III	VII	
2016	样本数	–	–	1	3	4
	占比（%）	–	–	25.00	75.00	100.00
2017	样本数	–	3	1	3	7
	占比（%）	–	42.86	14.29	42.86	100.00
2018	样本数	1	2	1	3	7
	占比（%）	14.29	28.57	14.29	42.86	100.00
2019	样本数	–	3	1	3	7
	占比（%）	–	42.86	14.29	42.86	100.00
2020	样本数	1	2	1	3	7
	占比（%）	14.29	28.57	14.29	42.86	100.00
2021	样本数	1	1	2	3	7
	占比（%）	14.29	14.29	28.57	42.86	100.00
2022	样本数	–	3	1	3	7
	占比（%）	–	42.86	14.29	42.86	100.00

资料来源：南开大学中国保险机构治理指数数据库。

（二）中国相互保险组织治理评级分析

如表 15-6 所示，总体来看，2016—2022 年，中国相互保险组织治理评级呈现波动向好的趋势，2017 年、2019 年和 2022 年每年都有治理评级为 AA 的相互保险组织，其中 2018 年、2020 年和 2021 年均有 1 家治理评级为 AAA 的相互保险组织。值得注意的是治理评级为 C 的相互保险组织 2016—2022 年每年都有 3 家，且占比较高。

表 15-6　中国相互保险组织治理评级统计分析

年份	样本数与占比	治理评级					合计
		AAA	AA	A	BBB	C	
2016	样本数	-	-	-	1	3	4
	占比（%）	-	-	-	25.00	75.00	100.00
2017	样本数	-	2	1	1	3	7
	占比（%）	-	28.57	14.29	14.29	42.86	100.00
2018	样本数	1	-	2	1	3	7
	占比（%）	14.29	-	28.57	14.29	42.86	100.00
2019	样本数	-	2	1	1	3	7
	占比（%）	-	28.57	14.29	14.29	42.86	100.00
2020	样本数	1	-	2	1	3	7
	占比（%）	14.29	-	28.57	14.29	42.86	100.00
2021	样本数	1	-	1	2	3	7
	占比（%）	14.29	-	14.29	28.57	42.86	100.00
2022	样本数	-	2	1	1	3	7
	占比（%）	-	28.57	14.29	14.29	42.86	100.00

资料来源：南开大学中国保险机构治理指数数据库。

第二节　相互保险组织与其他类型机构比较分析

一、中国相互保险组织治理总指数比较分析

如表 15-7 所示，2016—2022 年，相互保险组织治理指数的平均值依次为 28.46、53.27、52.26、53.39、53.70、52.26 和 53.28，股份制保险机构治理指数的平均值依次为 68.56、68.79、70.26、73.15、75.34、75.51 和 75.64，有限制保险机构治理指数的平均值依次为 66.17、66.43、66.77、67.44、68.74、71.65 和 72.86。其中，相互保险组织治理指数的平均值始终最低，股份制保险机构治理指数的平均值最高。从中位数来看，2017 年相互保险组织指数中位数从 2016 年的 12.50 跃升至 78.36，位列三种组织形式保险机构中的第一名，随后始终保持第一，直至 2021 年被股份制保险机构反超；2017—2022 年，有限制保险机构治理指数中位数始终最低。总体而言，相对于其他组织形式的保险机构，相互保险组织的平均值较低，中位数较高，且中位数总体远大于平均值。

表 15-7　中国相互保险组织治理指数分组织形式比较分析

年份	组织形式	样本数	平均值	中位数
2016	M	4	28.46	12.50
	L	58	66.17	66.56
	S	98	68.56	69.63
2017	M	7	53.27	78.36
	L	61	66.43	66.95
	S	104	68.79	69.98
2018	M	7	52.26	76.28
	L	61	66.77	65.93
	S	112	70.26	71.37
2019	M	7	53.39	79.75
	L	63	67.44	68.25
	S	110	73.15	74.52
2020	M	7	53.70	78.79
	L	94	68.74	69.61
	S	126	75.34	75.93
2021	M	7	52.26	76.28
	L	100	71.65	73.00
	S	127	75.51	77.27
2022	M	7	53.28	73.77
	L	101	72.86	73.23
	S	128	75.64	76.87

资料来源：南开大学中国保险机构治理指数数据库。

如表 15-8 所示，2016 年相互保险组织最高治理等级为Ⅲ级，占比最高的治理等级为Ⅶ级，比例为 75%，且其样本只包括Ⅲ级和Ⅶ级两个等级；相比之下，股份制保险机构和有限制保险机构最高治理等级皆为Ⅱ级，股份制保险机构治理等级在Ⅲ级及以上的占比为 45.92%，高于有限制保险机构和相互保险组织同等级占比，且其没有Ⅶ级样本；有限制保险机构占比最高的治理等级为Ⅳ级，比例为 56.90%，且没有Ⅰ级样本。

表 15-8　中国相互保险组织治理等级分组织形式比较分析（2016 年）

治理等级	组织形式					
	M		L		S	
	样本数	占比（%）	样本数	占比（%）	样本数	占比（%）
Ⅰ	－	－	－	－	－	－
Ⅱ	－	－	3	5.17	6	6.12
Ⅲ	1	25.00	15	25.86	39	39.80
Ⅳ	－	－	33	56.90	38	38.78
Ⅴ	－	－	5	8.62	12	12.24
Ⅵ	－	－	1	1.72	3	3.06
Ⅶ	3	75.00	1	1.72	－	－
合计	4	100.00	58	100.00	98	100.00

资料来源：南开大学中国保险机构治理指数数据库。

　　如表 15-9 所示，2017 年相互保险组织和有限制保险机构最高治理等级均为II级，相互保险组织治理等级在III级及以上的占比为 57.15%，高于其他两类组织形式，但其样本数最少，且等级小于或等于V级的样本占比最大，为 42.86%；相比之下，股份制保险机构最高治理等级为I级；有限制保险机构等级小于或等于V级的样本占比最小，为 14.76%。

表 15-9　中国相互保险组织治理等级分组织形式比较分析（2017 年）

治理等级	组织形式					
	M		L		S	
	样本数	占比（%）	样本数	占比（%）	样本数	占比（%）
I	－	－	－	－	1	0.96
II	3	42.86	2	3.28	9	8.65
III	1	14.29	21	34.43	42	40.38
IV	－	－	29	47.54	36	34.62
V	－	－	5	8.20	10	9.62
VI	－	－	3	4.92	5	4.81
VII	3	42.86	1	1.64	1	0.96
合计	7	100.00	61	100.00	104	100.00

资料来源：南开大学中国保险机构治理指数数据库。

　　如表 15-10 所示，2018 年相互保险组织、有限制保险机构和股份制保险机构最高治理等级均为I级，相互保险组织的样本数仍显著少于有限制和股份制保险机构，且其等级为 VII 级的样本占比最大，高达 42.86%；相比之下，股份制保险机构治理等级在III级及以上的占比为 58.04%，高于其他两类组织形式，且其样本数最多，等级小于或等于V级的样本占比最小，为 9.82%。

表 15-10　中国相互保险组织治理等级分组织形式比较分析（2018 年）

治理等级	组织形式					
	M		L		S	
	样本数	占比（%）	样本数	占比（%）	样本数	占比（%）
I	1	14.29	1	1.64	1	0.89
II	2	28.57	2	3.28	13	11.61
III	1	14.29	17	27.87	51	45.54
IV	－	－	31	50.82	36	32.14
V	－	－	8	13.11	7	6.25
VI	－	－	1	1.64	1	0.89
VII	3	42.86	1	1.64	3	2.68
合计	7	100.00	61	100.00	112	100.00

资料来源：南开大学中国保险机构治理指数数据库。

　　如表 15-11 所示，2019 年相互保险组织和有限制保险机构最高治理等级均为II级，其中相互保险组织样本只包括 II 级、III 级和 VII 级三个等级，VII 级样本占比最大，高达 42.86%；相比之下，股份制保险机构最高治理等级为I级，治理等级在III级及以上的占比为 71.82%，高于其他两类组织形式，且其样本数最多，等级小于或等于V级的样本占比最小，为 9.09%。

表 15-11　中国相互保险组织治理等级分组织形式比较分析（2019 年）

治理等级	组织形式					
	M		L		S	
	样本数	占比（%）	样本数	占比（%）	样本数	占比（%）
I	–	–	–	–	1	0.91
II	3	42.86	5	7.94	21	19.09
III	1	14.29	18	28.57	57	51.82
IV	–	–	30	47.62	21	19.09
V	–	–	8	12.70	7	6.36
VI	–	–	–	–	–	–
VII	3	42.86	2	3.17	3	2.73
合计	7	100.00	63	100.00	110	100.00

资料来源：南开大学中国保险机构治理指数数据库。

如表 15-12 所示，2020 年相互保险组织和股份制保险机构最高治理等级均为 I 级，有限制保险机构最高治理等级为 II 级。相互保险组织样本数最少，仅包括 I、II、III 和 VII 级四个等级的样本，其中 VII 级样本占比最大，高达 42.86%；相比之下，股份制保险机构治理等级在III级及以上的占比为 77.78%，高于其他两类组织形式，且其样本数最多，等级小于或等于 V 级的样本占比最小，为 4.76%。可见，2020 年股份制保险机构的治理水平要显著优于相互保险组织。

表 15-12　中国相互保险组织治理等级分组织形式比较分析（2020 年）

治理等级	组织形式					
	M		L		S	
	样本数	占比（%）	样本数	占比（%）	样本数	占比（%）
I	1	14.29	–	–	4	3.17
II	2	28.57	7	7.45	35	27.78
III	1	14.29	37	39.36	59	46.83
IV	–	–	41	43.62	22	17.46
V	–	–	5	5.32	3	2.38
VI	–	–	3	3.19	2	1.59
VII	3	42.86	1	1.06	1	0.79
合计	7	100.00	94	100.00	126	100.00

资料来源：南开大学中国保险机构治理指数数据库。

如表 15-13 所示，2021 年相互保险组织、有限制保险机构和股份制保险机构最高治理等级均为I级。相互保险组织样本中，治理等级为 VII 的样本数为 3 家，占比 42.86%，治理等级为 I、II、III 级的样本数合计为 4 家，占比 57.14%；股份制保险机构样本中，治理等级为 III 的样本数合计为 54 家，占比 42.52%，治理等级为 II 级的样本 42 家，占比 33.07%，没有等级为 VII 级的样本；有限制保险机构样本中，治理等级为 III 的样本数占比最多，占比为 47.00%，其次是 IV 级的样本，占比为 33.00%。

表 15-13 中国相互保险组织治理等级分组织形式比较分析（2021 年）

治理等级	组织形式					
	M		L		S	
	样本数	占比（%）	样本数	占比（%）	样本数	占比（%）
I	1	14.29	1	1.00	1	0.79
II	1	14.29	12	12.00	42	33.07
III	2	28.57	47	47.00	54	42.52
IV	－	－	33	33.00	22	17.32
V	－	－	4	4.00	4	3.15
VI	－	－	2	2.00	4	3.15
VII	3	42.86	1	1.00	－	－
合计	7	100.00	100	100.00	127	100.00

资料来源：南开大学中国保险机构治理指数数据库。

如表 15-14 所示，2022 年相互保险组织和有限制保险机构最高治理等级均为 II 级。其中，相互保险组织样本中治理等级为 II 级的样本和治理等级为 VII 级的样本数均为 3 家，占比为 42.86%，治理等级为 III 级的样本 1 家，占比 14.29%；有限制保险机构样本中治理等级为 III 级的样本数最多，占比 48.51%，其次是 IV 级；股份制保险机构最高治理等级为 I 级，主要治理等级集中在 III 级，占比 47.66%。

表 15-14 中国相互保险组织治理等级分组织形式比较分析（2022 年）

治理等级	组织形式					
	M		L		S	
	样本数	占比（%）	样本数	占比（%）	样本数	占比（%）
I	－	－	－	－	3	2.34
II	3	42.86	18	17.82	38	29.69
III	1	14.29	49	48.51	61	47.66
IV	－	－	31	30.69	21	16.41
V	－	－	3	2.97	2	1.56
VI	－	－	－	－	2	1.56
VII	3	42.86	－	－	1	0.78
合计	7	100.00	101	100.00	128	100.00

资料来源：南开大学中国保险机构治理指数数据库。

综合 2021—2022 年样本来看，相互保险组织治理等级的样本分布较为分散，而股份制和有限制保险机构的样本分布更集中于较高的治理等级。

如表 15-15 所示，2016 年中国保险组织治理评级样本数为 160 家。其中，相互保险组织样本数为 4 家，75.00% 的样本分布于 C 评级，25.00% 的样本分布于 BBB 评级；有限制保险机构样本数为 58 家，82.80% 的样本分布于 BBB 至 B 评级；股份制保险机构样本数为 98 家，78.50% 的样本分布在 BBB 至 B 评级。相比之下，相互保险组织样本治理评级主要集中于 C 级，而有限制保险机构样本和股份制保险机构样本的治理评级基本都分布在 BBB 至 B 评级。

表 15-15　中国相互保险组织治理评级分组织形式比较分析（2016 年）

治理评级	组织形式					
	M		L		S	
	样本数	占比（%）	样本数	占比（%）	样本数	占比（%）
AAA	–	–	–	–	–	–
AA	–	–	–	–	2	2.00
A	–	–	3	5.20	4	4.10
BBB	1	25.00	15	25.90	39	39.80
BB	–	–	19	32.80	21	21.40
B	–	–	14	24.10	17	17.30
CCC	–	–	5	8.60	12	12.20
CC	–	–	1	1.70	3	3.10
C	3	75.00	1	1.70	–	–
合计	4	100.00	58	100.00	98	100.00

资料来源：南开大学中国保险机构治理指数数据库。

如表 15-16 所示，2017 年中国保险组织治理评级样本数为 172 家。其中，相互保险组织样本数为 7 家，42.90% 分布于 C 评级，57.10% 分布于 AA 至 BBB 评级；有限制保险机构样本数为 61 家，82.00% 分布于 BBB 至 B 评级；股份制保险机构样本数为 104 家，75.00% 的样本分布在 BBB 至 B 评级。相比之下，相互保险组织样本治理评级呈现出部分属于 AA 和 BBB 评级之间、其余全部属于 C 评级的两极分化现象；有限制保险机构和股份制保险机构样本的治理评级则基本都分布在 BBB 至 B 评级。

表 15-16　中国相互保险组织治理评级分组织形式比较分析（2017 年）

治理评级	组织形式					
	M		L		S	
	样本数	占比（%）	样本数	占比（%）	样本数	占比（%）
AAA	–	–	–	–	1	1.00
AA	2	28.60	–	–	1	1.00
A	1	14.30	2	3.30	8	7.70
BBB	1	14.30	21	34.40	42	40.40

续表

治理评级	组织形式					
	M		L		S	
	样本数	占比（%）	样本数	占比（%）	样本数	占比（%）
BB	－	－	14	23.00	18	17.30
B	－	－	15	24.60	18	17.30
CCC	－	－	5	8.20	10	9.60
CC	－	－	3	4.90	5	4.80
C	3	42.90	1	1.60	1	1.00
合计	7	100.00	61	100.00	104	100.00

资料来源：南开大学中国保险机构治理指数数据库。

如表 15-17 所示，2018 年中国保险组织治理评级样本数为 180 家。其中，相互保险组织样本数为 7 家，42.90%分布于 C 评级，57.10%分布于 AAA 至 BBB 评级；有限制保险机构样本数为 61 家，78.80%分布于 BBB 至 B 评级；股份制保险机构样本数为 112 家，77.70%的样本分布在 BBB 至 B 评级。相比之下，相互保险组织样本治理评级呈现出部分属于 AAA 和 BBB 评级之间、其余全部属于 C 评级的两极分化现象；有限制保险机构和股份制保险机构样本的治理评级则基本都分布在 BBB 至 B 评级。

表 15-17　中国相互保险组织治理评级分组织形式比较分析（2018 年）

治理评级	组织形式					
	M		L		S	
	样本数	占比（%）	样本数	占比（%）	样本数	占比（%）
AAA	1	14.30	1	1.60	1	0.90
AA	－	－	1	1.60	2	1.80
A	2	28.60	1	1.60	11	9.80
BBB	1	14.30	17	27.90	51	45.50
BB	－	－	14	23.00	21	18.80
B	－	－	17	27.90	15	13.40
CCC	－	－	8	13.10	7	6.30
CC	－	－	1	1.60	1	0.90
C	3	42.90	1	1.60	3	2.70
合计	7	100.00	61	100.00	112	100.00

资料来源：南开大学中国保险机构治理指数数据库。

如表 15-18 所示，2019 年中国保险组织治理评级样本数为 180 家。其中，相互保险组织样本数为 7 家，42.90%的样本分布于 C 评级，57.10%的样本分布于 AA 至 BBB 评级；有限制保险机构样本数为 63 家，76.20%的样本分布于 BBB 至 B 评级；股份制保险机构样本数为 110 家，84.60%的样本分布在 A 至 BB 评级。相比之下，相互保险组织样本治理评级呈现出部分属于 AA 和 BBB 评级之间，其余全部属于 C 评级的两极分化现象；股份制保险机构样本的治理评级基本上都分布在 A 至 BB 评级之间；有限制保险机构样本的治理评级则基本都分布在 BBB 至 B 评级之间。

表 15-18　中国相互保险组织治理评级分组织形式比较分析（2019 年）

治理评级	组织形式					
	M		L		S	
	样本数	占比（%）	样本数	占比（%）	样本数	占比（%）
AAA	–	–	–	–	1	0.90
AA	2	28.60	1	1.60	4	3.60
A	1	14.30	4	6.30	17	15.50
BBB	1	14.30	18	28.60	57	51.80
BB	–	–	20	31.70	19	17.30
B	–	–	10	15.90	2	1.80
CCC	–	–	8	12.70	7	6.40
CC	–	–	–	–	–	–
C	3	42.90	2	3.20	3	2.70
合计	7	100.00	63	100.00	110	100.00

资料来源：南开大学中国保险机构治理指数数据库。

如表 15-19 所示，2020 年中国保险组织治理评级样本数为 227 家。其中，相互保险组织样本数为 7 家，42.90% 分布于 C 评级，57.10% 的样本分布于 AAA 至 BBB 评级；有限制保险机构样本数为 94 家，83.00% 的样本分布于 BBB 至 B 评级；股份制保险机构样本数为 126 家，77.00% 的样本分布在 A 至 BB 评级。相比之下，相互保险组织样本治理评级呈现出部分属于 AAA 至 BBB 评级之间、其余全部属于 C 评级的两极分化现象；股份制保险机构样本的治理评级基本上都分布在 A 至 BB 评级之间；有限制保险机构样本的治理评级则基本都分布在 BBB 至 B 评级之间。

表 15-19　中国相互保险组织治理评级分组织形式比较分析（2020 年）

治理评级	组织形式					
	M		L		S	
	样本数	占比（%）	样本数	占比（%）	样本数	占比（%）
AAA	1	14.30	–	–	4	3.20
AA	–	–	2	2.10	12	9.50
A	2	28.60	5	5.30	23	18.30
BBB	1	14.30	37	39.40	59	46.80
BB	–	–	19	20.20	15	11.90
B	–	–	22	23.40	7	5.60
CCC	–	–	5	5.30	3	2.40
CC	–	–	3	3.20	2	1.60
C	3	42.90	1	1.10	1	0.80
合计	7	100.00	94	100.00	126	100.00

资料来源：南开大学中国保险机构治理指数数据库。

如表 15-20 所示，2021 年中国保险组织治理评级样本数为 234 家。其中，相互保险组织样本数为 7 家，42.90%分布于 C 评级，57.10%分布于 AAA 至 BBB 评级；有限制保险机构样本数为 100 家，80.00%分布于 BBB 至 B 评级；股份制保险机构样本数为 127 家，77.90%的样本分布在 A 至 BB 评级。相比之下，相互保险组织样本治理评级呈现出部分属于 AAA 至 BBB 评级之间，其余全部属于 C 评级的两极分化现象；股份制保险机构样本的治理评级基本上都分布在 A 至 BB 评级之间；有限制保险机构样本的治理评级则基本都分布在 BBB 至 B 评级之间。

表 15-20　中国相互保险组织治理评级分组织形式比较分析（2021 年）

治理评级	组织形式					
	M		L		S	
	样本数	占比（%）	样本数	占比（%）	样本数	占比（%）
AAA	1	14.30	1	1.00	1	0.80
AA	–	–	5	5.00	13	10.20
A	1	14.30	7	7.00	29	22.80
BBB	2	28.60	47	47.00	54	42.50
BB	–	–	23	23.00	16	12.60
B	–	–	10	10.00	6	4.70
CCC	–	–	4	4.00	4	3.10
CC	–	–	2	2.00	4	3.10
C	3	42.90	1	1.00	–	–
合计	7	100.00	100	100.00	127	100.00

资料来源：南开大学中国保险机构治理指数数据库。

如表 15-21 所示，2022 年中国保险组织治理评级样本数为 236 家。其中，相互保险组织样本数为 7 家，42.90%的样本分布于 BBB 评级，剩余样本均分布于 AA、A、BB 评级之中；有限制保险机构样本数为 101 家，80.20%的样本分布于 A 至 BB 评级；股份制保险机构样本数为 128 家，82.00%的样本分布在 A 至 BB 评级。相比之下，相互保险组织样本治理评级集中分布在 AA 评级至 BB 评级之间，占比最高的是 BBB 评级；股份制保险机构和有限制保险机构样本的治理评级基本上都分布在 A 至 BB 评级之间。

表 15-21　中国相互保险组织治理评级分组织形式比较分析（2022 年）

治理评级	组织形式					
	M		L		S	
	样本数	占比（%）	样本数	占比（%）	样本数	占比（%）
AAA	–	–	–	–	3	2.30
AA	2	28.60	6	5.90	8	6.30
A	1	14.30	12	11.90	30	23.40
BBB	3	42.90	49	48.50	61	47.70
BB	1	14.30	20	19.80	14	10.90

治理评级	组织形式					
	M		L		S	
	样本数	占比（%）	样本数	占比（%）	样本数	占比（%）
B	-	-	11	10.90	7	5.50
CCC	-	-	3	3.00	2	1.60
CC	-	-	-	-	2	1.60
C	-	-	-	-	1	0.80
合计	7	100.00	101	100.00	128	100.00

资料来源：南开大学中国保险机构治理指数数据库。

二、中国相互保险组织治理分指数比较分析

表 15-22 将中国保险机构治理分指数和组织形式进行了平均值比较分析。在股东与股权结构方面，相互保险组织该指数平均值在 2017 年显著上升，从 25.00 一跃达到 57.14，之后一直保持在 57.14；相比之下，有限制保险机构该指数平均值总体呈现上升的趋势；股份制保险机构该指数平均值一直在 60 上下波动，2020 年开始稳步上升。

在董事与董事会方面，相互保险组织该指数平均值在 2017 年显著上升，从 23.33 一跃达到 47.62，之后在 40.48 和 45.71 之间波动；有限制保险机构平均值在 2016－2018 年逐渐下降，从 2019 年开始回升；股份制保险机构该指数平均值则始终呈现稳步上升的趋势。

在监事与监事会方面，相互保险组织该指标平均值在 2017 年显著上升，从 10.71 一跃达到 30.61，之后在 24.49 和 33.93 之间波动；有限制保险机构平均值总体为上升趋势；股份制保险机构该指数平均值则同样呈现稳步上升的趋势，2022 年较前几年略有下降。

在高级管理人员方面，相互保险组织该指数平均值在 2017 年显著上升，从 14.29 一跃达到 42.86，之后在 40.82 和 46.94 之间波动；有限制保险机构和股份制保险机构该指标平均值均在 2016－2021 年呈现稳步上升的趋势，2022 年略有下降。

在信息披露方面，相互保险组织该指数平均值在 2017 年显著上升，从 22.06 一跃达到 52.94，之后在 52.94 和 57.14 之间波动；有限制保险机构该指标平均值始终保持在 91 以上，随时间略有下降；股份制保险机构平均值则呈现波动的趋势。

在利益相关者方面，相互保险组织该指数平均值在 2017 年显著上升，从 69.44 一跃达到 79.37，之后在 76.19 和 82.54 之间波动；有限制保险机构平均值始终保持在 85 上下；股份制保险机构平均值则在 77.58 和 85.15 之间波动。

表 15-22　中国相互保险组织治理分指数平均值分组织形式比较分析

年份	组织形式	样本数	股东与股权结构	董事与董事会	监事与监事会	高级管理人员	信息披露	利益相关者
2016	M	4	25.00	23.33	10.71	14.29	22.06	69.44
	L	58	64.83	42.41	30.05	69.70	92.60	85.06
	S	98	62.65	54.83	45.63	67.64	91.39	80.27

续表

年份	组织形式	样本数	股东与股权结构	董事与董事会	监事与监事会	高级管理人员	信息披露	利益相关者
2017	M	7	57.14	47.62	30.61	42.86	52.94	79.37
	L	61	64.26	41.97	33.26	72.83	92.41	83.24
	S	104	61.35	55.96	47.25	72.39	90.02	77.99
2018	M	7	57.14	42.86	30.61	40.82	57.14	76.19
	L	61	65.90	38.14	38.64	74.94	92.43	83.06
	S	112	59.82	59.58	56.38	72.07	91.10	77.58
2019	M	7	57.14	45.71	32.65	44.90	52.94	79.37
	L	63	65.08	38.73	35.15	77.32	91.56	88.18
	S	110	59.45	60.55	59.22	79.74	91.58	84.95
2020	M	7	57.14	45.71	28.57	40.82	57.14	82.54
	L	94	67.45	42.20	39.21	78.44	91.35	85.89
	S	126	64.76	64.02	57.71	82.33	92.76	85.15
2021	M	7	57.14	42.86	24.49	44.90	57.14	76.19
	L	100	68.20	48.40	42.43	87.76	91.51	84.27
	S	127	64.88	65.56	58.16	87.18	92.43	79.84
2022	M	7	57.14	40.48	33.93	46.94	57.14	77.78
	L	101	69.31	53.14	44.31	83.40	91.89	86.82
	S	128	65.31	67.17	55.08	83.20	91.07	85.13

资料来源：南开大学中国保险机构治理指数数据库。

表 15-23 将中国保险机构治理分指数和组织形式进行了中位数比较分析。在股东与股权结构方面，相互保险组织该指标中位数在 2017 年从 0.00 一跃至 100.00，之后一直保持在 100.00；相比之下，有限制保险机构和股份制保险机构的中位数始终保持在 60.00 不变。

在董事与董事会方面，相互保险组织该指标中位数在 2017 年从 6.67 一跃至 66.67 后，一直在 58.33 和 66.67 之间波动；有限制保险机构 2016 年和 2017 年该指标中位数为 40.00，2018 年和 2019 年略有下降，为 33.33，2020 年后开始稳步回升；股份制保险机构中位数则呈现稳步上升的趋势，2021 年之后有所下降。

在监事与监事会方面，相互保险组织该指标中位数在 2017 年从 0.00 一跃至 42.86 后，一直在 28.57 和 50.00 之间波动；有限制保险机构中位数呈现稳步上升的趋势；股份制保险机构的中位数在 2021 年及以前为稳步上升的趋势，2022 年有所下降。

在高级管理人员方面，相互保险组织该指标中位数在 2017 年显著上升，从 0.00 一跃达到 42.86，2018—2021 年在 42.86 和 57.14 之间波动，2022 年下降到 28.57；相比之下，有限制保险机构中位数呈现稳步上升的趋势，2022 年有所下降；股份制保险机构的中位数始终呈现稳步上升的趋势。

在信息披露方面，相互保险组织该指标中位数在 2017 年显著上升，从 0.00 一跃达到 88.24，之后在 88.24 和 100.00 之间波动；有限制保险机构和股份制保险机构的中位数均保持为 94.12 分。

在利益相关者方面，相互保险组织该指标中位数始终在 66.67 和 88.89 之间波动；有限制保险机构和股份制保险机构的中位数则在 77.78 和 88.89 之间波动。

表 15-23　中国相互保险组织治理分指数中位数分组织形式比较分析

年份	组织形式	样本数	股东与股权结构	董事与董事会	监事与监事会	高级管理人员	信息披露	利益相关者
2016	M	4	0.00	6.67	0.00	0.00	0.00	66.67
	L	58	60.00	40.00	28.57	71.43	94.12	88.89
	S	98	60.00	53.33	42.86	71.43	94.12	77.78
2017	M	7	100.00	66.67	42.86	42.86	88.24	88.89
	L	61	60.00	40.00	28.57	71.43	94.12	88.89
	S	104	60.00	60.00	42.86	71.43	94.12	77.78
2018	M	7	100.00	60.00	28.57	57.14	100.00	77.78
	L	61	60.00	33.33	42.86	71.43	94.12	77.78
	S	112	60.00	60.00	57.14	71.43	94.12	77.78
2019	M	7	100.00	60.00	42.86	57.14	88.24	77.78
	L	63	60.00	33.33	42.86	85.71	94.12	88.89
	S	110	60.00	63.33	57.14	85.71	94.12	88.89
2020	M	7	100.00	66.67	28.57	42.86	100.00	88.89
	L	94	60.00	40.00	42.86	85.71	94.12	88.89
	S	126	60.00	66.67	57.14	85.71	94.12	88.89
2021	M	7	100.00	60.00	28.57	57.14	100.00	77.78
	L	100	60.00	46.67	42.86	100.00	94.12	85.71
	S	127	60.00	73.33	57.14	85.71	94.12	77.78
2022	M	7	100.00	58.33	50.00	28.57	100.00	77.78
	L	101	60.00	52.17	50.00	85.71	94.12	87.50
	S	128	60.00	66.67	50.00	85.71	94.12	88.89

资料来源：南开大学中国保险机构治理指数数据库。

第五篇

结论展望对策

公司治理没有最好，只有更好。对现代化的银行保险机构而言，完善公司治理永远在路上。

——郭树清. 完善公司治理是金融企业改革的重中之重[N]. 经济日报，2020-07-03.

第十六章　中国保险机构治理评价研究结论

本章在前面十五章研究的基础上，对全书的研究内容从中国保险机构治理评价系统设计、中国保险机构治理总指数与分指数和中国保险机构分类治理指数三个层次进行了梳理和总结，最终得出了与中国保险机构治理及其评价相关的三个层次、十个方面、共计 50 余条具体研究结论。

第一节　中国保险机构治理评价系统设计研究结论

一、关于中国保险机构治理评价指标体系设计方面结论

关于中国保险机构治理评价指标的总体设计，本研究认为：

第一，在设计评价指标体系时要遵循一定的指导原则。

第二，我国监管部门对保险机构治理评价已经进行了深入实践并形成了相应的评价体系，但由于其主要基于非公开信息进行评价，其他评价主体难以获得这些信息来源，因此本研究设计的中国保险机构治理评价体系具有充分的必要性和重要意义。

第三，在设计保险机构治理评价指标体系时，需要从多个治理内容维度（如股东与股权结构、董事与董事会、监事与监事会、高级管理人员、信息披露和利益相关者）出发，以保障评价体系的全面与完善；每个内容维度中的具体指标又可以从治理层次（强制与自主）、治理特质（通用与特有）和治理方向（正向与负向）三个角度进行分类，从而形成更丰富的分析视角。

第四，保险机构治理评价指标体系并不是一成不变的，而是需要根据法律法规、政策文件和相关准则的调整与变化，对已有评价体系进行动态更新与及时调整。

第五，中国保险机构治理评价体系包括六大内容维度的具体指标，在使用时需要注意不同年份的指标层次变化以及不同指标的适用对象不同。

关于中国保险机构治理评价指标的具体设计，本研究认为：

第一，每个具体评价指标具有不同的指标属性，如指标维度、层次、特质、方向和适用范围等，在使用前需要加以明确。

第二，各个指标的依据为国家法律法规、行业政策标准以及相关学术文献等，例如《公司法》（中华人民共和国主席令第 15 号）、《银行保险机构公司治理准则》（银保监发〔2021〕14 号）、《上市公司治理准则》（中国证券监督管理委员会公告〔2018〕29 号）、

《保险资产管理公司管理规定》（中国银行保险监督管理委员会令 2022 年第 2 号）、《保险公司信息披露管理办法（2018）》《银保监发〔2018〕2 号》等相关文件，以及《经济研究》《保险研究》《南开管理评论》等重要期刊中的相关文献。

二、关于中国保险机构治理指数模型构建方面研究结论

关于中国保险机构治理指数模型的建立，本研究认为：

第一，在设计评价标准时，各指标采用哑变量量化的处理方法，可以更直观地反映该指标对治理指数的影响，提高了模型的精度和准确度。

第二，指标的量化主要依据客观标准，量化来源则包括原始数据和基于原始数据计算所形成的非原始数据。

第三，对各内容维度指标的量化结果进行等权重求和并根据指标数量进行标准化处理，采用百分化后的结果，可以使各维度评价结果具有可比性，并由此得到了基于治理内容维度的中国保险机构治理分指数模型（包括股东与股权结构分指数模型、董事与董事会分指数模型、监事与监事会分指数模型、高级管理人员分指数模型、信息披露分指数模型和利益相关者分指数模型），需要注意这些模型中不同年份、不同类型机构所对应的指标数量不同。

第四，治理指数模型中各内容维度分指数的权重选取问卷调查法和群决策层次分析法（AHP）进行计算，使得本研究的各内容维度分指数的权重具有客观性，有效避免了主观判断带来的偏失。

第五，根据治理内容维度各分指数的权重，可以形成中国保险机构治理总指数模型；在此基础上，根据指标的两种治理层次，形成了中国保险机构强制性、自主性治理指数模型；根据不同类型的保险机构适用的具体指标，形成了包括中国保险集团（控股）公司治理指数模型、中国保险公司治理指数模型、中国人身保险机构治理指数模型、中国财产保险机构治理指数模型、中国保险资产管理公司治理指数模型、中国再保险机构治理指数模型和中国相互保险组织治理指数模型在内的中国保险机构分类治理指数模型。

第二节　中国保险机构治理总指数与分指数研究结论

一、关于中国保险机构治理总体及维度状况的研究结论

关于中国保险机构治理指数的总体分析，本研究提出：

第一，中国保险机构近年来治理状况稳中向好，治理指数呈现逐年上升的趋势，2022 年中国保险机构治理指数平均值为 73.99，较 2016 年上升了 7.10。

第二，保险机构的治理等级与治理评级可以体现机构的治理水平与治理情况，中国保险机构治理等级与评级分布均集中在全部级别中的中等偏上水平，治理等级以 III 级和 IV 级为主，集中等级从 IV 级逐渐转向 III 级；治理评级以 BBB 级为主，其次为 BB 级和 B 级。

关于中国保险机构治理指数的六大内容维度分析，本研究发现：

第一，中国保险机构不同维度的治理水平均不断提高，其间波动变化不一，但平均治理数值整体均为上升态势。

第二，保险机构中高级管理人员、信息披露及利益相关者分内容维度治理情况显著优于股东与股权结构、董事与董事会及监事与监事会分内容维度治理情况，治理指数相对较高。

第三，从原始评分来看，董事与董事会维度与其他维度相比原始评分分布较为分散，其余五大内容维度分指数的原始评分均相对集中且稳定。

二、关于中国保险机构强制性与自主性治理的研究结论

关于中国保险机构强制性治理指数的具体分析，本研究提出：

第一，近年来，中国保险机构强制性治理状况稳中向好，强制性治理指数不断增长。

第二，中国保险机构不同维度的强制性治理水平不断提高，其中信息披露和利益相关者维度的强制性治理表现相对更佳，治理指数较高。

第三，我国不同规模类型、资本性质、组织形式和业务类型的保险机构强制性治理情况均随时间增长持续向好，治理指数呈现不同程度的增长。

第四，本研究通过对比发现，中型保险机构、中资保险机构、股份制保险机构、资产管理公司、集团（控股）公司、财产保险机构、成立年限较长的保险机构和注册地区为广东省、江苏省和重庆市的保险机构以及所在城市为深圳市和重庆市的保险机构强制性治理状况相对更佳，治理指数较高。

关于中国保险机构自主性治理指数的具体分析，本研究提出：

第一，近年来，中国保险机构自主性治理水平稳步提升，自主性治理指数呈缓慢增长的态势。

第二，中国保险机构不同维度的自主性治理水平差异较大，其中高级管理人员和信息披露维度的自主性治理表现相对更佳，治理指数较高。

第三，我国不同规模类型、资本性质、组织形式和业务类型的保险机构自主性治理情况整体相对稳定，治理指数多呈现小幅度波动的态势。

第四，本研究通过对比发现，大型保险机构、外资保险机构、有限制保险机构、股份制保险机构、集团（控股）公司、成立年限较长的保险机构和注册地区为北京市、广东省和上海市的保险机构以及所在城市为上海市的保险机构自主性治理状况相对更佳，治理指数较高。

关于中国保险机构强制性治理指数与自主性治理指数的对比分析，本研究认为：

第一，中国保险机构强制性治理情况与自主性治理情况在初期表现相对持平，治理总指数相差不大。

第二，中国保险机构强制性治理水平的提升速度显著优于自主性治理水平，强制性治理指数增长速度更快。

第三，中国保险机构不同维度的强制性治理表现整体上优于自主性治理表现，其中董事与董事会和高级管理人员维度的强制性治理指数相对较低，但其增长速度明显快于

自主性治理指数。

第四，我国不同规模类型、资本性质、组织形式、业务类型、成立年限、注册地区和所在城市的保险机构强制性治理表现整体以不断优化为主，相比之下，自主性治理表现的改善幅度较小，指数波动性较大。

三、关于中国保险机构治理指数分组比较分析研究结论

关于中国保险机构治理指数的分组分析，本研究认为：

第一，我国不同规模类型、资本性质、组织形式和业务类型的保险机构分组治理情况均随时间增长持续向好，治理指数也呈现出不同程度的上升。

第二，通过对比研究发现，大规模保险机构、中资保险机构、股份制保险机构与集团（控股）公司的治理水平与治理指数相对较高。

第三，保险机构的成立年限较为集中，相比之下，新成立与成立时间较长的保险机构治理水平更高。

第四，保险机构的注册地区和所在城市分布较为广泛，不同地区保险机构的治理情况也相差较大，其中注册地区为北京市、上海市和广东省的样本最多，所在城市则为北京市、上海市和深圳市的样本最多。

第三节　中国保险机构分类治理指数研究结论

一、关于中国保险集团（控股）公司治理状况研究结论

关于中国保险集团（控股）公司治理指数的具体分析，本研究认为：

第一，中国保险集团（控股）公司治理水平于 2020—2022 年间不断提高，治理指数呈现逐年上升的趋势，2022 年治理指数平均值为 77.75。

第二，本研究通过分组对比发现，保险集团（控股）公司中的中型保险机构、中资保险机构和股份制保险机构治理状况相对更佳，治理指数较高。

第三，保险集团（控股）公司的治理等级与评级均集中于全部级别的较高水平，治理表现良好，治理等级以 II 级和 III 级为主，治理评级以 BBB 级为主。

第四，与其他业务类型的保险机构相比，保险集团（控股）公司的治理水平始终位列第一，其中董事与董事会和监事与监事会维度的治理表现相对最佳。

二、关于中国保险公司治理状况研究结论

关于中国保险公司治理指数的具体分析，本研究认为：

第一，中国保险公司治理表现于 2016—2022 年间持续向好，治理指数总体呈上升趋势，2022 年治理指数平均值为 74.28。

第二，本研究通过分组对比发现，保险公司中的大型和中型保险公司、中资保险公司、股份制保险公司和人身险公司的治理状况相对更佳，治理指数较高。

第三，中国保险公司的治理等级表现处于全部等级的中等偏上水平，以 III 级和 IV 级为主；治理评级以 BBB 级为主。

第四，与其他业务类型的保险机构相比，保险公司的治理表现相对优异，治理指数始终处于中等偏高至较高水平，其中高级管理人员和利益相关者维度的治理指数表现相对最佳。

三、关于中国保险资产管理公司治理状况研究结论

关于中国保险资产管理公司治理指数的具体分析，本研究发现：

第一，中国保险资产管理公司的治理状况于 2020－2022 年间不断优化，治理指数整体呈现出上升趋势，2022 年治理指数平均值为 74.46。

第二，本研究通过分组对比发现，保险资产管理公司中的小型保险资产管理公司、中资保险资产管理公司和股份制保险资产管理公司的治理表现相对更佳，治理指数较高。

第三，在治理等级与评级方面，保险资产管理公司治理等级与评级均集中于全部评级的中等偏上水平，治理等级以 III 级为主，治理评级以 BBB 级为主。

第四，与其他业务类型的保险机构相比，资产管理公司的治理表现和指数相对居中，排名不断波动但始终位列前四，各维度治理情况也较为稳定。

四、关于中国相互保险组织治理状况研究结论

关于中国相互保险组织治理指数的具体分析，本研究发现：

第一，中国相互保险组织治理状况相对稳定，治理指数除 2016 年外始终维持在 52－54 间小幅度波动，其中 2022 年治理指数平均值为 53.28。

第二，本研究通过分组对比认为，相互保险组织中的小型保险机构和财产保险机构的治理表现相对更好，治理指数较高。

第三，相互保险组织治理等级与评级表现较差，但总体呈波动向好趋势，治理等级中 VII 级占比较高，治理评级则以 C 级为主。

第四，与其他组织形式的保险机构相比，相互保险组织的样本数较少，治理水平及各维度治理指数表现均相对较低。

五、关于中国再保险机构治理状况研究结论

关于中国再保险机构治理指数的具体分析，本研究提出：

第一，中国再保险机构 2020－2022 年治理水平不断提高，治理指数逐年上升，2022 年升至 71.38。

第二，本研究通过分组对比认为，再保险机构中的小型保险机构、中资保险机构和有限制保险机构的治理表现相对更佳，治理指数较高。

第三，在治理等级与评级方面，再保险机构治理等级与评级均集中于全部评级的中等水平，治理等级以 IV 级为主，治理评级主要集中在 BBB 至 B 级之间。

第四，与其他业务类型的保险机构相比，再保险机构治理水平始终最低，治理指数与当年最大值差距较大，其中股东与股权结构和利益相关者维度的治理表现相对较好。

第十七章　中国保险机构治理评价研究展望

本章分别从研究内容与研究方法两个方面出发，对未来研究进行了展望。在研究内容方面：一是基于中国保险机构治理指数开展实证研究，进而弥补现有研究实证证据匮乏的不足；二是将保险机构治理拓展到保险机构绿色治理（以下简称 ESG），研发中国保险机构 ESG 指数；三是开展保险中介机构治理研究，奠定保险中介机构治理领域的理论基础，并尝试推出中国保险中介机构治理指数。在研究方法方面，主要是考虑优化保险机构治理评价方法，导入相对哑变量求和法评价结果更加精细的定距变量求和法。

第一节　研究内容方面的展望

在本研究已有阶段性成果基础上，未来在成果应用（从保险机构治理评价过程到基于评价结果的实证研究）、成果拓展（从保险机构治理指数到保险机构 ESG 指数）和成果推广（从保险经营机构治理指数到保险中介机构治理指数）方面还有很多研究工作需要开展。

一、成果应用：基于治理指数开展系列实证研究

本研究生成了中国保险机构治理指数，客观反映了我国保险机构治理质量。基于指数，未来可以从整体性治理视角开展保险机构治理影响因素和经济后果方面的实证研究，检验相关机制或作用原理。在影响因素研究方面，相关研究内容包括：保险机构治理水平影响因素的框架研究；党组织参与治理、公司规模、成立年限等内部因素对保险机构治理水平的作用原理及实证检验；外部监管、政策法规、媒体监督等外部因素对保险机构治理水平的作用原理及实证检验。在经济后果研究方面，相关研究内容包括：保险机构治理质量对绩效影响的框架研究；保险机构治理质量对公司盈利能力、偿付能力等短期影响的实证研究；保险机构治理质量对公司资金运用效率等中期影响的实证研究；保险机构治理质量对公司市场竞争力、公司成长性等长期影响的实证研究。

二、成果拓展：从保险机构治理到保险机构 ESG

（一）保险机构 ESG 的重要性

近年来，随着全球气候问题日益严峻和我国碳达峰、碳中和目标提出，ESG 逐渐受到监管部门、研究机构、行业协会以及企业自身的重视。党的二十大报告指出，"高质量

发展是全面建设社会主义现代化国家的首要任务""必须完整、准确、全面贯彻新发展理念"。新发展理念即创新、协调、绿色、开放、共享的发展理念，而 ESG 则是新发展理念在企业层面的具体体现。

2019 年 12 月 30 日，原中国银保监会发布《关于推动银行业和保险业高质量发展的指导意见》（银保监发〔2019〕52 号），明确银行业和保险业金融机构落实新发展理念，要持续提升公司治理水平，基本建立中国特色现代金融企业制度；要主动履行社会责任，夯实消费者权益保护主体责任；要大力发展绿色金融，强化环境、社会、治理信息披露和与利益相关者的交流互动。2021 年 3 月 2 日，国新办就推动银行业保险业高质量发展有关情况举行发布会，中国银保监会原主席郭树清指出，要"以银行业保险业高质量发展的新突破，促进国民经济加快构建新发展格局"。2022 年 6 月 1 日，原中国银保监会又制定《银行业保险业绿色金融指引》（银保监发〔2022〕15 号），该文件要求银行保险机构应当完整、准确、全面贯彻新发展理念，从战略高度推进绿色金融，加大对绿色、低碳、循环经济的支持，防范环境、社会和治理风险，提升自身的环境、社会和治理表现，促进经济社会实现全面绿色转型。2023 年 10 月 30 日，中央金融工作会议召开，提出建设金融强国的宏伟目标，会议强调未来要做好科技金融、绿色金融、普惠金融、养老金融和数字金融五篇大文章，绿色金融成为金融业极其重要的发展领域。

基于委托代理理论、利益相关者理论和可持续发展理论可以发现，我国保险机构的 ESG 问题尤为重要。首先，贯彻新发展理念是保险业实现高质量发展的重要前提，而 ESG 正是新发展理念在保险机构层面的具体体现；其次，保险机构的业务遍及经济社会的各个层面，其社会化经营特点决定了更应履行好环境和社会责任，E 和 S 体现了利益相关者对保险机构的期望和诉求，而维护利益相关者利益始终是保险机构经营的核心要义；再次，G 是我国保险机构 ESG 的基础和核心，与市场行为和偿付能力共同构成我国保险监管的三大支柱，也是健全现代金融企业制度的"牛鼻子"（郭树清，2022）；最后，保险机构是经济社会的"稳定器"和"推动器"，其特殊地位意味着保险机构更应落实 ESG 理念，提升 ESG 表现。

（二）保险机构 ESG 的特殊性

任何领域的研究都离不开对核心概念的界定和研究框架的建立。例如，在企业社会责任研究中，1963 年斯坦福研究所（Stanford Institute）首次提出了"利益相关者"（Stakeholder）的概念，这一概念受到学术界的关注，然后在弗里曼等（Freeman，Blair，Clarkson，Mitcheel）学者的努力下，利益相关者理论的分析框架、核心理念和研究方法逐渐明晰，并与传统的股东至上主义存在显著区别。金融机构治理领域从研究对象上看主要集中于银行，对保险机构治理的研究起步相对较晚，李维安和郝臣（2015）[①]在著作《公司治理手册》中，郝臣（2016）[②]在著作《保险公司治理对绩效影响实证研究——基于公司治理评价视角》中，郝臣、李慧聪和崔光耀（2017）[③]在著作《治理的微观、中观

---

① 李维安，郝臣. 公司治理手册[M]. 北京：清华大学出版社，2015.

② 郝臣. 保险公司治理对绩效影响实证研究——基于公司治理评价视角[M]. 北京：科学出版社，2016.

③ 郝臣，李慧聪，崔光耀. 治理的微观、中观与宏观——基于中国保险业的研究[M]. 天津：南开大学出版社，2017.

与宏观——基于中国保险业的研究》中，郝臣、李艺华、崔光耀、刘琦和王萍（2019）[①]在论文《金融治理概念之辨析与应用——基于习近平总书记 2013—2019 年 567 份相关文件的研究》中，郝臣（2023）[②]在著作《金融机构治理手册》中先后给出了保险公司治理的五个版本的定义，并尝试提出保险公司治理领域的治理结构与机制、内部与外部治理等体系内容，也给出了比保险公司治理含义更为宽泛的保险机构治理。

郝臣、郑钰镜、崔光耀和石懿（2021）[③]，郝臣、郑钰镜、石懿和崔光耀（2022）[④]较早尝试给出 ESG 的具体定义，认为 ESG 本质上是关于环境、社会与治理的一系列理念、行为准则或者标准，同时他们还认为 ESG 是一套行业的逻辑体系。本研究认为，保险机构 ESG 同样遵循上述对于一般公司 ESG 本质的界定，所谓保险机构 ESG 就是具有保险业特点的关于环境、社会与治理的一系列理念、行为准则或者标准。ESG 作为一种理念，要求保险机构既要关注服务对象和投资标的的 ESG 表现，也要关注自身的 ESG 表现；ESG 作为一种标准，要求保险机构在开展经营管理与治理等活动的过程中遵循 ESG 标准，并将 ESG 标准作为指导原则开展 ESG 活动。

行业不同，ESG 的发展规律、底层逻辑也不同，ESG 是一套行业的逻辑体系，具备行业特殊性。

就保险机构 ESG 表象特殊性而言：在 G 方面，公司治理是我国保险监管的三大支柱之一，也是健全现代金融企业制度的重要抓手，保险机构在治理目标、治理结构、治理机制等方面均有其特殊性；在 S 方面，保险机构的业务遍及经济社会的各个层面，社会影响广泛，其社会化经营特点决定了要更加履行好社会责任，为服务经济社会发展大局和满足人民群众美好生活做出贡献；在 E 方面，保险机构作为重要的机构投资者和风险承担者，其践行"双碳"目标主要体现在开展 ESG 投资和开发绿色保险产品上。中国人寿在完善公司治理、承担社会责任以及践行低碳理念方面的实例支撑了上述论点。

就保险机构 ESG 内在特殊性而言：在资产端方面，强调将公司治理融入环境责任和社会责任的践行中，既突出董事会在推动 ESG 投资、绿色金融等可持续发展和服务实体经济与区域发展中的主体责任，也强调其在可持续发展和社会责任履行中的监督责任。在负债端方面，满足客户多样化保险需求并及时履行偿付责任，既体现了保险机构社会责任的履行情况，也实现了公司治理中维护利益相关者利益的重要目标。在运营端方面，绿色低碳运营的践行体现了环境、社会和治理的共同作用，绿色低碳运营理念践行需要良好的公司治理支持，而践行结果也体现了保险机构环境责任和社会责任的履行情况。

综上，保险机构资产端、负债端和运营端"三端"均将保险机构 ESG 作为一个有机整体去分析，因此"三端"上的特殊性是其 ESG 内在特殊性。这在一定程度上可以解决现有文献将 E、S 和 G 割裂、未体现 ESG 整体性的问题。

保险机构 ESG 与一般公司 ESG 相比，除了前述活动形式上的表象特殊性和内在特

---

① 郝臣，李艺华，崔光耀，刘琦，王萍. 金融治理概念之辨析与应用——基于习近平总书记 2013—2019 年 567 份相关文件的研究[J]. 公司治理评论，2019（01）：69-89.

② 郝臣. 金融机构治理手册[M]. 北京：清华大学出版社，2023.

③ 郝臣，郑钰镜，崔光耀，石懿. 完善整体制度框架 全面提升 ESG 发展水平[N]. 上海证券报，2021-10-21（10）.

④ 郝臣，郑钰镜，石懿，崔光耀. ESG：本质、发展与应对[R]. 研究报告，2022.

殊性之外，在理论基础、实践起步、角色定位、内容体系、实施主体、推动力量、监管强度、披露途径、披露意愿、披露对象和评价进展十一个方面也存在一定区别，具体如表 17-1 所示。

表 17-1　保险机构 ESG 与一般公司 ESG 的主要区别

主要区别	保险机构 ESG	一般公司 ESG
活动形式	E、S 和 G "三维" 以及资产端、负债端和运营端 "三端"	E、S 和 G "三维"
理论基础	保险与实体经济关系理论、保险监管理论、可持续发展理论、经济外部性理论、企业社会责任理论、利益相关者理论、委托代理理论等	可持续发展理论、经济外部性理论、企业社会责任理论、利益相关者理论、委托代理理论等
实践起步	相对较早，保险机构的经营特殊性决定了 S 贯穿其生命周期的全过程，G 也早在 2006 年便成为保险监管的三大支柱之一	相对较晚，ESG 概念提出多年之后相关实践活动才开始起步
角色定位	推动者和践行者双重角色	践行者单一角色
内容体系	E、S 和 G 更加融合	E、S 和 G 相对独立
实施主体	董事会及其下属的资产负债管理委员会、投资决策委员会、消费者权益保护委员会，总经理领导的 ESG 执行委员会、消费者保护工作部等	董事会及其下属的 ESG 委员会、社会责任委员会、可持续发展委员会等
推动力量	监管驱动为主	标准引领为主
监管强度	监管关注的重要内容	监管关注的一个方面
披露途径	行业协会官网、公司官网	无统一披露途径
披露意愿	强制性披露	自愿性披露
披露对象	社会公众、监管机构	社会公众
评价进展	G 的评价起步较早，但基于行业的 ESG 专门评价体系较少	已有多家机构推出相应的评价体系，但评价结果一致性不高

资料来源：作者整理。

（三）保险机构 ESG 评价提出

不同行业 ESG 发展规律迥异，因此对于 ESG 的研究应该深入行业层面（李维安、张耀伟、郑敏娜、李晓琳、崔光耀和李惠，2019；Liang & Renneboog，2020；宋志平，2021）。本研究通过对保险机构 ESG 研究文献进行梳理，发现学者早期主要是从 E、S 和 G 独立视角来进行研究且主要关注保险机构的 G 和 S，近年来才开始尝试从整体视角进行研究。从独立视角来看：在 G 方面，学者尝试构建了保险业公司治理的基本框架（董迎秋、金铭卉、崔亚南、刘婷和郝臣，2018[①]），并对保险公司治理状况进行评价（严若森，2010；许敏敏和郭琦，2019），发现法律法规（张艳、丁江萍和刘循循，2010）等因素会影响公司治理水平，同时良好的治理可以促进保险公司业绩的提升（王晓英和彭雪梅，2011；陈彬和邓霆，2013）。在 S 方面，学者尝试对保险公司社会责任表现进行评价（任雅姗和戴绍文，2011），并发现保险公司良好的社会责任水平可以促进绩效提升（沈健和梁梦迪，2017；董雪，2018），但是对于什么因素影响了保险公司社会责任履行则研究较少。在 E 方面，近两年有学者开始关注保险公司 E 的问题，如绿色保险（冯爱青、岳溪柳、巢清尘和王国复，2021；孙秋枫和年综潜，2022）、绿色投资（胡伟益，2021）等。从整体视角来看：相关文献主要关注保险机构投资和服务对象的 ESG，如通过开展ESG 投资（杨盼、陈子行和李雯，2022）、探索绿色保险产品（周卫东，2022；焦雨欣，2022）来提升一般公司 ESG 表现，即将保险机构作为一般公司 ESG 推动者的角色，而未关注保险机构自身的 ESG 问题。

上述文献梳理表明，ESG 的重要性得到了理论界和实务界的认可，但 ESG 理论研究总体上显著滞后于实践。一方面，目前已有 ESG 的研究主要从 E、S 和 G 独立的视角展开，更多体现了 ESG 中三个要素的相对独立性，而缺乏对要素间有机整体性的探讨和研究，尤其在保险机构领域；另一方面，已有研究大多将保险机构视为 ESG 推动者角色，而对保险机构自身的 ESG 实践关注较少，保险机构的 ESG 践行者角色缺位。从整体的视角来看，ESG 是一个有机的整体，其中 G 是基础和核心，S 是基于利益相关者理论对G 的拓展，E 是基于可持续发展理论对 S 的拓展；E、S 和 G 在保险机构资产端、负债端和运营端均有体现，同时 G 直接或间接影响着"三端"，进而影响着 E 和 S。从整体视角研究保险机构 ESG 问题，不仅深化了对 ESG 概念本质的理解，也为 ESG 行业特殊性提供了保险业素材，可以更好地引导保险机构从 ESG 视角推动高质量发展。

2022 年 4 月 25 日，习近平总书记在中国人民大学考察时强调，"加快构建中国特色哲学社会科学，归根结底是建构中国自主的知识体系"。ESG 虽然是国际机构率先提出来的，但是目前还没有明确的概念界定，更不用说研究框架这类成果的存在。当前，我国保险机构 ESG 研究尚处于起步阶段，现有文献主要从 E、S 和 G 独立的视角来进行研究，从整体的视角进行研究的文献主要关注保险机构投资和服务对象的 ESG，而未关注保险机构自身的 ESG 问题，导致保险机构 ESG 理论显著滞后于实践，无法有效为实践提供指引，保险机构 ESG 问题亟待深入研究。其中，保险机构 ESG 表现——保险机构ESG 评价体系开发及评价研究又是未来研究的重点。保险机构 ESG 评价领域的具体研究内容，包括：已有 ESG 评价体系的比较分析与经验总结；保险机构 ESG 评价体系维度发展研究；保险机构 ESG 评价指标体系开发研究；保险机构 ESG 评价标准设计研究；保险机构 ESG 指数模型构建研究；我国保险机构 ESG 指数系统分析；保险机构 ESG 信息披露研究等。

---

① 董迎秋，金铭卉，崔亚南，刘婷，郝臣. 保险业公司治理风险的分析与防范——基于保险业公司治理框架视角[J]. 保险理论与实践，2018（12）：1-12.

本研究未来将在中国保险机构治理指数（即 G 指数）的基础上，深入研究保险机构 ESG 领域的基础和核心问题，进一步拓展和尝试构建中国保险机构 ESG 评价系统，并推出中国保险机构 ESG 指数，实现从 G 指数到 ESG 指数的升级。

三、成果推广：中国保险中介机构治理研究

保险中介机构是我国保险机构体系的重要组成部分。本研究根据国家金融监督管理总局官网披露的信息进行了统计，如图 17-1 所示，截至 2022 年 12 月底，我国共有 2582 家保险中介机构，其中中介集团 5 家（分别为民太安保险公估集团股份有限公司、美臣保险经纪集团有限公司、河北燕赵保险销售服务集团有限公司、泛华保险销售服务集团有限公司和圣源祥保险销售服务集团有限公司），保险专业代理机构 1708 家，保险经纪机构 492 家，保险公估机构 377 家。

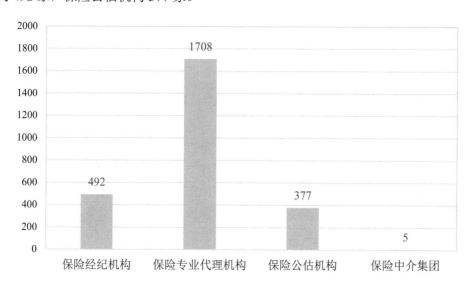

图 17-1　我国保险中介机构类型统计

资料来源：作者整理。

近年来，随着我国保险中介机构发展环境的不断优化，针对保险中介机构的监管法规制度体系愈加完善。2021 年 1 月 13 日，原中国银保监会发布《保险中介机构信息化工作监管办法》（银保监办发〔2021〕3 号）。该文件旨在从保险中介机构信息化治理、信息系统建设、信息安全机制、分支机构管理等方面对保险中介机构信息化工作提出要求，提高保险中介机构内部治理水平，构建新型保险中介市场体系，推动保险中介行业高质量发展。2021 年 11 月 5 日，原中国银保监会发布《保险中介行政许可及备案实施办法》（中国银行保险监督管理委员会令 2021 年第 12 号），进一步明确了保险中介行政许可及备案事项的范围、办事条件、申请材料、申请程序等，以规范银保监会及其派出机构实施保险中介业务许可等行政行为，提高保险中介许可及备案事项的办事效率，为申请人提供优质服务。

在我国保险中介机构的治理研究方面，段文博、王庆南和王海旭（2008）在阐述我

国保险中介机构发展现状的基础上，分析了目前保险中介机构在发展过程中存在的问题，并提出相应对策建议。王嘉斌和刘璋（2013）研究认为随着保险中介市场的快速发展，因保险中介经营模式创新引发的风险不容忽视，必须采取有效的监管措施加以控制，推动保险中介市场的平稳健康发展。陈美桂（2015）从保险公司、保险专业中介、保险监管三个视角分析保险公司声誉、保险专业中介等对保险公司中介业务市场违规行为的影响。魏金浩（2021）则从道德风险、操作风险、产品风险等方面对保险中介渠道洗钱风险进行了探究，并探索提出针对性监管建议。

综上可见，我国保险中介机构治理领域研究刚刚起步，系统深入的研究文献较少，同时缺乏关于保险中介机构治理评价的研究成果。未来，南开大学中国保险机构治理评价课题组将在构建相关评价体系的基础上，推出中国保险中介机构治理指数（China Insurance Intermediary Governance Index，缩写为 CIITGI），该指数也可称南开保险中介机构治理指数（Insurance Intermediary Governance Index of Nankai University，缩写为 IITGI[NK]），进一步推动我国保险中介机构的高质量发展。

第二节　研究方法方面的展望

除采用哑变量求和法对中国保险机构治理评价指标进行量化外，也可以采用定距变量求和法进行处理。中国保险机构治理评价指标体系 70 个具体评价指标中有 20 个可以按照定距变量打分，未来可以按照定距变量求和法生成中国保险机构治理指数并作为稳健性检验的依据。

一、股东与股权结构维度可采用定距变量量化的指标

股东与股权结构维度可以按照定距变量打分的指标有 3 个，分别是指标 1-1：股东（大）会召开情况，指标 1-2：股权结构状况，指标 1-4：股权层级状况。指标 1-1 的定距变量量化方法为：股东（大）会召开情况未披露、未设立股东（大）会、未召开股东（大）会－0 分；股东（大）会召开次数为 1、设立股东（大）会的独资有限责任公司未召开股东（大）会－0.5 分；股东（大）会召开次数 2 及以上－1 分。指标 1-2 的定距变量量化方法为：前十大股东持股比例平方之和小于 0.25－0 分；前十大股东持股比例平方之和大于等于 0.25 小于 0.5－0.5 分；前十大股东持股比例平方之和大于等于 0.5－1 分。指标 1-4 的定距变量量化方法为：股权层级为 5 层－0 分；股权层级为 3 和 4 层－0.5 分；股权层级为 1 和 2 层－1 分。

二、董事与董事会维度可采用定距变量量化的指标

董事与董事会维度可以按照定距变量打分的指标有 7 个，分别是指标 2-1：董事会规模，指标 2-11：董事学历情况，指标 2-15：董事专业和职业背景结构，指标 2-17：独立董事比例情况，指标 2-18：独立董事学历情况，指标 2-23：独立董事专业和职业背景结构，指标 2-24：独立董事任职结构是否多元化。指标 2-1 的定距变量量化方法为：2021

年及以前的标准为，股份制保险机构董事会规模小于 5 人、未披露－0 分，股份制保险机构董事会规模大于等于 5 人小于 9 人－0.5 分，股份制保险机构董事会规模大于等于 9 人－1 分，有限制保险机构和相互保险组织董事会规模小于 3、未披露－0 分，有限制保险机构和相互保险组织董事会规模大于等于 3 人小于 5 人－0.5 分，有限制保险机构和相互保险组织董事会规模大于等于 5 人－1 分；2022 年及以后的标准为，董事会规模小于 5 人、未披露－0 分，董事会规模大于等于 5 人小于 9 人－0.5 分，董事会规模大于等于 9 人－1 分，不再区分组织形式。指标 2-11 的定距变量量化方法为：董事学历综合评分小于历史年度行业第一分位数、未披露－0 分；董事学历综合评分大于等于历史年度行业第一分位数小于第二分位数－0.5 分；董事学历综合评分大于等于历史年度行业第二分位数－1 分。指标 2-15 的定距变量量化方法为：董事财务、会计或审计背景，金融背景，保险或精算背景以及其他背景四类背景中含一个或两个背景、未披露－0 分；四类背景中含三个背景－0.5 分；四类背景全部包含－1 分。指标 2-17 的定距变量量化方法为：2018 年及以前的标准为，股份制保险机构独立董事人数小于 2、未披露－0 分，股份制保险机构独立董事人数等于 2－0.5 分，股份制保险机构独立董事人数大于 2－1 分，有限制保险机构和相互保险组织独立董事人数小于 1、未披露－0 分，有限制保险机构和相互保险组织独立董事人数等于 1－0.5 分，有限制保险机构和相互保险组织独立董事人数大于 1－1 分；2019 年及以后的标准为，独立董事人数小于 3 人或独立董事比例小于 1/3、未披露－0 分，独立董事人数等于 3 人且独立董事比例大于等于 1/3、独立董事人数大于等于 3 人且独立董事比例等于 1/3－0.5 分，独立董事人数大于 3 人且独立董事比例大于 1/3－1 分，不再区分组织形式。指标 2-18 的定距变量量化方法为：独立董事学历综合评分小于历史年度行业第一分位数、未披露－0 分；独立董事学历综合评分大于等于历史年度行业第一分位数小于第二分位数－0.5 分；独立董事学历综合评分大于等于历史年度行业第二分位数－1 分。指标 2-23 的定距变量量化方法为：独立董事财务、会计或审计背景，金融背景，保险或精算背景，法律背景以及其他背景五类背景中含一个或两个背景、未披露－0 分；五类背景中含三个背景－0.5 分；五类背景中含四个或五个背景－1 分。指标 2-24 的定距变量量化方法为：既没有高校任职背景独立董事也没有实务背景独立董事、未披露－0 分；高校任职背景独立董事和实务背景独立董事仅有其一－0.5 分；既有高校任职背景独立董事也有实务背景独立董事－1 分。

三、监事与监事会维度可采用定距变量量化的指标

监事与监事会维度可以按照定距变量打分的指标有 5 个，分别是指标 3-1：监事会规模或监事人数，指标 3-2：职工监事比例情况，指标 3-3：外部监事比例情况，指标 3-4：监事学历情况，指标 3-8：监事专业和职业背景结构。指标 3-1 的定距变量量化方法为：股份制保险机构的标准为，监事会规模小于 3 人、未设立监事会、监事会规模未披露、监事会设立情况未披露－0 分，设立监事会且监事会规模等于 3 人－0.5 分，设立监事会且监事会规模大于 3 人－1 分；有限制保险机构的标准为，设立监事会但监事会规模小于 3 人、未设立监事会且监事人数小于 1 人、监事会规模或监事人数未披露、监事会设立情况未披露－0 分，设立监事会且监事会规模等于 3、未设立监事会但监事人数等

于 1—0.5 分，设立监事会且监事会规模大于 3、未设立监事会但监事人数大于 1—1 分；相互保险组织的标准为，监事人数小于 1、监事人数未披露—0 分，监事人数等于 1—0.5 分，监事人数大于 1—1 分。指标 3-2 的定距变量量化方法为：股份制保险机构的标准为，职工监事比例小于 1/3、未披露—0 分，职工监事比例等于 1/3—0.5 分，职工监事比例大于 1/3—1 分；有限制保险机构的标准为，设立监事会但职工监事比例小于 1/3、未设立监事会且职工监事比例等于 0、未披露—0 分，设立监事会且职工监事比例等于 1/3、未设立监事会但职工监事比例大于 0 小于 1/3—0.5 分，设立监事会且职工监事比例大于 1/3、未设立监事会但职工监事比例大于等于 1/3—1 分；相互保险组织的标准为，职工监事比例等于 0、未披露—0 分，职工监事比例大于 0 小于 1/3—0.5 分，职工监事比例大于等于 1/3—1 分。指标 3-3 的定距变量量化方法为：外部监事比例小于 1/3、未披露—0 分；外部监事比例等于 1/3—0.5 分；外部监事比例大于 1/3—1 分。指标 3-4 的定距变量量化方法为：监事学历综合评分小于历史年度行业第一分位数、未披露—0 分；监事学历综合评分大于等于历史年度行业第一分位数小于第二分位数—0.5 分；监事学历综合评分大于等于历史年度行业第二分位数—1 分。指标 3-8 的定距变量量化方法为：监事财务、会计或审计背景，金融背景，保险或精算背景以及其他背景四类背景中含一个或两个背景、未披露—0 分；四类背景中含三个背景—0.5 分；四类背景全部包含—1 分。

四、高级管理人员维度可采用定距变量量化的指标

高级管理人员维度可以按照定距变量打分的指标有 1 个，是指标 4-1：高管规模。其定距变量量化方法为：保险资产管理公司的标准为，高级管理人员规模小于 4、未披露—0 分，高级管理人员规模大于等于 4 小于 6—0.5 分，高级管理人员规模大于等于 6—1 分；其他保险机构的标准为，高级管理人员规模小于 5、未披露—0 分，高级管理人员规模大于等于 5 小于 7—0.5 分，高级管理人员规模大于等于 7—1 分。

五、信息披露维度可采用定距变量量化的指标

信息披露维度可以按照定距变量打分的指标有 1 个，是指标 5-2：官网整体建设水平状况。其定距变量量化方法为：官网整体建设水平较差、无官网—0 分；官网整体建设水平一般—0.5 分；官网整体建设水平专业—1 分。

六、利益相关者维度可采用定距变量量化的指标

利益相关者维度可以按照定距变量打分的指标有 3 个，分别是指标 6-1：亿元保费、万张保单投诉情况，指标 6-5：风险综合评级状况，指标 6-9：负面新闻报道情况。指标 6-1 的定距变量量化方法为：亿元保费和万张保单投诉数据均大于等于历史年度行业中位数—0 分；亿元保费和万张保单投诉数据均小于历史年度行业中位数—1 分；其余情形—0.5 分。指标 6-5 的定距变量量化方法为：风险综合评级为 C、D、未披露—0 分；风险综合评级为 BBB、BB、B—0.5 分；风险综合评级为 AAA、AA、A—1 分。指标 6-9 的定距变量量化方法为：负面新闻报道数量大于 10 条—0 分；负面新闻报道数量大于 5 条小于等于 10 条—0.5 分；负面新闻报道数量小于等于 5 条—1 分。

第十八章　中国保险机构治理质量提升对策

本章在界定保险治理和保险治理现代化概念的基础上，提出了我国保险治理发展的大方向，即保险治理的"四个现代化"；然后尝试构建了我国保险机构治理发展的动力机制DPG模型，并进行了内在和外在动力分析；在理论分析基础上，本章从监管机构、保险机构、行业协会与学会层面分别提出总计二十条关于提升我国保险机构治理水平的对策建议，旨在推动全行业公司治理实践深入发展，最终实现保险机构高质量发展。

第一节　我国保险治理的四个现代化

完善我国保险公司治理结构是保险经营特性的必然要求，是建立现代保险企业制度的核心内容，是提高中国保险业竞争力的必由之路（袁力，2005）。本节在界定保险治理现代化内涵的基础上，提出我国保险治理现代化的四个具体领域。

一、保险治理与保险治理现代化

公司治理是健全现代金融企业制度的"牛鼻子"（郭树清，2022），与市场行为和偿付能力共同构成我国保险监管的三大支柱。2020年8月17日，中国银保监会发布《健全银行业保险业公司治理三年行动方案（2020－2022年）》（银保监发〔2020〕40号），强调要力争通过三年时间的努力，初步构建起中国特色银行业保险业公司治理机制。2023年3月24日，中国银保监会办公厅在原中国银保监会官网发文《银行业保险业健全公司治理三年行动取得明显成效》，总结了银行业保险业健全公司治理三年行动取得的明显成效，指出行动方案实施三年来监管部门多管齐下、标本兼治，以加强党的领导推动制度优势转化为治理效能，以重拳整治乱象促进股东股权和关联交易规范管理，以完善制度机制增强自上而下的内部风险控制能力，推动中国特色现代金融企业制度建设迈上了新台阶。

保险治理就是指广义的保险业治理，是金融治理的重要内容。保险业治理是金融业治理的重要组成部分，广义的保险业治理包含政府部门对保险行业未来发展的顶层设计，即发展方针的制定；监管机构对保险业未来发展方针的落实和对保险机构的监管，即发展规划的设计和相关监管制度的制定；包括行业协会在内的非政府组织对保险机构的自律引导，即发挥非政府监管的作用；以及行业内各组织（包括监管机构、非政府组织、保险经营机构、保险中介机构等组织）的治理结构构建与治理机制作用的发挥。狭义的保险业治理是指广义的保险业治理内涵中除保险经营机构治理和保险中介机构治理之外的所有内容。

保险治理现代化作为中国式现代化的重要组成部分，一定是中国式保险治理现代化，是指紧紧依托保险业发展现实背景，坚持党的集中统一领导，以法治为保障，以投保人和股东为主导的利益相关者为中心，以实现行业健康发展并最终有效服务于经济与社会健康发展为目标的中国特色保险治理发展道路（郝臣、董迎秋、马贵军、曹嘉宁和冯子朔，2023[①]）。

二、保险治理现代化方向

（一）保险治理理念的现代化

保险治理现代化的前提是治理理念的现代化，要坚持合规治理、过程治理、分类治理、责任治理、和谐治理等治理理念。（1）合规治理理念一方面要求监管部门持续完善治理制度，适时出台紧扣保险治理实践背景的法律法规文件，让保险机构治理有法可依；另一方面要求保险机构严格遵守监管规定，完善治理结构，合规运营。（2）过程治理理念表明保险治理不是一蹴而就的，是一个长期的过程，贯穿保险业发展全过程。（3）分类治理理念强调要针对不同类型保险机构出台适应其特点的治理法律法规文件，同时要针对同一类型保险机构治理状况良好与否展开差异化监管。（4）责任治理理念突出 ESG 因素即环境、社会与治理因素在保险机构治理中的重要作用，保险机构治理不应仅关注 ESG 中的公司治理维度，也要拓展环境和社会责任维度。（5）公司治理中包含制衡的内容，但制衡绝非公司治理的核心，公司治理的核心是要进行科学决策，让保险机构更好发展，因此在公司治理实践过程中，要避免出现"高管和股东叫板""股东和股东斗争"甚至是"治理僵局"等不和谐的现象。

（二）保险治理体系的现代化

保险治理现代化的基石是治理体系的现代化，治理体系包含监管体系和保险机构自身治理体系。在监管体系方面，根据 2023 年 3 月两会通过的《党和国家机构改革方案》，我国组建了中央金融委员会、中央金融工作委员会和国家金融监督管理总局，从而形成由中央金融委员会、中央金融工作委员会、中国人民银行、国家金融监督管理总局、国家外汇管理局、地方金融监督管理局等主体构成的多层次监管体系。在保险机构自身治理体系方面，既有保险机构法人机构治理，也有保险机构分支机构治理，并且针对不同类型保险机构也有适应其特点的治理制度，例如保险资产管理公司必须设立首席风险管理执行官，郝臣和马贵军（2023）[②]根据整理的保险资产管理公司官网公开披露数据发现，截止到 2023 年 4 月 23 日，除在筹的中邮保险资产管理有限公司外，我国现有的 33 家保险资产管理公司均设立了首席风险管理执行官，负责组织和指导保险资产管理公司的风险管理。随着保险治理体系现代化水平的提高，我国将形成一套更适合保险业发展的监管体系框架，保险机构自身治理体系也会进一步完善。

---

① 郝臣，董迎秋，马贵军，曹嘉宁，冯子朔. 中国式保险治理现代化进程研究——基于 1979—2022 年的 1000 部法律法规文件[J]. 保险职业学院学报，2023（03）：21-31.

② 郝臣，马贵军. 我国保险资管公司治理与优化[J]. 中国金融，2023（04）：72-73.

（三）保险治理标准的现代化

保险治理现代化的路径是治理标准的现代化。随着保险治理现代化的不断深入，相关法律法规文件发布、更新的频率越来越高，针对保险机构治理的内容越来越全面，治理的标准也越来越严格。例如，《保险机构独立董事管理办法》（银保监发〔2018〕35 号）规定保险机构董事会独立董事人数应当至少为 3 名，并且不低于董事会成员总数的三分之一，即要求上市公司达到的标准；甚至在某些特定条件下，保险机构独立董事占董事会成员的比例必须达到二分之一以上。再如，目前我国关于绿色发展、可持续发展的指引文件主要针对上市公司，而中国银保监会发布的《银行业保险业绿色金融指引》（银保监发〔2022〕15 号）也鼓励银行保险机构强化环境、社会和治理（ESG）信息披露，未来可能强制保险机构披露被誉为公司第五张报表的 ESG 报告。

（四）保险治理手段的现代化

保险治理现代化的条件是治理手段的现代化。治理手段作为保险治理现代化的重要工具，是影响保险治理效能的关键因素。近年来，人工智能、大数据、云计算、区块链等技术加速更新迭代，以其为应用的保险科技已导入保险治理领域，赋能保险行业治理效能提升。从监管部门的角度看，运用保险科技能够掌握保险机构发展动态，高时效获取保险机构相关数据并开展监管评价，从而有利于实施针对性监管和差异化监管，提高事中监管效能，减少重大风险发生的可能性。从保险机构的角度看，保险科技水平越来越高，各种治理手段愈加丰富，运用保险科技能够有效提升内部治理效能。

第二节　我国保险机构治理发展动力分析

本节构建了我国保险机构治理发展动力模型（DPGM），对保险机构治理发展的内在与外在动力进行了具体分析，为本章第三节、第四节、第五节提出多个层面总计二十条全面提升我国保险机构治理质量的对策建议提供理论基础。

一、保险机构治理发展动力模型

机构行为的背后都有动力源，也就是说，机构做出一个行为往往需要一定的原因。在推动公司治理实践方面，按照动力来源不同，治理发展动力可以分为内在需求拉动型、外部力量推动型和混合动力型，其中外部力量推动型又可分为外部监管驱动型和行业标准引领型。我国保险机构治理发展同样是外部监管的驱动（Drive）、内在需求的拉动（Pull）和行业标准的引领（Guide）三力共同作用的结果，保险机构治理发展动力模型（DPGM）具体如图 18-1 所示。

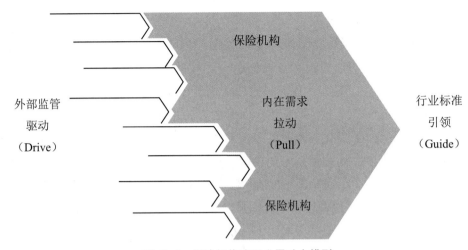

图 18-1　保险机构治理发展动力模型

资料来源：作者整理。

在治理发展的不同阶段，三大动力所起到的作用会存在一定的区别。我国保险机构早期治理发展的动力更多来自机构外部，属于外部力量推动型或者以外部力量推动型为主；而目前治理发展更多的是混合动力型，既有内因，同时还有外部的影响因素。随着治理实践的深入，我国保险机构治理发展将是内在需求拉动型，或者是以内在需求拉动为主且辅以一定的外部监管和行业标准引领。

对于不同规模类型保险机构，三大动力所发挥的作用也会存在一定的差异。中小型保险机构与大型保险机构相比，来自机构的内在需求相对弱一些，特别是中小型保险机构中的小型保险机构的内在动力更显不足。在这种情况下，改进中小型保险机构的治理结构与机制就需要更多的来自外部的动力，需要更强的外部监管和更多的行业标准引领。

二、保险机构治理发展内在动力分析

在内在需求拉动下，保险机构完善公司治理主要源于机构发展自身的需要。随着保险机构规模变大以及决策事项复杂程度的提高，需要好的公司治理为机构保驾护航，防止其偏离正确的轨道。已经有若干公司治理事件告诉我们公司治理的重要性，例如那些在产品或者服务市场非常有名的公司，因公司治理问题使发展碰壁甚至是一夜之间轰然倒塌。因此，在公司进入到一定的发展阶段或者达到一定的规模之后，公司治理是其可持续发展的核心保障。

但在完善治理结构与机制的过程中，需要保险机构的持续性投入，也就是说公司治理是有成本的，在推进公司治理过程中，需要投入一定的人力和物力，但是公司治理的收益却不能像原材料、期间费用那样直接量化，公司治理收益无法直接量化或者观察，所以很多保险机构便会因此而不再进一步优化公司治理结构与机制，特别是对于处于初创阶段的、微利或者亏损的中小型保险机构更是如此。

除了治理成本问题，治理惯性也是影响中小型保险机构优化治理的又一重要因素。在中小型保险机构发展初期，为快速对市场需求做出反应，机构的重大、重要问题的决策往往采用简化的治理流程，最简化的版本就是"一言堂"，这种治理方式有一定的优点，但随着保险机构规模的扩大，这种方式的不足日渐凸显，但因为治理惯性的存在，由"一言堂"向科学的治理方式"集体决策"转变的过程中也有一定的困难或者阻力。

基于上述两个方面因素的考虑，可以看出大型保险机构治理发展的内在动力相对充足，而中小型保险机构在治理发展的内在动力方面相对来说不够充足，这就需要足够的外在动力。

三、保险机构治理发展外在动力分析

在治理实践过程中，往往需要靠外力来改进公司治理。这个外力可以是监管部门的强制外力，即监管部门出台相关文件要求机构必须履行相关治理实践。例如，我国1994年开始实行的《公司法》，确立了我国公司"三会一层"的基本治理结构。中国证监会在2001年推出的《关于在上市公司建立独立董事制度的指导意见》（证监发〔2001〕102号），要求上市公司导入独立董事。原中国保监会在2006年推出的《关于规范保险公司治理结构的指导意见（试行）》（保监发〔2006〕2号），也属于这种强制外力推动治理实践的例子。除了强制外力以外，学术研究成果发表、媒体报道等非强制外力也能有效推动治理实践发展。比如，2001年南开大学中国公司治理研究院推出了《中国公司治理原则（草案）》。为指导和促进上市公司独立董事规范、尽责履职，充分发挥独立董事在上市公司治理中的作用，中国上市公司协会在2014年推出了《上市公司独立董事履职指引》。再如，中国保险行业协会在2018年推出了《保险机构资金运用风险责任人信息披露准则规范》，规定了保险机构资金运用风险责任人信息披露的原则、内容以及披露文件的格式等。

实际上，在一般公司治理领域，外力推动也是其重要的动力源。伴随《卡德伯利报告》（Cadbury Report）、《拉特曼报告》（Rutterman Report）、《格林伯利报告》（Creenbury Report）、《哈姆佩尔报告》（Hampel Report）、《特恩布尔报告》（Turnbull Report）、《西格斯报告》（Higgs Report）和《史密斯报告》（Smith Report）等一系列治理准则的出台，1992年英国全国上下开始了全世界范围内的第一次公司治理浪潮。同时，考虑到保险机构经营的特点以及行业的特殊性，特别是对保险机构中的中小型保险机构来说，外力推动应该是保险机构治理实践的主要推动力，而且要同时发挥两种外力的作用，即将强制外力与非强制外力有机结合。在强制外力中，外部监管推动是最重要的形式；在非强制外力中，行业协会除了进行保险机构治理方面的培训和公司治理知识的普及推广之外，出台保险机构治理方面的标准文件也是我国保险机构治理多年实践后的现实选择，这些文件能够充分发挥标准引领的效果。监管推动和标准引领是未来一段时间我国保险机构治理发展的两个"驱动轮"。

自2006年起，公司治理已经成为我国保险机构监管的三大支柱之一，监管部门围绕治理监管出台了若干政策、法律和法规，详见本研究的相关章节内容；在治理监管方面，现在最紧迫的就是要明确我国保险机构治理的短板或不足之处，这就需要治理评价工作的开展，为实现精准治理监管提供支撑与服务。关于治理标准引领，目前国内关于机构治理方面的标准文件只有两个，一个是由国家市场监督管理总局和国家标准化管理委员会于2010年共同推出的国标文件《公司治理风险管理指南》（GB/T 26317-2010），对于

公司治理风险管理的原则、管理的过程和管理的实施进行了规定，给出了公司治理风险管理的通用指南；另外一个是天津市市场和质量监督管理委员会在 2016 年推出的地标文件《天津市社会组织法人治理结构准则》（DB 12/T 628-2016），这是国内第一个全面的公司治理标准文件。需要说明的是，上述两个文件并不完全适用于保险机构，特别是第二个，主要适用于民间非营利组织、基金会等社会组织。2016 年 11 月 18 日中国保险行业协会审议通过并向全体会员单位发出了《关于进一步加强保险团体标准建设的倡议》，保险行业的特有属性决定了保险机构治理在治理标准等方面相比于其他行业要求更高。2018 年中国保险行业协会推出了保险领域的治理团体标准文件，对于引领保险机构提升治理水平发挥了重要作用。

第三节　监管机构层面的对策建议

一、基础：进一步落实分类监管的理念

强化监管的目的在于防范化解重大风险，强化监管是国家治理"保险乱象"所采用的特殊手段（魏华林，2018）。王爱俭（1998）倡导金融监管的持续监管和差别监管理念，所谓差别监管是指对不同的金融机构建立不同的监管指标体系，实行不同的监管标准。差别监管或差异化监管等也就是今天的分类监管。分类监管并不是说要求监管机构设立专门的部门来进行监管，而是要求在治理实践中根据对象的不同，采用不同的监管策略，避免"大一统"模式（郝臣，2017）。比如，可以按照规模分类，按照资本性质分类，按照控股股东性质分类，按照保险机构成长阶段分类，按照险种类型分类，以及按照治理评价结果等级情况分类等。不同类型保险机构的治理风险点都有所不同，但在分类监管理念下，中型和小型保险机构治理应是监管的重点，尤其是中小型保险机构的股东与股权结构、董事与董事会方面。

二、底线：提高保险机构治理的合规性

保险公司治理监管是保险监管发展到一定阶段的产物，有着深刻的经济和社会背景（罗胜，2006）。截至目前，监管部门出台的保险机构治理相关制度和办法已有很多，自1979 年保险业复业以来至 2022 年总计 44 年期间，我国各类主体出台了 1000 部保险治理法律法规文件，构成了保险治理稳固的制度基础（郝臣、董迎秋、马贵军、曹嘉宁和冯子朔，2023）。但是通过原中国保监会发布的 2017 年全国行业的现场评估结果和本研究的 2016－2023 年度的中国保险机构治理评价结果来看，还有一些公司存在明显的治理合规性短板。治理合规性是有效性的前提，也是监管的重中之重，因此需要补齐这些治理短板，为全面提升保险机构治理能力提供合规性基础。

三、核心：强化保险机构股东股权监管

保险监管就是风险监管，风险由什么构成，监管体系就应该有相应的构成（谢志刚

和崔亚，2014）。偿付能力监管是保险机构监管"三支柱"之一，但偿付能力监管更多的是绝对数量。股东股权监管需要考虑资本所有者，特别是股东的性质，因为资本逐利的天然本性会使这些股东做出一些侵害保险消费者以及小股东利益的行为。公司的股权结构对公司治理机制有深刻的影响（张宗新和孙晔伟，2001）。保险机构"股东控制"（Shareholder Control）取代经典的"内部人控制"（Insider Control）已成为比较突出的委托代理问题，因此在监管上须让保险机构披露完整的股权链条及其各个主体之间的关系，真正实现穿透式监管。保险机构大股东与其他利益相关者之间的关系非常复杂（姜洪，2016），而"股东控制"在业务层面的具体体现就是大量关联交易的存在。监管部门需要加强对关联交易的审核和关联交易信息的披露，同时加大对非正常关联交易的惩罚力度，这也是在现有股权结构下最应该强化的监管工作。

四、关键：改善保险机构信息披露状况

保险监管的最大职责是保护消费者利益（孙祁祥和郑伟，2009），为了避免这类侵害包括保险消费者在内的利益相关者利益行为的发生，信息披露是最好的"防腐剂"。保险机构要严格履行信息披露义务，确保信息披露的及时性和完整性，提高公司透明度。保险机构中大多数为非上市公司，与非金融业的非上市公司相比，保险机构信息披露已经相对完善，但鉴于保险机构经营的特殊性，保险机构信息披露还需要进一步改善。目前信息披露途径、内容框架基本上已经建立，只是部分保险机构信息披露还不规范，如有的保险机构网站长期不更新、未能披露相关内容、相关规定的信息披露内容不及时上传官网或者相关信息未放在官网醒目位置，这些都是监管部门今后在信息披露方面监管的重要内容。

五、抓手：出台保险中介机构治理指引

保险中介机构也是我国保险机构的重要组成部分，保险中介具有数量多和体量小等特点，因此其治理状况相对保险经营机构来说还存在一定的差距，可以这样说，保险中介机构治理状况一定意义上决定了我国保险机构治理的整体水平。我国保险监管机构非常重视对保险中介治理的监管，为推动保险中介机构建立和完善现代企业制度，促进保险中介机构规范经营和持续健康发展，保护被保险人、保险中介机构、股东和其他利益相关者的合法权益，早在2005年就出台了《保险中介机构法人治理指引（试行）》（保监发〔2005〕21号），明确了保险中介机构治理的基本要求和具体规定，但伴随《中国保险监督管理委员会关于公布规章和规范性文件清理结果的通知》（保监发〔2010〕100号）发布，《保险中介机构法人治理指引（试行）》时效性从有效变为无效。伴随保险中介机构治理实践的开展，特别是保险中介集团的出现，亟须监管部门出台我国保险中介机构治理指引或治理准则相关文件，与2021年6月2日发布和实施的《银行保险机构公司治理准则》（银保监发〔2021〕14号）共同构成我国保险机构治理的两大纲领性文件。

第四节　保险机构层面的对策建议

一、前提：培育保险机构的治理文化

企业文化被认为是构成企业竞争力的重要内容，越来越受到企业的重视。而治理文化则是在一定的社会大文化环境影响下，经过各治理主体长期倡导和共同认可、实践与创新所形成的具有本企业特色的公司治理方面的价值观念、制度安排、行为准则、治理风格等的综合。缺乏一种良好的公司治理文化是当前导致我国许多公司治理问题的一个重要原因（徐金发和刘翌，2001）。遵守制度、尊重所有利益相关者的利益等是公司治理文化的最基本体现。如果一个保险机构没有治理文化，那么其公司治理建设还只是停留在"形似"层面。

二、重点：构建保险机构新型董事会

董事会是现代公司治理的核心，保险机构也在积极践行董事会中心主义的思想。尽管我国保险机构董事会治理取得了长足进步，但对战略性事项关注不足仍是突出问题，构建战略型董事会已成为保险机构治理建设的重要方向。保险机构建设战略型董事会要求董事会要在日常经营决策的基础上，重点确立和实施公司的长期战略目标和长期战略计划，并为实现这些目标做好适当的资源匹配，同时密切关注和监督战略的执行，以实现机构绩效有效提升和长期可持续发展。为此，董事会建设要实现从合规主导型治理模式向战略主导型治理模式转变，从被动响应型运作模式向主动探索型运作模式转变，从日常事务为主的程序化决策向重大战略为主的论证型决策转变（董迎秋和王瑞涵，2020）。在具体运作中，保险机构董事会要实现找好定位、调好结构、建好机制和做好评价四项要求。规范设置专业委员会，推动公司投资决策科学化，提高董事会履职效能，在董事会下设 ESG 专业委员会，强化董事会 ESG 治理主体责任。

三、根本：保护核心利益相关者利益

郎咸平（2004）指出，所谓公司治理就是保护中小股民。针对保险公司，郝臣（2021）[①]提出保险公司治理的最终目标是保护投保人、股东等利益相关者的利益，即通过科学决策，降低代理成本，实现以投保人和股东利益为主导的利益相关者利益最大化。在保险机构治理中，顾客（即投保人）和投资者（即股东）是两个核心利益相关者，要处理好机构与二者的关系；而在与顾客和投资者形成的客户关系以及投资者关系的管理中，最核心的工作就是信息沟通。经济型治理的一个典型特点就是中小股东和其他利益相关者的有效参与，而投保人和各类股东参与保险机构治理的一个前提就是要了解公司基本情况。这就要求保险机构做好信息披露工作，在做到强制性信息披露的同时，多进行自愿性信息披露，最终提高包括投保人和股东在内的保险机构广大利益相关者的认同度。

---

① 郝臣. 保险公司治理[M]. 北京：清华大学出版社，2021.

四、条件：形成保险机构的监督合力

我国监管机构非常重视保险机构决策机制和激励机制的建设，因此出台了多部相关法律法规文件。监督机制是保险机构治理的重要机制之一，而保险机构因其经营特殊性使得治理监督又不同于一般公司，保险机构监督机制更加丰富。保险机构的监督体系包括独立董事的监督、外部监事的监督、内部审计的监督、行业媒体的监督等，这些监督力量来自保险机构的内外部，即使来自公司内部，也分属于不同治理机构，监督侧重点不同，往往各自为政，难以充分发挥大监督体系的治理效应。郝臣（2021）构建了我国保险机构监督指数（Insurance Institution Supervision Index，缩写为 IISI），基于构建的保险机构监督指数和设计的保险机构风险承担水平与风险承担行为指标对保险机构监督机制的有效性进行实证检验，发现 2016－2019 年我国保险机构监督指数逐年升高，从 2016 年的 34.59 提升到 2019 年的 40.22，但总体水平较低且没有充分发挥作用[①]。这就要求保险机构要协调好内部各监督环节，充分利用外部媒体作用，形成监督合力。

五、手段：开展治理状况第三方诊断

保险机构改进公司治理的前提是能够清楚地掌握自身治理的特点、优点与短板。而保险机构自身往往无法做到这一点，这方面可以借助第三方的力量，通过专业机构针对性的治理评价，使保险机构能够及时、准确、客观地掌握自身的治理状况，进而为其规避治理风险和提升治理能力提供参考信息。第三方治理诊断相对于大样本的公司治理评价更具针对性，所提改进建议也更具可操作性。

第五节　行业协会与学会层面的对策建议

一、行业协会层面的对策建议

（一）充分发挥行业治理标准引领作用

2018 年 8 月 28 日，中国保险行业协会在北京正式发布《保险业公司治理实务指南：总体框架》（T/IAC 21-2018）、《保险业公司治理实务指南：会议运作第 1 部分——股东（大）会》（T/IAC 22.1-2018）、《保险业公司治理实务指南：会议运作第 2 部分——董事会》（T/IAC 22.2-2018）和《保险业公司治理实务指南：会议运作第 3 部分——监事会》（T/IAC 22.3-2018）等首批 4 项保险机构治理团体标准，这是我国保险业乃至我国金融领域的首批公司治理团体标准。作者本人也作为唯一的专家学者参与了标准的起草工作，作者本人的多篇关于保险公司治理研究文献被标准文件所引用，并现场见证了标准发布的过程。标准有了，接下来的问题就是如何落实。首先，行业协会可以开展治理标准的培训和推广工作，让保险机构治理从业人员熟悉和了解标准的起草思路和具体内容；其

[①] 郝臣. 我国保险机构监督机制有效性研究[M]. 沈阳：东北大学出版社，2021.

次，开展保险机构治理标注导入情况的调查研究，请保险机构逐条对照已有的标准，自查和完善治理结构与机制，了解标准的作用发挥效果并对实践效果进行评估；最后，尽快颁布其他保险机构治理领域的标准文件，全方位发挥治理标准的作用。

（二）全面展现行业治理标杆示范效应

实际上，治理标准不仅仅局限于各类标准文件，治理标杆公司或者实际案例等也是标准的重要内容，因此保险机构可以在达到行业标准的基础上，以标杆机构作为参考对象进行治理的优化。目前监管部门已经开展了多年的保险机构治理状况年度自评和监管评价工作。但建立评价机制并不是目的所在，真正的目的是要将其作为一种重要的监管手段，强化治理监管的有效性。中国保险行业协会可以考虑定期发布最佳治理保险机构名录，甚至发布最差治理保险机构名录，从声誉机制角度给保险机构施加压力，促使其完善治理，从而提升全行业的治理水平。

（三）编制保险机构治理年度发展报告

一般公司治理领域，为了全面呈现公司治理的发展状况，多本公司治理年度发展报告出版，特别是关于上市公司这一主体的公司治理年度发展报告更加丰富。我国保险监管机构在 2015 年首次出版了《中国保险业公司治理与监管报告》，总结梳理国际上保险公司治理监管的基本情况和成熟经验。该报告系统地回顾了自 2006 年以来我国保险业在深化治理改革、加强治理监管方面的实践与探索，整理汇编中国保监会在公司治理监管方面的制度建设成果，深入分析 2012 年和 2013 年我国保险业公司治理的主要情况和存在问题，为保险监管工作提供了操作指引和借鉴，是保险公司治理实务的重要指南和参考，对于加强完善信息披露、推动保险机构不断提升治理能力和水平具有重要意义。之后，监管部门在 2017 年出版了《中国保险业公司治理与监管报告Ⅱ》。本人也曾尝试基于手工整理的公开信息，在南开大学出版社出版了《中国保险公司治理发展报告（2018）》《中国保险公司治理发展报告（2019）》。截至目前，累计出版上述四本相关公司治理报告。建议中国保险行业协会在借鉴参考监管部门出版的两本报告以及学术界出版的年度发展报告基础上，根据保险机构报送的公司治理数据，按照年度出版历年《中国保险机构治理发展报告》，全面揭示中国保险机构治理发展状况。

（四）开发保险机构治理的专题数据库

数据的可获得性是影响一个领域研究发展的重要因素之一。一般公司治理领域，已经有相对成熟完善的公司治理专题数据库。关于上市公司治理各个方面的信息均可在综合数据库或者专题数据中检索到，因此上市公司治理的理论研究和应用研究开展得更加深入，研究成果也相对丰富。而保险机构治理研究相对滞后的一个重要原因就是研究者较难获取保险机构治理相关数据，除了问卷调查、访谈、手工整理等方式之外，没有专业数据库可供参考和使用。因此建议中国保险行业协会：第一，进行行业数据文化建设，鼓励支持保险机构进行治理实践活动和信息的充分披露；第二，完善已有治理数据的整合与清洗，开发保险行业治理数据库，为研究者提供数据便利，为监管机构提供数据支持，促进保险机构治理相关理论与应用课题研究工作的开展。

（五）举办保险机构治理经验交流年会

受限于保险机构样本数量原因，保险机构治理实践活动"强度"确实很难与上市公司相比，因此包括相关内容的系统培训等在内的行业治理经验交流就显得尤为重要。实际上，我国监管机构组织过相关的活动，即每年一次的保险公司董事会秘书联席会。通过梳理和学习历届保险公司董事会秘书联席会议上保险监管机构领导的讲话，也能一窥我国保险机构治理的发展状况。首届保险公司董事会秘书联席会议于 2006 年底召开，第二届保险公司董事会秘书联席会议于 2007 年底召开，第三届保险公司董事会秘书联席会议于 2009 年 3 月在深圳召开。2010 年 5 月 25 日，原中国保监会召开第四届保险公司董事会秘书联席会议，同日，中国保险行业协会公司治理专业委员会正式成立。2011 年 4 月 20 日，第五届保险公司董事会秘书联席会议暨中国保险行业协会公司治理专业委员会 2011 年年会在重庆召开。2012 年 9 月 14 日，第六届保险公司董事会秘书联席会议暨中国保险行业协会公司治理专业委员会 2012 年年会在成都召开。2013 年 8 月 29 日，第七届保险公司董事会秘书联席会议暨中国保险行业协会公司治理专业委员会 2013 年年会在山东召开。2014 年 12 月 4 日，第八届保险公司董事会秘书联席会暨中国保险行业协会公司治理专业委员会 2014 年年会南宁开。2015 年 9 月 21 日，第九届保险公司董事会秘书联席会议暨保险行业协会公司治理专业委员会 2015 年年会在济南召开。2016 年 10 月 10 日，第十届保险公司董事会秘书联席会议暨保险行业协会公司治理专业委员会 2016 年年会在太原召开。2017 年 9 月 15 日，第十一届保险公司董事会秘书联席会议暨中国保险行业协会公司治理专业委员会 2017 年年会在深圳召开。2018 年 12 月 21 日，第十二届保险公司董事会秘书联席会议暨中国保险行业协会公司治理专业委员会 2018 年年会在江西南昌召开。但自第十二届会议之后，伴随监管机构的调整等，联席会议暂停至 2023 年底。建议行业协会举办或者承办保险公司董事会秘书联席会议，重启这一重要会议，充分发挥这一行业经验交流平台的作用。

二、行业学会层面的对策建议

（一）开展保险机构治理课题立项工作

为广泛调动各方面研究力量，扩大学会高质量成果产出，更好地服务于我国保险业发展和监管决策，中国保险学会依据《中国保险学会章程》及国家相关规定，特制定了《中国保险学会年度研究课题管理办法》并组织相关研究课题的立项、结项等工作。本人有幸承担了 2019 年度课题《严监管形势下中小保险机构公司治理研究》（ISCKT2019-N-1-02），之后中国保险学会先后立项了《国有金融保险集团公司治理模式研究》（2020 年度课题）、《面向社会可持续发展构建保险公司 ESG 投资体系》（2022 年度课题）和《赋能中国保险业现代化和高质量发展——暨中国保险业 ESG 发展蓝皮书 2023》（2023 年度课题）等课题。建议中国保险学会在立项课题中进一步向保险机构治理领域倾斜，紧紧围绕影响行业治理能力建设的关键环节和重大问题展开系统研究，同时也可开展除了年度课题之外的保险机构治理专题研究，丰富保险机构治理的研究成果。

（二）强化保险机构治理基础理论研究

2009 年 5 月 22 日中国保险学会首届学术年会举行，中国保监会原主席吴定富、李克穆副主席和陈文辉主席助理等领导出席该次年会，原中国保监会部门负责人及 30 个地方监管局局长参加年会。吴定富主席发表了题为《加强保险理论研究　促进保险业科学发展》的主旨演讲。吴定富主席在演讲中提出了新起点新阶段保险理论研究的形势与任务，在做好对策研究的基础上，要重点加强对基础性、前瞻性和战略性问题的研究。在治理实践发展到一定阶段后，必然更加需要理论的指导；理论经过实践检验后，会进一步提升和完善，理论产生的最终目的是更好地指导实践。目前一般公司治理领域，相关的理论研究开展得如火如荼，大量经典文献和重要著作发表和出版，其中包括国内外顶尖期刊刊发了大量关于公司治理的主题文章，例如美国金融协会（American Finance Association，缩写为 AFA）1946 年创刊的《金融》（Journal of Finance，缩写为 JF）发布的创刊以来高引论文 50 篇（TOP 50 Cited Articles of All Time），包括施莱弗和维什尼（Shleifer & Vishny，1997）撰写的《公司治理回顾》（A Survey of Corporate Governance）以及拉波塔等（La Porta，Lopez-De-Silanes & Shleifer，1999）撰写的《世界范围内的公司所有权》（Corporate Ownership Around The World），一般公司治理已经形成了领域内的核心概念体系、独特的研究方法和具体的研究方向，公司治理实现从研究方向到研究领域再到一个学科的转变。但保险机构治理领域的理论研究总体相对薄弱，如本研究前文所综述的那样，系统性的研究、深入的研究、创新性的研究相对较少，中国保险学会可以尝试在《保险研究》《保险理论与实践》设立保险机构治理专栏，引导广大学者关注保险机构治理问题，促进保险机构治理理论体系的形成和完善，推动保险机构治理理论滞后于实践到理论指引实践的转变。

（三）出版保险机构治理方面的工具书

公司治理领域的工具书相对丰富，从治理手册、治理文件汇编到治理大事记等，但目前保险机构治理方面的工具书相对匮乏。保险机构治理领域鲜有工具书性质的著作，导致保险机构治理理论研究与实务工作者缺少可以直接参考和使用的工具。这方面可以出版保险机构治理领域的治理手册，对保险机构治理领域的常见名词、概念、理论、标准和方法等进行明确说明；出版相对全面的保险机构治理法律法规文件汇编，这些文件可以是从我国保险业复业以来至今的、治理各个方面的、各个层次位阶的、多个发布主体的；出版我国保险机构治理大事记，按照时间先后顺序，全面展示我国保险机构治理的发展脉络。

（四）发挥保险机构治理智库专家作用

智库专家对于具体领域的高质量发展往往能发挥重要作用。为推进高水平智库建设，服务监管部门与会员单位，助力保险行业高质量发展，中国保险学会于 2023 年 11 月 21 日正式建立中国保险学会智库专家库。经向会员单位公开征集、邀请学会合作专家申报、社会人士公开申报等多种征集渠道，中国保险学会共收到数百份智库专家候选人申请，经中国保险学会智库专家评审委员会的评审，最终确定 300 余位智库专家。作者本人也非常幸运成为第一批专家智库成员之一。学会可以根据实践的需要，将 300 余位智库专家细分并尝试组建保险机构治理方向的专家智库，为行业治理实践提供智力支撑。

（五）评选保险机构治理领域优秀成果

在党和政府的高度重视下，在社会各界的大力支持下，在保险业的共同努力下，我国保险业取得了令人瞩目的成就。其中，保险理论研究为促进保险业发展发挥了重要作用，这一点是保险理论与实务界的共识。为进一步推动保险理论研究的深入开展，鼓励保险业理论研究和实践创新，中国保险学会制定了《中国保险学会保险优秀成果评选办法》并连续开展了九届保险优秀研究成果评选，2017 年进行了九届优秀成果的评选，评选周期从早期的两年一届到后来的一年一届。在 2009 年举办的中国保险学会首届学术年会上举行了 2008 年度优秀保险学术成果颁奖仪式，有 288 项成果参加评选，其中有 24 篇论文，以及专著、译著和调研报告、工作项目分获一二三等奖。建议学会继续开展相应优秀成果的评选活动，特别是伴随近几年原创性保险机构治理研究成果数量的增加，并在评选通知中明确将保险机构治理作为重要的申报成果领域之一。

参考文献

1. 安志梅. 入世后我国对外资保险机构的监管[J]. 西南金融, 2002（04）：57-58.

2. 白雪石, 任桥, 刘鑫, 金林立. 我国保险机构开展 ESG 可持续投资的机遇与实践策略[J]. 保险理论与实践, 2021（05）：76-86.

3. 白银钢. 风险管理委员会设立的影响因素及效果研究[J]. 中国注册会计师, 2020（09）：38-43.

4. 薄滂沱. 保险企业集团化理论与实践研究[M]. 天津：南开大学出版社, 2009.

5. 贲圣林. 扬帆起航——走向国际的中资保险公司[M]. 杭州：浙江大学出版社, 2018.

6. 编委会. 保险公司投资资产委托管理模式研究[M]. 北京：首都经济贸易大学出版社, 2007.

7. 编写组. 保险公司法律风险管理实务[M]. 北京：北京首都经济贸易大学出版社, 2014.

8. 卜振兴, 王延培. 我国保险机构效率研究综述[J]. 金融发展研究, 2014（11）：3-10.

9. 蔡文远. 保险企业经营管理学[M]. 北京：中国财政经济出版社, 1997.

10. 蔡志岳, 吴世农. 董事会特征影响上市公司违规行为的实证研究[J]. 南开管理评论, 2007（06）：62-68.

11. 曹方林. 法律背景董事与企业盈余管理的行为研究[J]. 武汉商学院学报, 2019（01）：70-78.

12. 曹昱, 华斯斯, 郑悦, 伍晶. 控股股东股权质押与企业创新[J]. 会计之友, 2023（20）：104-111.

13. 曾江洪, 秦宇佳. 独立董事特质与中小企业成长性——基于中小企业板上市公司的实证研究[J]. 财务与金融, 2011（02）：64-68.

14. 陈彬, 邓霆. 公司治理对保险公司绩效影响的实证检验——以 24 家中资财产保险公司为例[J]. 社会保障研究, 2013（01）：104-112.

15. 陈彬, 张娜, 张璐. 保险公司信息披露问题研究[J]. 上海保险, 2014（07）：22-24.

16. 陈德礼, 于红. 保险资产担保问题研究[J]. 保险研究, 2007（09）：72-75.

17. 陈辉. 相互保险定义保险新方式[M]. 北京：中国经济出版社, 2019.

18. 陈辉. 相互保险开启保险新方式[M]. 北京：中国经济出版社, 2017.

19. 陈继红. 有序管理银行保险机构声誉风险[J]. 中国金融，2022（10）：58-59.

20. 陈凌云. 资本市场信息披露质量研究——来自年报补充及更正公告的初步证据[J]. 福建论坛（人文社会科学版），2005（09）：14-18.

21. 陈美桂. 保险公司声誉、市场占有率与保险中介业务违规行为关系研究[J]. 上海经济研究，2015（06）：19-26.

22. 陈祥义. 独董制度对公司财务杠杆的影响研究[J]. 会计之友，2019（23）：2-8.

23. 陈信元，黄俊. 股权分置改革、股权层级与企业绩效[J]. 会计研究，2016（01）：56-62.

24. 陈信元，朱红军. 保险公司偿付能力监管会计框架研究[M]. 上海：上海财经大学出版社，2006.

25. 陈雨露，马勇. 金融体系结构、金融效率与金融稳定[J]. 金融监管研究，2013（05）：1-21.

26. 陈雨露，马勇. 中国金融体系大趋势[M]. 北京：中国金融出版社，2011.

27. 陈雨露. 深刻理解和把握金融高质量发展[N]. 学习时报，2023-11-15（001）.

28. 陈雨露. 走好中国特色金融发展之路 全面建设社会主义现代化国家[J]. 红旗文稿，2023（10）：9-12+1.

29. 陈越. 中小保险公司基层机构发展困境及对策[J]. 新经济，2020（01）：56-58.

30. 陈宗胜. "南开指数"及相关经济资料汇编（22 册）[M]. 天津：南开大学出版社，2020.

31. 程惠霞，杜奎峰. 风险证券化的会计与税收问题研究——特定目的再保险机构（SPRVs）的视角[J]. 保险研究，2011（01）：70-74.

32. 崔也光，王肇，周畅. 独立董事背景特征影响企业研发强度吗?——基于企业生命周期视角[J]. 经济与管理研究，2018（12）：130-140.

33. 邓红国，王治超. 保险业实证研究：经营和监管[M]. 北京：中国金融出版社，1997.

34. 邓泽慧，陈梦佳，罗华伟. 民营上市公司过度股权质押的不利影响分析[J]. 中国管理信息化，2020（01）：32-34.

35. 董波. 世界保险史话[M]. 北京：中国金融出版社，2020.

36. 董雪. 保险公司承担社会责任与其经营业绩的相关性研究——基于人身险和财产险公司面板数据的证据[J]. 上海保险，2018（10）：33-38.

37. 董迎秋，金铭卉，崔亚南，刘婷，郝臣. 保险业公司治理风险的分析与防范——基于保险业公司治理框架视角[J]. 保险理论与实践，2018（12）：1-12.

38. 董迎秋，王虹珊. 风险管理视角下的保险集团发展趋势探析[J]. 中国保险，2020（12）：12-14.

39. 董迎秋，王瑞涵，王虹珊. 我国保险集团化发展历史、逻辑与方向[J]. 保险理论与实践，2021（11）：36-47.

40. 董迎秋，王瑞涵. 构建战略型董事会是保险业公司治理建设的重要方向[J]. 保险理论与实践，2020（01）：17-24.

41. 董迎秋，王瑞涵. 我国保险行业公司治理实践探析[J]. 保险理论与实践，2018（04）：71-80.

42. 董迎秋，夏萍. 我国保险集团化发展探析[J]. 中国金融，2019（07）：65-67.

43. 董竹敏. 保险机构参与转融通业务的利弊分析[J]. 中国保险，2015（05）：34-38.

44. 杜晓殿，徐玲. 试论保险机构内部审计工作的方法与途径[J]. 中国保险，2011（09）：17-18.

45. 杜兴强，路军. 董事会计师事务所工作背景与企业现金持有水平——来自中国资本市场的经验证据[J]. 审计与经济研究，2015（04）：40-49.

46. 杜正茂，龙文军. 我国农业保险经营机构发展研究[J]. 保险研究，2009（02）：59-64.

47. 段国圣，段胜辉. 保险机构项目投资问题研究[J]. 保险研究，2018（10）：8-14.

48. 段文博，王庆南，王海旭. 我国保险中介机构存在的问题及对策分析[J]. 黑龙江金融，2008（11）：86-88.

49. 范宝学，孙鹤桐. 研发投入、股权集中度与公司成长性[J]. 哈尔滨商业大学学报（社会科学版），2023（03）：35-46.

50. 方国春. 中国相互制保险公司治理的法律规制——基于公司治理主体权利视角[M]. 北京：法律出版社，2016.

51. 冯爱青，岳溪柳，巢清尘，王国复. 中国气候变化风险与碳达峰、碳中和目标下的绿色保险应对[J]. 环境保护，2021（08）：20-24.

52. 冯占军，李秀芳. 中国保险企业竞争力研究[M]. 北京：中国财政经济出版社，2012.

53. 高明华. 中国上市公司治理分类指数报告（2019）[M]. 北京：社会科学文献出版社，2019.

54. 高侯平. 中国系统重要性保险机构识别和监管研究[M]. 北京：中国经济出版社，2021.

55. 高小丹. 董事会治理对上市公司成长性影响的实证研究[J]. 经济论坛，2011（07）：191-193.

56. 高艳梅. 我国相互保险组织的设立与发展：现状问题与前景[J]. 质量与市场，2020（09）：62-64.

57. 龚辉锋. 上市公司董事会特征与公司绩效实证研究[J]. 商业研究，2011（10）：56-62.

58. 顾晓伟. 董事长、总经理两职设置与公司绩效研究——基于企业生命周期理论[J]. 财会通讯，2012（36）：92-94.

59. 关伟，沈飞国. 我国保险集团公司治理研究：现状、问题及政策建议[J]. 中国物价，2021（10）：79-81.

60. 郭树清. 加强和完善现代金融监管[N]. 人民日报，2022-12-14（13）.

61. 郭文忠，周虹. 高管团队特征、市场化程度与企业社会责任履行——基于 Heckman 两阶段模型的分析[J]. 技术经济与管理研究，2020（02）：66-70.

62. 郭放，韦小泉. 独立监事是否起到了监督的作用——基于盈余质量的视角[J]. 会计之友，2015（18）：29-33.

63. 韩小芳. 公开谴责、董事会变更与盈余管理——基于财务舞弊公司面板数据的研究[J]. 财贸研究，2012（05）：148-156.

64. 郝臣，白丽荷，崔光耀. 我国保险公司股东治理有效性实证研究——基于偿付能力的视角[J]. 当代经济管理，2016（12）：84-90.

65. 郝臣，崔光耀，李浩波，王励翔. 中国上市金融机构公司治理的有效性——基于2008－2015年CCGI[NK]的实证分析[J]. 金融论坛，2016（03）：64-71+80.

66. 郝臣，董迎秋，马贵军，曹嘉宁，冯子朔. 中国式保险治理现代化进程研究——基于1979-2022年的1000部法律法规文件[J]. 保险职业学院学报，2023（03）：21-31.

67. 郝臣，付金薇，李维安. 国外保险公司治理研究最新进展——基于2008～2017年文献的综述[J]. 保险研究，2018（04）：112-127.

68. 郝臣，胡港. 监事会监督对保险公司风险承担影响实证研究[J]. 保险职业学院学报，2021（01）：5-11.

69. 郝臣，李慧聪，崔光耀. 治理的微观、中观与宏观——基于中国保险业的研究[M]. 天津：南开大学出版社，2017.

70. 郝臣，李慧聪，罗胜. 保险公司治理研究：进展、框架与展望[J]. 保险研究，2011（11）：119-127.

71. 郝臣，李礼. 中国境内上市公司网站投资者关系栏目实证研究[J]. 管理科学，2005（01）：56-61.

72. 郝臣，李维安，王旭. 中国上市金融机构是否有效治理——风险承担视角[J]. 现代财经（天津财经大学学报），2015（11）：12-21+45.

73. 郝臣，李艺华，崔光耀，刘琦，王萍. 金融治理概念之辨析与应用——基于习近平总书记2013－2019年567份相关文件的研究[J]. 公司治理评论，2019（01）：69-89.

74. 郝臣，李艺华，李中南，崔光耀. 我国保险公司信息披露及其优化研究——基于公司网站和公开信息披露栏目建设视角[J]. 保险职业学院学报，2019（04）：5-10.

75. 郝臣，李艺华. 我国保险法人机构公司治理发展研究——基于公司治理评价的视角[J]. 公司治理评论，2019（02）：22-40.

76. 郝臣，刘琦. 我国中小型保险机构治理质量研究——基于2016～2019年公开数据的治理评价[J]. 保险研究，2020（10）：79-97.

77. 郝臣，马贵军. 我国保险资管公司治理与优化[J]. 中国金融，2023（04）：72-73.

78. 郝臣，钱璟. 保险公司董事会治理、公司绩效与偿付能力[J]. 金融发展研究，2018（03）：12-20.

79. 郝臣，石懿，郑钰镜. 从治理指数看上市金融机构治理质量[J]. 金融市场研究，2022（02）：9-20.

80. 郝臣，孙佳琪，钱璟，付金薇. 我国保险公司信息披露水平及其影响研究——基于投保人利益保护的视角[J]. 保险研究，2017（07）：64-79.

81. 郝臣，王旭，王励翔. 我国保险公司社会责任状况研究——基于保险公司社会责任报告的分析[J]. 保险研究，2015（05）：92-100.

82. 郝臣，郑钰镜，崔光耀，石懿. 完善整体制度框架 全面提升 ESG 发展水平[N]. 上海证券报，2021-10-21（10）.

83. 郝臣，郑钰镜，石懿，崔光耀. ESG：本质、发展与应对[R]. 研究报告，2022.

84. 郝臣，郑钰镜，石懿. 国内外保险公司治理原则研究[J]. 保险理论与实践，2021（12）：118-135.

85. 郝臣. 保险法人机构治理评价新思路[J]. 上海保险，2018（04）：10-13.

86. 郝臣. 保险公司治理、投资效率与投保人利益保护[M]. 沈阳：东北大学出版社，2021.

87. 郝臣. 保险公司治理[M]. 北京：清华大学出版社，2021.

88. 郝臣. 保险公司治理的优化[J]. 中国金融，2017（16）：80-81.

89. 郝臣. 保险公司治理对绩效影响实证研究——基于公司治理评价视角[M]. 北京：科学出版社，2016.

90. 郝臣. 保险公司治理学：一门新兴分支学科[J]. 保险职业学院学报，2022（02）：21-27.

91. 郝臣. 金融机构治理手册[M]. 北京：清华大学出版社，2023.

92. 郝臣. 提升我国保险公司治理能力的思考——标准引领与监管推动的视角[J]. 保险理论与实践，2018（07）：1-31.

93. 郝臣. 我国保险机构监督机制有效性研究[M]. 沈阳：东北大学出版社，2021.

94. 郝臣. 我国保险治理法律法规研究：1979-2022[M]. 天津：南开大学出版社，2023.

95. 郝臣. 我国中小型保险机构治理研究[M]. 天津：南开大学出版社，2022.

96. 郝臣. 中国保险公司治理研究[M]. 北京：清华大学出版社，2015.

97. 郝臣等. 中国保险公司治理发展报告 2018[M]. 天津：南开大学出版社，2019.

98. 郝臣等. 中国保险公司治理发展报告 2019[M]. 天津：南开大学出版社，2020.

99. 郝程伟. 自媒体信息披露对上市公司股价的影响——基于中石油微信公众号的案例分析[J]. 纳税，2018（21）：210.

100.郝芳静. 保险公司投资中国股市的风险影响研究[M]. 北京：经济管理出版社，2021.

101.郝洁，郝云宏，汪茜. 权变视角下董事会领导结构与公司绩效——基于中国上市公司两职分离模式的视角[J]. 商业经济与管理，2017（02）：33-42.

102.郝新东，邓慧. 我国保险机构市场退出机制分析[J]. 金融教育研究，2011，24（03）：36-39.

103.郝演苏，张文峰，杨雪君. 影响外资保险公司境外发展的国家主权个性因素研究[J]. 保险研究，2013（05）：3-13.

104. 何平林，孙雨龙，李涛，原源，陈宥任. 董事特质与经营绩效——基于我国新三板企业的实证研究[J]. 会计研究，2019（11）：49-55.

105.胡冰，戚聿东. 数字金融与企业技术创新：自媒体是"兴奋剂"还是"镇静剂"?[J].

金融评论，2023（04）：44-69+124-125.

106. 胡欢. 监事会人员特征和国有上市公司社会责任履行关系研究[J]. 会计师，2014（15）：3-4.

107. 胡伟益. 保险资金绿色投资思考[J]. 中国保险，2021（07）：27-30.

108. 胡祥. 我国上市保险公司系统性风险评估[M]. 北京：经济科学出版社，2019.

109. 胡艳，阳晓明，谢至. 网站信息披露与上市公司的审计选择[J]. 会计之友，2014（36）：21-24.

110. 黄方亮，冯栋，王倩，杨敏，朱欣然. 股权结构与公司绩效——基于 A 与 H 股市场投资者保护环境的比较研究[J]. 投资研究，2018（07）：131-157.

111. 黄海骥. 我国保险业发展的环境制约及保险监管机构在改善环境方面的作用[J]. 上海保险，2004（04）：5-7+15.

112. 黄宏斌，郝程伟. 基于公司治理视角的国有上市公司自媒体信息披露——以中石化微信公众号为例[J]. 财会月刊，2018（19）：85-91.

113. 黄宏斌，毛天琴. 上市公司微信公众号信息披露的内容及其经济后果：基于中国联通的案例研究[J]. 金融发展研究，2018（08）：56-62.

114. 黄京燕. 互联网+时代的保险机构财务管理研究[J]. 中国农业会计，2017（05）：14-16.

115. 姬便便. 中外财产保险公司竞争力比较研究[M]. 北京：中国农业出版社，2006.

116. 贾崧，蒲璞. 保险机构的企业文化与职业道德建设[J]. 保险研究，2005（07）：15-18.

117. 江生忠，锺碧蓉，邵全权. 保险中介前沿问题研究[M]. 天津：南开大学出版社，2013.

118. 江生忠. 保险会计学[M]. 北京：中国金融出版社，2000.

119. 江生忠. 保险中介教程[M]. 北京：机械工业出版社，2001.

120. 江生忠. 中国保险业发展报告 2003 年[M]. 天津：南开大学出版社，2003.

121. 江生忠. 中国保险业发展报告 2004 年[M]. 北京：中国财政经济出版社，2004.

122. 江生忠. 中国保险业发展报告 2005 年[M]. 北京：中国财政经济出版社，2005.

123. 江生忠. 中国保险业发展报告 2007 年[M]. 北京：中国财政经济出版社，2007.

124. 江生忠. 中国保险业改革与发展前沿问题[M]. 北京：机械工业出版社，2006.

125. 江先学，吴岚等. 保险公司偿付能力监管研究[M]. 上海：上海交通大学出版社，2013.

126. 姜洪. 正确理解保险公司治理中的五对关系[N]. 中国保险报，2016-08-22（005）.

127. 焦小静. 独立董事职业背景多元化与资本结构动态调整[J]. 会计之友，2021（13）：106-112.

128. 焦雨欣. 试论险企推行 ESG 经营理念的必要性及其路径[J]. 上海保险，2022（06）：27-33.

129. 焦跃华，孙源. 学者型独立董事与企业创新——来自中国资本市场的经验证据

[J]. 会计与经济研究，2021（05）：25-42.

130. 金熙悦. 董事会特征及股权结构与我国银行系保险公司经营绩效的关系研究[J]. 保险职业学院学报，2019（01）：27-31.

131. 巨赟. 上市公司董事长变更与审计费用关系探究[J]. 纳税，2019（16）：166-167.

132. 孔敏. 南开经济指数资料汇编[M]. 北京：中国社会科学出版社，1988

133. 寇业富. 2015 中国保险公司竞争力评价研究报告[M]. 北京：中国财政经济出版社，2015.

134. 寇业富. 2019 中国保险公司竞争力评价研究报告[M]. 北京：中国经济出版社，2019.

135. 兰梦灵. 股权分散化的不利影响及应对策略——以万科股权之争为例[J]. 新会计，2017（08）：20-22.

136. 郎咸平. 公司治理[M]. 北京：社会科学文献出版社，2004.

137. 雷星晖. 保险公司风险管理观念发展与产品管理创新[M]. 石家庄：河北人民出版社，2001.

138. 李朝锋. 保险公司偿付能力与许可证监管之比较分析[M]. 太原：山西人民出版社，2009.

139. 李刚. 非标准审计意见、商业信用融资与企业投资效率[J]. 会计之友，2022（12）：32-39.

140. 李桂静. 基于银行和保险机构合作的优化研究[J]. 全国流通经济，2020（10）：155-156.

141. 李国峰. 新时代保险机构营销能力提升策略研究[J]. 中外企业文化，2023（03）：124-126.

142. 李慧聪，李维安，郝臣. 公司治理监管环境下合规对治理有效性的影响——基于中国保险业数据的实证研究[J]. 中国工业经济，2015（08）：98-113.

143. 李嘉宁. 异质性视角下学术背景独立董事对企业绩效的影响——基于董事会监督和咨询职能的中介效应[J]. 商业经济研究，2023（02）：145-148.

144. 李建标，李帅琦，王鹏程. 两职分离形式的公司治理效应及其滞后性[J]. 管理科学，2016（01）：53-69.

145. 李康宏，罗永琪，连远强，吴桐. 非国有股东参与治理、会计信息质量与竞争类国有企业创新[J]. 财会月刊，2023（15）：76-84.

146. 李克穆. 保险业信息披露研究[M]. 北京：中国财政经济出版社，2007.

147. 李维安，程新生. 公司治理评价及其数据库建设[J]. 中国会计评论，2005（02）：387-400.

148. 李维安，郝臣，崔光耀，郑敏娜，孟乾坤. 公司治理研究 40 年：脉络与展望[J]. 外国经济与管理，2019（12）：161-185.

149. 李维安，郝臣. 公司治理手册[M]. 北京：清华大学出版社，2015.

150. 李维安，郝臣. 金融机构治理及一般框架研究[J]. 农村金融研究，2009（04）：4-13.

151. 李维安，郝臣. 中国上市公司监事会治理评价实证研究[J]. 上海财经大学学报，2006（03）：78-84.

152. 李维安，郝臣等. 国有控股金融机构治理研究[M]. 北京：科学出版社，2018.

153. 李维安，李慧聪，郝臣. 保险公司治理、偿付能力与利益相关者保护[J]. 中国软科学，2012（08）：35-44.

154. 李维安，徐业坤，宋文洋. 公司治理评价研究前沿探析[J]. 外国经济与管理，2011（08）：57-65.

155. 李维安，张耀伟，郑敏娜，李晓琳，崔光耀，李惠. 中国上市公司绿色治理及其评价研究[J]. 管理世界，2019（05）：126-133.

156. 李维安. 公司治理评价与指数研究[M]. 北京：高等教育出版社，2005.

157. 李秀芳，解强. 基于多目标规划的保险公司资产负债管理[M]. 北京：中国财政经济出版社，2012.

158. 李增福，曾晓清. 高管离职、继任与企业的盈余操纵——基于应计项目操控和真实活动操控的研究[J]. 经济科学，2014（03）：99-115.

159. 李照光，吴先明. 中国再保险企业国际竞争动态能力研究——以中国再保险（集团）股份有限公司为例[J]. 北京联合大学学报（人文社会科学版），2017（04）：76-87.

160. 李争光，赵西卜，曹丰，卢晓璇. 机构投资者异质性与企业绩效——来自中国上市公司的经验证据[J]. 审计与经济研究，2014（05）：77-87.

161. 李仲泽，陈钦源，张翼，朱宇彤. 企业金字塔控股结构与金融化[J]. 科学决策，2022（08）：40-58.

162. 梁琪，李温玉，余峰燕. "遵从监管"抑或"主动履责"：双重治理视角下银行绿色治理指数及其对银行绩效的影响研究[J]. 金融研究，2023（06）：38-56.

163. 梁涛，何肖峰，任建国. 相互保险组织运作及风险管理研究[M]. 北京：中国金融出版社，2017.

164. 林一英. 公司清算制度的修改——以经营异常公司的退出为视角[J]. 法律适用，2021（07）：12-19.

165. 凌雪，李利霞. 金融背景独董对企业超额商誉影响研究[J]. 商场现代化，2021（22）：176-178.

166. 刘畅. 中资保险公司核心竞争力培育研究[M]. 哈尔滨：东北林业大学出版社，2006.

167. 刘汉民. 保险公司财务管理[M]. 北京：经济科学出版社，2009.

168. 刘鸿儒. 中国金融体制改革问题研究[M]. 北京：中国金融出版社，1987.

169. 刘甲，牛彪. 共同机构投资者与企业资源配置效率——优化还是扭曲?[J]. 技术经济与管理研究，2023（09）：81-85.

170. 刘进，池趁芳. 高管团队特征、薪酬激励对内部控制质量影响的实证研究——来自创业板上市公司的经验数据[J]. 工业技术经济，2016（02）：60-67.

171. 刘宁. 基于经济资本的中国保险公司全面风险管理研究[M]. 武汉：湖北人民出版社，2014.

172. 刘亭立. 上市公司董事长变更对盈余质量的影响——一项基于事件研究法的经验证据[J]. 科学决策, 2009（02）：21-28.

173. 刘雪妍, 冯舒婧, 程珊珊, 刘庞, 郑展翔. 独立董事特征对企业绩效的影响——基于国有与民营上市公司的比较研究[J]. 现代商业, 2017（22）：124-128.

174. 刘媛媛, 王邵安. 上市公司更正公告的市场反应研究[J]. 宏观经济研究, 2013（09）：98-105.

175. 刘运国, 江仪洵. 负面新闻、异常审计费用与非标审计意见[J]. 财会通讯, 2019（33）：3-9.

176. 刘子操. 保险企业核心竞争力培育[M]. 沈阳：东北财经大学出版社, 2005.

177. 鲁学武. 外资保险机构市场准入监管的基础理论与监管体例分析[J]. 前沿, 2006（10）：47-51.

178. 鲁玉祥. 系统重要性保险机构监管改革进展及对我国的启示[J]. 金融纵横, 2012（12）：20-23.

179. 陆珉. "国十条"对保险中介机构未来发展的启示[J]. 中国金融, 2006（17）：27.

180. 陆瑶, 朱玉杰, 胡晓元. 机构投资者持股与上市公司违规行为的实证研究[J]. 南开管理评论, 2012（01）：13-23.

181. 逯东, 池毅, 纳超洪. 风险管理委员会能降低公司风险吗?[J]. 财贸研究, 2021（04）：83-97.

182. 罗利勇, 胡启明, 吴欣欣, 宋中华. 我国相互保险组织治理研究[M]. 成都：四川大学出版社, 2020.

183. 罗利勇, 李悦, 邹昌波, 杨竞. 我国财产保险公司治理研究[M]. 成都：西南财经大学出版社, 2020.

184. 罗胜, 曹顺明. 保险公司控股股东和实际控制人监管的合理性基础与制度设计[J]. 保险研究, 2011（02）：26-32.

185. 罗胜, 张雁云. 保险公司董事会评价机制研究[J]. 保险研究, 2011（09）：109-113.

186. 罗胜. 保险公司的薪酬监管[J]. 中国金融, 2013（06）：68-69.

187. 罗胜. 加强治理结构监管健全保险监管体系[N]. 中国保险报, 2006-02-17（002）.

188. 吕荣杰, 张晗, 徐玮. 董事会绩效管理体系的构建[J]. 企业经济, 2004（02）：55-56.

189. 马坚波. 险企的社会责任探析——以商业保险在民生保障网中的作用为视角[J]. 中共太原市委党校学报, 2018（06）：19-23.

190. 马宁. 董事会规模、多元化战略与企业风险承担[J]. 财经理论与实践, 2018（04）：73-79.

191. 马树强. 谈省级财务集中趋势下的基层保险机构财务管理[J]. 中国农业会计, 2012（09）：6-7.

192. 马思乐, 邰晓红. 环境信息披露对煤炭上市企业的企业价值影响研究——基于监事会规模的调节效应[J]. 科技促进发展, 2021（07）：1394-1401.

193. 马玉秀. 中国保险专业中介机构集聚效应研究[M]. 北京：经济科学出版社, 2023.

194. 买生, 杨一苏. 董事会特征对企业社会责任的影响研究[J]. 财会通讯, 2017（06）：71-75.

195. 毛颖, 孙蓉, 甄浩. 保险公司股权结构对风险承担行为的影响研究[J]. 保险研究, 2019（07）：14-28.

196. 缪若冰. 相互保险组织的法律分析及其应用[M]. 北京：中国社会科学出版社, 2020.

197. 慕刘伟. 中资保险公司股权融资问题研究[M]. 成都：四川人民出版社, 2003.

198. 南开大学公司治理研究中心课题组. 中国上市公司治理评价系统研究[J]. 南开管理评论, 2003（03）：4-12.

199. 南开大学经济研究所编. 南开指数资料汇编[M]. 北京：统计出版社, 1958.

200. 南晓莉, 李芊卉. 高管团队规模、薪酬差距与公司风险承担研究[J]. 会计之友, 2017（01）：81-88.

201. 牛雪舫. 论我国相互保险组织内部治理改革[J]. 保险职业学院学报, 2018（02）：62-65.

202. 欧阳越秀, 严奕杨, 李夏晴. 我国财产保险公司偿付能力风险管理问题研究——基于内控视角及灰色关联分析法[J]. 保险研究, 2019（02）：16-27.

203. 彭雪梅, 黄鑫. "营改增"对我国保险业税负的影响——基于大中小保险公司对比研究[J]. 保险研究, 2016（03）：32-44.

204. 潘国臣. 保险企业创新能力问题研究[M]. 武汉：武汉大学出版社, 2006.

205. 钱明, 徐光华, 沈弋. 社会责任信息披露、会计稳健性与融资约束——基于产权异质性的视角[J]. 会计研究, 2016（05）：9-17.

206. 钱学洪. 董事财务背景与企业研发投资[J]. 东岳论丛, 2016（12）：152-159.

207. 钱颖一. 企业的治理结构改革和融资结构改革[J]. 经济研究, 1995（01）：20-29.

208. 全怡, 陈冬华. 法律背景独立董事：治理、信号还是司法庇护？——基于上市公司高管犯罪的经验证据[J]. 财经研究, 2017（02）：34-47.

209. 冉光圭, 方巧玲, 罗帅. 中国公司的监事会真的无效吗[J]. 经济学家, 2015（01）：73-82.

210. 任声策, 陈艳利. 高管变更对企业个股交易的影响[J]. 财会月刊, 2017（15）：9-15.

211. 任雅姗, 戴绍文. 关于我国保险公司履行社会责任的综合评价——基于利益相关者理论的视角[J]. 中国保险, 2011（05）：15-17.

212. 申晨. 独立董事政治关联与企业环境信息披露——来自中国工业上市公司的经验证据[J]. 中山大学学报（社会科学版）, 2023（02）：194-206.

213. 沈晗杰. 审计意见对债务融资成本的影响[J]. 会计师, 2022（13）：85-87.

214. 沈华麟. 中国上市保险公司股权结构与公司绩效研究[J]. 河北企业，2019（08）：84-85.

215. 沈健，梁梦迪. 保险产业的慈善捐赠、产品集中度与财务绩效[J]. 金融发展研究，2017（08）：71-80.

216. 沈烈. 保险公司资产负债管理[M]. 北京：经济科学出版社，2009.

217. 盛和泰. 关于保险机构科技应用与监管的思考[J]. 清华金融评论，2019（10）：99-102.

218. 史鑫蕊. 国际再保险公司全球业务管理模式及其借鉴[J]. 保险研究，2013（01）：68-77+96.

219. 史永东，王谨乐. 中国机构投资者真的稳定市场了吗?[J]. 经济研究，2014（12）：100-112.

220. 宋铁军. 叩响中国保险业大门：外资保险公司在中国[M]. 北京：中国人民大学出版社，1998.

221. 宋志平. 迈向公司治理新时代[R]. 研究报告，2021.

222. 粟芳. 中国非寿险保险公司的偿付能力研究[M]. 上海：复旦大学出版社，2002.

223. 孙磊. 保险公司的风险及其风险管理对策探讨[M]. 成都：西南财经大学出版社，2002.

224. 孙祁祥，郑伟. 保险制度与市场经济：六个基本理念[J]. 保险研究，2009（07）：19-23.

225. 孙祁祥，郑伟. 经济社会发展视角下的中国保险业——评价、问题与前景[M]. 北京：经济科学出版社，2007.

226. 孙祁祥，郑伟. 欧盟保险偿付能力监管标准 II 及对中国的启示[M]. 北京：经济科学出版社，2008.

227. 孙秋枫，年综潜. "双碳" 愿景下的绿色金融实践与体系建设[J]. 福建师范大学学报，2022（01）：71-79.

228. 孙蓉，彭雪梅，胡秋明等. 中国保险业风险管理战略研究——基于金融混业经营的视角[M]. 北京：中国金融出版社，2006.

229. 太平金融稽核服务（深圳）有限公司. 金融保险集团内部审计创新与实践[M]. 成都：西南财经大学出版社，2018.

230. 汤玉甲，隋绍先. 论营造保险中介机构发展的外部环境[J]. 保险研究，2002（09）：24-26.

231. 唐建新，程晓彤. 法律背景独立董事与中小投资者权益保护[J]. 当代经济管理，2018（05）：26-31.

232. 唐清泉，罗当论，张学勤. 独立董事职业背景与公司业绩关系的实证研究[J]. 当代经济管理，2005（01）：97-101.

233. 唐韵捷. 董事学历、公司内部治理与研发投资[J]. 哈尔滨商业大学学报（社会科学版），2020（01）：50-65.

234. 童鹏程. 财产保险公司偿付能力的影响因素分析[J]. 金融理论探索，2021（05）：

73-80.

235. 王爱俭. 论金融创新与金融监管[J]. 现代财经-天津财经学院学报，1998（12）：22-26.

236. 王成方，叶若慧，鲍宗客. 两职合一、大股东控制与投资效率[J]. 科研管理，2020（10）：185-192.

237. 王成辉. 保险企业经营竞争力研究[M]. 天津：南开大学出版社，2008.

238. 王芳，张超，黄梅银，朱学坤，连芷萱，马鑫，姚汝婧，刘清民，张鑫. 数智赋能政府治理的理论与实践进展：一个跨学科学术会议综述[J]. 图书与情报，2023（03）：126-135.

239. 王嘉斌，刘璋. 保险中介机构风险管理研究[J]. 中国证券期货，2013（06）：89-90.

240. 王嘉冬. 基于我国保险行业现状剖析我国再保险公司发展前景[J]. 经贸实践，2017（08）：111.

241. 王建东. 中小财产保险公司发展研究[M]. 天津：南开大学出版社，2011.

242. 王磊. 基于偿付能力监管下的保险公司效率研究[M]. 南京：南京农业大学出版社，2011.

243. 王良成. 银行背景董事在可转债融资中的作用[J]. 厦门大学学报（哲学社会科学版），2017（02）：128-137.

244. 王诺方，吴迪. 保险集团公司治理中关联交易的监管对策研究[J]. 山西财政税务专科学校学报，2022（05）：23-27.

245. 王奇，吕晓亮，殷源华. 保险消费者投诉、媒体报道与公司绩效[J]. 保险职业学院学报，2016（06）：43-49.

246. 王庆松. 保险机构风险偏好体系优化升级的难点与对策（下）[J]. 中国保险，2020（04）：40-43.

247. 王三法，钟廷勇. 名副其实还是盛名难副：纳税信用评级与企业避税[J]. 山西财经大学学报，2023（08）：113-126.

248. 王思佳. 投诉处理机制与保护保险消费者权益研究[J]. 中国保险，2013（10）：28-31.

249. 王炜. 浅析保险公司的社会责任行为及其信息披露[J]. 保险职业学院学报，2012（02）：46-48.

250. 王晓英，彭雪梅. 国有上市保险公司股权结构对经营绩效的影响研究[J]. 保险研究，2011（04）：28-35.

251. 王性玉，吴亚捷. 生命周期、纳税信用评级与企业创新[J]. 会计之友，2022（15）：10-17.

252. 王雪梅. 终极控股权、控制层级与经济增加值——基于北京上市公司数据[J]. 软科学，2012（02）：113-118.

253. 王焰辉. 高科技上市公司股权集中与股价崩盘风险——基于利益协同和壕沟防御效应的论证[J]. 技术经济与管理研究，2022（11）：101-106.

254. 王玉玫. 论我国保险公司治理中监督机制的建立与完善[J]. 中央财经大学学报，2011（02）：78-81.

255. 王玉祥，尤瑞金. 保险机构内部审计[M]. 北京：中国金融出版社，2023.

256. 王治皓，廖科智，金鑫. 机构投资者投资期限、社会责任与企业风险——基于民营企业的经验证据[J]. 会计与经济研究，2023（03）：71-88.

257. 魏刚，肖泽忠，Nick Travlos，邹宏. 独立董事背景与公司经营绩效[J]. 经济研究，2007（03）：92-105.

258. 魏华林. 保险的本质、发展与监管[J]. 金融监管研究，2018（08）：1-20.

259. 魏华林. 中国保险市场的开放及其监管[M]. 北京：中国金融出版社，1999.

260. 魏金浩. 保险中介渠道洗钱风险探究及监管对策[J]. 吉林金融研究，2021（07）：63-66.

261. 魏巧琴. 保险公司经营管理：第 6 版[M]. 上海：上海财经大学出版社，2021.

262. 魏巧琴. 保险企业风险管理[M]. 上海：上海财经大学出版社，2002.

263. 魏迎宁. 保险集团财务风险控制问题研究[M]. 北京：中国财政经济出版社，2010.

264. 吴定富. 充分发挥独立董事作用 推动保险业科学发展[J]. 保险研究，2009（12）：3-10.

265. 吴定富. 股份制保险公司党建工作实践与探索[M]. 北京：党建读物出版社，2006.

266. 吴定富. 中国保险业发展改革报告（1979—2003）[M]. 北京：中国经济出版社，2004.

267. 吴敬琏. 现代公司与企业改革[M]. 天津：天津人民出版社，1994.

268. 吴敬琏等. 大中型企业改革：建立现代企业制度[M]. 天津：天津人民出版社，1993.

269. 吴小平. 保险公司非寿险业务准备金评估实务指南[M]. 北京：中国财政经济出版社，2005.

270. 武月，崔勋. 董事会职业背景对企业高层管理团队多样性的影响研究[J]. 管理学报，2019（01）：35-44.

271. 夏洪. 论保险公司治理机制的完善[J]. 保险研究，2001（07）：3-5.

272. 夏同水，胡中涵. 股权质押、公司战略激进度与投融资期限错配[J]. 会计之友，2023（20）：76-85.

273. 向锐. 财务独立董事特征与会计稳健性[J]. 山西财经大学学报，2014（06）：102-112.

274. 谢瑶冰. 控股股东股权质押、独立董事与审计费用[J]. 经营与管理，2023（04）：36-42.

275. 谢志刚，崔亚. 论保险监管制度体系的建设目标[J]. 保险研究，2014（01）：12-20.

276. 邢栋. 保险公司信息披露制度法经济学研究[M]. 长春：吉林人民出版社，2011.

277. 徐金发，刘翌. 论我国公司治理文化及其建设[J]. 中国软科学，2001（12）：46-50.

278. 徐景峰，廖朴. 我国中小保险公司发展策略探讨[J]. 天津商业大学学报，2010（05）：22-26.

279. 许敏敏，郭琦. 保险公司治理指数模型构建、测算与评价——以财险公司为例[J]. 会计之友，2019（18）：55-62.

280. 许荣. 保险机构的治理功能研究[M]. 北京：中国经济出版社，2020.

281. 许树仁. 保险集团公司内部审计数字化转型探索[J]. 中国内部审计，2021（12）：45-48.

282. 许闲. 保险科技创新运用与商业模式[M]. 北京：中国金融出版社，2018.

283. 薛军. 中国民营企业对外直接投资指数年度报告（2022）[M]. 北京：人民出版社，2023.

284. 闫禹彤. 金融背景董事对企业内部控制质量的影响[J]. 税务与经济，2021（04）：100-106.

285. 严若森. 保险公司治理评价：指标体系构建与评分计算方法[J]. 保险研究，2010（10）：44-53.

286. 杨波. 中国保险专业中介机构发展问题研究[M]. 南京：南京大学出版社，2010.

287. 杨贵军. 我国保险公司偿付能力[M]. 北京：经济科学出版社，2011.

288. 杨盼，陈子行，李雯. 中国保险资产管理业 ESG 投资实践及建议[J]. 绿色财会，2022（03）：30-33.

289. 杨平. 推进保险机构参与 ESG 投资[J]. 中国金融，2023（12）：55-57.

290. 杨瑞龙，周业安. 论利益相关者合作逻辑下的企业共同治理机制[J]. 中国工业经济，1998（01）：38-45.

291. 杨瑞龙，周业安. 企业的利益相关者理论及其应用[M]. 北京：经济科学出版社，1998.

292. 杨文灿. 保险企业经营效率论[M]. 上海：上海三联书店，2006.

293. 姚大锋. 以保险机构为核心的养老金融服务模式研究[J]. 新金融，2018（11）：41-44.

294. 叶李静. 保险机构外汇业务监管的现状与新策[J]. 浙江金融，2006（06）：15-16.

295. 叶燕斐，谭林. 推进银行保险机构 ESG 信息披露的几点思考[J]. 中国银行业，2022（07）：14-17+6.

296. 易颜新，王榕，叶继英. 独立监事能减少企业违规行为吗?——基于"四大"审计的中介效应分析[J]. 南京审计大学学报，2022（02）：9-18.

297. 于学泽，李欣. 论国有保险公司法人治理结构的建设[J]. 保险研究，2002（02）：26-28.

298. 余洋. 财产保险公司资产负债管理与动态随机规划法应用研究[M]. 北京：中国财政经济出版社，2012.

299. 袁春生，李琛毅. 高校教师背景的独立董事对企业创新绩效影响研究[J]. 财会通讯，2018（09）：79-82.

300. 袁力. 保险公司治理结构及监管问题研究[J]. 保险研究，2005（10）：63-66.

301. 袁萍，刘士余，高峰. 关于中国上市公司董事会、监事会与公司业绩的研究[J]. 金融研究，2006（06）：23-32.

302. 原仙鹤. 独立董事特征与公司风险分析[J]. 时代金融，2019（20）：149-150.

303. 占梦雅. 保险公司最低偿付能力资本要求研究[M]. 上海：上海交通大学出版社，2011.

304. 张力云，夏芸. 年报补充更正公告的市场反应研究[J]. 财会月刊，2013（02）：7-10.

305. 张连增，戴成峰. 新会计准则下我国财产保险公司资产负债管理研究[J]. 保险研究，2013（03）：63-72.

306. 张宁. 保险公司 2013 年度信息披露质量评估研究[J]. 保险研究，2013（07）：3-11.

307. 张仕英. 股份制保险公司的代理问题与董事会制度[J]. 世界经济情况，2006（13）：9-13.

308. 张婷，张敦力. 审计师关注媒体对高管的负面评价吗——基于差异性审计应对视角[J]. 中南财经政法大学学报，2023（02）：3-14.

309. 张维迎. 所有制、治理结构及委托-代理关系——兼评崔之元和周其仁的一些观点[J]. 经济研究，1996（09）：3-15.

310. 张娓主. 大数据时代下保险公司的创新之路[M]. 重庆：重庆大学出版社，2020.

311. 张艳，丁江萍，刘循循. 论新《保险法》对保险公司公司治理的影响[J]. 保险研究，2010（05）：78-83.

312. 张扬，郝臣（通讯作者），李慧聪. 国外保险公司治理研究：主题、逻辑与展望[J]. 保险研究，2012（10）：86-94.

313. 张扬，郝臣，李慧聪，褚玉萍. 保险公司治理特殊性分析——三家上市保险公司的案例研究[J]. 管理案例研究与评论，2012（04）：265-276.

314. 张原，李泽禧. 智力资本、金字塔控股层级与财务绩效[J]. 会计之友，2020（03）：97-103.

315. 张志坡，王果. 我国上市公司监事会治理的实践[J]. 金陵法律评论，2014（02）：112-125.

316. 张宗新，孙晔伟. 股权结构优化与上市公司治理的改进[J]. 经济评论，2001（01）：36-39.

317. 章宁，沈文标. 投资者对负面新闻报道反应：投资者情绪视角的实证研究[J]. 管理现代化，2016（04）：16-19.

318. 赵军现，曹晶晶. 论我国保险公司的治理结构建设[J]. 河北金融，2006（07）：25-27.

319. 赵林，李竹梅. 独立董事"标签特征"抑制了大股东掏空吗？——基于区域研究[J]. 财会通讯，2020（06）：44-50.

320. 赵西卜，徐爱莉. 产权性质、监事会特征与信息披露质量——来自深交所的经验数据[J]. 兰州学刊，2013（11）：85-93.

321. 赵雪媛. 保险公司监管信息披露的研究[M]. 北京：中国财政经济出版社，2007.

322. 赵震宇，杨之曙，白重恩. 影响中国上市公司高管层变更的因素分析与实证检验[J]. 金融研究，2007（08）：76-89.

323. 甄红线，王谨乐. 机构投资者能够缓解融资约束吗?——基于现金价值的视角[J]. 会计研究，2016（12）：51-57.

324. 郑春美，伍光磊，温桂荣. ESG 框架下财会背景独立董事履职能否改善会计信息质量?——基于内部控制有效性的视角[J]. 财经理论与实践，2021（06）：89-95.

325. 郑伟. 中国保险业发展报告 2022[M]. 北京：经济科学出版社，2022.

326. 郑伟. 中国保险业发展报告 2023[M]. 北京：经济科学出版社，2023.

327. 郑伟厚，刘晓桐. 关于保险资管公司应对《保险资管产品管理暂行办法》实施的思考与建议[J]. 中国保险，2020（05）：56-60.

328. 中国保监会. 中国保险业公司治理与监管报告[M]. 北京：中国金融出版社，2015.

329. 中国保监会. 中国保险业公司治理与监管报告Ⅱ[M]. 北京：中国金融出版社，2017.

330. 中国保险监督管理委员会. 中国保险业社会责任白皮书[M]. 北京：经济管理出版社，2014.

331. 中国保险监督管理委员会保险中介监管部. 保险中介相关法规制度汇编[M]. 北京：中国财政经济出版社，2010.

332. 中国保险监督管理委员会国际部. 外资保险公司驻华机构概览[M]. 北京：中国金融出版社，2000.

333. 中国保险行业协会. 保险公司内部审计典型案例集[M]. 北京：中国财政经济出版社，2018.

334. 中国保险行业协会. 保险公司人力成本总额市场实践研究[M]. 北京：中国金融出版社，2018.

335. 中国保险行业协会. 保险行业企业社会责任年度报告（2010 辑）[M]. 北京：法律出版社，2010.

336. 中国保险行业协会. 国内中小财产保险公司发展问题研究报告[M]. 北京：中国金融出版社，2015.

337. 中国保险行业协会. 中小寿险公司发展研究报告[M]. 北京：中国财政经济出版社，2015.

338. 中国保险行业协会等. 保险机构公司治理监管制度汇编-第二编-董事会治理[M]. 北京：法律出版社，2021.

339. 中国保险行业协会等. 保险机构公司治理监管制度汇编-第六编-市场约束[M]. 北京：法律出版社，2021.

340. 中国保险行业协会等. 保险机构公司治理监管制度汇编-第七编-其他利益相关

者[M]. 北京：法律出版社，2021.

341. 中国保险行业协会等. 保险机构公司治理监管制度汇编-第三编-监事会和高管层治理[M]. 北京：法律出版社，2021.

342. 中国保险行业协会等. 保险机构公司治理监管制度汇编-第四编-风险内控[M]. 北京：法律出版社，2021.

343. 中国保险行业协会等. 保险机构公司治理监管制度汇编-第五编-关联交易治理[M]. 北京：法律出版社，2021.

344. 中国保险行业协会等. 保险机构公司治理监管制度汇编-第一编-股东治理[M]. 北京：法律出版社，2021.

345. 中国保险资产管理业协会. 保险问道之保险资管数字化探索[M]. 北京：中国财政经济出版社，2021.

346. 中国人民财产保险股份有限公司组织. 保险公司数据治理理论与实践[M]. 北京：知识产权出版社有限责任公司，2019.

347. 中国再保险集团（股份）有限公司. 中国再保险行业发展报告[M]. 北京：中国金融出版社，2023.

348. 中央金融委员会办公室，中央金融工作委员会. 坚定不移走中国特色金融发展之路[J]. 求是，2023（23）：21-25.

349. 曾江洪，秦宇佳. 独立董事特质与中小企业成长性——基于中小企业板上市公司的实证研究[J]. 财务与金融，2011（02）：64-68.

350. 周爱玲. 保险公司投资农村养老社区研究[M]. 北京：中国经济出版社，2021.

351. 周春志，王莹. 银行和保险机构合作的优化研究[J]. 现代管理科学，2019（10）：98-101.

352. 周卫东. 保险助力企业 ESG 绩效提升探讨[J]. 保险职业学院学报，2022（04）：60-65.

353. 周玉华，张俊. 保险公司合规风险管理[M]. 北京：法律出版社，2010.

354. 朱南军，高子涵. 系统重要性保险机构的评估与监管——国际实践与中国探索[J]. 经济体制改革，2017（02）：150-156.

355. 朱文革. 保险公司风险管理[M]. 上海：上海财经大学出版社，2016.

356. 祝桂芳，赵蕴桐. 企业社会责任与财务绩效的关系——基于我国上市保险企业的实证分析[J]. 全国流通经济，2021（23）：66-68.

357. 祝向军，刘霄辉，唐瑜. 中小保险公司科学发展目标与策略探析[J]. 保险研究，2008（10）：61-66.

358. 卓志，王寒. 保险企业社会责任探析[J]. 保险研究，2009（02）：3-8.

359. 卓志. 保险经营风险防范机制研究[M]. 成都：西南财经大学出版社，1998.

360. Andrei Shleifer, Robert W Vishny. A Survey of Corporate Governance[J]. The Journal of Finance, 1997(52): 737-783

361. Eugene F. Fama, Michael C. Jensen. Separation of Ownership and Control[J]. Journal of Law and Economics, 1983, 26(2): 301-325.

362. Hao Liang, Luc Renneboog. The Global Sustainability Footprint of Sovereign Wealth Funds [J]. Oxford Review of Economic Policy, 2020, 36(2): 380-426.

363. Jackson Martindell. The Scientific Appraisal of Management[M]. New York: Harper & Brothers, 1950.

364. John E. Core, Wayne R. Guay, Tjomme O. Rusticus. Does Weak Governance Cause Weak Stock Returns? An Examination of Firm Operating Performance and Investors' Expectations[J]. The Journal of Finance, 2006, 61(2): 655-687.

365. Lucian Bebchuk, Alma Cohen, Allen Ferrell. What Matters in Corporate Governance? [J]. The Review of Financial Studies, 2009, 22(2): 783-827.

366. Mark L. Defond, Mingyi Hung. Investor Protection and Corporate Governance: Evidence from Worldwide CEO Turnover[J]. Journal of Accounting Research, 2004, 42(2): 269-312.

367. Martijn Cremers, Vinay B. Nair. Governance Mechanisms and Equity Prices[J]. The Journal of Finance, 2005, 60(6): 2859-2894.

368. Paul Gompers, Joy Ishii, Andrew Metrick. Corporate Governance and Equity Prices[J]. The Quarterly Journal of Economics, 2003, 118(1): 107-156.

369. Rafael La Porta, Florencio Lopez-De-Silanes, Andrei Shleifer. Corporate Ownership Around the World[J]. The Journal of Finance, 1999, 54(2): 471-517.

370. Susan Pourciau. Earnings Management and Nonroutine Executive Changes[J]. Journal of Accounting & Economics, 1993, 16(1-3): 317-336.

附　表

附表1　我国保险集团（控股）公司名录[①]

序号	机构名称	成立日期	组织形式	规模类型	资本性质	所在城市
1	中国人民保险集团股份有限公司	1949-10-20	股份制	大型	中资	北京市
2	中华联合保险集团股份有限公司	1986-07-15	股份制	中型	中资	北京市
3	中国平安保险（集团）股份有限公司	1988-03-21	股份制	大型	中资	深圳市
4	中国太平洋保险（集团）股份有限公司	1991-05-13	股份制	大型	中资	上海市
5	中国人寿保险（集团）公司	1996-08-22	有限制	大型	中资	北京市
6	中国再保险（集团）股份有限公司	1996-08-22	股份制	中型	中资	北京市
7	华泰保险集团股份有限公司	1996-08-29	股份制	中型	外资	北京市
8	泰康保险集团股份有限公司	1996-09-09	股份制	大型	中资	北京市
9	中国太平保险集团有限责任公司	1998-07-08	有限制	大型	中资	北京市
10	阳光保险集团股份有限公司	2007-06-27	股份制	中型	中资	深圳市
11	富德保险控股股份有限公司	2015-07-01	股份制	小型	中资	深圳市
12	大家保险集团有限责任公司	2019-06-25	有限制	大型	中资	北京市
13	安联（中国）保险控股有限公司	2019-11-28	有限制	小型	外资	上海市

资料来源：南开大学中国保险机构治理指数数据库。

附表2　我国财产保险机构名录

序号	机构名称	成立日期	组织形式	规模类型	资本性质	所在城市
1	史带财产保险股份有限公司	1995-01-25	股份制	小型	外资	上海市
2	天安财产保险股份有限公司	1995-01-27	股份制	中型	中资	上海市
3	永安财产保险股份有限公司	1996-09-13	股份制	小型	中资	西安市

[①] 本表统计截止日期为2022年12月31日，下表相同。

序号	机构名称	成立日期	组织形式	规模类型	资本性质	所在城市
4	华安财产保险股份有限公司	1996-12-03	股份制	小型	中资	深圳市
5	中国出口信用保险公司	2001-11-08	有限制	中型	中资	北京市
6	中国太平洋财产保险股份有限公司	2001-11-09	股份制	中型	中资	上海市
7	太平财产保险有限公司	2001-12-20	有限制	小型	中资	深圳市
8	中国平安财产保险股份有限公司	2002-12-24	股份制	中型	中资	深圳市
9	中国人民财产保险股份有限公司	2003-07-07	股份制	大型	中资	北京市
10	中国大地财产保险股份有限公司	2003-10-15	股份制	中型	中资	上海市
11	太平洋安信农业保险股份有限公司	2004-09-15	股份制	小型	中资	上海市
12	永诚财产保险股份有限公司	2004-09-27	股份制	小型	中资	上海市
13	安华农业保险股份有限公司	2004-12-30	股份制	小型	中资	长春市
14	安盛天平财产保险股份有限公司	2004-12-31	有限制	小型	外资	上海市
15	中银保险有限公司	2005-01-05	有限制	小型	中资	北京市
16	亚太财产保险有限公司	2005-01-10	有限制	小型	中资	深圳市
17	阳光农业相互保险公司	2005-01-10	相互制	小型	中资	哈尔滨市
18	三星财产保险（中国）有限公司	2005-04-25	有限制	小型	外资	上海市
19	日本财产保险（中国）有限公司	2005-05-31	有限制	小型	外资	大连市
20	阳光财产保险股份有限公司	2005-07-28	股份制	中型	中资	北京市
21	渤海财产保险股份有限公司	2005-09-28	股份制	小型	中资	天津市
22	都邦财产保险股份有限公司	2005-10-19	股份制	小型	中资	吉林市
23	华农财产保险股份有限公司	2006-01-24	股份制	小型	中资	佛山市
24	中华联合财产保险股份有限公司	2006-12-06	股份制	中型	中资	北京市
25	中国人寿财产保险股份有限公司	2006-12-30	股份制	中型	中资	北京市
26	安诚财产保险股份有限公司	2006-12-31	股份制	小型	中资	重庆市
27	现代财产保险（中国）有限公司	2007-03-02	有限制	小型	外资	北京市
28	劳合社保险（中国）有限公司	2007-03-15	有限制	小型	外资	上海市
29	中意财产保险有限公司	2007-04-13	有限制	小型	外资	北京市

续表

序号	机构名称	成立日期	组织形式	规模类型	资本性质	所在城市
30	三井住友海上火灾保险（中国）有限公司	2007-09-06	有限制	小型	外资	上海市
31	利宝保险有限公司	2007-09-21	有限制	小型	外资	重庆市
32	美亚财产保险有限公司	2007-09-24	有限制	小型	外资	上海市
33	长安责任保险股份有限公司	2007-11-07	股份制	小型	中资	蚌埠市
34	国元农业保险股份有限公司	2008-01-18	股份制	小型	中资	合肥市
35	安达保险有限公司	2008-02-01	有限制	小型	外资	上海市
36	瑞再企商保险有限公司	2008-03-17	有限制	微型	外资	上海市
37	鼎和财产保险股份有限公司	2008-05-22	股份制	小型	中资	深圳市
38	东京海上日动火灾保险（中国）有限公司	2008-07-22	有限制	小型	外资	上海市
39	国泰财产保险有限责任公司	2008-08-28	有限制	小型	外资	上海市
40	中煤财产保险股份有限公司	2008-10-13	股份制	小型	中资	太原市
41	英大泰和财产保险股份有限公司	2008-11-04	股份制	小型	中资	北京市
42	爱和谊日生同和财产保险（中国）有限公司	2009-01-23	有限制	微型	外资	天津市
43	紫金财产保险股份有限公司	2009-05-08	股份制	小型	中资	南京市
44	日本兴亚财产保险（中国）有限责任公司	2009-06-19	有限制	微型	外资	深圳市
45	浙商财产保险股份有限公司	2009-06-25	股份制	小型	中资	杭州市
46	国任财产保险股份有限公司	2009-08-31	股份制	小型	中资	深圳市
47	凯本财产保险（中国）有限公司	2009-10-23	有限制	微型	外资	南京市
48	京东安联财产保险有限公司	2010-03-24	有限制	小型	外资	广州市
49	富邦财产保险有限公司	2010-10-08	有限制	小型	外资	厦门市
50	泰山财产保险股份有限公司	2010-12-31	股份制	小型	中资	济南市
51	锦泰财产保险股份有限公司	2011-01-30	股份制	小型	中资	成都市
52	中航安盟财产保险有限公司	2011-02-22	有限制	小型	外资	成都市
53	众诚汽车保险股份有限公司	2011-06-08	股份制	小型	中资	广州市
54	华泰财产保险有限公司	2011-07-29	有限制	小型	外资	上海市
55	长江财产保险股份有限公司	2011-11-18	股份制	小型	中资	武汉市
56	诚泰财产保险股份有限公司	2011-12-31	股份制	小型	中资	昆明市
57	富德财产保险股份有限公司	2012-05-07	股份制	小型	中资	深圳市
58	鑫安汽车保险股份有限公司	2012-06-15	股份制	小型	中资	长春市
59	北部湾财产保险股份有限公司	2013-01-18	股份制	小型	中资	南宁市

序号	机构名称	成立日期	组织形式	规模类型	资本性质	所在城市
60	苏黎世财产保险（中国）有限公司	2013-07-02	有限制	小型	外资	上海市
61	众安在线财产保险股份有限公司	2013-10-09	股份制	中型	中资	上海市
62	中石油专属财产保险股份有限公司	2013-12-26	股份制	小型	中资	克拉玛依市
63	华海财产保险股份有限公司	2014-12-09	股份制	小型	中资	烟台市
64	恒邦财产保险股份有限公司	2014-12-30	股份制	小型	中资	南昌市
65	燕赵财产保险股份有限公司	2015-02-03	股份制	小型	中资	石家庄市
66	合众财产保险股份有限公司	2015-02-11	股份制	微型	中资	北京市
67	中路财产保险股份有限公司	2015-04-03	股份制	微型	中资	青岛市
68	中原农业保险股份有限公司	2015-05-13	股份制	小型	中资	郑州市
69	中国铁路财产保险自保有限公司	2015-07-06	有限制	小型	中资	北京市
70	瑞安市兴民农村保险互助社	2015-10-22	相互制	微型	中资	瑞安市
71	泰康在线财产保险股份有限公司	2015-11-12	股份制	小型	中资	武汉市
72	东海航运保险股份有限公司	2015-12-25	股份制	微型	中资	宁波市
73	安心财产保险有限责任公司	2015-12-31	有限制	小型	中资	北京市
74	阳光信用保证保险股份有限公司	2016-01-11	股份制	小型	中资	重庆市
75	易安财产保险股份有限公司	2016-02-16	股份制	微型	中资	深圳市
76	久隆财产保险有限公司	2016-03-17	有限制	微型	中资	珠海市
77	新疆前海联合财产保险股份有限公司	2016-05-19	股份制	小型	中资	乌鲁木齐市
78	珠峰财产保险股份有限公司	2016-05-22	股份制	微型	中资	拉萨市
79	海峡金桥财产保险股份有限公司	2016-08-25	股份制	微型	中资	福州市
80	建信财产保险有限公司	2016-10-11	有限制	微型	中资	银川市
81	中远海运财产保险自保有限公司	2017-02-08	有限制	小型	中资	上海市
82	众惠财产相互保险社	2017-02-14	相互制	微型	中资	深圳市
83	汇友财产相互保险社	2017-06-28	相互制	微型	中资	北京市
84	广东能源财产保险自保有限公司	2017-11-10	有限制	微型	中资	广州市
85	黄河财产保险股份有限公司	2018-01-02	股份制	小型	中资	兰州市
86	太平科技保险股份有限公司	2018-01-08	股份制	微型	中资	嘉兴市

序号	机构名称	成立日期	组织形式	规模类型	资本性质	所在城市
87	融盛财产保险股份有限公司	2018-07-09	股份制	微型	中资	沈阳市
88	大家财产保险有限责任公司	2019-08-28	有限制	小型	中资	深圳市
89	中国融通财产保险有限公司	2022-01-30	有限制	小型	中资	上海市

资料来源：南开大学中国保险机构治理指数数据库。

附表3　我国人身保险机构名录

序号	机构名称	成立日期	组织形式	规模类型	资本性质	所在城市
1	新华人寿保险股份有限公司	1996-09-28	股份制	大型	中资	北京市
2	中宏人寿保险有限公司	1996-11-15	有限制	中型	外资	上海市
3	建信人寿保险股份有限公司	1998-10-12	股份制	中型	中资	上海市
4	中德安联人寿保险有限公司	1998-11-25	有限制	小型	外资	上海市
5	工银安盛人寿保险有限公司	1999-05-14	有限制	中型	外资	上海市
6	交银人寿保险有限公司	2000-07-04	有限制	中型	外资	上海市
7	中信保诚人寿保险有限公司	2000-09-28	有限制	中型	外资	北京市
8	天安人寿保险股份有限公司	2000-11-24	股份制	中型	中资	北京市
9	中国太平洋人寿保险股份有限公司	2001-11-09	股份制	大型	中资	上海市
10	太平人寿保险有限公司	2001-11-30	有限制	大型	中资	上海市
11	中意人寿保险有限公司	2002-01-31	有限制	中型	外资	北京市
12	富德生命人寿保险股份有限公司	2002-03-04	股份制	大型	中资	深圳市
13	光大永明人寿保险有限公司	2002-04-22	有限制	中型	中资	天津市
14	民生人寿保险股份有限公司	2002-06-18	股份制	中型	中资	北京市
15	中荷人寿保险有限公司	2002-11-19	有限制	小型	外资	大连市
16	北大方正人寿保险有限公司	2002-11-28	有限制	小型	外资	上海市
17	中英人寿保险有限公司	2002-12-11	有限制	中型	外资	北京市
18	中国平安人寿保险股份有限公司	2002-12-17	股份制	大型	中资	深圳市
19	同方全球人寿保险有限公司	2003-04-16	有限制	小型	外资	深圳市
20	中国人寿保险股份有限公司	2003-06-30	股份制	大型	中资	北京市
21	招商信诺人寿保险有限公司	2003-08-04	有限制	中型	外资	深圳市
22	长生人寿保险有限公司	2003-09-23	有限制	小型	外资	上海市
23	恒安标准人寿保险有限公司	2003-12-01	有限制	小型	外资	天津市
24	瑞泰人寿保险有限公司	2004-01-06	有限制	小型	外资	北京市
25	平安养老保险股份有限公司	2004-12-13	股份制	中型	中资	上海市
26	陆家嘴国泰人寿保险有限责任公司	2004-12-29	有限制	小型	外资	上海市
27	太平养老保险股份有限公司	2005-01-26	股份制	小型	中资	上海市

序号	机构名称	成立日期	组织形式	规模类型	资本性质	所在城市
28	合众人寿保险股份有限公司	2005-01-28	股份制	中型	中资	武汉市
29	华泰人寿保险股份有限公司	2005-03-22	股份制	小型	外资	北京市
30	中国人民健康保险股份有限公司	2005-03-31	股份制	中型	中资	北京市
31	中银三星人寿保险有限公司	2005-05-26	有限制	中型	外资	北京市
32	平安健康保险股份有限公司	2005-06-13	股份制	小型	外资	上海市
33	中美联泰大都会人寿保险有限公司	2005-08-10	有限制	中型	外资	上海市
34	长城人寿保险股份有限公司	2005-09-20	股份制	中型	中资	北京市
35	中国人民人寿保险股份有限公司	2005-11-10	股份制	大型	中资	北京市
36	农银人寿保险股份有限公司	2005-12-19	股份制	中型	中资	北京市
37	小康人寿保险有限责任公司	2005-12-23	有限制	小型	中资	北京市
38	昆仑健康保险股份有限公司	2006-01-12	股份制	中型	中资	上海市
39	和谐健康保险股份有限公司	2006-01-12	股份制	中型	中资	成都市
40	恒大人寿保险有限公司	2006-05-11	有限制	中型	外资	重庆市
41	君康人寿保险股份有限公司	2006-11-06	股份制	中型	中资	北京市
42	华夏人寿保险股份有限公司	2006-12-30	股份制	大型	中资	天津市
43	中国人寿养老保险股份有限公司	2007-01-15	股份制	小型	中资	北京市
44	信泰人寿保险股份有限公司	2007-05-18	股份制	中型	中资	杭州市
45	长江养老保险股份有限公司	2007-05-18	股份制	小型	中资	上海市
46	英大泰和人寿保险股份有限公司	2007-06-26	股份制	中型	中资	北京市
47	泰康养老保险股份有限公司	2007-08-10	股份制	中型	中资	北京市
48	幸福人寿保险股份有限公司	2007-11-05	股份制	中型	中资	北京市
49	国华人寿保险股份有限公司	2007-11-08	股份制	中型	中资	武汉市
50	阳光人寿保险股份有限公司	2007-12-17	股份制	中型	中资	三亚市
51	君龙人寿保险有限公司	2008-11-10	有限制	小型	外资	厦门市
52	鼎诚人寿保险有限责任公司	2009-03-02	有限制	小型	外资	北京市
53	百年人寿保险股份有限公司	2009-06-01	股份制	中型	中资	大连市
54	汇丰人寿保险有限公司	2009-06-27	有限制	小型	外资	上海市
55	中邮人寿保险股份有限公司	2009-08-18	股份制	中型	中资	北京市
56	中融人寿保险股份有限公司	2010-03-26	股份制	中型	中资	北京市
57	大家人寿保险股份有限公司	2010-06-23	股份制	大型	中资	北京市
58	利安人寿保险股份有限公司	2011-07-14	股份制	中型	中资	南京市

序号	机构名称	成立日期	组织形式	规模类型	资本性质	所在城市
59	慈溪市龙山镇伏龙农村保险互助社	2011-09-06	相互制	微型	中资	慈溪市
60	华汇人寿保险股份有限公司	2011-12-22	股份制	微型	中资	沈阳市
61	前海人寿保险股份有限公司	2012-02-08	股份制	中型	中资	深圳市
62	东吴人寿保险股份有限公司	2012-05-23	股份制	小型	中资	苏州市
63	弘康人寿保险股份有限公司	2012-07-19	股份制	中型	中资	北京市
64	财信吉祥人寿保险股份有限公司	2012-09-07	股份制	小型	中资	长沙市
65	复星保德信人寿保险有限公司	2012-09-21	有限制	小型	外资	上海市
66	珠江人寿保险股份有限公司	2012-09-26	股份制	中型	中资	广州市
67	中韩人寿保险有限公司	2012-11-30	有限制	小型	中资	杭州市
68	慈溪市龙山农村保险互助联社	2013-07-17	相互制	微型	中资	慈溪市
69	德华安顾人寿保险有限公司	2013-07-22	有限制	小型	外资	济南市
70	大家养老保险股份有限公司	2013-12-31	股份制	小型	中资	北京市
71	太平洋健康保险股份有限公司	2014-12-10	股份制	小型	中资	上海市
72	渤海人寿保险股份有限公司	2014-12-18	股份制	中型	中资	天津市
73	国联人寿保险股份有限公司	2014-12-31	股份制	小型	中资	无锡市
74	上海人寿保险股份有限公司	2015-02-16	股份制	中型	中资	上海市
75	中华联合人寿保险股份有限公司	2015-11-24	股份制	小型	中资	北京市
76	新华养老保险股份有限公司	2016-09-19	股份制	小型	中资	深圳市
77	泰康人寿保险有限责任公司	2016-11-28	有限制	大型	中资	北京市
78	横琴人寿保险有限公司	2016-12-28	有限制	小型	中资	珠海市
79	复星联合健康保险股份有限公司	2017-01-23	股份制	小型	中资	广州市
80	和泰人寿保险股份有限公司	2017-01-24	股份制	小型	中资	济南市
81	华贵人寿保险股份有限公司	2017-02-17	股份制	小型	中资	贵阳市
82	信美人寿相互保险社	2017-05-11	相互制	小型	中资	北京市
83	爱心人寿保险股份有限公司	2017-06-22	股份制	小型	中资	北京市
84	招商局仁和人寿保险股份有限公司	2017-07-04	股份制	中型	中资	深圳市
85	中国人民养老保险有限责任公司	2017-10-12	有限制	小型	中资	保定市
86	三峡人寿保险股份有限公司	2017-12-20	股份制	小型	中资	重庆市

续表

序号	机构名称	成立日期	组织形式	规模类型	资本性质	所在城市
87	北京人寿保险股份有限公司	2018-02-14	股份制	小型	中资	北京市
88	国宝人寿保险股份有限公司	2018-04-08	股份制	小型	中资	成都市
89	瑞华健康保险股份有限公司	2018-05-15	股份制	微型	中资	上海市
90	海保人寿保险股份有限公司	2018-05-30	股份制	小型	中资	海口市
91	国富人寿保险股份有限公司	2018-06-07	股份制	小型	中资	南宁市
92	友邦人寿保险有限公司	2020-06-17	有限制	中型	外资	上海市
93	恒安标准养老保险有限责任公司	2021-01-18	有限制	微型	外资	天津市
94	国民养老保险股份有限公司	2022-03-22	股份制	小型	中资	北京市

资料来源：南开大学中国保险机构治理指数数据库。

附表4 我国再保险机构名录

序号	机构名称	成立日期	组织形式	规模类型	资本性质	所在城市
1	中国财产再保险有限责任公司	2003-12-15	有限制	中型	中资	北京市
2	中国人寿再保险有限责任公司	2003-12-16	有限制	中型	中资	北京市
3	信利再保险（中国）有限公司	2011-03-14	有限制	微型	外资	上海市
4	太平再保险（中国）有限公司	2015-12-11	有限制	小型	中资	北京市
5	前海再保险股份有限公司	2016-12-05	有限制	小型	中资	深圳市
6	人保再保险股份有限公司	2017-02-23	有限制	小型	中资	北京市
7	中国农业再保险股份有限公司	2020-12-31	股份制	小型	中资	北京市

资料来源：南开大学中国保险机构治理指数数据库。

附表5 我国保险资产管理公司名录

序号	机构名称	成立日期	组织形式	规模类型	资本性质	所在城市
1	中国人保资产管理有限公司	2003-07-16	有限制	小型	中资	上海市
2	中国人寿资产管理有限公司	2003-11-23	有限制	小型	中资	北京市
3	华泰资产管理有限公司	2005-01-18	有限制	小型	中资	上海市
4	中再资产管理股份有限公司	2005-02-18	股份制	小型	中资	北京市
5	平安资产管理有限责任公司	2005-05-27	有限制	小型	中资	上海市
6	泰康资产管理有限责任公司	2006-02-21	有限制	小型	中资	上海市
7	太平洋资产管理有限责任公司	2006-06-09	有限制	小型	中资	上海市
8	新华资产管理股份有限公司	2006-07-03	股份制	小型	中资	北京市

续表

序号	机构名称	成立日期	组织形式	规模类型	资本性质	所在城市
9	太平资产管理有限公司	2006-09-01	有限制	小型	中资	上海市
10	大家资产管理有限责任公司	2011-05-20	有限制	微型	中资	北京市
11	生命保险资产管理有限公司	2011-07-15	有限制	微型	中资	深圳市
12	光大永明资产管理股份有限公司	2012-03-02	股份制	小型	中资	北京市
13	合众资产管理股份有限公司	2012-05-14	股份制	微型	中资	北京市
14	民生通惠资产管理有限公司	2012-11-15	有限制	微型	中资	上海市
15	阳光资产管理股份有限公司	2012-12-04	股份制	小型	中资	深圳市
16	中英益利资产管理股份有限公司	2013-04-12	股份制	微型	中资	北京市
17	中意资产管理有限责任公司	2013-05-23	有限制	微型	外资	北京市
18	华安财保资产管理有限责任公司	2013-09-05	有限制	微型	中资	天津市
19	长城财富保险资产管理股份有限公司	2015-03-18	股份制	微型	中资	深圳市
20	英大保险资产管理有限公司	2015-04-03	有限制	微型	中资	北京市
21	华夏久盈资产管理有限责任公司	2015-05-12	有限制	微型	中资	深圳市
22	建信保险资产管理有限公司	2016-04-07	有限制	微型	中资	深圳市
23	百年保险资产管理有限责任公司	2016-08-01	有限制	微型	中资	大连市
24	永诚保险资产管理有限公司	2016-08-01	有限制	微型	中资	宁波市
25	工银安盛资产管理有限公司	2019-05-13	有限制	微型	外资	上海市
26	交银康联资产管理有限公司	2019-06-18	有限制	微型	外资	上海市
27	中信保诚资产管理有限责任公司	2020-03-01	有限制	微型	外资	北京市
28	招商信诺资产管理有限公司	2020-10-18	有限制	微型	外资	北京市
29	国寿投资保险资产管理有限公司	2021-01-07	有限制	小型	中资	北京市
30	国华兴益保险资产管理有限公司	2021-05-18	有限制	微型	中资	上海市
31	安联保险资产管理有限公司	2021-09-10	有限制	微型	外资	北京市
32	人保资本保险资产管理有限公司	2021-10-22	有限制	微型	中资	北京市
33	太平资本保险资产管理有限公司	2021-11-25	有限制	微型	中资	北京市

资料来源：南开大学中国保险机构治理指数数据库。

附表6　我国相互保险组织名录

序号	机构名称	成立日期	组织形式	规模类型	资本性质	所在城市
1	阳光农业相互保险公司	2005-01-10	财产险	小型	中资	哈尔滨市
2	慈溪市龙山镇伏龙农村保险互助社	2011-09-06	人身险	微型	中资	慈溪市
3	慈溪市龙山农村保险互助联社	2013-07-17	人身险	微型	中资	慈溪市
4	瑞安市兴民农村保险互助社	2015-10-22	财产险	微型	中资	瑞安市
5	众惠财产相互保险社	2017-02-14	财产险	微型	中资	深圳市
6	信美人寿相互保险社	2017-05-11	人身险	小型	中资	北京市
7	汇友财产相互保险社	2017-06-28	财产险	微型	中资	北京市

资料来源：南开大学中国保险机构治理指数数据库。

附表7　本书研究参数表

序号	参数名称	数量
1	研究背景	3个
2	研究目的	3个
3	研究意义	3+3=6个
4	文献梳理	3方面
5	研究方法：规范研究	8个
6	研究方法：实证研究	6个
7	研究内容	3个
8	主要特点	4个
9	学术贡献	2个
10	研究创新	3个
11	相关理论①	12个
12	主要概念②	13个
13	概念模型	2个
14	评价系统	1套
15	评价指标	70个
16	治理内容	6个
17	治理层次	2个
18	评价指标设计原则	5个
19	指标属性	5个
20	数据来源	5个

---

① 本书涉及的相关理论包括公司治理理论、分类治理理论、公司治理评价理论、委托代理理论、高阶理论、利益相关者理论、信息披露理论、可持续发展理论、经济外部性理论、企业社会责任理论、相互保险组织理论、保险监管理论等。

② 本书涉及的核心概念包括金融治理、保险机构治理、公司治理指数、南开指数、南开治理指数、中国保险机构治理指数（南开保险机构治理指数）、中国保险机构治理评价系统、保险治理、保险治理现代化、公司治理、ESG、保险机构ESG、治理准则等。

续表

序号	参数名称	数量
21	治理指数体系	2个
22	总指数	1个
23	分指数：维度	6个
24	分指数：层次	2个
25	分类指数	9个
26	指数比较分析内容	7个
27	指数统计指标	6+7=13个
28	评价对象	1389家次
29	保险机构：规模类型	4类
30	保险机构：资本性质	2种
31	保险机构：组织形式	3种
32	保险机构：业务类型	5种
33	保险机构：成立年限	6组
34	治理等级	7等
35	治理评级	9级
36	治理评价周期	7年
37	研究结论	50余条
38	研究展望	4方面
39	保险治理现代化方向	4个
40	保险机构治理发展动力	3个
41	对策建议	20条
42	篇目	5个
43	章节	18个
44	小节	44个
45	表格	216个
46	图	159张
47	公式	17个
48	脚注	114个
49	参考文献	363篇
50	附表	7个

资料来源：作者整理。

索　引